INTRODUÇÃO À

QUÍMICA ORGÂNICA

2ª edição

De acordo com as regras atualizadas da IUPAC

Pearson Education

EMPRESA CIDADÃ

LUIZ CLÁUDIO DE ALMEIDA BARBOSA

INTRODUÇÃO À QUÍMICA ORGÂNICA

2ª edição

De acordo com as regras atualizadas da IUPAC

Pearson

Diretor editorial: Roger Trimer
Gerente editorial: Sabrina Cairo
Supervisor de produção editorial: Marcelo Françozo
Editora plena: Thelma Babaoka
Editor de desenvolvimento: Yuri Bileski
Editora assistente: Aline Nogueira Marques
Preparação: Érica Alvim
Revisão: Renata Del Nero
Capa: Alexandre Mieda
Capa: Fórmula estrutural com energia minimizada da molécula Carolignana A, apresentada no Capítulo 10. Preparada por Raphael Campos Cusati
Projeto gráfico e diagramação: Globaltec Artes Gráficas Ltda.

Dados Internacionais de Catalogação na Publicação (CIP)
(Câmara Brasileira do Livro, SP, Brasil)

Barbosa, Luiz Cláudio de Almeida
Introdução à química orgânica / Luiz Cláudio de Almeida Barbosa. -- 2. ed. -- São Paulo : Pearson Prentice Hall, 2011.

ISBN 978-85-7605-877-9

1. Química orgânica I. Título.

10-10654 CDD-547

Índices para catálogo sistemático:
1. Química orgânica 547

Direitos exclusivos cedidos à
Pearson Education do Brasil Ltda.,
uma empresa do grupo Pearson Education
Avenida Francisco Matarazzo, 1400
Torre Milano – 7o andar
CEP: 05033-070 -São Paulo-SP-Brasil
Telefone 19 3743-2155
pearsonuniversidades@pearson.com

Distribuição
Grupo A Educação
www.grupoa.com.br
Fone: 0800 703 3444

Agradecimentos

Agradeço a colaboração de diversos colegas professores, cujas sugestões muito contribuíram para a melhoria da versão final deste livro, revendo alguns capítulos. Em especial, declaro meu apreço para com os seguintes colegas professores: Jomar de Oliveira Vasconcelos (IFET-NMG), José Lelis Teixeira (UFV), Katalin Carrara Geöcze (IFET, Lepoldina-MG), Leila Aley Tavares (UFES), Marcelo Henrique dos Santos (UNIFAL), Márcia Paranho Veloso (UNIFAL), Roqueline Miranda (UFVJM), Sergio Antônio Fernandes (UFV), Silvia Ribeiro de Souza e Silva (UFOP) e Valdenir José Belinelo (UFES). Ao professor Flaviano Oliveira Silvério (UFMG) pela resolução de grande parte dos exercícios. Ao professor Carlos Vasconcelos Farias do Departamento de Educação da UFV pelas sugestões e correções dos objetivos de aprendizagem. Ao colega Ricardo Borges dos Santos, professor do ensino médio em Londrina e Maringá, pelas sugestões de correções apresentadas.

Expresso também meus sinceros agradecimentos aos químicos Adalberto Manoel da Silva (DSc, USP), Alex Bruno de Carvalho (BS, UFV), Eder do Couto Tavares (MSc, UFV), Eduardo Vinícius Vieira Varejão (MSc, UFV), Fabrício Marques de Oliveira (MSc, UFV), Francisco Frederico Pelinson Arantes (MSc, UFV), Jodieh Oliveira Santana Varejão (BS, UFV), José Luiz Pereira (MSc, UFV), Luciana Moreno dos Santos (MSc, UENF), Mateus Ribeiro Lage (BS, UFV), Raphael Campos Cusati (MSc, UFV) e Ulisses Alves Pereira (MSc, UFV), pela resolução dos testes apresentados ao longo dos capítulos e pela leitura parcial e revisão desta nova edição.

Ainda, os agradecimentos são estendidos a todos os colegas que contribuíram com as edições anteriores, cujos nomes foram nelas explicitados. As contribuições deles muito colaboraram para o sucesso das edições anteriores.

Agradeço também à Sociedade Brasileira de Química pela autorização para utilizar a tabela periódica.

Ao professor Klaus Zinner (UFRG) e à editoria da revista Ciência Hoje pela autorização para publicar a Figura 9.3.

A toda a equipe da Pearson Education, pelo excelente trabalho realizado, em especial ao Roger Trimer, Sabrina Cairo, Jean Xavier, Yuri Bileski e Aline Marques.

Expresso minha gratidão aos colegas do Departamento de Química da UFV, professores Antônio Jacinto Demuner e Célia Regina Álvares Maltha que ao longo desses anos têm dividido comigo a tarefa de lecionar a disciplina Fundamentos de Química Orgânica contribuindo diariamente para que essa nova edição se tornasse uma realidade. Também à professora Vanderlúcia Fonseca de Paula (UESB) por rever o livro integralmente.

Finalmente, agradeço a minha filha Victória por emprestar suas mãos que aparecem na figura 6.2 e à minha filha Carolina que foi fonte de inspiração para nomear as Carolignanas descritas no Capítulo 10.

Como sempre, todo e qualquer erro que porventura ainda tenha ficado no texto é de minha única responsabilidade.

“Não é, com efeito, empresa fácil transmitir
e explicar o que pretendemos, porque as coisas
novas são sempre compreendidas por analogia
com as antigas”.

Francis Bacon (1561-1626)

Aos meus pais, Célia e Paulo;
às minhas filhas, Victória e Carolina

Sumário

Apresentação

A química orgânica está em cada aspecto de nossa vida. Não temos dúvida de que as células de nosso corpo vão funcionar com absoluta precisão, no entanto elas precisam executar milhões de transformações químicas complexas de compostos orgânicos a cada segundo. Também esperamos que haja remédios disponíveis para todas as nossas doenças; que possamos comprar plásticos, tintas e tecidos sintéticos coloridos e brilhantes e que alimentos de boa qualidade estejam prontamente disponíveis a partir de lavouras que foram protegidas dos ataques de insetos, fungos e ervas daninhas. A qualidade de nossa vida está, portanto, inextricavelmente ligada a drogas criadas para salvar vidas, a polímeros sintéticos, a inseticidas, fungicidas e herbicidas e a uma miríade de outros produtos químicos orgânicos.

Nem é preciso comentar a importância da química orgânica para estudantes de biologia, medicina, veterinária, farmácia, agronomia, engenharia de alimentos e agricultura, e esses estudantes vão encontrar tudo o que precisam saber no novo livro do prof. Barbosa — uma introdução concisa e ao mesmo tempo abrangente de todos os aspectos da moderna química orgânica. O tratamento é rigoroso, mas os interesses biológicos dos estudantes não foram ignorados: o texto está repleto de exemplos fascinantes de moléculas com interessantes propriedades biológicas.

Luiz Cláudio de Almeida Barbosa escreve com grande autoridade, apoiado em suas pesquisas de ponta realizadas no Reino Unido e no Brasil. Seu livro é simplesmente a melhor introdução à química orgânica que o dinheiro pode comprar.

John Mann, PhD
Professor emérito da
Queens University of Belfast, Reino Unido
Autor de Secondary metabolism e Murder, magic, and medicine

Prefácio

É uma grande satisfação apresentar o livro de química orgânica de autoria do amigo Luiz Cláudio de Almeida Barbosa. O prof. Luiz Cláudio é docente do departamento de química da Universidade Federal de Viçosa, onde atua há vários anos. Com uma atuação destacada em ensino e pesquisa, o autor tem como um dos pontos de destaque de sua atuação docente, o fato de ter grande interesse em produzir livros textos, em português, e contribuir de forma eficiente para o ensino da química aos alunos de todo o país.

Da sua produção bibliográfica constam vários livros como: *Introdução à Química Orgânica; Os Pesticidas, o Homem e o Meio Ambiente*; *Espectroscopia no Infravermelho na Caracterização de Compostos Orgânicos*; *Química Orgânica: uma Introdução para Ciências Agrárias e Biológicas*, além do livro *Experimentos de Química Orgânica*, em colaboração com outros autores.

O livro *Introdução à Química Orgânica*, que agora é publicado em sua segunda edição, traz várias novidades com relação à edição anterior. Na primeira, o autor apresentou um livro simples, que abordava de forma clara muitas das questões envolvidas no ensino de química orgânica, fazendo que seu livro fosse adotado como referência em vários cursos. Eu mesmo tive oportunidade de usá-lo, na Universidade Federal de São Carlos, nos cursos de química orgânica para engenheiros e em ciências biológicas.

Com uma linguagem simples, mas nem por isso menos profunda, o autor discute alguns dos tópicos de química orgânica com a clareza necessária para que os alunos tenham um bom aprendizado. Faz uso ainda, de forma bastante interessante e atraente, de alguns exemplos de aplicação da química orgânica no dia-a-dia, conectando os conhecimentos desta disciplina com o cotidiano, o que certamente, faz com os alunos tenham mais interesse em aprender os conceitos explorados no livro.

Nesta nova edição, o autor introduz no início de cada capítulo um resumo, no qual descreve, de uma forma geral, o conteúdo do capítulo, assim, o estudante já sabe exatamente o que vai encontrar de informação e desafio de aprendizagem. Para completar esta ideia, acrescentou uma parte de objetivos instrucionais, que visam a orientar o aluno e dando-lhe melhores condições de descobrir os pontos mais importantes, além de apresentar quais conceitos devem estar claros quando concluir o estudo daquele capítulo. Outra novidade são os testes no final de cada seção, que propiciam ao aluno a oportunidade de testar o seu desempenho na aprendizagem de cada tópico, e assim ter uma boa noção dos conteúdos assimilados. Ainda são apresentadas no final do livro as respostas de todos os testes, e, desta forma, o estudante poderá se autoavaliar e confirmar o nível de aprendizado referente aos tópicos estudados. Além dos testes, o autor acrescenta novos exercícios ao final de cada capítulo fornecendo material para que o aluno exercite o aprendizado em conceitos que são fundamentais para cada tópico.

Outra modificação interessante com relação à edição anterior está no uso de cores diferentes para destacar grupos substituintes em cada fórmula química e também nos nomes, ficando simplificada a tarefa do aluno em relacionar as fórmulas com os nomes das substâncias. Esta nova forma de representação foi também utilizada para destacar os grupos funcionais nas representações dos mecanismos de reações, mais uma vez facilitando a tarefa do estudante em reconhecer cada um dos átomos envolvidos na quebra e formação de novas ligações.

Interessante mencionar que as respostas de todos os exercícios estarão disponíveis no site do livro, juntamente a apresentações em PowerPoint para os professores, os quais terão a tarefa de preparação de aulas muito facilitada. Finalmente, sobre o texto, é ainda importante salientar o fato de que muitas explicações foram melhoradas e atualizadas com relação à edição anterior, assim como títulos de capítulos alterados, nesta edição, refletem melhor os seus conteúdos. De forma geral, o autor mantém a estrutura da primeira edição, com melhoras sensíveis, o que certamente vem atender à grande demanda por textos de boa qualidade nesta área. Ainda é interessante mencionar que o autor apresenta com muito cuidado as nomenclaturas dos compostos orgânicos, com base nas regras mais atuais da IUPAC (International Union for Pure and Applied Chemistry).

Assim, pelas características mencionadas para esta obra, não tenho dúvidas em recomendá-la tanto para alunos como professores de cursos de química orgânica, pois está bem escrita, bem apresentada e com conteúdos básicos bem explorados, respeitados os graus de profundidade de discussões que cada tópico requer. Este livro vem ajudar a preencher uma das lacunas existentes em cursos de química, que é exatamente a oferta de textos boa qualidade, e em língua portuguesa.

Dr. Paulo Cezar Vieira
Professor Associado 3
Universidade Federal de São Carlos
Ex-Presidente da Sociedade Brasileira de Química (SBQ)

Introdução

Após doze anos desde a publicação da primeira edição deste livro, que vem sendo amplamente utilizado por instituições de ensino superior para o ensino de química orgânica, vimos a necessidade de empreender uma revisão de modo a atender às várias sugestões recebidas de professores de todo o país.

Nesse sentido, procuramos manter a estrutura do livro de modo que não se descaracterizasse o estilo de apresentação do conteúdo. Como nas edições anteriores, sempre tivemos a difícil tarefa de selecionar os tópicos a serem incluídos, deixando de fora muitas reações e informações. Assim, procuramos manter apenas reações características de cada um dos grupos funcionais apresentados, a fim de atender às necessidades de conhecimento de estudantes de cursos de agronomia, bioquímica, ciências biológicas, enfermagem, farmácia, engenharia de alimentos, engenharia ambiental, engenharia florestal, engenharia química, nutrição, química e outros de áreas afins.

Mantendo a linha das edições anteriores, procuramos ser rigorosos com o uso das regras mais atuais de nomenclatura de compostos orgânicos da IUPAC. Também chamamos a atenção para o uso de símbolos e termos diversos como *cis*, *trans*, *R*, *S*, *E*, *Z*, D*H* e *K*, que estão mostradas em itálico conforme recomendado pela IUPAC.

O texto foi todo revisado de acordo com as novas regras gramaticais, e nesse sentido, os nomes de alguns compostos aparecem um pouco diferentes do observado na edição anterior.

De acordo com as novas regras gramaticais instituídas no país, os nomes de alguns compostos poderiam ser hifenizados como, por exemplo, ciclo-hexano. Entretanto, assim como na edição anterior, a hifenização não foi adotada, uma vez esse procedimento é contrário às normas da IUPAC, prevalecendo, portanto, a citação cicloexano, que também atende as regras gramaticais da língua portuguesa.

Buscando-se melhoria e atualizações no texto, várias inclusões e modificações foram feitas nos capítulos de modo a tornar o livro mais didático e de fácil uso. Assim, as seguintes modificações foram realizadas:

No início de cada capítulo foi incluído um pequeno resumo, cujo objetivo é apresentar uma visão geral sobre o conteúdo a ser estudado.

Objetivos instrucionais (objetivos de aprendizagem) estão apresentados de modo a orientar o estudante sobre pontos importantes a serem considerados durante o estudo de cada capítulo.

Testes foram inseridos ao final de algumas seções para auxiliar na avaliação sequencial de aprendizagem do conteúdo. As respostas de todos os testes foram incluídas ao final do livro.

Foram incluídos diversos exercícios novos ao final de cada capítulo, cujas respostas estão disponíveis no site de apoio da editora. Isso possibilita ao estudante avaliar seu desempenho durante o estudo da matéria.

Para professores, foi preparado um material didático em Power Point que está disponível na Sala Virtual do livro (sv.pearson.com.br).

A editoração gráfica do texto foi feita utilizando-se a cor azul para destaques pontuais. Por exemplo, as fórmulas estruturais apresentam destaque azul para substituintes e grupos funcionais considerados. Esse procedimento facilita a correlação entre as fórmulas estruturais e os nomes dos compostos. A representação dos mecanismos de reação também apresenta destaque azul enfatizando as modificações ocorridas nos grupos funcionais.

Alguns capítulos tiveram os títulos alterados, tornando-os mais apropriados à descrição do conteúdo.

Aspectos históricos, de grande relevância para o desenvolvimento da química, são frequentemente abordados ao longo do texto.

A aplicação comercial ou caseira de diversas substâncias é discutida em todos os capítulos, de modo a mostrar ao estudante a utilidade prática da química orgânica.

Essa nova edição é o resultado de nosso esforço contínuo para oferecer aos leitores diversos um material atraente e útil. Assim como ocorreu nas edições anteriores, esperamos poder contar com sugestões e críticas de nossos colegas e estudantes de todo o Brasil para que possamos continuar adequando o texto às reais necessidades de todos.

Luiz C. A. Barbosa
Viçosa – MG
Dezembro de 2010

Lista de abreviaturas e símbolos

AMCPB	Ácido meta-cloroperbenzoico
Ar	Grupo aril(a)
Bu	Grupo butil(a)
BuLi	Butilítio
Cat.	Indica que o ácido é usado em quantidade catalítica
Conc.	Concentrado
DBN	1,5-Diazabiciclo[4.3.0]non-5-eno
DBU	1,8-Diazabiciclo[5.4.0]undec-7-eno
DCM	Diclorometano
E_d	Energia de dissociação de ligação
Et	Grupo etil(a)
HMPA	Hexametilfosforotriamida
hv	Radiação eletromagnética
IC50	Concentração que causa 50% de inibição no crescimento (do inglês "Inhibitory Concentration")
M	Massa molar
Me	Grupo metil(a)
MTBE	*tert*-Butil metil éter
PCC	Clorocromato de piridínio
Ph ou ϕ	Grupo fenil(a)
R	Grupo alquil(a)
T_e	Temperatura de ebulição
T_f	Temperatura de fusão
THF	Tetraidrofurano
u	Unidade de massa atômica
μ	Momento de dipolo
Δ	Aquecimento
↷	Representa o movimento de dois elétrons
↷	Representa o movimento de um elétron
$\rightleftharpoons$ ou $\rightleftharpoons$	Representa equilíbrio químico
$[\alpha]$	Rotação específica
ρ	Densidade

Capítulo 1

Estrutura e propriedades de moléculas orgânicas

Resumo

Este capítulo tem como objetivo geral revisar alguns conceitos básicos necessários para a aprendizagem efetiva do conteúdo da química orgânica. Com esse intuito foram apresentados de forma resumida os seguintes tópicos: conceito de ligações iônica e covalente; conceitos de hibridação; polaridade de ligações e de moléculas; representação de fórmulas estruturais de compostos orgânicos; isomeria constitucional; estruturas de ressonância; forças intermoleculares e suas relações com propriedades físicas; solubilidade de compostos orgânicos em solventes apolares e em água; e conceitos e reações de ácidos e bases.

Objetivos de aprendizagem

Após o estudo deste capítulo você deverá ser capaz de:

- Explicar os conceitos de ligações iônicas e covalentes, apresentando exemplos para cada caso.
- Representar as fórmulas estruturais de compostos orgânicos.
- Representar fórmulas de Lewis e estruturas de ressonância para compostos orgânicos e inorgânicos e calcular cargas formais.
- Prever o momento de dipolo resultante de moléculas simples e correlacionar essa propriedade com a polaridade de moléculas.
- Explicar o conceito de isomeria constitucional e apresentar exemplos.
- Correlacionar forças intermoleculares com propriedades físicas de compostos orgânicos.
- Explicar o conceito de ligação de hidrogênio e apresentar exemplos de moléculas capazes de realizar esse tipo de ligação.
- Apresentar exemplos de ácidos e bases de acordo com os conceitos de Brönsted-Lowry e de Lewis e prever os produtos de reações envolvendo ácidos e bases.

Os átomos são formados por nêutrons, prótons e elétrons. Os prótons são partículas carregadas positivamente, e os nêutrons não possuem carga. Essas duas partículas constituem o núcleo atômico e são virtualmente responsáveis pela massa atômica. Os elétrons são carregados negativamente e se encontram circulando o núcleo. Cada átomo contém um número de elétrons igual ao de prótons e, por consequência, é eletricamente neutro. A massa dos elétrons é desprezível, comparada à massa dos prótons e nêutrons.

O volume ocupado pelos elétrons, denominado eletrosfera, é extremamente maior que o tomado pelo núcleo. Só como exemplo, se todo o volume ocupado pelos elétrons em uma moeda de 5,5 gramas de níquel fosse tomado por prótons e nêutrons, ela pesaria aproximadamente 100 milhões de toneladas.

Uma vez que os elétrons são responsáveis por praticamente todo o volume dos átomos, eles têm um papel predominante sobre as propriedades químicas e físicas dos elementos e compostos químicos.

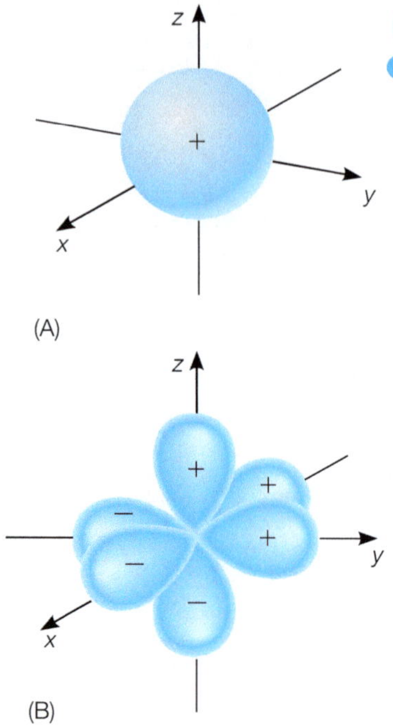

Figura 1.1 Representação dos orbitais *s* (A) e *p* (B).

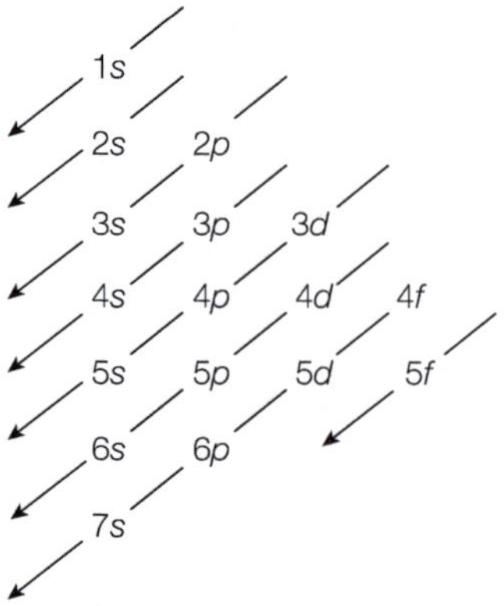

Figura 1.2 Diagrama para a determinação da ordem aproximada de preenchimento dos orbitais.

Orbitais atômicos

O orbital atômico é a região do espaço onde é mais provável encontrar o elétron. Ele representa, portanto, a distância em que há maior probabilidade de se encontrar o elétron a partir do núcleo, bem como a forma e a orientação geométrica do espaço ocupado por ele, e também seu spin.

Os orbitais atômicos são designados pelas letras *s*, *p*, *d* e *f*. Os orbitais *s* são esféricos e os *p* têm a forma de halteres, conforme representados na Figura 1.1.

Os orbitais atômicos localizam-se em vários níveis de energia ou camadas, que são designadas pelos números 1, 2, 3, 4, 5, 6 e 7. À medida que o número da camada aumenta, cresce a distância em que há maior probabilidade de se encontrar o elétron a partir do núcleo.

A primeira camada tem um orbital *s* denominado 1*s*; a segunda, um orbital *s* (2*s*) e três orbitais *p* ($2p_x$, $2p_y$ e $2p_z$); e a terceira, um orbital *s* (3*s*), três orbitais *p* ($3p_x$, $3p_y$ e $3p_z$) e cinco orbitais *d*. Cada orbital pode comportar no máximo dois elétrons, que possuem spins opostos (+1/2 e −1/2).

No preenchimento dos orbitais atômicos, os elétrons ocupam sempre os níveis de menor energia possível. Esse procedimento é conhecido como princípio de Aufbau.[1] A ordem aproximada de preenchimento dos orbitais atômicos pode ser obtida por meio do diagrama apresentado na Figura 1.2, bastando seguir a direção das setas.

Exemplos da configuração eletrônica de alguns elementos são apresentados no Quadro 1.1.

Quadro 1.1 Configuração eletrônica de alguns elementos químicos

Elemento	Nº atômico	Nº e⁻	Configuração eletrônica
H	1	1	$1s^1$
He	2	2	$1s^2$
Li	3	3	$1s^22s^1$
Be	4	4	$1s^22s^2$
B	5	5	$1s^22s^22p^1$
C	6	6	$1s^22s^22p^2$
N	7	7	$1s^22s^22p^3$
O	8	8	$1s^22s^22p^4$
F	9	9	$1s^22s^22p^5$
Ne	10	10	$1s^22s^22p^6$
Ar	18	18	$1s^22s^22p^63s^23p^6$

Ligações químicas

Os átomos, apesar da neutralidade elétrica, são, em sua maioria, espécies instáveis e reativas. Eles tendem a se combinar, formando os mais diversos tipos de compostos. Nestes, os átomos são mantidos unidos por meio de ligações químicas. Essas ligações envolvem sempre os elétrons de sua camada de valência (a mais externa). Uma ligação química entre dois átomos será formada se houver redução na energia do sistema resultante,

1 Aufbau: palavra alemã que significa 'construção'.

em comparação ao conteúdo de energia dos átomos separados. Em outras palavras, toda vez que uma ligação química é formada ocorre liberação de energia. Quanto maior for a quantidade de energia liberada, mais forte será a ligação. Como consequência, para quebrar uma ligação química, é necessária uma quantidade de energia igual à liberada na ocasião de sua formação. A maneira como um átomo se ligará a outro dependerá da natureza de ambos e de suas distribuições eletrônicas. A seguir será feita uma breve discussão sobre os dois tipos de ligações químicas comumente encontradas em compostos inorgânicos e orgânicos.

Ligação iônica

A ligação iônica resulta da atração eletrostática de íons de cargas opostas. Geralmente ela é formada entre dois átomos cujos valores de eletronegatividade são bastante distintos. O átomo menos eletronegativo perde um elétron (ou mais de um), tornando-se um íon positivo (cátion). Já o átomo mais eletronegativo recebe um ou mais elétrons, tornando-se um íon carregado negativamente (ânion). A atração eletrostática entre os íons resulta na liberação de energia, com a consequente estabilização do sistema.

Quando os elementos ganham ou perdem elétrons, a configuração eletrônica de sua camada de valência tende a ficar com oito elétrons, como a maioria dos gases nobres.

Por exemplo, o sódio possui configuração eletrônica $1s^22s^22p^63s^1$ e, ao perder um elétron, transforma-se em um cátion com oito elétrons na camada de valência e configuração $1s^22s^22p^6$ correspondente à configuração do neônio (Quadro 1.1). O cloro, por sua vez, possui configuração eletrônica $1s^22s^22p^63s^23p^5$ e, ao receber um elétron, transforma-se no íon com configuração $1s^22s^22p^63s^23p^6$, correspondente à configuração do gás nobre argônio. Esses dois íons se atraem formando o cloreto de sódio (NaCl).

Alguns exemplos de compostos inorgânicos iônicos e as respectivas distribuições eletrônicas dos íons envolvidos são:

NaCl:	Na^+	$(1s^22s^22p^6)$,	Cl^-	$(1s^22s^22p^63s^23p^6)$
$MgCl_2$:	Mg^{2+}	$(1s^22s^22p^6)$,	Cl^-	$(1s^22s^22p^63s^23p^6)$
CaF_2:	Ca^{2+}	$(1s^22s^22p^63s^23p^6)$	F^-	$(1s^22s^22p^6)$

Note que nos compostos iônicos deve haver um balanço de cargas negativas e positivas. Por exemplo, como o íon cálcio tem carga 2+ e o íon fluoreto possui carga 1−, a proporção entre eles é de um cálcio para dois fluoretos.

A ligação iônica pode também ocorrer no caso de sais orgânicos, conforme será ilustrado nos próximos capítulos.

Teste 1.1

Escreva as fórmulas dos seguintes compostos iônicos: brometo de potássio, sulfeto de sódio, fluoreto de césio.

Ligação covalente

Uma ligação é denominada covalente quando os átomos envolvidos compartilham um ou mais pares de elétrons. Normalmente, a diferença de eletronegatividade entre os átomos que formam uma ligação covalente é pequena ou nula.

Considere, por exemplo, a molécula do hidrogênio (H_2). A ligação covalente H–H resulta do compartilhamento de elétrons dos dois átomos de hidrogênio, elétrons estes que são representados por pontos.

$$H\cdot \ + \ H\cdot \longrightarrow H{:}H \ + \ 435 \text{ kJ mol}^{-1}$$

A formação da ligação H–H ocorre com liberação de 435 kJ mol^{-1}. Portanto, para quebrar essa ligação é necessário fornecer a mesma quantidade de energia.

A seguir são mostrados exemplos de compostos formados por ligações covalentes. Na primeira linha, foram representados todos os pares de elétrons das estruturas. Entretanto, a forma mais comum de representar um par de elétrons envolvido em uma ligação covalente é por meio de um traço (–), conforme ilustrado pela segunda sequência de estruturas mostradas a seguir. As estruturas em que os pontos são utilizados para representar os elétrons são denominadas estruturas de Lewis, em homenagem ao químico norte-americano **Gilbert N. Lewis**. O uso de traços para representar uma ligação covalente foi primeiro proposto por August Kekulé, e como consequência às vezes as estruturas em que os traços são utilizados são também chamadas de estruturas de Kekulé. Observe nos exemplos que nem todos os elétrons de valência estão envolvidos nas ligações covalentes. Aqueles elétrons que não têm participação na formação das ligações químicas são denominados não ligantes.

Gilbert Newton Lewis (1875-1946), químico norte-americano, Ph.D. pela Universidade de Harvard (1899), foi professor no Massachusetts Institute of Technology (MIT) e na Universidade da Califórnia em Berkeley.

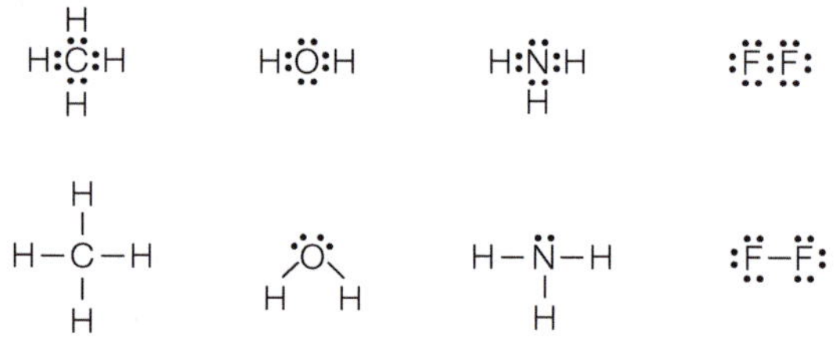

Ao se escreverem as fórmulas estruturais, os pares de elétrons não ligantes podem ou não ser representados, dependendo do que se deseja enfatizar. A estrutura de Lewis de uma molécula ou íon, entretanto, mostra, além dos símbolos dos elementos, unidos por pontos ou linhas para representar as ligações covalentes, pares de pontos representando os elétrons não ligantes.

Nesses exemplos, vê-se que o número total de elétrons na camada mais externa do H é dois e nas de C, N, O e F, oito. Logo, a maioria dos elementos forma ligações covalentes, de modo que se alcance o octeto, ou seja, oito elétrons no último nível ocupado.

O átomo de flúor contém sete elétrons de valência e precisa compartilhar apenas um elétron (com um hidrogênio, um carbono ou com outro flúor) para alcançar o octeto. Dessa forma, ele é capaz de fazer apenas uma ligação. Por sua vez, o oxigênio contém seis elétrons de valência, compartilhando, portanto, dois desses elétrons mediante a formação de duas ligações covalentes. Já o carbono, que possui quatro elétrons de valência, deve compartilhar todos eles, fazendo quatro ligações.

Os elementos mais comumente encontrados em compostos orgânicos e o número de ligações que eles normalmente fazem são: C (4), N (3), O e S (2), H, F, Cl, Br e I (1). Deve ficar claro nesse ponto que o oxigênio pode participar de três ligações, e o nitrogênio, de quatro, conforme veremos posteriormente. Nesses casos os elementos suportarão uma carga positiva. O enxofre poderá realizar mais de duas ligações, tendo até mesmo mais que oito elétrons na camada de valência.

A covalência requerida por um átomo para alcançar o octeto não deve necessariamente ser atingida apenas por meio de ligações simples. Os átomos podem também se unir por meio de ligações duplas e tríplices. Como exemplo, as quatro ligações covalentes do carbono podem ser realizadas da seguinte forma:

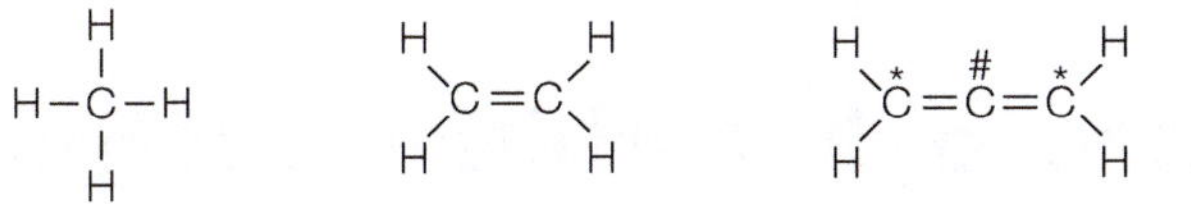

4 simples — 2 simples e 1 dupla — # 2 duplas; * 2 simples e 1 dupla

1 simples e 1 tríplice — 1 simples e 1 tríplice

No caso do HCN observe que o átomo de nitrogênio alcança o octeto, realizando uma ligação tríplice com o átomo de carbono.

Em resumo, ao representar a estrutura de Lewis de compostos químicos lembre-se de que:

1. Uma ligação química covalente simples é representada por uma linha entre dois elementos químicos.
2. Um par de elétrons não ligantes é representado por dois pontos.
3. Números positivos e negativos são colocados juntos a átomos para representar cargas formais que estes possuem. A carga formal é igual à diferença entre o número de elétrons do átomo livre e o número de elétrons atribuído a esse átomo na estrutura de Lewis. Esse número de elétrons atribuído corresponde à soma entre o número de elétrons não ligantes e à metade do número de elétrons das ligações que o átomo realiza.

$$\text{Carga formal} = \left[\begin{array}{c}\text{Nº de elétrons}\\ \text{de valência do}\\ \text{átomo livre}\end{array}\right] - \left[\begin{array}{c}\text{Nº de elétrons}\\ \text{não ligantes}\\ \text{do átomo no}\\ \text{composto}\end{array}\right] - \frac{1}{2}\left[\begin{array}{c}\text{Nº de elétrons}\\ \text{das ligações que}\\ \text{o átomo realiza}\end{array}\right]$$

Para ilustrar o cálculo da carga formal, considere os casos do cloreto de amônio (NH_4Cl) e do íon hidrônio (H_3O^+):

Fórmula	Átomo	Nº de elétrons de valência do átomo livre	Nº de elétrons não ligantes	Nº de elétrons das ligações	Carga formal
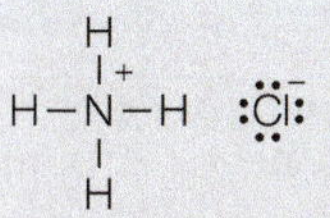	H N Cl	1 5 7	0 0 8	2 8 0	0 +1 –1
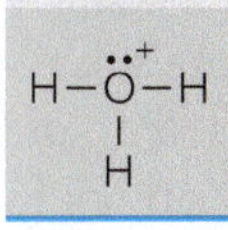	H O	1 6	0 2	2 6	0 +1

Deve ficar claro que a carga formal não representa exatamente o valor da carga sobre o átomo. No NH_4^+, por exemplo, a carga positiva, embora representada sobre o átomo de nitrogênio, é na realidade dispersa em parte sobre os átomos de hidrogênio. Existem métodos computacionais que nos permitem calcular a densidade de carga sobre cada átomo em um determinado composto. Esses cálculos fogem aos objetivos deste livro.

Teste 1.2

Represente as fórmulas de Lewis para os compostos a seguir e calcule as cargas formais para cada um dos átomos.

a) KCN b) NaOH c) $(CH_3)_4NF$ d) NH_3 e) HNO_2

Hibridação dos orbitais e forma tridimensional das moléculas

Até o momento discutiu-se apenas a respeito do número de ligações que cada átomo deve fazer para alcançar a estabilidade eletrônica, o que significa, na maioria das vezes, conter oito elétrons na camada de valência. Agora será discutido como os átomos de uma molécula se arranjam no espaço.

Para compreender o arranjo espacial dos átomos em dada molécula, é necessário considerar inicialmente a hibridação dos orbitais atômicos. É a teoria da hibridação que fornece explicações para a geometria observada nas moléculas.

Orbitais híbridos sp^3

O composto orgânico mais simples é o gás metano, CH_4. Para satisfazer a valência de todos os cinco átomos, os hidrogênios devem unir-se ao carbono por meio de ligações simples, denominadas ligações sigma (σ).

No estado fundamental, a configuração eletrônica do átomo de carbono é $1s^22s^22p^2$. Com essa distribuição eletrônica, o carbono não é capaz de se ligar a quatro átomos de hidrogênio, mas apenas a dois. Para melhor compreensão desse fato, basta representar os orbitais em forma de 'caixas', como mostrado a seguir:

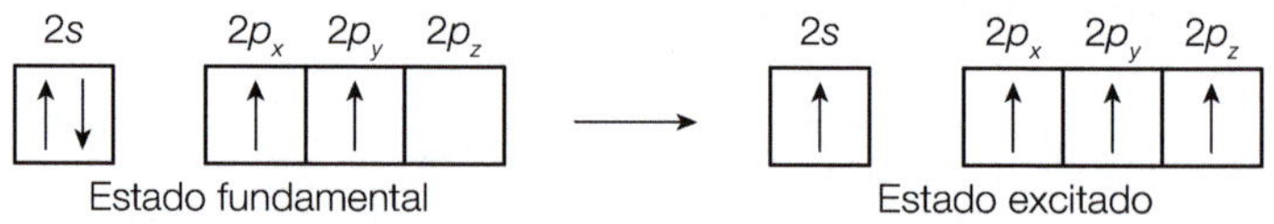

Se, no entanto, um elétron do orbital $2s$ for transferido para o orbital $2p$ vazio, o carbono passará a ter quatro elétrons desemparelhados (estado excitado), sendo, portanto, capaz de fazer quatro ligações. Desse modo, explica-se a tetravalência do átomo de carbono.

Porém, se os átomos de hidrogênio se ligassem aos orbitais $2s$, $2p_x$, $2p_y$ e $2p_z$, os ângulos entre as ligações H–C–H não corresponderiam ao valor experimental de 109,47°, pois o ângulo entre os orbitais p é de 90°. Também não seriam iguais todos os comprimentos das ligações C–H, pois o orbital $2s$ possui raio diferente do dos orbitais $2p$. O que acontece, na verdade, é uma hibridação dos orbitais s e p, dando origem a quatro novos orbitais denominados híbridos sp^3.

Na Figura 1.3 é mostrada uma representação dos níveis de energia relativa dos orbitais originais s e p do carbono e dos orbitais híbridos sp^3. Note que o número de orbitais híbridos é igual ao número de orbitais originais. Os quatro orbitais híbridos possuem a mesma energia, sendo esta menor que a dos orbitais p e maior que a do orbital s. Cada orbital sp^3 possui um elétron, o que possibilita a cada um realizar uma ligação covalente.

O ângulo entre os orbitais híbridos sp^3 é de 109,47°; dessa forma, a distância entre eles é máxima, minimizando assim a repulsão entre os elétrons. Na Figura 1.4 pode-se observar uma representação simplificada da combinação

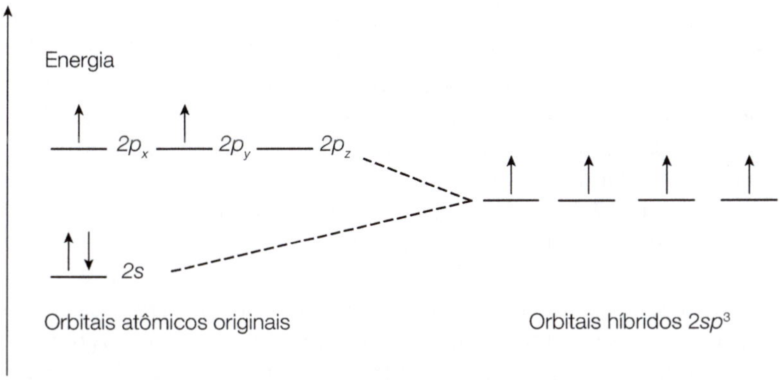

Figura 1.3 Representação dos níveis de energia dos orbitais originais e dos orbitais híbridos sp^3 do átomo de carbono.

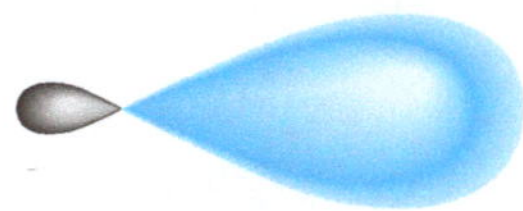

Figura 1.5 Representação de um orbital sp^3.

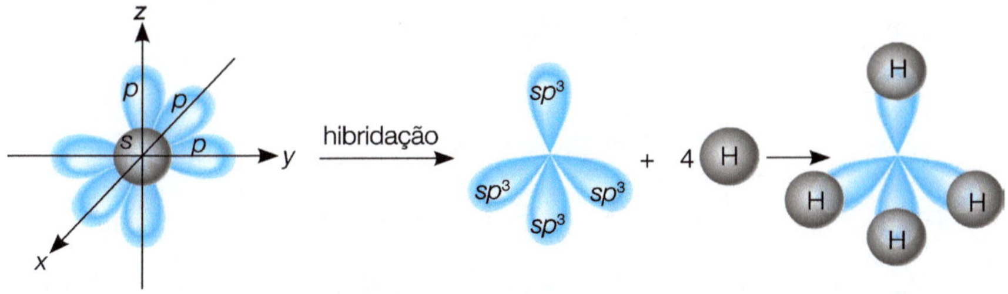

Figura 1.4 Combinação de três orbitais *p* e um orbital *s*, para formar quatro orbitais híbridos sp^3, e representação da interpenetração do orbital 1*s* de quatro átomos de hidrogênio com os orbitais sp^3 do carbono, para formar o metano.

dos orbitais *s* e *p* do carbono para formar os orbitais híbridos, e a combinação destes com quatro átomos de hidrogênio, resultando na formação do CH_4.

Como os orbitais híbridos são formados a partir de orbitais *s* e *p*, sua forma é mais bem representada pela Figura 1.5. Nota-se que eles se parecem com os orbitais *p*, sendo um dos lóbulos maior que o outro. Para não tornar a Figura 1.4 muito complicada, foi representado apenas o lóbulo maior de cada orbital sp^3.

A geometria da molécula de metano é dependente da geometria dos orbitais sp^3, sendo, portanto, representada conforme ilustrações na Figura 1.6.

O átomo de carbono ocupa o centro de um tetraedro, e os átomos de hidrogênio ocupam seus vértices. O ângulo entre as ligações H–C–H é de 109,47°, sendo denominado tetraédrico. Esse é o arranjo espacial em que a distância entre os átomos de hidrogênio é máxima e, consequentemente, a repulsão entre os elétrons das ligações C–H é minimizada. Assim, as ligações sigma entre o carbono e os átomos de hidrogênio na molécula do metano são formadas pela superposição dos orbitais $2sp^3$ do carbono com os orbitais 1*s* de cada hidrogênio.

Como na molécula de metano, todo carbono que se encontrar ligado a quatro outros átomos ou grupo de átomos, apenas por meio de ligações σ, terá hibridação sp^3, ou seja, geometria tetraédrica. O tetracloreto de carbono, por exemplo, tem a mesma geometria do metano, veja:

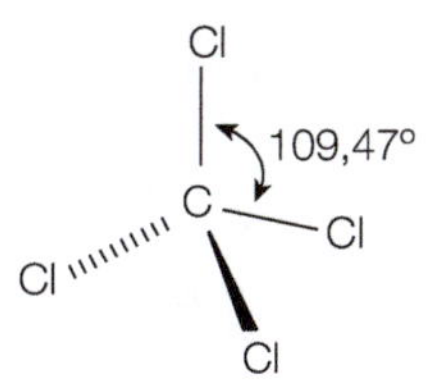

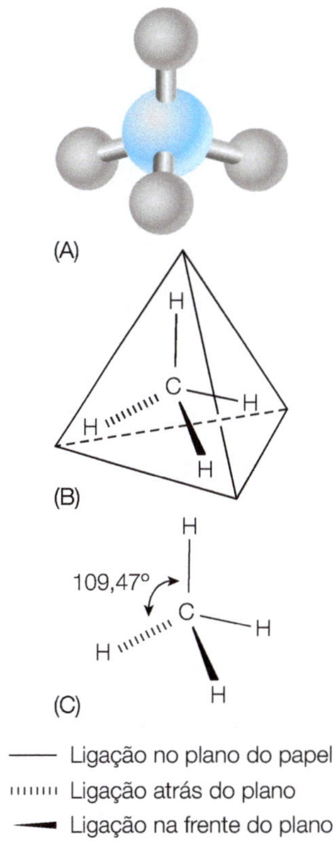

Figura 1.6 Representações da estrutura tridimensional do CH_4. Na Figura A é ilustrado o modelo de bolas e varetas, e nas figuras B e C observa-se como os átomos de hidrogênio ocupam os vértices de um tetraedro, e o carbono, o centro dele.

Quando os átomos ou grupos ligados ao carbono sp^3 forem diferentes, haverá um desvio, geralmente pequeno, em relação ao ângulo tetraédrico.

Além do carbono, outros elementos como o oxigênio e o nitrogênio também podem ter hibridação sp^3. Nesses dois casos, as distribuições eletrônicas nas camadas de valência, antes e depois da hibridação dos orbitais, são as ilustradas na Figura 1.7.

Como o oxigênio contém dois elétrons desemparelhados, ele poderá fazer duas ligações σ. O ângulo observado entre as ligações H–O–H é de 104,5°, ou seja, inferior ao ângulo tetraédrico de 109,47°. Pode-se desenhar uma estrutura tetraédrica da molécula de água colocando dois pares de elétrons não ligantes em dois vértices e dois hidrogênios nos outros dois.

A redução do ângulo entre as ligações H–O–H para 104,5° pode ser explicada em razão da maior repulsão entre os elétrons não ligantes quando comparada à repulsão entre os elétrons que participam das ligações O–H. Levando-se em conta apenas os átomos de hidrogênio e oxigênio, a geometria da molécula de água é denominada *angular*.

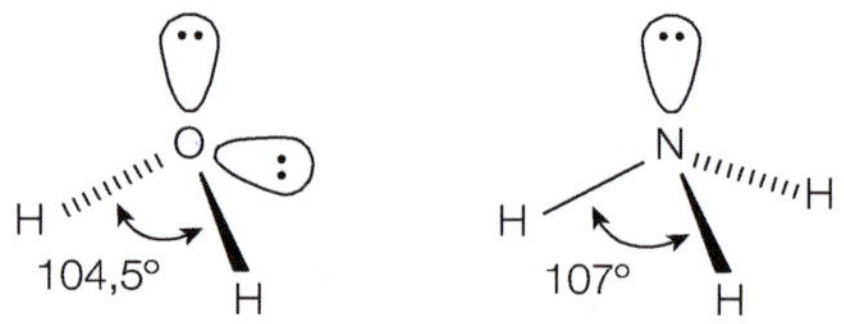

No caso da molécula de amônia (NH_3), os ângulos entre as ligações H–N–H observados são de 107°, ou seja, também menores que 109,47°. Esse desvio pode ser explicado considerando-se que ocorre maior repulsão entre o par de elétrons não ligantes e os pares de elétrons das ligações N–H, quando comparada às interações dos elétrons ligantes entre si. A geometria da molécula de amônia representada anteriormente é denominada *piramidal*.

Orbitais híbridos sp^2

O hidrocarboneto mais simples representativo de moléculas que apresentam átomos de carbono com hibridação do tipo sp^2 é o eteno ($CH_2{=}CH_2$). Nesse caso, os átomos de carbono encontram-se ligados por meio de duas ligações, sendo uma delas do tipo σ e a outra do tipo π. A fórmula estrutural para esse composto é representada da seguinte forma:

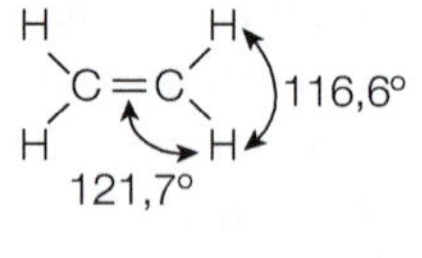

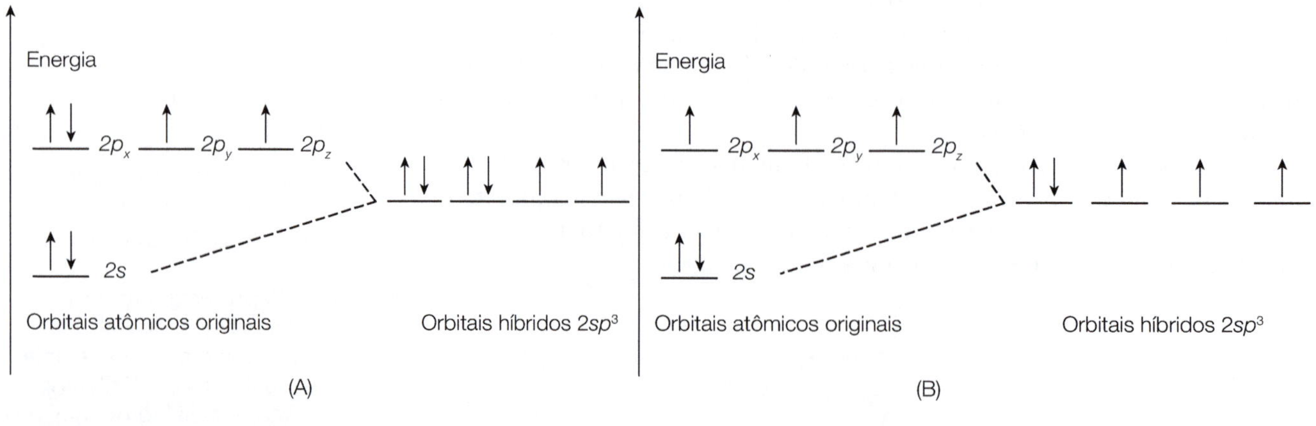

Figura 1.7 Distribuição eletrônica da camada de valência dos átomos de oxigênio (A) e de nitrogênio (B), antes e depois da hibridação.

O ângulo entre uma e outra ligação é de aproximadamente 120°. Para explicar a geometria dessa molécula e a existência de uma ligação dupla entre os átomos de carbono, outro tipo de hibridação deve ser considerado. Nesse caso, o orbital 2*s* e dois orbitais 2*p* de carbono são combinados para formar três orbitais híbridos sp^2. Esses orbitais são direcionados para os vértices de um triângulo equilátero (Figura 1.8) e, consequentemente, a repulsão entre os elétrons que os ocuparem será a mínima possível. Evidentemente, o ângulo entre esses orbitais é de 120°, e o orbital 2*p* que não participou da hibridação permanece perpendicular ao plano ocupado pelos orbitais híbridos.

A aproximação entre dois átomos de carbono hibridados sp^2 leva à formação da ligação σ (sp^2–sp^2) por meio da superposição frontal entre um orbital sp^2 de cada átomo, enquanto a interpenetração lateral entre os orbitais 2*p* resulta na formação da ligação π. Os orbitais $2sp^2$ restantes combinam-se com os orbitais 1*s* dos átomos de hidrogênio (quatro no total), completando, dessa forma, as valências dos átomos de carbono na molécula do eteno (Figura 1.9).

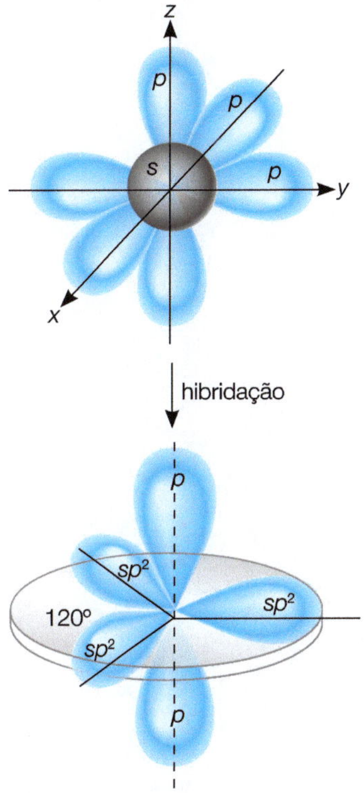

Figura 1.8 Representação da combinação de dois orbitais *p* e um orbital *s* para formar três orbitais híbridos sp^2.

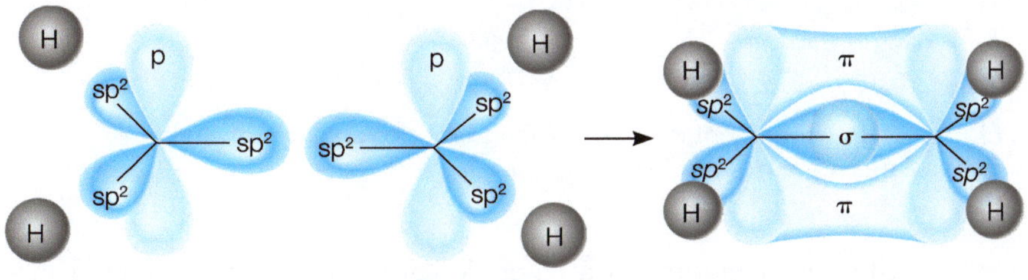

Figura 1.9 Combinação dos orbitais sp^2 e *p* de dois átomos de carbono e quatro átomos de hidrogênio (orbital *s*) para formar o eteno.

Em resumo, todo átomo de carbono que formar uma ligação dupla apresentará hibridação sp^2, e o ângulo formado com quaisquer dois átomos ou grupos ligados a um deles será de aproximadamente 120°.

O oxigênio e o nitrogênio, que também participam de uma ligação dupla, apresentam hibridação sp^2, conforme exemplificado a seguir:

Teste 1.3

Esquematize os orbitais das espécies CH_3^+, CH_3^-, BF_3, indicando a geometria de cada uma delas.

Orbitais híbridos *sp*

O átomo de carbono que se liga a outros átomos por meio de duas ligações σ e duas π apresenta hibridação *sp*. Nesse caso, um orbital 2*s* combina-se com um orbital 2*p* para formar dois orbitais híbridos *sp*, sendo o ângulo entre eles de 180°. Os outros dois orbitais 2*p* que não participaram da hibridação encontram-se perpendiculares ao plano dos orbitais *sp* (Figura 1.10). O hidrocarboneto mais simples em que o carbono apresenta hibridação *sp* é o acetileno (HC≡CH). A ligação σ (C–C) é formada pela superposição frontal dos orbitais híbridos 2*sp* de cada um dos átomos de carbono, enquanto as duas ligações π (C–C) são formadas pela superposição lateral entre os orbitais 2*p* paralelos de cada carbono. Já as ligações σ (C–H) são formadas pela combinação dos orbitais 1*s* dos hidrogênios com os orbitais 2*sp* dos carbonos (Figura 1.10).

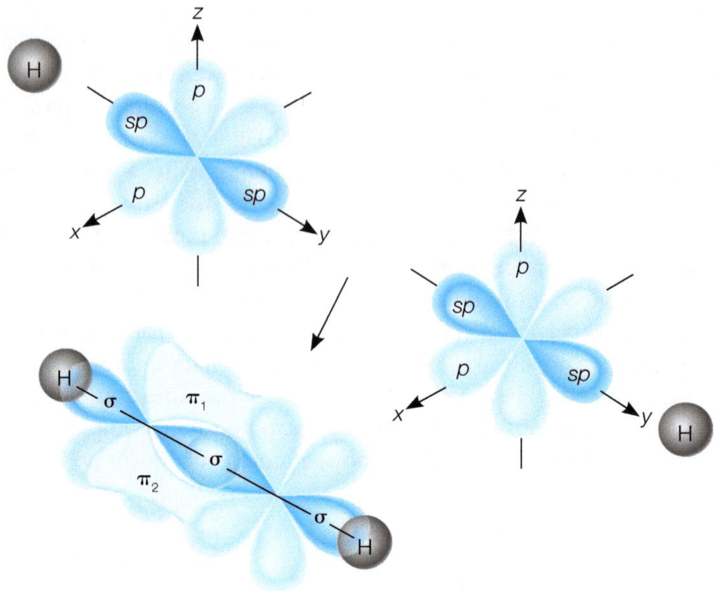

Figura 1.10 Representação dos orbitais híbridos *sp* e dos orbitais moleculares σ e π do acetileno.

A hibridação *sp* para os átomos de carbono não se restringe à formação da ligação tríplice carbono-carbono. O átomo central do aleno (CH_2=C=CH_2) e os átomos de carbono e nitrogênio na molécula do HCN, por exemplo, também apresentam hibridação *sp*.

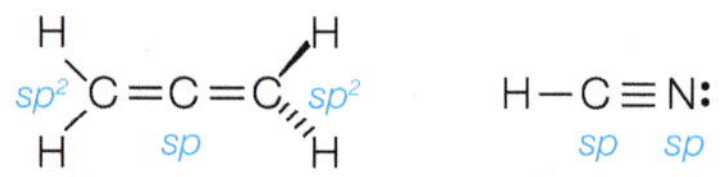

Analogamente aos casos de hibridação do tipo sp^3 e sp^2 observados nos átomos de oxigênio e nitrogênio, também é possível encontrar compostos cujos átomos de nitrogênio apresentem hibridação do tipo *sp*. Isso ocorre em moléculas em que o átomo de nitrogênio participa de uma ligação tríplice, conforme mostrado no exemplo anterior.

Teste 1.4

Esquematize os orbitais do composto denominado *perfluoroaleno* (CF_2=C=CF_2), indicando a hibridação de cada um dos átomos de carbono e a geometria dessa molécula.

Fórmulas estruturais dos compostos orgânicos e isomeria constitucional

Fórmulas estruturais

As fórmulas químicas estão entre as muitas marcas registradas dos químicos. Até este ponto foram apresentadas as fórmulas de diversos compostos orgânicos. A fórmula molecular nos informa apenas sobre a composição elementar dos compostos, sem dar qualquer indicação de como os átomos estão unidos uns aos outros. Por outro lado, as fórmulas estruturais representam com alguns detalhes como os átomos se unem para formar as moléculas. Existem várias maneiras de representar as fórmulas estruturais dos compostos orgânicos, como ilustrado para o caso de um composto de fórmula molecular C_8H_{18}.

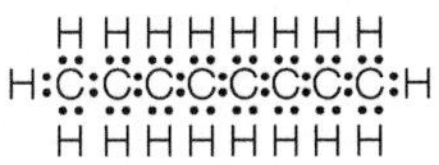

Fórmula de pontos ou de Lewis

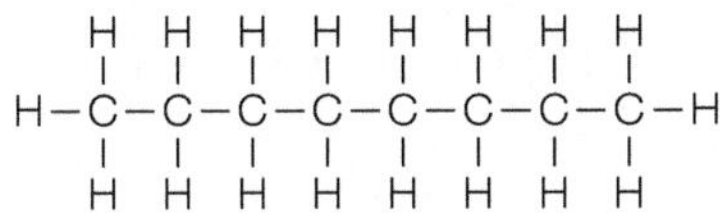

Fórmula de traços ou de Kekulé

$CH_3CH_2CH_2CH_2CH_2CH_2CH_2CH_3$

Fórmula condensada

Fórmula de linhas

Observe que na primeira representação todos os elétrons de valência são indicados por pontos, e na segunda estrutura utilizam-se traços para representar os pares de elétrons que participam das ligações entre os átomos de carbono e de hidrogênio. Elas são denominadas *fórmula de pontos* e *de traços*, respectivamente. Essas representações são também conhecidas como *fórmulas de Lewis*, conforme mencionado. A fórmula de traços é às vezes também conhecida como *fórmula de Kekulé*.

Na fórmula condensada as ligações entre os átomos não são representadas. Essa representação pode ser ainda mais simplificada, como $CH_3[CH_2]_6CH_3$. Nesse caso, a unidade que se repete (CH_2) é colocada entre colchetes e um índice é adicionado para indicar o número de unidades presentes.

Para moléculas com muitos átomos, essas três representações podem se tornar confusas e às vezes inconvenientes. Em vista disso, os químicos encontraram uma maneira ainda mais simplificada de representar as estruturas dos compostos orgânicos. É a chamada *fórmula de linhas*. Nesse caso, o esqueleto carbônico é representado por uma linha em *zigue-zague*, na qual cada linha curta representa uma ligação. De acordo com essa representação, em cada vértice ou extremidade existe um carbono. Os átomos de hidrogênio são omitidos, sendo em número suficiente para completar a tetravalência do carbono. No caso da existência de ligações múltiplas, elas são representadas por meio de duas ou três linhas, respectivamente. Outros átomos ou grupos de átomos devem ser representados como nos exemplos a seguir:

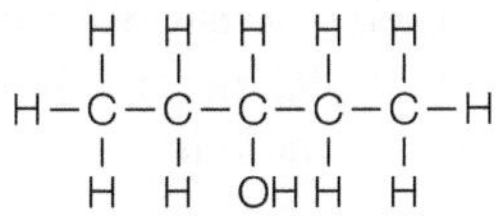

ou

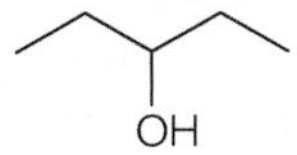

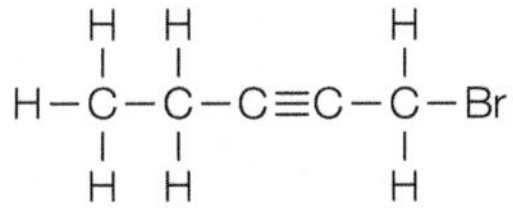

ou

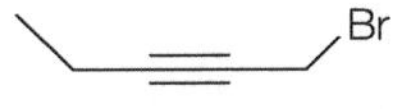

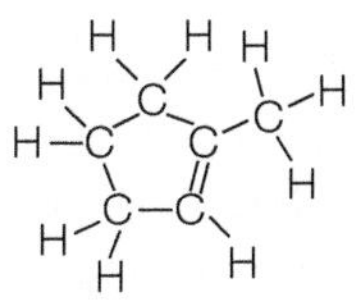

ou

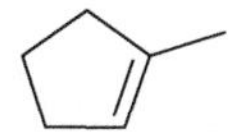

Existem ainda outras formas de representar as fórmulas estruturais dos compostos. Cabe a cada um escolher a maneira que julgar mais conveniente em função dos detalhes que deseja mostrar.

Teste 1.5

Desenhe as fórmulas de linhas e de traços (Kekulé) para os seguintes compostos:

a) $CH_3CH_2CHClCH_3$

b) $CH_2{=}CHC(CH_3)_2CH_2CH_2OH$

c) $(CH_3)_3CCH_2CCCH_2Br$

Isomeria constitucional[2]

Conforme foi dito, a fórmula molecular de um composto representa apenas os tipos e a quantidade de átomos que entram em sua constituição. Já a fórmula estrutural mostra, além disso, o arranjo dos átomos e a sequência de ligações entre eles, ou seja, ela informa exatamente como os átomos estão ligados entre si. Considere, por exemplo, o composto de fórmula molecular C_4H_{10}. Nesse caso, é possível representar as seguintes fórmulas estruturais:

$$CH_3CH_2CH_2CH_3 \quad \text{e} \quad \begin{array}{c} \;\;CH_3 \\ \;\;| \\ CH_3CHCH_3 \end{array}$$

Esses compostos têm a mesma fórmula molecular, mas, por suas fórmulas estruturais, fica evidente que as sequências em que os átomos estão ligados entre si são diferentes. Eles são, portanto, denominados isômeros constitucionais. Por exemplo, a fórmula molecular C_2H_6O pode apresentar as seguintes fórmulas estruturais:

$$CH_3CH_2OH \quad \text{e} \quad CH_3{-}O{-}CH_3$$

O primeiro composto pertence à classe dos álcoois e o segundo, à dos éteres. Eles são também isômeros constitucionais.

Outros exemplos de isômeros constitucionais são dados a seguir. Observe que todos estes cinco compostos apresentam fórmula molecular $C_4H_{10}O$, pertencendo os três primeiros à função álcool, e os dois últimos, à função éter.

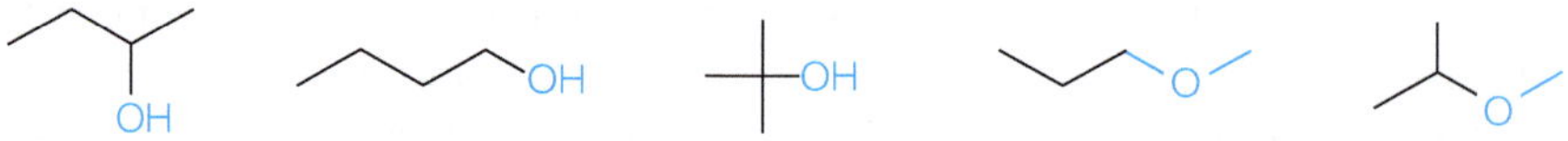

Conforme veremos posteriormente, existem ainda os estereoisômeros, compostos que diferem entre si, exclusivamente, pela disposição dos átomos no espaço. Nos estereoisômeros a conectividade entre os átomos é a mesma, de forma que eles não são considerados isômeros constitucionais.

A classificação de isômeros como de posição, de cadeia e de função, conforme aparece em alguns textos, não é recomendada pela IUPAC, não devendo, portanto, ser utilizada.

Teste 1.6

Desenhe as fórmulas de linhas para três álcoois e três éteres acíclicos que sejam isômeros constitucionais e apresentem fórmula molecular C_4H_8O.

Teste 1.7

Desenhe as fórmulas de linhas para todos os éteres cíclicos que sejam isômeros constitucionais com fórmula molecular C_4H_8O.

---

[2] O termo isomerismo estrutural foi abandonado pela International Union of Pure and Applied Chemistry (IUPAC).

Estruturas de ressonância

Em alguns casos, não é possível escrever adequadamente a estrutura eletrônica das espécies químicas (moléculas ou íons) por meio de uma única estrutura de Lewis. Considere, por exemplo, o caso do íon acetato:

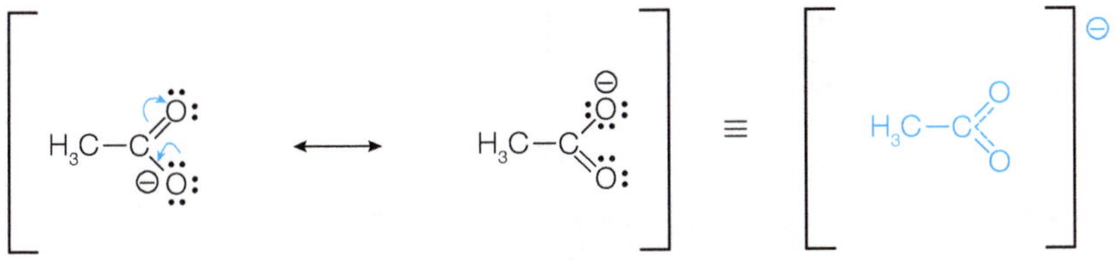

A B C

Se considerarmos a estrutura A de Lewis, uma das ligações entre o carbono e o oxigênio é simples e a outra, dupla. O mesmo acontece com a estrutura B. As duas estruturas diferem apenas na distribuição dos elétrons. A ligação C–O, que é dupla em A, é simples em B, e vice-versa. De acordo com essas representações, tais ligações deveriam ter comprimentos diferentes. Na realidade, medições por raios X mostram que as duas ligações C–O possuem exatamente o mesmo comprimento. Portanto, as fórmulas A e B não são totalmente adequadas para representar o íon acetato. A estrutura desse íon seria mais bem representada pela fórmula C, também conhecida como *híbrido de ressonância*. De acordo com essa representação, as duas ligações C–O devem ser iguais, de comprimento intermediário entre uma ligação simples e uma dupla. A ordem dessas ligações é 1,5. Isso pode parecer estranho, pois estamos acostumados a falar de ligações simples, duplas e tríplices.

Na figura anterior utilizamos uma seta de ponta dupla entre as estruturas A e B. Essa seta não representa equilíbrio químico. Ou seja, deve ficar claro que não existem duas estruturas para o íon acetato, em que uma se converte na outra, e sim uma única. Dependendo do contexto, os químicos utilizam representações do tipo A e B, também conhecidas como *estruturas de ressonância*, mesmo sendo elas aproximações. Em alguns casos, as estruturas do tipo C serão utilizadas.

Observe ainda na figura anterior que o movimento dos elétrons é representado por setas curvas. Essas setas começam na posição inicial em que se encontram os elétrons e são direcionadas para a posição em que eles se localizarão na outra estrutura. Nesses casos em que os elétrons não se encontram fixos entre dois átomos, diz-se que eles estão deslocalizados.

Apenas para ilustrar esse conceito, observe as várias estruturas de Lewis que podem ser escritas para o íon carbonato (CO_3^{2-}).

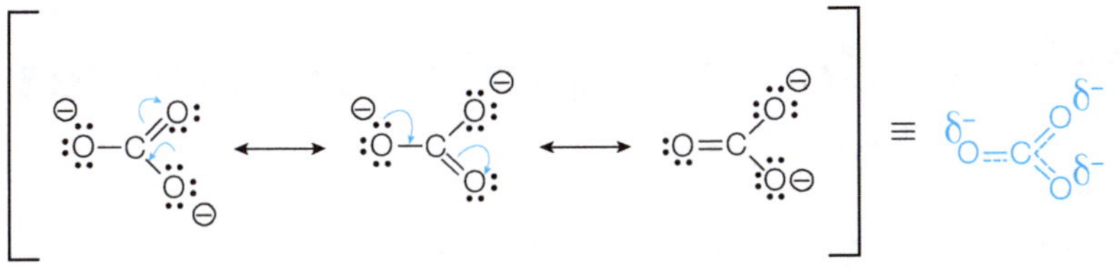

Como no caso do íon acetato, no híbrido de ressonância, as ligações são simbolizadas por uma linha simples e outra tracejada. Normalmente utilizamos o símbolo δ para representar carga parcial, ou seja, menor que a unidade. Como no íon carbonato a carga 2^- está distribuída uniformemente sobre os três átomos de oxigênio, em cada um colocamos esse símbolo, acompanhado do sinal –.

No caso dos íons acetato e carbonato todas as estruturas de ressonância representadas anteriormente são equivalentes e contribuem de forma igual para os híbridos de ressonância. Todavia isso nem sempre ocorre, como no caso do formaldeído ilustrado a seguir:

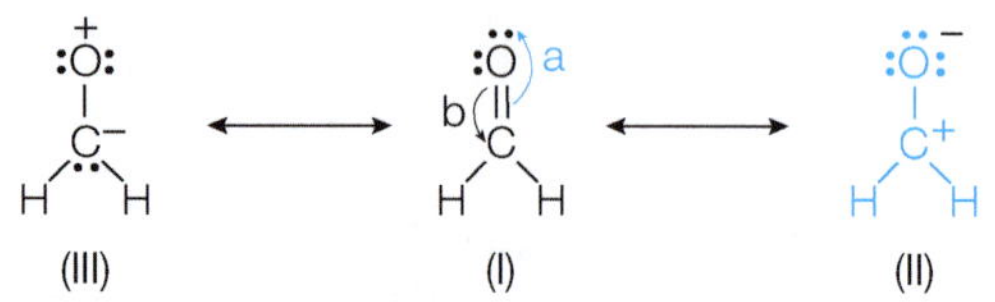

Observe que a estrutura I possui os átomos de carbono e oxigênio com oito elétrons de valência cada. A estrutura II, por outro lado, apresenta o átomo de carbono com apenas seis elétrons de valência, o que torna sua contribuição para o híbrido de ressonância menor. Já a estrutura III foi formada pelo deslocamento do par de elétrons pi (π) na direção do átomo de carbono, que é menos eletronegativo que o átomo de oxigênio. Essa situação é muito pouco provável, de modo que a contribuição dessa estrutura para o híbrido de ressonância é desprezível e esse tipo de estrutura nunca é representada.

De um modo geral, quando várias estruturas de ressonância podem ser escritas, os seguintes pontos devem ser observados:

a) As estruturas que possuem o maior número de átomos com o octeto completo contribuem mais para o híbrido de ressonância.
b) Os pares de elétrons são sempre deslocados preferencialmente na direção dos átomos mais eletronegativos.
c) No caso de estruturas que possuem cargas opostas separadas, a contribuição mais importante é dada pelas fórmulas em que a distância entre essas cargas é a menor possível.
d) No caso de alguns elementos, como enxofre e fósforo, estruturas de ressonância em que esses átomos apresentam mais de oito elétrons na camada de valência podem ser escritas.
e) No caso de íons e radicais, quanto maior o número de estruturas de ressonâncias, mais estáveis eles serão.

Considerando a grande importância das estruturas de ressonância em diversos aspectos da química orgânica, esse assunto será apresentado novamente em várias partes deste livro.

Teste 1.8

Represente as estruturas de ressonância para diazometano (CH_2N_2) e indique qual deve ser a mais importante.

Polaridade das ligações covalentes e das moléculas

Em moléculas como hidrogênio (H_2) ou cloro (Cl_2), formadas por átomos de um mesmo elemento, o compartilhamento pelo par de elétrons da ligação covalente ocorre de modo igual, visto que não há diferença de eletronegatividade entre as espécies envolvidas. Nesse caso, a ligação é denominada *covalente apolar*.

No caso de ligações formadas por átomos que possuem eletronegatividades diferentes, o compartilhamento pelo par de elétrons da ligação covalente ocorrerá de modo desigual. O átomo de maior eletronegatividade exercerá maior atração sobre o par de elétrons, desenvolvendo, portanto, uma carga parcial negativa (δ^-). Como consequência, o átomo menos eletronegativo sustentará uma carga parcial positiva (δ^+). A ligação, nesse caso, é denominada *covalente polar.*

Considere, por exemplo, o caso da molécula do ácido clorídrico (HCl). Como a eletronegatividade do átomo de cloro é 3 e a do hidrogênio, 2,1, o par de elétrons da ligação será mais atraído pelo cloro, fazendo com que este se apresente com uma carga parcial negativa, ao passo que o hidrogênio terá uma carga parcial positiva.

$\overset{\delta^+}{\mathrm{H}}\!:\!\overset{\delta^-}{\ddot{\underset{..}{\mathrm{Cl}}}}\!:$ $\quad\quad$ $\overset{\delta^+}{\mathrm{H}}-\overset{\delta^-}{\mathrm{Cl}}$

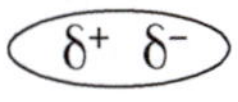

Essa molécula tem, portanto, caráter dipolar. A polaridade da ligação H–Cl (e, consequentemente, da molécula de HCl) é medida pelo momento de dipolo (μ), que é dado pela fórmula:

$$\mu = e \times d,$$

em que:

e = carga parcial, em Coulomb;

d = distância, em metros, que separa as cargas; e

μ = momento de dipolo.[3]

É possível expressar a polaridade das ligações por meio de uma representação vetorial. Esse vetor é direcionado da extremidade negativa da ligação para a positiva.[4]

$\overleftarrow{\mathrm{H-Cl}}$ $\quad\quad$ $\mu = 4{,}42 \times 10^{-30}$ C m

Alguns outros exemplos de momentos de dipolo de moléculas diatômicas são:

HF $\quad \mu = 6{,}37 \times 10^{-30}$ C m

HBr $\quad \mu = 2{,}27 \times 10^{-30}$ C m

H_2 $\quad \mu = 0$ C m

O_2 $\quad \mu = 0$ C m

No caso de moléculas poliatômicas, o momento de dipolo será a resultante da soma vetorial dos momentos de dipolo de todas as ligações.

De modo geral, uma molécula diatômica ou poliatômica será polar se o centro de carga negativa não coincidir com o de carga positiva. O dipolo da molécula será o resultado da soma vetorial dos dipolos de todas as ligações.

Considere, por exemplo, a molécula do gás carbônico (CO_2). Como nesse caso o carbono possui hibridação *sp*, a molécula é linear. Os átomos de oxigênio possuem uma carga parcial negativa, enquanto o átomo de carbono suporta uma carga parcial positiva. Considerando-se a molécula isolada, o comprimento das duas ligações C=O será igual, e, consequentemente, os dois momentos de dipolo se cancelarão.

$:\ddot{\mathrm{O}}\overrightarrow{=}\mathrm{C}\overleftarrow{=}\ddot{\mathrm{O}}:$ $\quad\quad$ $\mu = 0$ C m

No caso de moléculas como CH_4 e CCl_4, o momento de dipolo resultante é também nulo ($\mu = 0$ C m), pois a disposição tetraédrica das ligações C–H e C–Cl faz com que os momentos de dipolo das ligações se anulem.

---

3 A unidade de momento de dipolo frequentemente usada é denominada *Debye*. Seu valor no sistema SI é de $3{,}33564 \times 10^{-30}$ C m.

4 A convenção oposta, algumas vezes usada, não é recomendada pela IUPAC (cf. MILLS et al. 1995).

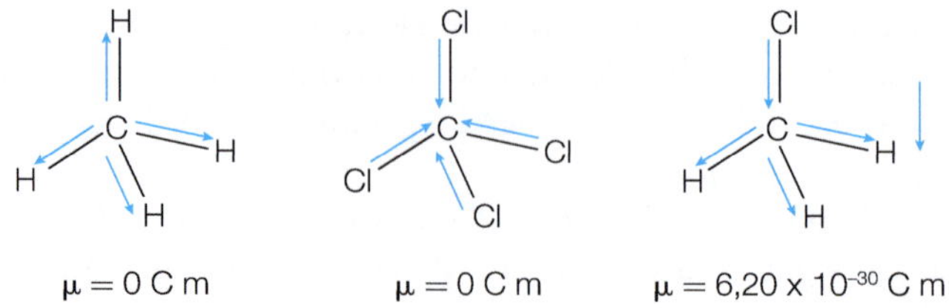

Para o cloreto de metila (CH_3Cl), o momento de dipolo da ligação C—Cl soma-se aos momentos de dipolo das outras ligações, e, como consequência, o composto apresenta um momento de dipolo igual a $6{,}20 \times 10^{-30}$ C m, sendo, portanto, polar. Outros exemplos de moléculas polares são dados a seguir:

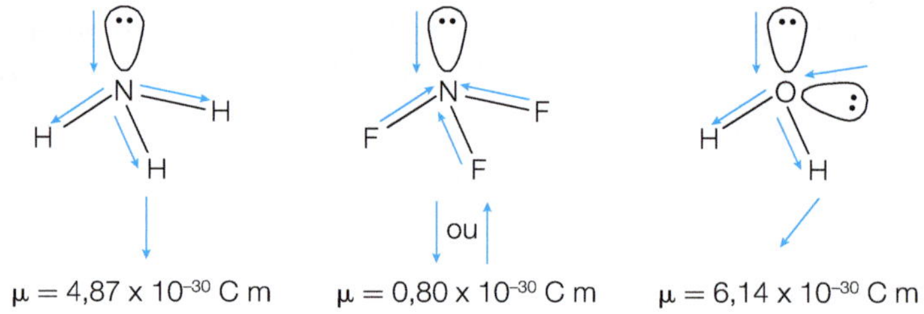

Observe que, em todos os casos, os compostos apresentam pelo menos um par de elétrons não ligantes, os quais contribuem para o momento de dipolo da molécula. Nesses casos, o vetor é direcionado do par de elétrons para o núcleo.

Teste 1.9

Represente as fórmulas tridimensionais para os compostos listados a seguir, apresentando os momentos de dipolo de cada ligação e os momentos de dipolo resultantes.

a) $HC \equiv CH$ b) BCl_3 c) NF_3 d) $CH_2 = CCl_2$

Propriedades físicas e forças intermoleculares

A fase gasosa corresponde ao estado mais simples da matéria. Nesse caso, como o gás ocupa um volume muitas vezes maior que o correspondente ocupado pelo mesmo composto no estado líquido ou sólido, a distância média entre as moléculas será muito maior no primeiro caso.

Com isso, as interações entre as moléculas serão menores no gás que nas fases líquida ou sólida. Em outras palavras, as moléculas são mantidas unidas nas fases *condensadas* (nome genérico dado às fases líquida e sólida) por meio de interações denominadas *forças intermoleculares.* A natureza e a intensidade dessas forças intermoleculares têm grande influência sobre várias propriedades dos compostos, como temperatura de ebulição, temperatura de fusão e solubilidade em determinado solvente.

No Quadro 1.2 são apresentados alguns tipos de interações intermoleculares e as espécies envolvidas. A seguir será feita uma breve discussão sobre cada tipo de interação listada nesse quadro.

Interação íon-dipolo

Esse tipo de interação ocorre quando compostos iônicos como NaCl, $CaCl_2$, Na_2SO_4 e outros são dissolvidos em solventes polares como água ou

Quadro 1.2 Forças intermoleculares e espécies envolvidas

Tipo de interação	Força relativa	Espécies envolvidas
Íon-dipolo	Forte	Íons e moléculas polares
Dipolo-dipolo	Moderadamente forte	Moléculas polares
Dipolo-dipolo induzido	Muito fraca	Molécula polar e outra apolar
Dipolo instantâneo-dipolo induzido	Muito fraca*	Qualquer tipo de molécula, incluindo as apolares
Ligação de hidrogênio	Forte	Moléculas que possuem hidrogênio ligado a elemento bastante eletronegativo como F, N e O

* Em geral essas forças são fracas, mas, uma vez que aumentam com a superfície de contato entre as moléculas, podem se tornar intensas.

álcool. Ela é devida à atração eletrostática entre os íons positivos (cátions) e a parte negativa da molécula do solvente, e entre os íons negativos (ânions) e a parte positiva da molécula do solvente, conforme ilustrado a seguir, para as interações envolvendo os íons sódio e cloreto com moléculas de água. Essa representação é simplificada, uma vez que o número de moléculas que interagem com cada íon dependerá da natureza do solvente e dos íons. Quando o solvente utilizado é a água, diz-se que os íons estão hidratados e, quando é diferente da água, diz-se que eles estão *solvatados*.

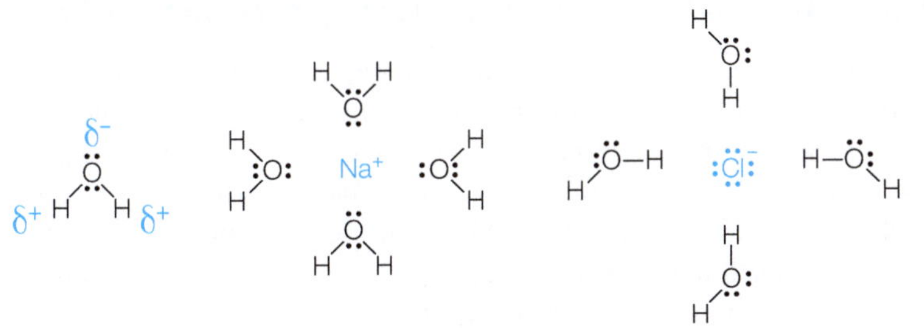

Em alguns casos, quando os sais cristalizam-se a partir de uma solução aquosa, os íons podem reter certa quantidade de água formando os compostos denominados *hidratos*, como é o caso do $MgSO_4{\cdot}7H_2O$ e $CuSO_4{\cdot}5H_2O$. Tanto a carga do íon quanto seu tamanho influenciam na extensão do grau de hidratação do composto.

Interação dipolo-dipolo

Conforme visto anteriormente, diversas moléculas orgânicas apresentam dipolos permanentes. Na fase condensada, essas moléculas interagem entre si, como resultado da atração da extremidade positiva de uma molécula pela extremidade negativa de outra. Dois tipos de arranjos possíveis para essa interação são ilustrados a seguir:

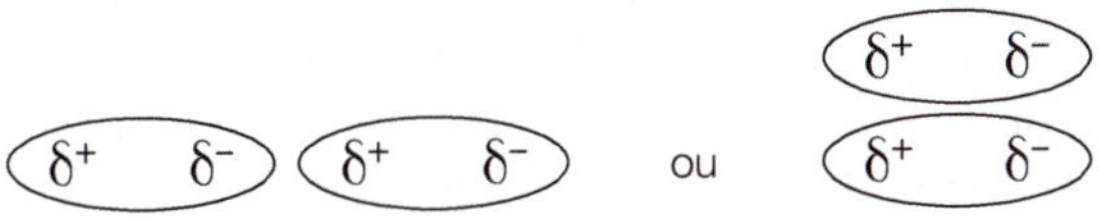

Orientações possíveis para moléculas polares

A energia envolvida na interação dipolo-dipolo pode ser expressa pela equação $E = -2\mu_1\mu_2/4\pi r^3\varepsilon_0$, onde μ_1 e μ_2 correspondem aos momentos de dipolos das moléculas que estão interagindo e r é a distância entre elas. Note por essa equação que, quanto mais polares forem as moléculas (o que corresponde a maiores valores de momento de dipolo), mais forte será a interação entre elas. Também pela equação nota-se que a interação diminui sensivelmente com a distância entre as moléculas.

Um exemplo de como a intensidade da força de interação dipolo-dipolo tem influência sobre a temperatura de ebulição dos compostos pode ser o caso dos dois isômeros do 1,2-dicloroeteno[5], cujas fórmulas são apresentadas a seguir:

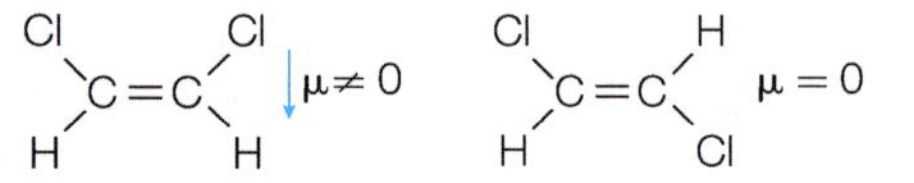

cis-1,2-dicloroetano *trans*-1,2-dicloroetano

Para o isômero *trans*, o momento de dipolo resultante é igual a zero e, para o *cis*, é maior que zero. Dessa forma, as interações intermoleculares são mais intensas para o composto *cis* que para o *trans.* Sabendo-se que é necessário fornecer energia para romper as interações intermoleculares durante a mudança da fase líquida para a gasosa, será requerida maior quantidade de energia no caso do isômero *cis*. Consequentemente, ele deverá apresentar maior temperatura de ebulição. De fato, os valores das temperaturas de ebulição obtidos experimentalmente para os isômeros *cis* e *trans* são, respectivamente, 60 °C e 48 °C.

Interação dipolo instantâneo-dipolo induzido

Mesmo em moléculas ou átomos que não possuem dipolo permanente, em um dado instante surgirão dipolos instantâneos, como resultado de um desequilíbrio momentâneo na distribuição eletrônica. Considere, por exemplo, o átomo de hélio. É muito pouco provável que, a qualquer tempo, os dois elétrons se encontrem no orbital 1*s* em posições diametralmente opostas. Como consequência, uma molécula com um dipolo instantâneo, ao se chocar com outra, induzirá nesta o aparecimento de um dipolo, denominado *dipolo induzido*. O resultado é a existência de uma interação entre ambas denominada *dipolo instantâneo–dipolo induzido* ou *dipolo induzido–dipolo induzido*, conforme ilustrado a seguir:

Dipolo instantâneo Interação dipolo instantâneo-dipolo induzido

Forças de Van der Waals: denominação dada em homenagem Johanes D. van der Waals (1837-1923), professor da Universidade de Amsterdan, laureado com o prêmio Nobel de Física em 1910.

Forças de London: em homenagem ao físico Fritz Wolfgang London (1900-1954), nascido na Alemanha e naturalizado americano. Foi professor da Universidade de Duke nos Estados Unidos.

Essa interação é também denominada por alguns autores como *forças de dispersão de London* ou *forças de Van der Waals*. O termo **forças de Van der Waals** costuma ser considerado por alguns como sinônimo de **forças de London**, enquanto outros o utilizam para descrever qualquer tipo de força responsável pelo desvio dos gases do comportamento ideal. Isso incluiria não apenas as forças de London, mas também interações dipolo-dipolo.

As forças de London entre moléculas e grupos apolares são extremamente fracas, sendo dadas pela equação $E = -3I\alpha^2/4r^6$, onde I é a energia de ionização da espécie e α é a *polarizabilidade*, ou seja, a facilidade com que a nuvem eletrônica pode ser distorcida.

[5] A nomenclatura dos alquenos será apresentada no Capítulo 3.

As forças de London atuam apenas quando as moléculas se encontram muito próximas. Uma análise da equação revela que essas forças diminuem muito com a distância entre as moléculas (inversamente proporcional a r^6) e que aumentam rapidamente com a polarizabilidade α. A polarizabilidade, por sua vez, aumenta com o volume molar. Isso ocorre porque, quanto maior a molécula, mais elétrons haverá e, consequentemente, menor será a influência dos núcleos sobre eles, tornando a nuvem eletrônica mais polarizável. Uma vez que o número de elétrons aumenta com o crescimento da massa molar, geralmente as forças de London aumentam com o crescimento desta; todavia, a massa não é diretamente a origem de interações fortes.

Como as forças de London surgem da atração entre dipolos elétricos instantâneos de moléculas vizinhas, elas atuam entre quaisquer tipos de moléculas, mesmo nos casos em que ocorre interação dipolo-dipolo.

Deve-se notar que uma molécula polar pode também atrair uma molécula apolar, por meio da interação dipolo-dipolo induzido.

A intensidade das forças de London depende também das formas das moléculas. Considere, por exemplo, os alcanos isoméricos de fórmula C_5H_{12} representados a seguir. Todos os três compostos possuem a mesma massa molecular e, consequentemente, o mesmo número de elétrons; no entanto, a temperatura de ebulição varia de 36 °C a 9,5 °C.

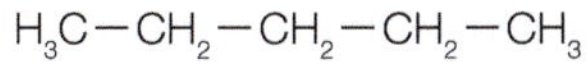

Pentano
T_e = 36 °C

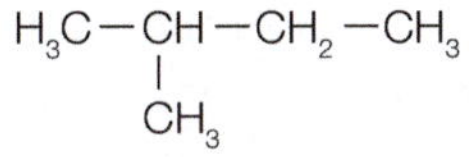

2-metilbutano
T_e = 28 °C

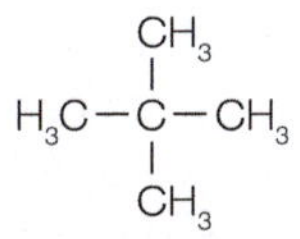

2,2-dimetilpropano
T_e = 9,5 °C

A explicação para esse fato está na intensidade das forças intermoleculares. Em todos os três casos, como a natureza da força intermolecular é a mesma, ou seja, forças de London, a diminuição da temperatura de ebulição se deve à diminuição da intensidade dessas forças. Isso acontece porque, na medida em que o composto fica mais ramificado, ele se torna mais esférico, e, consequentemente, a área de contato entre as moléculas diminui, resultando em um decréscimo na intensidade das interações intermoleculares. Isso pode ser claramente observado na Figura 1.11, na qual a redução na área de contato entre as moléculas fica evidente, à medida que o composto se torna mais ramificado.

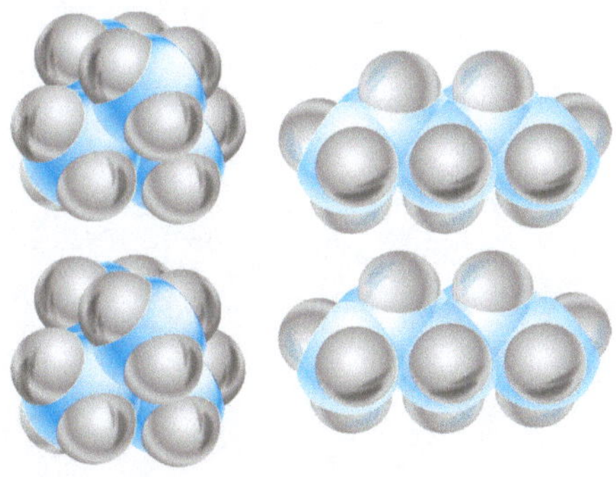

2,2-dimetilpropano Pentano

Figura 1.11 Modelos das estruturas do 2,2-dimetilpropano e do pentano, em que as esferas cinzas representam os átomos de hidrogênio e as azuis, os de carbono. Os raios das esferas são proporcionais aos raios atômicos.

Ligação de hidrogênio

Do início do século XX até o final da década de 1930, apareceram na literatura muitas descrições de interações entre átomos de hidrogênio e átomos muito eletronegativos, que não se encontravam ligados por meio de ligação covalente. Em 1920, Latimer e Rodebush, estudando a estrutura e as propriedades da água sob o ponto de vista da teoria de valência de Lewis, propuseram em um artigo que o par de elétrons não ligantes de uma molécula de água devia ser capaz de exercer força suficiente sobre um átomo de hidrogênio de outra molécula de água, de modo que essas moléculas se encontrassem unidas umas às outras. Segundo esses pesquisadores, "tal explicação corresponde a dizer que um núcleo de hidrogênio, mantido entre dois octetos, constitui uma ligação fraca".[6]

6 LATIMER, W. M.; RODEBUSH, W. H. (1920).

Esta é a primeira citação na literatura sobre a interação intermolecular que posteriormente foi denominada *ligação de hidrogênio.*[7]

Assim, em 1939, na primeira edição do livro *A natureza da ligação química*, o químico norte-americano Linus Pauling dá a seguinte descrição de ligação de hidrogênio:

> Sob certas condições, um átomo de hidrogênio é atraído por forças relativamente fortes, por dois átomos, em vez de apenas um, de modo que pode considerar-se que ele está atuando como ligação entre esses dois átomos. Isto é chamado de ligação de hidrogênio.

Muitos estudos continuaram sendo realizados nos anos subsequentes, até que os detalhes envolvidos na *ligação de hidrogênio* foram por fim entendidos. De modo geral, para que esse tipo de ligação ocorra entre duas moléculas, é necessário que:

a) uma das moléculas possua átomos de hidrogênio ligados a átomos (ou grupos de átomos) bastante eletronegativos, como oxigênio, nitrogênio ou flúor; e

b) a outra molécula possua também átomos eletronegativos, como flúor, oxigênio ou nitrogênio, com pares de elétrons não ligantes.

O grupo que possui o átomo de hidrogênio covalentemente ligado é denominado *doador de ligação de hidrogênio* (por exemplo, A–H), e o que participa com o par de elétrons livres (B:) é denominado *aceptor de hidrogênio.*

A ligação de hidrogênio é normalmente representada por uma linha pontilhada, da seguinte maneira: A–H·····:B. Sua força tem intensidade da ordem de 8 a 40 kJ mol^{-1}, dependendo, entre outros fatores, das eletronegatividades dos átomos (ou grupos) A e B.[8] Ou seja, quanto mais eletronegativo for o átomo que estiver covalentemente ligado ao H, e quanto mais eletronegativo for o átomo aceptor, mais forte será a ligação de hidrogênio.

Compostos como ácido fluorídrico, água, amônia e álcoois formam ligações de hidrogênio com as próprias moléculas. Já os éteres, apesar de possuírem um átomo de oxigênio, não têm hidrogênios ligados covalentemente a eles. Consequentemente, duas moléculas de um éter não são capazes de se unir por meio de ligação de hidrogênio. Entretanto, os éteres podem fazer ligação de hidrogênio com compostos, como água, álcoois e amônia.

A seguir encontram-se ilustradas as ligações de hidrogênio formadas entre moléculas de água, amônia e entre uma molécula de um éter e uma molécula de água.

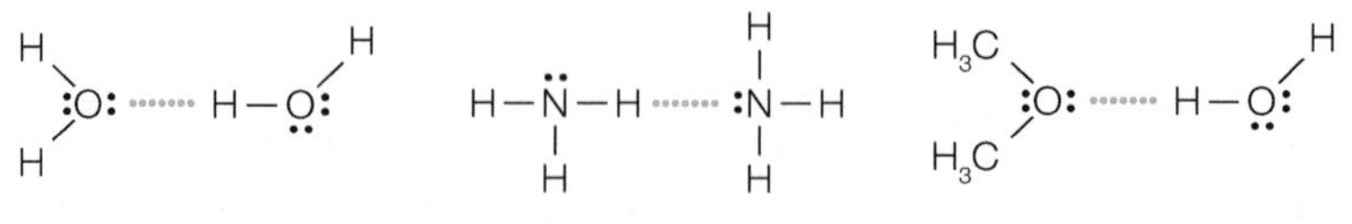

Quando uma ligação de hidrogênio pode ser formada, ela normalmente predomina sobre outros tipos de interações intermoleculares, em razão de sua força.

Em algumas moléculas, pode ocorrer a formação de *ligação de hidrogênio intramolecular*, ou seja, a ligação ocorre não entre duas moléculas, mas entre o doador e o aceptor de ligação de hidrogênio pertencentes a uma mesma molécula. Esse caso pode ser ilustrado com os exemplos a seguir:

[7] Em muitos textos na língua portuguesa o termo *ponte de hidrogênio* é utilizado. Entretanto, consideramos essa denominação totalmente inadequada e sem nenhuma justificativa para uso.

[8] Apenas como referência, para quebrar uma ligação simples carbono-carbono são necessários aproximadamente 360 kJ mol^{-1}.

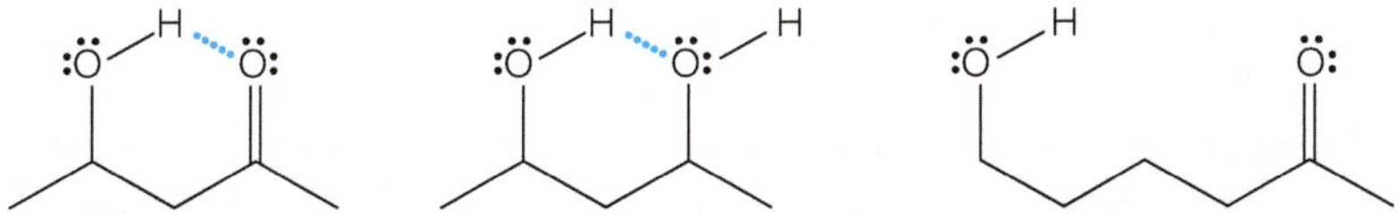

Note que nos dois primeiros exemplos anteriores o grupo OH (doador) está próximo do aceptor, o que facilita a formação da ligação de hidrogênio. Em ambos os casos observe que se forma uma estrutura com anel de seis membros. Se os grupos estão muito afastados, não ocorre a formação dessa ligação intramolecular, como é o caso do terceiro composto mostrado anteriormente.

Diferentemente do que se pensava antes, o ângulo entre o doador e o aceptor não é necessariamente de 180°. No caso particular das ligações de hidrogênio intramoleculares, foi observado experimentalmente por medidas de cristalografia de raios X que esse ângulo pode ser tão baixo como 133°.

As ligações de hidrogênio têm influência enorme sobre a forma de muitas moléculas de importância biológica como o DNA, as proteínas, a celulose etc.

Em síntese, as temperaturas de fusão e ebulição dos compostos orgânicos normalmente se elevam com o aumento da superfície de contato (massa molar) e da natureza das forças intermoleculares. No caso dos compostos com massas molares semelhantes, elas serão maiores quanto mais fortes forem as atrações entre as moléculas, ou seja, quanto mais polares elas forem. Os exemplos apresentados no Quadro 1.3 podem exemplificar essas características.

Observe que os cinco compostos apresentados possuem massas molares semelhantes (portanto possuem aproximadamente o mesmo número de elétrons e o mesmo volume) e suas temperaturas de ebulição aumentam de 0 °C, no composto I, para 118 °C, no composto V. Essa variação é explicada considerando-se a natureza das forças de interação que atuam entre as moléculas. O composto I apresenta temperatura de ebulição menor, pois suas moléculas são atraídas por forças de London. Apesar de as interações intermoleculares serem do tipo dipolo-dipolo nos compostos II e III, a maior temperatura de ebulição do composto III é explicada considerando-se que o momento de dipolo associado ao grupo carbonila é, de modo geral, maior que o associado ao grupo éter. As ligações de hidrogênio são mais fortes que quaisquer outras interações dipolo-dipolo, o que explica o fato de as temperaturas de ebulição dos compostos IV e V serem mais elevadas que as dos demais. No caso do composto V existe a possibilidade de formação de duas

Quadro 1.3 Temperaturas de ebulição de diferentes compostos com massas molares semelhantes

Composto	M/(g mol^{-1})	T_e/°C	Força intermolecular predominante
I. $CH_3CH_2CH_2CH_3$	58	0	London
II. $CH_3OCH_2CH_3$	60	8	Dipolo-dipolo
III. CH_3COCH_3	58	54	Dipolo-dipolo
IV. $CH_3CH_2CH_2OH$	60	98	Ligação de hidrogênio
V. CH_3CO_2H	60	118	Ligação de hidrogênio

ligações de hidrogênio entre suas moléculas; logo, ele apresenta maior temperatura de ebulição que o composto IV. Na ilustração a seguir é mostrada a estrutura polar do éter 2, a interação dipolo-dipolo entre as moléculas do composto III e as ligações de hidrogênio entre as moléculas do composto V.

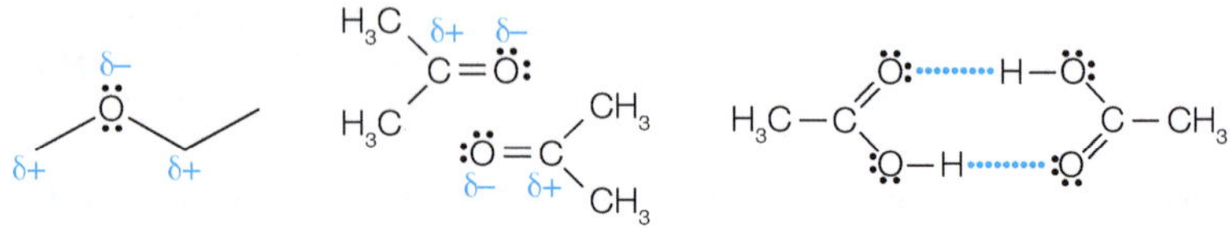

Teste 1.10

Dentre os pares de compostos listados a seguir, indique qual deve apresentar maior temperatura de ebulição e justifique sua resposta com base nas interações intermoleculares:

a) $CH_3CH_2CH_2CH_2CH_3$ e $(CH_3)_2CHCH_2CH_3$

b) $CH_3CH_2CH_2CH_2CH_2OH$ e $CH_3CH_2CH_2CH_2CH_2CH_3$

c) $(CH_3)_2CHCH_2CH_2OH$ e $CH_3CH_2OCH_2CH_2CH_3$

d) CH_3OH e $CH_3CH_2CH_2CH_2CH_2CH_2CH_2CH_2CH_2CH_2CH_2CH_3$

Teste 1.11

Considerando a fórmula molecular $C_6H_{12}O_2$ represente as fórmulas estruturais de linhas para isômeros constitucionais que atendam os seguintes critérios:

a) É capaz de realizar ligação de hidrogênio intramolecular.

b) Somente realiza ligações de hidrogênio intermoleculares com moléculas da mesma espécie.

c) Não realiza ligações de hidrogênio intermoleculares com moléculas da mesma espécie, mas forma ligações de hidrogênio com a água.

Solubilidade

A natureza das forças intermoleculares existentes entre os compostos tem grande influência sobre a solubilidade destes em determinado solvente. Todos nós sabemos, por experiência diária, que, se quisermos remover uma mancha causada por gordura em uma peça de roupa, somente a lavagem com água não resolverá o problema. Por que isso acontece?

Conforme vimos, tanto no estado sólido quanto no estado líquido, as moléculas (ou íons) são mantidas unidas umas às outras por meio de vários tipos de forças intermoleculares. Durante o processo de dissolução de um composto (sólido ou líquido), denominado *soluto*, em um líquido, denominado *solvente*, as interações *soluto-soluto* são substituídas por interações *soluto-solvente*. Como regra prática geral, os compostos se dissolverão bem em solventes com polaridades semelhantes. Ou seja, os compostos iônicos e os polares tendem a se dissolver bem em solventes polares, e compostos pouco polares tendem a se dissolver bem em solventes pouco polares.

O etanol e a água, por exemplo, misturam-se em qualquer proporção. Isso ocorre porque os dois compostos são bastante polares. Além disso, o etanol pode interagir fortemente com a água por meio de ligação de hidrogênio.

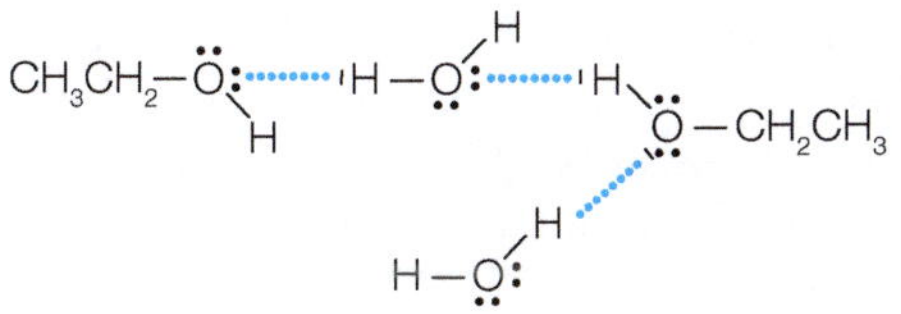

Representação das interações entre moléculas de água e etanol

A polaridade de uma molécula dependerá, além da geometria, conforme já discutimos, do balanço entre a parte polar e a parte pouco polar (ou apolar). No caso do etanol, o grupo polar é constituído pela hidroxila (OH), e a parte pouco polar, pelo grupo CH_3CH_2. Como o grupo pouco polar é relativamente pequeno, o etanol, em termos de polaridade, assemelha-se mais à água que a hidrocarbonetos (compostos que possuem apenas carbono e hidrogênio, como os constituintes da gasolina, conforme será visto no próximo capítulo).

Se considerarmos agora a dissolução, em água, dos álcoois lineares com 4, 5 e 11 átomos de carbono, cujas estruturas são apresentadas ao lado, veremos que as solubilidades deles são, respectivamente, 7,9 g/100 mL de água, 2,3 g/100 mL e praticamente zero.

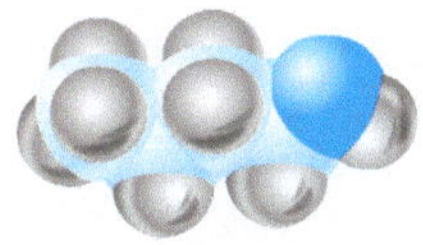

$CH_3CH_2CH_2CH_2OH$

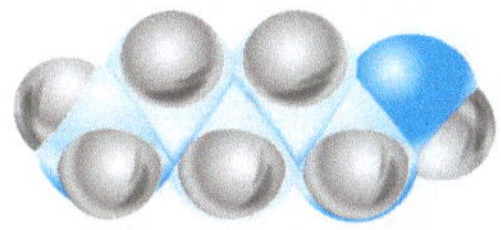

$CH_3CH_2CH_2CH_2CH_2OH$

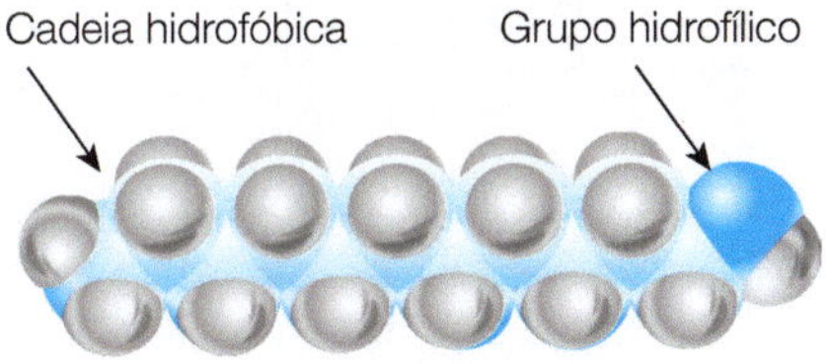

$CH_3[CH_2]_9CH_2OH$

Observe que, à medida que a cadeia carbônica aumenta, a solubilidade diminui. Isso ocorre, pois, nos três casos, o grupo polar, também denominado *hidrofílico* (do grego *Hydor*, água, e *philos*, amado), é o mesmo. Entretanto, a parte apolar constituída pela cadeia carbônica aumenta. Com isso, à medida que a cadeia aumenta, a molécula fica mais parecida com um hidrocarboneto em termos de polaridade. Embora as três moléculas sejam capazes de realizar ligações de hidrogênio com a água, a interação molecular predominante entre as moléculas do álcool com 11 átomos de carbono é do tipo forças de London ou Van der Waals. Por ser muito polar, a água não interage bem com a cadeia, que é denominada *hidrofóbica* (do grego *Hydor*, água, e *phobos*, temor).

Conforme mostramos, a solubilidade do butan-1-ol é 7,9 g/100 mL de água. Quando um novo grupo OH é acrescentado a essa molécula, forma-se o butano-1,4-diol, que é totalmente miscível em água.

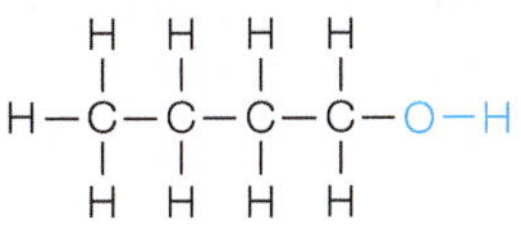

Butan-1-ol

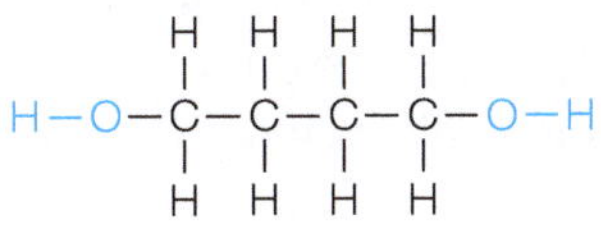

Butano-1,4-diol

Observe nas estruturas anteriores que ambas possuem cadeia carbônica, que corresponde à parte pouco polar, do mesmo tamanho. Como o segundo composto possui maior número de grupos OH (grupo hidrofílico), sua polaridade é maior que a do primeiro, tornando-o assim mais solúvel em água.

De modo geral, compostos e grupos que possuem apenas carbono, hidrogênio e halogênios são pouco polares. Grupos como $-OH$, $=NH$, $-NH_2$, $-COOH$ e $-COO^-$, quando presentes nas moléculas, conferem-lhes características polares.

Normalmente, para efeitos práticos, os químicos consideram que um composto é solúvel em água quando pelo menos três gramas dele se dissolvem em 100 mL de água, à temperatura ambiente. Verifica-se que compostos que possuem um grupo capaz de realizar ligação de hidrogênio (por exemplo: OH, NH) e com até três átomos de carbono são solúveis em água. Aqueles com quatro a cinco carbonos estão no limite de solubilidade e os de seis ou mais carbonos, que não são iônicos, são considerados insolúveis.

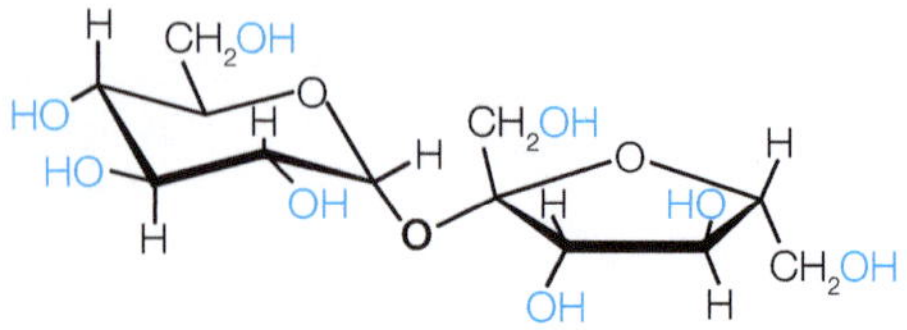

Figura 1.12 Fórmula estrutural da sacarose

Note que, mesmo se o composto possuir seis ou mais átomos de carbono, mas tiver muitos grupos polares, ele poderá se solubilizar em água. Esse é o caso da molécula de sacarose ($C_{12}H_{22}O_{11}$), o açúcar de uso caseiro, obtido da cana-de-açúcar. Essa molécula possui em sua estrutura oito grupos OH, conforme a Figura 1.12.

Outro fator importante na solubilidade dos compostos é a temperatura. Para os líquidos e sólidos, a solubilidade geralmente aumenta com o aumento da temperatura.

Alguns solventes utilizados comumente em laboratórios de química orgânica, em ordem decrescente de polaridade, são: água, metanol, etanol, acetato de etila, diclorometano, clorofórmio, éter dietílico e hexano. As fórmulas desses compostos são apresentadas nos capítulos seguintes.

Pela discussão apresentada, fica evidente que os compostos pouco polares e insolúveis em água são solúveis em hexano e outros solventes pouco polares. Nesse caso, os compostos são denominados *lipofílicos*. Esse termo quer dizer que o composto é solúvel em óleos e gorduras, que são, por natureza, pouco polares e denominados genericamente *lipídios*. As fórmulas de óleos e gorduras serão apresentadas posteriormente.

Voltando à pergunta feita no início deste tópico, a remoção da mancha de gordura da peça de roupa é feita com o uso de sabões e detergentes. A maneira como esses produtos atuam é discutida no Capítulo 13. Entretanto, podemos agora chamar a atenção para o processo denominado *lavagem a seco*.

Muitas peças de roupa não podem ser lavadas com água e sabão e, nesses casos, para a remoção de manchas de gorduras, utilizam-se solventes orgânicos pouco polares como o tetracloroetileno ($Cl_2C{=}CCl_2$). Observe que a lavagem a seco não significa que não se utilizam líquidos, e sim que não se utiliza água.

Antes de 1925 era utilizada gasolina nos processos de lavagem a seco; entretanto, em razão de sua alta inflamabilidade, ela foi substituída por solventes clorados que não são inflamáveis. Normalmente o cheiro de roupas que foram submetidas a esse processo de lavagem é devido a resíduos de solventes deixados nas fibras após a evaporação.

Algumas peças de roupa possuem uma etiqueta avisando que não devem ser lavadas a seco. Isso ocorre, por exemplo, no caso de peças que possuem enchimento de penas de aves. Essas penas contêm óleos naturais, que são, em parte, responsáveis por suas propriedades como isolante térmico. Os solventes usados no processo de lavagem a seco são capazes de remover esses óleos, alterando a capacidade isolante da peça.

Teste 1.12

Dentre os pares de compostos listados a seguir, indique qual deve ser mais solúvel em água. Justifique sua resposta com base nas forças de interações intermoleculares:

a) $CH_3CH_2CH_2CH_2CH_3$ e $(CH_3)_3CCH_3$

b) CH_3CH_2OH e CH_3OH

c) $HOCH_2CH(OH)CH_2OH$ e $CH_3CH_2OCH_2CH_2CH_3$

d) CH_3CO_2Na e $CH_3CH_2CH_2CH_2CH_2CH_2CH_2OH$

Ácidos e bases

As palavras *ácido* e *base* são de uso comum, não fazendo parte apenas do vocabulário dos químicos. Nós às vezes nos referimos a uma fruta como ácida; utilizamos produtos básicos, como soda cáustica, para desentupir pias;

utilizamos produtos de limpeza à base de amônia para remover gorduras do fogão e na cozinha em geral; tomamos bicarbonato de sódio quando estamos com acidez estomacal excessiva; falamos da chuva ácida etc. Quase todos os produtos que utilizamos em casa, de uma forma ou de outra, necessitaram de uma base ou de um ácido durante seu preparo.

Nos laboratórios e nas indústrias químicas, onde novas substâncias são criadas e produzidas a cada dia, são sempre utilizadas substâncias ácidas ou básicas.

Para o entendimento de muitas reações que envolvem compostos orgânicos, os conceitos de ácidos e bases são de extrema importância. As teorias sobre essas substâncias passaram por diversas reformulações ao longo dos anos. A primeira definição surgiu em 1887, proposta pelo químico sueco **Svante Arrhenius**. Segundo ele, ácidos seriam substâncias cujas soluções aquosas contivessem excesso de íons H^+ (em relação a HO^-), e bases seriam substâncias cujas soluções aquosas contivessem excesso de íons HO^- (em relação a H^+). Por essa noção limitar-se às soluções aquosas, não tardou que surgissem novas definições. Os dois conceitos mais frequentemente usados hoje em dia são o de Brönsted-Lowry e o de Lewis.

Svante August Arrhenius, químico sueco (1859-1927), agraciado com o terceiro prêmio Nobel de Química em 1903.

Nesta seção, faremos uma breve revisão desses conceitos, e nos capítulos subsequentes voltaremos a discutir esse assunto, uma vez que muitas substâncias orgânicas se comportam como ácidos ou bases, dependendo do meio em que se encontram.

Ácidos e bases de Brönsted-Lowry

Uma teoria geral sobre ácidos e bases foi proposta, independentemente, pelos químicos **Johannes N. Brönsted** e **Thomas M. Lowry** em 1923. De acordo com o conceito de Brönsted-Lowry, ácidos são substâncias capazes de doar um ou mais prótons (H^+) em uma reação química, e bases, substâncias capazes de aceitar um ou mais prótons. Um exemplo geral de uma reação ácido-base é representado a seguir:

Johannes Nicolaus Brönsted (1879-1947), físico-químico dinamarquês. PhD em 1908 pela Universidade de Copenhagen (Dinamarca) e posteriormente professor da mesma universidade.
Thomas Martin Lowry (1874-1936), físico-químico inglês, nascido em Bradford, foi professor no Westminster Training College (1906-1912), no Guy's Hospital Medical School (1912-1920), e primeiro professor titular de físico-química da Universidade de Cambridge (1920-1936).

$$\underset{\text{Base}}{B\!:} + \underset{\text{Ácido}}{H{-}A} \rightleftharpoons \underset{\text{Ácido conjugado}}{\overset{\oplus}{B}{-}H} + \underset{\text{Base conjugada}}{\overset{\ominus}{A}\!:}$$

Note que a base B:, ao receber um próton, é convertida na espécie H–B$^\oplus$, enquanto o ácido H–A, ao ceder um próton, é convertido em :A$^-$. O próton não pode fazer duas ligações covalentes, assim, durante a reação, o par de elétrons não ligantes de B: é utilizado para fazer a nova ligação com o H^+, ao mesmo tempo em que ocorre a quebra da ligação H–A. Com isso, o par de elétrons da ligação H–A passa a ficar com o grupo A, de modo que este se torna negativo. Observe que, na equação anterior, foram utilizadas duas setas para representar que o sistema está em equilíbrio. Isso significa que a espécie H–B$^\oplus$ pode fornecer um próton para o ânion :A$^-$, revertendo o processo. Nesse caso, H–B$^\oplus$ funciona como ácido, sendo denominado *ácido conjugado de B*, enquanto :A$^-$ funciona como base, sendo denominado *base conjugada de H–A*. Portanto, de acordo com o conceito de Brönsted-Lowry, uma *base conjugada* é a espécie resultante quando um ácido doa um próton, enquanto *ácido conjugado* é a espécie formada quando uma base recebe um próton.

Note que, de acordo com esse conceito, mesmo que uma substância seja classificada como ácido, ela apenas atuará como tal na presença de uma base.

Considere, por exemplo, a dissolução de HCl em água:

$$HCl_{(aq)} + H_2O_{(\ell)} \longrightarrow H_3O^+_{(\ell)} + Cl^-_{(aq)}$$

O HCl doa um próton para a molécula de água, que nesse caso funciona como base. Como o equilíbrio está virtualmente deslocado para a direita (nesse caso foi utilizada uma seta simples), consideramos, portanto, que o HCl é um ácido forte. A espécie H_3O^+ é denominada *íon hidrônio*.

Observe que, na equação anterior, juntamente às fórmulas do HCl e dos demais íons, aparece o símbolo (aq), que é a abreviatura para *aquoso*. Isso significa que essas espécies interagem fortemente com a água, por meio de interação dipolo-dipolo ou íon-dipolo, conforme apresentado anteriormente. Apesar de os químicos utilizarem a representação H_3O^+ para o próton em meio aquoso, existem evidências de que uma representação mais adequada seria $H_9O_4^+$, embora outras espécies como $H_5O_2^+$ e $H_7O_3^+$ também estejam presentes em solução. Muitas vezes utilizamos a forma simplificada H^+ para representar o próton; entretanto, essa espécie não existe como tal em solução aquosa.

Considere agora a dissolução de ácido cianídrico (HCN) em água:

$$HCN_{(aq)} + H_2O_{(\ell)} \rightleftharpoons H_3O^+_{(\ell)} + CN^-_{(aq)}$$

Nesse caso, quando o equilíbrio é atingido, apenas algumas moléculas de HCN são ionizadas, ou seja, doam próton para a molécula de água. O ácido cianídrico é considerado, portanto, um ácido fraco.

A dissolução de amônia em água pode ser representada pela seguinte equação:

$$\ddot{N}H_{3\,(aq)} + H{-}OH_{(\ell)} \rightleftharpoons NH_4^+{}_{(aq)} + OH^-_{(aq)}$$

Nesse caso a amônia (NH_3) funciona como base, e a água, como ácido. Como nem todas as moléculas de amônia reagem com a água, recebendo o próton, ela é considerada uma base fraca.

Nesse ponto deve ficar claro que, ao reagir com o HCN, a água se comporta como base e, ao reagir com o NH_3, ela se comporta como ácido. Substâncias que se comportam como ácidos e bases são denominadas *anfóteras*.[9] Esse comportamento não é restrito à água. Se misturarmos, por exemplo, ácido sulfúrico com ácido nítrico, apesar de o ácido nítrico ser considerado um ácido forte, nesse caso ele funcionará como base, pois o ácido sulfúrico é ainda mais forte, sendo, portanto, capaz de doar um próton, segundo a equação:[10]

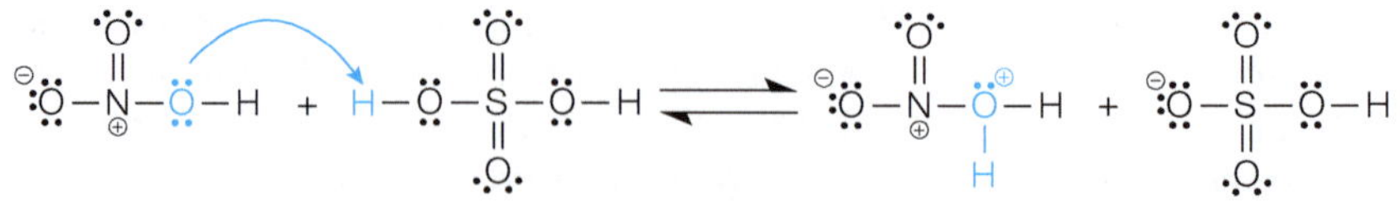

Exemplos comuns de ácidos inorgânicos são: HCl, HBr, H_2SO_4, H_3PO_4 e HNO_3. Bases inorgânicas comuns são: NaOH, KOH, NH_3, $NaHCO_3$, $Mg(OH)_2$, Na_2CO_3 e $NaNH_2$.

A reação entre um ácido e uma base é normalmente conhecida como *reação de neutralização* e geralmente resulta na formação de um sal mais água, conforme exemplificado a seguir:

$$NaHCO_3 + HCl \rightarrow NaCl + H_2O + CO_2$$
$$Mg(OH)_2 + 2HCl \rightarrow MgCl_2 + 2H_2O$$
$$CaCO_3 + 2HCl \rightarrow CaCl_2 + H_2O + CO_2$$

9 *Anfótero*: Do grego *amphoteros*, que significa 'ambos os lados'.

10 Observe que na estrutura do H_2SO_4 o átomo de enxofre está fazendo seis ligações, tendo, portanto, 12 elétrons na camada de valência. Isso representa uma exceção à *regra do octeto*. Nesse caso, orbitais *d* do enxofre participam das ligações.

$$MgCO_3 + 2HCl \rightarrow MgCl_2 + H_2O + CO_2$$
$$Al(OH)_3 + 3HCl \rightarrow AlCl_3 + 3H_2O$$
$$2NH_3 + H_2SO_4 \rightarrow (NH_4)_2SO_4$$

Exemplo desse tipo de reação é a neutralização parcial do excesso de ácido clorídrico presente no estômago por meio do uso de antiácidos à base de $NaHCO_3$, $Mg(OH)_2$, $CaCO_3$, $MgCO_3$ e $Al(OH)_3$ conforme ilustrado nas equações anteriores. A produção do fertilizante sulfato de amônio [$(NH_4)_2SO_4$] também envolve uma reação de neutralização.

Muitos compostos orgânicos também apresentam características ácidas ou básicas e reagem da mesma forma que os compostos inorgânicos. Vários exemplos de reações ácido-base envolvendo compostos orgânicos serão apresentados nos próximos capítulos.

A força dos ácidos e das bases

Até aqui foi visto que os ácidos podem ser fortes ou fracos. Os primeiros se ionizam totalmente quando dissolvidos em água, e os últimos se ionizam apenas parcialmente. Essa definição de *forte* e *fraco* é bastante limitada. Uma maneira mais objetiva de avaliar a força de um ácido é considerar a constante de equilíbrio para a equação:

$$\underset{\text{Base}}{H_2O(\ell)} + \underset{\text{Ácido}}{HA_{(aq)}} \rightleftharpoons \underset{\text{Ácido conjugado}}{H_3O^+_{(aq)}} + \underset{\text{Base conjugada}}{A^{\ominus}{:}_{(aq)}} \qquad K = \frac{[H_3O^+][A^-]}{[H_2O][HA]}$$

Em solução aquosa, o ácido transfere um próton para a molécula de água, que se comporta como uma base. Para uma solução aquosa diluída, a constante de equilíbrio K para o processo é dada pela equação anterior. Sendo a solução diluída, pode-se considerar a concentração da água constante (igual a aproximadamente 55,56 mol dm^{-3}), de modo que uma nova constante K_a, denominada *constante de acidez*, pode ser definida pela equação:

$$K_a = K[H_2O] = \frac{[H_3O^+][A^-]}{[HA]} \qquad pK_a = -\log K_a$$

Como os valores de K_a geralmente variam em uma faixa muito grande, é comum convertê-los em pK_a, pela equação anterior. Deve ficar claro que os valores de K_a e de pK_a, conforme já definidos, são apenas aproximados, uma vez que se utilizaram valores de concentração em vez de *atividade*. Essa suposição é razoável, desde que as medidas sejam feitas em soluções bem diluídas.

Como um ácido é considerado mais forte quanto mais ionizado estiver, pela equação anterior fica evidente que, quanto maior o valor de K_a (e, consequentemente, menor o de pK_a), mais forte será o ácido. A água, por exemplo, possui $K_a = 1{,}8 \times 10^{-16}$ (p$K_a = 15{,}7$), e a amônia, $K_a = 10^{-36}$ (p$K_a = 36$). Esses dois compostos são ácidos muito fracos, embora a água seja um ácido muito mais forte que a amônia.

No Quadro 1.4 são apresentados valores aproximados de pK_a de alguns compostos inorgânicos e orgânicos. Existem tabelas extensas de valores de pK_a para compostos orgânicos; entretanto, nesse quadro são apresentados valores médios para muitos grupos funcionais. O objetivo é mostrar a acidez relativa dos diversos grupos de compostos orgânicos. Considere, por exemplo, o último composto apresentado, que corresponde ao etano (C_2H_6, p$K_a = 42$). Ele é apenas um exemplo representativo do grupo de hidrocarbonetos denominados *alcanos*, que são ácidos muitíssimo fracos. Os outros alcanos terão valores de pK_a da mesma ordem de grandeza que o etano. O penúltimo composto da tabela é o eteno ($CH_2{=}CH_2$), exemplo representativo da classe de hidrocarbonetos denominados *alquenos*. Seu valor de pK_a é 36,5, bem menor que o do etano. Com esse exemplo, estamos querendo apenas ilustrar que os alcanos são ácidos mais fracos que os alquenos.

De modo geral, alguns fatores que influenciam a acidez de um composto orgânico HA são:

- a força da ligação H–A;
- a eletronegatividade de A;
- fatores eletrônicos (efeito indutivo e ressonância) que estabilizam a base conjugada A^- em relação a HA;
- a natureza do solvente.

Será discutida nos capítulos subsequentes a influência desses fatores sobre a acidez de várias classes de grupos funcionais como fenóis, aminas e ácidos carboxílicos. No momento, basta dizer que, de modo geral, os átomos de hidrogênio mais ácidos de uma molécula orgânica estarão ligados a átomos de oxigênio e nitrogênio, conforme ilustrado, em azul, nos exemplos apresentados a seguir:

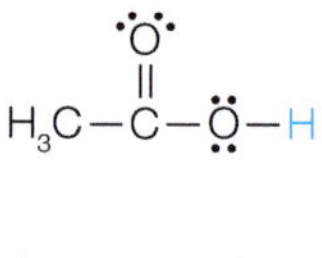

Ácido carboxílico

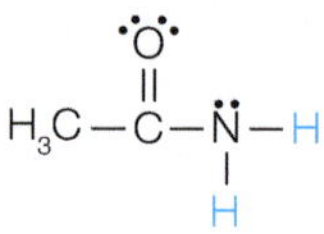

Amida

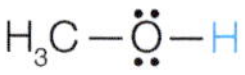

Álcool

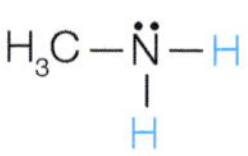

Amina

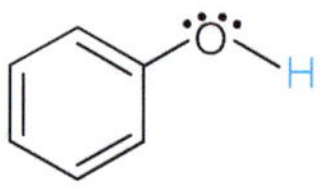

Fenol

De modo geral, a acidez dos grupos de compostos apresentados nesses exemplos decresce na seguinte ordem: ácido carboxílico, fenol, amida, álcool, amina.

Um aspecto importante do conceito de ácido e base de Brönsted-Lowry é a força relativa do ácido e da base conjugada. Assim, quanto mais forte for o ácido, mais fraca será sua base conjugada, e quanto mais fraco o ácido, mais forte sua base conjugada. A amônia (NH_3), por exemplo, é um ácido muito mais fraco (pK_a = 36) que a água (pK_a = 15,74), portanto, sua base conjugada (NH_2^-) é muito mais forte que a da água (OH^-).

Como os ácidos halogenídricos (HCl, HBr e HI) são muito fortes, suas bases conjugadas (Cl^-, Br^- e I^-) são bastante fracas. Alguns exemplos de bases orgânicas são dados a seguir:

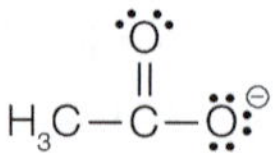

Íon carboxilato

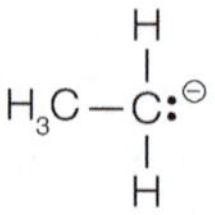

Carbânion derivado de alcano

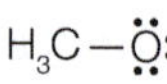

Alcóxido

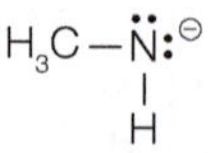

Íon amideto

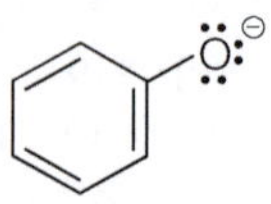

Fenóxido

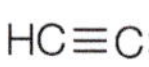

Íon acetileto

A força relativa das classes de bases que acabamos de ilustrar varia conforme a sequência apresentada no Quadro 1.4.

Quadro 1.4 Valores aproximados de pK_a de alguns tipos de ácidos a 25 °C*

Ácido	Base conjugada	pK_a aproximado	Ácido	Base conjugada	pK_a aproximado
$SbF_5.FSO_3H$	$SbF_5.FSO_3^{\ominus}$	< −20	HCN	$CN^{\ominus}$	9,31
$HClO_4$	$ClO_4^{\ominus}$	−10	ArOH	$ArO^{\ominus}$	9-11
HI	$I^{\ominus}$	−10	RCH_2NO_2	$R\overset{\ominus}{C}HNO_2$	10
HBr	$Br^{\ominus}$	−9	$HCO_3^{\ominus}$	CO_3^{2-}	10,33
H_2SO_4	$HSO_4^{\ominus}$	−9	RSH	$RS^{\ominus}$	12
$ArSO_3H$	$ArSO_3^{\ominus}$	−7	$RCONH_2$	$RCONH^{\ominus}$	15
HCl	$Cl^{\ominus}$	−7	H_2O	$HO^{\ominus}$	15,74
HNO_3	$NO_3^{\ominus}$	−1,3	RCH_2OH	$RCH_2O^{\ominus}$	16
$HSO_4^{\ominus}$	SO_4^{2-}	1,99	PhC≡CH	$PhC{\equiv}C^{\ominus}$	18,5
HF	$F^{\ominus}$	3,17	$RCOCH_2R$	$RCO\overset{\ominus}{C}HR$	19-20
HNO_2	$NO_2^{\ominus}$	3,29	$ROOCCH_2R$	$ROOC\overset{\ominus}{C}HR$	24,5
$ArNH_3^{\oplus}$	$ArNH_2$	3-5	RCH_2CN	$R\overset{\ominus}{C}HCN$	25
RCOOH	$RCOO^{\ominus}$	4-5	HC≡CH	$HC{\equiv}C^{\ominus}$	25
H_2CO_3	$HCO_3^{\ominus}$	6,35	$ArNH_2$	$ArNH^{\ominus}$	25
H_2S	$HS^{\ominus}$	7,00	NH_3	$NH_2^{\ominus}$	36
ArSH	$ArS^{\ominus}$	8,00	$CH_2{=}CH_2$	$CH_2{=}CH^{\ominus}$	36,5
$NH_4^{\oplus}$	NH_3	9,24	C_2H_6	$C_2H_5^{\ominus}$	42

* Neste quadro foram apresentados os valores de pK_a de alguns compostos individuais, mas na maioria dos casos foram apresentados os valores médios para determinados grupos funcionais. Nesses exemplos, R e Ar correspondem a grupos alquil e aril, respectivamente. Ph representa o grupo fenil (C_6H_5-).

Deve ficar claro que, pela definição de base de Brönsted-Lowry, não é necessário que o composto tenha carga negativa para se comportar como base. Moléculas que possuem oxigênio e nitrogênio com pares de elétrons não ligantes poderão reagir como base, como nos seguintes exemplos:

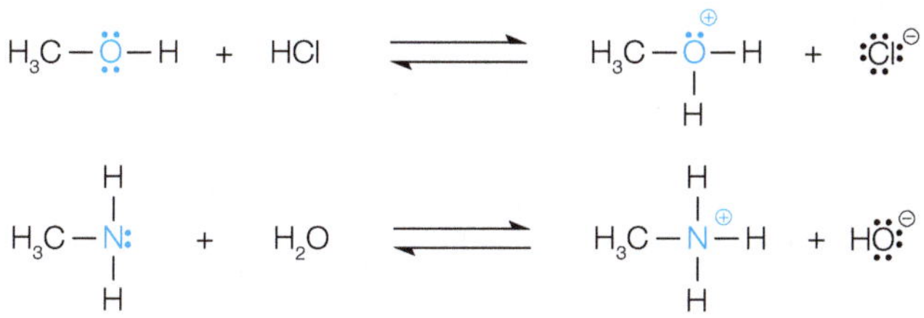

Para qualquer reação envolvendo transferência de prótons, a posição do equilíbrio é sempre deslocada no sentido da formação de ácidos e bases mais fracos, conforme exemplificado a seguir:

$$\underset{\text{Ácido forte}}{HCl} + \underset{\text{Base forte}}{CH_3COO^-} \rightleftharpoons \underset{\text{Ácido fraco}}{CH_3COOH} + \underset{\text{Base fraco}}{Cl^-}$$

Utilizando o Quadro 1.4, é possível determinar se um ácido reagirá com certa base. Como os compostos foram listados em ordem decrescente de acidez, qualquer ácido reagirá com uma base que se encontre em posição abaixo da sua no quadro.

Como visto até aqui, um composto pode atuar como ácido ou como base, dependendo do composto com o qual ele reage. Apesar disso, dos vários grupos de compostos orgânicos, alguns apresentam tipicamente caráter ácido, como os fenóis (ArOH) e ácidos carboxílicos (RCOOH), que serão objeto de estudo nos capítulos 9 e 13. Por outro lado, as aminas (RNH_2) são tipicamente básicas, conforme será discutido no Capítulo 11.

Teste 1.13

Apresente os produtos das reações entre os compostos indicados a seguir. Em cada caso identifique os ácidos e as bases, informando qual é o ácido mais forte e a base mais forte.

a) $H_2O + HCl$

b) $CH_3NH_2 + HF$

c) $NaH + CH_3OH$

d) $CH_3CO_2H + NaOH$

Ácidos e bases de Lewis

Apesar de bastante amplos, os conceitos de ácido e base de Brönsted-Lowry são limitados no que diz respeito à palavra próton. Em função disso, o químico norte-americano Gilbert N. Lewis propôs outra definição mais abrangente para ácidos e bases.

De acordo com Lewis, uma base é uma espécie que possui pelo menos um par de elétrons não ligantes disponível para compartilhar com outra espécie durante uma reação química. Um ácido, na acepção de Lewis, é uma espécie capaz de aceitar um par de elétrons em uma reação química. De acordo com esse conceito, ácidos são íons positivos ou espécies neutras deficientes em elétrons como H^+, Mg^{2+}, BF_3, $AlCl_3$, $FeCl_3$, $TiCl_4$ etc.

Note que, como o alumínio e o boro pertencem ao grupo 3 da tabela periódica, nos compostos $AlCl_3$ e BF_3 esses elementos possuem apenas seis elétrons na camada de valência, podendo, portanto, receber um par de elétrons em uma reação, conforme ilustrado a seguir:

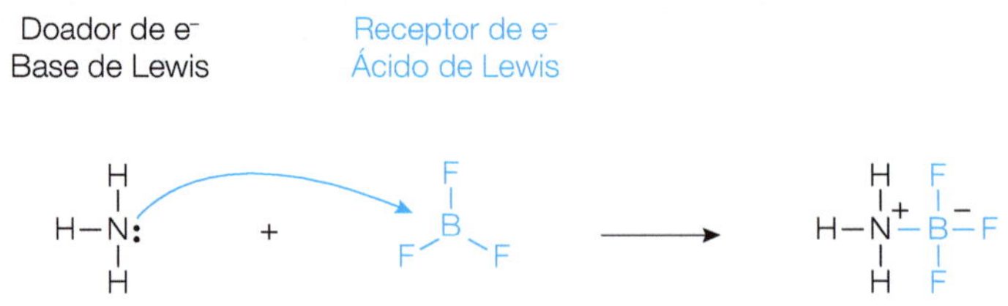

(1.1)

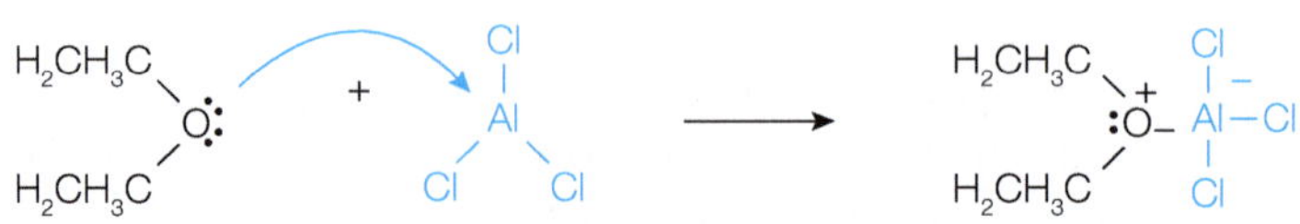

(1.2)

(1.3)

Observe nas equações 1.1 e 1.2 que, embora os produtos sejam neutros, os átomos de nitrogênio e de oxigênio apresentam carga formal positiva, enquanto os átomos de boro e alumínio possuem carga formal negativa.

Na Equação 1.3 fica evidente que uma base de Brönsted-Lowry é também uma base de acordo com o conceito de Lewis. O mesmo é observado para os ácidos.

Diversos exemplos de reações envolvendo ácidos e bases são apresentados nos próximos capítulos. Um tratamento mais detalhado sobre esse tema pode ser encontrado nas referências listadas no final deste trabalho. Chamamos a atenção em particular para o livro de Costa (2005), que corresponde a um excelente trabalho que deve ser consultado para os interessados em aprofundar os conhecimentos nessa área.

Exercícios

1. Escreva a configuração eletrônica completa dos seguintes elementos:

a) Na d) Si g) S
b) Ca e) Cl
c) Al f) Mg

2. Escreva as fórmulas químicas dos seguintes compostos iônicos:

a) fluoreto de sódio
b) hidróxido de magnésio
c) nitrato de sódio
d) nitrito de sódio
e) sulfato de cálcio
f) bicarbonato de sódio
g) carbonato de lítio
h) cloreto de cálcio

3. Escreva as fórmulas estruturais de cada molécula ou íon a seguir, representando, quando for o caso, os elétrons não ligantes (estruturas de Lewis).

a) HNO_3 h) C_2Cl_4 o) NH_4Cl
b) Br_2 i) NF_3 p) H_2O_2
c) CO_2 j) BF_3 q) CH_4O
d) CH_4 k) NO_2^- r) $COCl_2$
e) CF_2Cl_2 l) CH_3Br s) CH_2O
f) CH_5N m) CS_2 t) CH_4S
g) H_2S n) HCN

4. Preveja as geometrias (tetraédrica, trigonal plana, piramidal, linear ou angular) das seguintes moléculas ou íons. Para as moléculas, indique os momentos de dipolo de cada ligação e a direção do vetor do dipolo resultante.

a) SiH_4 e) CH_3^- i) BF_3
b) BF_4^- f) CH_3^+ j) CH_2Cl_2
c) CCl_4 g) H_2S k) NH_4^+
d) $BeCl_2$ h) NH_2^- l) Cl_2

5. Escreva as fórmulas estruturais de todos os possíveis isômeros constitucionais que possuem as seguintes fórmulas moleculares:

a) C_3H_8O c) C_4H_{10} e) C_4H_9Br
b) C_2H_6O d) C_3H_6 f) C_5H_{12}
g) $C_3H_6Cl_2$ i) C_2H_4BrCl k) C_2H_7N
h) $C_2H_3Cl_3$ j) CH_2O l) CH_3Cl

6. Das fórmulas dadas a seguir, algumas apresentam erros. Identifique as fórmulas e comente os erros.

a) CH_2Cl e) C_4H_8F i) CH_4O_2
b) C_2H_7Cl f) C_2H_3 j) CO_3
c) C_4H_7F g) C_2H_7 k) H_3O
d) C_3H_8 h) CH_2F_2O l) NH_4

7. As fórmulas estruturais a seguir foram retiradas do livro *Alimentação e câncer* (Lederer, 1990), exatamente como se encontravam apresentadas. Os compostos Marrón Sudan RR e Verde S são corantes que foram utilizados em alimentos, até que suas propriedades cancerígenas foram descobertas. A 4-metil-o-benzoquinona é formada a partir da oxidação do 4-metilbenzeno-1,2-diol (um fenol, Capítulo 9). Segundo o livro, a formação dessa e de outras quinonas em alimentos pode favorecer a formação de nitrosaminas (Capítulo 11), que são compostos altamente cancerígenos. O metilnitróximetanol é um metabólito formado a partir da hidrólise da cicasina ou metilnitroximetanol-β-D-glicosídeo.[11] Esse glicosídeo é encontrado em grãos e raízes da planta *Cycas circinalis*, cujas propriedades cancerígenas também foram comprovadas. Todas as fórmulas apresentam um ou mais erros. Identifique esses erros.

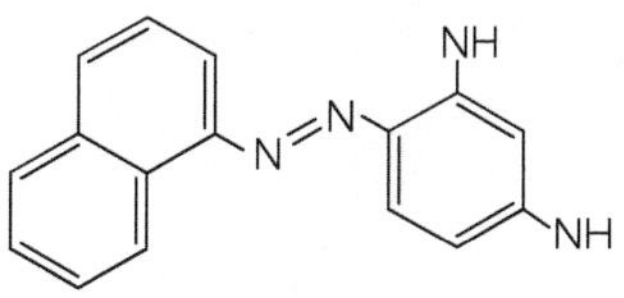

Marron Sudan RR

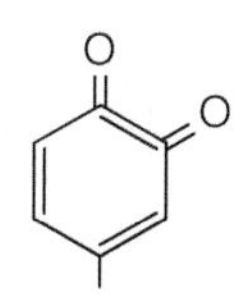

4-metil-o-benzoquinona

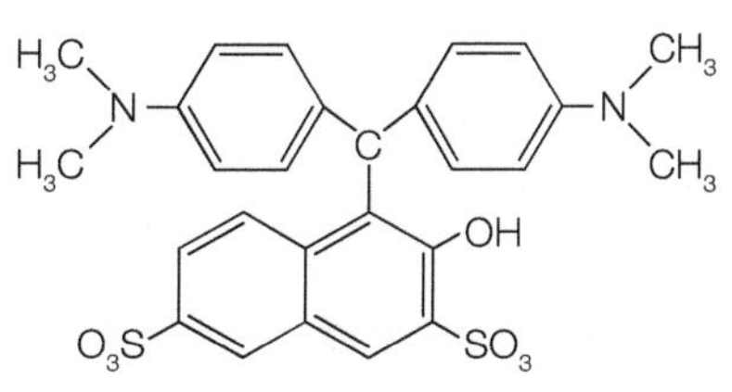

Verde S

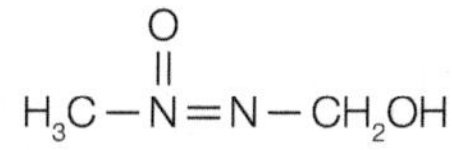

Metilnitroximetanol

[11] Os nomes dos compostos estão citados exatamente conforme aparecem na referência.

8. Quais das seguintes moléculas são capazes de formar ligações de hidrogênio com outras da mesma espécie?

a) CH_3OH

b) CH_3OCH_3

c) CH_3CH_2Cl

d) $CH_3OCH_2CH_3$

e) CH_3NH_2

f) $(CH_3)_2NH$

g) $(CH_3)_3N$

h) $HOCH_2CH_2OH$

i) 

j) 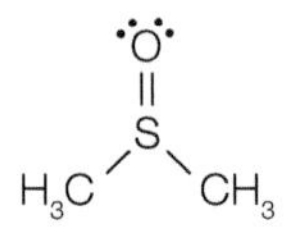

k) 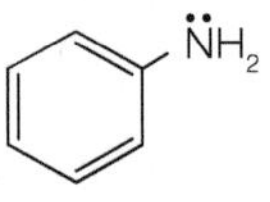

l) 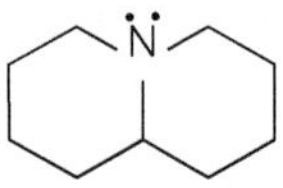

9. Indique a hibridação (*sp*, *sp*^{2}, *sp*^{3}) de cada carbono e oxigênio das seguintes moléculas:

a) 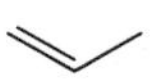

b) 

c) 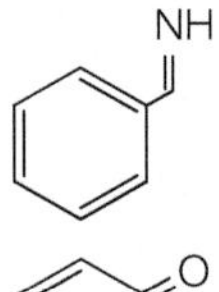

d) 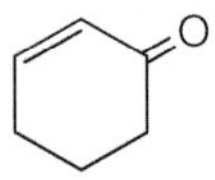

e) 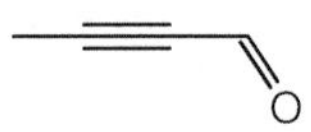

10. Organize cada grupo de compostos em ordem crescente de temperatura de ebulição. Explique sua resposta.

a)  (I) 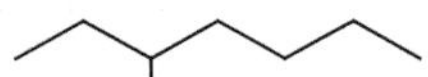 (II) 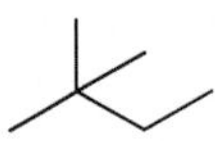 (III)

b)  (I) 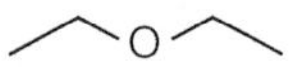 (II) 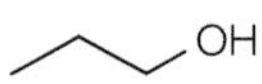 (III)

c) 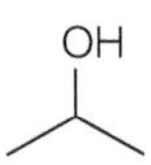 (I)  (II) 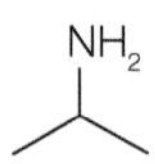 (III)

d) 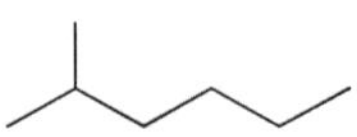 (I)  (II) 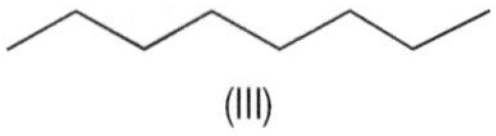 (III)

e) 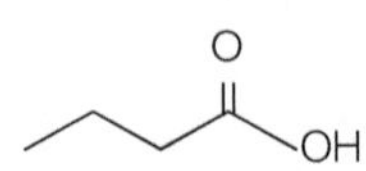 (I) 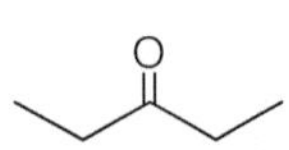 (II) 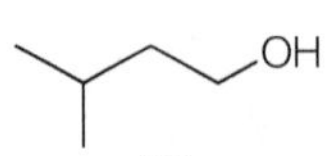 (III)

11. Coloque cada grupo de substâncias em ordem crescente de solubilidade em água. Explique sua resposta.

a) CH_3CH_2OH (I)
$CH_3CH_2OCH_2CH_3$ (II)
$CH_3[CH_2]_3CH_3$ (III)

b) CH_3CH_2OH (I)
$CH_3CH_2CH_2CH_2OH$ (II)
$CH_3CH_2CH_2Cl$ (III)

c) CH_3CH_2OH (I)
$HOCH_2CH(OH)CH_2OH$ (II)
$HOCH_2CH_2OH$ (III)

d) CH_3NH_2 (I)
CH_3CH_3 (II)
$CH_3[CH_2]_2CH_2NH_2$ (III)

e) PhCOOH (I)
PhCOONa (II)
$PhCH_3$ (III)

12. Coloque os seguintes ânions em ordem decrescente de basicidade. Consulte o Quadro 1.4.

a) $^-CH_2NO_2$ d) NH_2^- g) Cl^-
b) $HC{\equiv}C^-$ e) $CH_3CH_2CH_2CH_2^-$ h) Br^-
c) PhO^- f) CH_3COO^-

13. Esquematize a reação de um ácido AH diante dos seguintes compostos que atuam como base:

a) $(CH_3)_3N$ d) CH_3COONa g) CH_3CH_2OH
b) CH_3Li e) NaCN   h) H_2O
c) CH_3CHO f) $(CH_3CH_2)_2O$

14. Comente a observação de que o éter dietílico ($CH_3CH_2OCH_2CH_3$) é facilmente solúvel em ácido sulfúrico concentrado a frio, enquanto o pentano ($CH_3CH_2CH_2CH_2CH_3$) é praticamente insolúvel nas mesmas condições.

15. Indique, em cada par, o ácido mais forte. Qual a relação entre a carga e a acidez?

a) H_3O^+ ou H_2O c) H_2S ou HS^-
b) NH_4^+ ou NH_3 d) H_2O ou OH^-

16. Explique por que a temperatura de ebulição da 2-metilpirrolidina (A) é maior (100 °C) que a da N-metilpirrolidina (B) (79 °C).

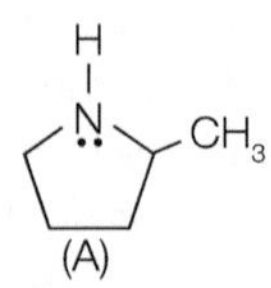
(A)

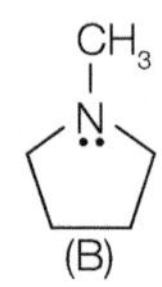
(B)

17. O álcool etílico (CH_3CH_2OH) e o éter dimetílico (CH_3OCH_3) são isômeros constitucionais, com propriedades físicas e químicas bem distintas. Observe, a seguir, a variação da temperatura de ebulição: CH_3CH_2OH: 78,3 °C; CH_3OCH_3: −24,8 °C. Explique a diferença verificada.

18. As estruturas a seguir representam a vitamina C e o β-caroteno. A vitamina C está presente em grande quantidade em frutas cítricas, pimentão e outros vegetais, enquanto o β-caroteno, que possui coloração alaranjada, pode ser encontrado na cenoura. Esse composto, ao ser metabolizado em nosso organismo, produz a vitamina A. Qual dessas substâncias é hidrossolúvel? Justifique.

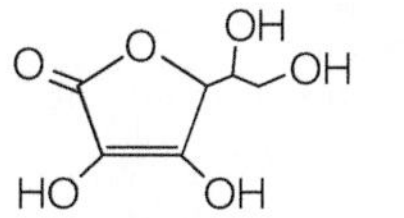

Vitamina C

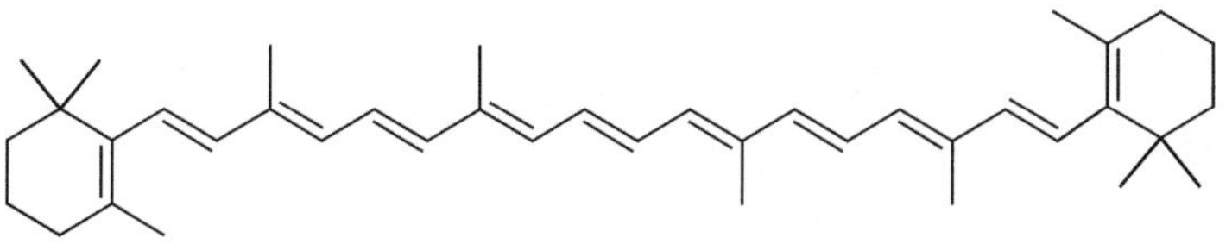

β-caroteno

19. O coumatetralil é um rodenticida (composto utilizado para matar roedores, como ratos) que atua inibindo a formação de protombina no fígado, resultando na inibição da coagulação do sangue. Sua solubilidade em água, em pH 4,2 (meio ácido) e a 20 °C, é de apenas 0,02 g L^{-1}. Na mesma temperatura, porém em pH 9 (meio básico), sua solubilidade é de aproximadamente 200 g L^{-1}. Explique a diferença de solubilidade do composto em função do pH do meio.

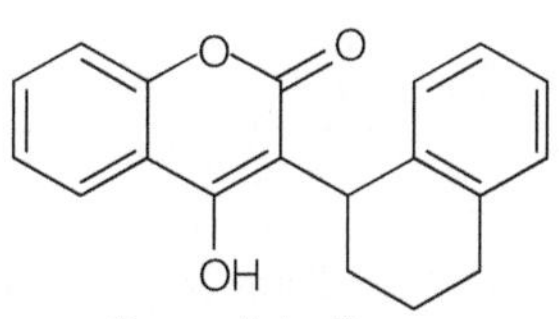

Coumatetralil

20. O diclorano, fungicida comercial que atua sobre as hifas, mas que causa pequeno efeito sobre os esporos dos fungos, quando dissolvido em água pura a 20 °C, apresenta solubilidade de 0,0063 g L^{-1}. Como a solubilidade desse composto, em meio aquoso, varia com o pH da solução? Para explicar sua resposta, escreva a equação da reação entre o diclorano e o HCl.

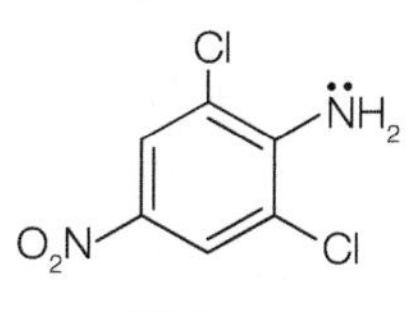

Diclorano

21. A histrionicotoxina é uma toxina isolada de pequenos sapos coloridos encontrados na América do Sul. Esses sapos foram usados durante muito tempo pelos nativos da região para envenenar suas flechas usadas em caças. Os sapos mais venenosos poderiam ser usados para envenenar até 50 flechas. O hidrato de saxitoxina é outra toxina, isolada de algumas algas.

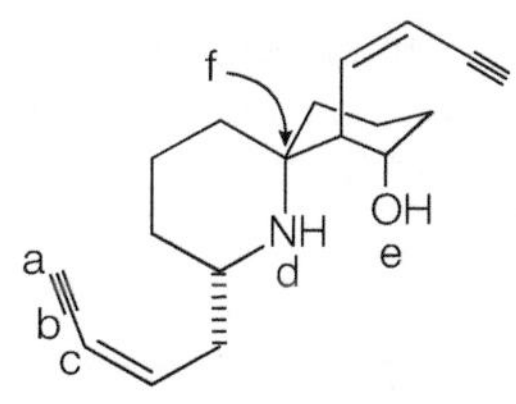

Histrionicotoxina

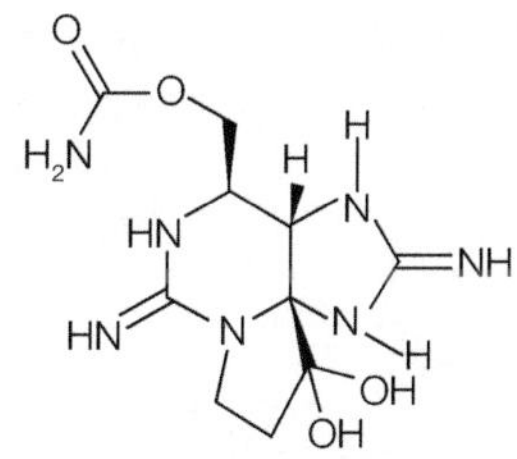

Hidrato de saxitoxina

a) Qual a fórmula molecular da histrionicotoxina?

b) Qual a hibridação dos átomos de carbono, nitrogênio e oxigênio indicados na estrutura da histrionicotoxina?

c) Circule na estrutura da histrionicotoxina as regiões mais polares.

d) Dentre as duas toxinas apresentadas, qual você esperaria ser mais solúvel em água? Justifique sua resposta.

22. A bifenila é um composto com ação fungistática, que inibe a esporulação de fungos. A 1-metilpropilamina é um fungicida descoberto na década de 1960. Seu uso envolve o controle de *Botrytis* em crisântemos e outros fungos em batatas, bem como em diversas espécies de frutas cítricas. O ácido cloroacético e seu sal de sódio são comercializados como herbicidas. O decan-1-ol foi introduzido no mercado como regulador do crescimento de plantas.

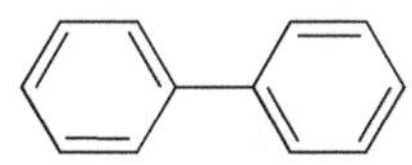

Bifenila (I)

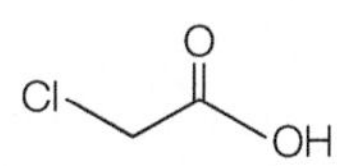

Ácido cloroacético (III)

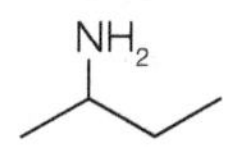

1-metilproprilamina (II)

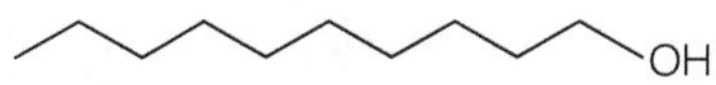

Decan-1-ol (IV)

a) Quais tipos de forças intermoleculares predominantes você espera que atuem entre as moléculas de cada um desses compostos? Nos casos em que houver formação de ligações de hidrogênio, represente-as.

b) Entre a bifenila e o ácido cloroacético, qual você espera ser mais solúvel em água? Explique.

c) Escreva as equações para a reação entre II e HBr; entre III e KOH; entre II e III; entre IV e $NaNH_2$.

23. Para cada uma das espécies a seguir, represente o número indicado de estruturas de ressonância.

a) O íon sulfato, SO_4^{2-} (3)

b) O nitrometano, CH_3NO_2 (2)

c) O ácido hidrazoico, HN_3 (2). A molécula é acíclica.

d) O cátion 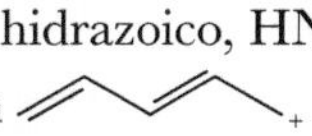 (3)

24. Calcule as cargas formais para os átomos em destaque nos compostos apresentados a seguir:

a) 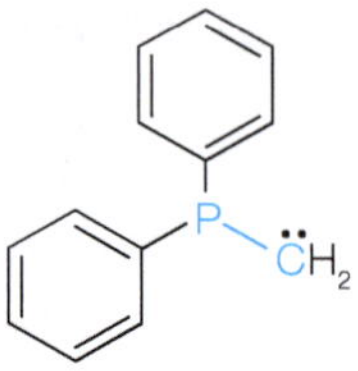

c) 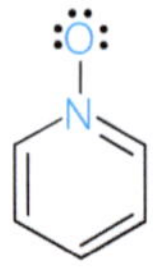

b) 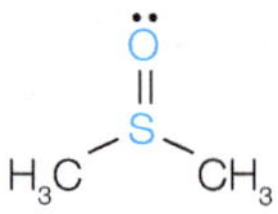

d) 

25. Para a determinação do teor de proteína colagenosa e dos elementos Ca, P e Mg em ossos de aves é necessário inicialmente remover a gordura destes. Para a remoção da gordura é feita a extração dos ossos com solventes orgânicos. A seguir são apresentadas as fórmulas estruturais de alguns compostos que são utilizados como solventes em laboratório de química orgânica.

(I) CH_3CH_2OH (IV) CH_3CO_2H

(II) 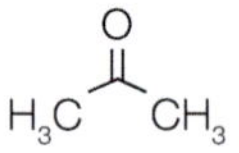 (V) 

(III)  (VI) 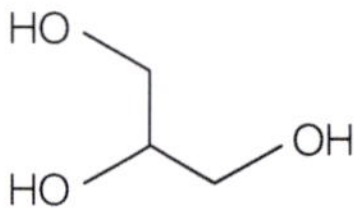

a) Dentre os compostos apresentados acima, cite dois que seriam mais eficientes na remoção de maior quantidade de gordura dos ossos. Justifique sua resposta.

b) Represente a formação de ligação de hidrogênio entre as moléculas de I e II.

c) Qual dos compostos é capaz de realizar ligação de hidrogênio intramolecular? Justifique sua resposta e represente essa ligação.

d) Represente três estruturas de ressonância para o composto IV. Quando for o caso, indique as cargas formais dos átomos carregados. Qual das estruturas é a principal? Justifique.

26. A deficiência de vitamina B_2 pode causar, além de dermatites, a quilose, que é uma lesão caracterizada por fissuras e descamação nos lábios. Já a deficiência de vitamina D pode ocasionar raquitismo em criança e fragilidade óssea em adultos. A seguir estão representadas as fórmulas estruturais dessas duas vitaminas. Qual delas se apresentará mais lipossolúvel? Justifique sua resposta.

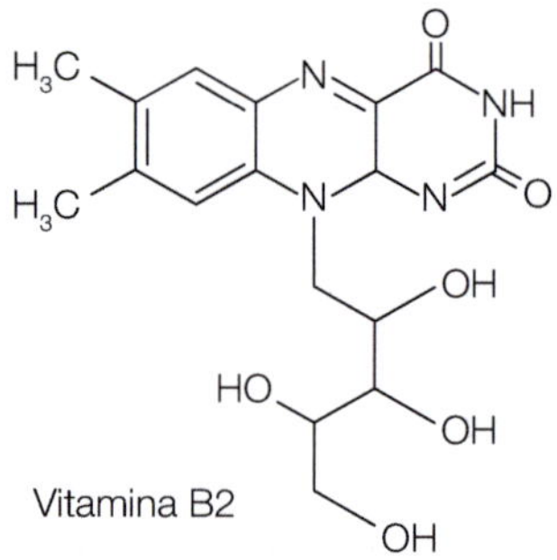

Vitamina B2

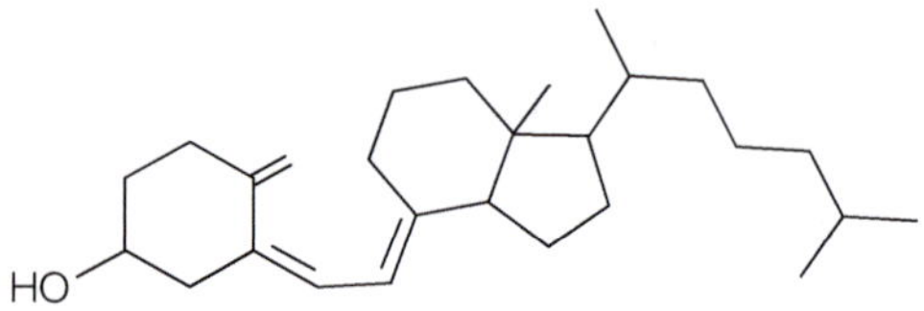

Vitamina D

27. Quais dos compostos listados a seguir são ácidos de Lewis e quais são bases de Lewis?

a) 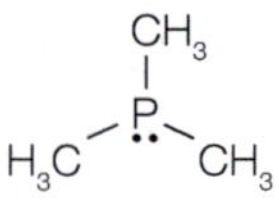

d) 

g) 

b) 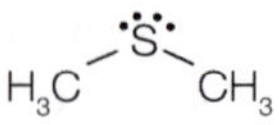

e) 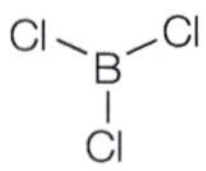

h) 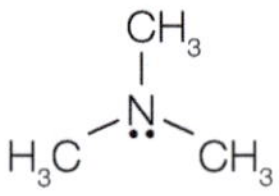

c) 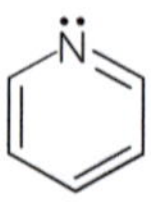

f) $MgCl_2$

Capítulo 2

Alcanos: propriedades e aplicações

Resumo

Neste capítulo iniciamos o estudo dos hidrocarbonetos saturados denominados alcanos. São apresentadas as regras de nomenclatura da IUPAC para nomear alcanos lineares, ramificados e cíclicos, bem como derivados halogenados de alcanos. Essas regras são apresentadas de forma detalhada, embora não completa, uma vez que elas serão importantes para a nomenclatura de outras classes de compostos que serão discutidas ao longo deste livro. São apresentadas fontes naturais desses compostos, dando ênfase à aplicação dos hidrocarbonetos como fonte de energia. Como os alcanos são notoriamente pouco reativos, escolhemos para ilustrar a reatividade dessa classe de compostos a reação de combustão, importante como fonte de energia, e a reação de halogenação. Neste último caso, apresentamos os detalhes do mecanismo desse processo, de modo a introduzir o conceito de radicais, bem como mostrar a importância do mecanismo na compreensão da reatividade dos compostos orgânicos. Concluímos o capítulo com apresentação de um pouco de química do petróleo e uso de aditivos para gasolina.

Objetivos de aprendizagem

Após o estudo deste capítulo você deverá ser capaz de:

- Listar as principais fontes naturais de alcanos.
- Aplicar as regras da IUPAC para nomear alcanos.
- Representar a projeção de Newman para hidrocarbonetos acíclicos e cíclicos.
- Representar a estrutura de cicloexanos nas conformações cadeira e bote.
- Distinguir isômeros *cis* e *trans* em compostos cíclicos.
- Explicar o mecanismo geral para reações de halogenação de alcanos.
- Discutir a importância e ilustrar as aplicações de processos de combustão, pirólise e reforma catalítica.
- Definir índice de octano e apresentar exemplos de aditivos utilizados para a gasolina.

Alcanos são compostos orgânicos constituídos apenas por átomos de carbono e hidrogênio, desprovidos de insaturação. Quando acíclicos, os alcanos apresentam a fórmula geral C_nH_{2n+2}, em que *n* representa o número de carbonos. Eles são compostos amplamente encontrados na natureza. O metano, por exemplo, é produto da decomposição anaeróbica de vegetais causada por bactérias. Esse processo ocorre em grande escala em solos alagados, como plantações de arroz. Ele também é produzido no sistema digestivo de cupins. Estima-se que a quantidade do gás produzida por essas duas fontes chegue a 5×10^{13} g ano^{-1}. Ele é também produzido por decomposição de matéria orgânica em biodigestores. As maiores fontes de alcanos, todavia, são o gás natural e o petróleo, que são largamente utilizados para suprir grande parte da demanda de energia requerida para manter o atual padrão de vida dos povos dos países industrializados.

Para se ter uma ideia da importância dessas fontes de energia, estima-se que, há aproximadamente 2 milhões de anos, o *Homo habilis*, nosso ancestral, utilizava em torno de 8.400 kJ por dia. Era provável que essa pequena quantidade de energia fosse obtida diretamente dos alimentos que ele consumia, e certamente a maior parte era gasta na procura de novos alimentos. Com a descoberta do fogo e a domesticação de animais, o homem passou a gastar cerca de seis vezes a quantidade de energia antes mencionada. Já no início da Era Cristã, um fazendeiro contando com o trabalho de cavalos e bois teria à sua disposição um total de 50.000 kJ por dia. Na metade do século XIX, com a Revolução Industrial indo a 'todo o vapor', houve novamente um aumento no consumo e no suprimento de energia. Esse consumo era em grande parte suprido pelo uso de carvão. No século XX, com a ampla industrialização de vários países, o consumo médio de energia continuou aumentando, de modo que uma pessoa em um país industrializado, com todos os confortos que a tecnologia pode fornecer, consome em média 1.100.000 kJ por dia, ou seja, 130 vezes mais que nosso ancestral *Homo habilis*.

Portanto, à medida que a necessidade por mais energia aumenta, o homem vem desenvolvendo novos métodos de obtê-la. Entre essas diversas fontes que foram descobertas encontram-se os combustíveis fósseis, como o petróleo, o carvão e o gás natural.

O gás natural

O termo *gás natural* é usado para designar gases acumulados no subsolo, de composição muito variável, os quais estão ou não associados à presença de óleo. Com poucas exceções, o gás natural consiste em pelo menos 95% de hidrocarbonetos, sendo o restante constituído de nitrogênio, dióxido de carbono e, algumas vezes, sulfeto de hidrogênio.

O principal componente do gás natural é o metano, representando normalmente mais de 90% de seu volume. Os hidrocarbonetos de maior massa molecular estão presentes em menor quantidade, considerando-se que alcanos com mais de cinco átomos de carbono raramente constituem mais de 2% em volume da mistura.

Segundo registros históricos, o gás natural foi descoberto na Pérsia (atual Irã) entre 6000 e 2000 a.C, e sua descoberta na Europa ocorreu no século XVII. Somente no final do século XIX é que esse gás passou a ser utilizado em maior escala na Europa em virtude da invenção do *bico de Bunsen*, por **Robert Bunsen**, ainda largamente utilizado nos laboratórios modernos.

Robert Wilhelm Eberhard Bunsen (1811-1899), químico alemão, nascido em Göttingen. Em 1833, tornou-se professor assistente na universidade de Göttingen onde iniciou estudos experimentais da solubilidade de sais metálicos de ácido arsenioso. Em 1836, sucedeu Friedrich Wöhler como professor na Escola Politécnica de Kassel e, em 1838, tornou-se professor na Universidade de Marburg. De 1851 a 1889, trabalhou na universidade de Heidelberg. Durante sua carreira acadêmica inventou muitos equipamentos de laboratório, incluindo um espectrofotômetro, criado em 1859, juntamente com Gustav Robert Kirchhoff. Desta invenção decorreu a descoberta dos elementos césio e rubídio. Em 1855, inventou um queimador de gás amplamente utilizado em laboratórios de química, conhecido como 'Bico de Bunsen'.

Nos dias de hoje o gás natural é utilizado em residências, nas indústrias e como combustível para automóveis. Nas indústrias ele é utilizado, principalmente, para a geração de energia elétrica. Estima-se que atualmente em torno de 18% do consumo de energia do mundo seja suprido por essa fonte.

Foi na década de 1940 que se deu o início, ainda que modesto, do uso de gás natural no Brasil. Atualmente o Brasil importa, transportada via um gasoduto, grande quantidade de gás natural da Bolívia (em torno de 30 milhões de metros cúbicos por dia) para suprir a demanda crescente por essa fonte de energia. Com a descoberta recente de petróleo na camada pré-sal, estima-se que a produção de gás natural no país poderá dobrar.

Existe uma crescente preocupação com o aumento dos níveis de metano na atmosfera, uma vez que ele é o segundo mais importante gás responsável pelo aquecimento global, atrás apenas do dióxido de carbono. Além das fontes de metano naturais citadas anteriormente, uma grande quantidade desse gás encontra-se aprisionada sob as geleiras do polo Norte. Com o degelo crescente das calotas polares, parte desse gás está sendo liberada para a atmosfera. Estimativas recentes indicam um aumento de 0,6% de metano na atmosfera em 2008, de acordo com dados preliminares da Estação Zepelin, localizada em uma ilha no oceano Ártico, próxima à Noruega. O aumento em 2007 foi superior à média global de 0,34%. Esses dados são preocupantes, uma vez que nas últimas décadas os níveis de metano na atmosfera encontravam-se estáveis.

Origem e uso do petróleo

O petróleo é um óleo escuro formado por uma mistura complexa de centenas de hidrocarbonetos, ou seja, compostos formados por carbono e hidrogênio. Entre os hidrocarbonetos, encontram-se não apenas os alcanos, mas também alquenos e compostos aromáticos. Entram também em sua composição alguns compostos que possuem nitrogênio e enxofre. Existem relatos de que o petróleo já era utilizado há muitos séculos na Mesopotâmia, no Egito, na Pérsia (atual Irã) e em outros locais para aquecimento, iluminação, construção de estradas e construção civil. Algumas passagens na Bíblia registram o uso de um material, provavelmente betume natural, na construção da torre de Babel e na arca de Noé. O betume também foi usado na Pérsia há seis mil anos e ainda é encontrado em monumentos da Babilônia.

Na Itália, na cidade de Salsomaggiore, já era conhecida uma emissão de gás natural no ano de 1226. Em 1498, um pequeno acúmulo de óleo foi encontrado na Alsácia. Existem registros de que Marco Polo encontrou 'fontes de óleo' em Baku, no mar Cáspio, no final do século XIII.

Apesar desses usos antigos do petróleo, seu consumo começou mesmo a aumentar com a perfuração do primeiro poço em 1855, no estado da Pensilvânia, nos Estados Unidos, por Edwin Drake.

Os cientistas aceitam hoje a teoria de que o petróleo tenha sido formado pela decomposição de animais e vegetais aquáticos, principalmente marinhos, que foram soterrados por sucessivas camadas de lama e silte, provavelmente entre 400 e 500 milhões de anos atrás. Com o tempo, o peso dessas camadas fez com que a pressão e a temperatura aumentassem sobre o material orgânico. Sob essas condições, a centenas de metros de profundidade, provavelmente sem a ação de bactérias e na presença de pequena quantidade de oxigênio, os organismos foram transformados em óleo e gás.

Nas refinarias de petróleo, os componentes do óleo bruto são separados em frações, pelo processo denominado *destilação fracionada*. Os componentes de mais baixa temperatura de ebulição (menor massa molar) são coletados no topo da coluna de destilação, e os componentes de maior temperatura de ebulição (maior massa molar) são separados e coletados em vários pontos mais baixos na coluna.

A porcentagem de cada uma das frações listadas no Quadro 2.1 varia em função da origem do petróleo. O petróleo de algumas regiões possui predominantemente alcanos normais e ramificados; em outros casos, os componentes principais são alcanos cíclicos. Compostos derivados do benzeno[1] são também abundantes no petróleo.

Cada uma das frações obtidas da destilação fracionada do petróleo é ainda uma mistura complexa de hidrocarbonetos. A gasolina, por exemplo, chega a apresentar em sua constituição dezenas de componentes, na maioria hidrocarbonetos, mas possui também compostos sulfurados que causam poluição ambiental em razão da transformação em SO_2 durante a combustão por automóveis.

[1] Estudaremos o benzeno e seus derivados no Capítulo 5.

Quadro 2.1 Frações constituintes do petróleo

Fração	T_e/°C	Nº de átomos de C
Gás	< 20	C_1-C_4
Éter de petróleo	20-100	C_5-C_7
Gasolina natural	40-205	C_5-C_{10} e alcanos cíclicos
Querosene	175-325	C_{12}-C_{18} e aromáticos
Óleo combustível	275-400	C_{12}-C_{25}
Óleo lubrificante	400-500	C_{25}-C_{35}
Asfalto	Sólidos	Compostos policíclicos

Além de utilizados como fonte de energia para aquecimento de casas e para mover automóveis, caminhões, aviões etc., muitos compostos obtidos dessas frações são transformados em milhares de produtos usados diariamente pelo homem, como medicamentos, pesticidas, plásticos, fibras sintéticas etc.

Nomenclatura

Até o século XIX os compostos orgânicos eram nomeados de uma maneira não tão sistemática como a de hoje; naquela época, prefixos latinos e gregos eram utilizados na nomenclatura. Com a descoberta crescente de novos compostos isoméricos, o uso apenas de tais prefixos se tornou inadequado para nomeá-los. Somente para ilustrar, existem cinco isômeros com a fórmula molecular C_6H_{14}; para a fórmula $C_{10}H_{22}$ são 75 alcanos isoméricos, e para $C_{20}H_{42}$ podem existir 366.319 compostos diferentes.

Em função dessa dificuldade, em 1882 ocorreu em Genebra, na Suíça, uma convenção de químicos de diversas partes do mundo para estabelecer regras de nomenclatura de compostos orgânicos, a serem utilizadas por toda a comunidade científica, a fim de facilitar a comunicação. O conjunto de regras resultantes dessa reunião passou a ser conhecido como Sistema de Nomenclatura IUPAC, sendo utilizado por químicos de todos os países (PANICO et al., 1993; RIGAUDY e KLESNEY, 1979).

Desde a reunião em Genebra, milhões de novos compostos foram descobertos e preparados. Assim, para possibilitar que esse conjunto de regras continue sendo útil para nomear todos os compostos orgânicos, ele vem sendo periodicamente modificado e ampliado ao longo dos anos. Esse trabalho é feito por uma comissão da qual participam químicos de vários países, tendo o Brasil um representante.

Como são muitas as regras, nosso objetivo aqui é apresentar apenas algumas delas e, assim, permitir ao leitor nomear uma ampla variedade de compostos orgânicos estruturalmente mais simples. É evidente que, quanto mais complexa for a molécula, mais difícil será nomeá-la, pois será preciso utilizar um maior número de regras.

Os alcanos não ramificados

Os nomes dos quatro primeiros alcanos não ramificados ou normais são: metano, etano, propano e butano.[2] Os nomes dos outros alcanos, com maior número de átomos de carbono, são formados por um prefixo numérico grego seguido da terminação *ano* (Quadro 2.2).

[2] Alguns autores utilizam a palavra normal ou a letra n para designar os alcanos não ramificados, como n-butano, n-hexano etc. Essa prática, todavia, não é recomendada pela IUPAC.

Quadro 2.2 Nomes de alcanos normais

Nome	Fórmula*	Nome	Fórmula
Metano	CH_4	Heptadecano	$CH_3[CH_2]_{15}CH_3$
Etano	CH_3CH_3	Octadecano	$CH_3[CH_2]_{16}CH_3$
Propano	$CH_3CH_2CH_3$	Nonadecano	$CH_3[CH_2]_{17}CH_3$
Butano	$CH_3[CH_2]_2CH_3$	Icosano	$CH_3[CH_2]_{18}CH_3$
Pentano	$CH_3[CH_2]_3CH_3$	Henicosano	$CH_3[CH_2]_{19}CH_3$
Hexano	$CH_3[CH_2]_4CH_3$	Docosano	$CH_3[CH_2]_{20}CH_3$
Heptano	$CH_3[CH_2]_5CH_3$	Tricosano	$CH_3[CH_2]_{21}CH_3$
Octano	$CH_3[CH_2]_6CH_3$	Triacontano	$CH_3[CH_2]_{28}CH_3$
Nonano**	$CH_3[CH_2]_7CH_3$	Hentriacontano	$CH_3[CH_2]_{29}CH_3$
Decano	$CH_3[CH_2]_8CH_3$	Tetracontano	$CH_3[CH_2]_{38}CH_3$
Undecano	$CH_3[CH_2]_9CH_3$	Hentetracontano	$CH_3[CH_2]_{39}CH_3$
Dodecano	$CH_3[CH_2]_{10}CH_3$	Pentacontano	$CH_3[CH_2]_{48}CH_3$
Tridecano	$CH_3[CH_2]_{11}CH_3$	Hexacontano	$CH_3[CH_2]_{58}CH_3$
Tetradecano	$CH_3[CH_2]_{12}CH_3$	Heptacontano	$CH_3[CH_2]_{68}CH_3$
Pentadecano	$CH_3[CH_2]_{13}CH_3$	Octacontano	$CH_3[CH_2]_{78}CH_3$
Hexadecano	$CH_3[CH_2]_{14}CH_3$	Hectano	$CH_3[CH_2]_{98}CH_3$

* Nas representações das fórmulas devem-se utilizar colchetes para inserir unidades que se repetem e parênteses para as ramificações.

** *Nona* é prefixo latino.

Os alcanos ramificados

Alcanos ramificados são aqueles que apresentam grupos (ramificações) ligados a uma cadeia maior. Os compostos ilustrados a seguir apresentam nomes não sistemáticos, ainda aceitos pela IUPAC.

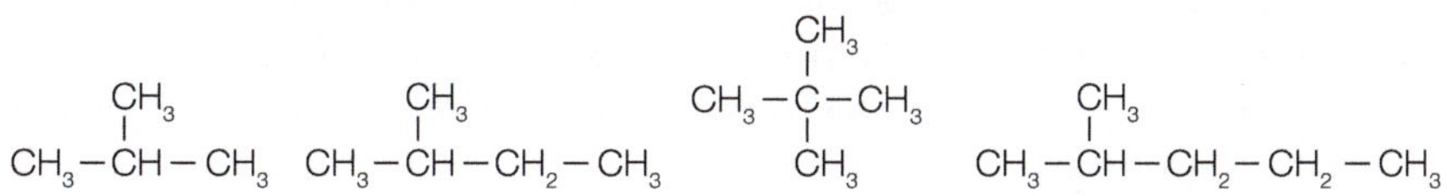

Isobutano Isopentano Neopentano Isoexano

Observando as estruturas do isobutano e do neopentano,[3] nota-se que eles são formados, respectivamente, pela substituição de um e dois átomos de hidrogênio do propano pelo grupo $-CH_3$. O isopentano e o isoexano têm esse grupo substituindo hidrogênios do segundo átomo de carbono do butano e do pentano, respectivamente. Por sua vez, o grupo $-CH_3$ é considerado derivado do metano pela remoção de um hidrogênio.

$$H_3C-H \xrightarrow{-H} H_3C-$$

O grupo $-CH_3$ é chamado *metil* ou *metila*. Os nomes dos outros grupos substituintes, resultantes da remoção de um hidrogênio de um carbono terminal de um alcano não ramificado (ou linear) qualquer, são obtidos do nome do alcano de origem pela substituição da terminação *ano* por *il* ou *ila*.

[3] O prefixo iso, do grego, significa 'igual'. O prefixo neo significa 'novo'.

Essa diferenciação na terminação dos nomes dos grupos é característica da tradução feita para a língua portuguesa. Conforme veremos nos exemplos seguintes, quando o grupo é citado no início ou no meio do nome do composto, utiliza-se a terminação *il* e, quando ele é citado no final do nome, a terminação *ila* é usada.

CH_3CH_2-	Etil(a)	$CH_3CH_2CH_2-$	Propil(a)
$CH_3CH_2CH_2CH_2-$	Butil(a)	$CH_3[CH_2]_6CH_2-$	Octil(a)

Se um grupo com três átomos de carbono estiver ligado a uma cadeia principal pelo carbono central, ele receberá o nome de isopropil(a). No caso do grupo com quatro átomos de carbono, além do grupo butil(a), já mencionado, existem mais três possibilidades, conforme ilustrado a seguir. Todos esses nomes são aceitos pela IUPAC.[4]

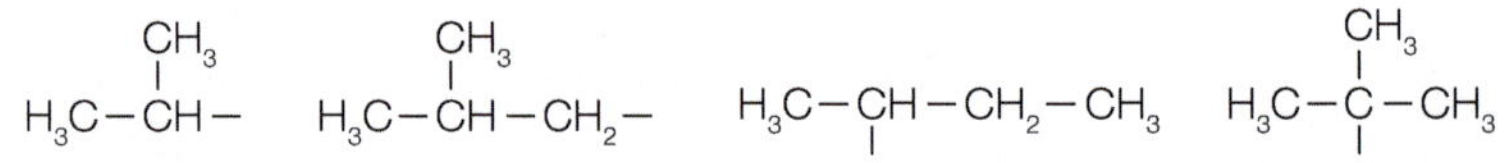

Isopropil(a) Isobutil(a) *sec*-Butil(a) *tert*-Butil(a)

As espécies anteriormente representadas são chamadas genericamente de grupos *alquil* ou *alquila*, e a valência livre é representada por um *hífen* no átomo de carbono.

Chamamos a atenção para o fato de que os grupos alquila não devem ser chamados de *radicais*. O termo *radical* é reservado para caracterizar espécies que possuem pelo menos um elétron desemparelhado. A confusão, muitas vezes, é devida ao fato de os radicais alquila receberem o mesmo nome dos grupos correspondentes, conforme ilustrado a seguir:

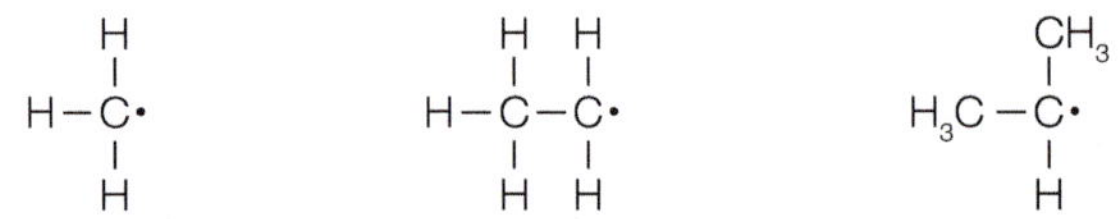

Radical metil(a) Radical etil(a) Radical isopropil(a)

Observe que em todos os casos representados anteriormente, um dos átomos de carbono possui apenas sete elétrons na camada de valência, sendo o elétron desemparelhado representado por um ponto. Conforme discutiremos mais tarde, os radicais são intermediários reativos que participam de muitas transformações químicas.

Agora que já vimos como os grupos alquila são nomeados, retornemos às regras de nomenclatura dos alcanos.

Nomeia-se um alcano ramificado acíclico considerando a cadeia mais longa como a principal, cujo nome será o mesmo do alcano linear com igual número de átomos de carbono. Os nomes dos grupos substituintes precedem o nome da cadeia principal. Por exemplo, os dois compostos representados a seguir são denominados *metilpentano*; todavia, o grupo metila ocupa posições diferentes na cadeia principal (destacada em azul) de cada um deles.

Para diferenciar os dois compostos, a cadeia principal deve ser numerada a partir de uma das extremidades, e a posição do grupo, indicada por

4 Não se deve utilizar *t* no lugar de *tert*, uma vez que essa letra é utilizada como abreviatura para *trans*.

um algarismo arábico antes de seu nome. Essa numeração deve ser feita de modo que o grupo receba o menor número.[5]

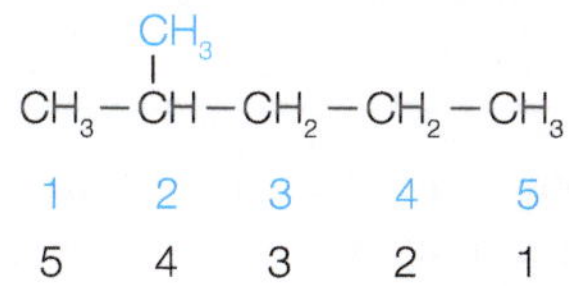

2-metilpentano (correto)
4-metilpentano (incorreto)

Quando uma série de grupos estiver presente na cadeia principal, o sentido da numeração a ser escolhido será o que fornecer a menor sequência de números, independentemente da natureza dos grupos.

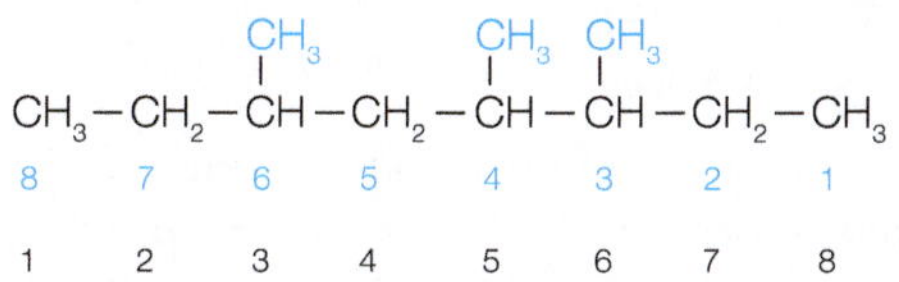

3,4,6-Trimetiloctano (correto)
3,5,6-trimetiloctano (incorreto)

No exemplo anterior, numerando a cadeia principal da extremidade direita para a esquerda, obtém-se a sequência de números 3, 4, 6, e, procedendo à numeração pela extremidade oposta, a sequência obtida é 3, 5, 6. Comparando as duas sequências, vê-se que em ambos os casos o primeiro número é 3, já o segundo é 4 na primeira sequência e 5 na segunda. Como houve diferença nesse ponto, não há necessidade de comparar os números restantes. Numera-se, então, a cadeia principal a partir de sua extremidade direita.[6]

A repetição de um grupo é indicada pela adição do prefixo multiplicador correspondente (*di*, *tri*, *tetra*, *penta* etc. ou, no caso de grupos complexos, *bis*, *tris*, *tetraquis* etc.)[7] antes do nome do grupo. Quando um mesmo grupo aparece duas vezes no mesmo carbono, como no exemplo a seguir (duas metilas no carbono 2), o número desse carbono deve ser repetido na sequência de números.

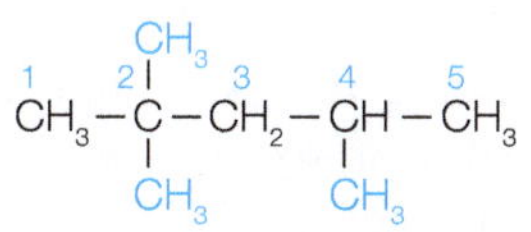

2,2,4-Trimetilpentano

Quando diferentes grupos estão ligados à cadeia principal, a citação deles deve ser feita em ordem alfabética. Observe no exemplo a seguir que os grupamentos simples são ordenados alfabeticamente, desconsiderando-se os prefixos multiplicadores *di*, *tri*, *tetra* etc. Nesse caso, *e*til é citado antes de di*m*etil.

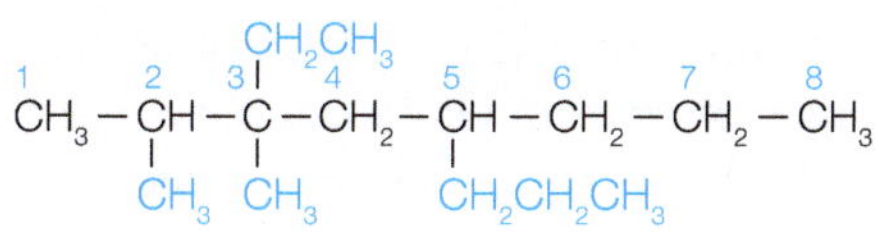

3-etil-2,3-dimetil-5-propiloctano

Os prefixos *sec* e *tert* são termos numéricos e também não fazem parte do nome. Portanto, para fins de citação em ordem alfabética, o nome do grupo *tert*-butil começa com a letra *b*, e não com *t*. Os prefixos *iso* e *neo* fazem parte do nome dos grupos; logo, isobutil é iniciado pela letra *i* e não *b*.

---

5 Deve-se notar que, de acordo com a IUPAC (PANICO et al., 1993; RIGAUDY e KLESNEY, 1979), o nome do último grupo deve ser ligado ao da cadeia principal sem a utilização de hífen ou espaço entre eles. No exemplo dado, o nome não deve ser escrito como 2-metil-pentano ou 2-metil pentano.

6 Na determinação do sentido de numeração da cadeia, os números nos nomes são separados entre si por vírgula e, das letras, por hífen. Não se deve proceder à soma dos números conforme ainda consta de alguns livros.

7 Para exemplos sobre a utilização dos prefixos bis, tris etc., ver Capítulo 11.

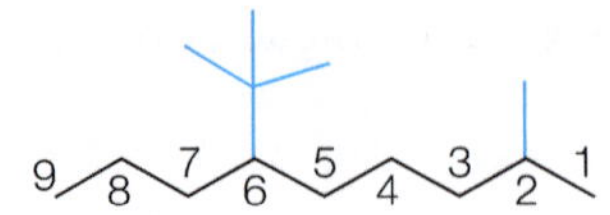

6-*tert*-butil-2-metilnonano (correto)
2-metil-6-*tert*-butilnonano (incorreto)

Grupos ramificados univalentes, derivados de alcanos, são nomeados considerando-se como cadeia principal a que possuir o maior número de átomos de carbono e iniciando sua numeração a partir do carbono que apresentar a valência livre.

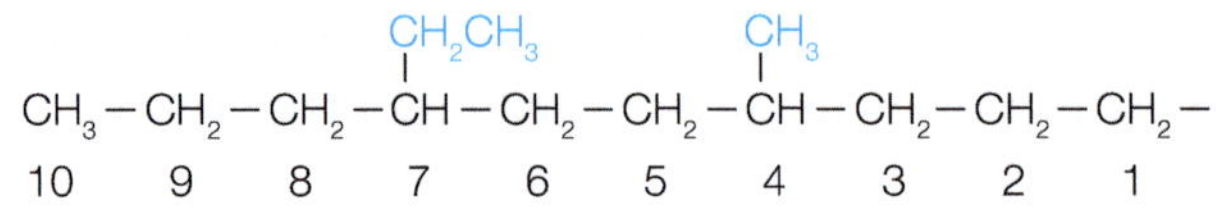

7-etil-4-metildecil(a)

Para fins de ordenação alfabética, o nome inicia-se com a primeira letra do nome completo das ramificações. Observe que no exemplo a seguir o nome do grupo complexo inicia-se com a letra *d*, e não *m*.

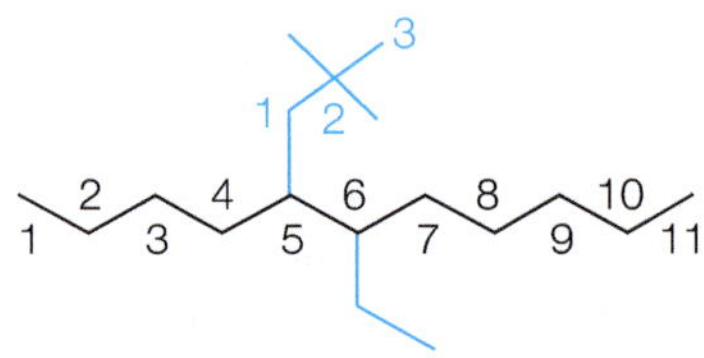

5-(2,2-dimetilpropil)-6-etilundecano

Havendo grupos diferentes em posições equivalentes da cadeia, o menor número será atribuído ao grupo primeiramente citado no nome, de acordo com a ordem alfabética.

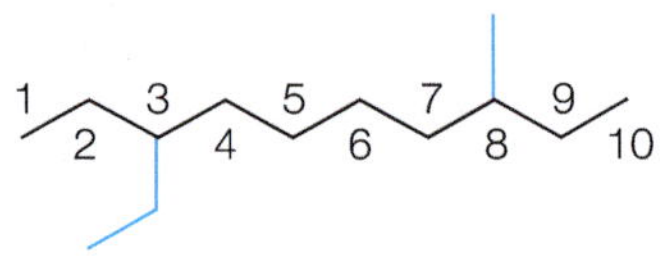

3-etil-8-metildecano

Os nomes dos alcanos monocíclicos (genericamente conhecidos como *cicloalcanos*) são formados acrescendo-se o prefixo *ciclo* ao nome do alcano não ramificado de mesmo número de átomos de carbono.

Ciclopropano

Ciclobutano

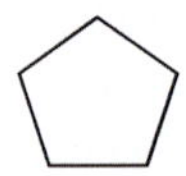
Ciclopentano

Cicloexano

Cicloeptano

Os nomes dos alcanos cíclicos ramificados são formados obedecendo-se às mesmas regras (menores números e ordem alfabética para os grupos substituintes) utilizadas para a citação das ramificações em alcanos.

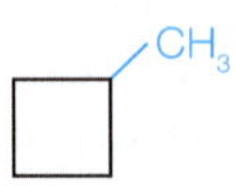

Metilciclobutano

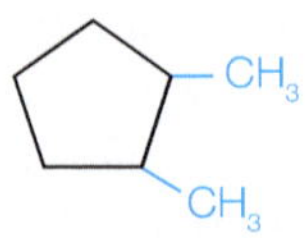

1,2-dimetilciclopentano

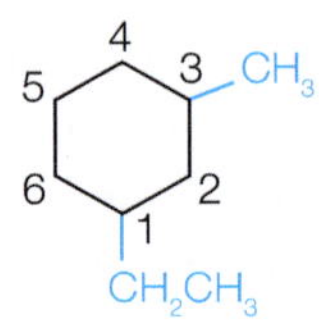

1-etil-3-metilcicloexano

Teste 2.1

Represente as fórmulas estruturais e os nomes sistemáticos de quatro radicais que apresentem a fórmula C_4H_9.

Teste 2.2

Represente as fórmulas estruturais para os seguintes compostos:

a) 2,3-dimetilbutano

b) 1-etil-3-metilcicloexano

c) isopropilciclopentano

d) 5-*sec*-butil-3-etil-4,5-dimetilnonano

Teste 2.3

Apresente os nomes sistemáticos para os seguintes compostos:

a) $CH_3CH_2CH(CH_3)CH_2CH(CH_3)CH_2CH_3$

b) 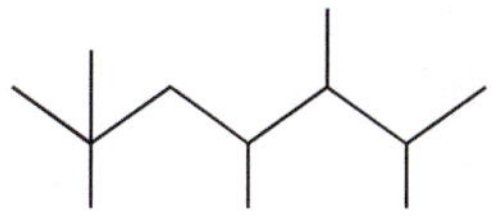

c) 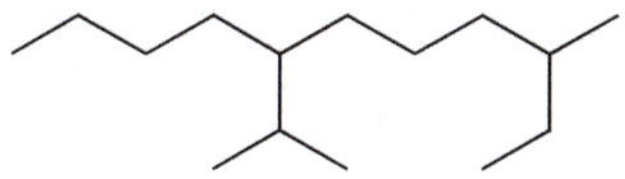

d) 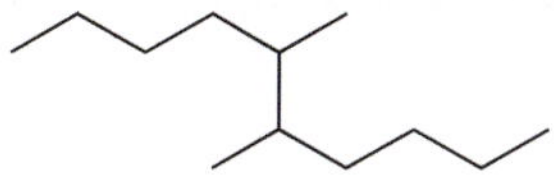

e) 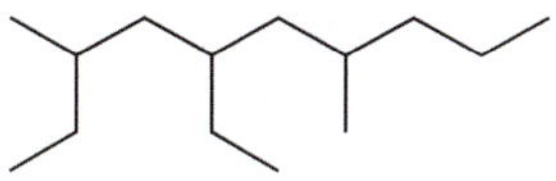

Os haletos de alquila

Conforme será discutido ainda neste capítulo, a substituição de um ou mais átomos de hidrogênio dos alcanos por halogênios resulta na formação de compostos denominados *haletos de alquila*. Para facilitar a comunicação, considerou-se adequada a apresentação das regras de nomenclatura dessa classe de compostos neste momento.

Os compostos halogenados podem ser nomeados de acordo com dois sistemas de nomenclatura: a *substitutiva* e a *radicofuncional*.

Na nomenclatura substitutiva, os nomes dos compostos halogenados são formados citando-se os prefixos *fluoro*, *cloro*, *bromo* e *iodo*, seguidos do nome do composto principal. A citação dos halogênios é feita em ordem alfabética, sendo cada prefixo antecedido de um número indicativo de sua posição.

CH_3F	Fluorometano	$CH_3CH_2CH_2I$	1-iodopropano
CH_3Cl	Clorometano	$CH_3CHBrCH_2CH_2Cl$	3-bromo-1-clorobutano

Para compostos em que todos os átomos de hidrogênio forem substituídos por um único tipo de halogênio, os nomes serão formados pelo prefixo *per*, seguido do nome do halogênio e do composto não halogenado correspondente.

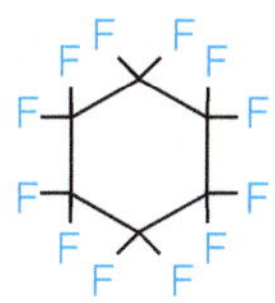

Perfluorocicloexano

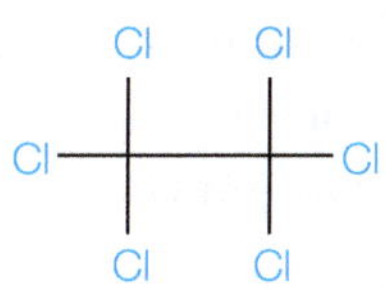

Percloroetano

Na nomenclatura radicofuncional, os nomes dos compostos halogenados são formados pelos prefixos *fluoreto*, *cloreto*, *brometo* e *iodeto*, seguidos da preposição *de* e do nome do grupo orgânico.[8]

CH_3Cl Cloreto de metila $(CH_3)_3CBr$ Brometo de ***tert***-butila

Os seguintes compostos apresentam nomes não sistemáticos, aceitos pela IUPAC:

CHF_3 Fluorofórmio $CHBr_3$ Bromofórmio
$CHCl_3$ Clorofórmio CHI_3 Iodofórmio

Teste 2.4

Represente as fórmulas estruturais para os seguintes compostos:

a) 2,3-diclorobutano
b) 1-bromo-3-cloro-4,4-dimetiloctano
c) fluoreto de *sec*-butila

Teste 2.5

Apresente os nomes sistemáticos para os seguintes compostos:

a) $CH_3CHClCHBrCH_2CH_3$

b) 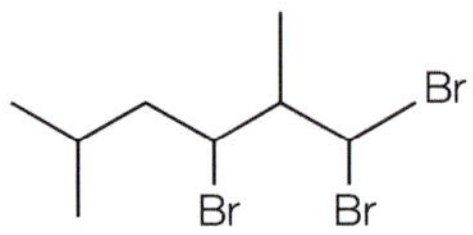

c) 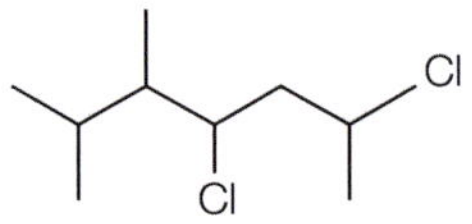

d) 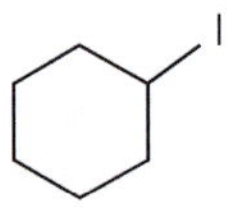

e) 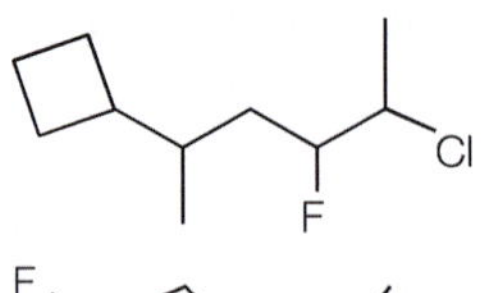

f) 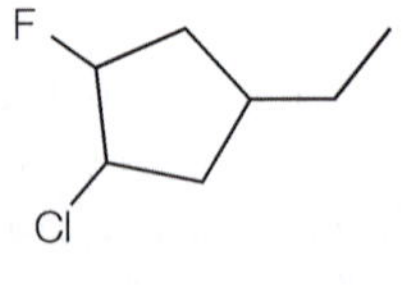

Classificação dos átomos de carbono

É prática comum no estudo de química orgânica classificar os átomos de carbono de uma cadeia da seguinte forma:

- *Primário*: encontra-se ligado apenas a um outro átomo de carbono.
- *Secundário*: encontra-se ligado a outros dois átomos de carbono.
- *Terciário*: encontra-se ligado a outros três átomos de carbono.
- *Quaternário*: encontra-se ligado a outros quatro átomos de carbono.

[8] Embora ambos os sistemas sejam aceitos pela IUPAC, a nomenclatura substitutiva é a preferida.

A fórmula estrutural mostrada a seguir representa o 2,2,3-trimetilpentano. Nessa molécula, os carbonos de número 1, 5, 6, 7 e 8 são primários; o carbono 4 é secundário; o 3, terciário; e o 2, quaternário.

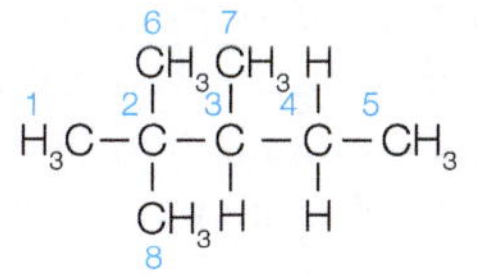

Essa classificação será utilizada quando estudarmos a estabilidade de radicais e de carbocátions, e também na classificação de álcoois, conforme veremos no Capítulo 8.

Teste 2.6

Represente as fórmulas estruturais e apresente os nomes sistemáticos para compostos que atendam as seguintes descrições:

a) Possui fórmula molecular C_8H_{18} e possui pelo menos dois átomos de carbono terciários.

b) Possui sete átomos de carbono e todos secundários.

c) Possui fórmula molecular $C_{14}H_{30}$, tendo quatro átomos de carbono quaternários e nenhum secundário ou terciário.

Teste 2.7

As fórmulas estruturais do colesterol, da testosterona e da progesterona são representadas a seguir. O colesterol é um composto normalmente produzido no fígado e que tem um papel importante em vários aspectos do metabolismo dos organismos animais, sendo precursor de vários hormônios. A testosterona e a progesterona são hormônios sexuais masculino e feminino, respectivamente. Classifique os átomos de carbono numerados nas estruturas como primário, secundário, terciário e quaternário.

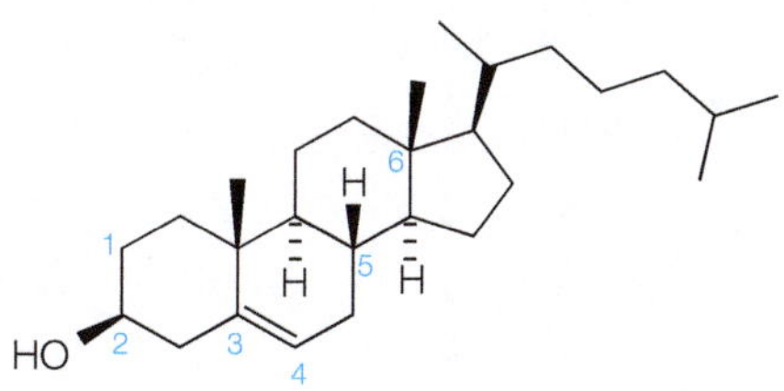

Colesterol

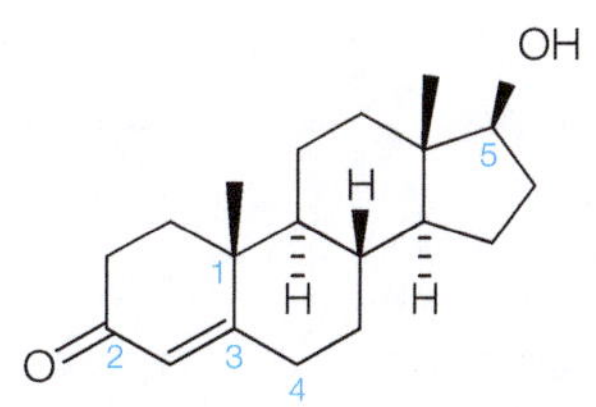

Testosterona

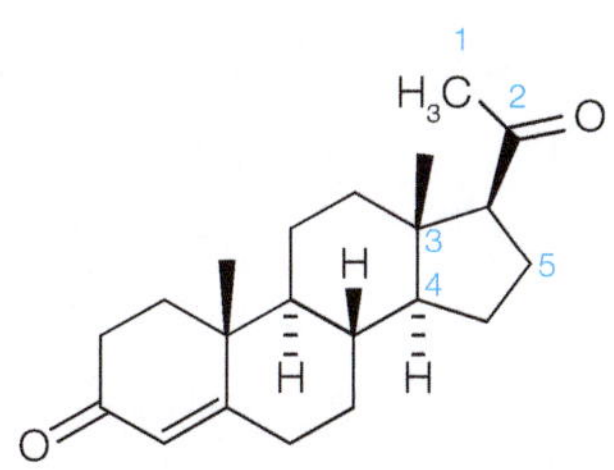

Progesterona

Propriedades físicas

Os alcanos são compostos pouco polares, e as forças de atração que atuam entre suas moléculas são do tipo dipolo induzido-dipolo induzido (Van der Waals). A magnitude dessa força é proporcional à área de contato entre as moléculas; consequentemente, em alcanos lineares, excetuando-se os primeiros da série, observa-se aumento de 20 °C a 30 °C na temperatura de ebulição de cada metileno (nome dado ao grupo CH_2) adicional (Quadro 2.3). Os alcanos não ramificados com até 4 átomos de carbono são gases à temperatura ambiente (25 °C), e aqueles com 5 a 17 átomos de carbono são líquidos. Os demais alcanos lineares com 18 ou mais átomos de carbono são sólidos.

Em alcanos de mesmo número de átomos de carbono, a temperatura de ebulição diminui com o aumento do número de ramificações, conforme já discutido no Capítulo 1.

Como se pode observar, a variação da temperatura de fusão com o aumento do número de átomos de carbono não é tão regular como a observada na temperatura de ebulição. Isso se deve ao fato de que, no estado sólido, as forças de atração entre as moléculas não dependem somente do tamanho destas, mas também da maneira como elas se agrupam.

A densidade (ρ) dos alcanos aumenta com o número de átomos de carbono, alcançando o valor máximo de 0,965 g cm^{-3} no caso do plástico polietileno.

Quadro 2.3 Propriedades físicas de alguns alcanos lineares

Nº de carbonos	T_e/°C	T_f/°C	ρ/(g cm^{-3}), 20 °C
1	-162,0	-182,5	0,5547
2	-88,5	-172,0	0,5090
3	-42,0	-184,7	0,5005
4	0,5	-138,3	0,5787
5	36,1	-130,0	0,5572
6	68,3	-95,0	0,6603
7	98,4	-90,5	0,6837
8	125,7	-56,8	0,7026
9	150,8	-54,0	0,7177
10	174,1	-29,7	0,7299
11	195,9	-25,6	0,7402
12	216,3	-9,6	0,7487
13	235,4	-5,5	0,7564
14	253,7	5,9	0,7628
15	266,0	10,0	0,7685
16	280,0	18,0	0,7886
17	292,0	22,0	0,7886
18	308,0	28,0	0,7886
19	320,0	32,0	0,7886
20	343,0	36,8	0,7886
30	450,0	65,8	0,8097

A solubilidade dos alcanos em diversos solventes está diretamente relacionada à sua baixa polaridade. Desse modo, os alcanos são totalmente insolúveis em água e solúveis em solventes pouco polares, como éter dietílico, clorofórmio, benzeno e tolueno.

Propriedades fisiológicas

As propriedades fisiológicas exibidas pelos alcanos variam de acordo com a extensão da cadeia carbônica. O metano é aparentemente inerte do ponto de vista fisiológico. Já outros alcanos gasosos ou vapores de alcanos líquidos podem atuar como anestésicos e causar problemas cardíacos, como fibrilação ventricular. Em altas concentrações, vapores desses compostos podem também causar deficiência respiratória pela depressão do sistema nervoso central. Os alcanos, quando manuseados com segurança, são relativamente pouco tóxicos se comparados a outras classes de compostos orgânicos. Entretanto, o hexano, componente comum na gasolina e muito utilizado em laboratórios e indústrias, é extremamente tóxico. A elevada toxicidade do hexano foi observada pela primeira vez no Japão, no início da década de 1970, quando 93 trabalhadores de uma fábrica de sandálias morreram envenenados por uma cola contendo esse solvente.

Posteriormente se verificou que a toxicidade do hexano se deve à sua oxidação no organismo humano, resultando na formação de hexan-2-ona [1] e hexano-2,5-diona [2]. Existem evidências de que a dicetona [2] se condensa com o grupo e-amino de um resíduo do aminoácido lisina, encontrado em proteínas de fibras do sistema nervoso, produzindo o aduto [3][9], o que acarreta uma desorganização mecânica das células.

[1] Hexan-2-ona

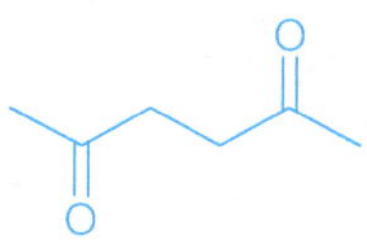

[2] Hexano-2,5-diona

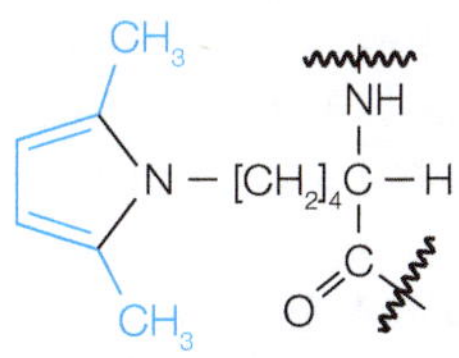

[3] Aduto do composto [2] com resíduo de lisina

Além de efeitos fisiológicos sistêmicos, os alcanos exibem ação fisiológica local. Alcanos líquidos, como os que constituem a gasolina e o querosene, quando em contato com a pele, provocam a destruição da camada lipoproteica produzida pela epiderme, podendo o contato prolongado resultar em dermatite.

Por outro lado, os alcanos de massa molecular mais elevada são amplamente utilizados na indústria de cosméticos como excipientes de diversas formulações em virtude de sua ação emoliente para a pele. A vaselina, por exemplo, é uma mistura semissólida de hidrocarbonetos, largamente utilizada na preparação de produtos para proteção da pele.

9 O aduto [3] representa apenas um fragmento de uma molécula. As ligações dos grupos amino e acil com o restante da molécula foram interrompidas, o que é representado pela linha ondulada sobre elas.

Estrutura e isomeria em alcanos cíclicos

Dos alcanos cíclicos, o ciclopropano e o ciclobutano são os mais instáveis. Essa instabilidade é, em parte, devida à tensão no anel, pois, como todos os carbonos possuem hibridação sp^3, os ângulos entre as ligações C–C–C deveriam ser de 109,47°. Pela geometria do ciclopropano, tal ângulo é de 60°. Esse desvio do ângulo tetraédrico acarreta um decréscimo da superposição dos orbitais atômicos sp^3-sp^3, além de resultar na criação de tensão no anel.

O ciclobutano não é totalmente plano. Os ângulos de suas ligações carbono-carbono são de 88°. Essa redução do ângulo resulta num aumento da estabilidade do ciclobutano em relação à estrutura plana (neste caso, o ângulo deveria ser de 90°), pois permite uma redução na tensão torcional. Esse assunto, entretanto, está além do objetivo deste trabalho, devendo-se, para mais detalhes, consultar as referências.

Em todos os outros cicloalcanos, os átomos se dispõem no espaço afastando-se da forma plana e adotando conformações diversas, de modo que os ângulos das ligações carbono-carbono se aproximem o máximo possível do ângulo tetraédrico (109,47°).

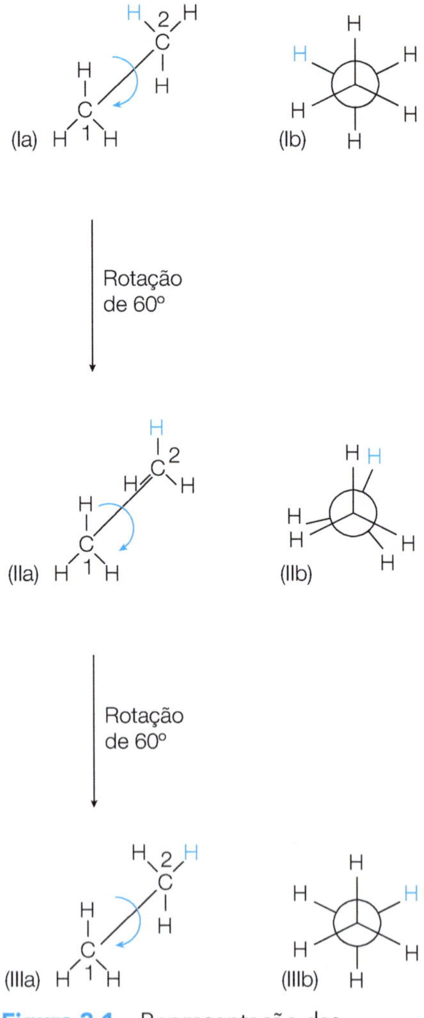

Figura 2.1 Representação das conformações estreladas Ia e IIIa e eclipsada IIa para o etano e respectivas projeções de Newman (Ib, IIb e IIIb).

Isomeria conformacional

No Capítulo 1 tratamos dos isômeros constitucionais. Vamos agora discutir um pouco sobre *isômeros conformacionais* ou *confórmeros*.[10] Observe na Figura 2.1 a representação (Ia) do etano. Em razão da simetria cilíndrica do orbital molecular sigma (σ) que une os dois átomos de carbono, ocorre rotação em torno da ligação simples C–C do etano resultando em estruturas em que a disposição espacial relativa dos átomos de hidrogênio muda. Com isso a molécula do etano pode existir em diferentes formas espaciais. Vamos concentrar nossa atenção em apenas duas delas. Considere, por exemplo, a rotação de 60° em torno da ligação C–C, fixando-se o carbono 2. Nesse caso, obtém-se a estrutura IIa. Note que as estruturas Ia e IIa são diferentes, sendo a primeira denominada *conformação estrelada*, e a segunda, *conformação eclipsada*. A diferença de energia entre elas é de 12 kJ mol^{-1}, sendo a estrutura (Ia) a mais estável. Como essa diferença de energia é muito pequena, mesmo à temperatura ambiente, uma forma se converte na outra muito rapidamente, não sendo possível separá-las, diferentemente do que acorre no caso dos isômeros constitucionais. Como essa interconversão ocorre rapidamente à temperatura ambiente, diz-se que ocorre *rotação livre* em torno da ligação carbono-carbono do etano. Um novo giro de 60° a partir da estrutura IIa resulta no confórmero IIIa, que é semelhante a Ia em termos de energia. Para melhor observar a mudança relativa das posições dos átomos de hidrogênio do carbono 2, destacamos um deles em azul. As formas Ia, IIa e IIIa são denominadas *isômeros conformacionais* ou *confórmeros*, que podem ser definidos como formas espaciais diferentes de uma mesma molécula, resultantes da rotação em torno de ligações simples C–C.

[10] É importante observar que os termos confórmero e conformação não são sinônimos, embora em alguma literatura esse uso incorreto seja observado. Deve ficar claro que existe um número infinito de conformações para o etano em uma superfície de energia potencial rotacional, mas somente aquelas que se encontram em um mínimo de energia nesse gráfico é que são denominadas confórmeros.

Ainda na Figura 2.1 mostramos a representação conhecida como *projeção de Newman*. Para fazer essa representação, a molécula é projetada no plano do papel considerado sob o ângulo de visão de um observador colocado na frente do carbono 1, ficando o carbono 2 localizado atrás do carbono 1. Note que na representação, as ligações C–H correspondentes ao carbono 1 se ligam no centro do círculo, e as referentes às ligações C–H do carbono 2 são representadas por linhas que saem do círculo. Esse tipo de representação é muito comum e útil em química orgânica, tendo sido desenvolvida pelo químico **Melvin S. Newman**.

Melvin S. Newman, químico norte-americano (1908-1993), nasceu em Nova York. Obteve o Ph.D. pela Universidade de Yale (1932), tendo sido professor da Universidade do estado de Ohio (1936-1993). Em 1952, propôs a utilização das projeções que levam seu nome e que são amplamente utilizadas pelos químicos orgânicos desde então.

A rotação livre em torno da ligação C–C ocorre para qualquer ligação de um alcano de cadeia aberta. No caso do ciclopropano a molécula é rígida, não se observando qualquer rotação em torno das ligações C–C. No caso de moléculas que possuam átomos como oxigênio, nitrogênio e outros, pode também haver rotação em torno de ligações simples envolvendo-os, o que também pode resultar em diferentes isômeros conformacionais.

A origem da maior estabilidade da conformação estrelada ou alternada em relação à eclipsada no caso do etano tem sido objeto de alguma controvérsia. Em muitos textos a origem dessa maior estabilidade tem sido atribuída à repulsão dos elétrons das ligações C–H na conformação eclipsada. Todavia em trabalhos envolvendo cálculos computacionais alguns autores mostraram que essa contribuição é pequena no caso do etano, mas a contribuição desse tipo de repulsão é importante no caso de conformações do butano e de outros alcanos maiores. Nesse caso do etano, entretanto, a maior estabilidade da forma estrelada é atribuída ao efeito de hiperconjugação, isto se refere na indicação dos orbitais moleculares sigma ligante e antiligante.[11]

No caso de compostos cíclicos, exceto os com anel de três membros e estruturas policíclicas rígidas, pode haver rotação parcial em torno das ligações simples, resultando também em diferentes confórmeros.

O cicloexano e seus derivados, por exemplo, podem adotar duas conformações preferenciais distintas, denominadas *cadeira* e *bote*, nas quais, em ambos os casos, os ângulos entre as ligações carbono-carbono são de aproximadamente 109,47°. Mesmo à temperatura ambiente, a conformação em cadeira I se converte na conformação em bote II, e esta, na conformação III (Figura 2.2).

Conforme se observa pelas projeções de Newman na Figura 2.2, na conformação em cadeira não existem ligações eclipsadas, ao passo que na conformação em bote várias ligações C–H e C–C são eclipsadas. Disso resulta que a conformação em cadeira é mais estável que a em bote.

Observe ainda que na conformação em cadeira I existem dois 'tipos' de hidrogênio. Os seis hidrogênios (em azul) que se encontram na posição vertical são denominados *axiais*, e os que se encontram na horizontal, *equatoriais*. Pela Figura 2.2 vê-se que, com a conversão da conformação I em II e sua subsequente conversão na conformação III, os hidrogênios que ocupavam as posições axiais passaram a ocupar posições equatoriais, e vice-versa. Isso pode ser mais bem visualizado e entendido com o uso de modelos moleculares.

Quando o cicloexano apresenta um grupo substituinte, podem existir duas conformações em cadeira. Em uma o grupo se encontra na posição axial e na outra ele se encontra na posição equatorial, conforme ilustrado a seguir para os casos dos grupos metila e *tert*-butila.

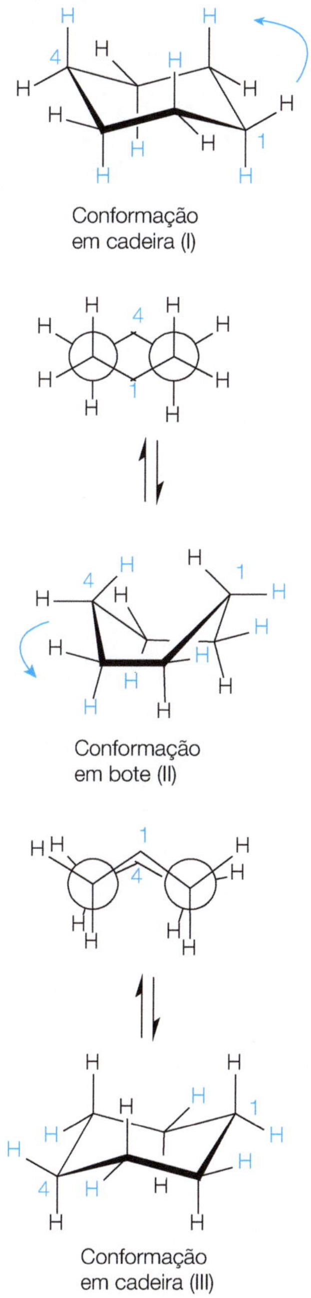

Figura 2.2 Representação das conformações em cadeira e bote para o cicloexano e respectivas projeções de Newman.

[11] Para uma discussão mais detalhada sobre esse assunto veja: SCHREINER (2002).

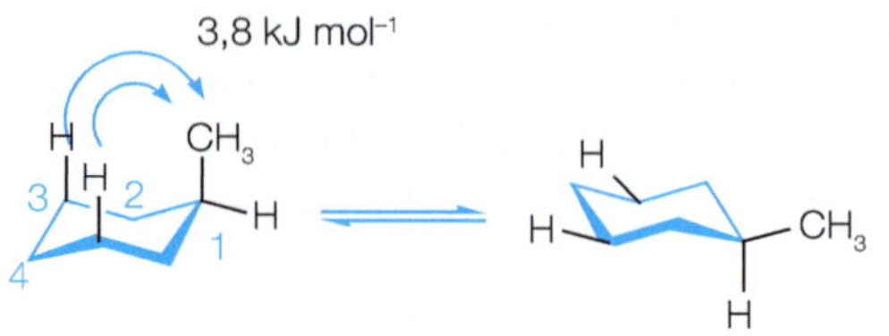

(Ia) (Ib)

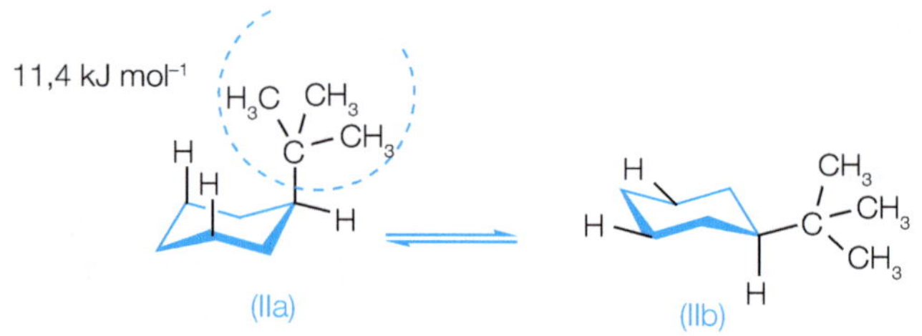

(IIa) (IIb)

Nesses casos os confórmeros possuem energias diferentes, sendo o mais estável aquele com o grupo na posição equatorial. A origem da menor estabilidade do confórmero com o grupo na posição axial se deve à interação espacial entre o grupo (metil ou *tert*-butil nos exemplos apresentados) e os átomos de hidrogênio axiais nos carbonos 3 e 5. Esse fenômeno é conhecido como *impedimento espacial* 1,3 *diaxial*. Para o metilcicloexano a diferença de energia entre os confórmeros Ia e Ib é 7,6 kJ mol^{-1}, o que resulta que a energia de interação devido ao impedimento espacial entre o grupo metila e os hidrogênios em C-3 e em C-5 seja 3,8 kJ mol^{-1} em cada caso. Como o confórmero Ib é mais estável, ele se encontra em maior quantidade.

A interação 1,3-*diaxial* é mais pronunciada quanto maior for o grupo. Para o grupo *tert*-butila, por exemplo, a energia de interação com os átomos de hidrogênio nos carbonos 3 e 5 é 11,4 kJ mol^{-1}. Disso resulta que a diferença de energia entre os confórmeros IIa e IIb é igual a 22,8 kJ mol^{-1}.

Diversas moléculas de interesse biológico como colesterol, testosterona (hormônio sexual masculino) e progesterona (hormônio feminino) são formadas por diversos anéis de seis membros. Portanto, o entendimento das conformações do cicloexano será útil para compreender as formas tridimensionais dessas e de outras moléculas.

Teste 2.8

Represente as projeções de Newman para dois confórmeros do propano, indicando qual deles é o mais estável.

Estereoisomeria em compostos cíclicos

Compostos cíclicos substituídos podem apresentar isômeros conforme ilustrado para as moléculas do 1,2-dimetilciclopropano mostradas a seguir:

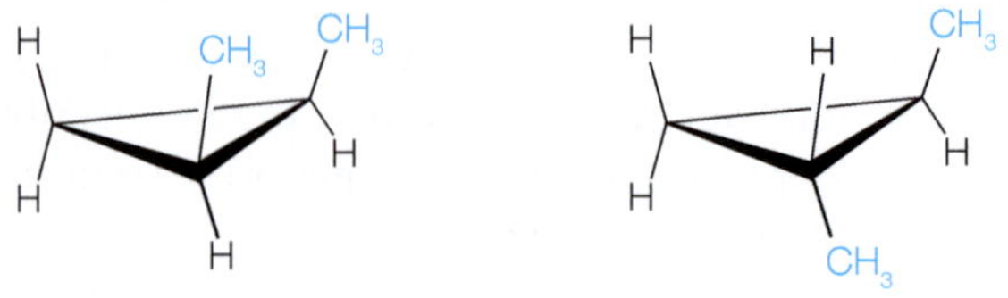

(A) (B)

No composto A, os dois grupos metila encontram-se em um mesmo lado de um plano que passa pelos átomos de carbono do anel. Nesse caso, deve ser usado o prefixo *cis* antes do nome do composto, e seu nome completo será, portanto, *cis*-1,2-dimetilciclopropano. No composto B, os dois grupos metila encontram-se em lados opostos do plano que passa pelos carbonos, usando-se, nesse caso, o prefixo *trans* para designar tal isômero. Seu nome completo é, portanto, *trans*-1,2-dimetilciclopropano. Como os compostos A e B se diferenciam apenas no arranjo espacial de seus átomos, eles são chamados de *estereoisômeros*. No Capítulo 6 discutiremos mais sobre eles.

Apenas para ilustrar a utilização dos prefixos *cis* e *trans* em compostos cíclicos, e outras maneiras de representá-los, alguns exemplos são dados a seguir:

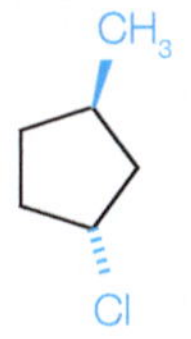

trans-1-cloro-3-metilciclopentano

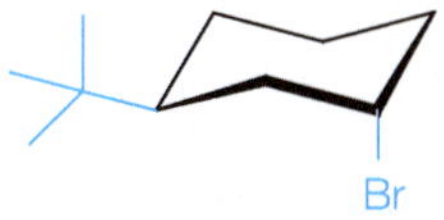

trans-1-bromo-3-*tert*-butilcicloexano

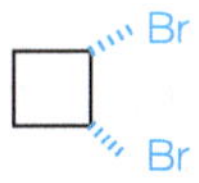

cis-1,2-dibromociclobutano

Teste 2.9

Represente as fórmulas estruturais para os seguintes compostos:

a) *cis*-1-cloro-2-metilciclopentano

b) *trans*-1,3-dimetilcicloexano

c) *cis*-1-bromo-4-*tert*-butilcicloexano

Teste 2.10

Represente duas conformações em cadeira para o *trans*-1-*tert*-butil-4-bromocicloexano. Qual é a mais estável? Justifique.

Reações

Em razão de sua baixa reatividade, os alcanos são conhecidos como parafinas (do latim *parum affinis*, 'pouca afinidade'). Essa baixa reatividade pode, inicialmente, ser explicada pelo fato de as ligações C–C e C–H serem bastante fortes. As energias de dissociação das ligações C–C e C–H situam-se em torno de 350 e 380 kJ mol^{-1}, respectivamente, e, por consequência, são difíceis de quebrar. Como as eletronegatividades dos átomos de carbono e hidrogênio são iguais a 2,5 e 2,1, respectivamente, as ligações C–H são pouco polarizadas, o que facilita sua cisão homolítica. Assim, as reações dos alcanos normalmente ocorrem por meio de mecanismos envolvendo intermediários radicalares formados em altas temperaturas ou na presença de radiação ultravioleta.

Em outras condições, como na presença de ácidos ou bases fortes, os alcanos são inertes. Uma exceção que se observa é a reação desses hidrocarbonetos com o ácido $HF–SbF_5$.

Radicais

As transformações orgânicas envolvem cisão e formação de ligações químicas. Durante essas transformações, diversas espécies reativas (intermediários reativos) são formadas. Antes de se apresentarem algumas das reações dos alcanos, será feita uma breve explanação sobre as espécies denominadas *radicais*.

A cisão homolítica ou homólise de uma ligação covalente é um processo que resulta na formação de duas espécies que possuem um elétron desemparelhado e são denominadas *radicais*.

A equação a seguir representa a homólise da ligação C–X, que resulta na formação dos radicais R_3C e X:

$$R_3C - X \xrightarrow{\text{Homólise}} R_3C\cdot + \cdot X$$

Diferentemente dos intermediários iônicos (carbocátions e carbânions), os radicais reagem entre si, formando novas ligações. As reações envolvendo radicais podem ocorrer tanto em fase gasosa quanto em solução, especialmente em solventes pouco polares.

Existem muitas maneiras de se formarem radicais a partir de moléculas orgânicas, sendo as mais importantes a fotólise, a termólise e a eletrólise de ligações covalentes. Alguns exemplos de reações envolvendo radicais serão apresentados ao longo deste livro.

Os radicais são classificados em primário, secundário e terciário quando o elétron desemparelhado se encontra em carbono primário, secundário ou terciário, respectivamente.

A estabilidade relativa dos radicais alquila simples decresce na seguinte sequência: radical terciário > secundário > primário > radical metila.

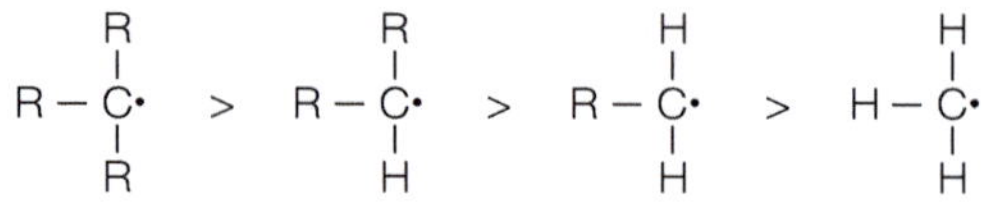

Essa ordem de estabilidade é um reflexo da facilidade relativa com que a ligação C–H do alcano precursor sofre uma cisão homolítica.

Considere, por exemplo, a cisão homolítica das ligações C–H do isobutano. Conforme se observa pela Figura 2.3, a formação do radical isobutil (primário) envolve um gasto de 410 kJ mol^{-1}, e para formar o radical *tert*-butil (terciário) são necessários apenas 389 kJ mol^{-1}. A diferença de energia gasta entre esses dois processos é uma medida da estabilidade do radical *tert*-butil em relação ao isobutil. Nesse caso, dizemos que o primeiro é 21 kJ mol^{-1} mais estável que o último. Sendo mais estável, ele será formado preferencialmente.

A ordem de estabilidade dos radicais alquila é em parte explicada considerando-se o *efeito indutivo* doador de elétrons dos grupos alquila ligados ao carbono que contém o elétron desemparelhado. Dessa forma, a deficiência de elétrons desse carbono é minimizada, tornando-o mais estável. Deve-se notar que no chamado *efeito indutivo* não há transferência de elétrons de uma posição para outra. O efeito é parecido com a polarização de ligações, conforme vimos no Capítulo 1.

Uma consequência importante da ordem de estabilidade dos radicais é que, durante uma reação química, os mais estáveis (que possuem menor conteúdo energético) tendem a ser formados em maior quantidade, conforme já mencionado para o caso do isobutano. Esse ponto será ilustrado na seção seguinte.

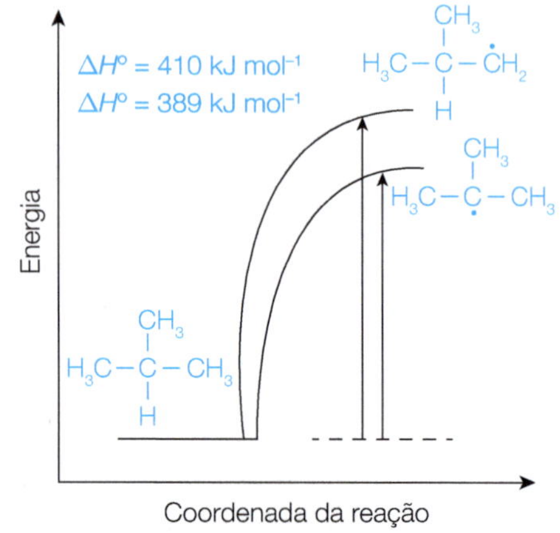

Figura 2.3 Energia de dissociação das ligações C–H do isobutano.

Halogenação

Nas reações de halogenação dos alcanos, um ou mais átomos de hidrogênio são substituídos por átomos de halogênios.

O flúor é um oxidante bastante forte, e suas reações diferem em muitos aspectos das reações de cloro, bromo e iodo. Portanto, daqui por diante, a palavra *halogênio* será utilizada para designar apenas Cl_2, Br_2 e I_2. De modo geral, um átomo de halogênio será representado pela letra X.

Quando uma mistura de metano e cloro é aquecida a 120 °C ou irradiada com luz ultravioleta (hν), observa-se a formação de diversos compostos clorados e ácido clorídrico. Essa reação é acompanhada de liberação de energia.

$$CH_4 + Cl_2\,(ex) \xrightarrow[h\nu]{\Delta \text{ ou}} CH_3Cl + CH_2Cl_2 + CHCl_3 + CCl_4 + HCl$$

A composição da mistura dependerá da proporção utilizada dos materiais de partida, bem como das condições experimentais. Como as temperaturas de ebulição dos quatro compostos organoclorados são diferentes, eles podem ser separados por destilação. Essa reação é a base de um processo industrial importante para a obtenção do clorometano.

O mecanismo da reação envolve três etapas fundamentais: iniciação, propagação e término. As etapas envolvidas na formação do clorometano são ilustradas na Figura 2.4. A formação dos demais compostos policlorados envolve mecanismo semelhante.

A soma das etapas de propagação (Figura 2.4) corresponde à reação de monocloração do metano, a qual ocorre com liberação de 103,3 kJ por mol de clorometano formado.

$$CH_4 + Cl_2 \rightarrow CH_3Cl + HCl \qquad \Delta H° = -103{,}3 \text{ kJ mol}^{-1}$$

A etapa de iniciação envolve a homólise da molécula de cloro, em razão da pequena quantidade de energia requerida para a quebra de ligação Cl–Cl ($D_{Cl\text{-}Cl}$ = 242,7 kJ mol^{-1}), gerando radicais cloro (Cl). Os átomos de cloro formados são bastante reativos e, ao se chocarem com uma molécula de metano, abstraem desta um átomo de hidrogênio, com consequente formação de uma molécula de HCl e um radical metila (CH_3). Esse radical também é bastante reativo e, ao se chocar com uma molécula de Cl_2, reage, formando o clorometano e outro radical cloro, que dá continuação ao ciclo. Nessas etapas, para cada radical consumido, outro é gerado, por isso elas são denominadas *etapas de propagação da cadeia*. Na teoria, a clivagem de uma

Iniciação
$$Cl_2 \longrightarrow 2\,Cl\bullet \qquad \Delta H° = 242{,}7 \text{ kJ mol}^{-1}$$

Propagação
$$Cl\bullet + CH_4 \longrightarrow \bullet CH_3 + HCl \qquad \Delta H° = 3{,}4 \text{ kJ mol}^{-1}$$
$$\bullet CH_3 + Cl_2 \longrightarrow CH_3Cl + Cl\bullet \qquad \Delta H° = -106{,}7 \text{ kJ mol}^{-1}$$

Término
$$Cl\bullet + Cl\bullet \longrightarrow Cl_2 \qquad \Delta H° = -242{,}7 \text{ kJ mol}^{-1}$$
$$Cl\bullet + \bullet CH_3 \longrightarrow CH_3Cl \qquad \Delta H° = -349{,}4 \text{ kJ mol}^{-1}$$
$$\bullet CH_3 + \bullet CH_3 \longrightarrow CH_3CH_3 \qquad \Delta H° = -368{,}2 \text{ kJ mol}^{-1}$$

Figura 2.4 Mecanismo da cloração do metano, resultando na obtenção do clorometano.

única molécula de Cl_2 seria suficiente para converter totalmente uma mistura contendo quantidades equimolares de cloro e metano em clorometano. Todavia, a situação na prática não é tão simples, pois existe a possibilidade de dois radicais quaisquer se chocarem, levando à formação de novas moléculas. Essas reações são denominadas *etapas de término das cadeias de reação*, uma vez que consomem os radicais presentes sem, contudo, formar novos radicais. Existe também a possibilidade de radicais serem aniquilados por meio de choques com as paredes do vaso de reação. A formação de CH_2Cl_2, $CHCl_3$ e CCl_4 se dá pelo mesmo mecanismo representado anteriormente, pois, uma vez que a concentração do clorometano começa a aumentar, torna-se maior a probabilidade de esta molécula se chocar com um átomo de cloro, formando outra cadeia reacional semelhante à representada no caso do metano.

O metano reage com o bromo de forma análoga à sua reação com o cloro. Já o iodo é muito menos reativo que o cloro e o bromo.

Todos os outros alcanos reagem com os halogênios da mesma maneira que o metano. A diferença fundamental é que, quanto maior o número de carbonos, maior será o número de possíveis compostos mono e polialogenados a serem formados.

Por exemplo, a monobromação do metilpropano pode levar à formação de dois compostos.

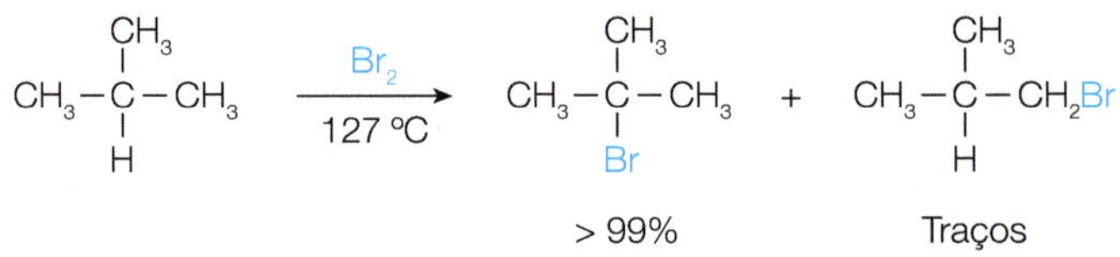

Nesse caso, observa-se que o 2-bromo-2-metilpropano é formado em quantidade muito maior que o 1-bromo-2-metilpropano. Uma explicação para esse resultado é o fato de a formação do primeiro composto envolver, como intermediário, um radical terciário, que é muito mais estável (e, portanto, formado mais facilmente) que o radical primário formado como intermediário para a obtenção do 1-bromo-2-metilpropano. Existem outros fatores que influenciam nas proporções dos produtos halogenados formados (a natureza do halogênio, por exemplo); todavia, uma discussão mais detalhada desse assunto está fora dos propósitos do presente trabalho.

Só como exemplo da importância industrial dessa reação, todo o diclorometano (CH_2Cl_2), todo o clorofórmio ($CHCl_3$) e 15% do tetracloreto de carbono (CCl_4) produzidos pela indústria química norte-americana são obtidos pela cloração do metano em altas temperaturas. A maior parte do tetracloreto de carbono produzido (84%) era utilizada na fabricação de clorofluorocarbonos (CCl_2F_2), sendo o restante empregado como fumigante para grãos e como solvente e intermediário em reações químicas. O diclorometano é usado principalmente como removedor de tintas (23%), para limpeza de peças na indústria eletrônica (7%) e como solvente e reagente em laboratórios químicos. O clorometano (CH_3Cl) é produzido a partir do metanol (65% da produção) e também pela cloração do metano (35%). Do total produzido anualmente, 82% é utilizado na síntese de clorosilanos, que são necessários para o preparo de silicones; o restante é utilizado na síntese de metilcelulose, agroquímicos, sais de amônio quaternário etc.

Teste 2.11

A reação de cloração de alcanos tem aplicação industrial limitada uma vez que resulta na formação de mistura de produtos. Represente as fórmulas estruturais e dê os nomes de todos os isômeros constitucionais obtidos pela monocloração dos seguintes compostos:

a) Butano
b) 2-metilbutano
c) metilciclobutano

Teste 2.12

Você considera que a cloração do cicloexano pode ser um método eficiente para se preparar o clorocicloexano? Justifique.

Oxidação

Os alcanos e outros hidrocarbonetos se queimam na presença de oxigênio, sendo convertidos em dióxido de carbono, água e energia. Essa reação de oxidação é denominada *combustão*, sendo a energia liberada na forma de calor ou de luz.

A equação a seguir representa a reação de combustão completa de um alcano qualquer. Do ponto de vista químico, tal reação apresenta pouca importância, uma vez que a molécula do hidrocarboneto é totalmente destruída; do ponto de vista prático, é extremamente importante, pois é a base da utilização dos hidrocarbonetos como fonte de energia.

$$C_nH_{2n+2} + \frac{3n+1}{2} O_2 \longrightarrow nCO_2 + (n+1)H_2O + \sim 55 \text{ kJ g}^{-1} \text{ de hidrocarboneto}$$

As equações das reações de combustão do metano, principal constituinte do gás natural, e do butano, que, juntamente ao propano, constitui o chamado *gás liquefeito de petróleo* (GLP),[12] ou *gás de cozinha*, encontram-se a seguir:

$$CH_{4(g)} + 2\,O_{2(g)} \longrightarrow CO_{2(g)} + 2\,H_2O_{(l)} \qquad \Delta H = -891{,}2 \text{ kJ mol}^{-1}$$

$$2C_4H_{10(g)} + 13\,O_{2(g)} \longrightarrow 8\,CO_{2(g)} + 10\,H_2O_{(l)} \qquad \Delta H = -2878{,}6 \text{ kJ mol}^{-1}$$

Note que em ambos os exemplos o valor da entalpia ($\Delta H°$) da reação é negativo, indicando que ocorre liberação de energia. Apesar de a reação de combustão ser exotérmica, ou seja, ocorrer com liberação de calor, ela somente se inicia na presença de uma faísca ou chama. Uma vez iniciada a reação, havendo quantidade suficiente de oxigênio, ela continua até o consumo de todo o hidrocarboneto.

Se a quantidade de oxigênio disponível for menor que a mostrada nas equações balanceadas anteriormente, a combustão não será completa, e haverá a formação de outros compostos, como o monóxido de carbono (CO), que é extremamente tóxico, assim como o carbono, que no caso dos automóveis sai na forma de fuligem pelos canos de descarga. No caso da queima incompleta da gasolina, pequenas quantidades de hidrocarbonetos e outros

[12] O cheiro do gás de cozinha deve-se aos compostos CH_3SH e CH_3CH_2SH, adicionados a ele para servir de alerta no caso de vazamentos. A sensibilidade olfativa humana é capaz de detectar menos de uma parte de CH_3CH_2SH em 10^{10} partes de ar.

produtos de oxidação parcial, como os aldeídos (Capítulo 12), são também lançados na atmosfera.

O carbono e o monóxido de carbono, obtidos da combustão incompleta controlada de hidrocarbonetos, são substâncias consideradas de grande importância na indústria química. O carbono, obtido na forma de um pó extremamente fino, é conhecido como *carbono preto*. Ele é utilizado como pigmento de tintas; na constituição de pneus, para aumentar sua resistência; e como matéria-prima na fabricação de fibras de carbono. O monóxido de carbono é uma das mais importantes matérias-primas na indústria química. Somente como exemplo, ele pode ser convertido em metanol (CH_3OH), e este, em metanal (CH_2O), ambos com inúmeras aplicações industriais. Por reação com o cloro, o monóxido de carbono é convertido em fosgênio ($COCl_2$), matéria-prima para a produção de espumas à base de poliuretana.

$$2CH_4 + O_2 \longrightarrow 2CO + 4H_2$$

$$CO + 2H_2 \longrightarrow H_3COH(g)$$

$$H_3COH \xrightarrow{O_2,\ Cu,\ 600\ ^\circ C} H_2CO$$

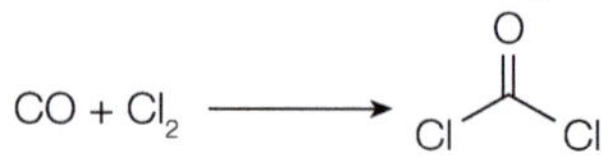

A oxidação de alcanos pode ser controlada em determinadas condições, resultando em produtos de grande importância industrial. Um exemplo da aplicação de uma oxidação controlada de um alcano consiste na produção de ácido adípico a partir de cicloexano (ou cicloexeno):

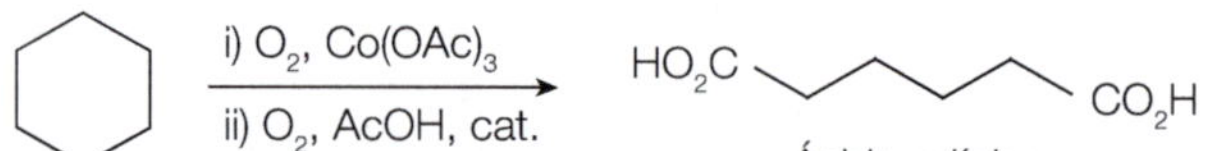

Ácido adípico

Mais de 90% da produção mundial de cicloexano (5,2 milhões de toneladas em 1995) é convertida em ácido adípico, que, por sua vez, é utilizado na produção de fibras de náilon, com as quais se fabrica uma grande variedade de objetos, roupas, meias etc.

Um pouco sobre a química do petróleo

Conforme mencionado no início deste capítulo, a destilação do petróleo resulta na obtenção de diversas frações que são utilizadas como combustível, entre elas a gasolina. Apesar de a composição do petróleo variar de uma região para outra, normalmente em torno de 20% de um barril corresponde a hidrocarbonetos que entram na constituição da gasolina, obtida diretamente pela destilação fracionada. Com a substituição dos veículos movidos por tração animal pelos automóveis, ainda antes da Primeira Grande Guerra, aumentou muito a demanda por gasolina, superando a quantidade obtida pela destilação direta do petróleo. A solução para o problema veio na forma do desenvolvimento de uma tecnologia denominada *pirólise* ou *cracking*.

Reação de pirólise

O termo pirólise (do grego *pyros*, 'fogo', + *lysis*, 'quebra') significa a quebra pelo calor. Nesse processo, os hidrocarbonetos são aquecidos a altas temperaturas, em condições tais que diversas ligações C–C e C–H podem sofrer clivagem homolítica, levando à formação de radicais, que se combinam de diversas maneiras, o que resulta na formação de alcanos e alquenos com menor cadeia, mais adequados para serem utilizados na composição da gasolina.

Considere o exemplo mostrado na Figura 2.5. Nesse caso, uma molécula com 16 átomos de carbono é clivada em dois radicais com 8 átomos de carbono cada, e estes se combinam, formando um alcano e um alqueno.

Deve ficar claro que qualquer uma das ligações C-C pode ser clivada, gerando, portanto, um grande número de radicais e, assim, diversos novos compostos. Por exemplo, se durante a clivagem do hexadecano forem formados radicais propila, eles podem se combinar, formando o hexano.

Com o processo de pirólise, a produção de gasolina por barril de petróleo pode chegar a aproximadamente 50%; isso, é claro, à custa da redução na produção de frações de maior temperatura de ebulição, como querosene e óleo combustível.

Há diversos métodos na indústria para realizar a pirólise dos alcanos e, em muitos deles, são utilizados catalisadores com vistas a reduzir a temperatura necessária e com isso minimizar os custos energéticos do processo.

Durante os estudos de pirólise, foram descobertas condições específicas para a obtenção de alquenos de grande importância industrial. O etano, por exemplo, pode ser convertido em eteno, e o propano, em propeno (Figura 2.6). Conforme veremos no Capítulo 3, ambos os compostos possuem grande importância como matéria-prima para a fabricação de vários polímeros largamente utilizados na atualidade.

Reforma catalítica

Nas refinarias de petróleo, além da separação das diversas frações por destilação e conversão de hidrocarbonetos de maior cadeia em hidrocarbonetos menores, realizam-se também diversas outras transformações que envolvem um processo conhecido como *reforma catalítica*. Nesse processo,

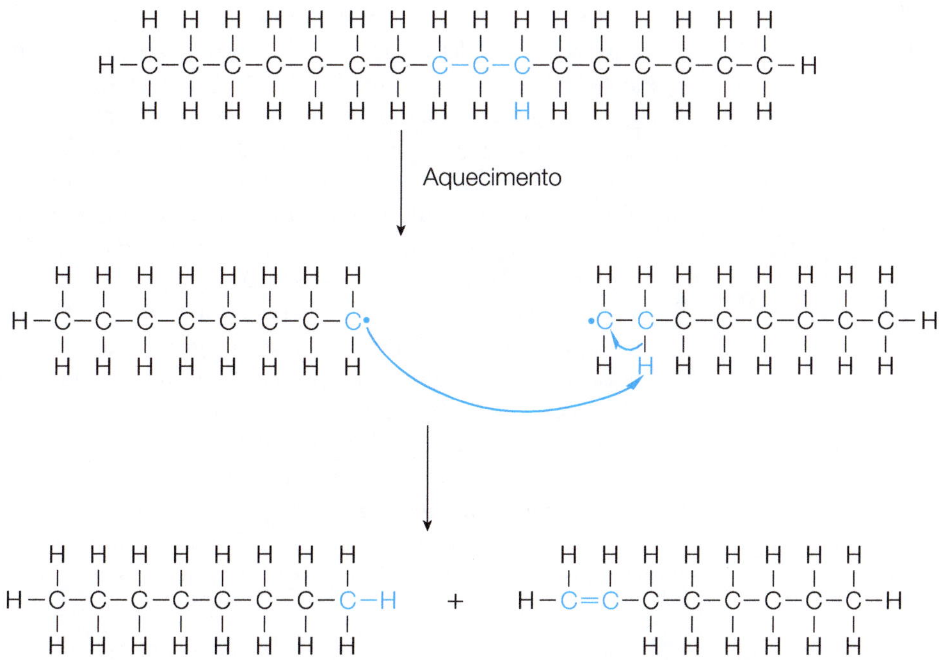

Figura 2.5 Esquema representando a pirólise do hexadecano, com formação de octano e oct-1-eno.

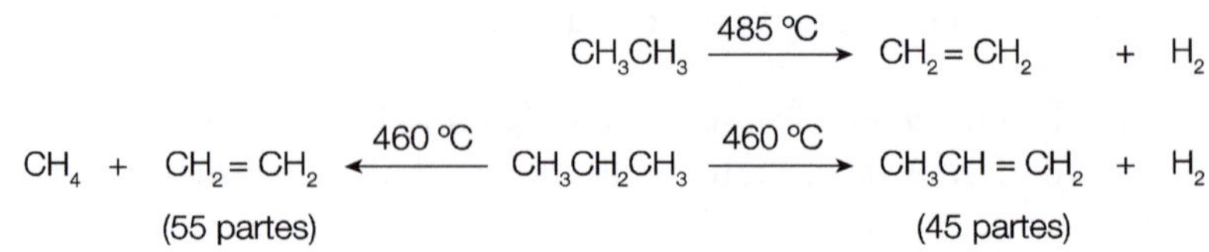

Figura 2.6 Reação de produção de alquenos a partir de alcanos.

alcanos lineares são convertidos em alcanos ramificados e também em alcanos cíclicos. O primeiro processo é conhecido especificamente como *isomerização*, e o outro é denominado *ciclização*. Outro processo ainda comum é o de *aromatização*, em que alcanos cíclicos são convertidos em compostos aromáticos como benzeno e alquilbenzenos.[13]

Um exemplo de reação de isomerização é a conversão do butano em isobutano, que ocorre a 27 °C, na presença de quantidade catalítica de cloreto de alumínio. No equilíbrio a mistura contém aproximadamente 75% a 80% de isobutano. Observa-se que no processo de isomerização ocorre a migração de um grupo metila, tanto na formação do isobutano quanto na do 2-metileptano, conforme ilustrado na Figura 2.7.

Essas reações de isomerização são extremamente importantes, pois convertem compostos que não são bons combustíveis em compostos com maior índice de octano. Na seção seguinte, faremos uma discussão sobre índice de octano.

A conversão do butano em isobutano é particularmente importante, pois este último é utilizado no preparo de combustíveis com alto índice de octano, uma vez que ele pode reagir com 2-metilpropeno na presença de ácido sulfúrico para formar o 2,2,4-trimetilpentano.

Exemplos de reações de ciclização são mostrados na Figura 2.8. No caso ilustrado, uma molécula de heptano ou isômeros do dimetilciclopentano (é mostrado o 1,2-dimetilciclopentano) são convertidos em metilcicloexano, que sofre uma reação de desidrogenação, sendo convertido em tolueno.

O tolueno era inicialmente obtido em maior quantidade apenas do alcatrão. Com o desenvolvimento do processo citado, ele passou a ser obtido em grande escala a partir do petróleo, pela reforma catalítica de frações ricas em hidrocarbonetos com sete átomos de carbono. No exemplo mostrado, a desidrogenação do metilcicloexano é catalisada por molibdênio, enquanto a ciclização do heptano, seguida de aromatização, é realizada utilizando-se um catalisador à base de platina com componentes ácidos.

A aplicação do processo descrito anteriormente a frações do petróleo com hidrocarbonetos com seis e sete átomos de carbono (C6 e C7) dá origem ao benzeno e ao tolueno, e a frações contendo C8 e C9 dá origem a xilenos (dimetilbenzeno) e ao trimetilbenzeno. Os alquilbenzenos são componentes importantes da gasolina por apresentar elevado índice de octano. O próprio benzeno, cuja presença na gasolina deve ser minimizada em virtude de suas propriedades carcinogênicas, é utilizado para preparar isopropilbenzeno, composto de grande importância industrial.

Conforme mencionamos, os processos de pirólise, isomerização e ciclização de alcanos requerem o uso de catalisadores sólidos e temperaturas elevadas. Na tentativa de reduzir os custos desse tipo de processo, várias

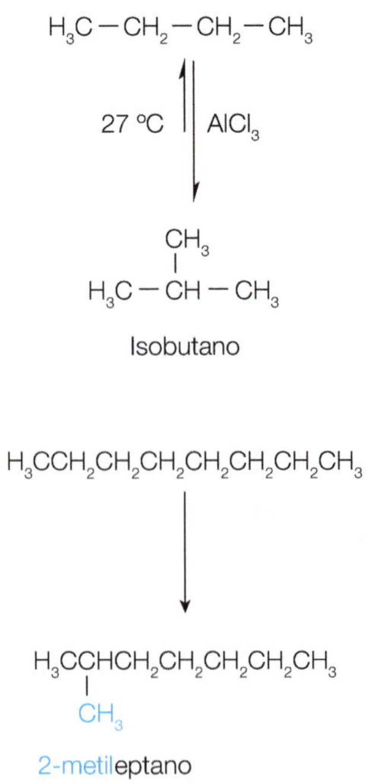

Figura 2.7 Exemplos de reações de isomerização de alcanos.

[13] O estudo de compostos aromáticos será apresentado no Capítulo 5.

pesquisas têm sido feitas para desenvolver novos catalisadores mais eficientes. Recentemente,[14] a pesquisadora Judith Corker, da Universidade de Southampton (Inglaterra), e seus colegas do Instituto de Pesquisa de Catálise em Villeurbenne (França) desenvolveram um catalisador à base de hidreto de zircônio e sílica, capaz de quebrar as ligações carbono-carbono de alcanos, como o propano, o butano e o pentano, à temperatura ambiente. Como exemplo, eles conseguiram, em poucas horas e a 25 °C, converter o neopentano, na presença de hidrogênio, em isobutano e metano. Pesquisas como essa são de extrema importância econômica.

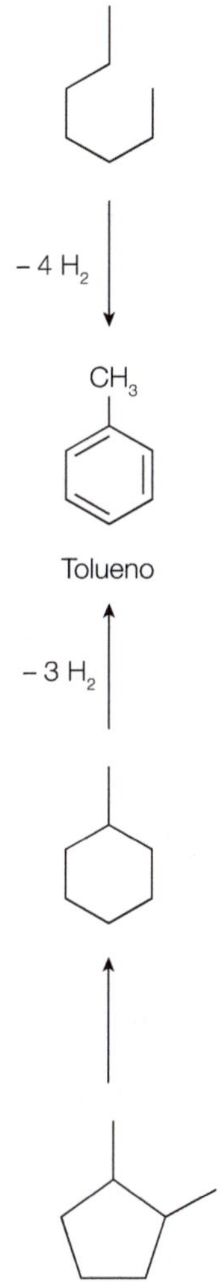

Figura 2.8 Reações de ciclização de alcanos, seguida de aromatização.

A qualidade das gasolinas

Para que se possa obter o máximo de energia durante a combustão da gasolina, o motor deve ser projetado de modo que a taxa de compressão seja alta. A taxa de compressão nada mais é que o volume máximo (Va) da mistura gasolina-ar no início do ciclo de compressão dividido pelo volume da mistura totalmente comprimida (Vb), imediatamente antes do início da combustão. Em outras palavras, quanto maior for a taxa de compressão, maior será a compressão da mistura gasolina-ar durante a ignição e, consequentemente, maior será o impulso transmitido ao pistão durante a expansão.

Os automóveis produzidos na década de 1920 possuíam uma taxa de compressão em torno de 4,4. Nos dias atuais esse valor é aproximadamente 10, mostrando que os carros são muito mais possantes.

Mas existe um limite para o aumento da taxa de compressão, conhecido como *batimento*. O batimento ocorre quando o motor é forçado a produzir muita potência rapidamente. Isso acontece, por exemplo, quando o carro é acelerado ladeira acima. O batimento é de fato o som das explosões nos cilindros e, algumas vezes, resulta da pré-ignição da mistura gasolina-ar, antes que o pistão tenha atingido o ponto máximo de compressão, no qual a fagulha normalmente acende. Pode ainda resultar de uma combustão espontânea em vários pontos do cilindro. Em qualquer caso, o batimento resulta em perda de potência, com consequente perda na eficiência do uso do combustível, podendo em algumas ocasiões resultar em danos para o automóvel.

O batimento é minimizado com o uso de gasolinas de alta qualidade. Essa alta qualidade está relacionada à composição da gasolina: seus constituintes têm de ser suficientemente voláteis para serem vaporizados no carburador, mas não tão voláteis a ponto de entrar em ebulição no tanque de combustível. Portanto, os hidrocarbonetos com cinco a dez átomos de carbono satisfazem os requerimentos de volatilidade para uma boa gasolina, mas, em termos de qualidade de combustão, ocorre uma variação muito grande entre eles. Diversos estudos mostraram que hidrocarbonetos ramificados, alcanos cíclicos e compostos aromáticos entram em combustão de forma mais eficiente e suave que os alcanos lineares. Assim, para avaliar a eficiência das gasolinas, foi definido o *índice de octano*, que exprime a tendência de detonação de determinada gasolina.

O índice de octano foi adotado em 1927, quando se observou que o composto 2,2,4-trimetilpentano (conhecido pelo nome não sistemático *isooctano*) detonava apenas a altas compressões e era um combustível de qualidade superior a qualquer gasolina conhecida. A esse composto foi atribuído o índice 100. Ao heptano, que é particularmente suscetível de detonar, foi atribuído o índice 0. Dessa forma, o índice de octano de um combustível é a porcentagem de 2,2,4-trimetilpentano presente em uma mistura padronizada de 2,2,4-trimetilpentano e heptano que possua as mesmas característi-

14 Cf. CORKER et al. (1996).

cas de detonação do combustível em questão. Por exemplo, se determinada gasolina possui características de batimento idênticas às de uma mistura de 85% de 2,2,4-trimetilpentano e 15% de heptano, atribui-se a ela o índice de octano igual a 85.

Normalmente alcanos não ramificados possuem maior tendência a causar batimento, ou seja, possuem menor índice de octano, e os alcanos ramificados, os hidrocarbonetos aromáticos, como benzeno e tolueno, e os alquenos possuem maior índice de octano.

Os aditivos para a gasolina

Já na década de 1920, para acompanhar o avanço no desenvolvimento de motores mais possantes, com maiores taxas de compressão, tornou-se necessário desenvolver combustíveis de melhor qualidade. Os automóveis modernos requerem gasolina com índice de octano de no mínimo 87, para funcionar de forma eficiente e adequada. Conforme vimos, os alcanos ramificados possuem maior índice de octano, assim, converter os alcanos lineares em ramificados seria uma solução para o problema. Na seção anterior vimos como isso pode ser feito. Agora vamos mostrar alguns dos aditivos que foram desenvolvidos para melhorar as propriedades da gasolina.

Tetraetilchumbo: em 1922, o químico norte-americano Thomas Midgley, trabalhando na companhia General Motors, descobriu que a adição de menos de 0,1% de tetraetilchumbo na gasolina aumenta o índice de octano de 10 a 15 unidades. Como esse composto era barato, foi largamente empregado como aditivo na gasolina em vários países, durante muitos anos.

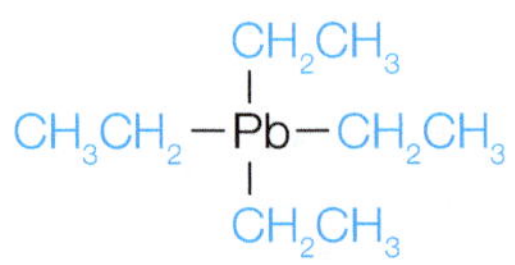

Tetraetilchumbo

O tetraetilchumbo era produzido pela reação entre uma liga de Na–Pb e cloroetano:

$$4\ PbNa + 4\ C_2H_5Cl \longrightarrow Pb(C_2H_5)_4 + 4\ NaCl + 3\ Pb$$

O composto organometálico de chumbo é então obtido por destilação, e o resíduo sólido, fundido para recuperar o chumbo.

O aditivo possuía apenas 63% de tetraetilchumbo, sendo o restante de sua composição formado por 26% de 1,2-dibromoetano, 9% de 1,2-dicloroetano e 2% de corante. O dibromoetano era um constituinte importante do aditivo, pois reagia com o óxido de chumbo (PbO_2) produzido durante a combustão, levando à formação de $PbBr_2$, que é volátil, sendo arrastado com os outros gases durante a etapa de exaustão.

Em virtude da alta toxicidade do chumbo, o uso desse aditivo foi proibido, tendo ele sido substituído por outros compostos.

Aditivos oxigenados: denominamos *compostos oxigenados* aqueles que possuem em sua estrutura um ou mais átomos de oxigênio. Entre os aditivos oxigenados mais utilizados encontram-se os seguintes compostos: *tert*-butil metil éter, conhecido pela sigla MTBE; *tert*-butil etil éter; etanol; e uma mistura contendo metanol e álcool *tert*-butílico na proporção de 50:50 (Figura 2.9).

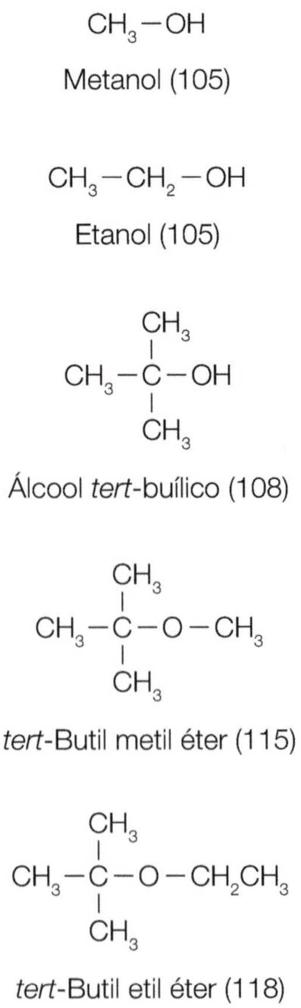

Figura 2.9 Fórmulas de alguns aditivos oxigenados utilizados na gasolina e respectivos índices de octano (entre parênteses).

Observando as fórmulas estruturais desses aditivos, verifica-se que os três primeiros compostos (metanol, etanol e álcool *tert*-butílico) possuem em comum o grupo hidroxila (OH). Esses compostos pertencem à classe química dos *álcoois*. Conforme veremos mais adiante, os álcoois podem ser representados genericamente pela fórmula ROH, onde R representa um grupo alquil qualquer.

Os outros dois compostos possuem um átomo de oxigênio ligado a dois átomos de carbono de grupos alquila. Esses compostos também representam outra classe de compostos químicos denominada *éter*.

Assim como os alcanos, tanto os álcoois quanto os éteres mostrados anteriormente são inflamáveis. Conforme mencionamos, se durante a combustão da gasolina houver quantidade insuficiente de oxigênio, poderá ocorrer a formação de monóxido de carbono (CO), que é extremamente tóxico, além de outros produtos orgânicos parcialmente oxidados (como aldeídos, conforme veremos) e hidrocarbonetos que não reagiram. Assim, além de melhorar a octanagem da gasolina, esses compostos conferem-lhe certa quantidade de oxigênio, o que resultará em diminuição na emissão dos poluentes mencionados. Nos Estados Unidos, a lei determina que a gasolina deve conter no mínimo 2,7% em massa de oxigênio, o que corresponde à adição de 15% de MTBE. No Brasil o etanol é adicionado à gasolina na proporção de aproximadamente 24%.

Exercícios

1. Escreva as fórmulas estruturais correspondentes aos seguintes alcanos:

a) 3-etilpentano
b) 3-etil-3-isopropil-2,5-dimetilexano
c) 5-butil-4-etil-4,6,6-trimetilnonano
d) metilpropano
e) cicloexilcicloexano
f) 3-ciclopentil-3-etilexano
g) tetradecano
h) 7-(1,2-dimetilbutil)tridecano
i) 3-etil-5-metileptano
j) 2,2,4,4,5,7-hexametiloctano

2. Dê o nome sistemático dos seguintes compostos:

a) $(CH_3)_2CHCH_2CH_2CH_3$
b) $(CH_3)_2CHCH_2CH_2C(CH_3)_3$
c) $(CH_3CH_2)_2CHCHCH_2CH_3$ (com CH_3 ligado ao segundo CH)
d) $CH_3CH_2CH_2C(CH_3)_2CH_2CH_3$
e) $CH_2ClCH_2CH_3$
f) $CH_3[CH_2]_4CHCH_2CH_3$ (com $CH(CH_3)_2$ ligado ao CH)
g) $CH_3[CH_2]_5CHBrCH_2CCl_2CH_2CH(CH_3)_2$
h) $CH_3CH_2CH_2CH_2CH(CH_3)CH_2CHCH_3$ (com $CH_3CHCH_2CH_3$ ligado ao último CH)
i) $C(CH_2CH_3)_4$
j) $Cl_3CCH_2CH_3$
k) $BrCH_2CH_2CH_2CH_2CH_2Cl$
l) $Cl_3CCCl_2CCl_2CCl_3$

3. Escreva as fórmulas estruturais para seis possíveis produtos resultantes da cloração do etano.

4. Escreva as fórmulas estruturais e os nomes de cinco isômeros constitucionais de fórmula molecular $C_5H_{11}Br$.

5. Escreva as fórmulas estruturais e os nomes de todos os compostos obtidos da monocloração do metilciclopentano. Quando houver estereoisômeros, classifique-os como *cis* ou *trans*.

6. Explique por que cada um dos seguintes nomes está incorreto:

a) 5-metilpentano
b) 3-propilexano
c) 2-etilpentano
d) dicloropropano
e) 3-isopropil-5,5-dimetiloctano
f) 2-dimetilbutano
g) metil-etilciclopentano
h) 3,3,3-tricloropentano

7. Os seguintes hidrocarbonetos não apresentam ligação dupla ou tríplice e reagem com cloro, resultando na formação de um único composto monoclorado. Deduza a estrutura e dê o nome de cada hidrocarboneto e o de seu derivado clorado.

a) C_8H_{18} c) C_8H_8
b) C_8H_{16} d) C_6H_{12}

8. Represente uma fórmula estrutural que corresponda a cada um dos nomes que se seguem:

a) *cis*-1-bromo-3-clorocicloexano
b) cicloeptano
c) *trans*-1-etil-2-metilciclopentano

d) 1,1-dibromociclobutano

e) *cis*-1,2-dimetilciclopropano

f) isopropilciclopentano

9. Organize os compostos de cada grupo em ordem crescente de temperatura de ebulição. Justifique sua resposta.

a) hexano, 3-metilpentano, 2,2-dimetilbutano

b) 2-metilexano, octano, heptano

c) butano, octano, pentano, etano

10. Por que o 1,2-dibromoetano entrava na composição do aditivo à base de tetraetilchumbo?

11. Escreva as estruturas de Lewis para os radicais metila, etila, *tert*-butila e isopropila. Ordene esses radicais em ordem crescente de estabilidade e justifique essa ordem.

12. O tetraetilchumbo, que foi utilizado por muito tempo como aditivo para a gasolina, decompõe-se quando aquecido a 140 °C, produzindo chumbo e radicais etila. Uma mistura de metano e cloro, na ausência de luz, reage apenas se aquecida a 250 °C. Entretanto, se a essa mistura for adicionada uma quantidade catalítica de tetraetilchumbo, a reação de cloração acontecerá a 140 °C. Proponha um mecanismo para a catálise da cloração do metano pelo tetraetilchumbo.

13. Represente a fórmula estrutural, na conformação em cadeira, para o *trans*-1-bromo-3-clorocicloexano.

14. Você considera que a bromação do etano é um bom método para preparar o 1,2-dibromoetano? E para preparar o bromoetano? Justifique sua resposta.

15. Com base no conhecimento que você tem sobre a influência da estrutura molecular dos alcanos sobre a temperatura de ebulição, explique por que é difícil prever qual dos compostos, octano ou 2,2,3-trimetileptano, é mais volátil.

16. Você poderia prever se o butan-1-ol ($CH_3CH_2CH_2CH_2CH$) é mais ou menos volátil que o octano? Justifique sua resposta.

17. Explique o que significa *índice de octano* e qual sua importância.

18. Você acha que um composto pode apresentar índice de octano maior que 100? E menor que 0? Explique sua resposta.

19. Considerando que o *tert*-butil etil éter possui índice de octano 118, e que a gasolina que utilizamos possui o valor de aproximadamente 87 para esse índice, você acha que seria uma boa ideia utilizar o éter puro como combustível em nossos automóveis?

20. Represente as projeções de Newman para todos os confórmeros do 1-bromopropano. Qual é o confórmero mais estável e qual o menos estável.

21. Considerando o 2-bromopropano e visualizando a ligação C1–C2, represente as projeções de Newmam para os confórmeros mais e menos estáveis.

22. Considerando as estruturas I e II mostradas a seguir:

a) Indique quais os grupos ou átomos ligados aos carbonos 1 e 4 estão em posição axial e quais ocupam posição equatorial.

b) Complete as fórmulas Ia, Ib, IIa e IIb.

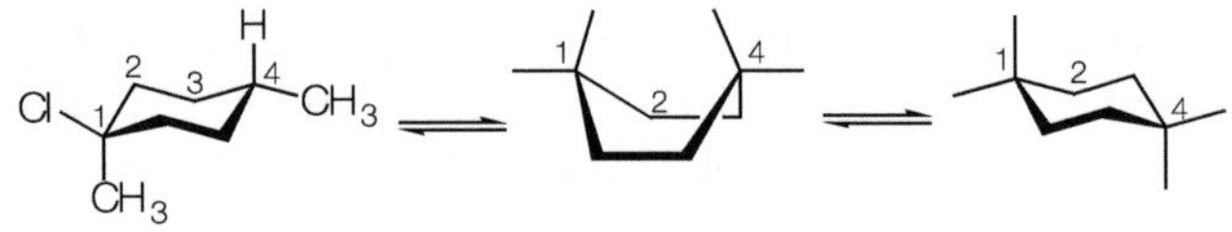

(I) (Ia) (Ib)

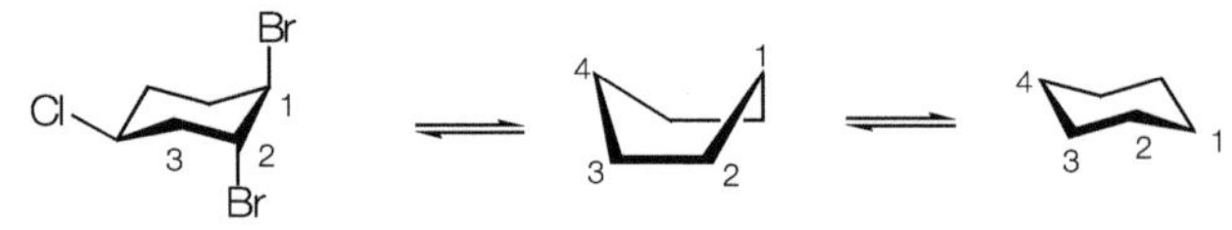

(II) (IIa) (IIIb)

23. O mentol é um monoterpeno[15] encontrado no óleo essencial extraído das espécies *Mentha arvensis* e *M. piperita.* Ele é utilizado em balas para dar a sensação de frescor na boca. Essa sensação se deve ao efeito desse composto sobre os receptores de temperatura na mucosa bucal. Na presença do mentol os sensores responsáveis para sinalizar a sensação de frio são ativados mesmo à temperatura corporal. Observando a fórmula do mentol apresentada, desenhe sua fórmula estrutural na conformação em cadeira. Para isso represente dois confórmeros e indique qual deve ser o mais estável. Represente também o isômero na conformação em bote.

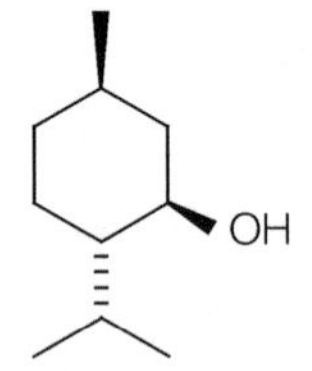

Mentol

24. A esqualamina é uma poliamina esteroidal isolada do tubarão da espécie *Squalus acanthias.* Essa substância exibe potente atividade antimicrobiana contra bactérias gram-negativas e gram-positivas e contra fungos. Recentemente foi demonstrado que a esqualamina possui atividade *antiangiogênica,*[16] afetando o crescimento de tumores sólidos. Essas atividades têm despertado o interesse de químicos no sentido de sintetizar substâncias análogas a esse produto natural que possam ser utilizadas como fármacos.

[15] Para a definição de monoterpeno, ver Capítulo 3.

[16] Angiogênese: processo de crescimento extensivo e ramificado de capilares sanguíneos que ocorre durante a multiplicação de células tumorais. Esses novos vasos são necessários para o fornecimento dos nutrientes essenciais para o crescimento acelerado dos tumores.

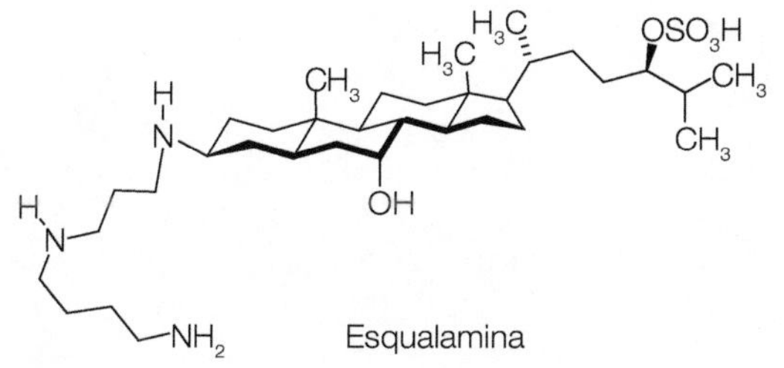

Esqualamina

Considerando a estrutura da esqualamina apresentada, resolva o que se pede:

a) Na fórmula da esqualamina represente os átomos de hidrogênios que ocupam posições equatoriais (He) e posições axiais (Ha) nos anéis de seis membros.

b) Represente a fórmula estrutural do produto da esqualamina com solução diluída de ácido clorídrico em excesso.

c) Represente a fórmula estrutural do produto resultante da reação da esqualamina com um equivalente de NaOH.

d) Faça uma previsão da solubilidade da esqualamina em água. Justifique sua resposta.

e) Indique as posições (equatorial ou axial) ocupadas pelos grupos metila, hidroxila e a cadeia nitrogenada.

25. Desafio para pesquisar e discutir em grupo: o *trans*-1,2-dibromocicloexano existe nas conformações com os átomos de bromo nas posições diaxial e diequatorial em proporções aproximadamente iguais quando dissolvido em um solvente pouco polar. Em solvente mais polar a proporção do confórmero diequatorial aumenta. Por outro lado, o *trans*-1,2-dimetilcicloexano existe aproximadamente em 99% na conformação diequatorial, independentemente do solvente. Explique essas observações.

Capítulo 3

Alquenos: estrutura e reatividade

Objetivos de aprendizagem

Após o estudo deste capítulo você deverá ser capaz de:

- Listar alguns alquenos naturais e suas fontes.
- Aplicar as regras da IUPAC para nomear alquenos.
- Especificar a geometria *cis/trans* e *E/Z* de alquenos polissubstituídos.
- Explicar o mecanismo geral para reações de clivagem e de adição à ligação dupla carbono-carbono.
- Representar as etapas do mecanismo de substituição em carbono alílico.
- Apresentar os diversos mecanismos para reações de polimerização de alquenos e discutir sobre a importância de polímeros.
- Distinguir os diversos tipos de terpenos.

Resumo

Este capítulo trata do estudo de hidrocarbonetos e outros compostos que apresentam uma ou mais ligações duplas carbono-carbono. As regras de nomenclatura da IUPAC para nomear alquenos são discutidas, incluindo os sistemas de nomenclatura *cis/trans* e *E/Z*. Exemplos típicos de reações de adição à ligação dupla C=C são apresentados, com ênfase nos mecanismos desses processos. O mecanismo da reação de hidrogenação de alquenos é também discutido em virtude de sua importância industrial no processo de fabricação de margarina. Outro tipo de reação apresentado é a clivagem oxidativa de alquenos envolvendo alguns oxidantes como permanganato de potássio e ozônio. A reação de substituição em carbono alílico, cujo mecanismo envolve a participação de radicais, é apresentada. Para ilustrar o processo de oxidação alílica, discutimos a rancificação de gorduras. Em razão da importância industrial dos polímeros, exemplos de reações de polimerização de alquenos e os respectivos mecanismos são mostrados. Concluímos o capítulo com uma breve apresentação da classificação, das estruturas e propriedades de alguns terpenos.

Alquenos são hidrocarbonetos que apresentam uma ou mais ligações duplas. São, às vezes, denominados *olefinas*, termo comum na literatura antiga que é derivado do latim *oleum facere*, que significa fazer ou produzir óleo. Foi utilizado inicialmente para descrever compostos como o $CH_2=CH_2$, que, sendo gasosos, ao serem tratados com cloro, resultavam na formação de produtos líquidos, de aspecto oleoso. Os alquenos são largamente encontrados em diversos organismos animais e vegetais, ressaltando-se que muitos deles apresentam importantes atividades biológicas. O etileno, por exemplo, é um hormônio de plantas que induz o amadurecimento de frutos; o esqualeno é o precursor dos hormônios esteroidais e se encontra em grande quantidade no óleo de fígado de bacalhau; o β-caroteno é um dos compostos responsáveis pela cor alaranjada das cenouras, sendo o precursor da vitamina A; o β-pineno é um dos constituintes da essência de terebentina, proveniente do pinheiro; e o limoneno é um dos constituintes da essência do limão.

Muitos compostos, além da ligação dupla, apresentam outros grupos funcionais. Exemplos dessa natureza surgirão ao longo deste livro; entretanto, no presente capítulo concentraremos nosso estudo nos aspectos relacionados à química da ligação C=C.

Embora a palavra *alqueno* seja utilizada para nomear a classe de hidrocarbonetos com ligações duplas carbono-carbono, ela também é comumente utilizada para designar a presença da ligação dupla C=C em qualquer molécula. Em outras palavras, conforme veremos no decorrer deste e dos demais capítulos, em um grande número de moléculas coexistem vários grupos funcionais. Por exemplo, o hormônio juvenil, substância que controla a metamorfose de larvas de insetos, não é um hidrocarboneto, uma vez que apresenta as funções epóxido e éster que são oxigenadas. Todavia essa substância não deixa de ser um alqueno uma vez que apresenta em sua estrutura duas ligações duplas C=C.

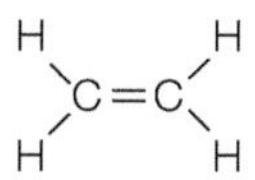

Etileno

β-pineno

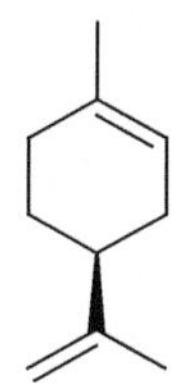
Limoneno

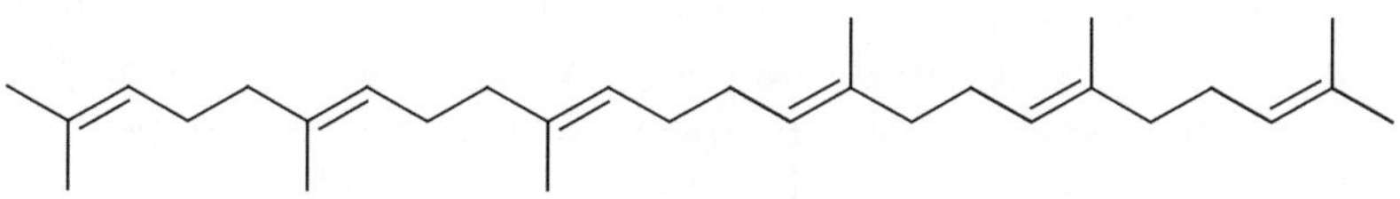
Esqualeno

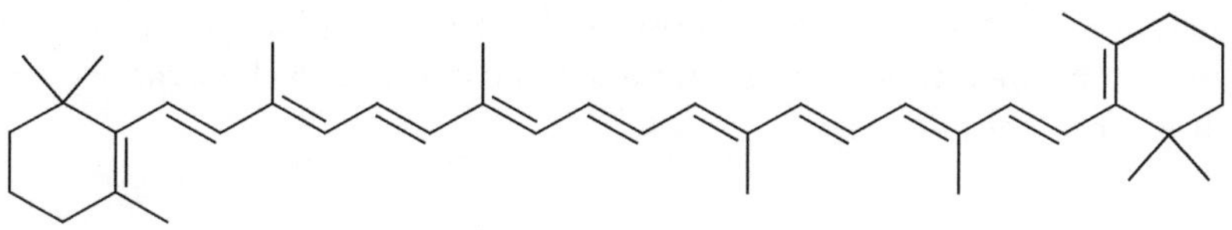
β-caroteno

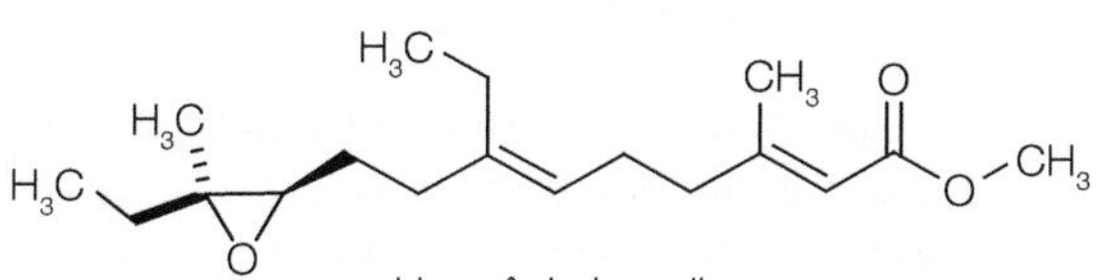

Hormônio juvenil

Assim, neste capítulo estudaremos um pouco da nomenclatura e da reatividade das ligações C=C. Ilustraremos a maior parte dos exemplos com hidrocarbonetos, mas devemos deixar claro que uma ligação dupla apresenta o mesmo tipo de comportamento químico se presente em um hidrocarboneto ou em um composto polifuncional. É claro que se outra função química além da ligação C=C estiver presente na molécula, pode haver um problema de seletividade quando o composto for tratado com determinado reagente. Um pouco desse assunto será também abordado ao longo deste livro.

Nomenclatura

Para os alquenos que acabamos de ilustrar, foram apresentados os nomes comuns ou não sistemáticos. Essa prática é ainda largamente utilizada nos dias de hoje. Assim, mesmo alguns alquenos simples são conhecidos por nomes não sistemáticos, aceitos pela IUPAC:[1]

$CH_2{=}CH_2$	Etileno
$CH_2{=}C{=}CH_2$	Aleno
$CH_2{=}C(CH_3)CH{=}CH_2$	Isopreno

De acordo com as regras da IUPAC, os nomes dos alquenos não ramificados são formados a partir dos nomes dos alcanos correspondentes, trocando-se a terminação *ano* por *eno*[2] (uma ligação dupla), *adieno* (duas ligações duplas), *atrieno* (três ligações duplas) etc. As posições das ligações duplas são indicadas por números colocados imediatamente antes dos sufixos *eno*, *dieno* etc. A numeração da cadeia é feita a partir da extremidade que fornece a menor sequência de números.

$\underset{3}{C}H_3\underset{2}{C}H{=}\underset{1}{C}H_2$ — Propeno

$\underset{1}{C}H_2{=}\underset{2}{C}H\underset{3}{C}H_2\underset{4}{C}H_3$ — But-1-eno

$\underset{1}{C}H_3\underset{2}{C}H{=}\underset{3}{C}H\underset{4}{C}H_3$ — But-2-eno

$\underset{1}{C}H_3\underset{2}{C}H{=}\underset{3}{C}H\underset{4}{C}H_2\underset{5}{C}H_3$ — Pent-2-eno

$\underset{1}{C}H_2{=}\underset{2}{C}H\underset{3}{C}H{=}\underset{4}{C}H\underset{5}{C}H_3$ — Penta-1,3-dieno

No caso de alquenos ramificados, a cadeia principal é a mais longa e a que contém o maior número possível de ligações duplas. Nesse caso as ramificações, ou grupos substituintes, são localizadas na cadeia principal da mesma maneira descrita para os alcanos. No entanto, para efeito de numeração da cadeia, prevalece a regra da exemplificação precedente. Observe no exemplo do 4-metilpent-2-eno que, na numeração da cadeia principal, o mais importante é a posição da ligação dupla, e não a do grupo substituinte. Apenas no caso de empate é que as posições dos grupos substituintes serão consideradas.

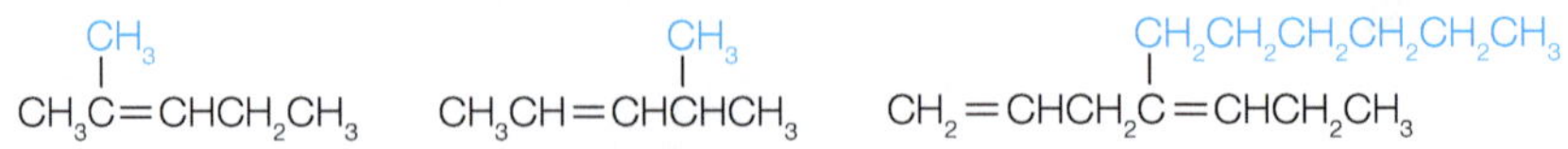

2-metilpent-2-eno   4-metilpent-2-eno   4-hexilepta-1,4-dieno

Os nomes dos grupos univalentes derivados dos alquenos, pela abstração de um átomo de hidrogênio, são formados trocando-se a terminação *eno* do alqueno correspondente por *enil* ou *enila*. As posições das ligações duplas são indicadas, quando necessário, iniciando-se a numeração da cadeia pelo carbono que possuir a valência livre.

---

1 A IUPAC não recomenda o uso do nome *isobutileno* para o composto metilpropeno. O termo *propileno* não deve ser utilizado no lugar de *propeno*, uma vez que ele é usado para a designação de um grupo bivalente.

2 As terminações *ano* e *eno* foram propostas em 1865 pelo químico alemão August Wilhem von Hofmann (1818-1892). Hofmann foi professor do College of Chemistry em Londres e da Universidade de Berlin.

$CH_2{=}CH_2-$	Etenil(a)
$CH_3-CH{=}CH-CH_2-$	But-2-en-1-il(a)
$CH_2{=}CH-CH{=}CH-$	Buta-1,3-dien-1-il(a)
$CH_3-CH{=}CH-CH_2-CH_2-CH_2-$	Hex-4-en-1-il(a)
$CH_3-CH{=}CH-$	Prop-1-en-1-il(a)

Os seguintes nomes não sistemáticos são aceitos pela IUPAC:

$CH_2{=}CH-$	Vinil(a)
$CH_2{=}C(CH_3)-$	Isopropenil(a)
$CH_2{=}CH-CH_2-$	Alil(a)

Os nomes dos grupos bivalentes são formados acrescentando-se aos nomes dos grupos monovalentes de origem o sufixo *ideno*.

$H_2C{=}$	Metileno (aceito pela IUPAC)
$CH_3-CH{=}$	Etilideno
$H_2C{=}C{=}$	Vinilideno
$CH_3-CH_2-CH{=}$	Propilideno

Os nomes dos alquenos cíclicos não ramificados são formados acrescentando-se o prefixo *ciclo* aos nomes dos hidrocarbonetos acíclicos correspondentes. A numeração do ciclo é feita de modo que os carbonos das ligações duplas recebam os menores números possíveis. No caso dos alquenos cíclicos ramificados, as ramificações são citadas de acordo com as normas constantes dos itens anteriores.

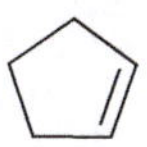
ciclopenteno

cicloexeno

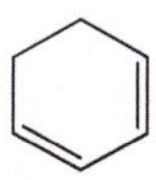
cicloexa-1,3-dieno

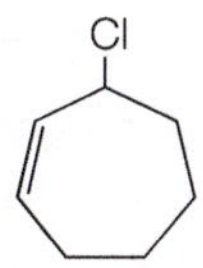

3-clorocicloepteno

Teste 3.1

Dê os nomes sistemáticos dos seguintes alquenos:

a) $CH_3CH{=}CHCH_2CH_2CH(CH_3)_2$

b) $CH_2{=}CHCH_2CHCl_2$

c) $CH_2{=}CHCH(CH_3)CH{=}CHCH{=}CHCH_2Br$

Teste 3.2

Represente as fórmulas estruturais para os seguintes alquenos:

a) 3-metilciclopropeno

b) 3-nitrocicloexa-1,4-dieno

c) 3-metilenodeca-1,5-eno

Isomeria em alquenos

Considere inicialmente o eteno:

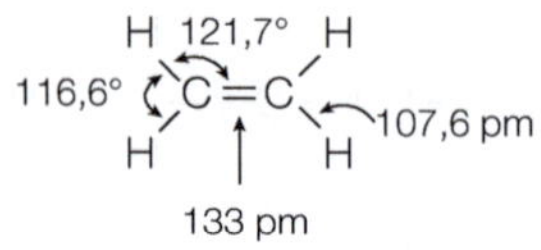

Para que as ligações entre os diversos átomos se encontrem o mais distante possível umas das outras é necessário que a molécula seja plana e o ângulo entre duas ligações quaisquer seja igual a 120°. Os carbonos das ligações duplas apresentam hibridação sp^2, todavia os ângulos HCH e HCC diferem ligeiramente de 120°, conforme pode ser visto na fórmula citada anteriormente.

As ligações entre os átomos C e H envolvem um orbital sp^2 do carbono e um orbital *s* do hidrogênio. Como o orbital sp^2 apresenta maior caráter *s* que um sp^3, a ligação C–H no eteno (107,6 pm) é mais curta que a C–H no etano (108,5 pm).

A ligação dupla C=C não corresponde exatamente a duas ligações simples. Ela é mais forte que uma ligação simples ($D_{c=c}$ = 610 kJ mol^{-1}) e, no entanto, mais fraca que duas ligações simples ($2D_{c=c}$ = 2 × 350 kJ = 700 kJ mol^{-1}).[3] A ligação dupla C=C (~133 pm) é consequentemente mais curta que a simples C–C (~154 pm).

Como consequência dessa maior força de ligação, a rotação em torno da ligação dupla C=C requer muito mais energia (~260 kJ mol^{-1}) que a necessária para promover a rotação em torno de uma ligação simples C–C (10 a 20 kJ mol^{-1}). Como essa quantidade de energia não está disponível para a molécula à temperatura ambiente, a rotação em torno da ligação dupla não ocorre a essa temperatura. Como resultado da não ocorrência de rotação em torno da ligação C=C, há a possibilidade da existência de *estereoisômeros*.[4] Por exemplo, tanto o but-2-eno quanto o pent-2-eno podem existir em duas formas diferentes:

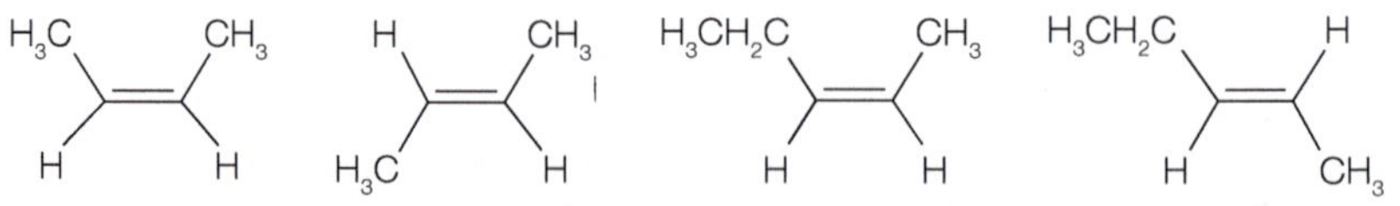

cis-but-2-eno *trans*-but-2-eno *cis*-pent-2-eno *trans*-pent-2-eno

Uma das estruturas em cada par de isômeros apresenta os 2 átomos de hidrogênio no mesmo lado de um plano que passa pelos carbonos sp^2, e, no outro caso, esses grupos encontram-se em lados opostos. Para designar alquenos dissubstituídos estereoisoméricos, como nesses exemplos, utilizam-se os prefixos *cis* e *trans*. Assim, utiliza-se o prefixo *cis* quando os grupos ligados aos carbonos da dupla encontram-se de um mesmo lado de um plano que passa pelos carbonos. O prefixo *trans* é utilizado quando tais grupos encontram-se em lados opostos do referido plano, conforme ilustrado nos exemplos que acabamos de apresentar.

Esse sistema de nomenclatura (*cis-trans*) é antigo, devendo ser usado apenas no caso de alquenos dissubstituídos.

---

3 Estes números representam valores médios de energia requerida para quebrar uma ligação C=C e C–C, respectivamente.

4 O uso do termo *isomerismo geométrico* é fortemente desencorajado pela IUPAC (MOSS, 1996).

No caso dos alquenos tri e tetrassubstituídos, a utilização desses termos pode ser ambígua.

Observe o seguinte exemplo, que corresponde a um alqueno trissubstituído. Nesse caso, a nomenclatura *cis-trans* não se aplica.

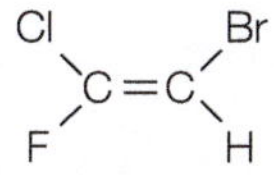

Visando contornar essa situação, outro sistema (denominado *E-Z*) para a designação de alquenos diasteroisoméricos foi proposto, com base na utilização das regras de Cahn-Prelog-Ingold, para a ordenação de grupos no sistema de nomenclatura *R-S* (Capítulo 6).

Para os propósitos deste trabalho, serão apresentadas apenas algumas dessas regras, suficientes para nomear a maioria dos compostos. São elas:

i) Os átomos de maior número atômico têm maior prioridade. Assim, para os elementos mais comumente encontrados em compostos orgânicos, a ordem decrescente de prioridade é a seguinte:

$$I > Br > Cl > S > F > O > N > C > H$$

ii) No caso dos átomos de mesmo número atômico, o isótopo de maior número de massa tem maior prioridade.[5]

$$T > D > H \qquad {}^{14}C > {}^{13}C > {}^{12}C$$

Dessa forma, no sistema *E-Z*, examinam-se os dois átomos ou grupos ligados em cada um dos carbonos da ligação dupla e determina-se a ordem de prioridade de cada um deles. Se os grupos de maior prioridade em cada carbono estiverem no mesmo lado de um plano imaginário passando por esses carbonos, a geometria dessa ligação dupla será designada pela letra *Z* (do alemão *Zusammen*, 'juntos'). Se os dois grupos de maior prioridade estiverem em lados opostos da ligação dupla, a geometria da ligação será designada pela letra *E* (do alemão *Entgegen*, 'opostos').

Considere o exemplo apresentado anteriormente:

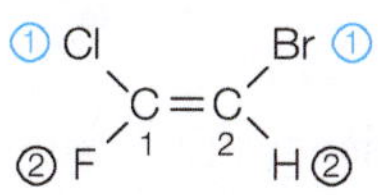

Nesse caso, os átomos ligados ao carbono 1 são Cl (prioridade 1) e F (prioridade 2), e os ligados ao carbono 2, Br (prioridade 1) e H (prioridade 2). Como os grupos de maior prioridade ligados ao carbono 1 (Cl) e 2 (Br) se encontram no mesmo lado de um plano que passa por esses carbonos, esse isômero recebe a denominação *Z*, e seu nome completo é (*Z*)-2-bromo-1--cloro-1-fluoroeteno.

Outros exemplos da aplicação dessas regras são:

Nesses casos, os átomos ligados aos carbonos sp^2 são hidrogênio ou carbono (do grupo CH_3). Como o carbono possui maior número atômico, a prioridade maior (1) é dada ao grupo CH_3.

[5] T: trítio; D: deutério. São isótopos do hidrogênio.

Quando os átomos ligados aos carbonos da ligação dupla forem iguais, os números e as massas atômicas dos elementos ligados a esses átomos são utilizados para realizar o desempate.

Considere o seguinte exemplo:

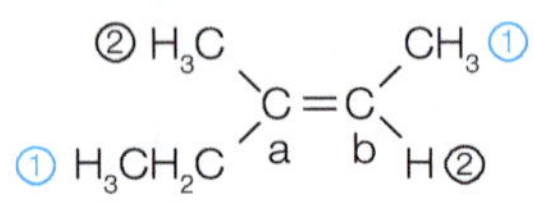

Nesse caso, os grupos ligados ao carbono *a* são $-CH_3$ e $-CH_2CH_3$. Em ambos, o elemento ligado diretamente ao carbono *a* é um átomo de carbono. Portanto, devem-se comparar as prioridades dos elementos ligados a cada um desses carbonos.

No grupo $-CH_3$, esses elementos são H, H, H e, no grupo $-CH_2CH_3$, C, H, H. Como o carbono tem prioridade maior que o hidrogênio, o grupo etil terá prioridade sobre o metil. Dessa forma, o isômero apresentado é o (*E*)-3-metilpent-2-eno.[6]

Em compostos com mais de uma ligação dupla devem-se utilizar tantas letras *E* e *Z* quantas forem as duplas. As letras *E* e *Z* sempre são colocadas entre parênteses, antes do nome do alqueno, conforme ilustrado para o composto denominado *farneseno*, um dos constituintes do óleo essencial de erva-cidreira.

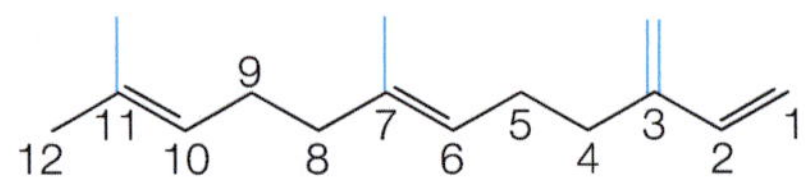

(6*E*)-7,11-dimetil-3-metilenododeca-1,6,10-trieno (β-farneseno)

Observe que o sistema *E-Z* é mais abrangente, podendo ser utilizado para qualquer tipo de alqueno, até mesmo os dissubstituídos. O sistema *cis-trans* tem seu uso limitado a alquenos dissubstituídos.

Teste 3.3

Dê os nomes sistemáticos para os alquenos listados a seguir, incluindo as designações *cis/trans* ou *E/Z* conforme o caso.

a) 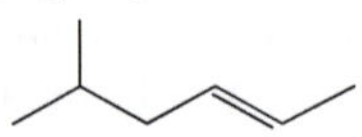

b) 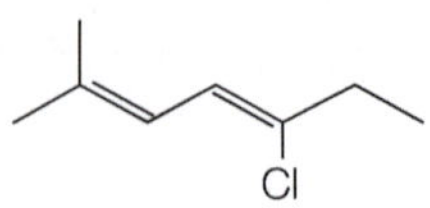

c) 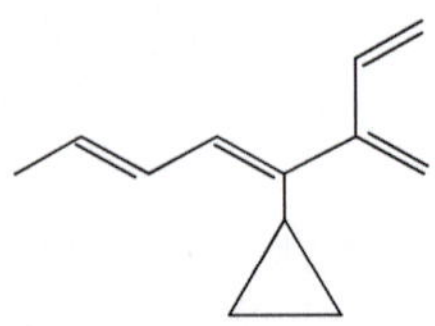

6 Note que a prioridade não está relacionada com a massa do grupo, como aparece em alguns textos.

Propriedades físicas

De modo geral, os alquenos apresentam propriedades físicas muito semelhantes às dos alcanos. Eles são insolúveis em água e outros solventes muito polares, sendo, porém, bastante solúveis em solventes apolares ou pouco polares, como benzeno, éter dietílico, clorofórmio, diclorometano e hexano. São também menos densos que a água (ρ = 0,64 a 0,80 g cm^{-3}). De maneira análoga aos alcanos, a temperatura de ebulição dos alquenos aumenta com o número de átomos de carbono (Quadro 3.1).

Quadro 3.1 Propriedades físicas de alguns alquenos

Alqueno	T_f/°C	T_e/°C	ρ/(g cm^{-3}), 20 °C
Eteno	−169	−102	—
Propeno	−185	−49	—
(*Z*)-but-2-eno	−139	4	—
(*E*)-but-2-eno	−106	1	—
Pent-1-eno	—	30	0,643
(*Z*)-pent-2-eno	−151	37	0,655
(*E*)-pent-2-eno	—	36	0,647
Hex-1-eno	−138	63,5	0,675
Hept-1-eno	−119	93	0,698
Oct-1-eno	−104	122,5	0,716
Non-1-eno	—	146	0,731
Dec-1-eno	−87	171	0,743

Reações de adição e carbocátions

Os alquenos podem participar de um grande número de reações. Mesmo em um trabalho enciclopédico seria muito difícil tratar de todas elas. Dessa forma, nosso objetivo é apresentar algumas das reações típicas dos alquenos, a fim de ilustrar a reatividade da ligação C=C, bem como algumas aplicações de interesse industrial.

Conforme já visto, a quantidade de energia necessária para quebrar uma ligação π de um alqueno é aproximadamente 260 kJ mol^{-1}. Essa quantidade é bem menor que os 350 kJ mol^{-1} necessários para quebrar a ligação σ C−C. Como consequência desse fato, uma das reações típicas que envolve os alquenos é a adição à ligação dupla, a qual gera compostos saturados, conforme ilustrado a seguir:

Nesse esquema é mostrada a equação de adição do composto A−E a um alqueno qualquer. O composto hipotético A−E pode ser, por exemplo, H−H, H−Cl, H−Br, H−OH, Cl−Cl e Br−Br, entre outros.

São diversos os mecanismos das reações envolvendo adição à ligação C=C, mas em vários casos ocorre a formação de um intermediário reativo denominado *carbocátion*. Esse intermediário é uma espécie em que um dos átomos de carbono contém apenas 6 elétrons, sendo, portanto, carregado positivamente. Os carbocátions podem ser formados pela adição de uma espécie positiva à ligação dupla C=C ou a partir de processos de eliminação em outros tipos de compostos como haletos de alquila, álcoois etc. O carbocátion pode ser primário, secundário ou terciário, se o carbono deficiente em elétrons for primário, secundário ou terciário, respectivamente. A estabilidade relativa dos carbocátions alquila varia da seguinte forma:

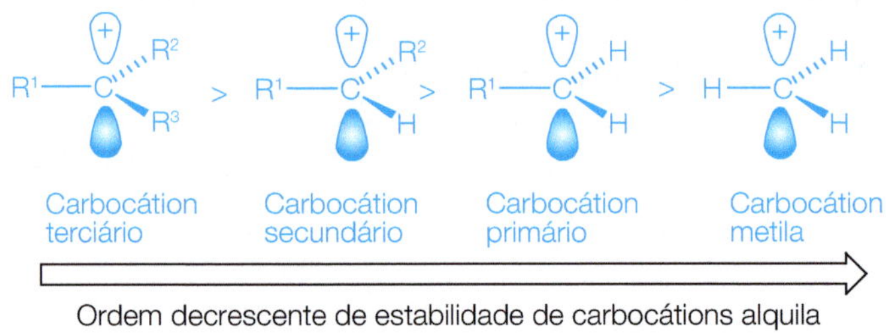

Qualquer efeito estrutural que reduza a deficiência de elétrons no átomo de carbono tricoordenado contribui para estabilizar o carbocátion. No caso dos carbocátions alquila a ordem de estabilidade apresentada anteriormente é, em grande parte, devida ao efeito indutivo doador de elétrons dos grupos alquil (R), que contribuem para diminuir a deficiência de elétrons do carbono. Lembre-se de que, nos carbocátions, o carbono que suporta a carga positiva apresenta hibridação sp^2. Outro fator que contribui para estabilizar carbocátions alquila é a *hiperconjugação*[7]. O efeito de *hiperconjugação* corresponde à interação dos orbitais sigma C–H com o orbital *p* vazio do carbono tricoordenado.

A presença de uma ou mais ligações duplas C=C adjacente ao átomo de carbono que suporta a carga positiva tem um grande efeito estabilizador sobre o carbocátion. Dois exemplos desse tipo de cátion correspondem aos cátions alílico (quando a carga é adjacente a uma ligação C=C de alqueno) e o benzílico (quando o carbono que suporta a carga positiva está ligado diretamente ao anel benzênico). As estruturas de ressonância para esses cátions, conforme apresentadas no Capítulo 1, são demonstradas a seguir:

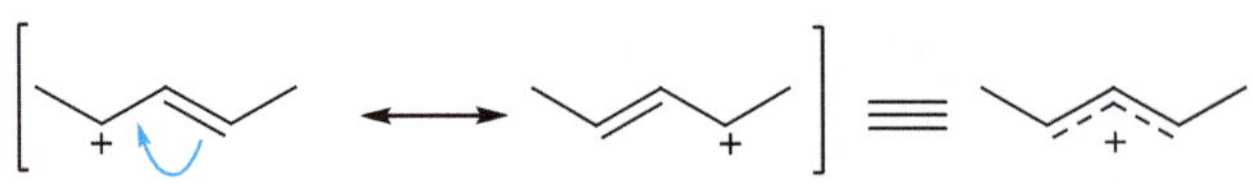

Estruturas de ressonância do carbocátion alílico

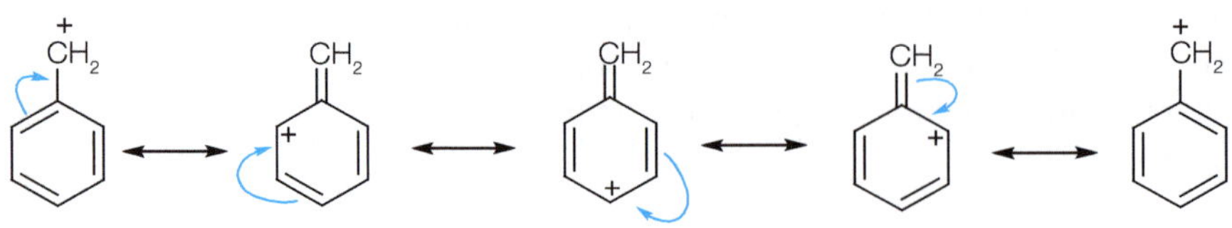

Estruturas de ressonância do carbocátion benzílico

Note que para o cátion alílico podemos representar duas estruturas de ressonância, com isso a deficiência de carga é distribuída para três átomos de carbono. A estrutura para o híbrido de ressonância foi também mostrada anteriormente. Para o exemplo do carbocátion benzílico foram representadas 5 estruturas de ressonância. Nesse caso a deficiência de carga

[7] Para detalhes sobre o efeito *hiperconjugação*, ver HEATHCOCK, C. H., STREITWIESER, A. (1991).

é distribuída sobre todo o anel benzênico. De um modo geral, quanto mais dispersa for a carga positiva, mais estável será o carbocátion.

Assim como os radicais, os carbocátions mais estáveis são formados em maior quantidade durante uma reação. Como consequência, os produtos oriundos dos carbocátions mais estáveis são geralmente formados em maior quantidade também.

Um aspecto importante sobre os carbocátions é a possibilidade de se rearranjarem tornando-se mais estáveis. Por exemplo, os dois carbocátions secundários mostrados a seguir podem se transformar nos cátions terciários correspondentes pela migração de hidreto e do grupo metila respectivamente. Em ambos os casos a migração ocorre com o deslocamento do grupo (H ou CH_3) levando o par de elétrons da ligação σ C—H ou C—CH_3.

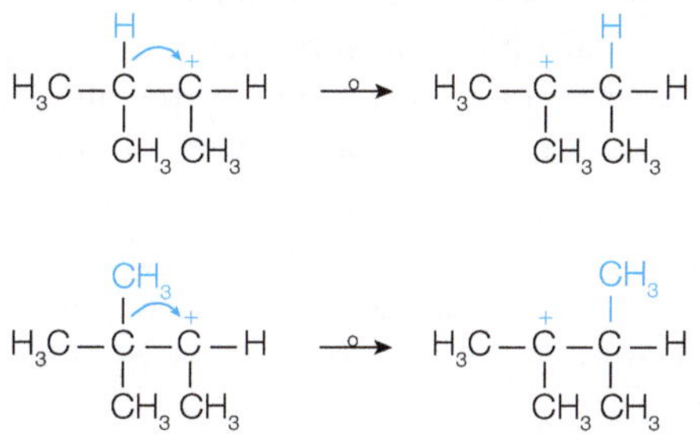

Carbocátions secundários   Carbocátions terciários

A ocorrência de rearranjos de carbocátions com migração de hidreto (:H^-) ou de grupos alquila (:R^-) é evidenciada pelo isolamentos dos produtos oriundos dos cátions rearranjados. Nos dois exemplos ilustrados, um carbocátion menos estável (secundário) é convertido em outro mais estável (terciário). A extensão com a qual os rearranjos acontecem depende de vários fatores, como a estabilidade dos carbocátions, e as velocidades relativas do rearranjo e da adição nucleofílica ao carbono positivo. Esses rearranjos são muito comuns em vários tipos de reações que envolvem carbocátions e são conhecidos como *rearranjo de Wagner-Meerwein.*

Teste 3.4

A adição de um próton ao cicloexa-1,3-dieno pode resultar na formação de dois carbocátions. Represente as fórmulas de cada um deles e indique qual deve ser o mais estável. Justifique sua resposta.

Adição de hidrogênio

A reação de adição de hidrogênio a alquenos e a outros grupos funcionais, denominada *hidrogenação*, é um dos mais importantes métodos de redução em química orgânica. A primeira reação de hidrogenação consistiu na transformação do eteno em etano, realizada por Von Wilde, em 1874. Essa reação só passou a ser amplamente utilizada a partir de 1897, quando **Sabatier** e colaboradores demonstraram que o hidrogênio podia ser adicionado a qualquer tipo de alqueno. Embora a hidrogenação seja um processo altamente exotérmico ($\Delta H°$ negativo), ela não ocorre em extensão apreciável na ausência de catalisador metálico.

Paul Sabatier: químico francês (1854-1941), estudou na Escola Normal Superior em Paris e no Colégio da França, obtendo o título de doutor em 1880. Foi professor da Universidade de Toulouse. Em 1912, dividiu o prêmio Nobel de química com Victor Grignard.

Existem dois tipos principais de catálise, denominadas *homogênea* e *heterogênea*. No processo de catálise homogênea, o catalisador é solúvel no meio reacional, e na catálise heterogênea o catalisador é insolúvel. Em ambos os casos os catalisadores normalmente são obtidos a partir de metais de transição, sendo os derivados de platina, níquel, paládio, ródio, rutênio e irídio os mais comuns.

Para a catálise heterogênea os catalisadores devem ser preparados na forma de partículas finamente divididas, de modo que aumente a área superficial, uma vez que a reação envolve a adsorção do hidrogênio e do composto insaturado em sua superfície.

No caso do catalisador à base de níquel, o engenheiro americano **M. Raney** desenvolveu em 1927 um processo de preparo a partir do tratamento de uma liga de alumínio e níquel com hidróxido de sódio. O catalisador obtido por esse processo, conhecido como níquel de Raney, é capaz de promover as reduções mesmo à temperatura ambiente e a baixas pressões, sendo ainda hoje amplamente utilizado.

Murray Raney: engenheiro mecânico norte-americano (1885-1966). Bacharel em engenharia mecânica pela Universidade de Kentucky (1909), foi professor por um curto período de tempo. Em sua longa carreira na indústria desenvolveu o catalisador que leva seu nome.

O paládio é disponível no comércio na forma de um pó finamente dividido, normalmente adsorvido na superfície de um suporte inerte como carvão, $CaCO_3$ e $BaSO_4$. O suporte, em parte, dilui o catalisador, permitindo melhor controle da quantidade usada; ele também pode reduzir a atividade do catalisador, o que muitas vezes é desejado, como no caso da redução de alquinos a alquenos (Capítulo 4). Muitas vezes, para reduzir a atividade do catalisador, é adicionado algum composto como aminas, fosfinas, compostos sulfurados etc. Esse processo é denominado *envenenamento do catalisador*.

A hidrogenação de alquenos é realizada, de modo geral, em solventes como metanol, etanol, acetato de etila e mesmo hexano. No caso da catálise heterogênea, os catalisadores mais utilizados são Pd–C, Pt e Ni. O mecanismo dessa redução é complexo, tendo sido a primeira proposta apresentada em 1934 por Horiuti e Polanyi. Uma representação esquemática simplificada do mecanismo proposto é mostrada a seguir:

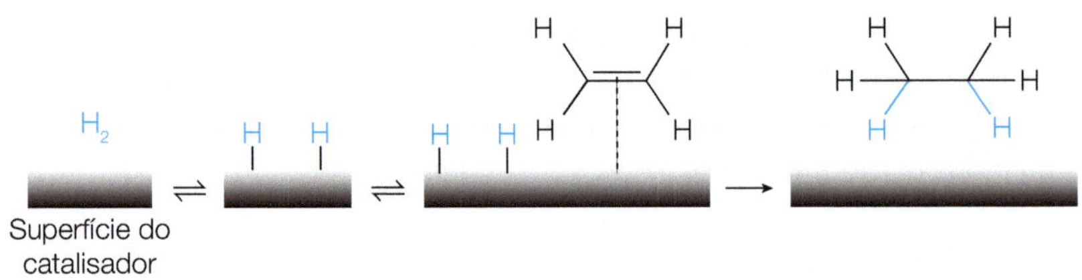

O catalisador tem a função de adsorver moléculas de hidrogênio em sua superfície, promovendo a quebra das ligações H-H. Durante o processo de hidrogenação, a molécula do alqueno é também adsorvida na superfície do catalisador, sendo os 2 átomos de hidrogênio adicionados na mesma face do alqueno. Esse tipo de processo é chamado adição *sin*.[8]

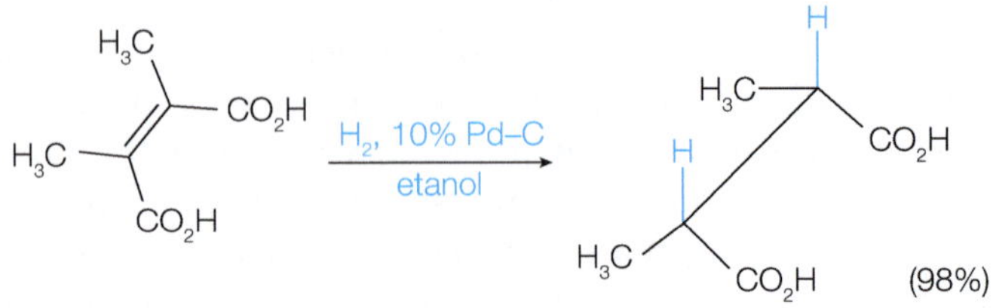

No exemplo anterior, os átomos de hidrogênio podiam ser adicionados em qualquer uma das faces da molécula, pois ela era plana. Neste caso em particular o produto formado será o mesmo, seja qual for a face da molécula em que o hidrogênio for adicionado. Entretanto, quando as duas faces da

[8] Se os átomos são adicionados em faces opostas, o processo é denominado *adição anti*.

ligação dupla não forem equivalentes, a adição ocorrerá preferencialmente (ou mesmo exclusivamente) na face menos impedida espacialmente. Observe o exemplo a seguir:[9]

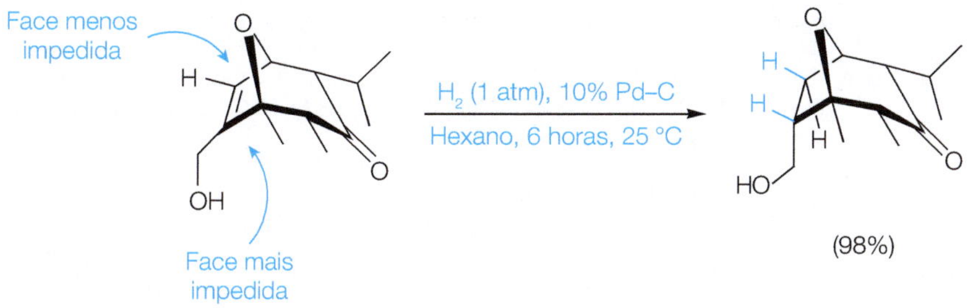

O produto foi obtido com 98% de rendimento, tendo sido os átomos de hidrogênio, em destaque azul, adicionados exclusivamente em uma das faces da ligação dupla, ou seja, naquela em que o acesso à superfície do catalisador é mais fácil. Se a adição tivesse ocorrido na outra face, a mais impedida espacialmente, o produto resultante seria um *estereoisômero* do composto obtido. Discutiremos esse tipo de estereoisômeros no Capítulo 6.

Embora não seja objeto de discussão neste livro, devemos chamar a atenção para o fato de que os químicos possuem meios não apenas de saber que os átomos de hidrogênio foram adicionados à molécula, mas até mesmo de determinar em qual das faces da molécula eles foram inseridos. São muitas as técnicas utilizadas, entre as mais comuns podemos citar: espectroscopia no infravermelho,[10] espectrometria de massas e ressonância magnética nuclear.

Teste 3.5

Represente as fórmulas estruturais para os compostos resultantes da hidrogenação catalítica do α-pineno e do 1-isopropil-2-metilcicloexeno. Em cada caso justifique a estereoquímica do produto formado (*cis/trans*). Para o produto obtido a partir do 1-isopropil-2-metilcicloexeno, faça a representação da conformação em cadeira mais estável. Justifique sua resposta.

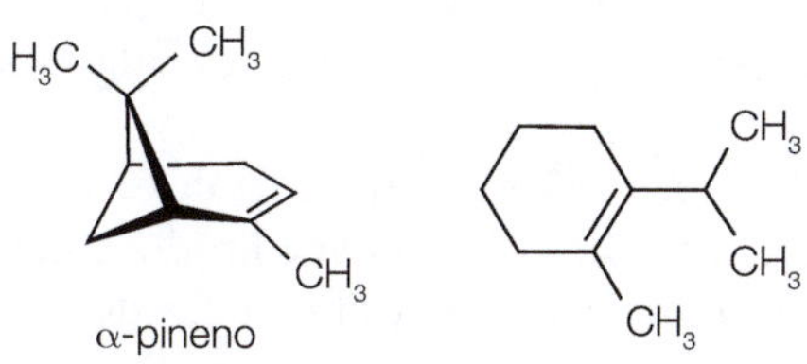

Margarina

Uma aplicação industrial da hidrogenação catalítica é na fabricação de margarina a partir de óleos vegetais, que são misturas complexas de ésteres

[9] Esses compostos foram preparados no Departamento de Química da Universidade Federal de Viçosa (UFV), dentro do programa, visando à descoberta de novos herbicidas. Para detalhes desse trabalho, ver BARBOSA et al. (2006).

[10] Sobre essa técnica, ver BARBOSA (2007).

do glicerol [$HOCH_2CH(OH)CH_2OH$] com ácidos graxos (RCOOH). Um exemplo desses ésteres, denominados *triacilglicerídeos*, é dado a seguir:

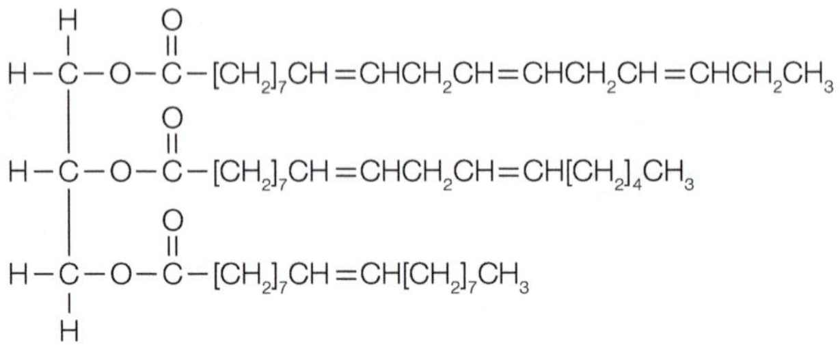

Nesse caso, o exemplo mostra um triacilglicerídeo em que as três cadeias são derivadas de ácidos graxos com 18 átomos de carbono, com diferentes graus de insaturação. Nos óleos vegetais e nas gorduras animais, o tamanho dessas cadeias pode variar desde 4 a aproximadamente 22 átomos de carbono, assim também como varia o número de ligações duplas nelas. Nos compostos naturais, as ligações duplas geralmente apresentam geometria *cis*.

Existe uma relação entre o grau de insaturação das cadeias e a temperatura de fusão dos triacilglicerídeos. Quanto mais saturado for o composto, como é o caso das gorduras animais, mais elevada é a temperatura de fusão. Já os óleos vegetais mais insaturados apresentam menor temperatura de fusão. Isso se deve à forma das moléculas. No caso dos compostos saturados, as moléculas são mais planas [Figura 3.1 B] e com isso se empacotam bem no estado sólido, de modo que as interações intermoleculares são bastante intensas. No caso das moléculas com ligações duplas *cis* [Figura 3.1 A], as cadeias ficam dobradas, e com isso o volume ocupado pelas moléculas aumenta, dificultando a maior associação entre elas, reduzindo assim a intensidade das forças de atração intermoleculares e consequentemente abaixando a temperatura de fusão.

No caso de triacilglicerídeos com ligações *trans*, a forma das moléculas se assemelha à das moléculas saturadas, e consequentemente a temperatura de fusão nesses casos não será muito diferente.

Com a hidrogenação parcial das ligações duplas dos triacilglicerídeos, o óleo vegetal é convertido em um material de consistência pastosa denominado *margarina*. Durante a hidrogenação do óleo, ocorre também isomerização, de *cis* para *trans*, de algumas ligações duplas remanescentes.

O processo de fabricação da margarina envolve uma purificação preliminar do óleo vegetal para remover lipídeos mais polares e outras substâncias que tendem a reduzir a eficiência do catalisador. O óleo é então colocado sob atmosfera de hidrogênio a alta temperatura (2 a 10 atm, 60 a 220 °C), na presença de 0,01% a 0,2% de níquel em pó. Sob essas condições, as ligações duplas são reduzidas seletivamente, sendo as mais afastadas do grupo éster reduzidas mais rapidamente. Também as cadeias com três ligações duplas são reduzidas mais rapidamente que as com duas, e estas, mais rapidamente que aquelas com uma única ligação dupla. Essa seletividade permite aos fabricantes controlar o processo de hidrogenação, a fim de minimizar a formação de triacilglicerídeos totalmente saturados, uma vez que o consumo excessivo destes pode ser prejudicial à saúde.

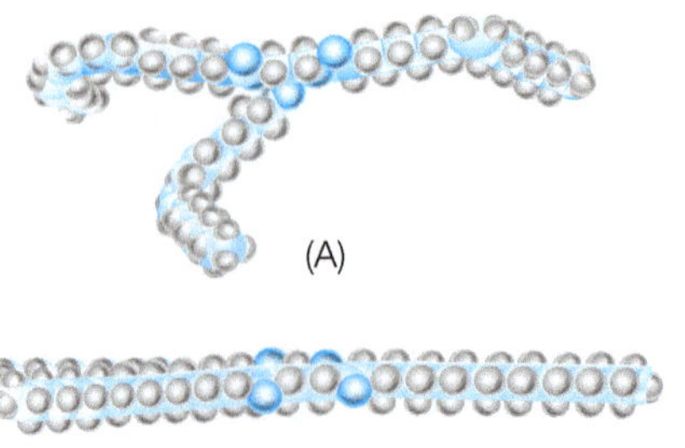

Figura 3.1 Representação das estruturas tridimensionais de um triacilglicerídeo com cadeias insaturadas (A) e outro com cadeias saturadas (B)

Adição de HX (X = I, Br, Cl)

As regiões acima e abaixo da ligação dupla são ricas em elétrons em consequência à ligação π, havendo, pois, maior tendência dos alquenos de reagir com eletrófilos que com nucleófilos.[11]

Os haletos de hidrogênio têm a ligação H–X muito polarizada e podem facilmente reagir com a ligação dupla C=C. Essa reação envolve inicialmente a adição de um próton (H^+) à ligação dupla, o que leva à formação de um carbocátion, o qual reage posteriormente com um ânion X^-, conforme ilustrado a seguir:

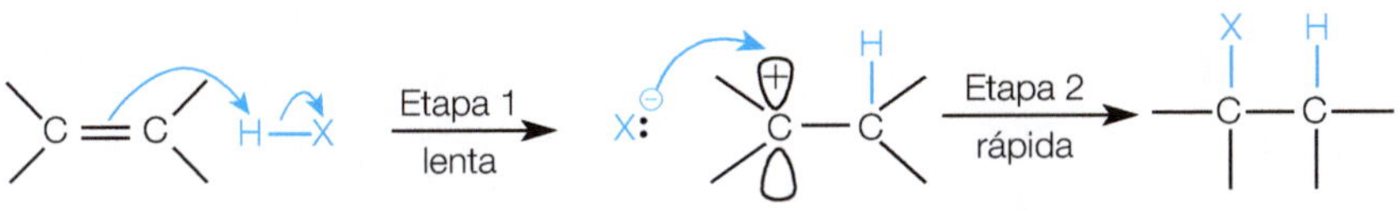

Como a etapa inicial do processo corresponde à adição de um eletrófilo (H^+), essa reação é chamada *adição eletrofílica*. Essa etapa é lenta, pois envolve a formação de um carbocátion. Sendo assim, ela é determinante da velocidade da reação. Normalmente é realizada borbulhando-se HX gasoso na solução do alqueno.

Observe que, para os alquenos simétricos, apenas um isômero constitucional é formado em cada caso.

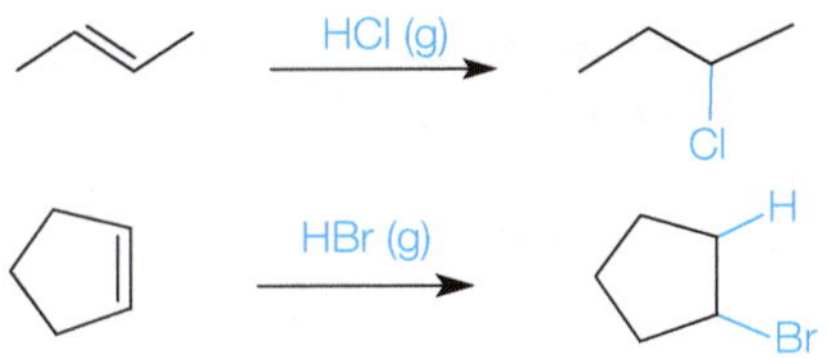

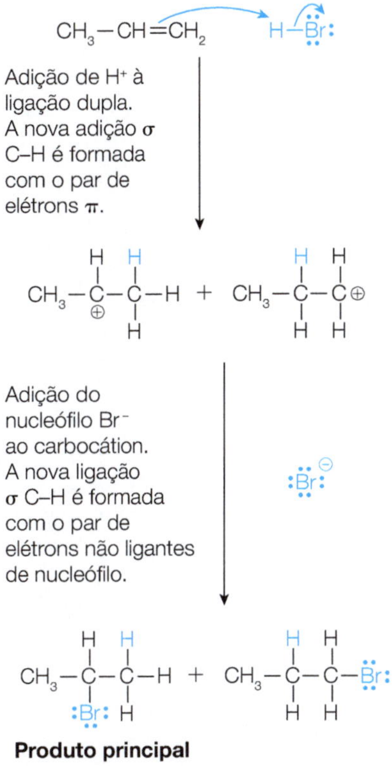

Figura 3.2 Mecanismo da adição de HBr ao propeno.

Considere agora a adição de HBr ao propeno. Observe que existe a possibilidade de formação de dois produtos, que são o 1-bromopropano e o 2-bromopropano (Figura 3.2).

Em 1869, o químico russo **Vladimir V. Markovnikov**, estudando as reações de adição de HX a alquenos, verificou que o H^+ era adicionado preferencialmente ao carbono mais hidrogenado, e como consequência o halogênio entraria preferencialmente no carbono menos hidrogenado. A partir dessa observação prática, era possível prever qual seria o produto principal de uma reação de adição de HX a alquenos. Essa adição passou a ser conhecida como *adição de Markovnikov*. Apesar de na época os químicos não terem uma explicação teórica que justificasse a ordem preferencial para a adição de H^+, essa regra era, e ainda é, muito útil.

O leitor deve, portanto, estar ciente de que a regra de Markovnikov não explica por que o 2-bromopropano é formado em maior quantidade. Ela é apenas o resultado de observações experimentais, que permitem prever qual será o produto principal da adição.

A racionalização para as observações experimentais de Markovnikov pode ser facilmente entendida ao se analisar o mecanismo dessa reação. No caso da adição de HBr ao propeno, 2 carbocátions podem ser formados, conforme ilustrado anteriormente. A adição do próton ao carbono mais hidrogenado da ligação dupla leva à formação de um carbocátion secundário, ao passo que a adição de H^+ ao carbono menos hidrogenado leva à formação de um carbocátion primário. Conforme já discutimos, como o carbocá-

Vladimir Vasilyevich Markovnikov: químico russo (1838-1904), com doutorado pela Universidade da Kazan, foi professor nas universidades de Kazan, Odessa e Moscou. Ficou conhecido pela regra de adição a alquenos desenvolvida em 1869 e que leva seu nome.

[11] *Eletrófilo* é uma espécie deficiente de elétrons, com afinidade por centros carregados negativamente. *Nucleófilo* é uma espécie que contém um ou mais pares de elétrons π ou não ligantes e tem afinidade por outros carregados positivamente.

tion secundário é mais estável que o primário, a energia de ativação necessária para sua formação é menor; consequentemente, ele é formado em maior quantidade. Dessa forma, os produtos de adição obtidos a partir de reações que envolvem a formação de carbocátions terciários são predominantes em relação aos que envolvem carbocátions secundários e primários.[12]

Alguns outros exemplos de reações de adição de HX a alquenos são dados a seguir, sendo mostrado apenas o produto principal em cada caso.

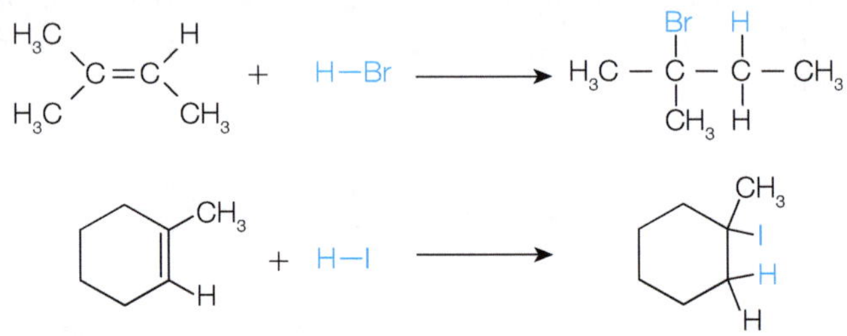

Embora a adição de HX a alquenos possa ser utilizada para obter haletos de alquilas, existem outras reações para a produção desses compostos a partir de álcoois, conforme veremos mais adiante.

Um ponto a ser destacado é que a adição de HX a alquenos é uma reação irreversível nas condições necessárias para que a adição ocorra. Todavia é possível promover a eliminação de HX a partir de haletos de alquila utilizando-se bases, e dessa forma convertê-los em alquenos. Essa reação será discutida em detalhes no Capítulo 7.

Um aspecto importante da reação de adição que acabamos de discutir é o que ela revela sobre a reatividade da ligação dupla diante de eletrófilos. Em resumo, o mecanismo apresentado envolve duas etapas gerais: adição do eletrófilo à ligação dupla C=C, resultando na formação do carbocátion, seguido da adição de um nucleófilo. No caso da adição de HX o nucleófilo é o $X:^-$. Conforme veremos a seguir, reações semelhantes podem ocorrer com alquenos, variando-se o nucleófilo.

Teste 3.6

Represente as fórmulas estruturais dos produtos principais formados pela adição de HBr aos alquenos listados e justifique sua resposta.

a) 2-metilbut-1-eno

b) Hex-3-eno

c) 3-metilciclopenteno

Adição de água

A hidratação de alquenos é um processo industrial importante para o preparo de álcoois como etanol, propan-2-ol e álcool *tert*-butílico. Entretanto, a simples mistura de um alqueno com água não resulta em adição, uma vez que a água não é um eletrófilo forte o suficiente para reagir com ele. Todavia, na presença de ácido, como H_2SO_4 ou H_3PO_4, a reação se processa com facilidade, particularmente no caso da formação de álcoois secundários e terciários.

12 A adição de HX a alquenos, quando realizada na presença de peróxidos, ocorre de modo antiMarkovnikov.

A reação ocorre em etapas, de maneira semelhante à adição de HX, e também segue a regra de Markovnikov. A primeira etapa é a mais lenta e envolve a protonação da ligação dupla com formação preferencial do carbocátion mais estável. Em seguida ocorre o ataque nucleofílico da água ao carbocátion. Finalmente tem-se a etapa de desprotonação do álcool, conforme ilustrado pelo mecanismo apresentado a seguir, para o caso da formação do propan-2-ol, produto principal dessa reação.

Etapa 1:

Etapa 2:

Etapa 3:

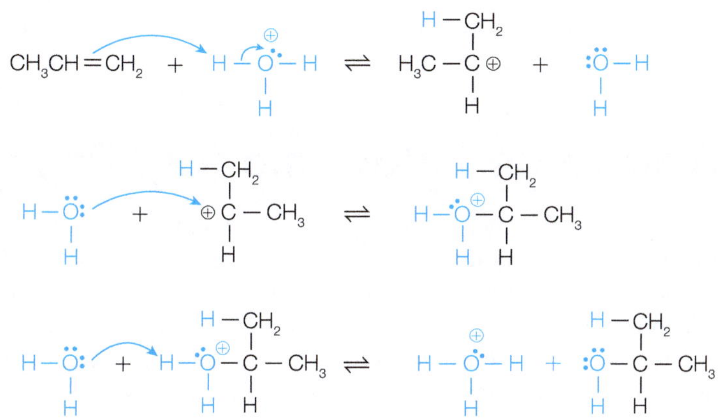

Observe pelo mecanismo mostrado que o ácido atua como catalisador, sendo consumido na primeira etapa e regenerado na última. Ainda mais: em todas as etapas foram utilizadas setas duplas para representar que as transformações envolvem equilíbrio. Portanto, a transformação global, que é a adição de água ao alqueno, também envolve um equilíbrio, conforme representado a seguir:

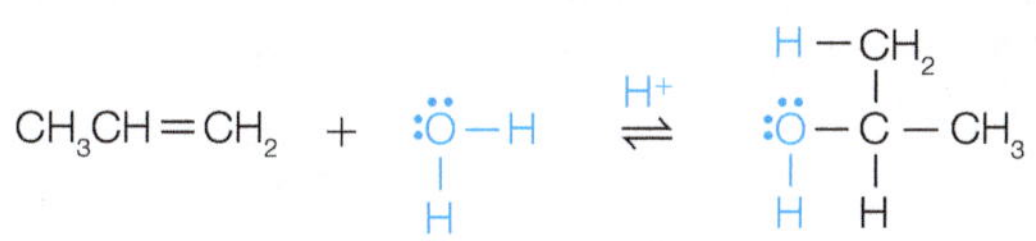

Assim, fica claro que a reação de hidratação de um alqueno é o reverso da reação de desidratação de um álcool. O equilíbrio pode ser deslocado para um lado ou outro, ajustando as condições experimentais. Ou seja, se um alqueno for tratado com água em meio ácido, ocorrerá sua hidratação com formação de um ou mais álcoois. Por outro lado, se um álcool for tratado com um ácido, ocorrerá a protonação do grupo OH (reverso da etapa 3 do mecanismo apresentado anteriormente), seguida de perda de água e formação do carbocátion (reverso da etapa 2 no mecanismo apresentado). Se a água for removida do meio reacional, o carbocátion então perde um próton formando alqueno (reverso da etapa 1 do mecanismo já apresentado) e regenerando o ácido que funciona como catalisador para a desidratação. Em resumo, um dos métodos utilizados para preparar alquenos consiste na desidratação de álcoois, conforme será discutido no Capítulo 8.

Muitas vezes, para transformações que envolvem alquenos que apresentam outros grupos funcionais, o uso de ácidos fortes como catalisadores pode não ser adequado. Para contornar esse tipo de problema, os químicos desenvolveram outros processos. Dentre eles, destaca-se o uso de acetato ou perclorato de mercúrio como eletrófilo. O processo é geralmente bastante eficiente, mas envolve uma etapa adicional que consiste em remover o átomo de mercúrio que se liga a um dos átomos de carbono da dupla na primeira etapa do processo. Esse método permite também que seja feita a adição de álcoois ao carbocátion formado.

Teste 3.7

Represente as fórmulas estruturais dos produtos principais formados pela adição de água catalisada por ácido aos alquenos listados. No caso do α-pineno indique a estereoquímica esperada para o produto principal e apresente uma explicação para sua resposta.

a) α-pineno
b) ciclobuteno
c) 1-metilcicloexeno

Adição de halogênio (Cl_2, Br_2, I_2)

A adição de halogênios (X_2) à ligação dupla de alquenos é um processo muito utilizado em química orgânica. A reação é geralmente rápida, sendo o halogênio inicialmente dissolvido em um solvente inerte, como o CCl_4. Ao adicionar, por exemplo, solução de bromo (marrom) ao alqueno, verifica-se que a adição está ocorrendo, uma vez que a solução do halogênio se descolora ao entrar em contato com o alqueno.

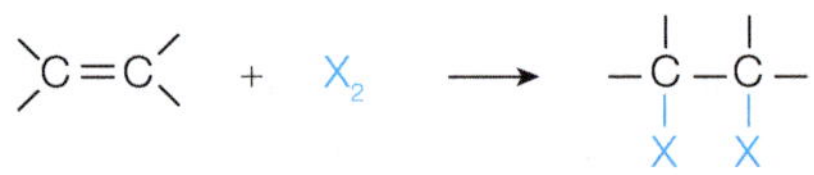

Os 2 átomos do halogênio não são adicionados à ligação dupla carbono-carbono simultaneamente. O mecanismo dessa reação envolve inicialmente a polarização da ligação X–X pela ligação π do alqueno, com a formação subsequente de um intermediário denominado *íon halônio* e de um íon haleto. Em uma segunda etapa, o íon haleto é adicionado ao íon halônio.

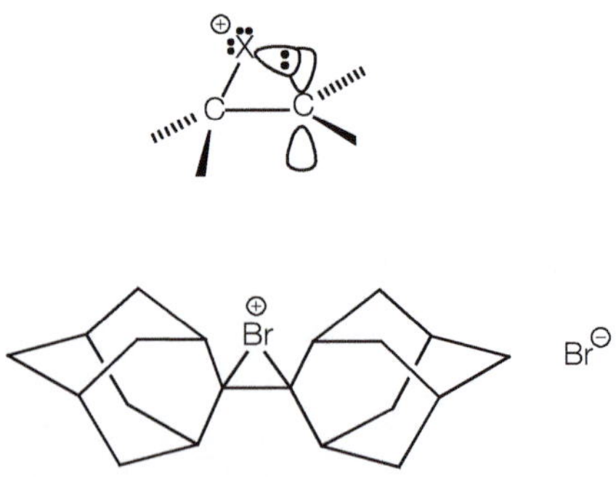

Figura 3.3 Formação de um íon halônio cíclico e estrutura de um íon bromônio estável

A formação do intermediário cíclico é entendida considerando-se que um dos pares de elétrons não ligantes do halogênio sobrepõe-se ao orbital *p* do carbono sp^2. A vantagem em termos energéticos é que todos os átomos, dessa forma, ficam com o octeto completo. A desvantagem é que parte da carga positiva fica sobre o halogênio, que é mais eletronegativo, além da tensão existente na estrutura cíclica. A confirmação definitiva da existência de íons halônios ocorreu com o preparo e o isolamento do composto mostrado na Figura 3.3, o qual é um sólido cristalino estável cuja estrutura foi comprovada por cristalografia de raios X. Nesse caso, por causa do grande impedimento espacial, o íon brometo não consegue acessar o carbono e realizar a adição nucleofílica.

A formação desse intermediário cíclico tem um importante efeito sobre a estereoquímica do produto final de adição, uma vez que o ataque do nucleófilo (X^-) ocorre pela face oposta à do grupo X, resultando na adição *anti*. Isso é mais facilmente evidenciado no caso de alquenos cíclicos, com a formação do produto *trans.*

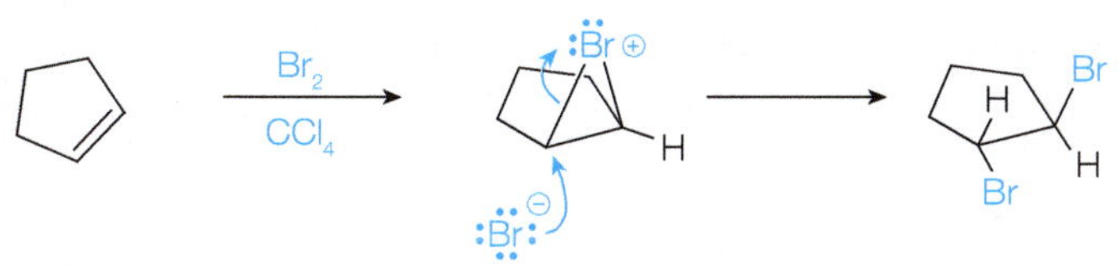

Conforme mencionado, óleos vegetais são constituídos principalmente por triacilglicerídeos, os quais são formados a partir de diversos tipos de ácidos graxos saturados e insaturados. O grau de insaturação dos triacilglicerídeos é avaliado por meio do índice de iodo, que representa a massa de iodo em gramas adicionada a 100 g do triacilglicerídeo. A avaliação do índice de iodo de uma amostra de óleo qualquer pode ser facilmente realizada em laboratório. Para isso, basta adicionar ao óleo uma solução de iodo molecular, de cor violeta.

Durante a adição, observa-se que a mistura se descolora, uma vez que o iodo é consumido e o produto formado não é colorido. A adição deve prosseguir até a coloração do iodo persistir, indicando que todas as ligações duplas reagiram.

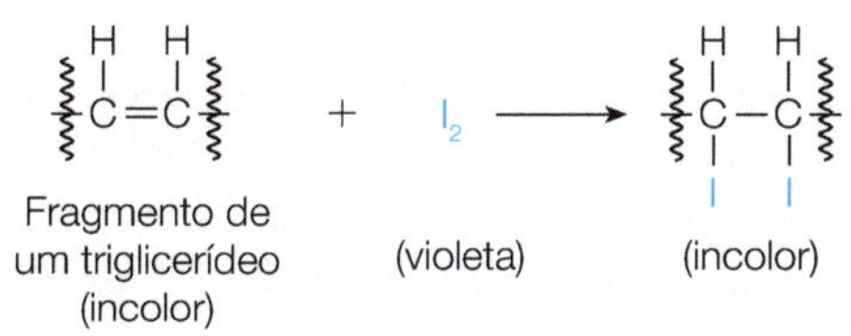

Apenas como exemplo, os índices de iodo de alguns óleos vegetais e gorduras são: 35 a 42 (gordura de boi), 6 a 10 (óleo de coco), 110 a 130 (óleo de milho), 80 a 88 (azeite de oliva), 145 (óleo de girassol) e 120 a 135 (óleo de soja). A redução, com o tempo, do índice de iodo de amostras de óleos e gorduras contendo ácidos poli-insaturados pode ser utilizada para avaliar o grau de degradação auto-oxidativa delas.

Em resumo, os halogênios funcionam como eletrófilos na presença de alquenos. Inicialmente ocorre a adição de X^+ resultando na formação do íon halônio cíclico e o íon haleto (X^-). Na sequência o íon haleto ataca o halônio de forma estereoespecífica, resultando na adição *anti*.

Teste 3.8

Represente as fórmulas estruturais dos produtos esperados a partir da adição de bromo aos seguintes alquenos:

a) Pent-1-eno

b) ciclobuteno

c) 1-metilcicloexeno

Adição de halogênio e água

Quando um alqueno é tratado com uma solução aquosa (ou solução aquosa básica) de um halogênio (Cl_2, Br_2), observa-se a formação de compostos denominados *haloidrinas*. O mecanismo dessa reação é análogo ao descrito para a adição de halogênios. Em uma primeira etapa ocorre a formação do íon halônio mais íon brometo. Posteriormente a água, em maior quantidade que o íon brometo, atua como nucleófilo, conforme indicado na etapa (2) do mecanismo mostrado a seguir:

(1) 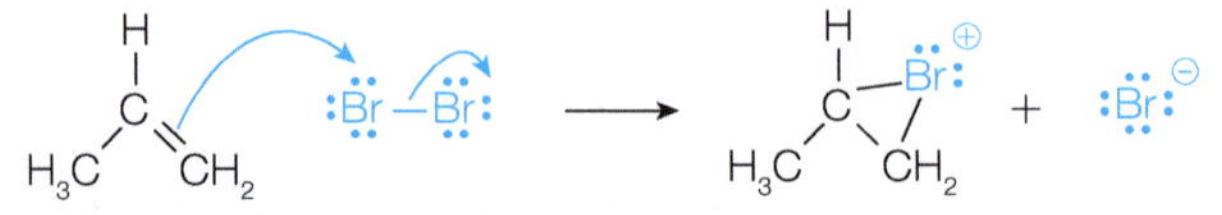

(2) 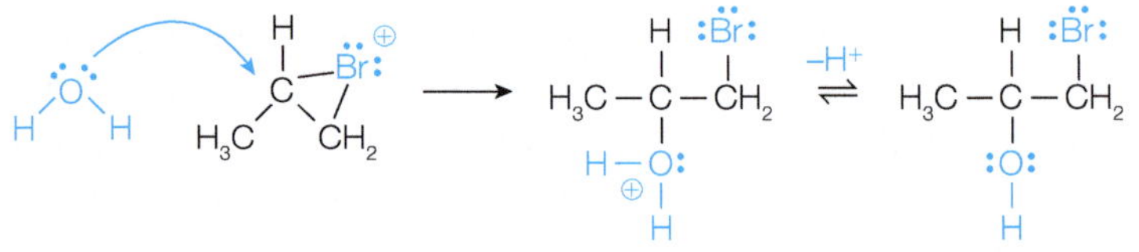

Observe na etapa (2) que o nucleófilo (H_2O) ataca preferencialmente o átomo de carbono mais substituído, pois a carga parcial positiva é maior nesse carbono. No caso de alquenos assimétricos em que os carbonos das duplas não sejam suficientemente diferentes, o produto obtido constitui-se de misturas.

Em princípio, a formação de haloidrinas parece ocorrer pela adição de ácido hipocloroso (HOCl) ou hipobromoso (HOBr) a uma molécula de alqueno. Entretanto, deve ser lembrado que o cloro e o bromo em água encontram-se em equilíbrio com os respectivos ácidos HOX.

$$X_2 + H_2O \rightleftharpoons H^{\oplus} + X^{\ominus} + HOX$$

Uma solução saturada de bromo em água (0,2 mol L^{-1}), por exemplo, contém apenas 0,5% de HOBr, e uma solução aquosa saturada de cloro (0,09 mol L^{-1}) contém 1,6% de HOCl. Dessa maneira, embora a formação da haloidrina possa formalmente ser considerada adição de HO–X à ligação dupla, é mais provável que ocorra o ataque da água (ou HO^-) ao íon halônio.

Como a maioria dos alquenos é insolúvel em água, as reações são geralmente realizadas utilizando-se dimetilsulfóxido (CH_3SOCH_3) como solvente, na presença de certa quantidade de água e N-bromosuccinimida (NBS) como fonte de bromo (Br_2). A NBS, um sólido cuja fórmula é apresentada a seguir, decompõe-se lentamente, gerando pequenas quantidades de bromo, que então reage com a ligação dupla conforme mostrado. O uso de Br_2 puro é menos comum em função de ser mais difícil de ser manipulado, uma vez que é um líquido altamente volátil, corrosivo e muito tóxico.

Além da água, outros eletrófilos como metanol podem ser utilizados. Nesse caso, em vez de álcoois, formam-se éteres halogenados.

Teste 3.9

Represente as fórmulas estruturais dos produtos principais esperados a partir da adição de bromo e água aos seguintes alquenos:

a) Hex-1-eno
b) ciclopenteno
c) 2-metilpropeno

Epoxidação

Conforme será visto no Capítulo 10, compostos cíclicos com anel de três membros possuindo um átomo de oxigênio são denominados *epóxidos*. Os epóxidos são importantes intermediários sintéticos, assim como também podem estar presentes em muitas moléculas biologicamente ativas. Eles podem ser preparados de diversas maneiras, mas um dos métodos mais comuns consiste na oxidação de alquenos com perácidos.

Os perácidos são facilmente obtidos pelo tratamento de ácidos carboxílicos com peróxido de hidrogênio (H_2O_2).

$$R-\overset{\overset{\displaystyle O}{\|}}{C}-OH + H_2O_2 \rightleftharpoons R-\overset{\overset{\displaystyle O}{\|}}{C}-O-OH + H_2O$$

A reação provavelmente se processa via um mecanismo sincronizado, envolvendo uma interação entre a dupla do alqueno e o oxigênio eletrofílico do peróxido. Utilizando-se setas, o mecanismo pode ser representado conforme mostrado a seguir:

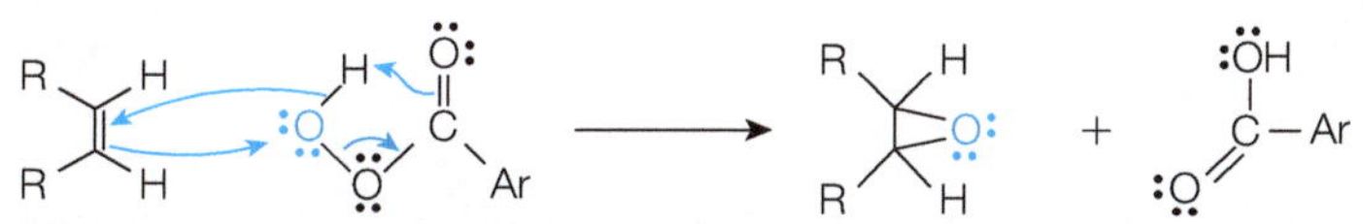

Entre os perácidos mais utilizados encontram-se os ácidos peracético, trifluoroperacético, *m*-cloroperbenzoico e perbenzoico. Solventes como $CHCl_3$, CH_2Cl_2,CCl_4, propan-2-ol em água etc. são largamente empregados para esse tipo de reação. Alguns exemplos dessa reação são apresentados a seguir:

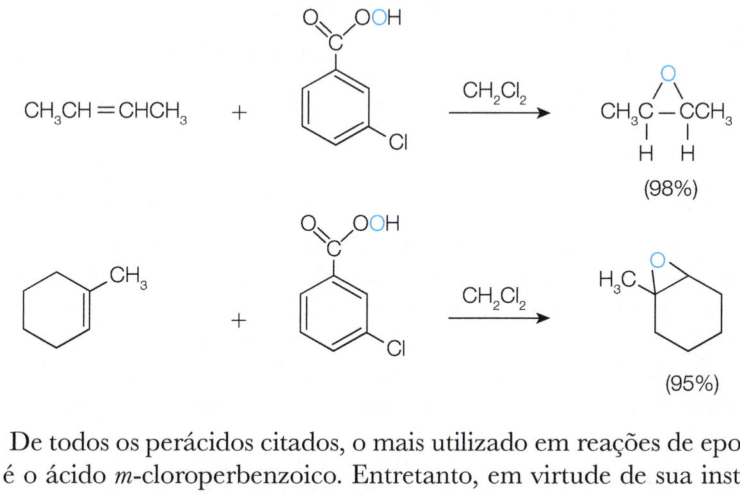

De todos os perácidos citados, o mais utilizado em reações de epoxidação é o ácido *m*-cloroperbenzoico. Entretanto, em virtude de sua instabilidade, ocorreram diversos acidentes durante sua produção, o que resultou no desenvolvimento do monoperoxoftalato de magnésio como substituto mais seguro. Muitas vezes, para evitar que o ácido carboxílico formado reaja com o epóxido, ele pode ser neutralizado pela adição, na mistura reacional, de acetato de sódio ou outro agente tamponante.

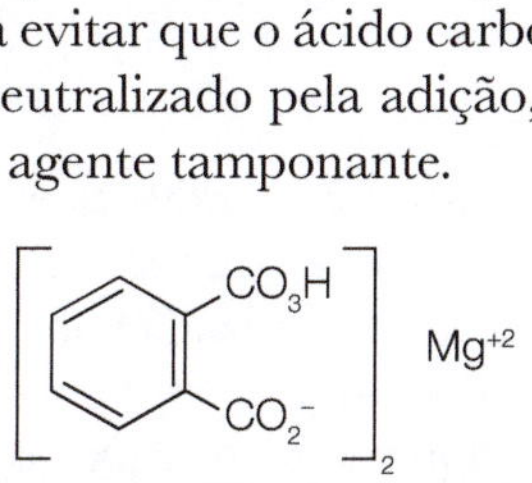

Monoperoxoftalato de magnésio

Formação de dióis e clivagem oxidativa

Os alquenos podem ser convertidos em dióis por vários métodos. Discutiremos apenas dois dos métodos mais comuns. Um envolve a formação do epóxido, seguido da hidrólise deste em meio ácido, resultando na formação do *trans*-1,2-diol quando o composto for cíclico. O estudo detalhado sobre os epóxidos será realizado no Capítulo 10, mas, conforme ilustrado no esquema a seguir, em meio ácido, o epóxido é protonado. Esse intermediário assemelha-se ao íon halônio visto anteriormente. O ataque de uma molécula de água, pela face oposta ao oxigênio, seguido da perda de um próton, resulta no diol.

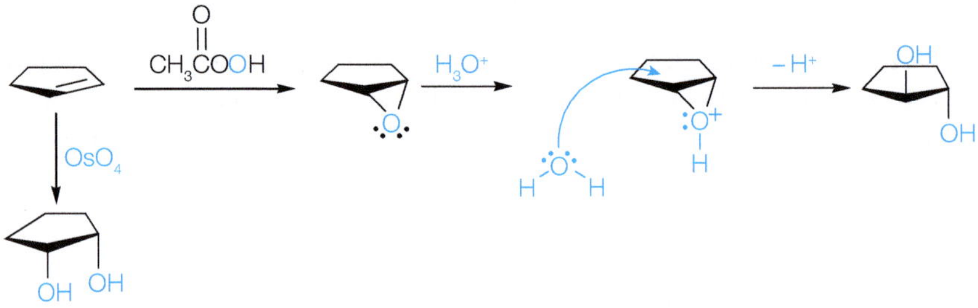

Os alquenos cíclicos podem ser convertidos também em *cis*-1,2-diol, pela oxidação direta com tetróxido de ósmio (OsO_4) ou permanganato de potássio em meio básico ($KMnO_4$) a frio. No esquema anterior é representada a *cis*-diidroxilação do ciclopenteno com tetróxido de ósmio. Essas reações ocorrem da mesma maneira para alquenos acíclicos.

O íon permanganato e o tetróxido de ósmio são fortes agentes oxidantes. Conforme se observa pelos potenciais de redução seguintes, o poder oxidante do permanganato é menor em meio básico.

$$OsO_4 + 8H^+ + 8e^- \rightarrow Os + 4H_2O \quad E° = 0{,}850\ V$$

$$MnO_4^- + 4H^+ + 3e^- \rightarrow MnO_2 + 2H_2O \quad E° = 1{,}679\ V$$

$$MnO_4^- + 8H^+ + 5e^- \rightarrow Mn^{2+} + 4H_2O \quad E° = 1{,}491\ V$$

$$MnO_4^- + 2H_2O + 3e^- \rightarrow MnO_2 + 4HO^- \quad E° = 0{,}588\ V$$

Por esses potenciais, é evidente que os alquenos doam elétrons para o permanganato e o tetróxido de ósmio. A reação com o MnO_4^- envolve a formação do éster cíclico (1). Nesse processo o Mn(VII) é reduzido a Mn(V). Em meio básico, ocorre a subsequente decomposição de (2), gerando o diol (3). O íon Mn(V) desproporciona-se, gerando Mn(VII) e Mn(IV) (geralmente como MnO_2), conforme representado a seguir:

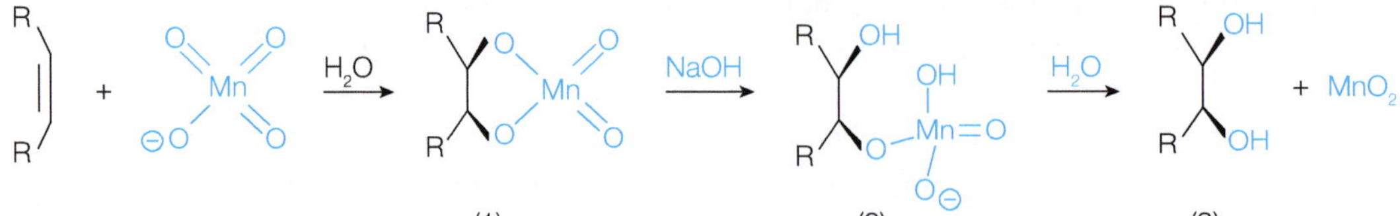

(1) (2) (3)

Essa reação é muito sensível às condições experimentais, e, mesmo em meio básico, o diol formado pode ser oxidado a hidroxicetonas. Geralmente, para obter dióis, a reação deve ser realizada com solução diluída de $KMnO_4$ (1%), meio básico, baixa temperatura e em pouco tempo. Essa reação geralmente é realizada em meio aquoso, na presença de solventes orgânicos como EtOH, acetona, *tert*-BuOH. Alguns exemplos desse tipo de oxidação são:

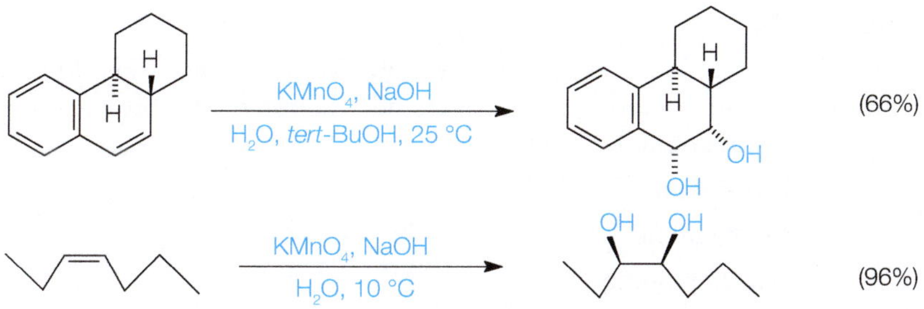

Essa reação não constitui o melhor método para o preparo de dióis, pois, conforme dissemos, ela é muito sensível às condições experimentais. Em meio ácido, e mesmo em meio básico, se a concentração de $KMnO_4$ for alta (> 10%) e a temperatura, elevada, ocorrerá a clivagem da ligação dupla. Alquenos 1,2-dissubstituídos são convertidos em cetonas, mas alquenos que possuem hidrogênio ligado ao carbono *sp*^{2} são geralmente convertidos em ácidos carboxílicos. Em condições especiais, aldeídos podem ser isolados. Assim, a reação com $KMnO_4$ constitui um bom método para a clivagem de alguns alquenos.

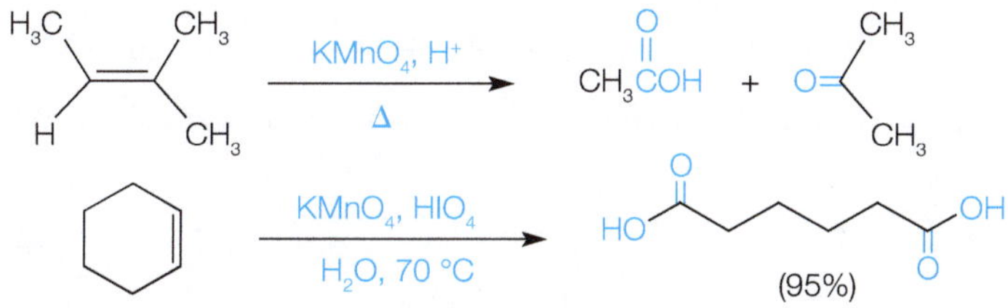

A reação com OsO_4 é um dos melhores métodos para a *cis*-diidroxilação de alquenos. O mecanismo também envolve um intermediário cíclico, embora o uso de quantidades estequiométricas de OsO_4 só seja adequado para trabalhos em pequena escala, uma vez que esse reagente tem custo elevado (US$ 150/g) e é extremamente tóxico, podendo causar danos ao sistema respiratório e cegueira. O método mais frequentemente empregado consiste no uso de quantidades catalíticas de OsO_4 na presença de outro agente oxidante, como peróxido de hidrogênio, *tert*-butilidroperóxido e N-óxidos de aminas terciárias.

Um mecanismo proposto para a reação de um alqueno com quantidade catalítica de OsO_4 na presença de peróxido de hidrogênio é apresentado a seguir. Observe que inicialmente o H_2O_2 se liga ao OsO_4. Ao final da reação, o catalisador é regenerado. Geralmente a reação é realizada em meio aquoso, com mistura de solventes como éter dietílico, acetona e álcool *tert*-butílico. Ao final, para destruir o excesso de oxidante, acrescenta-se um redutor como $Na_2S_2O_3$.

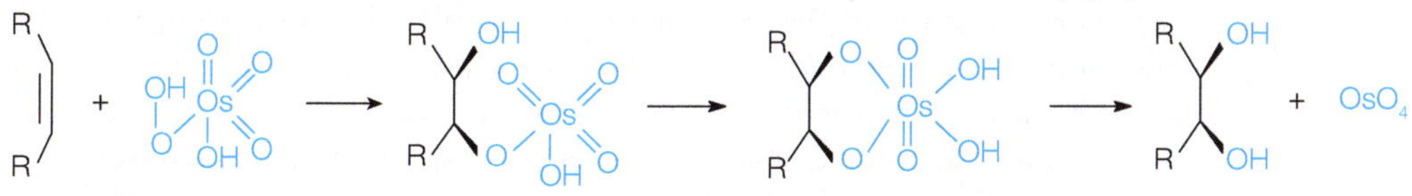

Essa reação geralmente ocorre com bons rendimentos e, assim como no caso do $KMnO_4$, a oxidação ocorre na face menos impedida do alqueno, conforme ilustra o segundo exemplo a seguir, cujo diol foi convertido em uma série de novos herbicidas.[13]

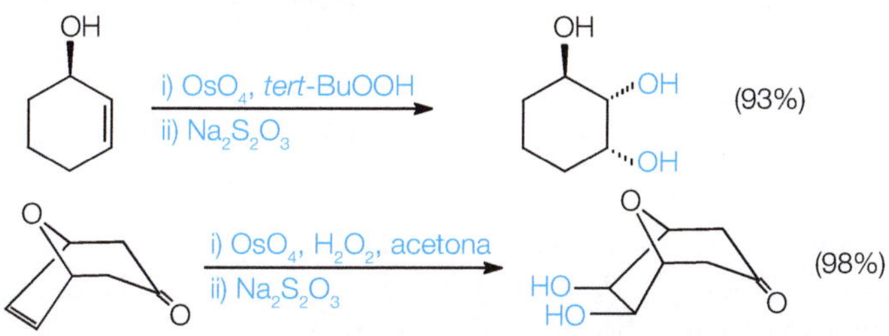

13 BARBOSA et al. (1999).

Teste 3.10

Escreva as fórmulas dos produtos obtidos pela reação dos alquenos listados a seguir com um perácido, seguido de tratamento posterior com solução aquosa diluída de ácido.

a) Pent-1-eno

b) ciclopenteno

c) *trans*-hex-3-eno

Ozonólise

Os alquenos podem também ser clivados pela oxidação com ozônio (O_3), reação esta denominada *ozonólise*. O ozônio ocorre em baixas concentrações na atmosfera, sendo produzido em laboratório por meio de uma descarga elétrica sobre o oxigênio. Ele é um forte oxidante, conforme se observa pelo potencial de redução da reação a seguir:

$$O_3 + 2H^+ + 2e^- \rightarrow O_2 + H_2O \quad E° = 2{,}070\ V$$

Várias estruturas de Lewis podem ser escritas para a molécula de ozônio.

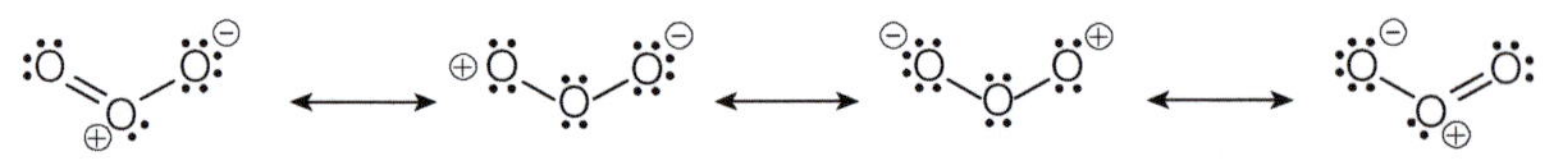

O que se observa é que essa molécula é dipolar, sendo facilmente adicionada à ligação dupla C=C, conforme ilustrado pelo mecanismo apresentado a seguir. Inicialmente ocorre a adição de O_3 à ligação dupla, formando um intermediário denominado *1,2,3-trioxolano*. Esse intermediário, por ser bastante instável, decompõe-se, gerando dois fragmentos que se combinam para formar o ozonídio.

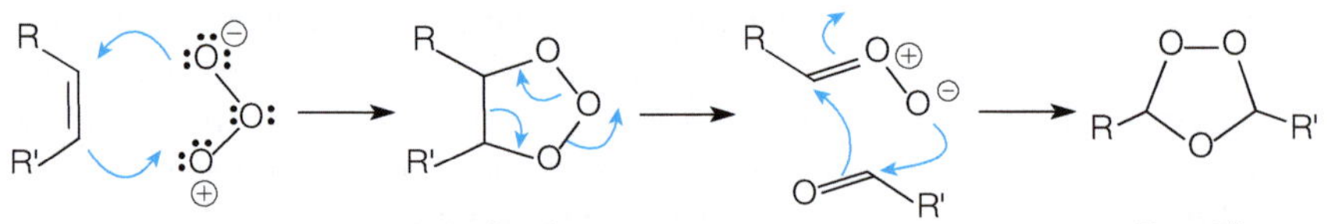

1,2,3-trioxolano Ozonídio

Essa etapa em geral é realizada borbulhando-se ozônio na solução do alqueno a baixas temperaturas (normalmente −78 °C). Os solventes devem ser inertes nas condições reacionais. Em geral utiliza-se etanol, metanol, diclorometano, acetato de etila ou hexano. Os ozonídios costumam ser bastante instáveis e até mesmo explosivos, não devendo, portanto, ser isolados.

A etapa seguinte envolve a remoção do excesso de ozônio, borbulhando-se nitrogênio na solução e em seguida tratando-a com um agente redutor, como Zn, Ph_3P ou Me_2S, o que leva à formação de aldeídos e cetonas. Os redutores são convertidos em ZnO, Ph_3PO e Me_2SO.

$$CH_3[CH_2]_5CH{=}CH_2 \xrightarrow[\text{ii) } Me_2S]{\text{i) } O_3\text{, MeOH, } -60\ °C} CH_3[CH_2]_5CHO + CH_2O + Me_2SO$$

$$(CH_3)_2CH[CH_2]_3CH{=}CH_2 \xrightarrow[\text{ii) Zn, AcOH}]{\text{i) } O_3\text{, MeOH, } -60\ °C} (CH_3)_2CH[CH_2]_3CHO + CH_2O + ZnO$$

O tratamento do ozonídio com $NaBH_4$ leva à formação de álcoois. Por outro lado, a elaboração da reação com agente oxidante (H_2O_2) resulta na transformação do ozonídio em ácidos carboxílicos.

Um exemplo de aplicação industrial da reação de ozonólise é a clivagem do ácido petrosselínico, extraído do coentro e de muitas outras plantas da família *Umbeliferae*, levando à produção de ácido láurico e ácido adípico. O ácido láurico é utilizado na produção de detergentes, e o ácido adípico, no preparo do náilon, um importante polímero sintético cuja produção anual ultrapassa 2,2 milhões de toneladas.

$$\underset{\text{Ácido petrosselínico}}{CH_3[CH_2]_{10}CH{=}CH[CH_2]_4COOH} \xrightarrow[\text{ii) } H_2O_2]{\text{i) } O_3} \underset{\text{Ácido láurico}}{CH_3[CH_2]_{10}COOH} + \underset{\text{Ácido adípico}}{HOOC[CH_2]_4COOH}$$

Ozonídios e malária

A Organização Mundial da Saúde (OMS) estima que ocorram 280 milhões de casos de malária a cada ano, causando aproximadamente 2 milhões de mortes. Embora existam no mercado várias drogas para o tratamento e a prevenção da malária, há parasitas resistentes a elas. Daí a necessidade de desenvolvimento de compostos com novos modos de ação. Extratos da planta *Artemisia annua* têm sido utilizados na China, por mais de 2 mil anos, no tratamento de vários tipos de febre, incluindo a febre malárica. O principal constituinte ativo dessa planta foi isolado e identificado em 1971, sendo denominado artemisinina (A). No momento, análogos desse composto têm sido utilizados no tratamento da malária.

Visando preparar novos compostos com atividade antimalárica, foram sintetizados diversos ozonídios estáveis (B).[14] Esses compostos foram submetidos a testes para avaliação de suas atividades antimaláricas contra uma linhagem de *Plasmodium falciparum*, originária da Tailândia e resistente à cloroquina, uma droga largamente utilizada no combate a essa doença. Vários desses compostos foram ativos contra o parasita testado e apresentaram IC_{50} = 2 a 20 $\mu g\ cm^{-3}$.

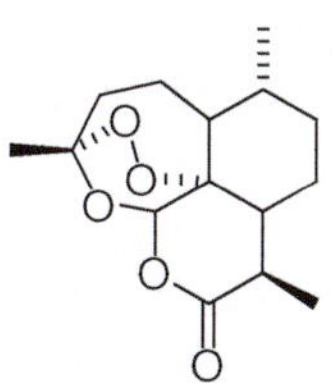

(A) Artemisinina

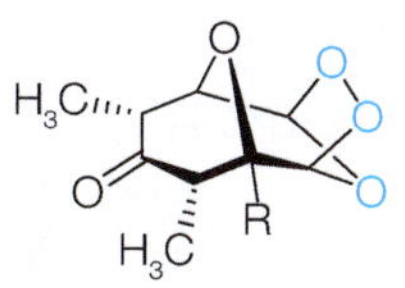

(B) R = H, grupos alquila

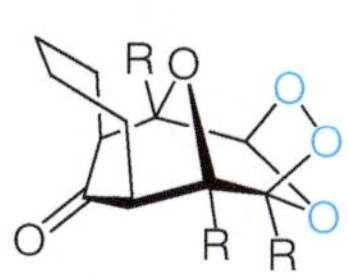

(C) R = H, grupos alquila

Em um trabalho mais recente o grupo de pesquisa do Laboratório de Análise e Síntese de Agroquímicos do Departamento de Química da UFV expandiu o trabalho com ozonídios e apresentou o primeiro relato na literatura sobre a atividade fitotóxica de compostos do tipo (B) e (C).[15]

Teste 3.11

Escreva as fórmulas estruturais dos alquenos que deram origem aos compostos B e C apresentados anteriormente.

[14] BARBOSA et al. (1996).

[15] BARBOSA et al. (2009).

Substituição em carbono alílico

Os alquenos podem também sofrer reações de substituição no carbono alílico (aquele ligado a qualquer um dos carbonos da ligação dupla), conforme descoberto em 1942 pelo químico alemão Karl Ziegler, ao realizar a seguinte reação:

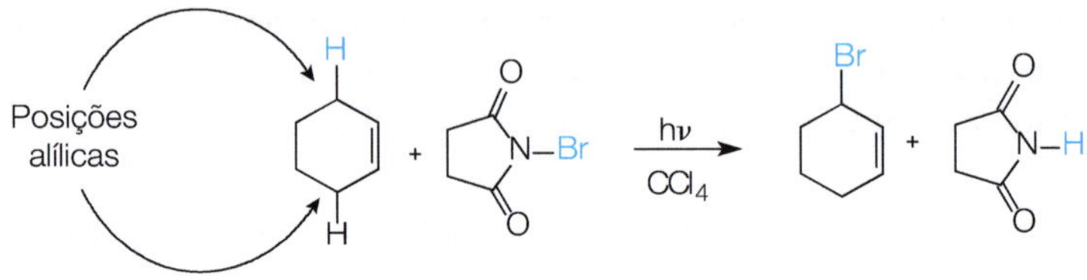

A *N*-bromosuccinimida (NBS), utilizada nessa reação, é altamente seletiva ao ataque de posições alílicas e benzílicas (Capítulo 5). Esse reagente requer a presença de um iniciador radicalar (ROOR) e, de modo geral, atua proporcionando ao meio reacional uma concentração constante e baixa de Br_2. Normalmente, a NBS possui pequenas quantidades de Br_2 ou HBr que reagem com o radical inicialmente gerado (RO·) para formar o radical Br. Os iniciadores radicalares mais comuns são o peróxido de benzoíla e o azo-bis (isobutironitrila) (AIBN). O AIBN ao ser aquecido decompõe-se em nitrogênio e radicais 2-cianoprop-2-ila.

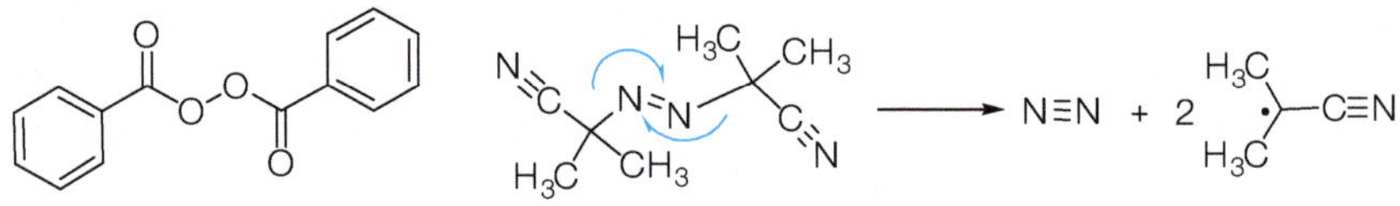

Peróxido de benzoíla AIBN

O AIBN é mais seguro que o peróxido de benzoíla em virtude de menor risco de explosão com seu uso, embora ele seja considerado um sólido inflamável. O AIBN é solúvel em metanol e etanol, e insolúvel em água.

O mecanismo completo para essa reação é mostrado a seguir:

1) RO–OR $\longrightarrow$ 2RO·

2) Br_2 ou HBr $\longrightarrow$ ROBr ou ROH + Br·

3) 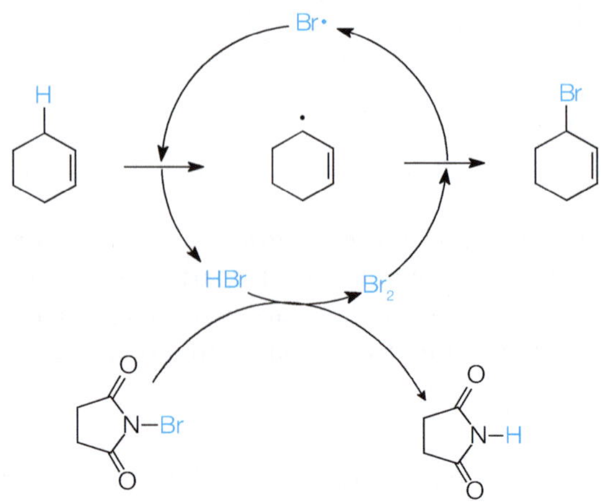

Uma característica importante dessa reação é sua regiosseletividade, ou seja, a halogenação ocorre quase exclusivamente na posição próxima à ligação dupla, sendo raramente observada a formação de produto resultante da halogenação em qualquer outra posição.

Isso se deve ao fato de a ligação C–H alílica ser mais fraca que as outras e o radical alílico ser mais estável que os radicais alquil e vinil (Figura 3.4).

A estabilidade adicional do radical alílico em relação ao radical alquil é devida à ressonância daquele com a ligação dupla.

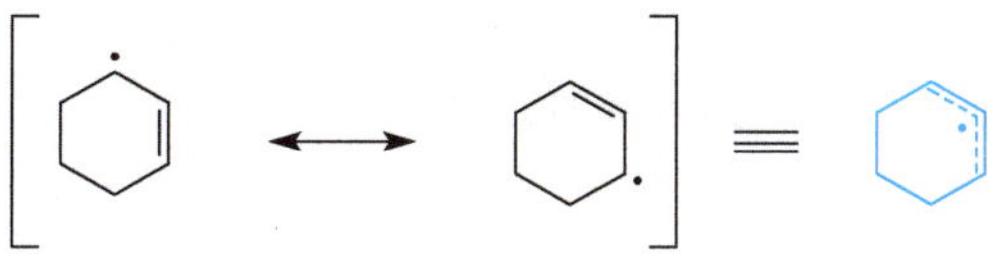

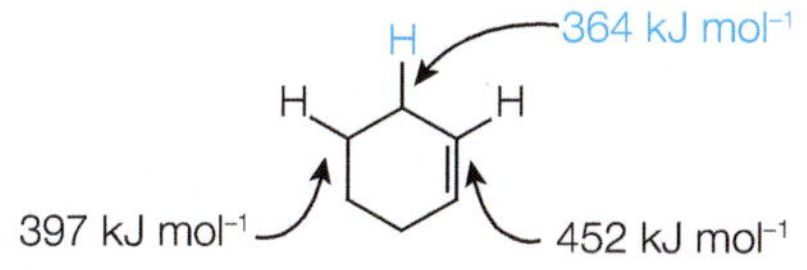

Figura 3.4 Energia de dissociação de várias ligações C–H no cicloexeno.

Vale lembrar que um dos postulados mais importantes da teoria de ressonância estabelece que, quanto maior o número possível de estruturas de ressonância, maior será a estabilidade do composto ou da espécie reativa.

Um exemplo de reação que envolve a formação de radicais alílicos é a oxidação de ácidos ou ésteres graxos insaturados, que resulta na formação de diversos compostos voláteis de odor desagradável. Esse processo ocorre em alimentos ricos em gorduras e é denominado *rancificação*, podendo ser ou não catalisado por enzimas. Embora a rancificação seja um processo complexo, a oxidação do ácido linoleico é apresentada, apenas como exemplo, de forma simplificada, na Figura 3.5.

Conforme ilustrado na Figura 3.5, o oxigênio abstrai um átomo de hidrogênio do grupo CH_2, em destaque azul, compreendido entre as duas ligações duplas, formando um radical alílico e um radical hidroperóxido (·OOH). O radical rearranja-se, combinando-se com a espécie ·OOH, o que resulta na formação do hidroperóxido. O hidroperóxido perde um grupo ·OH, formando o radical alcóxido, que se decompõe e dá origem a diversos produtos oxigenados (aldeídos, cetonas etc.). No exemplo apresentado, o ácido graxo é convertido nos aldeídos non-2-enal e deca-2,4-dienal.

O óleo de soja é suscetível ao processo de degradação oxidativa catalisado pela enzima lipoxigenase. Entre os compostos dessa degradação que conferem o *flavour* desagradável a alguns produtos derivados da soja estão: *cis*-hex-3-enal, butanodiona, pentano-2,3-diona e penta-2,4-dienal.

Teste 3.12

Escreva a fórmula estrutural dos produtos principais que devem ser formados pela reação do ácido oleico com NBS na presença de AIBN. Escreva as estruturas dos radicais formados como intermediários em cada caso.

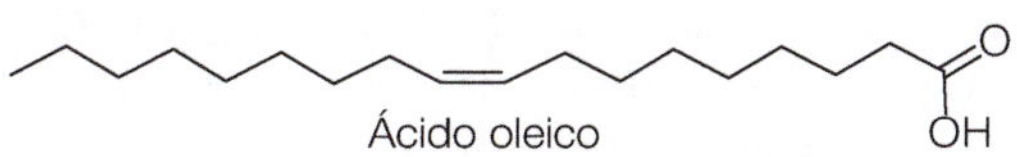

Ácido oleico

Polimerização e polímeros

Polímeros são compostos de elevada massa molecular, formados por unidades que se repetem, chamadas *monômeros*. A reação que resulta na formação de polímeros é denominada *polimerização*.

Quando uma única unidade se repete, o produto é denominado *homopolímero*. Quando mais de um tipo de unidade entra na constituição do polímero, ele é denominado *copolímero*. Na Figura 3.6 são representadas fórmulas genéricas de um homopolímero e de um copolímero. Na fórmula simplificada, a letra *n* representa o número de vezes que a unidade se repete.

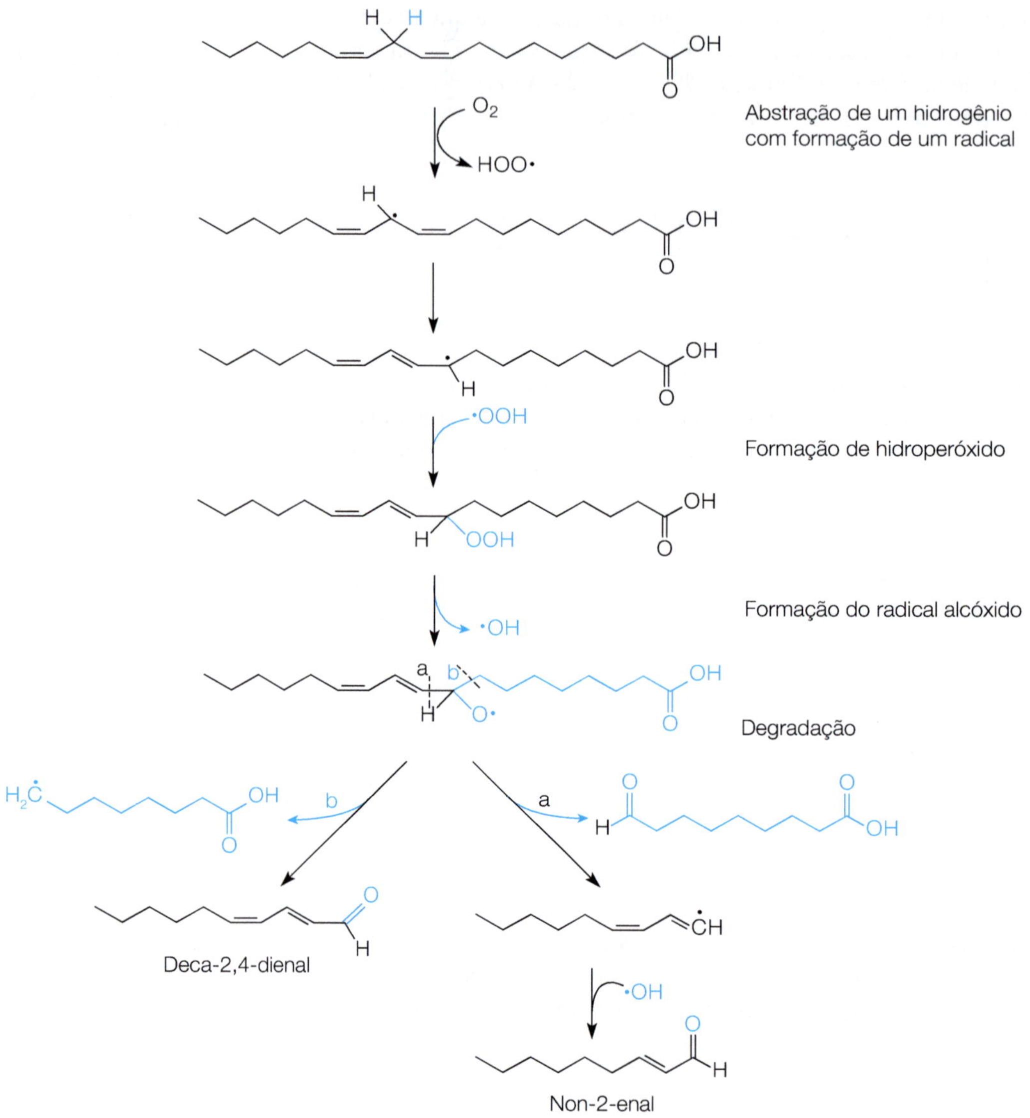

Figura 3.5 Mecanismo da degradação oxidativa parcial do ácido linoleico.

No caso de polímeros sintéticos, *n* é variável, ou seja, as moléculas não possuem a mesma massa molar.

A palavra *polímero* deriva do grego *poly*, que significa 'muito', e *meros*, 'partes'. Muitos compostos naturais como a celulose, as proteínas, o amido etc. são polímeros. Apesar de o homem fazer uso desses polímeros naturais há milênios, foi no século passado, particularmente na segunda metade, que o uso de polímeros sintéticos expandiu-se enormemente. Em muitos casos,

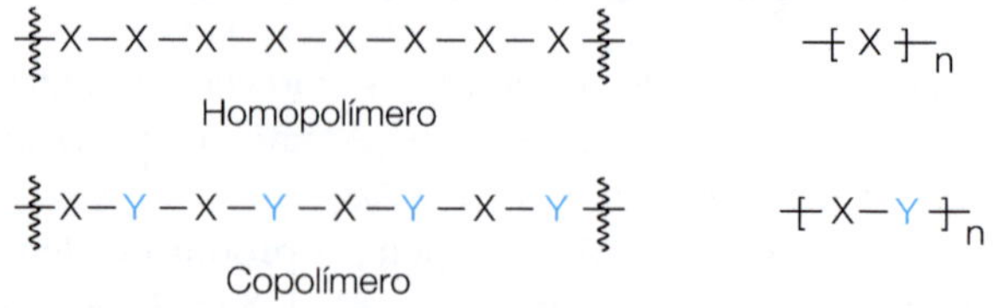

Figura 3.6 Representação das fórmulas de um homopolímero e de um copolímero. Nas ilustrações à direita a letra *n* representa o número de vezes que a unidade se repete.

esses novos materiais passaram a substituir a madeira, a pedra, o vidro, o couro e os metais na confecção de utensílios diversos. Assim como a humanidade passou pela Idade da Pedra, do Bronze e do Ferro, podemos dizer que estamos vivendo na Idade dos Plásticos.

Nesse ponto vale ressaltar que a palavra *plástico*, utilizada para caracterizar materiais poliméricos, deriva do grego *plastikos* e significa 'aquilo que pode ser moldado'. Assim, nos dias de hoje, a palavra *plástico* passou a ser utilizada para designar qualquer material que pode ser moldado em utensílios como baldes, bacias, copos, filmes finos, fibras etc.

Por outro lado, conforme já mencionamos, a palavra *polímero* tem um significado bem claro, relacionado à estrutura molecular do material.

Outro aspecto que merece esclarecimento é o processo de polimerização em si, que pode ser classificado em polimerização por condensação e por adição. Os polímeros resultantes em cada caso são denominados, respectivamente, *polímeros de condensação* e *polímeros de adição*.

Na polimerização denominada por condensação, durante a reação ocorre a liberação de moléculas pequenas como água ou algum álcool. Essa denominação provavelmente se deve às observações feitas pelos químicos que primeiro realizaram esse tipo de transformação e observaram a condensação de gotas de líquidos nas paredes dos frascos reacionais. Esse é o tipo de polimerização envolvida na fabricação da baquelite (Capítulo 9), do náilon (Capítulo 11), das proteínas e da celulose.

Na polimerização por adição, a reação entre os monômeros ocorre sem a liberação de moléculas de massa molecular baixa, conforme ilustraremos para o caso envolvendo os alquenos.

Quanto às propriedades, os polímeros são classificados em *termoplásticos* e *termorrígidos*. Os primeiros, quando aquecidos, tornam-se macios, podendo ser moldados. Quando são resfriados, voltam a endurecer, mantendo a nova forma. Os termorrígidos podem ser moldados assim que são preparados, mas, uma vez endurecidos, sob novo aquecimento, não ficam macios, podendo se decompor se a temperatura for elevada. É o caso da baquelite, utilizada para a fabricação de cabos de panela, por exemplo.

Existem também os denominados *elastômeros* — polímeros que podem ser estirados, mas retornam à forma original rapidamente. É o caso da borracha.

Mecanismos da polimerização dos alquenos

Os alquenos podem ser polimerizados por diversos métodos, sendo o produto resultante denominado *polímero de adição*. Neste trabalho, será feita uma breve discussão sobre os métodos de polimerização catiônica e radicalar.

O etileno, o alqueno mais simples, foi primeiro polimerizado acidentalmente em 1935, quando químicos ingleses submeteram uma mistura dele com benzaldeído (Capítulo 12) a 1.900 atm de pressão, a 17 °C. Após 15 meses de tentativas frustradas de realizar a reação entre os dois compostos, os químicos perceberam a formação de 8 gramas de um sólido branco no reator. Analisando a composição desse sólido, perceberam que haviam sintetizado um polímero do etileno. Três anos mais tarde, a empresa para a qual trabalhavam (ICI) percebeu que o produto poderia ter valor comercial. O processo foi posteriormente desenvolvido, e a produção de polietileno passou a ser realizada em escala industrial, sendo o gás submetido a 900 atm e 200 °C. O produto assim obtido possuía massa molecular média de 27.000 u. Como naquela época a indústria petroquímica era pouco desenvolvida, o etileno era obtido pela desidratação do etanol, com ácido fosfórico. Hoje, conforme mencionado, o etileno é obtido por pirólise de alcanos. No final da década de 1930 e na década de 1940, praticamente toda a produção de polietileno passou a ser feita sob encomenda dos exércitos ingleses e franceses, que o utilizavam para a fabricação de velas, usadas nas trincheiras pelos franceses, e como isolante elétrico para os cabos de radares.

A produção desse polímero saltou de 8 gramas acidentalmente produzidos em 1935 para mais de 4 mil toneladas por ano a partir de 1946.

Após 1950, com o estabelecimento da nova ordem mundial e a diminuição da demanda dos exércitos, a empresa ICI passou a produzir diversos utensílios, como bacias, garrafas, baldes, sacolas, filmes etc. com esse material.

O mecanismo proposto para essa polimerização é apresentado na Figura 3.7.

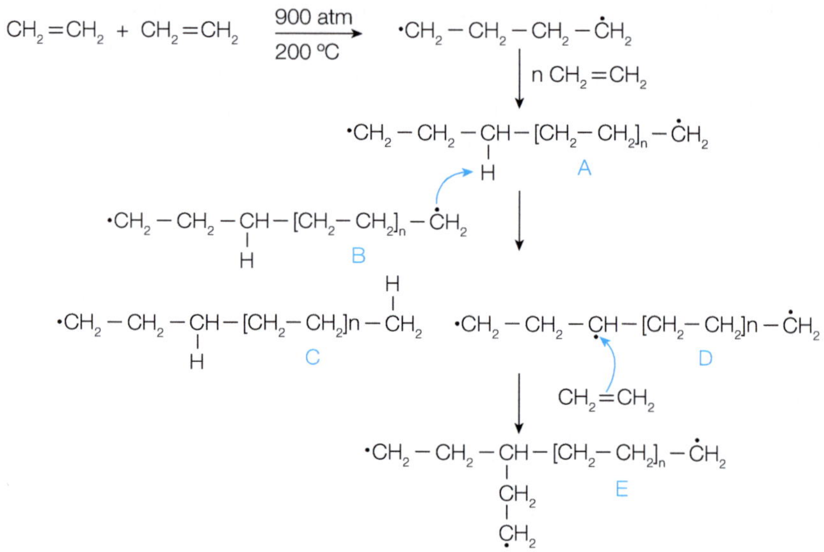

Figura 3.7 Mecanismo proposto para a polimerização do etileno a altas temperatura e pressão. A etapa inicial é catalisada pelo oxigênio.

Karl Ziegler (1889-1973): químico alemão nascido em Helsa. Doutor pela Universidade de Marburg (1923). Foi professor da Universidade de Heidelberg e diretor do Kaiser Wilhelm Intitute. Recebeu o Prêmio Nobel de Química em 1963 por seus trabalhos sobre polimerização.

Giulio Natta (1903-1979): nasceu em Imperia, Itália. Formado em Engenharia Química no Instituto Politécnico de Milão (1924). Foi professor de diversas universidades italianas, incluindo a Universidade de Roma. Em 1963, dividiu o Prêmio Nobel de Química com K. Ziegler.

Inicialmente, sob altas temperatura e pressão, 2 moléculas de etileno se combinam formando um birradical. Nos experimentos iniciais, os químicos haviam descoberto que o início da polimerização é catalisado pelo oxigênio. O radical inicialmente formado se combina com outras moléculas de etileno formando o polímero A, também um birradical. Durante o processo, um radical B pode abstrair um átomo de hidrogênio da cadeia de A, por exemplo, gerando as espécies C e D. O novo radical D gerado pode reagir com outras moléculas de etileno, dando origem a um polímero ramificado. Esses radicais finalmente abstraem átomos de hidrogênio uns dos outros, levando ao término da cadeia. O resultado desse processo é um polímero ramificado, denominado *polietileno de baixa densidade*.

Na década de 1950, o químico alemão **Karl Ziegler** e o italiano **Giulio Natta** desenvolveram um catalisador que permite o preparo de polímeros de cadeias lineares de etileno, propeno e outros alquenos. Esse catalisador, denominado catalisador Ziegler-Natta, é formado por $Al(CH_2CH_3)_3/TiCl_4$. O mecanismo detalhado de atuação do catalisador não é conhecido, mas sabe-se que envolve um processo iônico e não radicalar. O polímero do etileno é conhecido como *polietileno de alta densidade*.

Essa e outras descobertas levaram ao desenvolvimento de vários catalisadores para a polimerização de alquenos. Apresentaremos a seguir os mecanismos gerais para as reações de polimerização radicalar e catiônica.

Polimerização por radicais

A polimerização iniciada por radicais ocorre facilmente com alquenos que possuem ligações duplas pouco substituídas, como o etileno e o but-1-eno. A reação ocorre tratando-se o alqueno com quantidade catalítica de um peróxido (RO–OR), o qual se decompõe sob aquecimento e forma radicais RO·, que iniciam o processo de polimerização. O mecanismo dessa reação envolve várias etapas no caso específico da formação do polietileno, conforme mostra o esquema a seguir:

$$RO-OR \longrightarrow 2RO\cdot$$

$$RO\cdot + CH_2{=}CH_2 \longrightarrow RO-CH_2-\dot{C}H_2$$

$$RO-CH_2-\dot{C}H_2 + n\ CH_2{=}CH_2 \longrightarrow RO[CH_2-CH_2]_nCH_2\dot{C}H_2$$

$$2\ RO[CH_2-CH_2]_nCH_2\dot{C}H_2 \longrightarrow RO[CH_2-CH_2]_{n+2}OR$$

$$RO[CH_2-CH_2]_nCH_2\dot{C}H_2 + RO\cdot \longrightarrow RO[CH_2-CH_2]_nCH_2CH_2OR$$

$$RO[CH_2-CH_2]_nCH_2\dot{C}H_2 + R\cdot \longrightarrow RO[CH_2-CH_2]_nCH{=}CH_2 + RH$$

Após a decomposição do peróxido (etapa de iniciação), os radicais RO adicionam-se ao alqueno, formando um novo radical alquila. Esse radical, por sua vez, reage com outras moléculas de alqueno, originando um radical polimérico (etapas de propagação). O término da elongação da cadeia envolve qualquer reação que resulte na destruição desses radicais alquila. Isso pode ocorrer pela reação entre dois radicais quaisquer, ou pela abstração, por um radical alquila, de um átomo de hidrogênio (H·) do carbono vizinho ao carbono radicalar, resultando na formação de um alqueno (etapas de término).

Polimerização catiônica

Conforme já discutido, uma das reações mais características dos alquenos é a adição eletrofílica, que envolve o ataque inicial de um eletrófilo pelo par de elétrons da ligação dupla, resultando na formação de um carbocátion. A polimerização ocorre se o próprio alqueno for o melhor nucleófilo disponível nas condições reacionais. O crescimento da cadeia polimérica é interrompido quando ocorre a perda de um próton de um carbono vizinho ao carbocátion ou quando ocorre a reação de um ânion ao carbono positivo, conforme ilustrado a seguir:

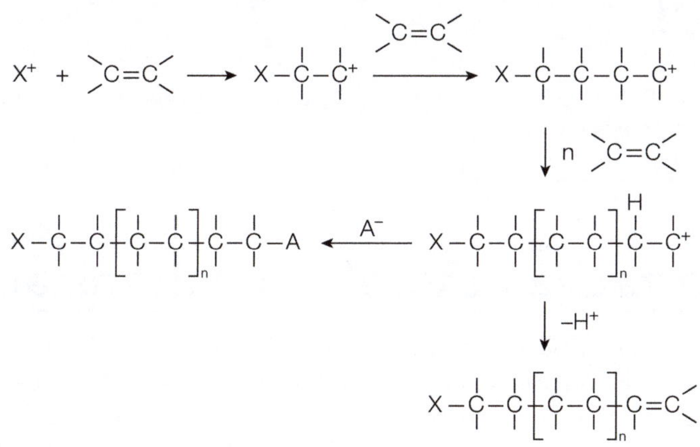

Alguns catalisadores comumente utilizados para induzir a polimerização catiônica de alquenos são: H_2SO_4, BF_3, HF.

A polimerização catiônica somente ocorre com sucesso em alquenos que possuem grupos doadores de elétrons ligados aos carbonos da ligação dupla, uma vez que nesses casos o carbocátion formado será estável o suficiente para reagir com outra molécula de alqueno. Dessa forma, o etileno não é facilmente polimerizado por esse método, ao passo que o metilpropeno se polimeriza facilmente na presença de um catalisador ácido. O polímero resultante é macio, semelhante à borracha, sendo utilizado no fabrico de adesivos.

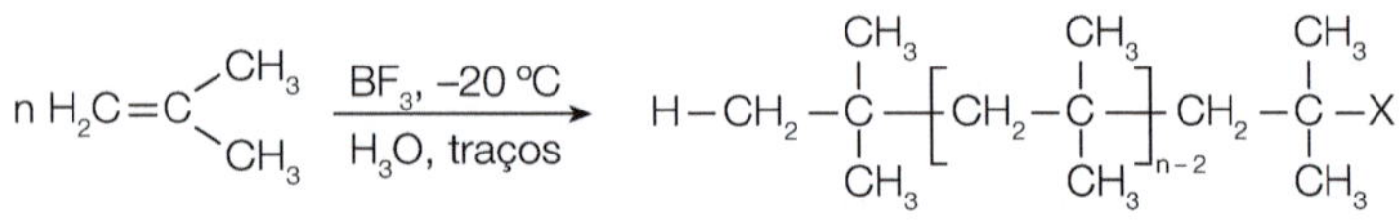

Vários exemplos de polímeros sintéticos derivados de alquenos e suas principais aplicações são apresentados no Quadro 3.2.

Quadro 3.2 Alguns polímeros de adição e suas aplicações

Polímero	Nome	Propriedades e aplicações
$-[CH_2-CH_2]_n-$	Polietileno de alta densidade	É composto de cadeias longas, não ramificadas, com massa molecular de aproximadamente 1.000.000 u, sendo utilizado na fabricação de objetos rígidos, como mamadeiras, bacias, brinquedos, embalagens etc.
$-[CH_2-CH_2]_n-$	Polietileno de baixa	É formado por cadeias ramificadas com densidade aproximadamente 30.000 u, sendo utilizado no fabrico de sacos plásticos para embalar alimentos e lixo, fitas adesivas etc.
$-[CF_2-CF_2]_n-$	Teflon	É muito resistente a ácidos e bases, sendo amplamente utilizado no revestimento de utensílios domésticos, como panelas, frigideiras etc.
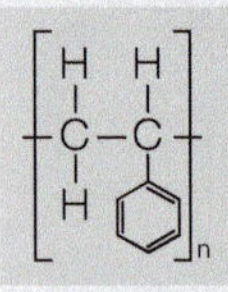	Poliestireno	Possui boas propriedades isolantes, sendo utilizado na fabricação de copos e pratos descartáveis, canetas e estruturas para rádio e televisão.
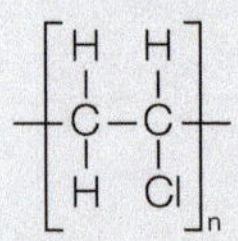	Poli (cloreto de vinila) ou PVC	É utilizado na fabricação dos mais diversos utensílios como mangueiras, cortinas, tapetes para automóveis, cartões magnéticos, fitas adesivas etc. O principal uso é na fabricação de canos e mangueiras.
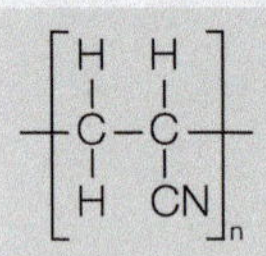	Poliacrilonitrila, orlon	A poliacrilonitrila é conhecida por 'acrílico' e pode ser transformada em fibras que entram na composição de diversos tecidos, sendo até mesmo misturada à lã.
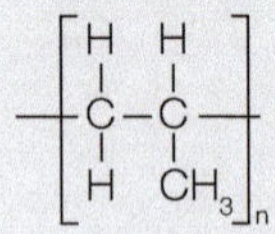	Polipropeno	Utilizado no fabrico de fibras para tapetes e carpetes, peças de automóvel etc.

A borracha natural e a vulcanização

A história da borracha natural teve início no século XVI quando os exploradores espanhóis observaram índios sul-americanos brincando com bolas feitas de um látex extraído de uma árvore local. Como os índios denominavam o látex de *hevea*, a planta de qual ele era extraído foi chamada *Hevea brasiliensis*, popularmente conhecida por seringueira. Essa goma foi levada para a Europa, mas encontrou pouco uso. Inicialmente era utilizada para apagar riscos de lápis e, posteriormente, na Inglaterra, para fazer capas de chuva e botas. Essas botas eram exportadas para os Estados Unidos, mas, logo na década de 1830, os norte-americanos começaram a se incomodar com o fato de as botas ficarem rígidas no rigoroso inverno e muito moles durante o verão.

Do ponto de vista estrutural, hoje sabemos que essa borracha natural é um polímero do isopreno, conforme ilustrado a seguir. Todas as ligações duplas possuem geometria *Z*.

Isopreno

Borracha natural
duplas *Z*

O problema ocorrido com as botas despertou o interesse do inventor norte-americano Charles Goodyear em tentar melhorar as propriedades da borracha. Após anos de trabalho, Goodyear descobriu, em 1839, o que hoje se conhece como *processo de vulcanização*. Ao limpar o forno onde acidentalmente derramara enxofre sobre um látex aquecido, ele observou que a borracha não se apresentava pegajosa e havia-se tornado muito mais elástica. Posteriormente foi demonstrado que o enxofre se adiciona às ligações duplas, formando pontes entre as cadeias poliméricas. O material obtido, mais resistente e podendo ser esticado reversivelmente, foi denominado *elastômero*.

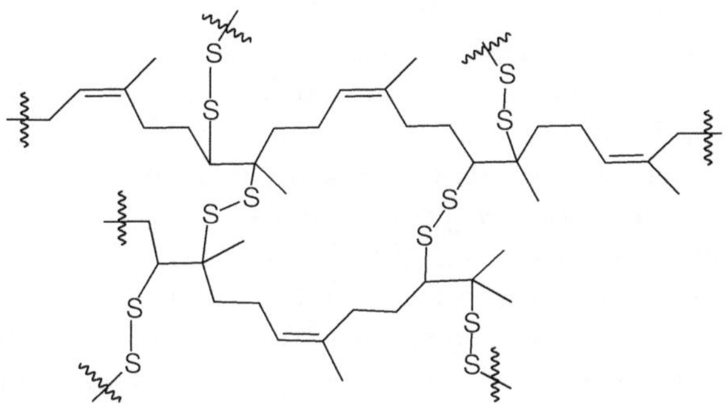

Goodyear realizou então vários experimentos, determinando a temperatura, o tempo e a quantidade de enxofre ideais para obter borrachas com as propriedades desejadas. Após cinco anos de sua descoberta, Goodyear recebeu a patente pelo processo, que foi denominado *vulcanização*, em homenagem a Vulcano, deus do fogo, de acordo com a mitologia romana.

Apesar de o processo de vulcanização ter tido enorme impacto sobre o desenvolvimento da indústria da borracha, Goodyear não desfrutou o lucro de sua descoberta. Assim como o pai, um inventor e comerciante malsucedido, Goodyear também não tinha aptidões para negócios, chegando a ser preso várias vezes, uma delas após vender para o governo norte-americano uma grande quantidade de malas que deveriam ser impermeabilizadas com borracha. As malas se tornaram grudentas, não atendendo às especificações requeridas pelo governo. Depois de muitos negócios frustrados, Goodyear morreu em 1860, deixando sua esposa e seus seis filhos com uma dívida de US$ 200 mil.

Terpenos e óleos essenciais

Os compostos produzidos pelas plantas e por outros organismos vivos são classificados em razão da rota metabólica por meio da qual eles são formados, e não dos grupos funcionais que eles apresentam. Os *terpenos* constituem uma dessas classes de compostos, ressaltando-se que a maioria de seus representantes apresenta uma ou mais ligações duplas. Os terpenos podem também possuir funções oxigenadas, como álcoois, éteres, aldeídos, cetonas, lactonas etc., conforme ilustrado nos exemplos a seguir (Figura 3.8):

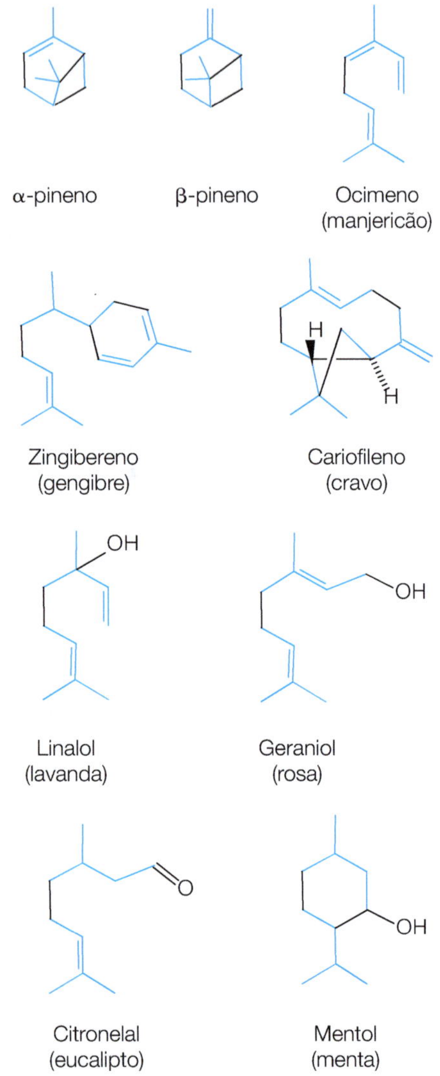

Figura 3.8 Exemplos de terpenos com as unidades C5 em destaque azul.

Os terpenos são biossintetizados a partir do isopentenilpirofosfato (IPP), obtido do ácido mevalônico.

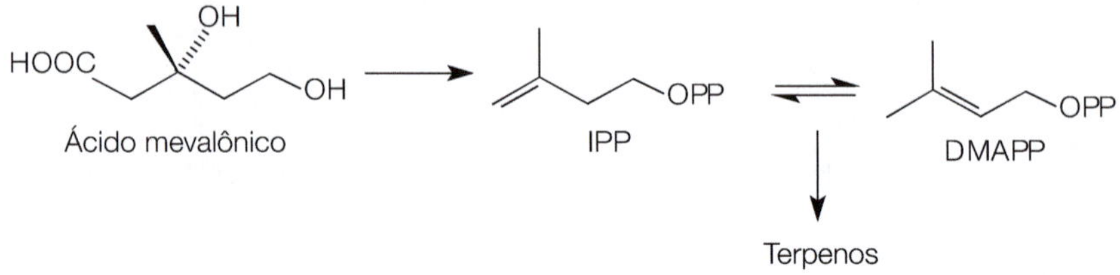

O IPP é isomerizado a dimetilalilpirofosfato (DMAPP). Diversas unidades de IPP e DMAPP combinam-se, dando origem a compostos que possuem número de átomos de carbono igual a um múltiplo de cinco, considerando-se que a unidade que se repete apresenta o esqueleto igual ao do isopreno:

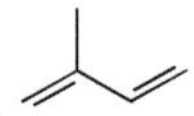

Isopreno
unidade básica (C_5) dos terpenos

Os terpenos são classificados de acordo com o número de unidades de isopreno que os constituem, da seguinte forma: *monoterpenos*, duas unidades de isopreno (C10, possui 10 carbonos); *sesquiterpenos*, três unidades (C15); *diterpenos*, quatro unidades (C20); *sesterterpenos*, cinco unidades (C25); *triterpenos*, seis unidades (C30); *tetraterpenos*, oito unidades (40).

Essas unidades (C5) se unem, conforme ilustrado em azul para o pineno, ocimeno e zingibereno, formando estruturas em cadeia aberta ou cíclica.

Os monoterpenos e sesquiterpenos são os principais constituintes de muitos óleos essenciais derivados de folhas, flores e frutos de diversas plantas. Muitos são utilizados em perfumaria, como o óleo de lavanda, extraído das flores de *Lavandula vera*, cujos principais constituintes são o linalol e seu acetato; e o óleo das pétalas de rosa, obtido por destilação, que contém geraniol e citronelol.

O mentol é o principal constituinte do óleo essencial de *Mentha viridis*, e o citronelal, o responsável pelo odor característico da essência de eucalipto.

Os terpenos também apresentam um papel ecológico importante, sendo responsáveis por diversas interações entre plantas, insetos e outros organismos.

Teste 3.13

Para os compostos listados a seguir, que são terpenos, classifique-os como monoterpeno, sesquiterpeno, diterpeno ou triterpeno. Em cada caso, identifique as unidades isopreno.

a) 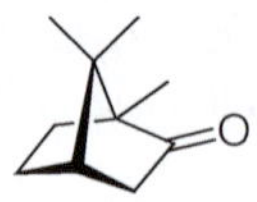

(–)-cânfora

c) 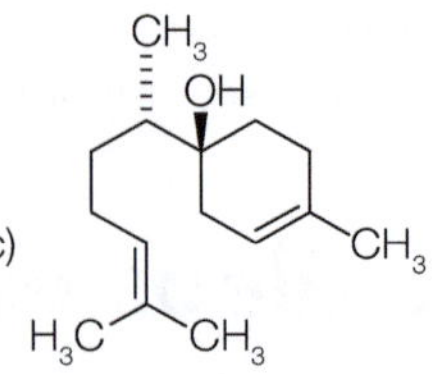

(+)-β-bisabolol

b) 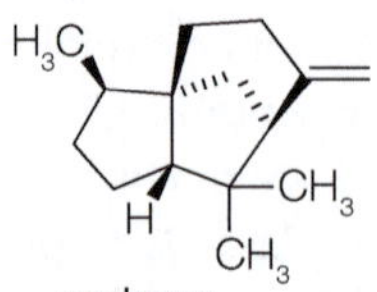

cedreno

d) 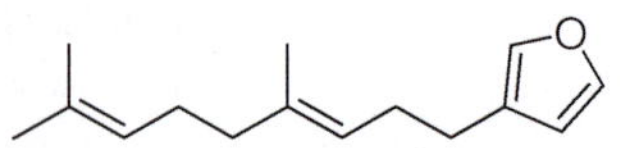

dendrolasina

Comunicação química[16]

A comunicação química ocorre entre indivíduos da mesma espécie e de espécies diferentes, sendo os compostos envolvidos genericamente denominados *semioquímicos*. Essa palavra deriva do grego *semion*, que significa 'sinal'. Assim, o termo *semioquímico* significa 'sinal químico'. Esse termo possui um amplo significado e inclui não apenas as substâncias químicas que transportam informações entre indivíduos, mas também as toxinas. Existem vários termos para descrever classes específicas de semioquímicos, como, por exemplo, a palavra *aleloquímico*, utilizada para compostos mediadores de interação entre indivíduos de espécies diferentes.

A compreensão dos mecanismos de comunicação entre as diferentes espécies não apenas constitui um fascinante campo da pesquisa, como pode também resultar no desenvolvimento de estratégias mais eficazes para o controle de pragas, doenças e plantas daninhas.

Pesquisas recentes têm mostrado que muitas plantas, quando submetidas a ataques por insetos herbívoros ou por fungos e bactérias, produzem compostos que são utilizados, de alguma forma, como defesa contra esses inimigos naturais. Um exemplo interessante desse mecanismo de defesa é apresentado de forma resumida na Figura 3.9.

Neste caso, plantas de milho (*Zea mays*), quando atacadas por lagartas herbívoras da espécie *Spodoptera exigua*, emitem um sinal químico que atrai fêmeas da vespa *Cotesia marginiventris*, um predador natural das lagartas. O mecanismo envolvido nessa comunicação começa com as lagartas alimentando-se das folhas das plantas. Na saliva desses insetos existe um composto denominado *volicitina*, que, em contato com a planta, induz a produção de um derivado do ácido jasmônico. A formação desse composto desencadeia o processo de produção de uma mistura de compostos voláteis, que inclui o indol e vários terpenos. A vespa é então atraída para o local onde esses compostos são produzidos e lá encontra as lagartas, seu alimento

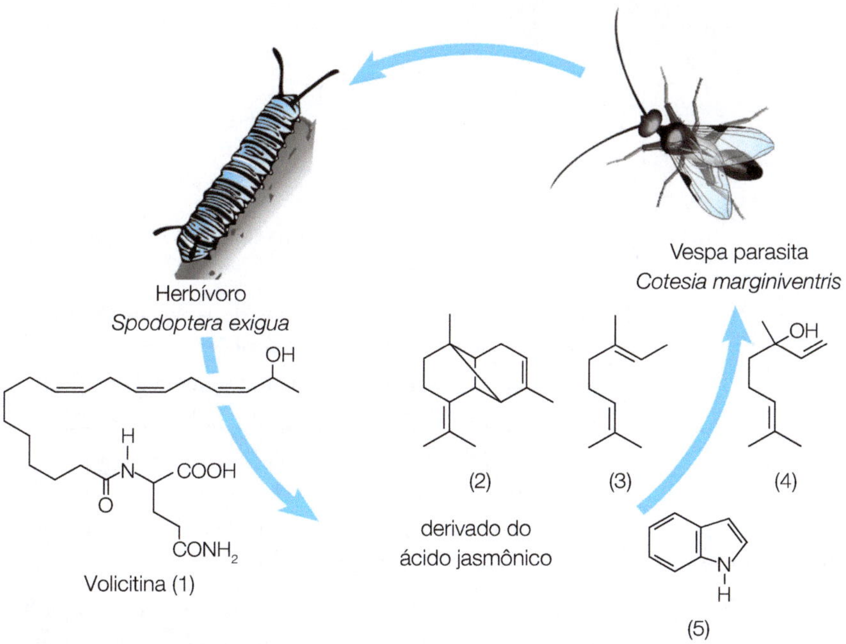

Figura 3.9 Sinais químicos envolvendo três níveis tróficos (milho, lagarta herbívora e vespa parasita da lagarta).

[16] Cf. BARBOSA (2004).

natural. Nesse sistema, verifica-se que a produção dos compostos atrativos para a vespa somente ocorre com a presença da volicitina, e não por qualquer outra injúria mecânica. Isso mostra que as plantas desenvolveram esse complexo mecanismo de defesa, de modo que os insetos predadores são capazes de distinguir os danos causados por meios mecânicos daqueles causados pelas lagartas, sua fonte de alimento.

Interações semelhantes têm sido relatadas para várias outras famílias de plantas, incluindo algodão (*Gossypium hirsutum*), feijão (*Phaseolus vulgaris*) e repolho (*Brassica oleraceae*). Em um trabalho recente, por exemplo, foi observado que plantas de algodão, quando atacadas pela lagarta *Spodoptera exigua*, também emitem diversos compostos que atraem o predador natural da lagarta. O interessante que os pesquisadores observaram é que nas variedades selvagens de algodão a quantidade de compostos voláteis produzida é maior que nas variedades cultivadas. Essa informação poderia vir a ser utilizada no desenvolvimento de novas metodologias de controle de pragas. Por exemplo, o cruzamento de variedades selvagens com alguma variedade cultivada poderia resultar na obtenção de uma nova variedade comercial, capaz de produzir maior quantidade de compostos voláteis atrativos para as vespas. Esses compostos, em maior quantidade, confeririam maior proteção às plantas, e com isso a quantidade de pesticidas utilizada para combater as lagartas poderia ser reduzida. A obtenção dessa nova variedade poderia também ser conseguida por meio de técnicas de engenharia genética.

Exercícios

1. Escreva a fórmula estrutural para cada um dos seguintes alquenos:

a) vinilcicloexano
b) (6*Z*)-2-metil-3-propilocta-2,6-dieno
c) aleno
d) 4-metilpenta-1,3-dieno
e) 3-metilpenta-1,2,4-trieno
f) isopreno
g) 3-cloroex-1-eno
h) 2,3-dimetilbut-2-eno
i) *trans*-3,4-dimetilciclobuteno
j) *cis*-3-metilcicloocteno
k) *trans*-cicloocteno
l) pent-1-eno
m) cicloexeno
n) *trans*-hex-3-eno
o) cloreto de alila
p) (*Z*)-1,2-dibromoeteno

2. Explique por que cada um dos seguintes nomes é incorreto.

a) 2-metilciclopenteno
b) *cis*-2-metilpent-3-eno
c) (*Z*)-but-1-eno
d) 6-clorocicloexeno
e) (*E*)-ciclopropeno
f) 3-metil-4-etilcicloexeno
g) 1-metilpent-1-eno
h) 4-cloroepta-3,4-dieno
i) *trans*-1,1-dicloropropeno

3. Dê os nomes sistemáticos dos seguintes compostos:

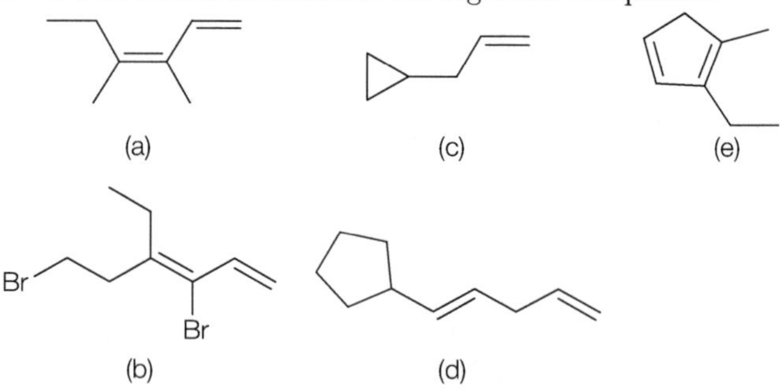

4. Forneça as fórmulas estruturais de todos os alquenos isoméricos de fórmula C_5H_{10}.

5. Forneça as fórmulas estruturais de todos os compostos que se ajustem às seguintes descrições:

a) compostos acíclicos de fórmula molecular C_4H_8;
b) compostos cíclicos de fórmula molecular C_5H_{10};
c) compostos de fórmula molecular C_6H_{12} cujos nomes terminem em *hexeno*;
d) compostos cíclicos com anéis de quatro membros de fórmula molecular $C_4H_6Cl_2$.

6. A estrutura a seguir representa um dos muitos alquenos encontrados no óleo essencial da alga *Dictyopteris prolifera*, comum no Japão.

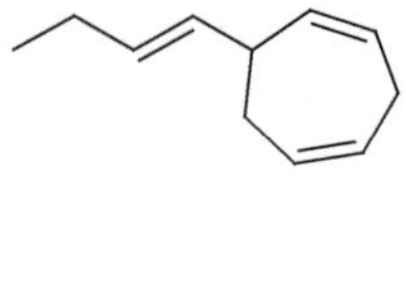

Responda:

a) Seu nome sistemático é: ______________________ ______________________.

b) Quando tratado com $3H_2/Pd$, produz um alcano cujo nome é: ______________________.

c) Forneça a estrutura de um produto da reação desse alqueno com 3 mol de Br_2.

7. Apresente as estruturas de cinco isômeros inertes ante a reação com $KMnO_4/H_2O$, para a fórmula C_5H_{10}.

8. Um alqueno forneceu como único produto de ozonólise a dicetona $CH_3COCH_2CH_2CH_2COCH_3$.

a) Dê a fórmula estrutural e o nome desse alqueno.

b) Qual é o produto da adição de Br_2 a esse alqueno?

9. O limoneno, um monoterpeno que ocorre em cascas de limão e laranja, tem a seguinte estrutura:

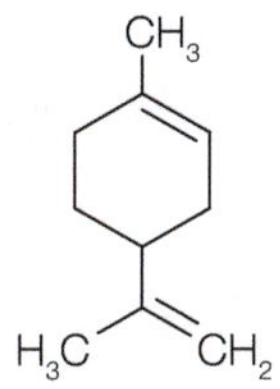

Limoneno

Dê o produto principal de cada uma das seguintes reações do limoneno com os reagentes indicados:

a) i) O_3/hexano; ii) Me_2S

b) $KMnO_4/H^+$ a quente

c) $HCl_{(g)}$

d) Br_2 em CCl_4

e) H_2O/H_2SO_4

f) H_2/10%Pd/C em metanol

g) i) OsO_4/H_2O_2; ii) $Na_2S_2O_3$

10. Um alqueno, quando tratado com Br_2/CCl_4, forneceu como único produto o 2,3,4,5-tetrabromo-2,5-dimetileptano. Qual é a estrutura e o nome desse alqueno?

11. Dê os produtos formados quando o 3-metilciclopenteno é tratado com os seguintes reagentes:

a) H_2/5%Pd–C em metanol

b) i) O_3 em hexano; ii) $NaBH_4$

c) i) O_3 em hexano; ii) H_2O_2

12. Justifique por que o 1-metilciclopentanol é o produto principal da seguinte reação:

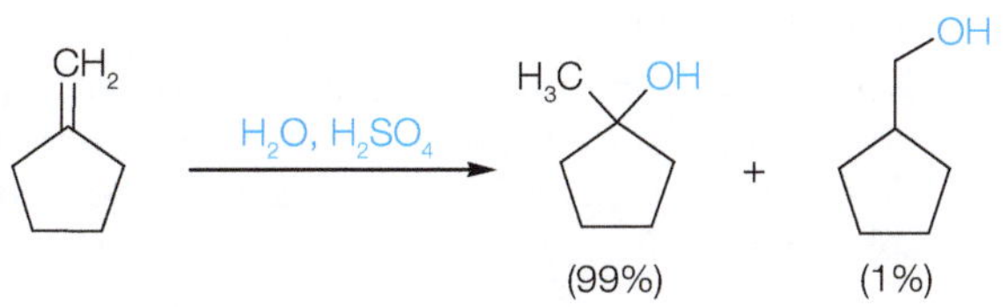

13. Escreva as fórmulas estruturais dos produtos da reação do 3-metilpent-1-eno com cada um dos reagentes dados a seguir. Quando mais de um produto (isômero constitucional) puder ser formado, indique qual deverá ser o principal.

a) $HBr_{(g)}$ na ausência de luz

b) Cl_2/H_2O

c) H_2O/H_2SO_4

d) H_2O/H_3PO_4

e) CH_3CO_3H

f) OsO_4/H_2O_2; $Na_2S_2O_3$

g) produto de e) com H_2O/H_2SO_4

h) Br_2/CCl_4

i) O_3 em hexano; $NaBH_4$

j) O_3 em CH_2Cl_2; Ph_3P

14. O 2,2,4-trimetilpentano, acrescentado à gasolina para melhorar suas propriedades, é preparado a partir do 2-metilpropeno. Mostre todas as etapas da síntese desse alcano. Escreva o mecanismo para a etapa de dimerização, apresentando as fórmulas dos dois alquenos isoméricos formados.

15. Um químico obteve as seguintes informações sobre um alqueno de estrutura desconhecida:

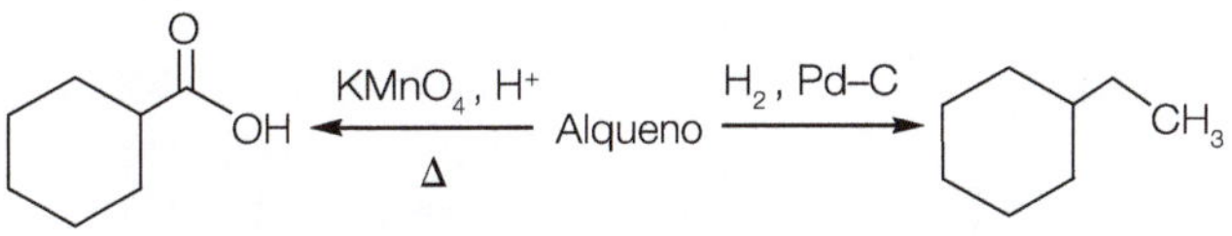

Qual é a estrutura desse alqueno?

16. Utilizando a reação de clivagem oxidativa, como seria possível diferenciar o cicloexa-1,4-dieno do cicloexa-1,3-dieno?

17. O α-terpineno, um terpeno de fórmula molecular $C_{10}H_{16}$, reage com hidrogênio na presença de Pd–C para formar um composto de fórmula molecular $C_{10}H_{20}$. A ozonólise do α-terpineno fornece os seguintes compostos:

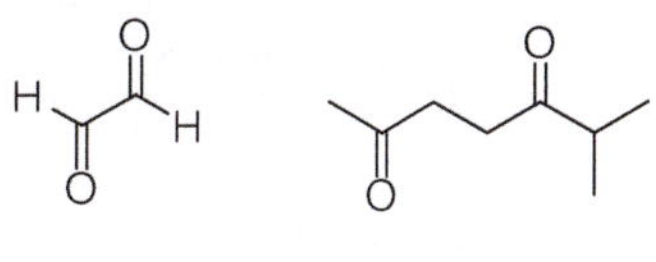

Dê a estrutura do α-terpineno.

18. O salineno, cuja estrutura se encontra a seguir representada, é um terpeno isolado do aipo.

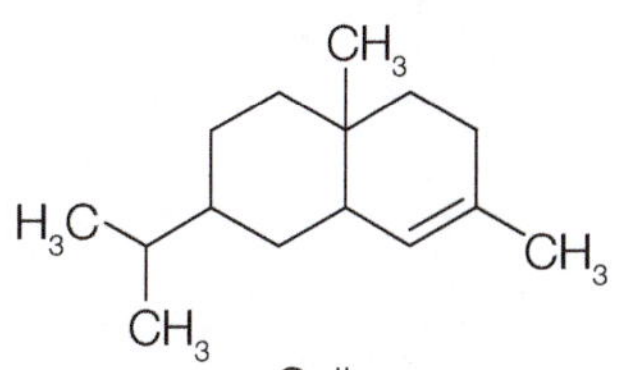

Salineno

a) Represente a estrutura do produto principal resultante da hidrogenação catalítica (H_2/Pt) [produto A] e da hidratação (H_2O/H^+) [produto B] desse composto.

b) Represente duas estruturas de ressonância para o radical alílico mais estável formado a partir do salineno.

c) Represente a fórmula estrutural do produto obtido da reação do salineno com ozônio, seguido de $NaBH_4$.

19. Explique como seria possível diferenciar o α-pineno do β-pineno por meio da reação de ozonólise.

20. Quais dos compostos apresentados na Figura 3.9 representam terpenos? Em cada caso, classifique-os em monoterpeno, sesquiterpeno etc. e mostre as unidades de isopreno que os constituem.

21. Qual é a diferença entre um polímero termoplástico e um termorrígido?

22. O que é um copolímero? Dê um exemplo de um copolímero natural.

23. Por que o termo *olefina* não é adequado para descrever os alquenos?

24. Desafio: A adição de HCl ao α-pineno resulta na formação de cloreto de bornila. Represente as etapas do mecanismo que explique a formação desse produto.

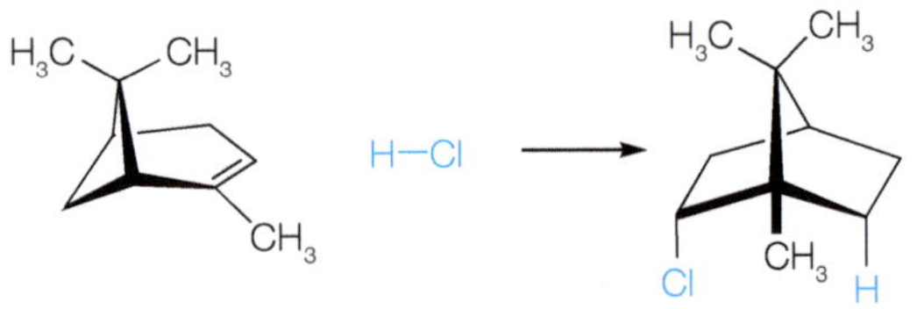

α-pineno Cloreto de bornila

25. A reação de HBr ao vinilciclopropano resulta na formação do 1-bromo-2-metilciclobutano. Escreva as etapas no mecanismo que explique a formação desse produto.

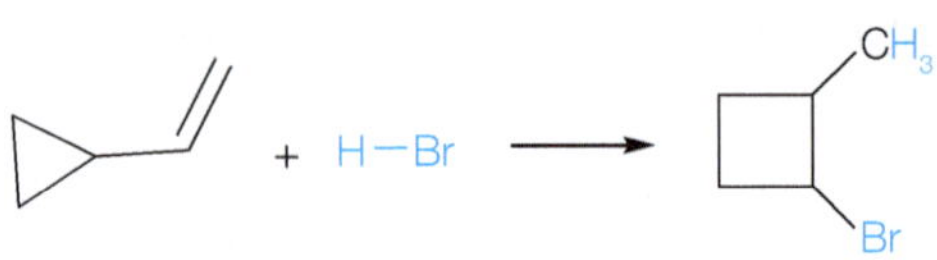

26. Quais são os produtos principais resultantes da hidratação catalisada por ácido dos seguintes alquenos:

1) 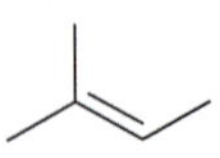

3) 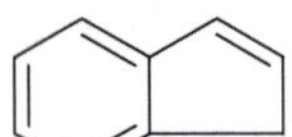

5) 

2) 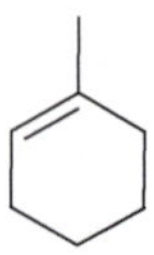

4) 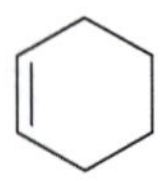

27. Represente as fórmulas estruturais dos produtos resultantes da reação dos alquenos 1 a 5 do exercício 26 com cada um dos seguintes reagentes:

a) cloro na presença de água;

b) ácido *meta*-cloroperbenzoico;

c) bromo em tetracloreto de carbono;

d) ozônio, seguido de dimetil sulfeto;

e) ozônio, seguido de peróxido de hidrogênio;

f) permanganato de potássio em meio ácido, sob aquecimento;

g) ácido bromídrico.

28. Represente as fórmulas estruturais dos alquenos que podem ser convertidos nos compostos listados a seguir. Em cada caso, indique os reagentes necessários para realizar a transformação. Se mais de um alqueno puder ser utilizado para obter os compostos indicados, apresente as fórmulas de todos eles. Em todos os casos considere que os únicos produtos orgânicos formados são os apresentados.

a) 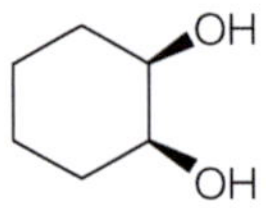

d) 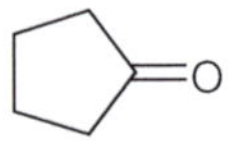

b) 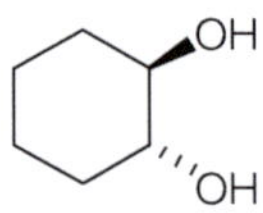

e) 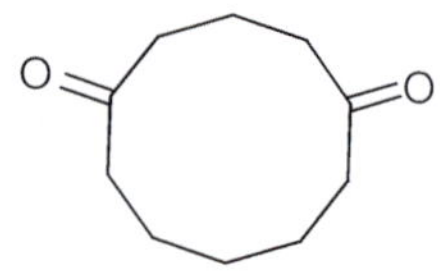

c) 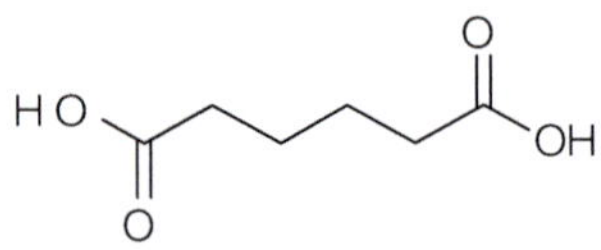

29. Os alquenos podem sofrer reações de substituição em carbono alílico, via radical. A respeito do α-pineno (estrutura abaixo), responda:

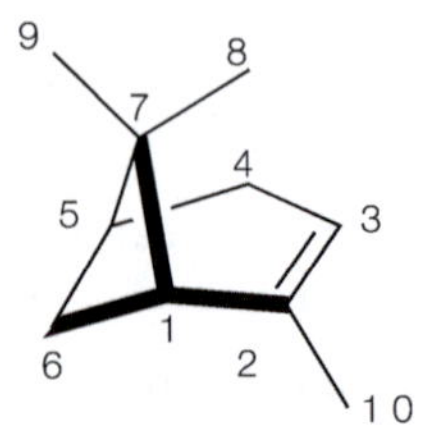

a) Quais são os carbonos alílicos desse composto?

b) Escreva duas estruturas de ressonância para o radical alílico mais estável.

c) Por que a substituição acontece preferencialmente no carbono alílico?

d) Represente o produto principal que deve ser formado pela reação do α-pineno com NBS na presença de quantidade catalítica de peróxido de benzoíla e sob aquecimento.

30. Os alquenos I e II podem ser convertidos no álcool 2-metilpentan-2-ol III, um feromônio de alarme de um de marimbondo do gênero Vespa.

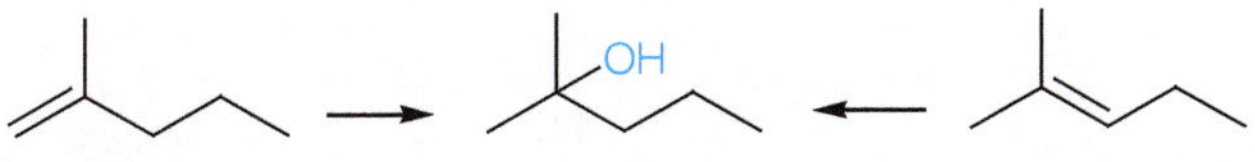

(I) (III) (II)

a) Forneça os nomes sistemáticos dos alquenos I e II.

b) Informe os reagentes necessários para converter os alquenos no álcool III.

c) Escreva o mecanismo da reação de formação do álcool III, a partir do alqueno II.

d) Represente as fórmulas estruturais de dois outros álcoois que poderiam ser formados a partir dos alquenos I e II. Explique por que esses álcoois não correspondem aos produtos principais das reações.

Capítulo 4

Alquinos

Objetivos de aprendizagem

Ao concluir o estudo deste capítulo você deverá ser capaz de:

- Aplicar as regras da IUPAC para nomear alquinos.
- Listar pelo menos duas bases capazes de remover hidrogênio de alquino terminal.
- Prever os produtos de reações de adição de alquinos.
- Planejar a síntese de alquinos mais complexos a partir de acetileno.
- Planejar a síntese de cetonas a partir de alquinos de menor número de átomos de carbono.

Resumo

Neste capítulo apresentamos inicialmente alguns exemplos de alquinos naturais e sintéticos, com vistas a ilustrar a importância de compostos que possuem ligação tríplice C≡C. As regras da IUPAC para nomear alquinos são exemplificadas para alguns compostos acíclicos e cíclicos. Em termos de reatividade são discutidos três tipos de reações: substituição do átomo de hidrogênio de alquinos terminais por eletrófilos; adições à ligação tríplice C≡C e clivagem oxidativa. A reação de substituição do átomo de hidrogênio terminal por algum eletrófilo é importante por permitir a construção de novas ligações carbono-carbono, fundamental no processo de síntese de substâncias orgânicas.

Alquinos são hidrocarbonetos que apresentam pelo menos uma ligação tríplice entre 2 átomos de carbono (C≡C). O membro mais simples desse grupo tem a fórmula molecular C_2H_2 (H–C≡C–H), sendo denominado *etino* (nome sistemático) ou *acetileno* (nome não sistemático). Apesar de essa denominação não ser reconhecida pela IUPAC, os hidrocarbonetos com ligações tríplices também são conhecidos como acetilênicos.

Um dos primeiros compostos naturais dotados de ligação tríplice foi descoberto em 1892 e denominado ácido tarírico.

$CH_3[CH_2]_{10}C{\equiv}C[CH_2]_4COOH$ Ácido tarírico

A descoberta de outros produtos naturais apresentando ligações tríplices foi bastante lenta, de modo que até 1950 somente cerca de uma dúzia desses compostos era conhecida. No final da década de 1980, após extensivos estudos realizados por E. R. H. Jones (Estados Unidos) e F. Bohlmann (Alemanha), o número de alquinos naturais conhecidos estava próximo de 1.000. Muitos desses compostos têm outras funções orgânicas, além da ligação tríplice, conforme pode ser visto nos exemplos apresentados a seguir. O hepta-1,3,5-triinilbenzeno (ou 1-fenilepta-1,3,5-triino), isolado de folhas de picão (*Bidens pilosa*), possui propriedades antibióticas. Quando irradiado com luz ultravioleta apresenta atividade contra mosquitos e nematoides. O éster desidromatricária foi isolado de sementes de dália e de flores de camomila.

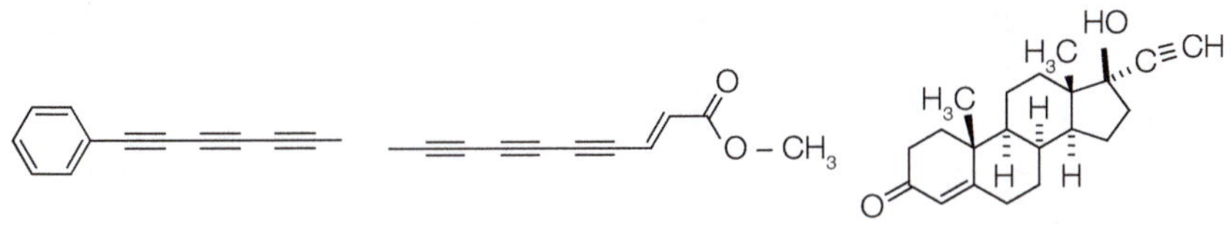

Hepta-1,3,5-triinilbenzeno   Éster desidromatricária   Noretindrona

A noretindrona, um alquino esteroidal, corresponde ao primeiro contraceptivo oral comercializado na década de 1960. O desenvolvimento desse composto começou quando o químico americano Russel Marker, no final da década de 1940, após anos de pesquisa procurando uma fonte natural renovável e barata de esteroides que pudessem ser transformados em hormônios humanos, descobriu que a planta mexicana *Discorea mexicana*, um tipo de inhame selvagem, era rica no composto chamado diosgenina. Esse esteroide foi convertido na progesterona, considerada um anticoncepcional natural, de alto valor comercial. Para se ter uma ideia do valor da progesterona naquela época, os primeiros 2 mil gramas preparados pelo processo desenvolvido por Marker foram avaliados em aproximadamente 160 mil dólares. Pesquisas subsequentes culminaram no preparo da noretindrona, que passou a ser conhecida como 'pílula'. A síntese desse composto foi concluída pelo químico mexicano **Luís Miramontes** em 15 de outubro de 1959, quando este tinha apenas 26 anos de idade. A patente do composto foi registrada em coautoria com os químicos Carl Djerassi e Jorge Rosenkranz, todos trabalhando na companhia química mexicana Syntex. Com essa descoberta, pela primeira vez na história da humanidade, as mulheres passaram a ter controle sobre a própria fertilidade, o que resultou na redução da taxa de natalidade a partir dos anos 1960, bem como na alteração radical do comportamento feminino. Podemos dizer que esse simples alquino esteroidal teve uma contribuição enorme em toda a revolução do comportamento feminino ocorrido a partir da década de 1960, alterando de forma irreversível a estrutura da sociedade e da família moderna.

Luís Ernesto Miramontes Cárdenas (1925-2004): químico mexicano. Engenheiro químico pela Universidade Nacional Autônoma do México (Unam), cofundador do Instituto de Química.

Acetileno: estrutura e produção industrial

O acetileno, ou etino, é o membro mais simples da família dos alquinos. Sua molécula é linear, uma vez que ambos os carbonos têm hibridação *sp* (Figura 4.1).

A ligação tríplice carbono-carbono é constituída por uma ligação σ e duas ligações π. A energia total da ligação C≡C é de 882 kJ mol^{-1}. Ela é, portanto, mais forte que a ligação dupla carbono-carbono no eteno (682 kJ mol^{-1}) ou que a simples carbono-carbono do etano (368 kJ mol^{-1}) e, consequentemente, mais curta que ambas.

O comprimento da ligação C–H no acetileno (106 pm) é menor que o da ligação C–H no etano (110 pm). Esse fato pode ser explicado considerando-se o maior caráter *s* e, por consequência, a maior eletronegatividade dos orbitais *sp* em relação aos orbitais *sp*^{3}.

O acetileno é o alquino de maior importância econômica e pode ser obtido industrialmente por dois métodos. O primeiro envolve a adição de

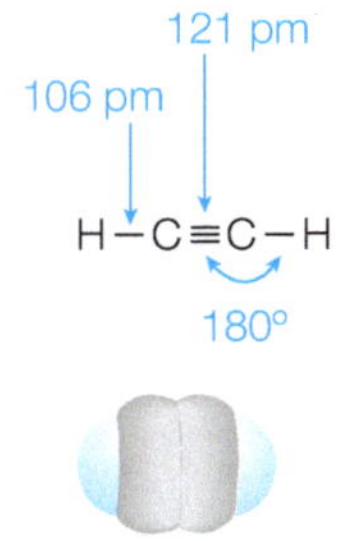

Figura 4.1 Fórmula estrutural do acetileno, seguida do modelo de espaço preenchido.

água ao carbeto de cálcio (CaC_2), que é produzido por aquecimento, a altas temperaturas, do carvão (coque) com óxido de cálcio. O segundo processo consiste na pirólise do metano a altas temperaturas.

$$3C + CaO \xrightarrow{2.500\ °C} CaC_2 + CO$$

$$CaC_2 + 2H_2O \longrightarrow H-C\equiv C-H + Ca(OH)_2$$

$$2CH_4 \xrightarrow[0{,}01 - 0{,}1\ s]{1.500\ °C} H-C\equiv C-H + 3H_2$$

O acetileno é muito usado em soldas em razão da grande quantidade de calor que libera durante sua combustão.

$$H-C\equiv C-H + 5/2\ O_2 \longrightarrow 2CO_2 + H_2O \qquad \Delta H° = -1.368\ kJ\ mol^{-1}$$

Ele é também empregado como material de partida para a síntese de diversos compostos orgânicos, como o ácido acético, e de outros compostos insaturados, utilizados na preparação de plástico e de borracha sintética.

Nomenclatura

O nome de um alquino não ramificado é formado a partir do nome do alcano correspondente, substituindo-se o sufixo *ano* por *ino*, *adiino*, *atriino* etc. quando o composto apresenta uma, duas, três etc. ligações tríplices, respectivamente. Esses sufixos são antecedidos por números que indicam as posições das ligações tríplices, sendo a numeração feita a partir da extremidade que fornece a menor sequência de números.

$H-C\equiv C-H$ Etino ou acetileno

$H_3C-C\equiv C-CH_3$ But-2-ino

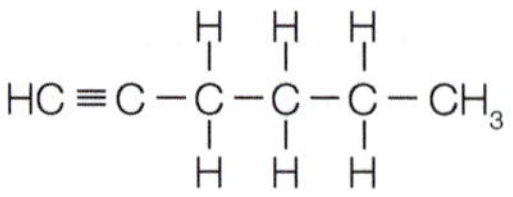

Hex-1-ino

$HC\equiv C-CH_2-C\equiv C-CH_2-CH_3$

1 2 3 4 5 6 7 Hepta-1,4-diino (correto)

7 6 5 4 3 2 1 Hepta-3,6-diino (incorreto)

Num sistema mais antigo de nomenclatura (não recomendado pela IUPAC), os alquinos podiam ser nomeados como se fossem derivados do acetileno (por exemplo: dimetilacetileno corresponde ao but-2-ino). No caso dos alquinos ramificados, os nomes são obtidos de forma análoga à dos nomes dos alquenos.

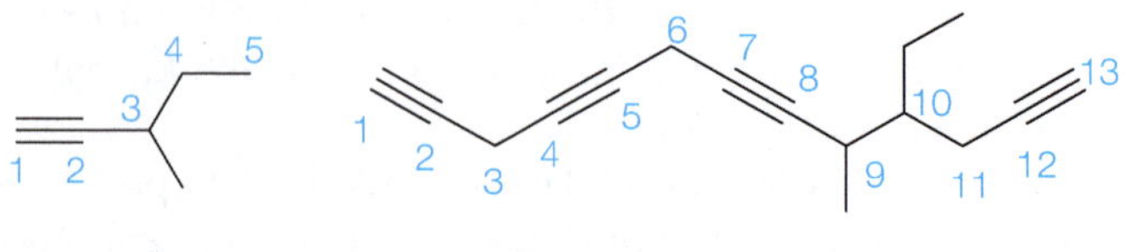

3-metilpent-1-ino 10-etil-9-metiltrideca-1,4,7,12-tetraino

Hidrocarbonetos acíclicos não ramificados que apresentam ligações duplas e tríplices são nomeados a partir do alcano correspondente, substituindo-se a terminação *ano* por *enino*, *adienino*, *atrienino* etc. A numeração da cadeia é feita de modo que os números atribuídos aos carbonos insaturados sejam os menores possíveis. Na construção do nome do composto, o afixo *en* precede o sufixo *ino*. Quando as ligações duplas e tríplices estiverem em posições equivalentes na cadeia, a numeração será feita de forma que o menor número seja atribuído à dupla.

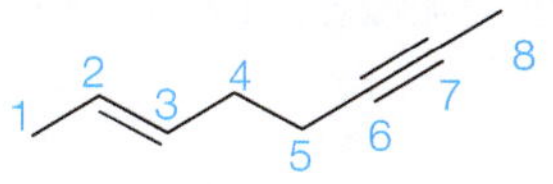

(*E*)-oct-2-en-6-ino (correto)
(*E*)-oct-6-en-2-ino (incorreto)

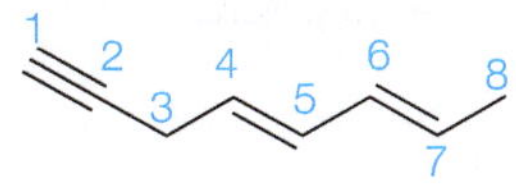

(4*E*,6*E*)-octa-4,6-dien-1-ino

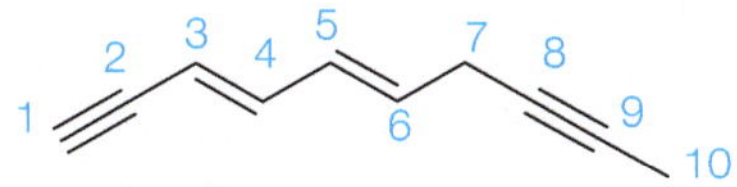

(3*E*,5*E*)-deca-3,5-dien-1,8-diino

A cadeia principal de um hidrocarboneto ramificado com várias insaturações é sempre aquela que tem o maior número de ligações duplas e tríplices. No caso de compostos que apresentam duas ou mais cadeias com o mesmo número de insaturações, a escolha da cadeia principal privilegia a que contém o maior número de átomos de carbono, como exemplificado pelo trieno a seguir:

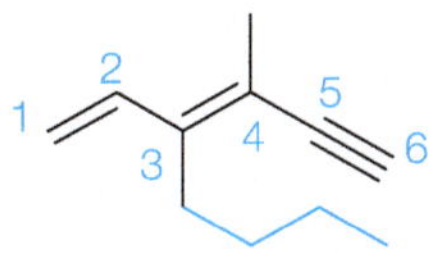

(3*E*)-3-butil-4-metil-3-propilexa-1,3-dien-5-ino

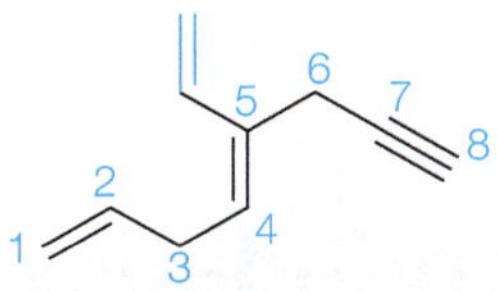

(4*Z*)-5-vinilocta-1,4-dien-7-ino

Os nomes dos grupos univalentes formados a partir de hidrocarbonetos insaturados com ligações duplas e tríplices recebem as terminações *enil*, *inil*, *dienil* etc. A numeração da cadeia é feita a partir do carbono que possui a valência livre, e as posições das insaturações são indicadas no nome sempre que necessário.[1]

$HC{\equiv}C-$	Etinil
$HC{\equiv}C-CH_2-$	Prop-2-in-1-il
$H_3C-C{\equiv}C-$	Prop-1-in-1-il

Caso o número de átomos de carbono seja o mesmo, a preferência é dada para a cadeia com o maior número de ligações duplas.

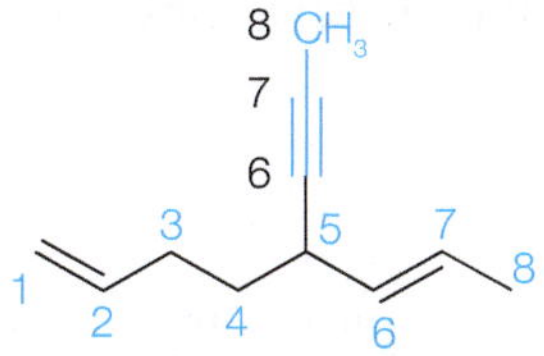

(*E*)-5-(prop-1-in-1-il)octa-1,6-dieno

Os alquinos cíclicos insaturados são nomeados de maneira análoga à dos alquenos cíclicos, bastando trocar a terminação *eno* por *ino*.

[1] O uso do termo propargil não é recomendado pela IUPAC para definir o grupo prop-2-in-1-il.

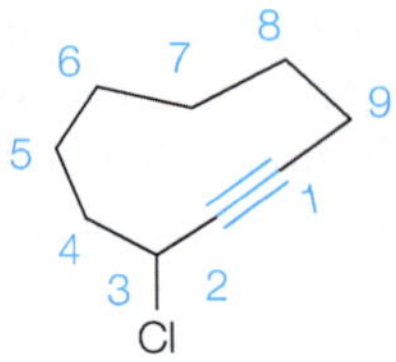

3-clorociclonon-1-ino

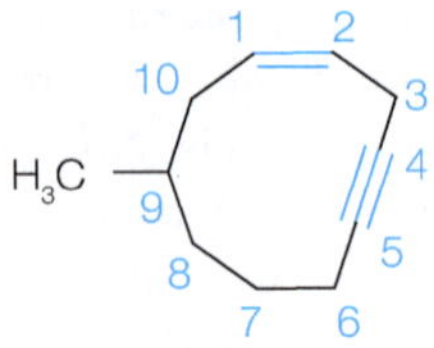

(Z)-9-metilciclodec-1-en-4-ino

Teste 4.1

Represente as fórmulas estruturais e os nomes para todos os alquinos que apresentam a fórmula C_5H_8.

Teste 4.2

Apresente os nomes sistemáticos para os seguintes compostos:

a) $CH_3CH_2CH(CH_3)CH_2CH(CH_3)C{\equiv}CH$

b) 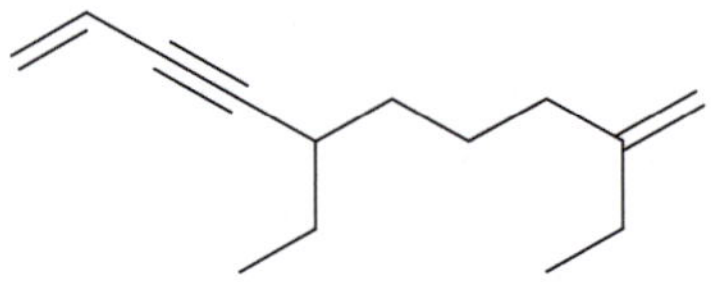

c) 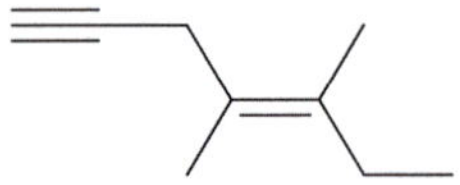

Propriedades físicas

Os alquinos têm baixa polaridade e, consequentemente, apresentam propriedades físicas semelhantes às dos alquenos e alcanos. São insolúveis em água e outros solventes polares, sendo bastante solúveis em solventes pouco polares, como benzeno, tolueno, tetracloreto de carbono e clorofórmio.

Em alquinos com uma única ligação tríplice, as temperaturas de ebulição aumentam com a elevação do número de átomos de carbono. A densidade desses compostos varia de 0,70 a 0,80 g cm^{-3}.

Reações

Os alquinos apresentam três tipos básicos de reações: adição à ligação tríplice, clivagem oxidativa da ligação tríplice e substituição do hidrogênio terminal.

Adição

A reatividade da ligação tríplice apresenta algumas analogias com a da ligação dupla. Apesar de a ligação C≡C apresentar densidade eletrônica total superior à da ligação C=C, ela é menos reativa mediante eletrófilos. Isso acontece porque ela é mais curta e, assim, a superposição dos orbitais *p* é mais efetiva, fazendo com que os elétrons π estejam menos disponíveis.

De forma análoga ao que ocorre com os alquenos, os seguintes compostos podem ser adicionados à ligação tríplice: H_2, Br_2, Cl_2, HCl, HBr, H_2O, ROH e RCOOH.

Adição de hidrogênio

A redução de alquinos pode levar à formação de alquenos do tipo *Z* e *E*, dependendo da escolha das condições de reação.

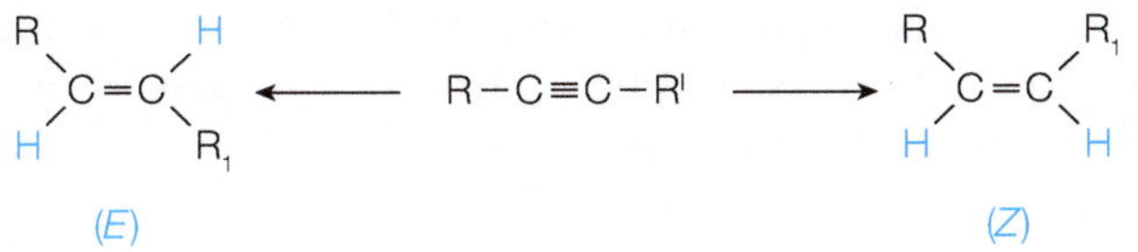

A hidrogenação com o uso de catalisadores, como Ni_2B, $Pd/BaSO_4$ e o *catalisador de* **Lindlar**, leva à formação de alquenos do tipo *Z*, ou seja, a adição dos 2 átomos de hidrogênio ocorre de um mesmo lado da molécula. Nesse caso, diz-se que houve uma adição *sin*.

Herbert H. M. Lindlar: químico suíço (1909-), Ph.D. pela Universidade de Berna. Trabalhou na empresa Hoffmann-La Roche na Basileia, onde desenvolveu vários processos e reagentes que resultaram em patentes.

O catalisador de Lindlar é um dos mais utilizados para a redução de alquinos a alquenos. Ele é constituído de paládio precipitado em carbonato de cálcio e tratado com acetato de chumbo na presença de quinolina. Alguns exemplos de reduções de alquinos são:

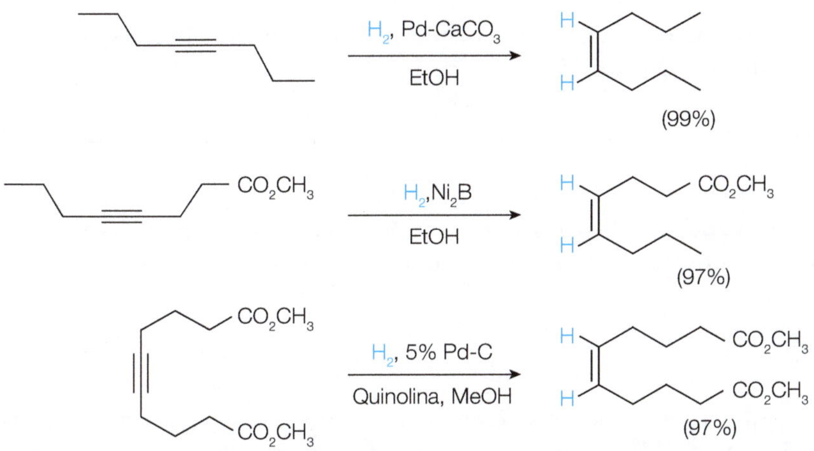

Em todos esses exemplos, o rendimento da reação é muito alto, o que, todavia, nem sempre acontece. Muitas vezes a ligação tríplice é totalmente hidrogenada, formando quantidades variáveis do alcano correspondente.

Um método complementar ao descrito anteriormente corresponde à redução de alquinos com metais, como Na e Li, em meio básico, levando à formação preferencial do alqueno *E*.

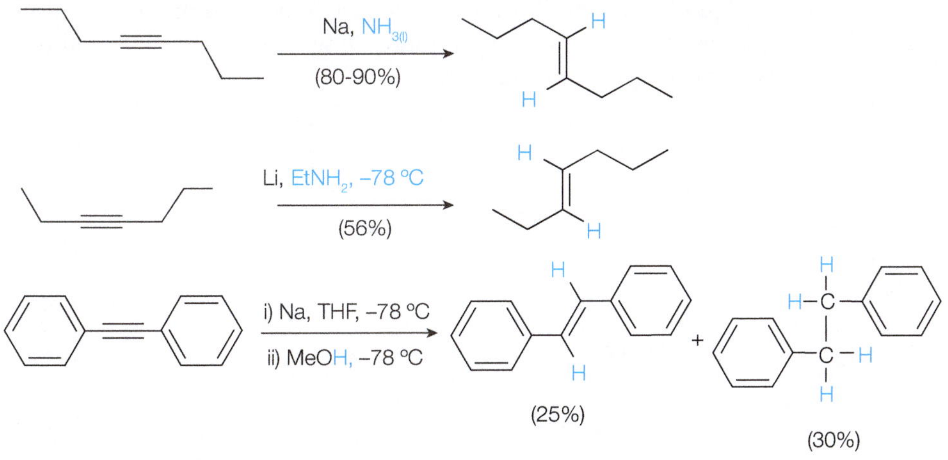

Nas reações anteriores, assim como no caso da hidrogenação, ocorre a adição de dois átomos de hidrogênio. Nesses exemplos, os reagentes utilizados funcionam por um mecanismo completamente diferente da hidrogenação catalítica. Embora não tenhamos a intenção de apresentar o mecanismo em detalhes, basta-nos dizer que inicialmente os metais (Na ou Li), como são muito eletropositivos, doam elétrons para a ligação π, quebrando-a, com a consequente formação de um ânion radical. Este então abstrai um próton do solvente (NH_3, $EtNH_2$ ou MeOH). A reação prossegue até que o alquino receba dois elétrons e dois prótons.

Teste 4.3

Como você prepararia os seguintes alquenos a partir de alquinos?

a) *trans*-ciclononeno

b) *cis*-oct-4-eno

c) (*E*)-1,4-dicicloexilbut-2-eno.

Adição de X_2 e HX (X= Cl ou Br)

Os alquinos reagem com cloro e bromo, formando dialoalquenos vicinais ou tetra-aloalcanos.

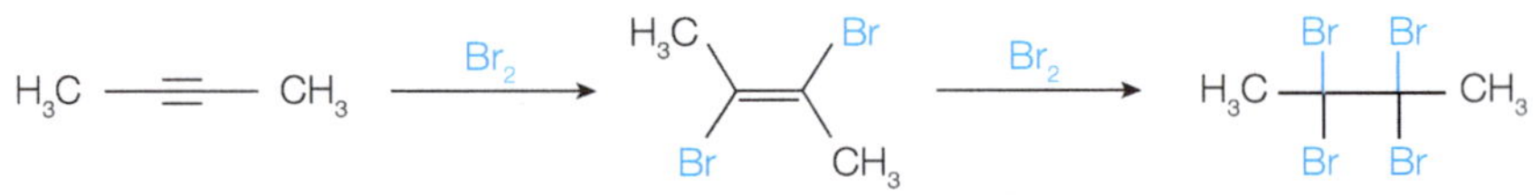

Na ausência de peróxidos, a adição de HCl e HBr processa-se de acordo com a regra de Markovnikov, conforme vimos para os alquenos.

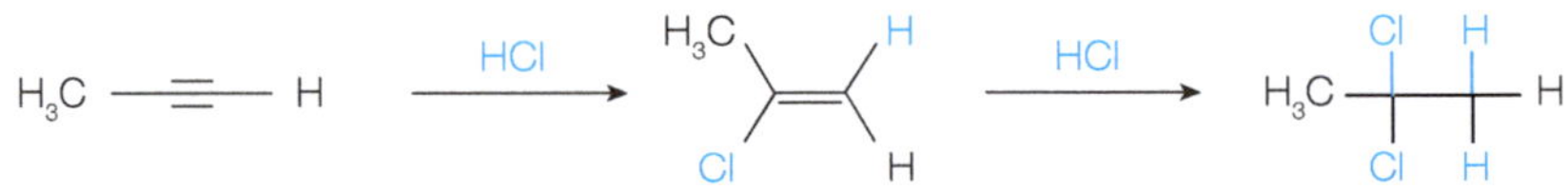

Apesar de os alquinos serem menos reativos que os alquenos, algumas vezes é possível interromper a reação após a adição de uma única molécula de HX, embora com baixos rendimentos do haloalqueno.

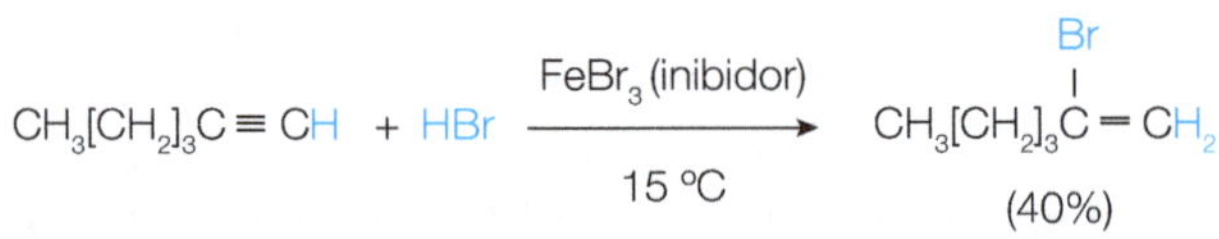

Os mecanismos dessas reações de adição são semelhantes aos descritos para os alquenos. Como ilustração, é apresentado a seguir o mecanismo da reação de adição de HCl ao propino. Observe que o carbocátion mais estável é formado preferencialmente.

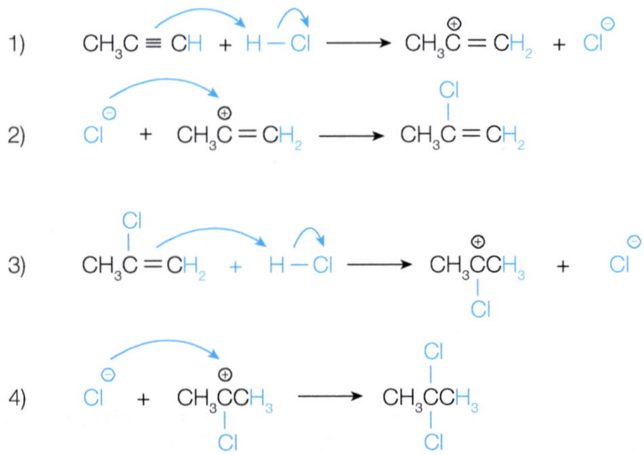

Teste 4.4

Quais produtos principais devem ser formados a partir das seguintes reações?

a) $CH_3CH_2CH_2C \equiv CH \; + \; 2\,Br_2 \longrightarrow$

b) $CH_3CH_2CH_2C \equiv CH \; + \; 1\,HCl \longrightarrow$

c) 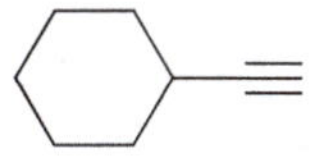 $+ \; 1\,HBr \longrightarrow$

Adição de água, álcoois e ácidos carboxílicos catalisada por mercúrio

Em meio ácido, sais de mercúrio catalisam a adição de água, álcoois e ácidos carboxílicos à ligação tríplice de alquinos. O íon mercúrio provavelmente forma um complexo com os elétrons π, ativando a ligação tríplice em relação à adição de ROH (R=H, alquil, acil), com formação de compostos vinilmercúricos como intermediários. Finalmente a ligação carbono-mercúrio é hidrolisada, regenerando o íon mercúrio. No exemplo ilustrado a seguir, utilizou-se o acetato de mercúrio [$Hg(OAc)_2$] como catalisador.

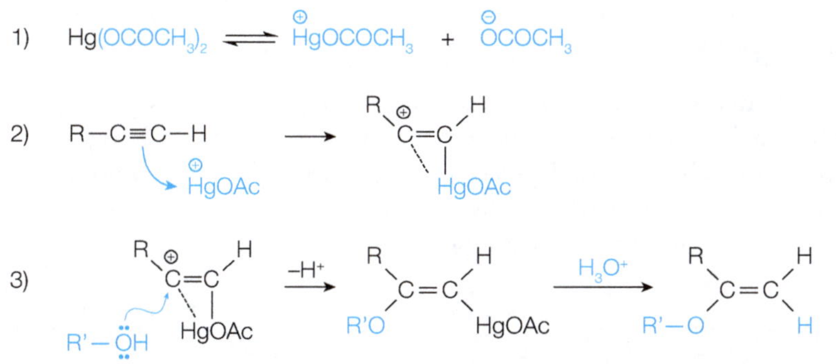

O processo envolve o ataque da ligação π ao íon $^+HgOCOCH_3$ (ou ^+HgOAc), que é formado pela dissociação do acetato de mercúrio. Uma vez que não se observa rearranjo nessa etapa, não deve haver a formação de carbocátion verdadeiro. Como a adição sempre obedece à regra de Markovnikov, a existência de intermediário cíclico, no qual o mercúrio interage com o carbono positivo, é postulada. Após o ataque do nucleófilo (água, álcool etc.) a ligação C–Hg é facilmente hidrolisada em meio ácido.

Alguns exemplos dessa reação são apresentados a seguir:

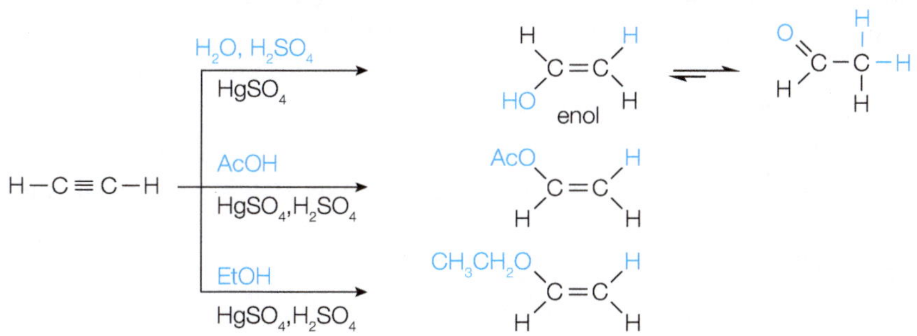

No primeiro exemplo, a adição de uma molécula de água ao alquino resulta na formação de um composto denominado *enol*. Conforme veremos no Capítulo 12, os enóis são geralmente instáveis e se convertem em aldeídos ou cetonas conforme ilustrado no esquema anterior. Dessa forma, é possível adicionar apenas uma molécula de água aos alquinos, sendo estes convertidos em aldeídos ou cetonas. No segundo exemplo, a adição de ácido acético (AcOH) resultou na obtenção de um éster e, no terceiro exemplo, a adição de etanol (EtOH) levou à formação de um éter. Essa reação é bastante versátil, permitindo transformar alquinos em uma variedade de outros compostos.

Teste 4.5

Quais as fórmulas estruturais dos alquinos precursores dos seguintes compostos carbonílicos?

a) $CH_3CH_2CH_2\overset{\overset{\displaystyle O}{\|}}{C}-CH_3$

b) $CH_3CH_2CH_2\overset{\overset{\displaystyle O}{\|}}{C}-CH_2CH_3$

c) 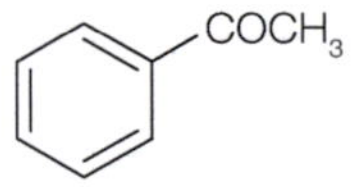

Clivagem oxidativa

O tratamento de alquinos com permanganato de potássio pode resultar na formação de 1,2-dicetonas e, sob condições mais rigorosas, em produtos de clivagem da ligação tríplice. A ozonólise de alquinos resulta na formação de ácidos carboxílicos. No caso de alquinos terminais observa-se também a formação de dióxido de carbono.

$$CH_3[CH_2]_7C\equiv C[CH_2]_7COOH \xrightarrow[\text{ii) } H^+]{\text{i) } KMnO_4\text{ pH 7,5}} CH_3[CH_2]_7\overset{\overset{\displaystyle O}{\|}}{C}-\overset{\overset{\displaystyle O}{\|}}{C}[CH_2]_7COOH \quad (52\text{–}91\%)$$

$$CH_3[CH_2]_3C\equiv CH \xrightarrow[\text{ii) } H^+]{\text{i) } KMnO_4\text{, } OH^-\text{, 20 °C}} CH_3CH_2CH_2CH_2COOH + CO_2$$

$$CH_3CH_2C\equiv CCH_2CH_3 \xrightarrow[\text{ii) } H^+]{\text{i) } KMnO_4\text{, } OH^-\text{, 25 °C}} 2\ CH_3CH_2COOH$$

Essas reações de oxidação de alquinos apresentam pouco valor do ponto de vista sintético. No passado elas foram utilizadas para determinar as posições de ligações tríplices em alquinos naturais.

Teste 4.6

Forneça as fórmulas estruturais dos alquinos que são transformados nos seguintes compostos por meio de clivagem oxidativa com permanganato de potássio:

a) $CH_3CH_2CH_2CO_2H + CO_2$

b) $CH_3[CH_2]_5CO_2H + CH_3CO_2H$

c) 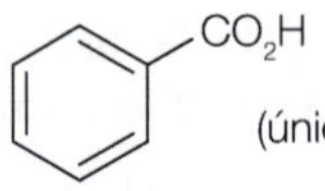
(único produto)

Substituição do hidrogênio terminal

Os alquinos terminais (R–C≡C–H) sofrem cisão heterolítica da ligação ≡C–H com certa facilidade, o que resulta na formação de um carbânion, ou seja, uma espécie em que o átomo de carbono possui uma carga negativa.

Essa diferença de reatividade dos alquinos, em relação aos alquenos e alcanos, pode ser prevista ao se observarem os valores de K_a do acetileno, eteno e etano.

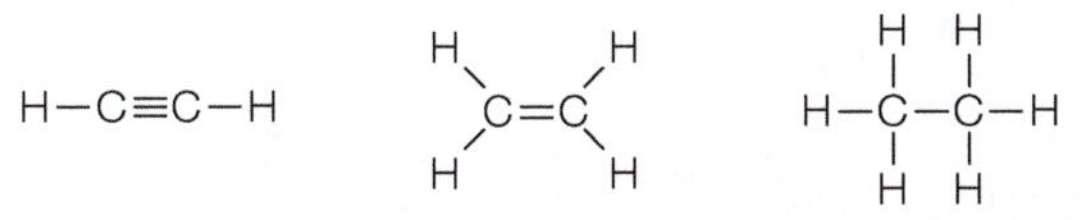

$K_a \cong 10^{-26}$ $K_a \cong 10^{-36}$ $K_a \cong 10^{-42}$

Graças à maior acidez do hidrogênio ligado ao carbono com hibridação *sp*, os alquinos terminais podem reagir com bases fortes, como amideto de sódio ($NaNH_2$), com formação do ânion correspondente. Os alquinos terminais podem também sofrer uma reação de oxidorredução com sódio ou lítio, o que leva à formação do ânion correspondente e à liberação de hidrogênio.

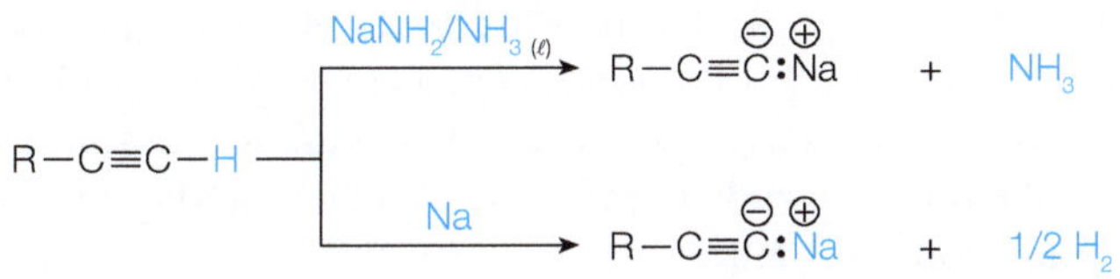

Considerando outros compostos hidrogenados, conforme vimos no Capítulo 1, pode-se escrever a seguinte ordem de acidez e basicidade relativas:

Acidez relativa: H–OR > HC≡CR > HNR_2 > H–CH=CH_2 > HCH_2R

Basicidade relativa: $^{\ominus}OR$ < $^{\ominus}C$≡CR < $^{\ominus}NH_2$ < $^{\ominus}CH$=CHR < $^{\ominus}CH_2R$

Pelas ordens relativas de acidez e basicidade mostradas anteriormente, observa-se que as reações envolvendo carbânions do tipo $RC{\equiv}C^-$ não podem ser realizadas em meio aquoso ou alcoólico. Elas normalmente são realizadas em amônia líquida, THF ou hexano. Uma vez formados, esses carbânions podem reagir com haletos de alquila, compostos carbonílicos e epóxidos, levando à produção de outros alquinos com maior número de átomos de carbono, conforme apresentado genericamente a seguir:

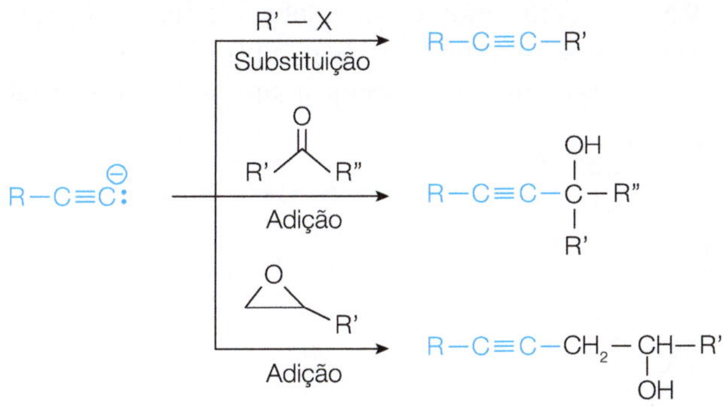

Em todos os casos, ocorre a formação de uma nova ligação C–C, o que é de extrema importância em síntese orgânica, pois o preparo de qualquer composto envolve a construção do esqueleto carbônico e o posicionamento dos grupos funcionais.

Em todos os três exemplos que acabamos de ilustrar, o carbânion derivado do alquino funciona como nucleófilo, reagindo com o carbono eletrofílico do haleto de alquila (RX, Capítulo 7), da cetona (Capítulo 12) e do epóxido (Capítulo 10). Os mecanismos para essas reações serão discutidos nos capítulos correspondentes. Alguns exemplos dessas reações são:

$$1)\ CH_3[CH_2]_3C{\equiv}CH \xrightarrow[25\,°C]{BuLi,\ HMPA} CH_3[CH_2]_3C{\equiv}C{:}^-\,Li^+ \xrightarrow{CH_3[CH_2]_3CH_2Cl} CH_3[CH_2]_3C{\equiv}CCH_2[CH_2]_3CH_3\ (90\%)$$

$$2)\ H{-}C{\equiv}C{-}H \xrightarrow[ii)\ 2\ n\text{-}C_3H_7Br]{i)\ 2NaNH_2/NH_{3\,(\ell)},\ -33\,°C} CH_3CH_2CH_2C \equiv CCH_2CH_2CH_3\ (60-88\%)$$

$$3)\ HC{\equiv}CH \xrightarrow[ii)\ CH_3COCH_2CH_3;\ iii)\ H^+]{i)\ 2NaNH_2,\ NH_{3\,(\ell)}} HC{\equiv}C{-}C(OH)(CH_3){-}CH_2{-}CH_3$$

(68%) Oblivon: tranquilizante

Observe que na reação 1 a base utilizada para abstrair o próton do alquino foi o butil lítio (BuLi), uma das mais fortes disponíveis comercialmente. Como solvente foi utilizada a hexametilfosforotriamida (HMPA). Nas reações 2 e 3 foi utilizado o amideto de sódio ($NaNH_2$) na presença de amônia líquida como solvente.

Esses exemplos ilustram o poder dessa reação na construção de compostos orgânicos com maior número de átomos de carbono que os reagentes de partida. É interessante notar que nessas reações um alquino é preparado a partir de outro. Todavia, é possível se preparar alquinos por meio da reação de eliminação de compostos halogenados, conforme discutido no Capítulo 7.

Normalmente nas reações que envolvem haletos primários que apresentam substituintes no carbono vizinho ao carbono halogenado e com haletos secundários e terciários os carbânions $RC{\equiv}C^-$ funcionam como base, promovendo reações de eliminação. Detalhes sobre a reação serão apresentados no Capítulo 7 quando discutiremos um pouco sobre a química de haletos de alquila.

Teste 4.7

Mostre como um alquino terminal pode ser convertido nos compostos apresentados a seguir. Caso haja a possibilidade de obtenção dos produtos por mais de uma rota sintética, apresente as alternativas.

a) 

b) 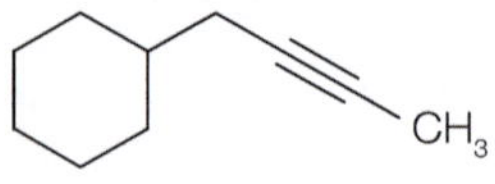

c) 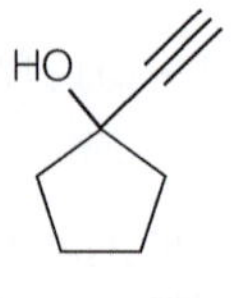

Teste 4.8

Mostre como o *cis*-pent-2-eno pode ser preparado a partir de propino. Note que a síntese em questão envolve mais de uma etapa reacional.

Poliacetileno

Conforme vimos no Capítulo 3, a polimerização acidental do etileno resultou em muitas outras pesquisas na área de polímeros. Com a descoberta de novos polímeros, a humanidade alterou muitos de seus hábitos. Imagine agora se você fosse um químico trabalhando nessa área na década de 1950. Uma das experiências que você provavelmente tentaria seria polimerizar o acetileno, não seria? Pois foi exatamente isso que Giulio Natta e seus colaboradores fizeram em 1958, utilizando o catalisador desenvolvido por Ziegler.

A polimerização funcionou, mas o material polimérico obtido não se mostrou interessante, pois era sensível ao ar e apresentava-se como um pó preto. O próprio Natta mostrou que o polímero, denominado *poliacetileno*, apresentava todas as ligações duplas com estereoquímica *trans*.

Em 1967, **Hideki Shirakawa**, ao sintetizar o poliacetileno, cometeu um erro experimental e obteve o polímero na forma de um filme, e não um pó preto. Depois de vários experimentos, descobriu que havia utilizado quase mil vezes mais a quantidade do catalisador de Ziegler-Natta. Shirakawa mostrou que, quando a síntese era realizada à baixa temperatura (–78 °C), o polímero obtido possuía todas as ligações duplas com geometria *cis* e apresentava-se como um filme metálico cor de ouro. Esse material era um isolante térmico. Quando esse filme era aquecido ocorria a isomerização das ligações duplas. A 150 °C, todas as duplas apresentavam geometria *trans* e o polímero passava de isolante a semicondutor (Figura 4.2). Em novembro de 1976, na Universidade da Pensilvânia (Estados Unidos), Shirakawa realizou intencionalmente experimentos dopando o poliacetileno com bromo e descobriu que o polímero comportava-se como condutor. Embora o poliacetileno não se tenha mostrado um material com propriedades úteis, ele se tornou um paradigma nesse campo de pesquisa que resultou na descoberta de muitos novos polímeros condutores, com enormes possibilidades de aplicação na indústria eletrônica. A revolução causada pelas pesquisas com polímeros condutores nas últimas décadas foi reconhecida pelo comitê do Prêmio Nobel, que em 2000 concedeu o prêmio a Shirakawa e aos norte-americanos Alan MacDiarmid e Alan Heerger.

Hideki Shirakawa: químico japonês, nascido em Tóquio (1936). Engenheiro químico (1961) e Ph.D. (1966) pelo Instituto de Tecnologia de Tóquio. Foi professor na Universidade de Tsukuba (Japão). Em 1967, desenvolveu os poliacetilenos com aparência metálica. Em 1976, realizou pós-doutorado na Universidade da Pensilvânia (Estados Unidos) com Alan MacDiarmid. Em 2000, dividiu o prêmio Nobel de Química com MacDiarmid e Alan Heerger.

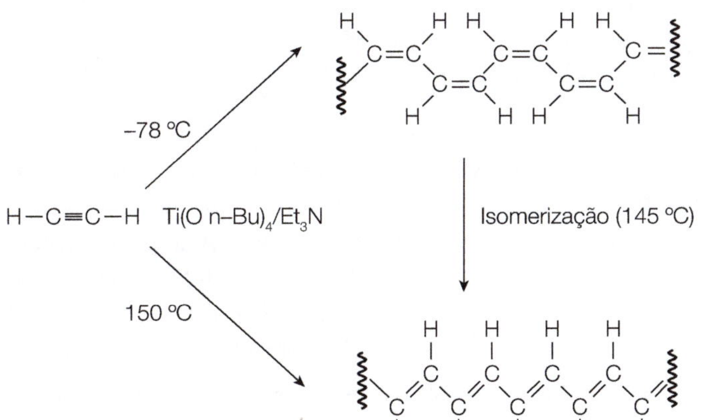

Figura 4.2 Síntese de poliacetilenos *cis* e *trans*.

Exercícios

1. Escreva a fórmula estrutural de cada um dos seguintes compostos:

a) 3-etilexa-1,5-diino
b) but-2-ino
c) 5-etil-2-metilept-3-ino
d) octa-1,5-diino
e) but-1-en-3-ino
f) hexa-1,5-dien-3-ino
g) 2,6-dimetiloct-4-ino
h) 3-propilpent-1-en-4-ino
i) 2,3-dimetiloct-4-ino
j) 3-metilpent-1-ino
k) *(E)*-1-ciclopentilept-4-en-2-ino
l) hexa-1,3,5-triino

2. Dê o nome sistemático de cada um dos seguintes compostos:

a) 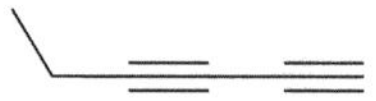

b) 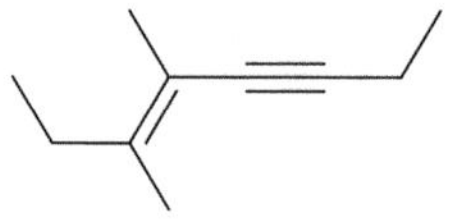

c) 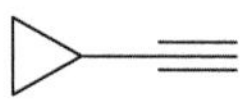

d) 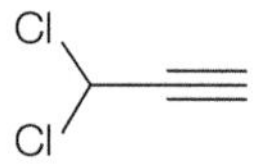

e) 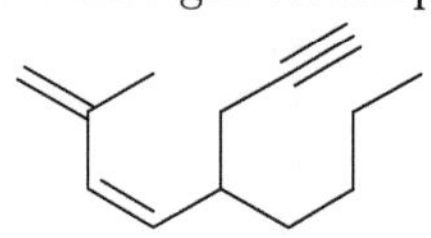

f) 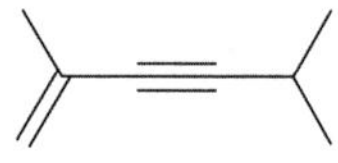

g) 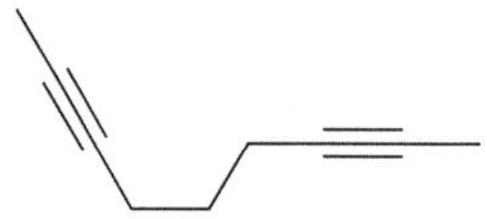

h) 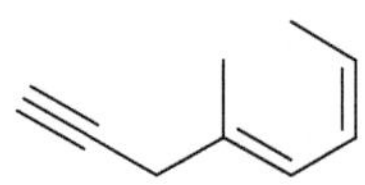

3. Mostre como as seguintes conversões podem ser realizadas:

a) $HC{\equiv}CH \rightarrow CH_3CH_2COCH_3$
b) $HC{\equiv}CH \rightarrow CH_3CH_2C{\equiv}CCH_2CH_2CH_3$
c) $HC{\equiv}CH \rightarrow H_3CC{\equiv}CH \rightarrow H_3CC{\equiv}CCH(OH)CH_2CH_3$

4. A cetona representada a seguir é um dos compostos responsáveis pelo perfume do cravo. Mostre como ela pode ser preparada a partir de acetileno e 1-bromopentano.

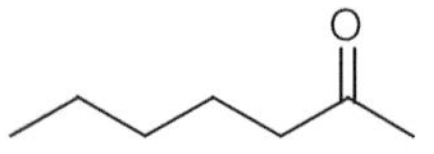

5. Organize os ânions a seguir em ordem crescente de basicidade.

a) $CH_3CH_2C{\equiv}C^-$, $CH_3CH_2CH{=}CH^-$, $CH_3CH_2CH_2CH_2^-$
b) $CF_3CH_2C{\equiv}C^-$, $CH_3CF_2C{\equiv}C^-$, $CH_3CH_2CH{=}CH^-$
c) $CH_3CH_2O^-$, $CF_3C{\equiv}C^-$, NH_2^-

6. A muscalura é um alqueno produzido pelas fêmeas da mosca doméstica (*Musca domestica*), para atrair os machos com vistas ao acasalamento. Esse composto, feromônio sexual, tem sido utilizado em iscas contendo veneno para atrair e matar moscas em ambientes domésticos.

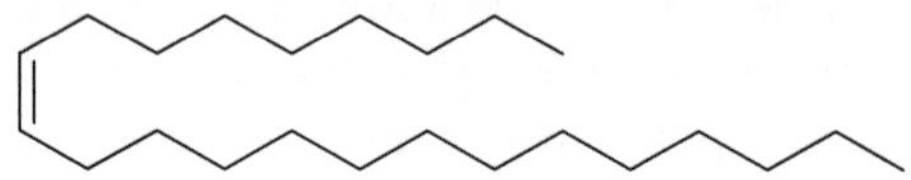

Muscalura

a) Qual o nome sistemático da muscalura?
b) Represente a fórmula estrutural e forneça o nome sistemático do alquino que pode ser convertido diretamente na muscalura por meio de hidrogenação catalítica.
c) Proponha a síntese para a muscalura partindo de acetileno, 1-bromooctano, 1-bromotridecano e quaisquer outros reagentes que julgar necessários.
d) Mostre como o isômero *trans* da muscalura pode ser preparado.

7. O álcool 1, representado a seguir, foi utilizado como precursor na síntese da volicitina, mencionada no Capítulo 3. O tratamento de 1 com dois equivalentes de EtMgBr na presença de 10% de CuCl como catalisador, seguido da adição do iodeto 2, resultou na formação de 3.

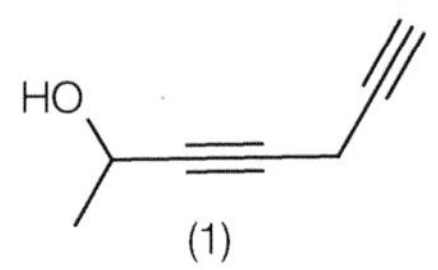

(1)

↓ i) EtMgBr (2 eq.) ii) Composto 2.

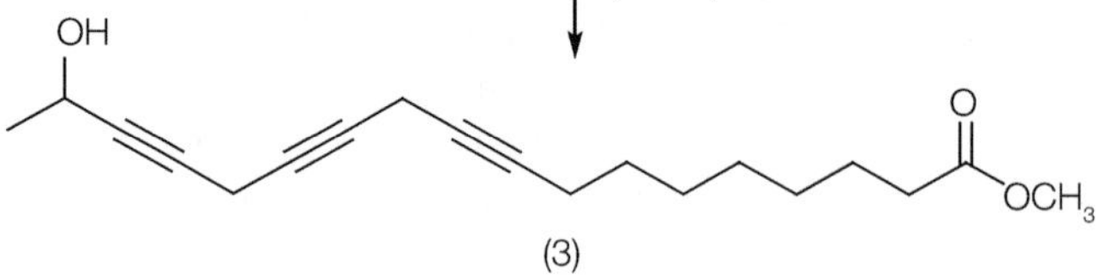

(3)

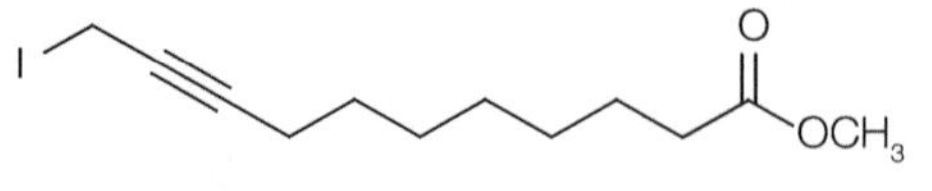

(2)

a) Mostre como o álcool 1 poderia ser preparado a partir do penta-1,4-diino.
b) Qual a fórmula estrutural do éster resultante da clivagem oxidativa do composto 3 com $KMnO_4$?
c) Explique por que na conversão de 1 em 3 foram necessários dois equivalentes de EtMgBr.

8. O álcool 2 é um importante intermediário na síntese industrial do linalol 3, um monoterpeno utilizado como fragrância em muitos produtos, como sabonetes e artigos de limpeza.

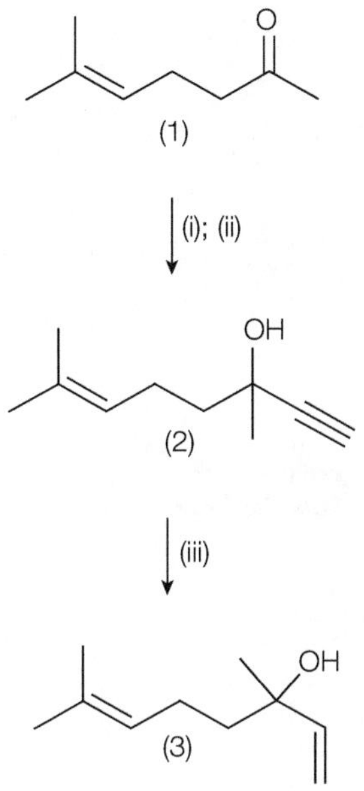

a) Indique os reagentes necessários para converter 1 em 2 e 2 em 3.

b) Represente a fórmula estrutural do produto esperado do tratamento do composto 2 com hidrogênio na presença da 5% Pd/C.

c) Indique as unidades de isopreno que constituem o linalol.

9. Indique todas as etapas e reagentes necessários para realizar as seguintes transformações:

a) 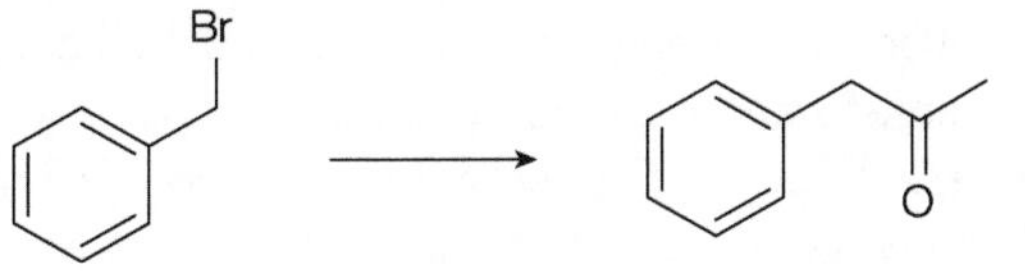

b) 

c) 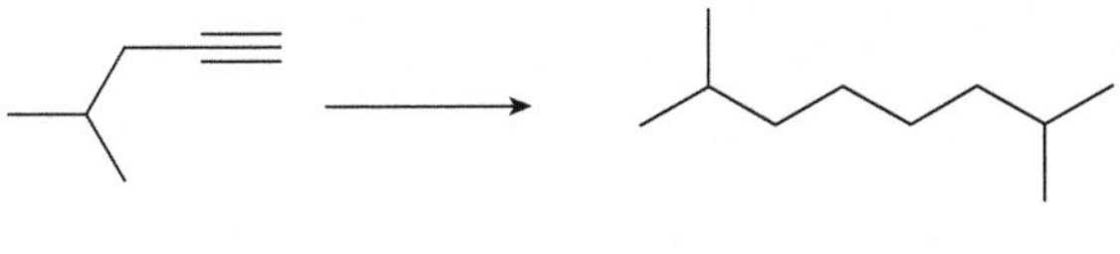

d) 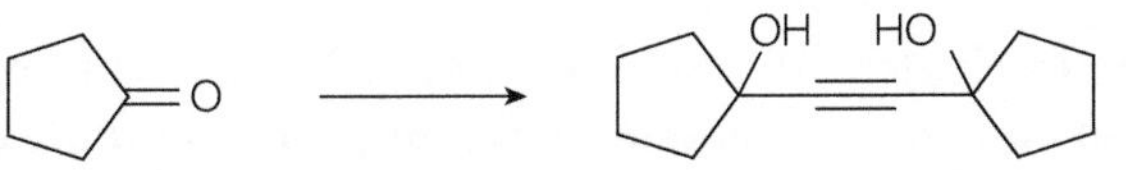

10. Sugira um método para preparar o ciclodecino a partir de acetileno e quaisquer outros reagentes que julgar necessários.

11. Os compostos 1 e 2 foram isolados das flores de açafrão (*Carthamus tinctorins*), e o composto 3, das folhas e flores do picão (*Bidens pilosa*). Todos eles apresentam atividade nematicida.

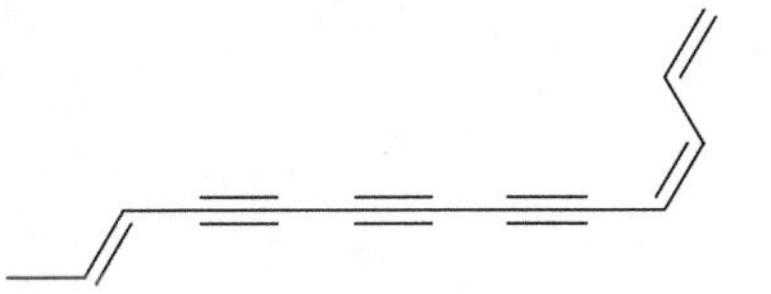

(1)

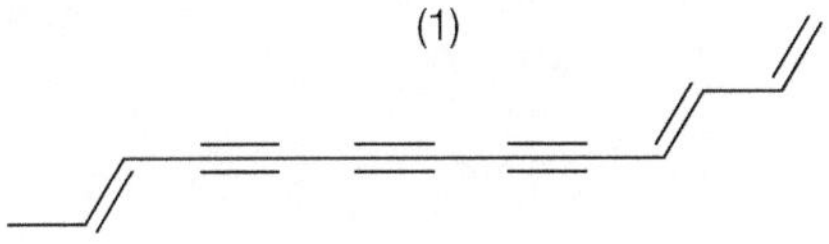

(2)

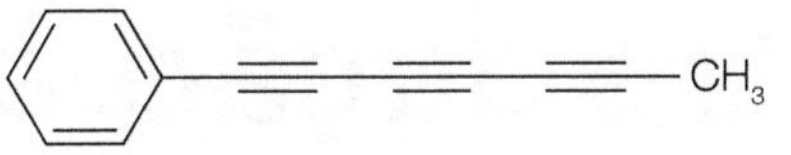

(3)

a) Dê o nome sistemático desses alquinos e os nomes dos produtos obtidos pela hidrogenação catalítica de cada um deles na presença de Pt/H_2 (excesso). No caso do composto 3, o anel não é hidrogenado.

b) Qual a fórmula e o nome do produto (alqueno) da hidrogenação do composto 1 na presença de Pd-$CaCO_3$?

12. Qual o produto esperado do tratamento do pent-1-ino com os seguintes reagentes:

a) Br_2 em excesso

b) Na em amônia líquida

c) H_2 na presença da Pd/C

d) HCl em excesso

e) Metanol na presença de $Hg(OAc)_2$ e H_2SO_4

13. Represente as fórmulas estruturais dos produtos obtidos da ozonólise do ácido tarírico.

14. Alguns feromônios, substâncias químicas utilizadas na comunicação entre indivíduos de uma mesma espécie, são constituídos por uma mistura de alquenos *E* e *Z*. O alquino representado a seguir é obtido durante a síntese do feromônio sexual de *Grapholita molesta*, uma mariposa que é uma das principais pragas das plantações de pêssego.

$$CH_3[CH_2]_2C{\equiv}C[CH_2]_5CH_2OH$$

Forneça as fórmulas estruturais (de linhas) dos produtos resultantes da reação desse alquino com os seguintes reagentes:

H_2 (1 mol)/Pd-$BaSO_4$

Na/NH_3 liq.

15. Considerando que o but-1-ino e o but-2-ino apresentam temperaturas de ebulição iguais a 8,1 °C e 27 °C, respectivamente, resolva o que se pede:

a) Qual dos dois compostos apresenta maior momento de dipolo? Justifique.

b) Com base em forças intermoleculares, explique por que o but-2-ino possui maior temperatura de ebulição que seu isômero.

Capítulo 5

Introdução à química dos compostos aromáticos

Objetivos de aprendizagem

Após o estudo deste capítulo você deverá ser capaz de:

- Listar as principais fontes naturais de compostos aromáticos.
- Representar as fórmulas estruturais de alguns compostos aromáticos policíclicos e discutir sobre seus efeitos tóxicos para os seres humanos.
- Identificar as porções aromáticas de diversos tipos de compostos orgânicos.
- Aplicar as regras da IUPAC para nomear compostos aromáticos.
- Explicar o mecanismo geral para reações de substituição eletrofílica aromática, apresentando as fórmulas estruturais dos intermediários e estados de transição.
- Classificar os grupos substituintes ligados ao anel benzênico como ativante ou desativante e como orientadores *orto-para* ou *meta*.

Resumo

Neste capítulo é feita uma introdução sobre o estudo de compostos derivados do benzeno que são conhecidos como aromáticos. São apresentadas as regras de nomenclatura de compostos aromáticos, bem como as características estruturais necessárias para que um composto seja denominado aromático. O mecanismo das reações de substituição eletrofílica aromática é apresentado, sendo ilustrado para os casos das reações de alquilação e acilação de Friedel-Crafts, nitração, sulfonação e halogenação. A influência de grupos substituintes ligados ao anel aromático sobre a reatividade e a orientação nas reações de substituição eletrofílica aromática são também discutidas. O capítulo é concluído com um pequeno histórico sobre a descoberta dos fulerenos e dos nanotubos de carbono.

Em 1825, o cientista inglês **Michael Faraday** isolou, a partir de um resíduo oleoso acumulado nos tanques que transportavam um gás comprimido utilizado na iluminação pública de Londres, a substância que hoje conhecemos como *benzeno*. Esse composto e outros que apresentam comportamento químico semelhante foram denominados *aromáticos*. A designação foi dada inicialmente por **Friedrich August Kekulé** com base puramente no cheiro de tais substâncias, isoladas de resinas de plantas aromáticas. Hoje em dia, o termo *aromático* tem um significado químico específico, conforme será discutido ainda neste capítulo.

Dos compostos aromáticos, o benzeno é o mais simples. Em 1834, foi demonstrado por Faraday que sua fórmula empírica era CH e, alguns anos mais tarde, sua fórmula molecular foi determinada como C_6H_6. Os químicos da época propuseram várias fórmulas estruturais para o benzeno, mas nenhuma delas se mostrava adequada. Somente em 1865 é que o químico alemão Kekulé propôs uma fórmula estrutural para o benzeno que se mostrou correta. Ele sugeriu que os átomos de carbono deviam estar ligados entre si, formando um anel. Cada carbono deveria estar ligado a um hidrogênio, e as ligações entre os carbonos deveriam ser duplas e simples alternadas, conforme representado a seguir:

Michael Faraday (1791-1867): nasceu em Newington Butts, Inglaterra. Trabalhou como assistente de Sir Humphry Davy no Royal Institution em Londres, tendo sido diretor desse mesmo instituto.

Friedrich August Kekulé (1821-1896): químico alemão, nasceu em Darmstad. Estudou na Universidade de Giessen (1847), tendo também trabalhado com os químicos Liebig, Dumas, Gerhardt e Willianson. Foi professor das universidades de Heidelberg, Ghent e Bonn. Três dos cinco primeiros laureados com o prêmio Nobel de Química foram alunos de Kekulé.

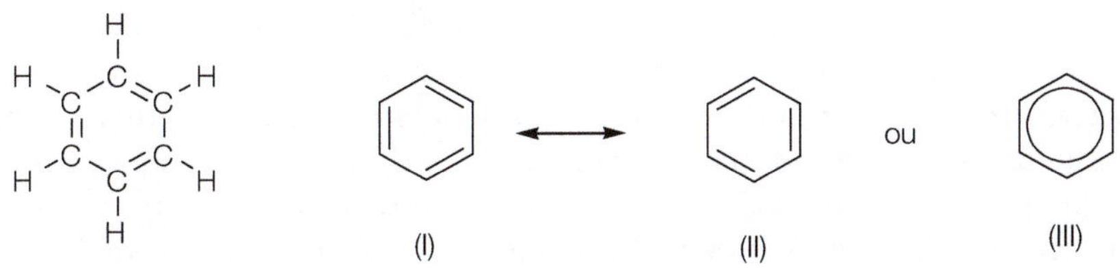

Benzeno (I) (II) ou (III)

Apesar de a representação mostrar ligações duplas e simples entre os carbonos, na realidade todas as ligações carbono-carbono têm o mesmo comprimento (140 pm). Essa distância é intermediária entre uma ligação simples C—C (~154 pm) e uma ligação dupla C=C (~133 pm). A ordem das ligações C—C no benzeno é de 1,5, o que pode ser representado pela fórmula denominada *híbrido de ressonância*, em que os 6 elétrons estão deslocalizados, em contraste com a situação dos alquenos, nos quais os elétrons estão localizados em ligação dupla entre dois carbonos. É por isso que a fórmula estrutural do benzeno é frequentemente representada pela estrutura III, em que o círculo corresponde ao sexteto eletrônico (6 elétrons π).

A proposta de Kekulé para a fórmula estrutural do benzeno se mostrou tão importante para a química orgânica que, em 1890, a prefeitura de Berlim organizou uma comemoração para celebrar o 25° aniversário da data. Nessa ocasião, em seu discurso, Kekulé revelou que a ideia de ligar os 6 átomos de carbono na forma de um círculo veio de um sonho, no qual ele vira algumas cobras mordendo a própria cauda.

Nomenclatura

O nome *benzeno* é derivado de *Styrax benzoin*, uma árvore nativa de Sumatra e Java. Essa árvore produz uma resina que contém o composto denominado *ácido benzoico*. Os químicos Peligot (1833) e E. Mitscherlich (1834), ao aquecer o ácido benzoico com óxido de cálcio, obtiveram um composto cuja composição (C_6H_6) e características físicas eram iguais às do benzeno. Assim, Mitscherlich propôs o nome *benzina* para esse composto. O químico alemão **Liebig** sugeriu o termo *benzol*, e, em 1835, o francês Laurent denominou o composto de *benzeno*. Ainda hoje, os termos *benzina* e *benzol*, não aceitos pela IUPAC, aparecem em alguma literatura.

Alguns hidrocarbonetos aromáticos, bem como compostos benzênicos substituídos por um grupo hidroxila (—OH, Capítulo 9) e por um grupo amino (—NH_2, Capítulo 11), têm nomes não sistemáticos aceitos pela IUPAC:

Justus Von Liebig (1803-1873): químico alemão nascido em Darmstadt. Estudou em Bonn e em Erlangen, e, em 1822, foi para Paris trabalhar sob a supervisão de Gay-Lussac. Foi professor das universidades de Giessen (1824-1852) e de Munique (1852-1873). Seu laboratório em Giessen se tornou um dos melhores da Alemanha, tendo introduzido instruções práticas nos cursos de química, novidade para a época.

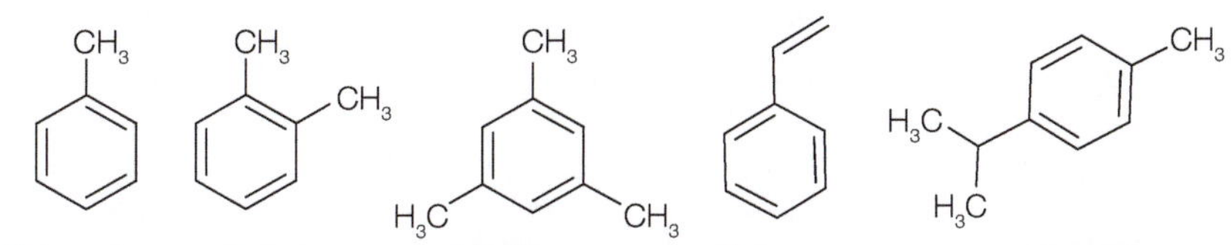

Tolueno *o*-xileno Mesitileno Estireno *p*-cimeno

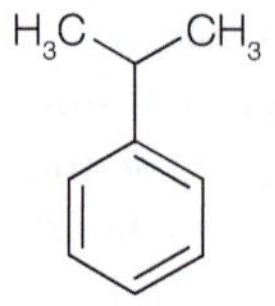
Cumeno

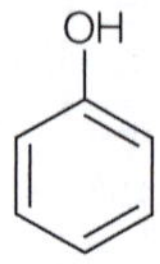
Fenol

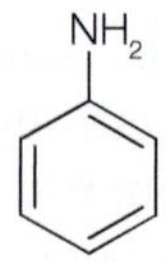
Anilina

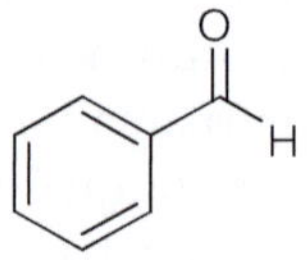
Benzaldeído

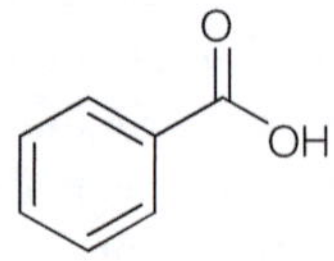
Ácido benzoico

Alguns desses compostos podem ser nomeados de forma sistemática, citando-se os nomes dos grupos substituintes seguidos da palavra *benzeno*.

Outros hidrocarbonetos benzênicos são nomeados como derivados do benzeno ou de algum dos compostos do exemplo anterior. Se o grupo substituinte introduzido for idêntico a um grupo já presente, o composto passará a ser nomeado derivado do benzeno. Os grupos substituintes são sempre citados em ordem alfabética. A numeração do núcleo benzênico é feita de modo que o conjunto numérico atribuído aos grupos substituintes seja o menor possível. No caso de anéis benzênicos dissubstituídos, a posição relativa dos substituintes pode ser indicada pelos prefixos *orto* (*o* ou 1,2), *meta* (*m* ou 1,3) e *para* (*p* ou 1,4).

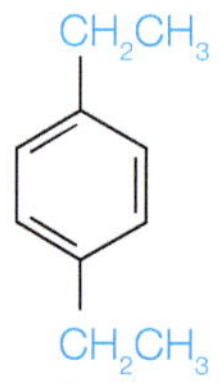
1,4-dietilbenzeno
ou *p*-dietilbenzeno

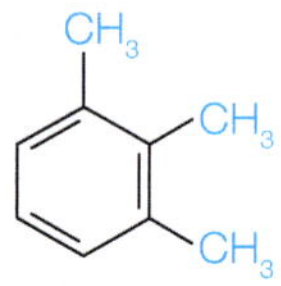
1,2,3-trimetilbenzeno
(não metilxileno ou dimetiltolueno)

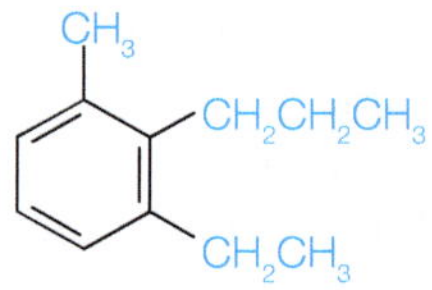
1-etil-3-metil-2-
-propilbenzeno

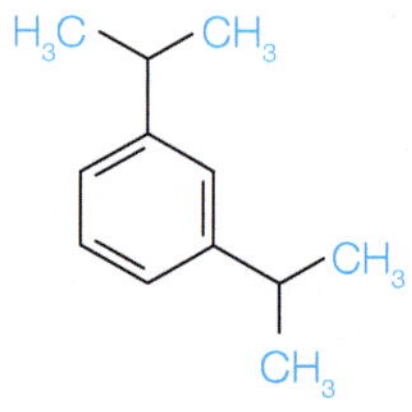
m-diisopropilbenzeno
1,3-diisopropilbenzeno
(não 3-isopropilcumeno)

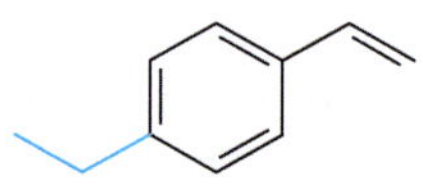
4-etilestireno
ou *p*-etilestireno

Compostos benzênicos substituídos com grupos nitro ($-NO_2$), flúor ($-F$), cloro ($-Cl$), bromo ($-Br$) etc. são nomeados da mesma forma que os hidrocarbonetos, sempre citando-se os grupos em ordem alfabética. No caso de derivados do fenol e da anilina, a numeração é iniciada a partir do carbono que suporta os grupos OH ou NH_2, respectivamente, conforme ilustrado a seguir:

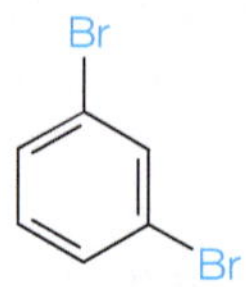
m-dibromobenzeno

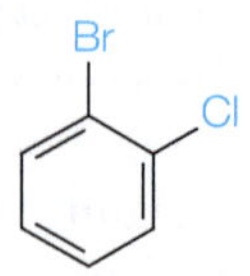
1-Bromo-2-clorobenzeno

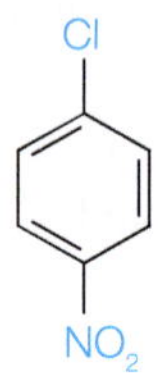
1-cloro-4-nitrobenzeno

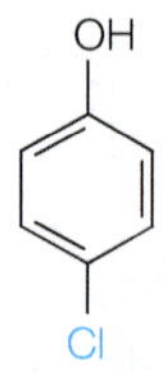
para-clorofenol

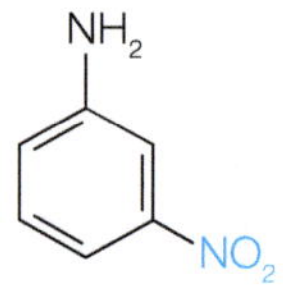
3-nitroanilina

Em alguns casos o anel aromático é nomeado como substituinte, utilizando-se os seguintes prefixos recomendados pela IUPAC:

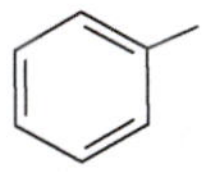

Fenil

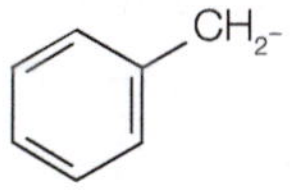

Benzil

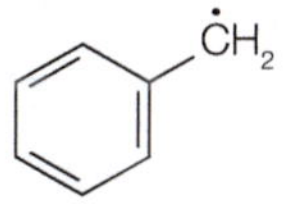

Radical benzila

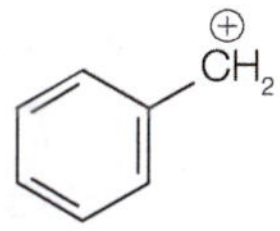

Cátion benzila

O grupo fenil(a) é frequentemente representado pelos símbolos Ph, ϕ ou pela fórmula C_6H_5–. O termo *benzila* é também utilizado para descrever o cátion e o radical correspondente.

O uso desses prefixos é ilustrado nos exemplos seguintes:

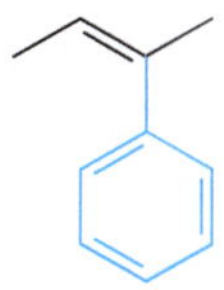

(*Z*)-2-fenilbut-2-eno

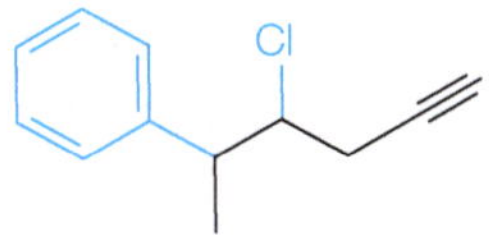

4-cloro-5-fenilex-1-ino

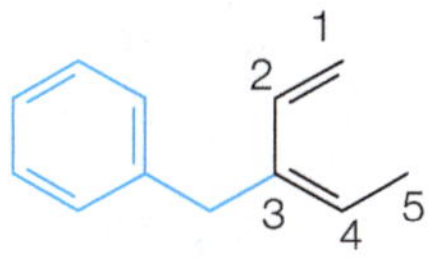

(3*Z*)-3-benzilpenta-1,3-dieno

Os nomes dos hidrocarbonetos aromáticos polinucleares possuem terminação *eno*, e, especificamente no caso de arranjos lineares constituídos por mais de 5 anéis, o nome é formado por um prefixo numérico grego (Capítulo 2) seguido da terminação *aceno*.

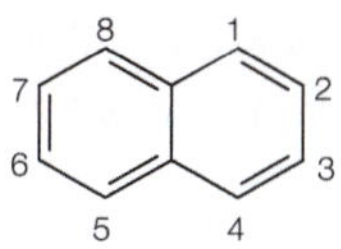

Naftaleno

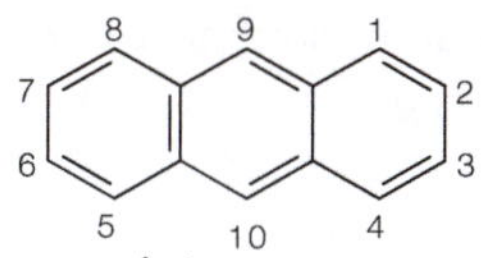

Antraceno

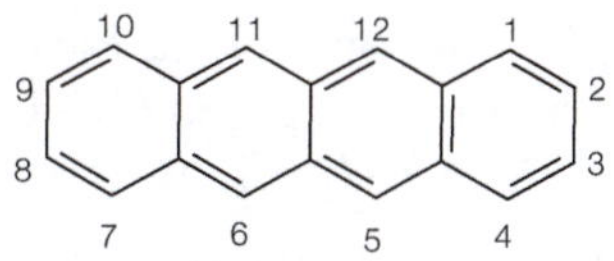

Naftaceno

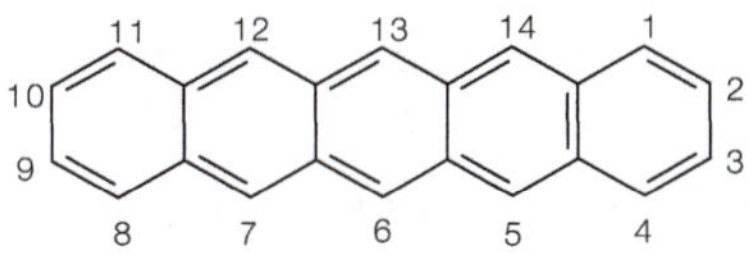

Pentaceno

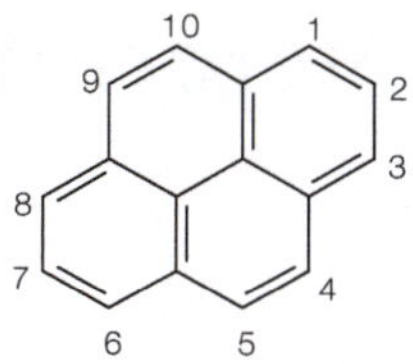

Pireno

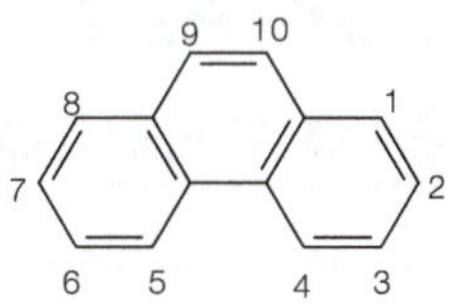

Fenantreno

Compostos derivados dos hidrocarbonetos mostrados anteriormente são nomeados citando-se os nomes dos grupos substituintes seguidos do nome do hidrocarboneto. As posições dos grupos são indicadas por algarismos arábicos, de acordo com a numeração previamente definida, conforme mostrado nas estruturas anteriores. Note que, no caso do antraceno, a numeração não segue o padrão dos demais compostos.

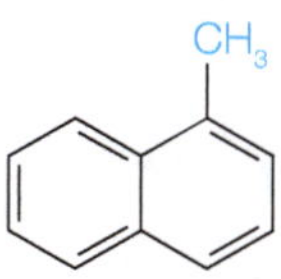

1-metilnaftaleno

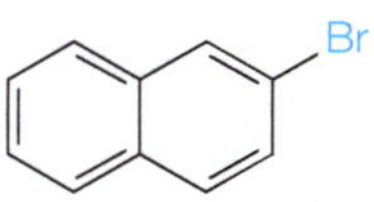

2-bromonaftaleno

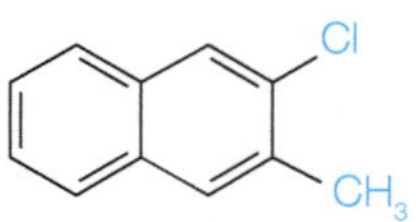

2-cloro-3-metilnaftaleno

Teste 5.1

Represente a fórmula estrutural para o benzeno e para três isômeros do diclorobenzeno. Forneça os nomes para os três isômeros do diclorobenzeno.

Teste 5.2

Represente as fórmulas estruturais dos seguintes compostos:

a) 3-clorotolueno
b) *p*-nitroanilina
c) estireno
d) ácido 2-hidroxibenzoico
e) 2,6-dibromofenol
f) 2-cloro-1,4-dinitrobenzeno

Teste 5.3

Apresente os nomes dos seguintes compostos:

a) 

c) 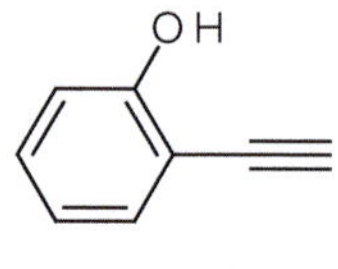

e) 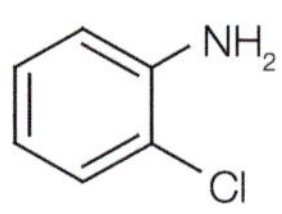

g) 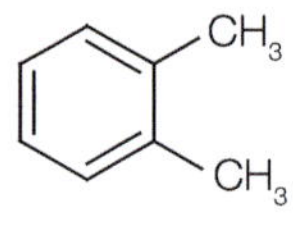

b) 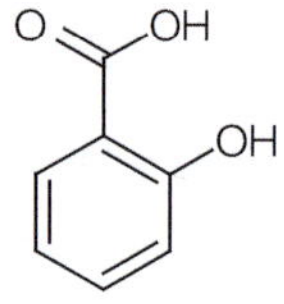

d) 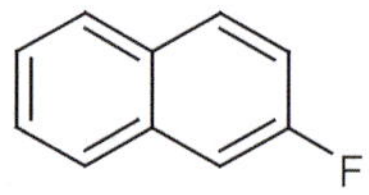

f) 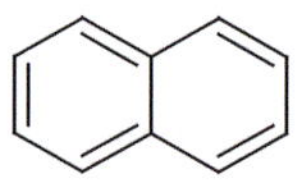

h) 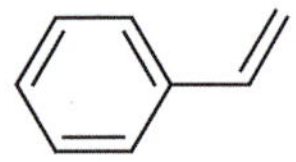

Teste 5.4

Represente as estruturas de ressonância para o naftaleno. Explique por que a ligação C1–C2 do naftaleno (1,36 Å) é mais curta que a ligação C2–C3 (1,39 Å).

Fontes de hidrocarbonetos aromáticos

As principais fontes de hidrocarbonetos aromáticos são o carvão de pedra, ou hulha, e o petróleo.

O carvão de pedra é formado de uma mistura complexa de moléculas orgânicas, constituídas predominantemente de estruturas aromáticas policíclicas. Apenas para fins de ilustração, a molécula apresentada a seguir representa uma porção de uma substância presente no carvão mineral.

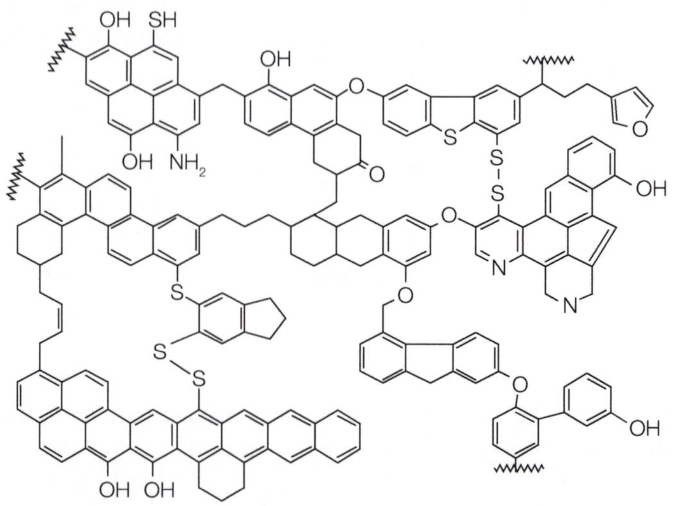

O aquecimento do carvão a altas temperaturas, na ausência de ar, resulta na formação de grande quantidade de gases (metano e hidrogênio, principalmente), um resíduo oleoso denominado *alcatrão da hulha* e um sólido denominado *coque*, que é constituído basicamente de carbono e utilizado na indústria siderúrgica.

O alcatrão é uma mistura complexa de muitos compostos, sendo uma importante fonte de hidrocarbonetos aromáticos. A partir de uma tonelada de carvão obtêm-se, em média, 60 kg de alcatrão, dos quais são obtidos, por destilação fracionada, benzeno (1 kg), tolueno (0,25 kg), dimetilbenzeno (0,05 kg), fenol (0,25 kg), cresol (1 kg), naftaleno (2,5 kg) e antraceno (0,6 kg).

Esses e outros compostos aromáticos e heteroaromáticos obtidos do alcatrão se constituem em importantes matérias-primas para a manufatura de polímeros, pesticidas, tintas, adesivos, detergentes etc. O antraceno, por exemplo, é usado para a síntese de corantes derivados da antraquinona, que são largamente utilizados.

Apesar da diminuição da importância do carvão como fonte de energia, em relação ao petróleo e outras fontes alternativas, ele ainda é um produto de valor. Em virtude do grande volume de carvão processado anualmente, visando à produção de coque para a indústria siderúrgica, são produzidas anualmente em torno de 20 milhões de toneladas de alcatrão. Mesmo assim, a quantidade de benzeno e outros compostos aromáticos obtidos dessa fonte não é suficiente para atender ao mercado. Por essa razão, o petróleo se constitui na principal fonte de hidrocarbonetos aromáticos, embora o teor dessa classe de compostos seja baixo no óleo bruto. Nesse caso, o petróleo é submetido a um processo denominado *reforma catalítica*, que envolve isomerização e desidrogenação de algumas frações contendo hidrocarbonetos de baixa massa molecular, resultando na formação de compostos aromáticos. O tolueno, por exemplo, é obtido pela ciclização do heptano seguida de desidrogenação, ou a partir do 2,5-dimetildiclopentano, conforme ilustrado no Capítulo 2.

Toxicidade

A primeira referência a relacionar o câncer com produtos de combustão foi feita na Inglaterra em 1775, quando se observou elevada incidência de câncer de escroto entre jovens limpadores de chaminés que tinham contato diário com fumaça e alcatrão. Somente um século e meio após essa observação é que foi isolado o primeiro composto carcinogênico do alcatrão, o benzo[*a*]pireno. Esse composto, em quantidade muito pequena, causa câncer de pele em ratos.

Em 1974 foi constatado que o hábito das pessoas de consumir produtos defumados provocava inflamação crônica nos intestinos. Posteriormente, as estatísticas mostraram que essas pessoas morriam de câncer mais cedo que as que não consumiam tais produtos.

Em estudos com carne defumada foram encontrados os seguintes hidrocarbonetos aromáticos: benzo[*a*]pireno (0,6 mg kg^{-1}), fluoranteno (1,1 a 8,0 mg kg^{-1}), benzo[*g,h,i*]perileno (0,2 a 1,5 mg kg^{-1}), benzo[*a*]antraceno (0,2 mg kg^{-1}) e criseno (0,3 a 0,6 mg kg^{-1}).

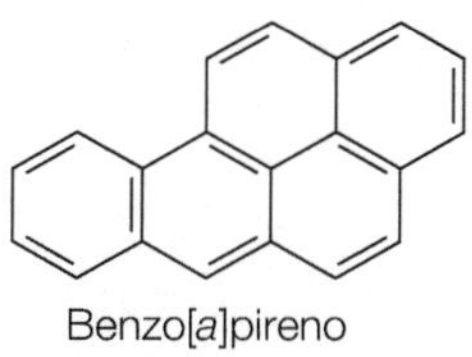
Benzo[*a*]pireno

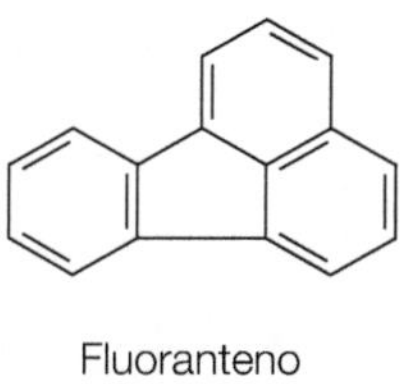
Fluoranteno

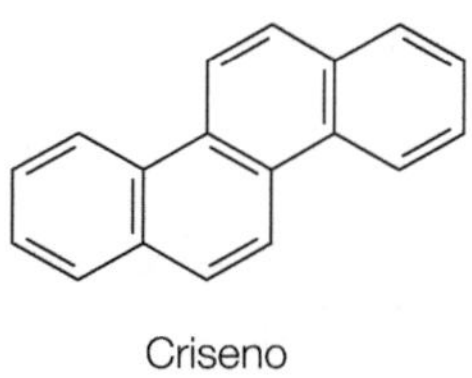
Criseno

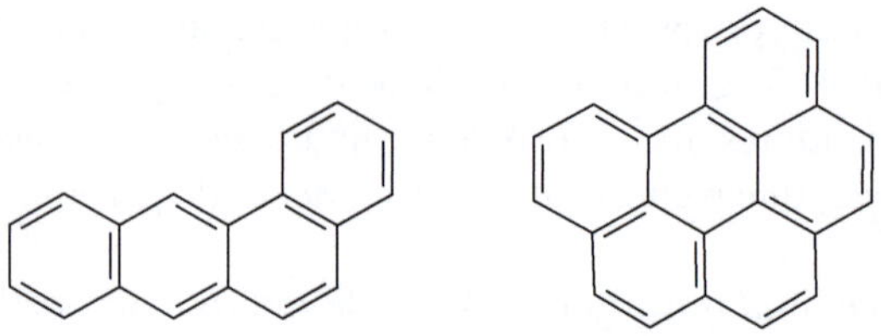

Benzo[*a*]antraceno Benzo[*g,h,i*]perileno

Além do benzo[*a*]pireno, reconhecidamente cancerígeno, suspeita-se que esses outros hidrocarbonetos aromáticos mencionados sejam também carcinogênicos.

Foi comprovado que os alimentos defumados de forma caseira possuem teor de benzo[*a*]pireno muito maior que os industrializados, e isso se deve ao maior tempo de exposição à fumaça no caso dos primeiros. Também foram encontradas quantidades consideráveis de substâncias policíclicas aromáticas em carne assada na brasa.

Apesar de o benzo[*a*]pireno ser um dos compostos carcinogênicos mais potentes, sabe-se, hoje, que os hidrocarbonetos aromáticos policíclicos são convertidos, durante as biotransformações que ocorrem nos organismos vivos, em compostos que são os reais causadores de câncer, como a molécula a seguir, derivada desse hidrocarboneto.

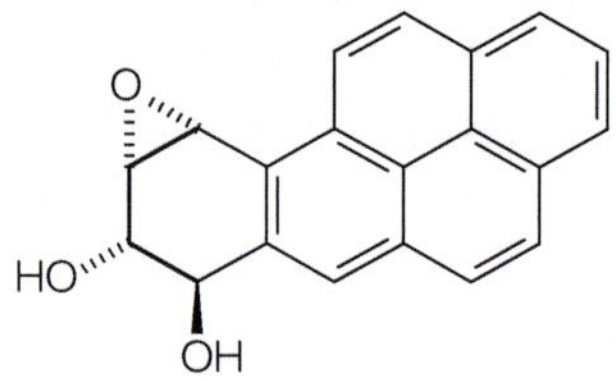

Metabólito carcinogênico

Esses metabólitos são usualmente epóxidos, os quais são bons eletrófilos que reagem com grupos nitrogenados das moléculas de DNA e RNA, acarretando alterações na integridade do código genético, o que, consequentemente, resulta em processos anormais de divisão celular.

O que fazer diante desses fatos? Não consumir alimentos defumados? Essa não parece ser a resposta, mas deve ficar claro que é absolutamente contraindicado consumir com frequência alimentos defumados e carne assada diretamente na brasa de fogo a lenha. Cabe, entretanto, aos higienistas e cientistas de alimentos proporem medidas adequadas e definitivas para reduzir o teor de substâncias carcinogênicas nesses tipos de alimento.

Estabilidade e reatividade do benzeno

A maioria dos compostos insaturados tende a sofrer reações de adição, nas quais as ligações duplas e tríplices são convertidas em ligações simples, conforme vimos no caso dos alquenos e alquinos. O benzeno e outros compostos aromáticos, entretanto, não reagem sob essas mesmas condições. Conforme exemplificado a seguir, quando o benzeno é tratado com Br_2 em CCl_4, na presença do catalisador $FeBr_3$, observa-se a formação de um produto de substituição (bromobenzeno), e não o produto de adição indicado.

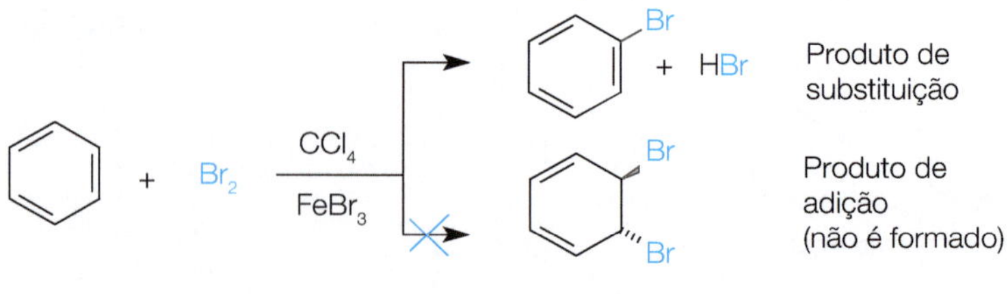

Apenas para ilustrar a diferença de reatividade entre os alquenos e o benzeno, são apresentados os seguintes exemplos:

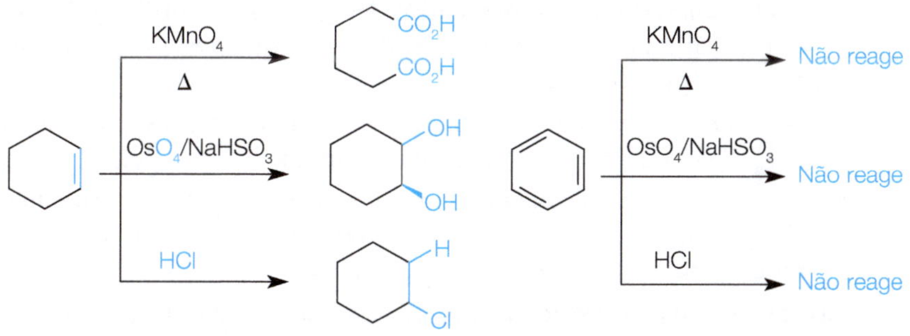

Essa diferença de reatividade entre o benzeno (e outros compostos aromáticos) e os alquenos pode ser entendida ao se analisarem as entalpias de hidrogenação desses compostos.

Pela Figura 5.1, observa-se que a entalpia de hidrogenação do ciclo-exa-1,3-dieno ($\Delta H°$= 229,48 kJ mol^{-1}) é aproximadamente duas vezes (2´ 118,7 = 237,4) o valor da entalpia de hidrogenação do cicloexeno. Já a entalpia de hidrogenação do benzeno é apenas 206,1 kJ mol^{-1}, ou seja, 150 kJ mol^{-1} a menos que o triplo da entalpia de hidrogenação do cicloexeno. Essa quantidade de energia, de 150 kJ mol^{-1}, é chamada *energia de ressonância* do benzeno ou *energia de estabilização*. Essa estabilização do benzeno em relação ao cicloexa-1,3,5-trieno hipotético (composto contendo ligações duplas e simples alternadas) deve-se à superposição dos orbitais *p*, permitindo a deslocalização total dos elétrons π (Figura 5.2). Uma explicação mais aprofundada da estabilidade dos compostos aromáticos é dada pela teoria de orbitais moleculares, cuja discussão está fora dos objetivos deste livro.

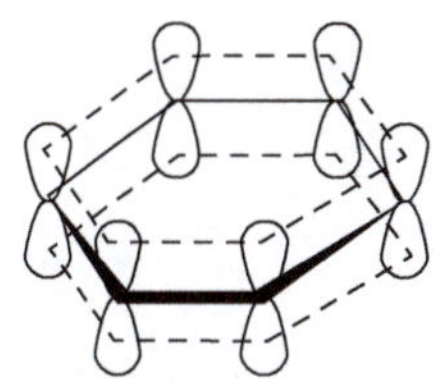

Figura 5.2 Representação dos orbitais *p* do benzeno.

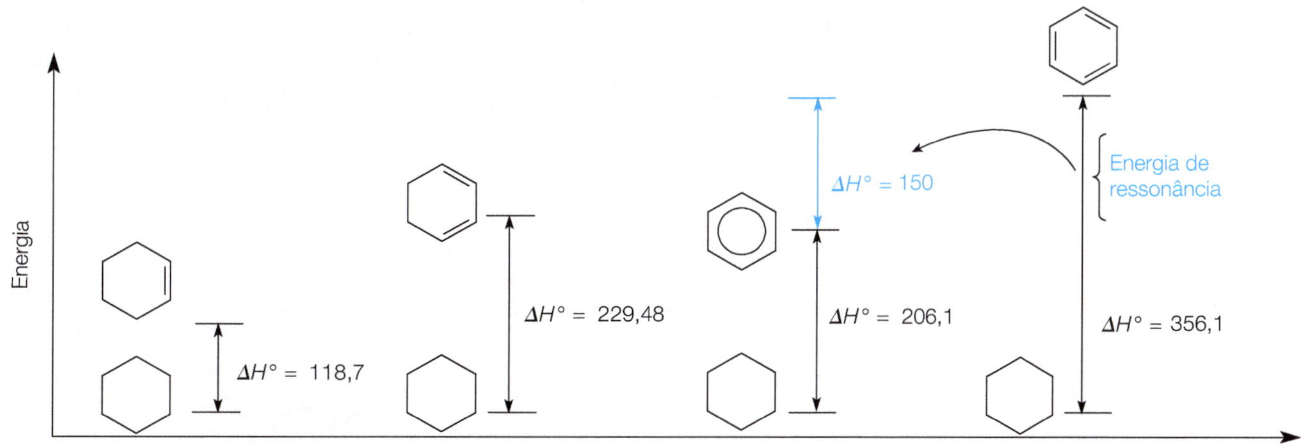

Figura 5.1 Entalpias de hidrogenação (kJ mol^{-1}) do cicloexeno, cicloexa-1,3-dieno e benzeno.

Outros compostos aromáticos

Conforme mencionado, o termo *aromático* foi originalmente aplicado a compostos estruturalmente parecidos com o benzeno, em razão do aroma que eles apresentavam. Posteriormente esse termo passou a ser utilizado para descrever vários compostos e íons que não possuem o núcleo benzênico, mas que se comportam quimicamente de forma semelhante ao benzeno.

Os requerimentos estruturais para que um composto tenha propriedades aromáticas são:

- A molécula aromática, ou a parte aromática desta, deve ser cíclica e plana.
- Cada átomo do sistema aromático deve possuir um orbital *p*. Todos os orbitais *p* devem ser paralelos, de modo que possa ocorrer uma superposição contínua entre eles.
- A nuvem de elétrons formada pelos orbitais *p* paralelos deve conter 4n + 2 elétrons π (regra de Hückel), em que n = 0, 1, 2, 3, ...
- Caso átomos de nitrogênio, oxigênio e enxofre estejam presentes, eles podem contribuir com no máximo dois elétrons para o sistema aromático.

Alguns exemplos de sistemas aromáticos catiônicos e aniônicos e alguns compostos heteroaromáticos comuns são:

Ânion ciclopentadienila — Cátion ciclopropenila — Cátion tropilio

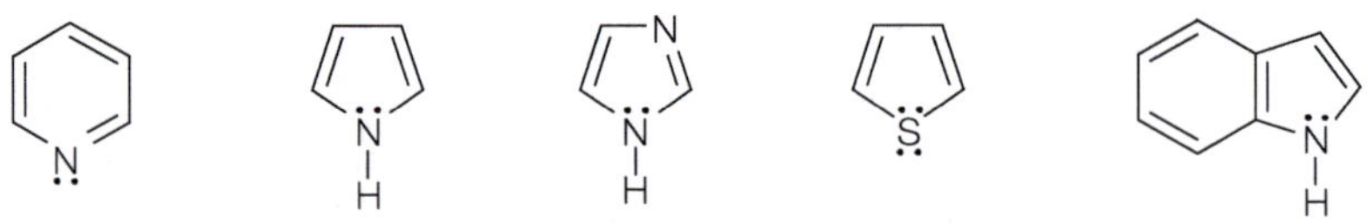

Piridina — Pirrol — Imidazol — Tiofeno — Indol

Os três íons ilustrados anteriormente são todos planos e se enquadram nos requerimentos listados.

No caso dos compostos heterocíclicos, um dos pares de elétrons não ligantes do oxigênio, do enxofre ou do nitrogênio entra em ressonância (exceto para a piridina), de modo que tais elétrons passam a ser contados como elétrons π. Para entender melhor isso, observe as estruturas de Lewis para o furano, mostradas a seguir. Note que nas últimas três estruturas o átomo de oxigênio possui hibridação sp^2, e com isso apresenta um orbital *p* que participa da ressonância.

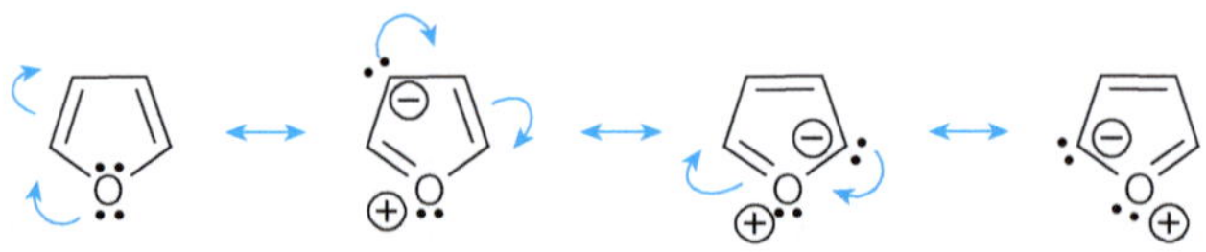

Observe agora a fórmula estrutural do ciclo-octatetraeno:

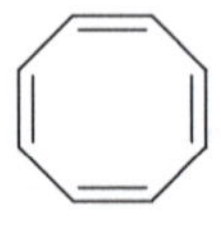

Ciclo-octatetraeno fórmula plana

Fórmula em forma de bote. Orbitais π em destaque

Embora esse composto seja cíclico e possua todos os carbonos com hibridação sp^2, ele não obedece à regra de Hückel, não sendo, portanto, aromático. Um exame detalhado da estrutura desse composto revela que, apesar de sua molécula ser frequentemente representada como plana, ela possui a forma de um bote. Em virtude dessa geometria, as ligações duplas no ciclo-octatetraeno não são conjugadas como no caso do benzeno. Isso se deve ao fato de os orbitais *p* não serem todos paralelos. Nesse composto, os comprimentos das ligações duplas e simples são, respectivamente, 134 pm e 148 pm, conforme esperado para sistemas não conjugados. Esse composto foi sintetizado pela primeira vez em 1911 por **Richard Willstätter**. Naquela época pensava-se que para um composto ser aromático, bastava o sistema cíclico ter todas as ligações duplas conjugadas. Como se observou, diferentemente do esperado, o ciclo-octatetraeno não se mostrou estável como o benzeno. De maneira diferente deste, ele reage rapidamente com bromo resultando em produto de adição e não de substituição, conforme veremos a seguir.

Richard Willstätter (1872-1942): químico alemão nascido em Karlshure. Formado no Technische Hochschule em Munique, foi professor nas universidades de Zurique, Dahlem e Munique. Recebeu o prêmio Nobel de Química em 1915 por seus trabalhos sobre clorofila e outras substâncias coloridas de plantas.

Teste 5.5

Dos compostos listados a seguir, indique quais são aromáticos ou possuem uma porção aromática. Para os compostos não aromáticos, explique quais critérios de aromaticidade eles não atendem.

a) 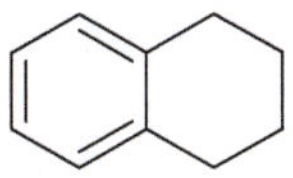

b) 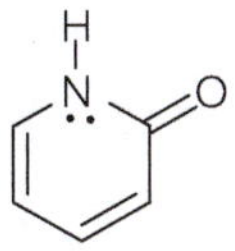

c) 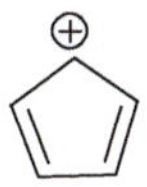

d) 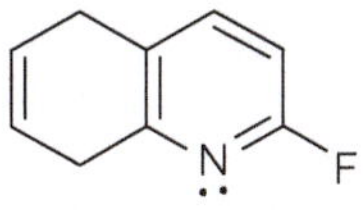

Reações

O benzeno, assim como os demais compostos aromáticos, é capaz de participar de uma enorme variedade de reações químicas. Nesta unidade, discutiremos apenas algumas das reações típicas dessa classe de compostos.

Substituição eletrofílica aromática

De forma análoga à dos alquenos, o benzeno é também rico em elétrons, o que faz com que ele (e outros compostos aromáticos) também reaja com eletrófilos. Esses eletrólifos podem ser íons positivos (E^+) ou espécies polares com um centro deficiente em elétrons ($E^{\delta+}-Nu^{\delta-}$). Entretanto, diferentemente dos alquenos, cuja reação típica é a adição, os compostos aromáticos, na presença de determinados reagentes eletrofílicos e em condições adequadas, sofrem um tipo de reação denominada *substituição eletrofílica aromática*. Nesse tipo de reação, um átomo de hidrogênio do composto aromático é substituído por um eletrófilo (E^+).

Observe na Figura 5.3 os mecanismos de adição de um reagente eletrofílico $E^{\delta+}-Nu^{\delta-}$ a um alqueno e de substituição eletrofílica aromática no benzeno. Mecanismo semelhante ocorre no caso de o eletrófilo ser um íon E^+. Em ambos os casos, a primeira etapa da reação envolve o ataque da ligação dupla ao reagente eletrofílico, com formação de um carbocátion e um grupo nucleofílico $Nu:^-$. Essa etapa é lenta e, portanto, determinante da velocidade da reação. No caso dos alquenos, o nucleófilo reage com o carbocátion, resultando no produto de adição. No caso do benzeno, o carbocátion é conjugado com as ligações duplas restantes, o que resulta em uma estabilização adicional dele, por meio de ressonância, conforme ilustrado pelas estruturas de Lewis 1, 2 e 3. Diferentemente do que ocorre no caso dos alquenos, esse intermediário carbocatiônico perde um próton (H^+), auxiliado pelo grupo $Nu:^-$. Essa etapa é rápida, pois envolve a rearomatização do sistema.

Um diagrama típico da variação de energia que ocorre durante uma reação de substituição eletrofílica aromática no benzeno é apresentado na Figura 5.4. Observe que a reação do eletrófilo E^+ com o benzeno inicialmente envolve um estado de transição II, que em seguida resulta no

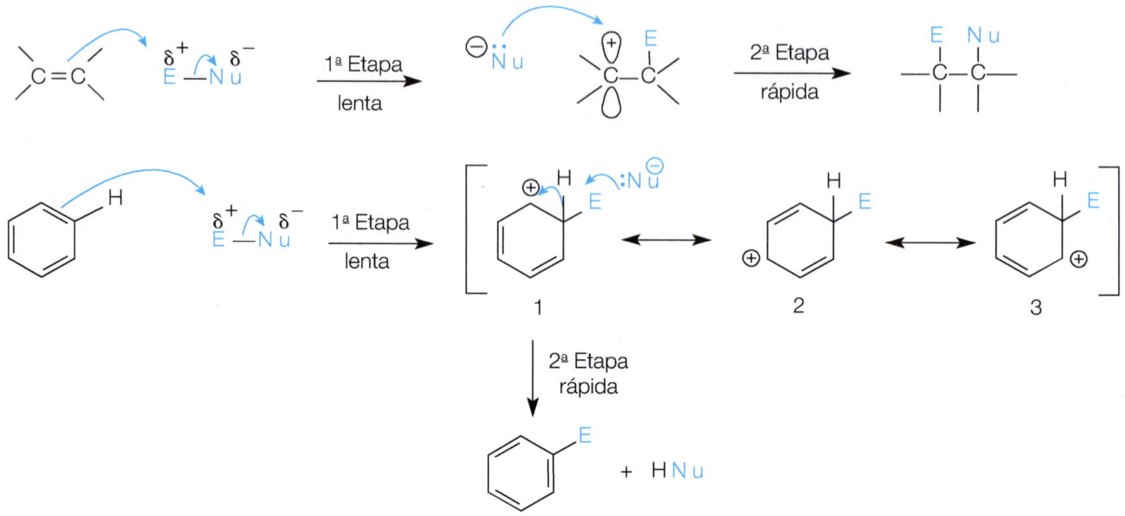

Figura 5.3 Mecanismos das reações de adição de um reagente eletrofílico E-Nu a um alqueno e de substituição eletrofílica aromática no benzeno.

intermediário III. A variação de energia livre ΔG_1 corresponde à energia mínima necessária para que a reação se inicie. Como o estado de transição II possui muito do caráter positivo do intermediário III, qualquer fator que estabilize o carbocátion também resultará na estabilização desse estado de transição, acelerando a reação. O intermediário do tipo III é às vezes conhecido como complexo σ ou intermediário de Wheland. Como se pode ver nesse diagrama, essa etapa inicial (lenta) é endotérmica, ou seja, envolve gasto de energia. A transformação do intermediário III, via estado de transição IV, no produto final V, é exotérmica, correspondendo à etapa rápida do processo. Com a eliminação do átomo de hidrogênio, o sistema se torna novamente aromático. A diferença de energia entre I e V pode ser positiva ou negativa, dependendo da reação em particular.

Na Figura 5.3 não foram representados os estados de transição mencionados na Figura 5.4. Vale esclarecer que, no primeiro estado de transição II, a ligação entre o eletrófilo e o átomo de carbono do anel benzênico está formada apenas parcialmente. No segundo estado de transição IV a ligação entre o átomo de hidrogênio, que é eliminado, e o carbono do anel está apenas parcialmente rompida.

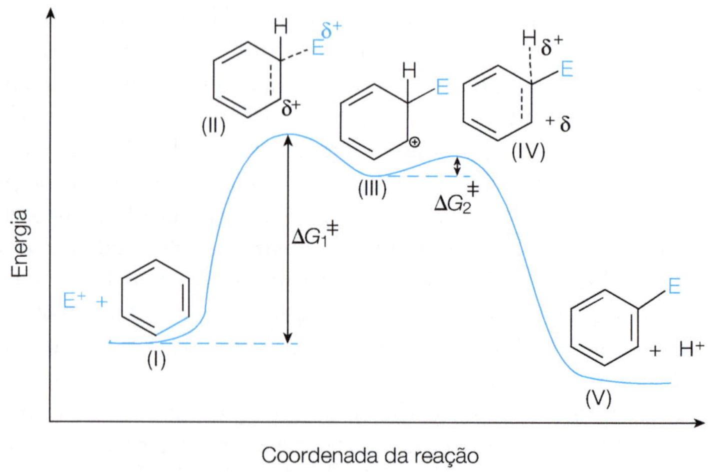

Figura 5.4 Diagrama de variação de energia em uma reação de substituição eletrofílica no benzeno.

Cinco das mais comuns e importantes reações de substituição eletrofílica aromática são sumarizadas no Quadro 5.1, no qual são apresentados, de modo geral, os reagentes necessários para gerar os eletrófilos específicos em cada caso. O mecanismo geral apresentado anteriormente, com pequenas variações, é basicamente o mesmo para todas elas. A seguir será feita uma discussão sobre cada caso em particular.

Quadro 5.1 Algumas reações de substituição eletrofílica aromática

Nome	Exemplo
Halogenação	$Ar-H + X_2 \xrightarrow{FeX_3} Ar-X$
Nitração	$Ar-H + HNO_3 \xrightarrow{H_2SO_4} Ar-NO_2$
Sulfonação	$Ar-H + SO_3 \xrightarrow{H_2SO_4} Ar-SO_3H$
Alquilação de Friedel-Crafts	$Ar-H + RX \xrightarrow{AlX_3} Ar-R$
Acilação de Friedel-Crafts	$Ar-H + RCOX \xrightarrow{AlX_3} Ar-\overset{O}{\overset{\Vert}{C}}-R$

Halogenação

A reação de halogenação é um dos métodos mais úteis para a introdução de substituintes em um sistema aromático. Os processos mais comuns envolvem a cloração e a bromação. O flúor é muito reativo, sendo normalmente bastante baixo o rendimento de produtos monofluorados. O iodo, por outro lado, é muito pouco reativo, e geralmente a iodação de anéis aromáticos requer a presença de agentes oxidantes, como H_2O_2 ou $CuCl_2$.

Serão discutidos, portanto, os casos mais comuns, ou seja, cloração e bromação. No caso da halogenação do benzeno, como este é menos nucleofílico que um alqueno, para que a reação ocorra é necessária a presença de um ácido de Lewis como catalisador (normalmente é utilizado $FeBr_3$, $AlBr_3$, $FeCl_3$ ou $AlCl_3$), cuja função é polarizar a molécula X_2, tornando-a mais eletrofílica, conforme ilustrado a seguir para o caso do bromo. O mecanismo é semelhante nas reações envolvendo cloro.

$$:\ddot{Br}-\ddot{Br}: + FeBr_3 \rightleftharpoons \overset{\delta^+}{Br}\cdots\overset{\delta^-}{\ddot{Br}}\cdots FeBr_3 \rightleftharpoons :\ddot{Br}^{\oplus} + \overset{\ominus}{FeBr_4}$$

Posteriormente ocorre o ataque nucleofílico do anel benzênico ao eletrófilo, que pode ser simplesmente o complexo intermediário em que a molécula do halogênio está polarizada, ou pode ser representado como Br^+ ou Cl^+. Por uma questão de simplificação, no mecanismo a seguir o eletrófilo será representado como Br^+, assim:

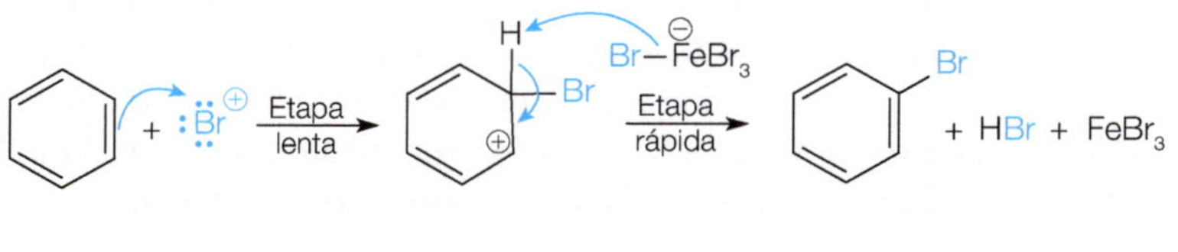

A etapa que envolve o ataque nucleofílico com formação do carbocátion intermediário é lenta, a etapa seguinte, envolvendo a rearomatização do sistema, é rápida. Nessa etapa, com a saída do próton ocorrem finalmente a formação de HBr e a regeneração do catalisador.

Devemos chamar a atenção para o fato de que, em alguns compostos aromáticos que possuem grupos ligados ao anel, que o tornam mais nucleofílico, a reação ocorre mesmo na ausência de catalisador. Esses grupos são denominados *ativantes*, conforme será discutido na próxima seção. Um exemplo é a reação da anilina com o bromo. Note que a anilina é tão reativa que ocorre a entrada de três átomos de bromo no anel. Uma explicação detalhada sobre a orientação da entrada dos átomos de bromo também será apresentada a seguir.

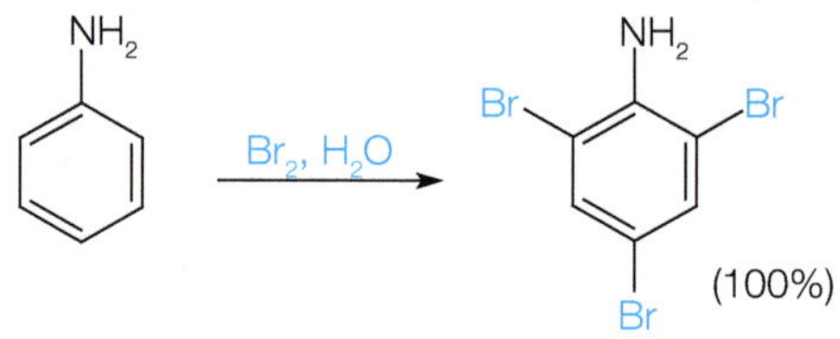

Teste 5.6

Represente todas as estruturas de ressonância para o carbocátion intermediário formado pela cloração do benzeno.

Nitração

O eletrófilo envolvido na nitração do benzeno é o íon nitrônio NO_2^+. Esse íon normalmente é gerado a partir do ácido nítrico. Sua formação é catalisada pelo uso de ácido sulfúrico concentrado, conforme ilustrado pela equação:

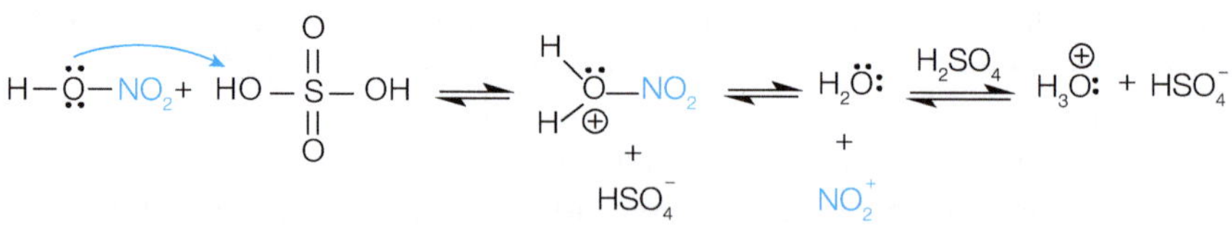

A molécula do ácido nítrico ($pK_a = -1{,}3$) é inicialmente protonada pelo ácido sulfúrico ($pK_a = -9$), que é mais forte. Com a perda de água, forma-se o NO_2^+. A molécula de água reage também com o ácido sulfúrico, sendo protonada em outra reação ácido-base.

O íon nitrônio pode ser formado mesmo na ausência de ácido sulfúrico, conforme ilustrado pela equação a seguir. Nesse caso, a extensão da ionização é de aproximadamente 4%.

$$3\ HNO_3 \rightleftharpoons NO_2^+ + 2\ NO_3^- + H_3O^+$$

Uma vez formado o eletrófilo (NO_2^+), o mecanismo da nitração é análogo ao já apresentado para a halogenação e ocorre em duas etapas principais. Na primeira, o íon nitrônio reage com o anel aromático com quebra da aromaticidade; na segunda, ocorre a perda de um próton, assistida pela água presente no meio, com a consequente rearomatização do sistema.

O mecanismo apresentado para a reação de nitração corresponde a uma versão simplificada dentre as muitas propostas encontradas na literatura. Alguns estudos sobre esse mecanismo vêm sendo realizados pelo Prof. José Walkimar de Mesquita Carneiro (Instituto de Química, Universidade Federal Fluminense) e colaboradores. Uma excelente discussão sobre esse assunto encontra-se nas seguintes referências: *Química Nova*, 24, 2001, p. 381-389; *J. Am. Chem. Soc.*, 125, 2003, p. 4836-4849; *J. Org. Chem.*, 71, 2006, p. 6192-6203.

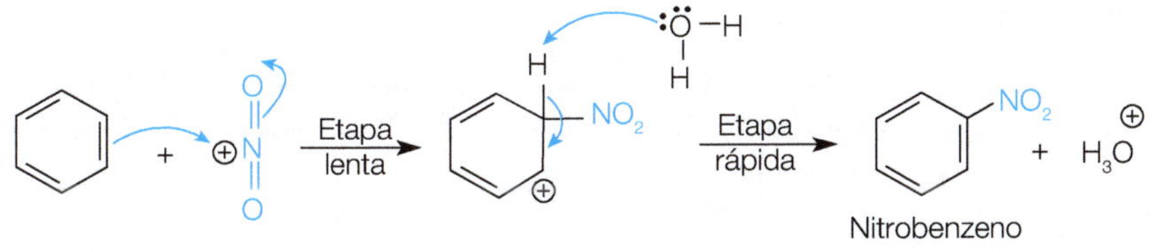

A reação de nitração de compostos aromáticos é utilizada na análise quantitativa de algumas proteínas. A amostra contendo uma proteína conhecida é tratada com HNO_3 concentrado, o qual reage com aminoácidos que contêm grupos aromáticos, como tirosina, fenilalanina e triptofano (Capítulo 13), produzindo compostos nitrados de cor amarela intensa. A determinação espectrofotométrica de intensidade da cor produzida permite a quantificação do teor de proteína na amostra. Essa reação, exemplificada a seguir, é conhecida pelo nome de *xantoproteica*.

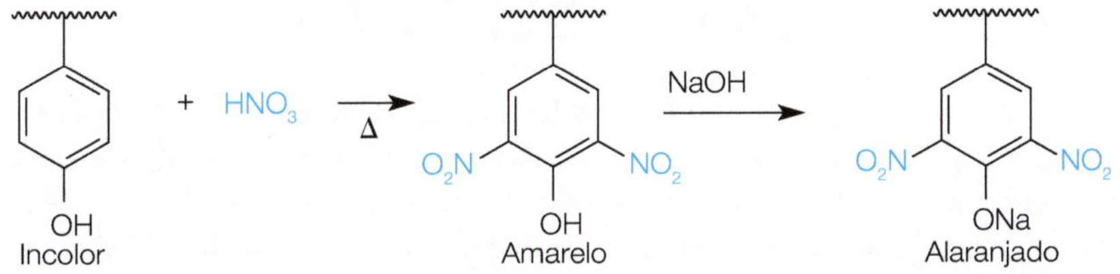

A nitração é também importante pelo fato de os compostos aromáticos nitrados poderem ser transformados em muitos produtos. Uma das reações mais importantes desses compostos é a redução do grupo nitro, resultando no grupo amino ($-NH_2$), conforme exemplificado no Capítulo 11.

Sulfonação

O mecanismo da reação de sulfonação do benzeno tem sido extensivamente investigado. Esses estudos indicaram que o eletrófilo varia de acordo com o reagente empregado, ou seja, dependendo da concentração do ácido sulfúrico utilizado, o eletrófilo pode ser $H_2S_2O_7$, $H_3SO_4^+$, $H_2S_4O_{13}$ ou SO_3. O SO_3 parece estar sempre envolvido, particularmente quando se utiliza ácido sulfúrico fumegante ($H_2SO_4 + SO_3$). O equilíbrio envolvendo sua formação é mostrado no esquema a seguir. Embora o SO_3 não possua carga positiva, ele é um eletrófilo muito forte, uma vez que o átomo de enxofre está ligado a 3 átomos de oxigênio, os quais são fortes retiradores de elétrons.

O mecanismo da substituição eletrofílica, considerando o SO_3 como eletrófilo, é similar aos já discutidos, conforme ilustrado a seguir:

$$2\ H_2SO_4 \rightleftharpoons SO_3 + H_3O^+ + HSO_4^-$$

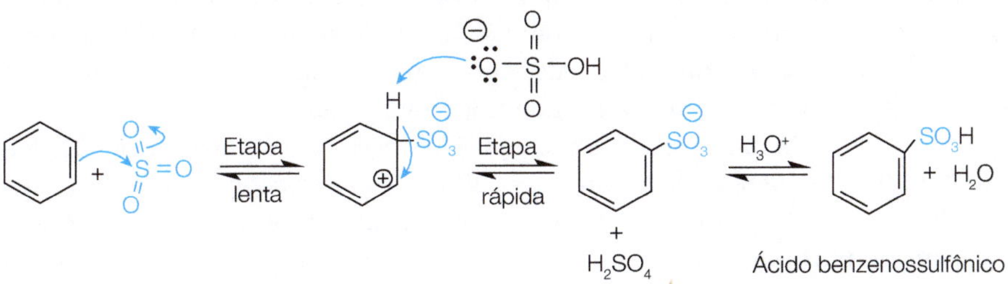

Entretanto, uma diferença marcante entre as reações de nitração e halogenação e a de sulfonação é que esta última é reversível. Assim, se o ácido benzenossulfônico, por exemplo, for tratado com ácido sulfúrico diluído, o grupo sulfônico será substituído por hidrogênio. Essa facilidade de remoção do grupo sulfônico faz dos ácidos arenossulfônicos intermediários úteis em várias transformações sintéticas.

Teste 5.7

A reação de bezeno com ácido clorossulfônico ($ClSO_2OH$) resulta na formação de cloreto de benzenossulfonila. Mostre as etapas do mecanismo para essa reação.

Alquilação de Friedel-Crafts

Charles Friedel (1832-1899): químico francês nascido em Estrasburgo. Estudou na Sorbone (Paris) e foi professor na Ecole des Mines (1876-1884) e na Universidade de Paris (1884-1899).

James M. Crafts (1839-1917): químico americano nascido em Boston. Formou-se na Harvard (1898) e foi professor na Universidade de Cornel (1868-1871) e no Instituto de Tecnologia de Massachusets (1871-1900).

A alquilação corresponde à substituição de um átomo de hidrogênio de um composto aromático por um grupo alquila (R). A reação envolvendo o tratamento de um composto aromático com um cloreto de alquila na presença de uma quantidade catalítica de um ácido de Lewis ($AlCl_3$, $FeCl_3$ etc.) foi desenvolvida pelos químicos **Charles Friedel** e **James Crafts** em 1877, passando a ser conhecida como *alquilação de Friedel-Crafts*.

$$ArH + RCl \xrightarrow{AlCl_3} ArR + HCl$$

O mecanismo dessa reação envolve inicialmente a formação do carbocátion R^+, por meio da reação do cloreto de alquila com o ácido de Lewis. A reação também ocorre com fluoretos, brometos e iodetos. No caso de haletos primários, provavelmente não se forma o carbocátion R^+. Nesse caso, o eletrófilo deve ser um complexo polar formado pela reação do haleto com o catalisador, em que o carbono possui uma carga parcial positiva suficiente para reagir com o nucleófilo.

$R-\ddot{\underset{\cdot\cdot}{Cl}}: + AlCl_3 \rightleftharpoons R^{\oplus} + \overset{\ominus}{AlCl_4}$ (Formação de carbocátion a partir de haletos secundários e terciários)

$\overset{\delta+}{RCH_2} - \ddot{\underset{\cdot\cdot}{Cl}}: \text{----} \overset{\delta-}{AlCl_3}$ (Complexo eletrofílico com haletos primários)

Em seguida ocorre a adição do eletrófilo (R^+, etapa lenta) ao anel aromático, seguida de perda de um próton e rearomatização do sistema (etapa rápida).

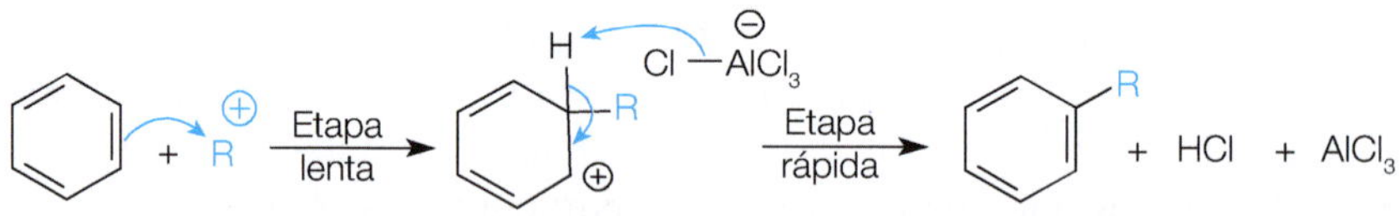

Alquilbenzeno

A alquilação de Friedel-Crafts foi posteriormente estendida para qualquer mistura reagente que gere um carbocátion capaz de reagir com compostos aromáticos. Por exemplo, álcoois na presença de ácidos de Lewis, como $AlCl_3$ ou BF_3, ou com outros ácidos fortes como H_2SO_4, podem ser bons agentes alquilantes. Alquenos em presença de ácidos fortes (HF, H_2SO_4) são também utilizados nesse tipo de reação.

Um problema que normalmente se observa nas alquilações de Friedel-Crafts é a formação de produtos polialquilados. Isso ocorre porque o grupo alquila, uma vez presente no anel benzênico, torna-o mais reativo que o composto de partida.

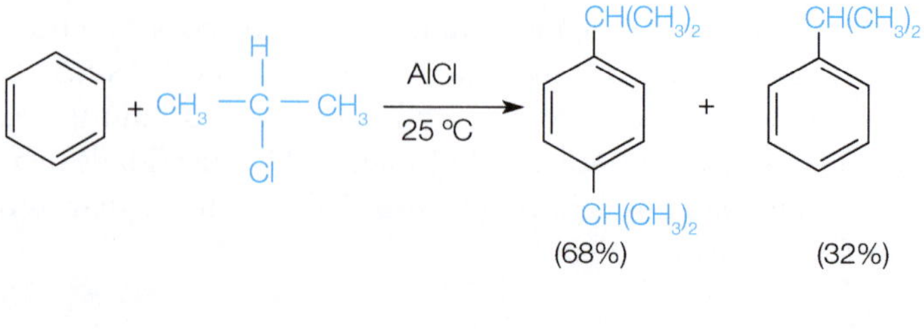

Outro problema com essa reação é a ocorrência de rearranjos (migração 1,2 de H ou de um grupo alquila) na estrutura do eletrófilo, levando à formação de produtos isoméricos.

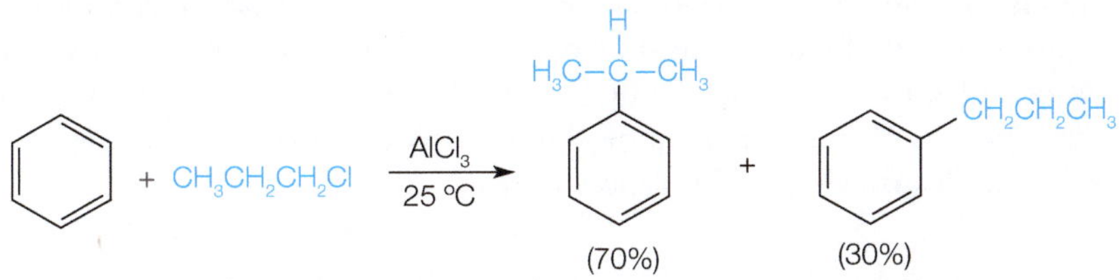

Os carbocátions envolvidos na formação desses produtos são compostos conforme mostrado a seguir. Observe que o isopropilbenzeno é formado em maior quantidade, o que se deve à maior estabilidade do carbocátion secundário, o qual é gerado preferencialmente em relação ao carbocátion primário. Rearranjos dessa natureza sempre ocorrerão quando houver a possibilidade de formação de carbocátions mais estáveis.

(Carbocátion secundário)

Teste 5.8

A presença de cumeno na gasolina leva a um aumento no índice de octano desta. A produção de cumeno em refinarias de petróleo se dá pela reação entre propeno e benzeno em meio ácido. Represente todas as etapas do mecanismo para essa reação.

Acilação de Friedel-Crafts

Essa reação corresponde à substituição de um próton do anel benzênico por um cátion acila ($RC{\equiv}O{:}^{+}$ ou $ArC{\equiv}O{:}^{+}$). Esse cátion é formado pelo tratamento de um haleto de ácido (RCOCl ou RCOBr) ou anidrido [$(RCO)_2O$] com um ácido de Lewis (geralmente $AlCl_3$). Em um trabalho recente, o professor Maurício G. Constantino[1] e seus colaboradores demonstraram que o pentacloreto de nióbio ($NbCl_5$) é também um eficiente catalizador para a acilação de Friedel-Crafts.[2] O mecanismo da formação do cátion acila envolve a coordenação do oxigênio da carbonila ou do halogênio (cloro ou bromo) com o alumínio, conforme representado na equação a seguir. A formação do cátion acila é facilitada pois este é estabilizado por ressonância pelo par de elétrons não ligantes do oxigênio.

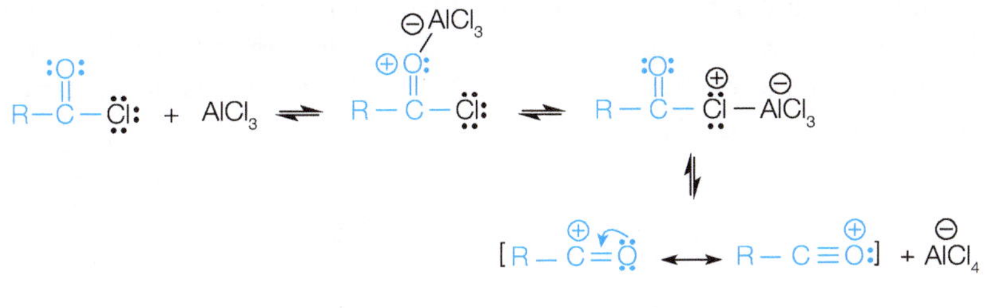

Cátion acila

[1] Professor do Departamento de Química da Universidade de São Paulo (USP), Ribeirão Preto.

[2] Para detalhes sobre o uso do $NbCl_5$ veja o trabalho de autoria de CONSTANTINO et al. (2008).

O mecanismo da acilação é semelhante aos outros mecanismos de substituição eletrofílica aromática descritos anteriormente. Vale ressaltar que o produto carbonílico final é suficientemente básico para se complexar com o catalisador (geralmente o cloreto de alumínio). Na verdade, o complexo é de fato o produto final da reação. Com isso, nas acilações de Friedel-Crafts deve-se utilizar quantidade de $AlCl_3$ equivalente à quantidade do produto a ser formado. Durante a etapa de elaboração da reação, a adição de água resulta em destruição do complexo e liberação da cetona.

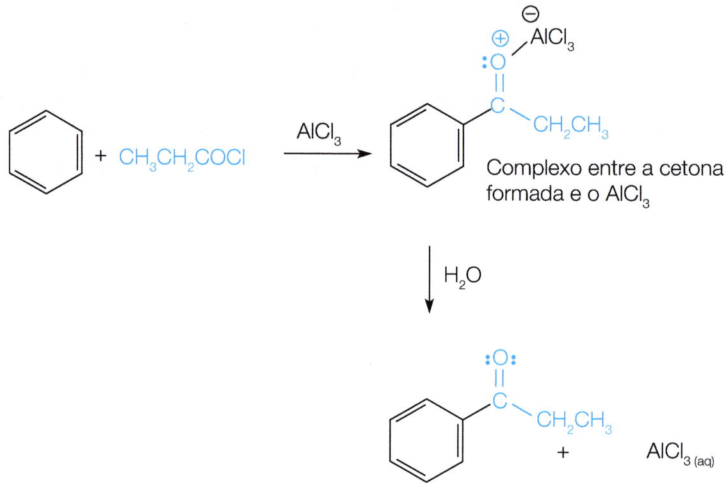

O acilbenzeno formado é menos reativo que o composto benzênico de partida. Esse fato permite a produção de monoacilbenzenos sem a contaminação com diacilbenzenos. Uma vez que a carbonila do acilbenzeno pode ser reduzida a CH_2 (Capítulo 12), a acilação de Friedel-Crafts é o método de escolha para o preparo de monoalquilbenzenos, já que a alquilação direta de compostos benzênicos sempre resulta na formação de compostos polialquilados. Outra vantagem da acilação em relação à alquilação é que o cátion acila não sofre rearranjo, como observado em alguns cátions alquila.

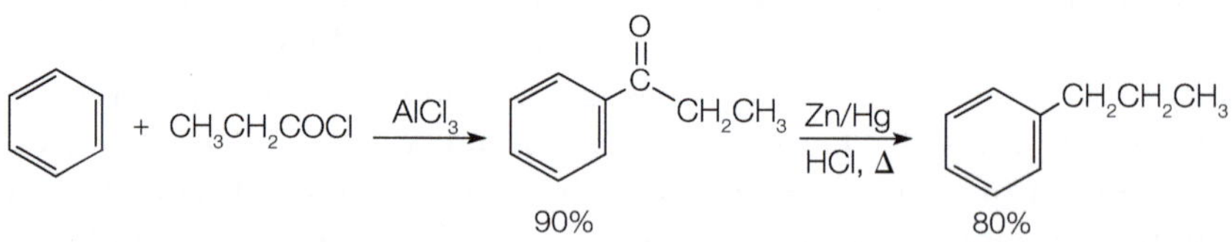

Teste 5.9

A reação de acilação de Friedel-Crafts intramolecular é um método eficiente para o preparo de cetonas benzocíclicas como o composto A. Mostre como esse composto pode ser obtido diretamente a partir de um cloreto de ácido carboxílico. Represente todas as etapas do mecanismo para a formação de A.

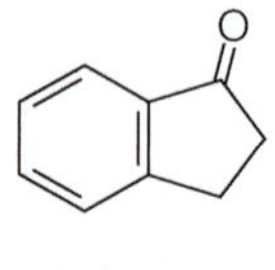

(A) 2,3-di-hidro-1*H*-inden-1-ona

Reatividade e orientação na substituição eletrofílica aromática

A substituição eletrofílica aromática no benzeno resulta na formação de apenas um composto monossubstituído. Todavia, a substituição em um composto que já possui um grupo qualquer no anel benzênico pode levar à formação de até três produtos dissubstituídos, conforme ilustra a Figura 5.5.

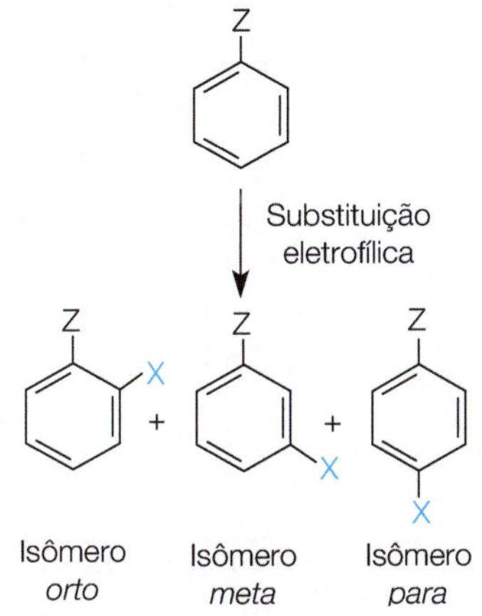

Figura 5.5 Produtos resultantes da substituição eletrofílica aromática em um derivado monossubstituído do benzeno.

Esses três possíveis isômeros (*orto*, *meta* e *para*) não são formados em quantidades iguais. Vários estudos têm mostrado que a presença de um grupo substituinte (Z) no anel aromático afeta a reação de substituição eletrofílica de duas maneiras:

i) *O substituinte afeta a reatividade do anel aromático*. Em alguns casos o substituinte torna o composto mais reativo que o benzeno; em outros, menos reativo. Os substituintes que tornam o composto mais reativo que o benzeno são denominados *ativantes*. Os que o tornam menos reativo são denominados *desativantes*.

ii) *O substituinte interfere na posição preferencial de entrada do segundo grupo no anel*. Dependendo do substituinte, o segundo grupo entrará preferencialmente na posição *meta* ou nas posições *orto/para*. Dessa forma, os substituintes são classificados como *orientadores meta* ou *orientadores orto/para*.

No Quadro 5.2 são apresentados alguns substituintes, organizados em duas colunas, de acordo com sua capacidade de orientação. Na primeira coluna são listados alguns grupos orientadores *orto/para*. Note que, à exceção dos halogênios, todos são ativantes. Na segunda coluna são listados alguns orientadores *meta*. Observe que todos esses orientadores são desativantes.

Esses dois efeitos serão discutidos com um pouco mais de detalhes a seguir.

Quadro 5.2 Efeitos dos substituintes em substituições eletrofílicas aromáticas

Orientadores ORTO/PARA		Orientadores META	
Ativante forte	$-\ddot{N}H_2$	Desativante forte	$-\overset{\oplus}{N}(CH_3)_3$
	$-\ddot{\underset{..}{O}}H$		$-NO_2$
	$-\ddot{\underset{..}{O}}R$		$-CN$
	$-\ddot{N}HC(=O)-CH_3$		$-SO_3H$
			$-COR$
Ativante fraco	$-R$, $-Ar$		$-COOH$
			$-COOR$
Desativante	$-\ddot{I}:$, $-\ddot{Br}:$, $-\ddot{Cl}:$, $-\ddot{F}:$	Desativante fraco	$-CHO$

Reatividade do composto aromático

Conforme já mencionado, os substituintes podem ser classificados em ativantes ou desativantes. A presença de grupos ativantes torna o anel mais reativo, ou seja, o composto reage mais rapidamente que o benzeno quando ambos são submetidos às mesmas condições. Os grupos desativantes, por sua vez, tornam o composto menos reativo que o benzeno, de modo que a reação ocorre mais lentamente. A Figura 5.6 ilustra esses efeitos. Nessa figura, quando a seta está apontada para o anel, o grupo é doador. Quando ela está apontada para fora do anel, o grupo é retirador.

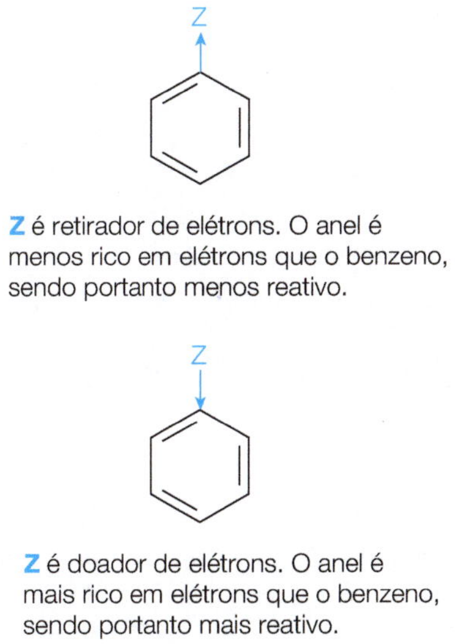

Figura 5.6 Efeito de grupos substituintes sobre a reatividade de derivados do benzeno.

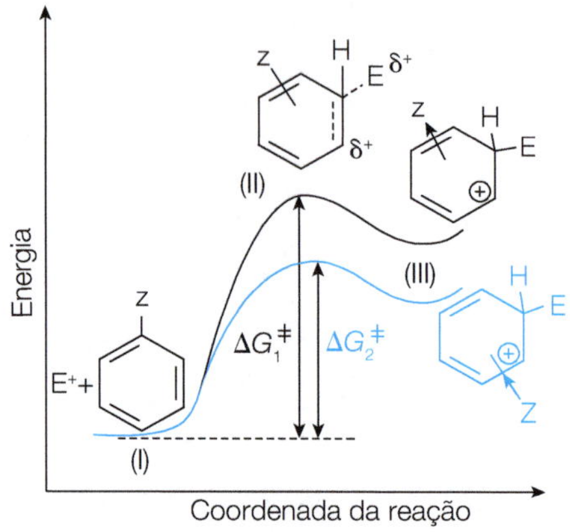

Figura 5.7 Diagrama de variação de energia para a etapa determinante da velocidade de uma reação de substituição eletrofílica aromática. Quando o grupo *Z* for retirador de elétrons, a energia livre de ativação ($\Delta G_1^{\ddagger}$) será maior em comparação ao caso em que *Z* é doador de elétrons ($\Delta G_2^{\ddagger}$).

Para entender melhor os efeitos ativante e desativante de grupos substituintes deve-se considerar a etapa determinante da velocidade da reação, que envolve a formação do carbocátion, conforme discutido anteriormente. Essa etapa é endotérmica e procede por um estado de transição (ver Figura 5.4), que posteriormente se transforma no carbocátion. A magnitude da energia livre de ativação ($\Delta G^{\ddagger}$) determinará a velocidade da reação, ou seja, quanto maior for $\Delta G^{\ddagger}$, mais lentamente a reação ocorrerá. Inversamente, quanto menor for $\Delta G^{\ddagger}$, mais rapidamente a reação ocorrerá. Como o estado de transição se assemelha muito ao carbocátion intermediário, qualquer fator que estabilize o carbocátion também estabilizará o estado de transição, com consequente redução no valor de $\Delta G^{\ddagger}$, acelerando a reação. Como o carbocátion é uma espécie deficiente em elétrons, grupos que doam elétrons o estabilizam, e aqueles que retiram elétrons o tornam menos estável. Essa influência de grupos doadores e retiradores de elétrons sobre o valor de $\Delta G^{\ddagger}$ é ilustrada na Figura 5.7.

Os grupos substituintes presentes no anel podem doar ou retirar elétrons por *efeito indutivo* ou por *ressonância*.

O efeito indutivo se deve à eletronegatividade intrínseca dos átomos ou aos dipolos dos grupos funcionais. Tal efeito opera por meio de ligações sigma apenas, nas quais os átomos ou grupos doam ou retiram elétrons. Por exemplo, os grupos alquila, como são pouco eletronegativos, são doadores de elétrons, conforme ilustrado no caso do tolueno (Figura 5.8). Os halogênios, como são mais eletronegativos que o carbono, são todos retiradores de elétrons por efeito indutivo. Os grupos nitrila (CN), nitro (NO_2) e carbonila (CO), ilustrados na Figura 5.8, são todos retiradores de elétrons por efeito indutivo, pois são todos grupos funcionais polares. Nesses três últimos exemplos, observa-se que os elementos ligados ao carbono do anel possuem uma carga parcial positiva.

O efeito de ressonância, conforme discutido no Capítulo 1, ocorre por meio da deslocalização de elétrons em virtude da sobreposição de orbitais *p* do grupo substituinte aos orbitais do anel aromático. Grupos como CN, NO_2, C=O, SO_3H, quando ligados ao anel benzênico, podem receber um par de elétrons, conforme ilustrado na Figura 5.9, para um derivado carbonílico e o nitrobenzeno. Assim, esses grupos, além de retiradores de elétrons por efeito indutivo, são também retiradores por ressonância.

Por outro lado, quando o átomo ligado ao carbono do anel possui pelo menos um par de elétrons não ligantes, como no caso dos grupos OR e NR_2 (R pode ser um grupo alquil ou um átomo de hidrogênio), esse par de elétrons pode ser doado por ressonância para o anel.

A princípio pode parecer estranho que, sendo os átomos de oxigênio e nitrogênio mais eletronegativos que o carbono, os grupos OH, NH_2, OR etc. sejam ativantes. É claro que esses grupos retiram elétrons por efeito indutivo, mas o efeito doador por ressonância é ainda mais efetivo, tornando esses grupos ativantes do anel.

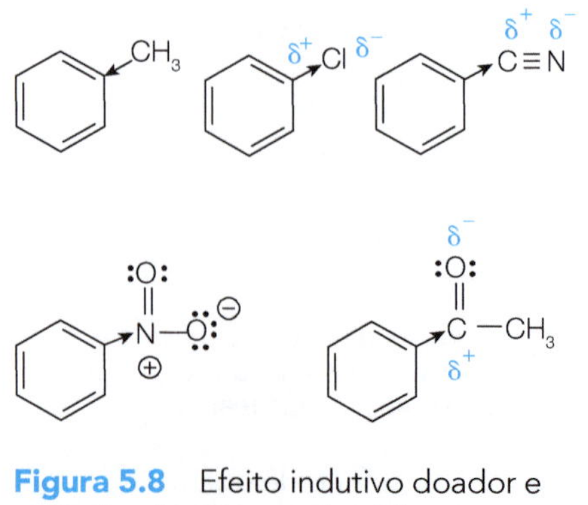

Figura 5.8 Efeito indutivo doador e retirador de elétrons de vários grupos ligados ao anel benzênico.

Teste 5.10

Considerando uma reação de substituição eletrofílica aromática, indique, dentre os grupos listados a seguir, quais são ativantes e quais são desativantes quando ligados a um anel benzênico. Justifique sua resposta considerando os efeitos indutivos e de ressonância de cada grupo.

a) $-CF_3$
b) $-CH_3$
c) $-OCH_2CH_3$
d) $-CH_2NO_2$
e) $-CO_2CH_2CH_3$

Orientação na substituição eletrofílica aromática

Conforme mencionado, o outro efeito de um substituinte presente no anel benzênico é sua capacidade de influenciar na posição preferencial de entrada de um segundo grupo.

Os exemplos a seguir ilustram o efeito de alguns grupos substituintes orientadores *orto* e *para* sobre a proporção dos produtos formados em diversas reações de substituição eletrofílica aromática. Em todos os três exemplos, os produtos *meta* foram formados em quantidades muito pequenas (não foram isolados no segundo caso), e os compostos *orto* e/ou *para* foram obtidos em maior quantidade.

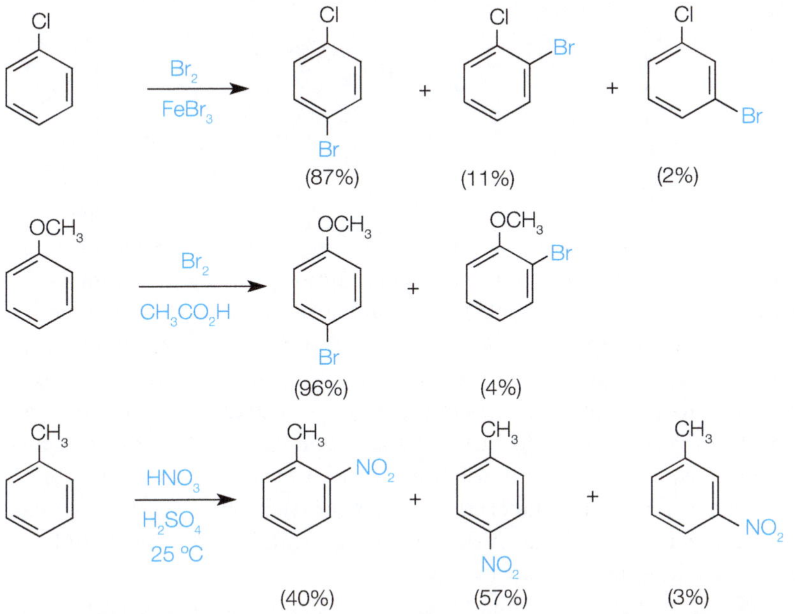

Nos exemplos seguintes verifica-se que os grupos ligados ao anel são orientadores *meta*. Nesse caso os produtos *orto*/*para* são formados em menor quantidade.

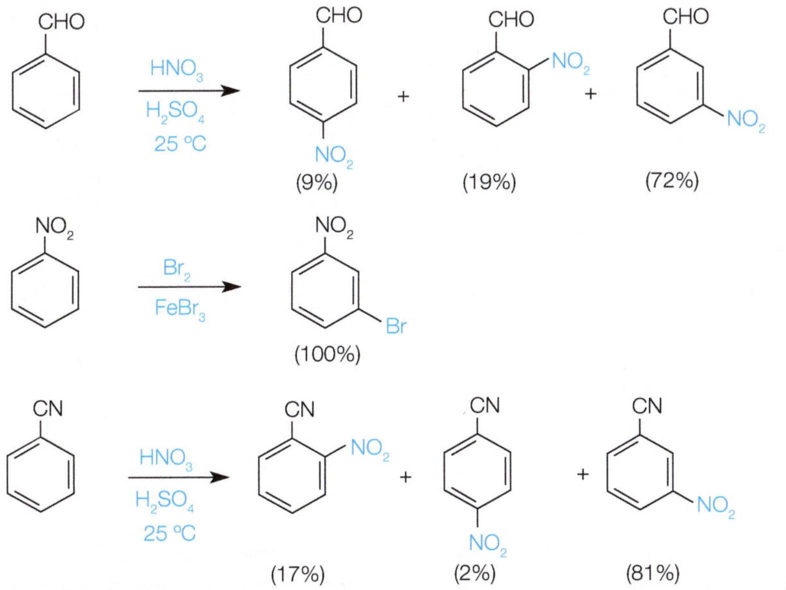

Para entender os efeitos orientadores dos vários grupos ativantes e desativantes, deve-se concentrar a atenção na etapa limitante da velocidade da reação de substituição eletrofílica aromática.

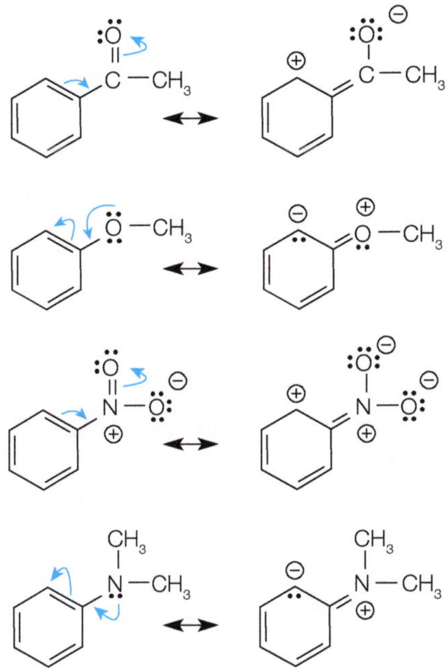

Figura 5.9 Efeito de ressonância de grupos retiradores ($-COCH_3$ e $-NO_2$) e doadores ($-OCH_3$ e $-N(CH_3)_2$) de elétrons ligados ao anel benzênico.

Considere, por exemplo, a adição de um eletrófilo ao metoxibenzeno. As estruturas de ressonância para os três intermediários são apresentadas a seguir:

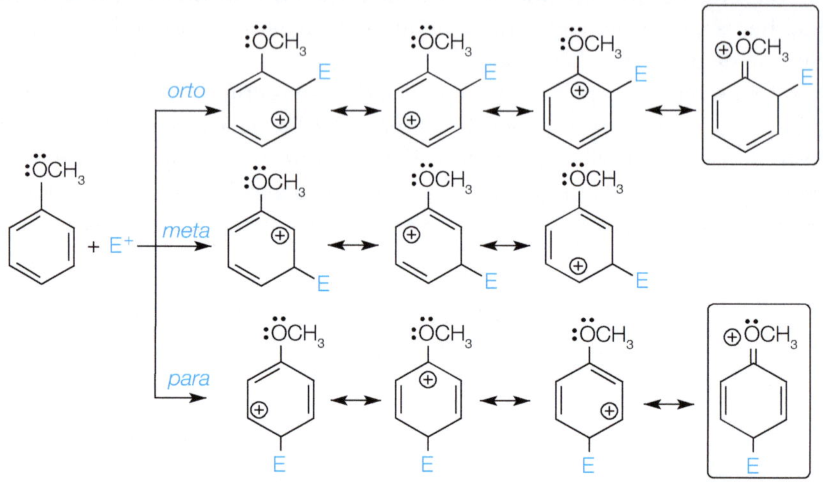

Em todos os três casos, a carga positiva dos intermediários é estabilizada por ressonância com as ligações duplas, ou seja, a carga está deslocalizada sobre todo o anel. Particularmente no caso dos intermediários resultantes do ataque em *orto* e *para*, existe uma estrutura de ressonância adicional (em destaque no quadro) na qual o par de elétrons não ligantes do oxigênio participa da ressonância. Essas estruturas são excepcionalmente estáveis, não sendo possível sua formação no caso do intermediário *meta*. Essa estabilização adicional resulta em redução na energia livre de ativação para a formação dos intermediários *orto* e *para* em relação ao intermediário *meta*. Como resultado dessa estabilização, o eletrófilo ataca preferencialmente as posições *orto* e *para*.

No caso de grupos alquilas, essa estabilização adicional do carbocátion se dá por efeito indutivo doador de elétrons, conforme discutido anteriormente.

Para ilustrar o efeito orientador *meta* de grupos desativantes, considere o exemplo seguinte.

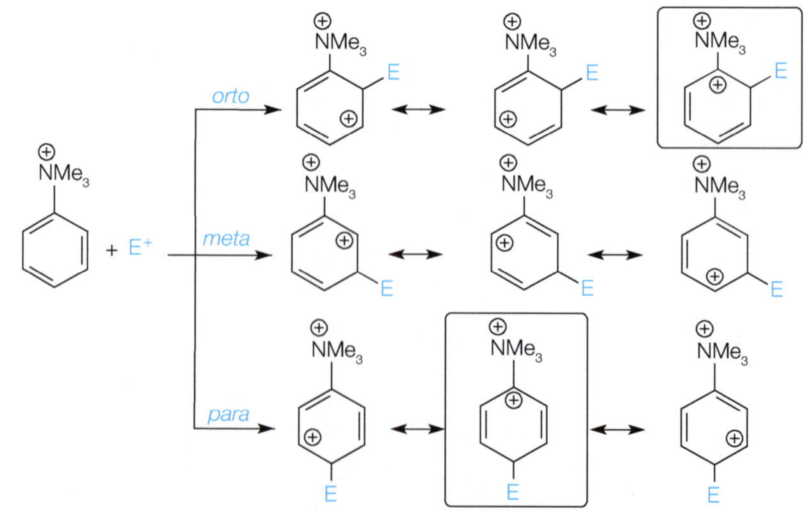

Nesse caso, o grupo $-N^{+}Me_3$ é desativante por efeito indutivo. Observe que, quando a substituição ocorre nas posições *orto* ou *para*, a carga positiva pode ser estabilizada por deslocalização das ligações duplas, porém existe a possibilidade de ela se localizar no carbono a que o grupo retirador de elétrons está ligado (estruturas em destaque no esquema anterior). Essas estruturas de ressonância são bastante instáveis e, portanto, altamente energéticas, contribuindo pouco para a estabilização do intermediário formado. No caso de a substituição ocorrer na posição *meta*, em nenhuma das três estruturas de ressonância a carga positiva encontra-se no mesmo carbono que o grupo desativante. Portanto, a estabilidade do intermediário catiônico formado pela substituição em *meta* é maior que a daqueles resultantes de substituição nas outras posições. Como consequência, o produto *meta* substituído é formado preferencialmente, ou seja, apesar de os grupos desativantes tornarem o anel como um todo menos reativo, as posições *meta* são menos desativadas que as demais.

Os halogênios, apesar de desativantes, orientam a substituição preferencialmente nas posições *orto* e *para*, graças à capacidade desses elementos de doar elétrons para o anel por ressonância.

Teste 5.11

Escreva as fórmulas dos produtos principais esperados pela reação do tolueno com ácido clorossulfônico.

Outras reações de derivados do benzeno

A utilidade das reações de substituição eletrofílicas aromáticas é aumentada com a possibilidade de transformação dos grupos ligados ao anel benzênico. Uma dessas reações é a oxidação de grupos alquila que possuem pelo menos um hidrogênio benzílico. Como o anel benzênico é bastante estável mediante agentes oxidantes como $KMnO_4$ e $K_2Cr_2O_7$, sob condições adequadas esses reagentes oxidam os grupos alquila a ácido carboxílico. Se o carbono benzílico tiver hibridação *sp* ou *sp*², a reação de oxidação também ocorre resultando na formação do grupo carboxi. Uma característica dessa reação é que a oxidação sempre ocorre na posição benzílica, resultando na formação de ácido benzoico, conforme ilustrado nos exemplos a seguir:

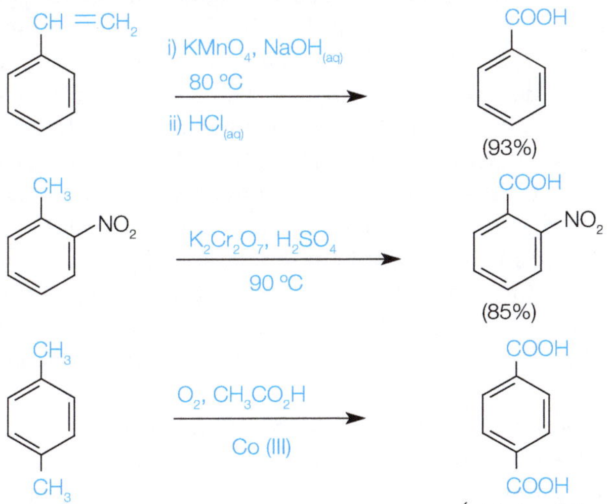

Ácido tereftálico

O mecanismo dessas oxidações é complexo, incluindo vários ésteres intermediários derivados do dicromato e do permanganato, mas parece que cátions benzílicos também são envolvidos no processo.

Uma importante aplicação industrial dessa reação de oxidação é na produção do ácido tereftálico a partir do 1,4-dimetilbenzeno (*para*-xileno). A oxidação é feita com oxigênio, na presença de um catalisador de cobalto. Esse ácido está entre os cem compostos mais produzidos pela indústria química norte-americana, sendo utilizado como matéria-prima para a síntese de poli(etilenotereftalato), um polímero conhecido pela sigla PET.[3]

Outra importante reação de derivados do benzeno é a redução de grupos nitro ($-NO_2$) a amino ($-NH_2$). A anilina também está entre os cem compostos produzidos em maior escala pela indústria norte-americana, sendo obtida com aproximadamente 83% de rendimento pela redução do nitrobenzeno.

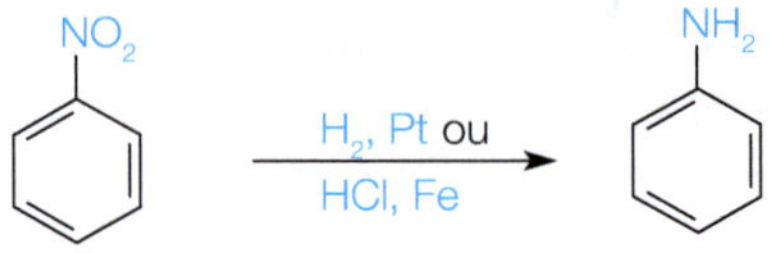

Teste 5.12

A sacarina é um adoçante sintético produzido industrialmente a partir de tolueno, que é inicialmente transformado no composto A. Esse composto é então convertido em B, que ao ser submetido a aquecimento produz a sacarina.

Complete o esquema a seguir representando a fórmula do intermediário B e do reagente necessário para sua obtenção a partir de A.

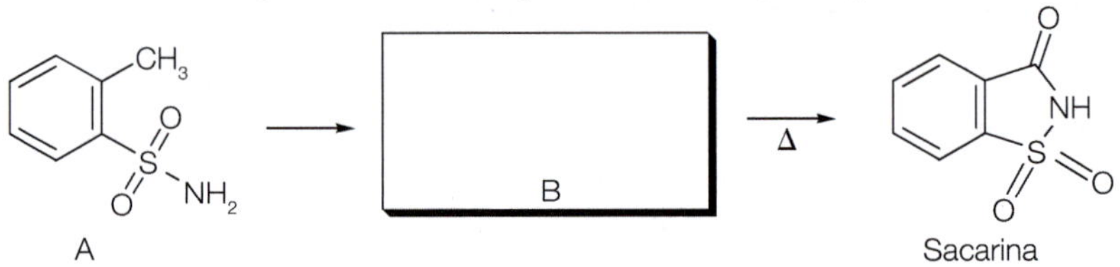

Fulerenos e nanotubos

Harold W. Kroto (1943): químico inglês nascido em Wisbech, Cambridgeshire. Bacharel em Química (1958-1961) e PhD (1961-1964) pela Universidade de Sheffield. Realizou estágio de pós-doutorado no National Research Council (Ottawa, Canada) (1964-1966) e no Bell Telephone Laboratories (Murray Hill, NJ USA) (1966-1967). Professor da Universidade de Sussex (Inglaterra) (1967-2004) e da Universidade do Estado da Flórida (USA) desde 2004. Em 1996, dividiu o prêmio Nobel de Química com Robert F. Curl e Richard Smalley pela descoberta dos fulerenos.

Uma das descobertas recentes mais fascinantes na área da química orgânica ocorreu em meados da década de 1980. Nessa época, o químico inglês **Harold W. Kroto**, da Universidade de Sussex, estava interessado em sintetizar poliacetilenos do tipo $HC{\equiv}C[C{\equiv}C]_nC{\equiv}CH$, com a intenção de pesquisar a existência de tais compostos no espaço interestelar. Em 1984, por sugestão de Kroto, ele e seus colegas, Richard Smalley e R. F. Curl, ambos da Universidade de Rice (Estados Unidos), iniciaram pesquisas nessa área, vaporizando grafite com uma fonte de *laser*, com a intenção de preparar poliacetilenos.

Ao investigar a natureza dos produtos dessa reação, eles observaram que uma espécie com fórmula molecular C_{60} estava presente na mistura reacional em quantidade superior à de outros compostos formados (C_n, em que n = 62, 64, 66, 68, 70 etc.). O composto C_{70} era o segundo produto formado em maior quantidade.

Após muitos estudos, e inspirados no domo geodésico construído pelo arquiteto norte-americano R. Buckminster Fuller, Kroto e seus colaboradores propuseram a estrutura do composto de fórmula C_{60} como um polígono com 60 vértices e 32 faces, 12 das quais são pentágonos e 20, hexágonos. A fórmula estrutural desse composto aproxima-se de uma esfera e a do C_{70}, de um ovo (Figura 5.10).

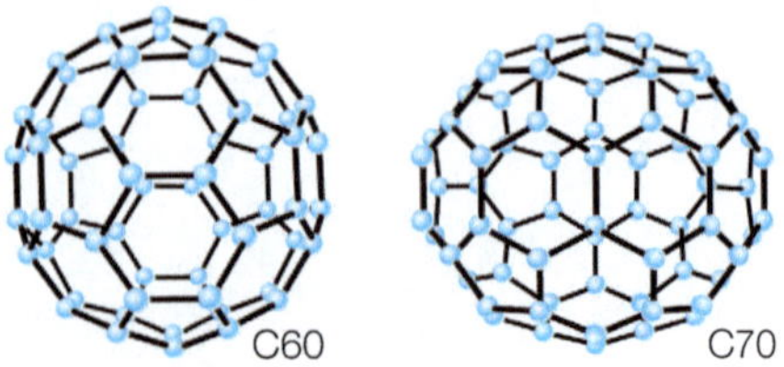

Figura 5.10 Estruturas dos compostos com fórmula molecular C_{60} e C_{70}.

Esses compostos, denominados genericamente *fulerenos*, têm sido objeto de pesquisa em vários laboratórios no mundo inteiro. Inicialmente, os estudos

[3] O Capítulo 13 traz mais informações sobre síntese e aplicação do PET.

se concentraram na confirmação da estrutura proposta por Kroto para o C_{60} e, posteriormente, nas propriedades físicas e químicas desse composto.

Tanto o C_{60} quanto o C_{70} são sólidos cristalinos. Na estrutura cristalina do C_{60}, as moléculas giram rapidamente, enquanto permanecem na mesma posição. Esse fato levou diversos pesquisadores a investigar a possibilidade de uso desse composto como lubrificante. Estudos nesse sentido, bem como sobre a reatividade química dos fulerenos, continuam sendo realizados de forma intensiva.

Só para se ter uma ideia da importância da descoberta dessa nova forma alotrópica do carbono,[4] Kroto e seus colegas foram agraciados com o Prêmio Nobel de Química em 1996.

Smalley, em 1990, ao se referir à importância da descoberta dos fulerenos, disse: "É como se você tivesse acordado uma manhã e o benzeno, acabado de ser descoberto, e toda a química dos compostos aromáticos estivesse por ser aprendida. Esta é uma nova forma de carbono. A diferença é que não estamos em 1825. Estamos em 1990 e temos hoje uma quantidade enorme de técnicas disponíveis para estudar esta molécula".[5]

Outra descoberta importante nessa área ocorreu em 1991 quando o cientista japonês Sumio Iijima, da empresa NEC Corporation, descobriu uma nova estrutura formada apenas por carbonos, que foi denominada *nanotubo*. Os nanotubos de carbono podem ser visualizados como sendo formados por folhas de grafite enroladas na forma de cilindros ocos. Os átomos de carbono são ligados uns aos outros em anéis de seis membros, como nos de benzeno. As extremidades dos tubos são fechadas, sendo parecidas com os fulerenos, com os átomos de carbono formando pentágonos e hexágonos.

Iijima preparou o primeiro nanotubo de carbono por meio de uma descarga elétrica entre dois cilindros de grafite, utilizados como anodo e catodo. A operação foi realizada sob atmosfera de hélio, e os nanotubos foram depositados no catodo. Hoje existem outras técnicas para o preparo dos nanotubos de carbono. Dependendo da técnica utilizada, as propriedades dos nanotubos são diferentes. Eles podem ser formados por um único tubo, ou por diversos cilindros concêntricos, variando de 2 a 20, como nas bonecas russas. Seu diâmetro pode variar de 1 a 20 nm, e o comprimento, de 100 nm a alguns micrômetros.

As propriedades dos nanotubos variam conforme a maneira como as folhas de grafite são 'enroladas', bem como de acordo com o diâmetro e o comprimento deles. Estudos têm também demonstrado que os nanotubos são bastante elásticos e de dez a cem vezes mais resistentes que o aço.

Além das excepcionais propriedades mecânicas, os nanotubos também possuem excelentes propriedades térmicas e elétricas, sendo estáveis até 2.800 °C quando no vácuo. Em virtude do grande número de elétrons π que se estendem de uma extremidade à outra do tubo, eles conduzem eletricidade. Ao longo do comprimento do tubo, a condutividade chega a ser mil vezes maior que a do cobre.

Pesquisas recentes têm resultado no preparo de uma série de novos compostos derivados dos nanotubos de carbono, contendo íons encapsulados no interior da cavidade.

Devido às excepcionais propriedades físicas e mecânicas dos nanotubos de carbono, e de sua baixa densidade, eles são promissores componentes para o desenvolvimento de materiais compostos de alta resistência, componentes eletrônicos etc.

---

4 As outras duas formas alotrópicas do carbono são o diamante e a grafite.

5 BAUM, R. M. (1990).

Exercícios

1. Forneça as fórmulas estruturais dos seguintes compostos:

a) clorobenzeno
b) bromobenzeno
c) nitrobenzeno
d) tolueno
e) 2-fenilexano
f) *m*-dibromobenzeno
g) *p*-nitrotolueno
h) isopropilbenzeno
i) 2-bromonaftaleno
j) ácido benzenossulfônico
k) ácido *p*-toluenossulfônico
l) 1-bromo-3-nitrobenzeno

2. Forneça os nomes sistemáticos, ou usuais, aceitos pela IUPAC, dos seguintes compostos:

a) 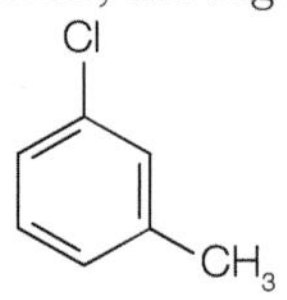

b) 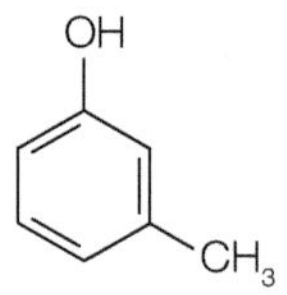

c) 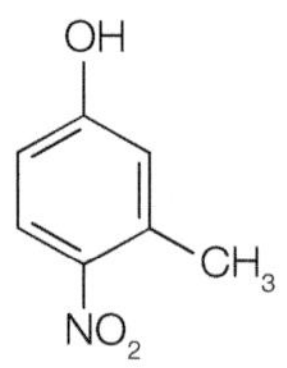

d) 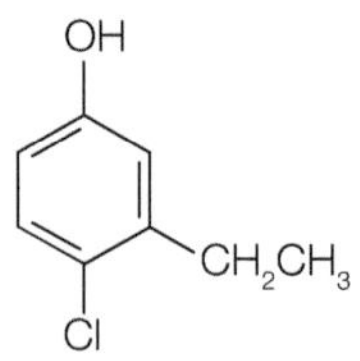

e) 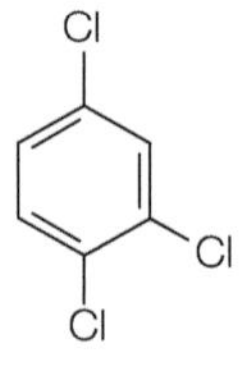

f) 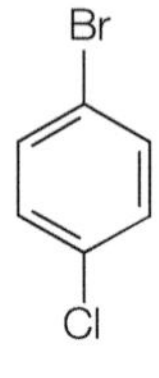

g) 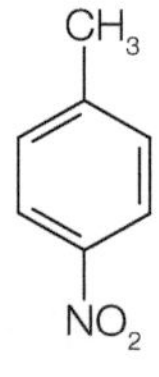

h) 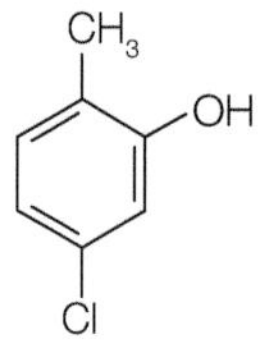

i) 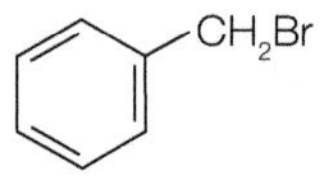

j) 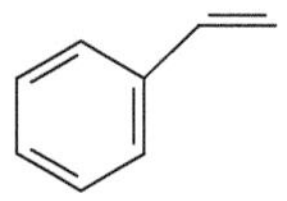

k) 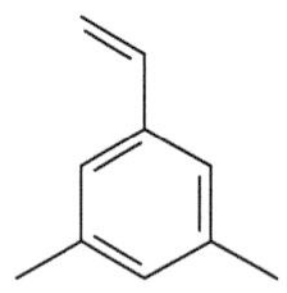

l) 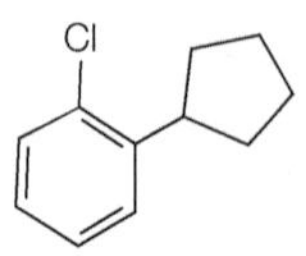

m) 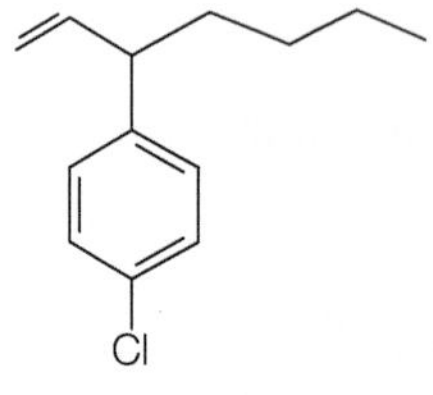

n) 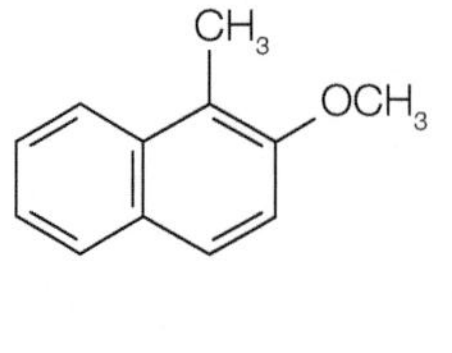

3. Observe a fórmula do ciclodeca-1,3,5,7,9-pentaeno apresentada a seguir. Esse composto não é aromático, embora ele possua o número de elétrons pi ($4n + 2$) esperado para os compostos aromáticos, conforme a regra de Hückel. Utilizando um modelo molecular, explique o motivo da não aromaticidade desse composto.

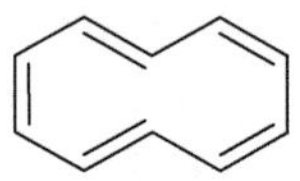

Ciclodeca-1,3,5,7,9-pentaeno

4. Além da fórmula de Kekulé, outras estruturas foram propostas para o benzeno como as fórmulas de Ladenburg e de Dewar. Considerando que o átomo de bromo pode substituir os hidrogênios nas fórmulas a seguir, quantos derivados monobromados podem ser obtidos a partir de cada uma delas ?

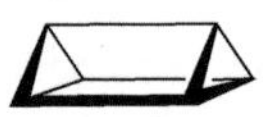

Benzeno de Ladenburg

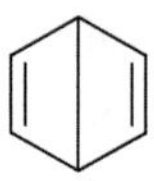

Benzeno de Dewar

5. A partir das descrições, escreva reações para o preparo dos seguintes compostos:

a) *Detergente sintético*: o benzeno e o 2-clorododecano reagem na presença de quantidade catalítica de $AlCl_3$. O produto dessa reação é tratado com ácido sulfúrico fumegante ($H_2SO_4 + SO_3$). O derivado sulfonado é então tratado com hidróxido de sódio para fornecer o detergente.

b) *Pentaclorofenol*: utilizado no tratamento de madeiras (postes e cercas) para prevenir o ataque de fungos e cupins. Ele é produzido pela cloração de fenol.

c) *p-diclorobenzeno*: utilizado para prevenir o ataque de traças em móveis de madeira. Ele é produzido pela cloração do benzeno com dois equivalentes de cloro na presença de $FeCl_3$.

6. Por que na bromação do *tert*-butilbenzeno o *p*-bromo-*tert*-butilbenzeno é formado em quantidade muito maior que o *o*-bromo-*tert*-butilbenzeno?

7. Dos compostos cujas fórmulas são apresentadas a seguir indique quais são *orto*, *meta* ou *para* substituídos. Caso algum composto não se enquadre nessas denominações, explique.

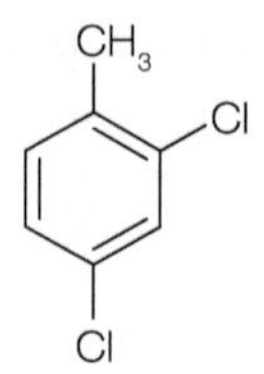

1 (   )

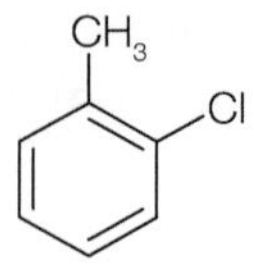

2 (   )

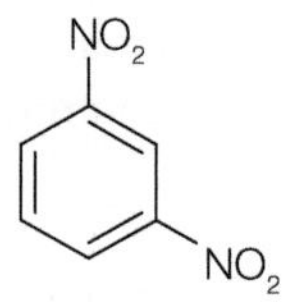

3 (   )

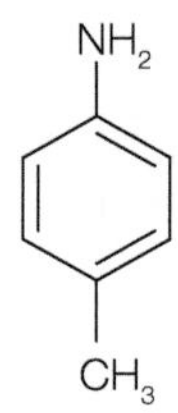

4 (   )

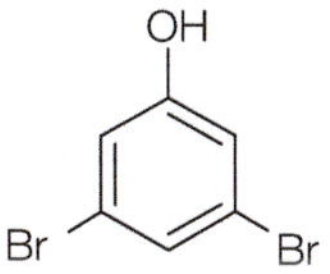

5 ( )

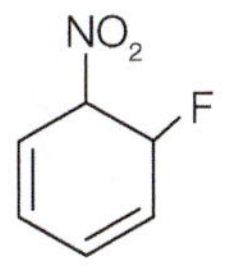

6 ( )

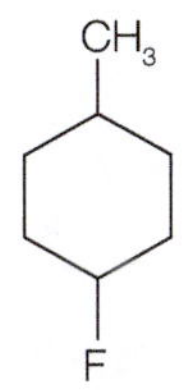

7 ( )

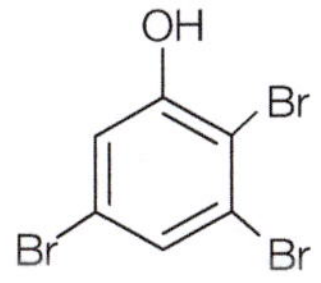

8 ( )

8. Forneça as fórmulas estruturais dos compostos monossubstituídos obtidos a partir da reação do benzeno com os seguintes reagentes:

a) HNO_3/H_2SO_4
b) H_2SO_4 fumegante
c) $CH_3Cl/AlCl_3$
d) $Cl_2/FeCl_3$
e) $Br_2/FeBr_3$
f) $CH_3COCl/AlCl_3$

9. Para converter o benzeno em um monoalquilbenzeno, utiliza-se grande excesso de benzeno em relação ao haleto de alquila. Usando-se quantidades equimolares de benzeno e haleto de alquila, na presença de $AlCl_3$, que resultado deve ser esperado? Explique.

10. O azuleno é um hidrocarboneto que possui cor azul. Para um hidrocarboneto ele é bastante polar, possuindo momento de dipolo $\mu = 1{,}0$ D. Represente outra estrutura de ressonância para o azuleno que explique sua polaridade e discuta se ele é aromático ou não.

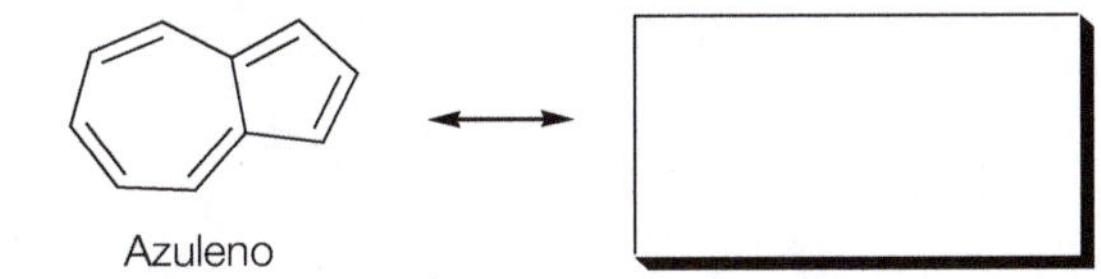

Azuleno

11. Os compostos apresentados a seguir, sob condições-padrão de nitração (HNO_3 conc.; H_2SO_4 conc.) produziram apenas um produto mononitrado. Quais as fórmulas estruturais desses produtos e o motivo pelo qual nenhum outro isômero foi isolado.

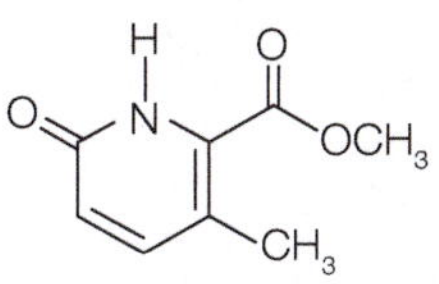

1

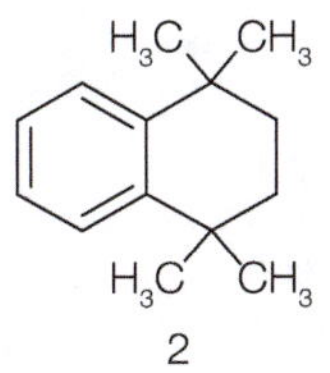

2

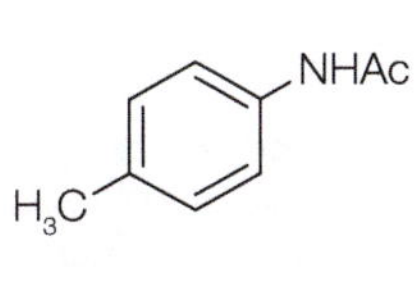

3

12. O benzeno, quando submetido à alquilação pelo processo de Friedel-Crafts, normalmente é convertido em uma mistura de monoalquil e polialquilbenzenos. Entretanto, quando ele é submetido à nitração, é possível obter o nitrobenzeno sem contaminação, com quantidades significativas de 1,3-dinitrobenzeno. Explique esse comportamento diferente do benzeno diante dessas duas condições reacionais.

13. Forneça as estruturas de ressonância do antraceno e do fenantreno. Qual desses dois hidrocarbonetos isoméricos se esperaria ser o mais estável?

14. Arranje os seguintes compostos em ordem crescente de reatividade ante uma reação de nitração do anel aromático.

a) benzeno, clorobenzeno, nitrobenzeno
b) trifluorometilbenzeno, benzeno, tolueno
c) *p*-cloronitrobenzeno, tolueno, 1,4-dimetilbenzeno

15. Indique esquematicamente as diversas etapas para o preparo dos seguintes compostos a partir do benzeno ou do tolueno, utilizando quaisquer outros reagentes inorgânicos ou reagentes orgânicos não aromáticos que se fizerem necessários:

a) ácido 3-clorobenzenossulfônico
b) 1,4-diclorobenzeno
c) *p*-nitrotolueno
d) 2,4,6-trinitrotolueno
e) ácido 4-bromobenzenossulfônico
f) ácido 4-bromobenzoico
g) ácido 3-bromobenzoico

16. As reações de alquilação e acilação de Friedel-Crafts geralmente fornecem baixos rendimentos quando grupos retiradores de elétrons estão ligados ao anel aromático. Apesar de o grupo $-NH_2$ ser um forte doador de elétrons, a anilina não sofre reação de alquilação de Friedel-Crafts. Como esse resultado pode ser explicado?

17. A substância A cuja fórmula estrutural é apresentada a seguir é reconhecidamente carcinogênica. Ela é produzida pela biotransformação, em organismos vivos, de um hidrocarboneto aromático policíclico B. A fórmula tridimensional de menor energia é também apresentada para fins de ilustrar a disposição relativa dos grupos funcionais.

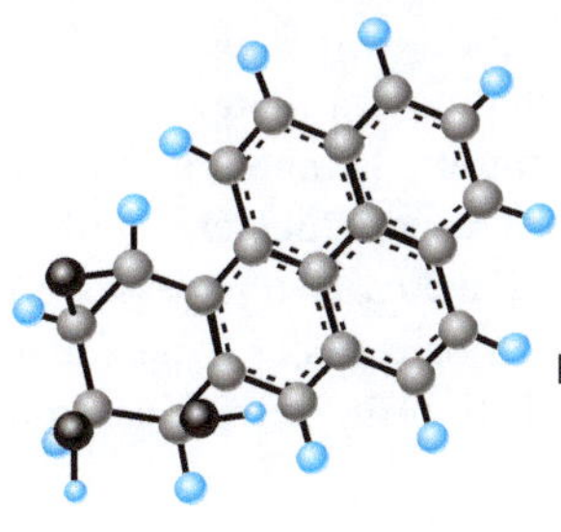

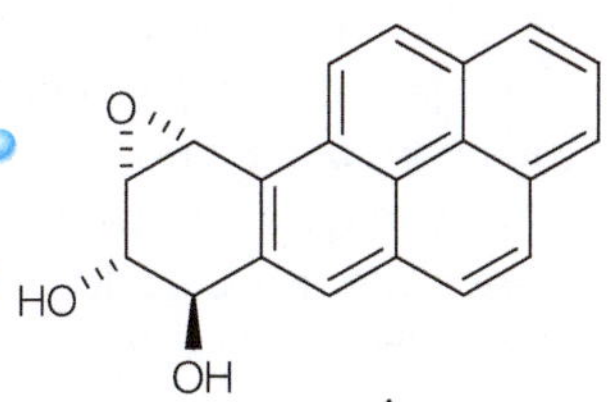

A

a) Qual é a fórmula estrutural do hidrocarboneto policíclico B?
b) Observando a estrutura de A, comente sobre o possível mecanismo de ação desse composto responsável por sua toxicidade.
c) Escreva a fórmula estrutural de dois hidrocarbonetos aromáticos pentacíclicos.
d) Qual deve ser o produto obtido se o composto A for tratado com água em meio ácido?

18. O DDT é um inseticida da classe dos organoclorados que foi desenvolvido comercialmente na década de 1940. Apesar de o DDT ter sido usado largamente no controle de vários insetos, incluindo o vetor da malária, em razão de sua alta persistência no meio ambiente e acumulação no tecido adiposo de organismos vivos, seu uso foi proibido em vários países a partir da década de 1970. Ele é facilmente obtido pela reação do clorobenzeno com tricloroetanal, na presença de ácido sulfúrico.

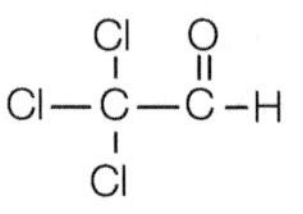

Tricloroetanal

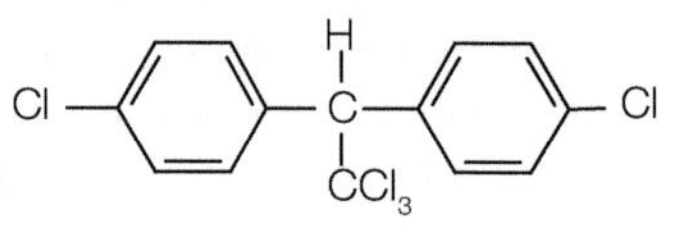

4,4'-DDT

a) Escreva o mecanismo para a reação de formação do DDT.

b) O produto comercial possui aproximadamente 70% do isômero 4,4' mostrado anteriormente. Escreva as estruturas de dois outros possíveis isômeros presentes nessa mistura. Explique por que o isômero 4,4' é o produto principal da reação.

19. Como você explica o fato da nitrila I sofrer substituição eletrofílica preferencialmente nas posições *orto* e *para*, enquanto na nitrila II a substituição ocorre preferencialmente na posição *meta*?

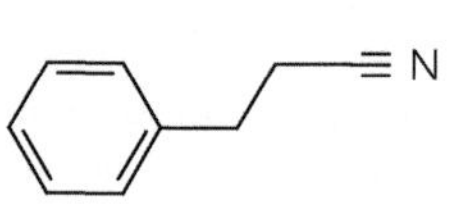

(I) 3-fenilpropanonitrila

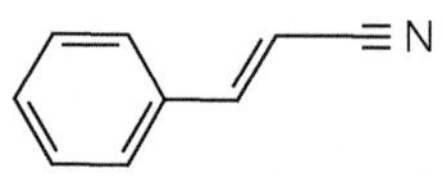

(II) *trans*-3-fenilpropenonitrila

20. A clorofacinona é um rodenticida anticoagulante da classe das indandionas, introduzido no mercado em 1961. Uma única dose contendo o equivalente a 50 mg kg^{-1} desse composto é suficiente para matar ratos cinco dias após a ingestão. O diclofope de metila é um herbicida pós-emergente da classe dos difenil éteres, utilizado para controlar gramíneas. Para cada um desses compostos, indique qual dos anéis benzênicos é mais reativo diante de uma reação de substituição eletrofílica aromática. Explique sua resposta.

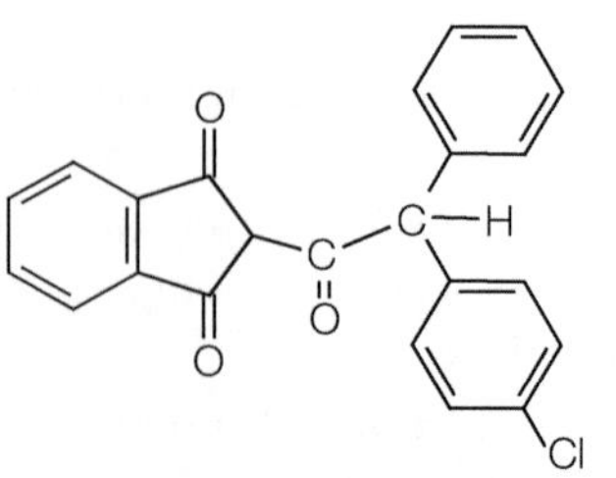

Clorofaciona

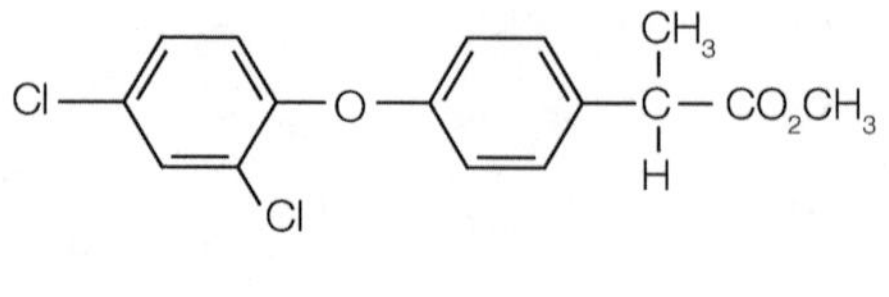

Diclofope de metila

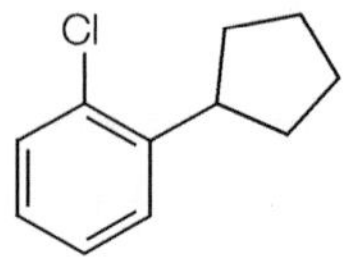

21. Nos compostos cujas fórmulas estruturais são apresentadas a seguir, identifique as porções aromáticas em cada molécula. Embora pareça trivial, você deve apresentar uma explicação razoável para sua resposta.

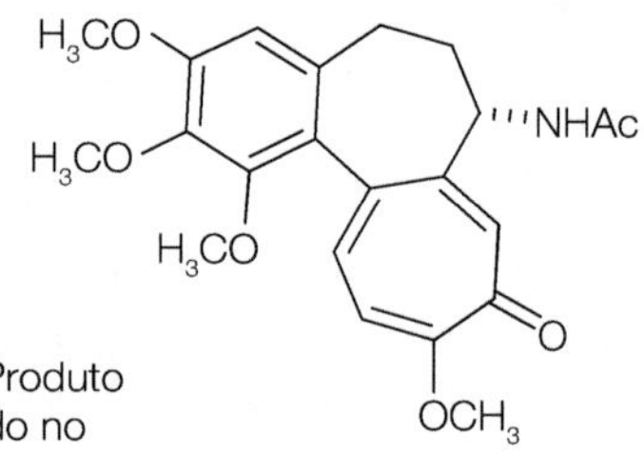

Colchicina – Produto natural utilizado no tratamento da gota

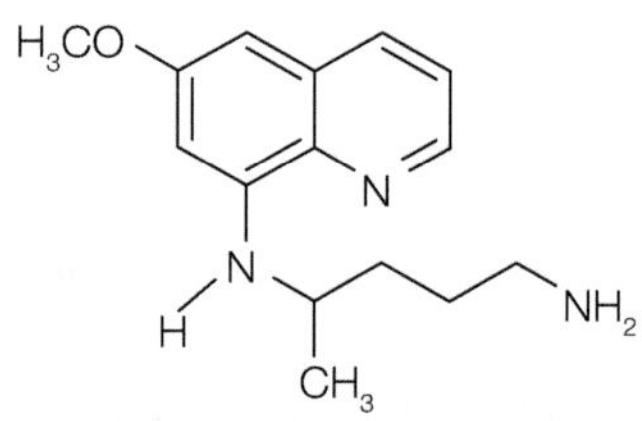

Primaquina – Composto com atividade antimalarial

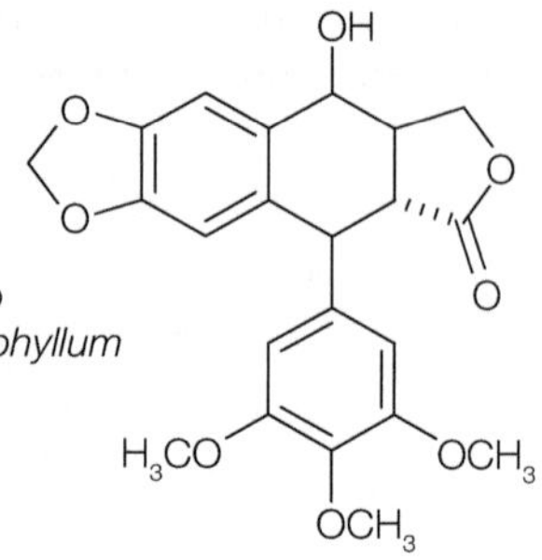

Podofilotoxina – Produto natural isolado de *Podophyllum peltatum*, que apresenta atividade carcinostática

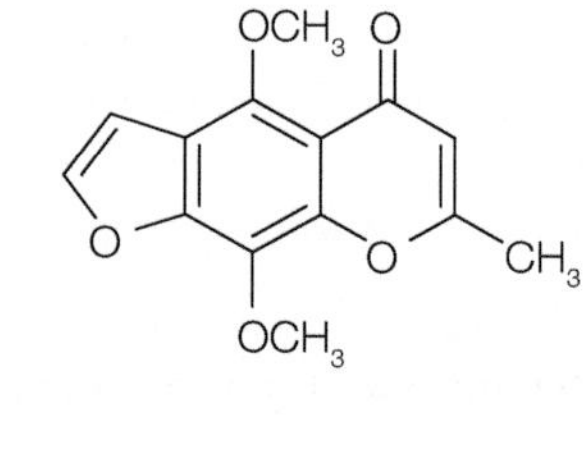

Quelina – Produto natural isolado de *Ammi visgana*, que apresenta efeito musculorrelaxante

Huperzina A – Alcaloide isolado de *Hurpezia serrata*, com atividade inibitória a enzima acetilcolinesterase

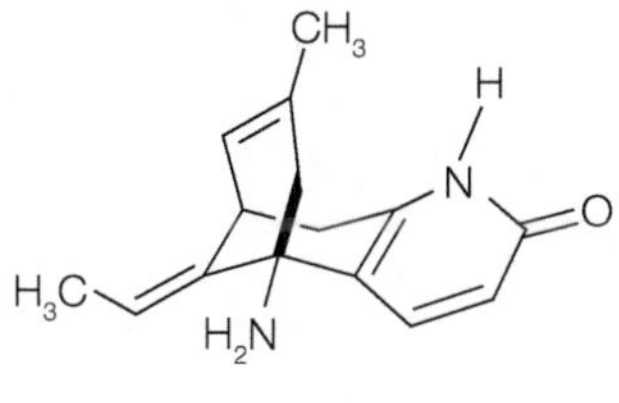

Muscinol – Isolado do cogumelo *Amantia muscaria* apresenta propriedades GABA-érgicas centrais

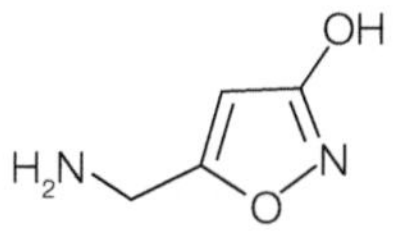

22. Mostre como o benzeno pode ser convertido na cetona representada a seguir. Note que a ordem com que os grupos são adicionados ao benzeno influencia na estrutura do produto principal formado ao final.

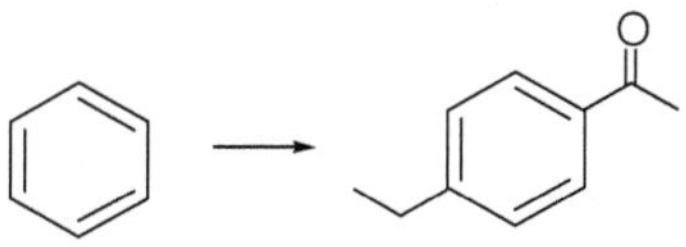

23. A reação entre fenol e acetona (CH_3COCH_3) em meio ácido resulta na formação de dois compostos (A e B)

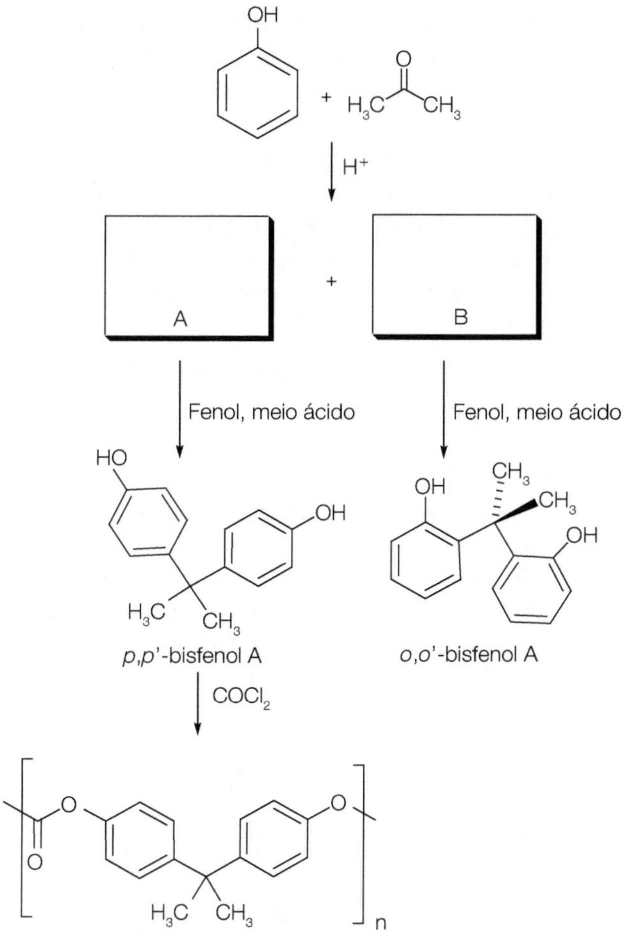

Policarbonato

isoméricos de fórmula $C_9H_{12}O_2$. Esses produtos são utilizados para o preparo do bisfenol A conforme ilustrado no esquema a seguir. O bisfenol A é produzido em larga escala industrial sendo utilizado como matéria-prima para a produção do polímero policarbonato. Esse policarbonato é utilizado na fabricação de vidros à prova de bala.

Considerando esse esquema, resolva:

a) Represente no esquema anterior as fórmulas estruturais dos compostos A e B.

b) Escreva o mecanismo para a formação do *p,p'*-bisfenol A a partir do composto A.

c) Escreva a fórmula estrutural de um terceiro isômero bisfenol A.

24. Complete as equações dadas a seguir com os produtos principais ou reagentes, conforme o caso. Para cada reação, apresente o mecanismo que explique a formação do produto principal.

a) 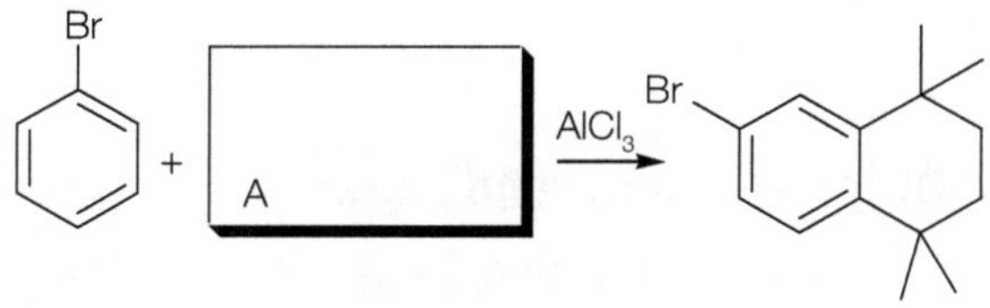

b) 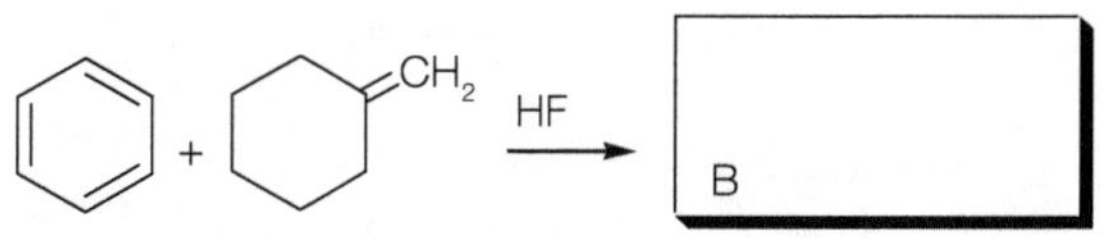

c) 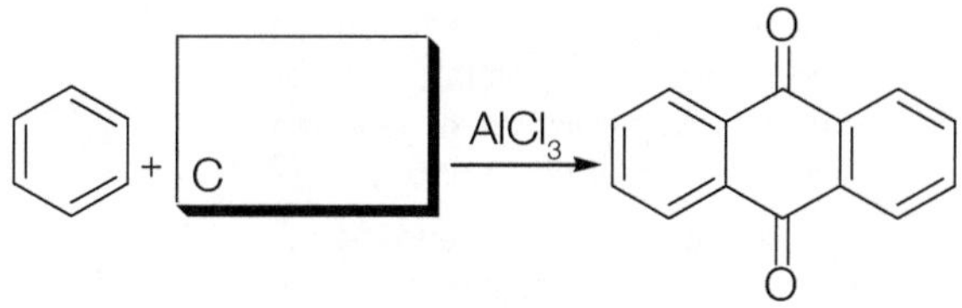

Capítulo 6

Introdução à estereoquímica

Objetivos de aprendizagem

Após o estudo deste capítulo você deverá ser capaz de:

- Identificar os carbonos assimétricos existentes em moléculas quirais.
- Esquematizar um polarímetro, identificar suas diferentes partes e explicar o funcionamento e suas aplicações.
- Explicar com suas próprias palavras o significado dos termos configuração absoluta, enantiômero, diasteroisômero, isômero *meso* e mistura racêmica.
- Aplicar as regras de Cahn-Ingold-Prelog para a designação da configuração absoluta (*R*/*S*) de compostos quirais.
- Classificar compostos contendo carbonos assimétricos em quiral, aquiral e *meso*.
- Converter fórmulas tridimensionais de compostos quirais nas projeções de Fischer.
- A partir das projeções de Fischer, classificar carboidratos e aminoácidos utilizando o sistema de nomenclatura D-L.

Resumo

Neste capítulo é introduzido o conceito de quiralidade bem como uma descrição do equipamento utilizado para medir a rotação específica de compostos quirais. A importância do reconhecimento da quiralidade de moléculas orgânicas é enfatizada por meio de vários exemplos. São introduzidos os conceitos de enantiômeros, diasteroisômeros e diversos outros termos utilizados no estudo de estereoisômeros. As regras de Cahn-Ingold-Prelog para a designação da configuração absoluta (*R*/*S*) de compostos quirais são ilustradas; o sistema de D-L utilizado na nomenclatura de carboidratos e aminoácidos e a representação das projeções de Fischer são temas também apresentados.

As formas de objetos e organismos vivos têm fascinado o homem há séculos. No início do século XIX, o mineralogista francês **René Hauy** observou a existência de dois tipos de cristais de quartzo, que diferiam apenas na posição de duas faces. Esses cristais eram imagens especulares um do outro e não eram superponíveis. Eles foram denominados *enantiomorfos* (do grego: *enántios*, 'opostos', + *morfo*, 'forma') (Figura 6.1).

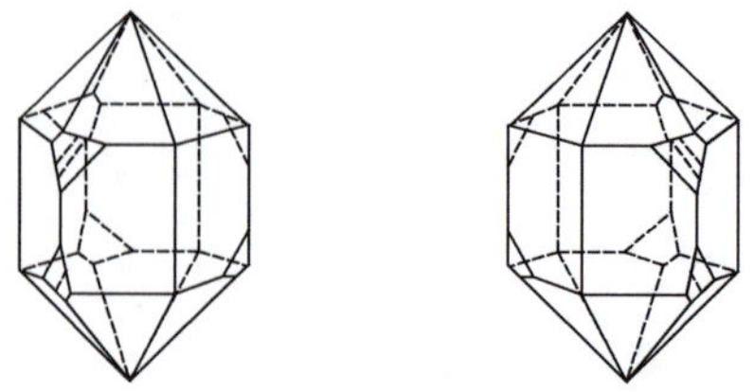

Figura 6.1 Cristais de quartzo.

Assim como os cristais de quartzo, muitos objetos e organismos não são idênticos às suas imagens especulares. Diz-se que esses objetos e organismos são *quirais* ou que possuem *quiralidade*. O termo *quiral* vem da palavra grega *cheir*, que significa 'mão'. Observe na Figura 6.2 a relação que existe entre a mão esquerda e a direita. Uma parece ser a imagem da outra, entretanto não se superpõem.

Para designar as duas formas de objetos quirais, dizemos que uma é esquerda e a outra, direita.

Alguns exemplos interessantes sobre manifestação de quiralidade, ou preferência pelo lado esquerdo ou direito, na natureza podem ser vistos na Figura 6.3.

A espécie de trepadeira *Convolvulus arvensis* enrosca-se para a direita; já a *Lonicera sempervirens* enrosca-se para a esquerda. A bactéria *Bacillus subtilis* forma colônias em forma de espirais que se enroscam para a direita, as quais, quando aquecidas, passam a se enroscar para a esquerda. O caracol *Liguus virgineus* normalmente apresenta um formato de espiral que se enrosca para a direita, mas existem alguns mutantes que se enroscam para a esquerda.

Há diversos outros exemplos de manifestação de quiralidade na natureza, até mesmo em nível molecular, conforme será discutido a seguir.

Sobre esse assunto, Louis Pasteur escreveu: "A vida como se nos manifesta é uma função da assimetria do Universo e da consequência deste fato".

René Just Hauy (1743-1822): nasceu em Saint-Just-en-Chaussée na França tendo estudado no College de Navarre e no College de Lemoine. Foi ordenado sacerdote pela Igreja Católica Romana e posteriormente se tornou professor em Lemoine. Dedicou-se ao estudo de mineralogia tendo sido professor dessa disciplina no Museu Nacional de História Natural na França. Realizou experimentos que resultaram no estabelecimento das leis geométricas da cristalização associadas a seu nome.

William Nicol (1770-1851): físico e geólogo escocês, nascido em Humbie (Escócia). Foi professor da Universidade de Edimburgo. Inventou o primeiro prisma que produz luz polarizada e que leva seu nome. Esse prisma é utilizado no estudo da atividade óptica de compostos orgânicos.

O polarímetro e a luz polarizada

Um raio de luz ou uma radiação eletromagnética qualquer são constituídos por um campo elétrico oscilante, associado a um campo magnético ortogonal, que oscila perpendicularmente à sua direção de propagação (ver Figura 6.4 A). A luz ou radiação comum é não polarizada, ou seja, para um feixe de radiação, os campos elétricos e magnéticos oscilam em todas as direções, conforme representado na Figura 6.4 B. A luz é denominada *polarizada* quando oscila em apenas uma direção (Figura 6.4 C).

A luz polarizada é obtida passando-se a luz comum através de um polarizador denominado *prisma de Nicol* ($CaCO_3$ em determinada forma cristalina desenvolvido pelo físico escocês **William Nicol**).

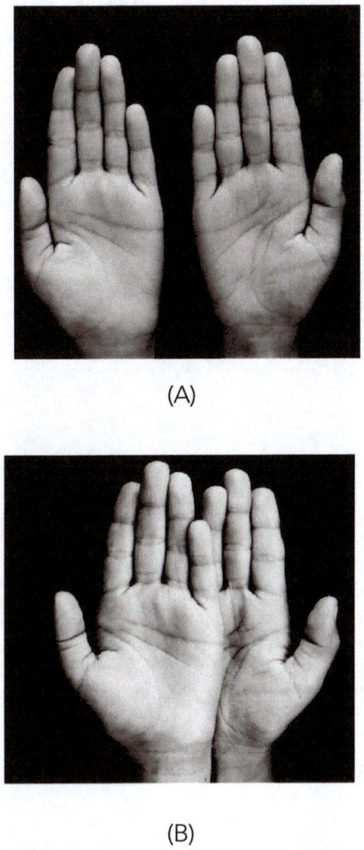

Figura 6.2 Relação especular entre a mão direita e a esquerda (A). As mãos direita e esquerda não se superpõem (B).

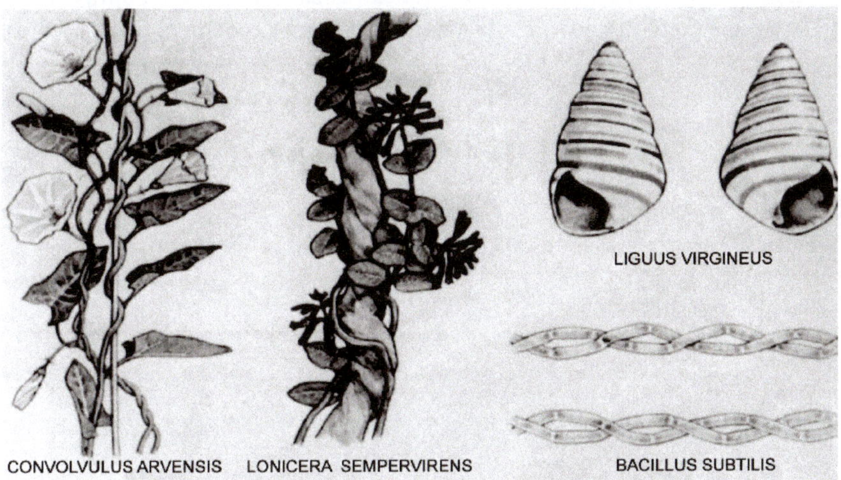

Figura 6.3 Exemplos de organismos vivos que apresentam quiralidade.

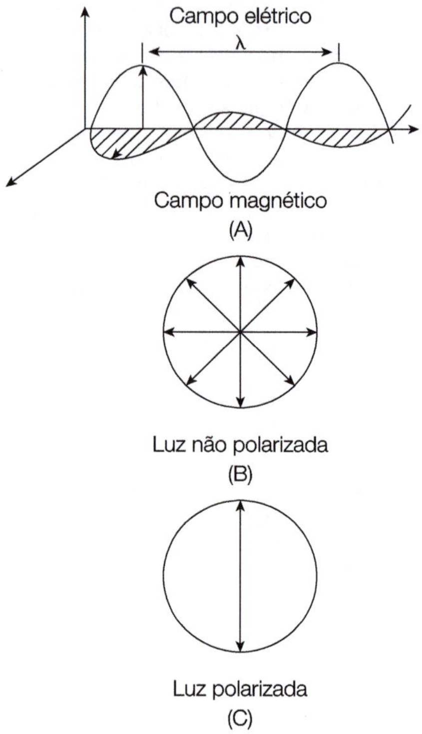

Figura 6.4 Representação de uma onda eletromagnética (A); vetores representando a oscilação do campo elétrico para uma luz não polarizada (B); e para uma luz polarizada (C).

Uma das propriedades características de moléculas quirais é a capacidade de desviar o plano de propagação da luz polarizada. O aparelho utilizado para medir esse desvio é denominado *polarímetro*, cuja representação esquemática é mostrada na Figura 6.5.

Pela Figura 6.5 observa-se que o aparelho é constituído de uma fonte de radiação não polarizada, geralmente uma lâmpada de sódio. A radiação é passada através de um polarizador, sendo direcionada para o recipiente em que a amostra se encontra dissolvida em um solvente que não desvia seu plano de propagação. Ao sair do recipiente contendo a amostra, a radiação passa pelo analisador, onde o desvio (α) no plano de sua propagação é medido em graus.

Se o desvio observado for para a direita, a substância será denominada *dextrógira* (do latim *dexter*, 'direito'), e neste caso utiliza-se o símbolo (+) antes do nome do composto para descrever essa propriedade. Se o desvio for para a esquerda, a substância será denominada *levógira* (do latim *laevus*, 'esquerdo'). Nesse caso utiliza-se o símbolo (–) antes do nome do composto[1] para indicá-lo.

Um composto que não desvia o plano da luz polarizada é considerado *opticamente inativo*, e um que o desvia é *opticamente ativo*.

O número de graus de rotação medido no polarímetro depende não apenas da natureza da amostra, mas também da concentração da solução ($c = g\ cm^{-3}$) e do comprimento do tubo ($l = dm$) em que essa amostra se encontra.

Denomina-se *rotação específica* [α] a rotação em graus observada quando se usa um tubo com 1 dm de comprimento, sendo a concentração de amostra de 1 $g\ cm^{-3}$.

$$[\alpha]_D^t = \frac{\alpha}{l.c}$$

[α] = rotação específica
α = rotação observada em graus
l = comprimento do tubo da amostra em dm
c = concentração em $g\ cm^{-3}$

A rotação específica é uma propriedade física característica de cada composto (opticamente ativo), da mesma forma que as temperaturas de fusão e ebulição, a densidade e o índice de refração também o são. Geralmente ela varia com o solvente e a temperatura. Por isso, ambos devem ser informados quando um valor de rotação específica é publicado.

A letra D colocada como índice à direita de [α] designa a transição eletrônica que resulta na radiação com comprimento de onda λ = 589,3 nm de uma lâmpada de sódio, utilizada para realizar a medida. A temperatura (t) em que a medida foi realizada é dada como um expoente à direita de [α].

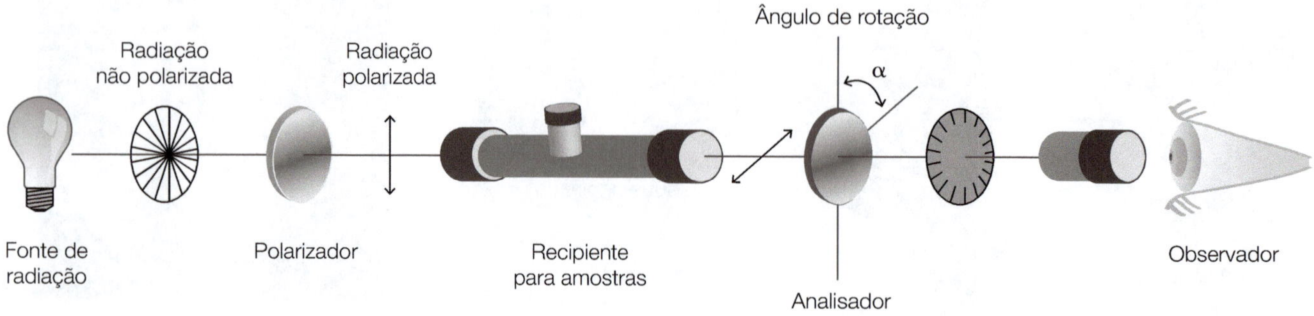

Figura 6.5 Representação esquemática de um polarímetro.

[1] O uso da letra *d* em vez de (+) e de *l* em vez de (–) deve ser abandonado de acordo com a IUPAC (PANICO e RICHER, 1993).

Teste 6.1

Para uma solução de uma substância orgânica de concentração 0,5 g cm^{-3} de um composto em um polarímetro de 20 cm de comprimento a rotação observada é de 1,5°. Qual a rotação específica dessa substância?

A descoberta de quiralidade em moléculas

Em 1848, **Louis Pasteur**, com apenas 26 anos, havia concluído seu doutorado em Ciências e estava estudando a estrutura cristalina do tartarato de amônio e sódio (Figura 6.6) na Escola Normal Superior, em Paris. Ele observou que dois tipos de cristais do ácido tartárico eram depositados em barris de vinho durante a fermentação. A solução aquosa de um desses cristais, quando analisada em um polarímetro, desviava o plano da luz polarizada para a direita (composto *dextrógiro*). Já a solução aquosa dos outros cristais não apresentava nenhum efeito sobre o plano de propagação da luz polarizada, sendo, portanto, opticamente inativa. Esses cristais opticamente inativos foram então dissolvidos em água e recristalizados na forma do sal de amônio e sódio. Dois novos tipos de cristais foram formados e Pasteur conseguiu separá-los utilizando uma lupa e uma pinça.

Louis Pasteur (1822-1895): nasceu em Dôle na França. Estudou em Arbois, Besançon. Foi professor em Estrasburgo, Lille e da Escola Normal Superior de Paris.

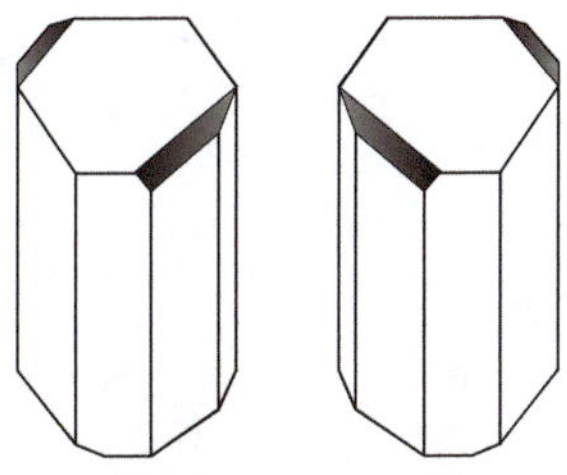

Figura 6.6 Cristais de tartarato de amônio e sódio: dextrógiro (A) e levógiro (B).

Pasteur observou que os dois tipos de cristais eram imagens especulares um do outro e que uma solução de cada um deles era opticamente ativa. Ele percebeu ainda que, para soluções de mesma concentração, o ângulo de desvio [α] era idêntico, diferindo apenas no sinal (+ ou -), ou seja, um composto desviava o plano da luz polarizada para a esquerda (*levógiro*), e o outro, para a direita (*dextrógiro*). Pasteur observou também que uma solução contendo esses dois isômeros na mesma concentração era opticamente inativa.

Essa mistura opticamente inativa, formada a partir de quantidades equimolares de um par de enantiômeros, é denominada *mistura racêmica*. Embora esse termo seja amplamente utilizado na literatura, a IUPAC[2] desencoraja seu uso, sugerindo o termo *racemato* em seu lugar.

Visto que a diferença de rotação óptica era observada quando os compostos se encontravam em solução, Pasteur concluiu que ela deveria refletir uma diferença em nível molecular. Ele então sugeriu que, da mesma forma que os próprios cristais, as moléculas que os constituíam deveriam também ser imagens especulares umas das outras.

Dessa descoberta até 1874, as fórmulas de vários compostos opticamente ativos já eram conhecidas. Nesse ano, **Jacobus Hendricus van't Hoff**, com apenas 22 anos de idade, e **Joseph Achille Le Bel**, trabalhando independentemente, publicaram os resultados de suas pesquisas. Segundo eles, compostos opticamente ativos deveriam possuir em suas estruturas pelo menos um átomo de carbono quiral ou assimétrico. O termo *quiral* foi dado por Van't Hoff ao carbono ligado a quatro grupos diferentes. Ainda hoje utilizamos os termos *quiral* ou *assimétrico* para nos referir a um carbono ligado a quatro grupos diferentes. Os termos *centro de quiralidade* e *carbono assimétrico* aparecem definidos em trabalho recente da IUPAC. Entretanto, de acordo com os professores Kurt Mislow e Jay Siegel,[3] da Universidade de

Jacobus Hendricus van't Hoff (1852--1911): químico holandês, estudou na Universidade de Utrecht (Ph.D.,1874). Foi professor de química das universidades de Amsterdã e Berlim. Em 1901, foi agraciado com o primeiro Prêmio Nobel de Química.

Joseph Achille Le Bel (1847-1930): químico francês nascido em Pechelbronn e educado na Escola Politécnica de Paris. Em 1874, anunciou sua teoria da relação entre a estrutura molecular de compostos orgânicos e atividade óptica, estabelecendo os fundamentos da estereoquímica.

2 MOSS (1996).

3 MISLOW, K. e SIEGEL, J. (1984).

Princeton, nos Estados Unidos, o uso desses termos tem causado confusão desde os tempos de van't Hoff, uma vez que a assimetria ou a quiralidade é uma propriedade da molécula como um todo, e não apenas do carbono. No presente trabalho continuaremos utilizando o termo *carbono assimétrico*, conforme a recomendação da IUPAC.

Le Bel e van't Hoff mostraram que, se o carbono assimétrico fosse tetraédrico, os quatro grupos poderiam arranjar-se em torno dele de duas formas distintas, e as moléculas resultantes seriam imagens especulares umas das outras.

Considere, por exemplo, as seguintes representações do ácido lático:

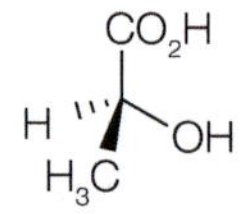

(I)

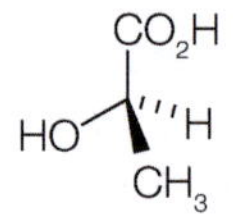

(II)

À primeira vista, essas moléculas parecem idênticas, mas um exame mais detalhado mostra que uma é a imagem especular da outra. Essas duas formas do ácido lático são isômeros ópticos e denominadas *enantiômeros*. Esses tipos de isômeros apresentam propriedades físicas (temperatura de fusão, temperatura de ebulição, densidade, índice de refração) idênticas, diferindo, entretanto, na forma como interagem com a luz polarizada. O composto I desvia o plano de luz polarizada para a esquerda ([α] = −2,6°) e corresponde à forma do ácido lático produzido pelos músculos e responsável pela dor causada após exercícios prolongados. Já o composto II, encontrado em grande quantidade no leite azedo, desvia o plano da luz polarizada para a direita ([α] = +2,6°).

Essa similaridade entre os compostos I e II é análoga à existente em um par de luvas, ou seja, uma luva é a imagem especular da outra, mas elas não são superponíveis. Conforme já mencionado, qualquer objeto ou molécula que não seja superponível à sua imagem especular é denominado *quiral*.

Apesar de muito parecidas, as substâncias quirais podem apresentar várias propriedades, como cheiro e sabor, além de diversas propriedades biológicas, completamente diferentes, conforme ilustrado na Figura 6.7.

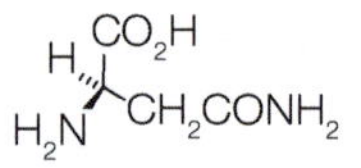

(*R*)-asparagina
(sabor amargo)

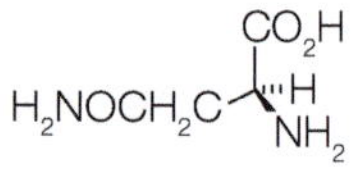

(*S*)-asparagina
(sabor doce)

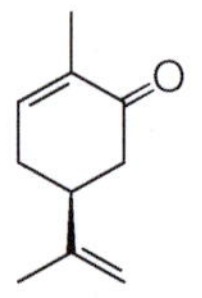

(*S*)-carvona
(odor de menta)

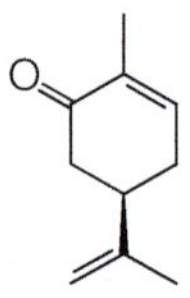

(*R*)-carvona
(odor de alcavaria)

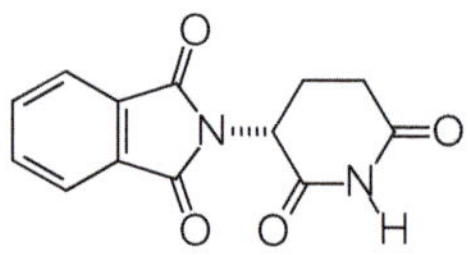

(*R*)-talidomida
(sedativo)

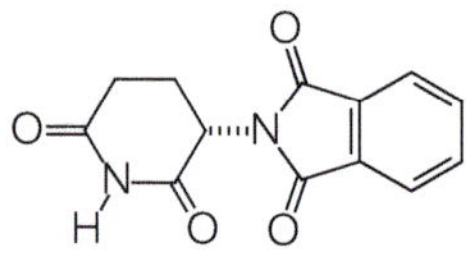

(*S*)-talidomida
(teratogênico)

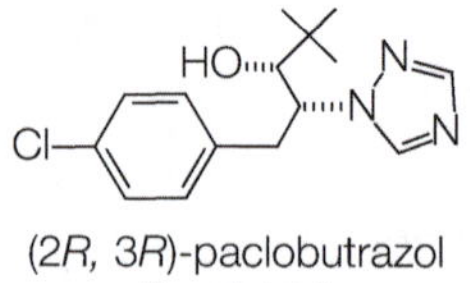

(2*R*, 3*R*)-paclobutrazol
(fungicida)

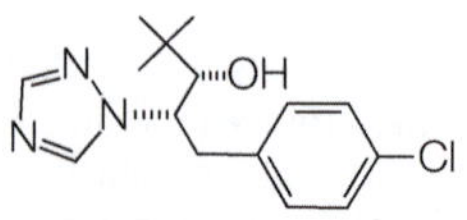

(2*S*, 3*S*)-paclobutrazol
(regulador do crescimento de plantas)

Figura 6.7 Exemplos de compostos quirais e respectivas propriedades.

Teste 6.2

Nas fórmulas estruturais apresentadas a seguir identifique com um asterisco os átomos de carbono assimétricos:

a) 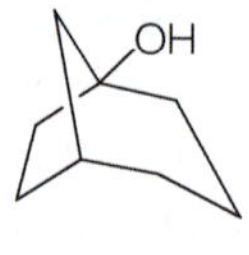

c) 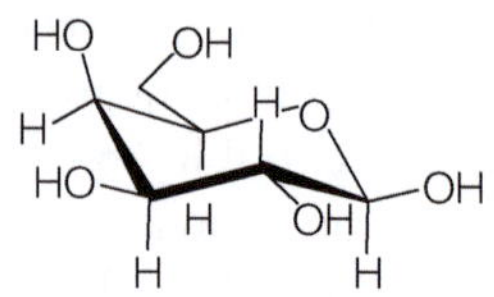

b) 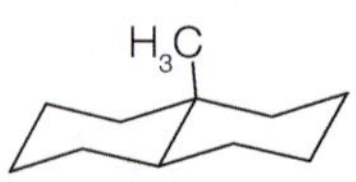

d) 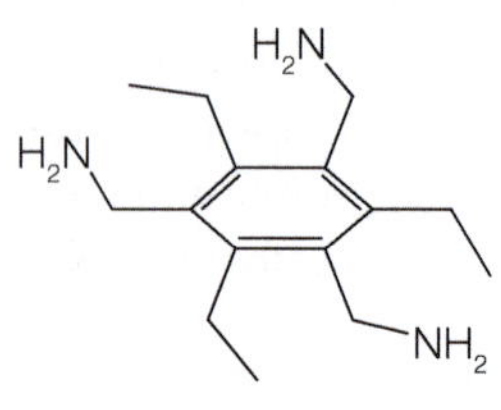

A história da talidomida

Dentre os compostos listados no item anterior, a talidomida apresenta uma história trágica. No final da década de 1950, ela foi introduzida na Alemanha e na Inglaterra como sedativo hipnótico administrado principalmente a mulheres grávidas para o tratamento de enjoo. Em 1960, observou-se um aumento no número de recém-nascidos com focomelia, que é o encurtamento ou a ausência dos membros superiores. Em 1961, W. G. McBride, pediatra australiano, levantou a suspeita da relação entre os casos de focomelia e a ingestão de talidomida por mulheres grávidas nos três primeiros meses de gestação. Essa suspeita foi confirmada em seguida por geneticistas alemães, e a comercialização da droga foi imediatamente suspensa.

Os dados oficiais registram que aproximadamente dez mil crianças nasceram deformadas em mais de 28 países, incluindo o Brasil.

Pesquisas posteriores comprovaram o efeito sedativo do isômero *R* e o efeito teratogênico[4] do isômero *S*. Apesar de ter sido possível obter os enantiômeros *R* e *S* na forma pura, foi demonstrado que no plasma humano (pH fisiológico igual a 7) a talidomida sofre racemização, o que inviabiliza sua comercialização na forma enantiomericamente pura.

Apesar dessa tragédia, em 1965, um médico israelense descobriu, acidentalmente, que a talidomida é capaz de curar lesões causadas pela lepra. No Brasil, ela continua sendo utilizada no tratamento dessa doença, e, recentemente, vários novos efeitos benéficos dessa droga têm sido relatados na literatura, como no tratamento da aids, do glaucoma e do câncer. Em vista dessas descobertas, existem cientistas defendendo a possibilidade de reintrodução desse composto no mercado de fármacos.

Por causa dessas diferenças em propriedades biológicas apresentadas pelos vários estereoisômeros e, principalmente, pela tragédia da talidomida, as indústrias agroquímicas e farmacêuticas têm concentrado esforços para produzir compostos opticamente puros, ou seja, na forma de apenas um dos *enantiômeros*. Só para se ter uma ideia do crescimento do mercado de fármacos enantiomericamente puros, em 1985 aproximadamente 99% dos medicamentos eram comercializados na forma de mistura racêmica. Em 1995, 20% dos medicamentos eram comercializados na forma de um único enantiômero e essa proporção tem crescido continuamente a cada ano. Desse modo, o reconhecimento da distribuição espacial dos átomos em uma molécula é tão importante como o da sequência em que estes se encontram ligados.

O estudo da estereoisomeria envolve um vocabulário próprio, bem como várias maneiras diferentes para representar e nomear os isômeros. Este será, portanto, o assunto a ser tratado a seguir.

Estereoisômeros com um carbono assimétrico[5]

Conforme já mencionado, quando os quatro grupos ligados a um carbono sp^3 são diferentes, o carbono é denominado assimétrico. A ordem do arranjo desses grupos em torno do átomo assimétrico é conhecida como *configuração absoluta*.

---

4 Substância teratogênica é aquela capaz de causar deformação no feto durante seu desenvolvimento.

5 O uso do termo *isomeria óptica* é fortemente desencorajado pela IUPAC (MOSS, 1996).

Para ilustrar esse conceito, observe a molécula CHBrClF, que possui quatro grupos diferentes ligados ao átomo de carbono. Esses grupos podem arranjar-se em torno do átomo de carbono de duas maneiras diferentes, conforme pode ser visto nas seguintes representações:

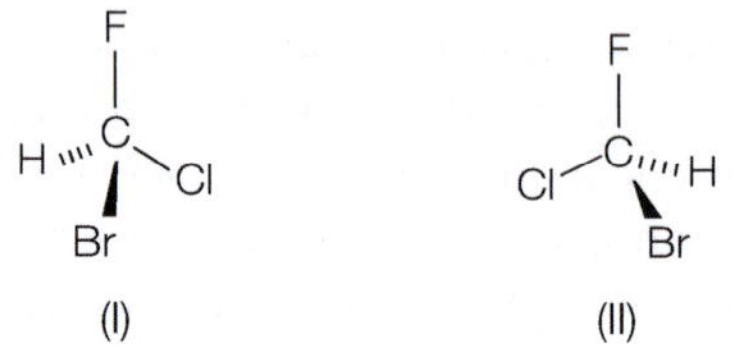

Sobrepondo mentalmente essas estruturas, é facilmente observável que os compostos I e II são imagens especulares um do outro, mas não superponíveis. Para melhor visualizar que esses compostos não são superponíveis, é aconselhado que se faça uso de modelos moleculares. Isômeros ópticos cujas imagens especulares não são superponíveis denominam-se *enantiômeros*.

Teste 6.3

Represente a fórmula estrutural para os enantiômeros dos compostos representados nos itens a e c do Teste 6.2.

Representação de enantiômeros

Emmil Fischer (1852-1919): químico alemão nascido próximo a Colônia. Foi professor de química nas universidades de Erlangen, Würzburg e de Berlim. Em 1902 foi homenageado com o prêmio Nobel de química pela síntese de vários açúcares, bases nitrogenadas e peptídeos.

As fórmulas tridimensionais utilizadas para representar os compostos I e II são claras e muito utilizadas pelos químicos. Nesse caso, as linhas normais (–) representam os grupos que estão no plano do papel, a linha tracejada representa o grupo que está atrás do plano e a linha escura, em forma de cunha, o grupo que está na frente do plano do papel. Apesar da clareza e da utilidade desse tipo de fórmula tridimensional, o químico alemão **Emmil Fischer** propôs um tipo de representação para compostos orgânicos em que todos os grupos são colocados em um único plano. Essa representação é muito utilizada no estudo da química de carboidratos e de aminoácidos e é denominada *projeção de Fischer*.

Como exemplo observe as projeções de Fischer para os compostos I e II:

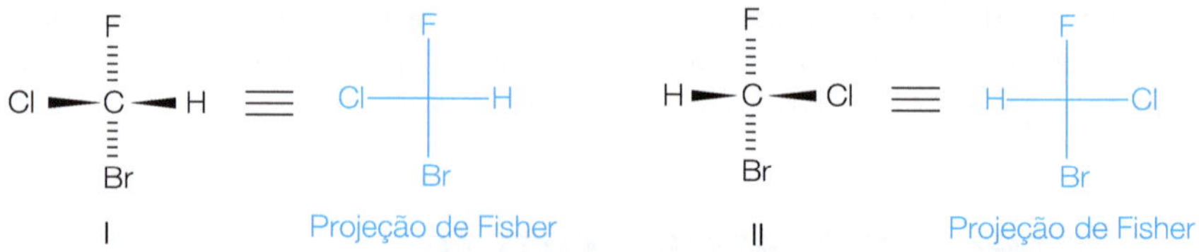

Nessas projeções, as linhas na horizontal representam grupos que estão na frente do plano do papel, e as linhas na vertical, os grupos que estão atrás do plano.

A projeção de Fischer é particularmente importante para representar a estrutura de moléculas com muitos carbonos assimétricos, como é o caso dos carboidratos ou açúcares, que são aldeídos ou cetonas poli-hidroxiladas. No Capítulo 12 será feita uma discussão sobre essa classe de compostos, mas, como exemplo, observe as projeções de Fischer para a ribose e a 2-desoxirribose, compostos que entram na formação dos ácidos nucleicos.

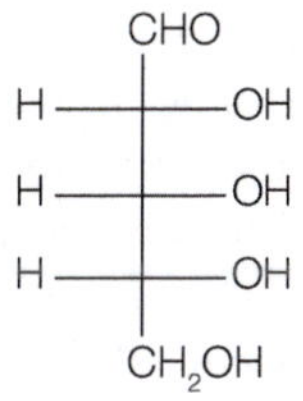

Ribose

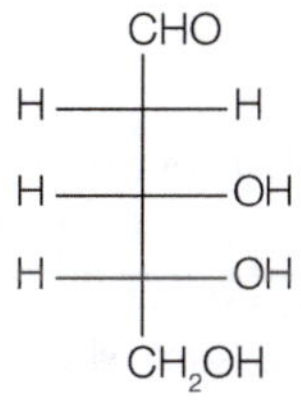

2-Desoxirribose

Teste 6.4

Represente as projeções de Fischer para os enantiômeros da ribose e da 2-desoxirribose anteriormente ilustradas.

Teste 6.5

Represente as projeções de Fischer para os seguintes compostos cujas fórmulas tridimensionais são apresentadas:

a) 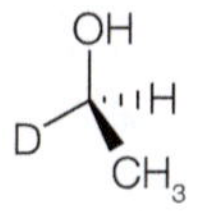

c) 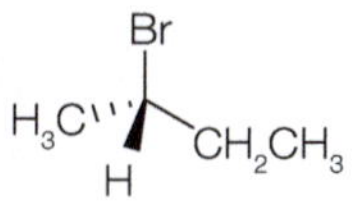

b) 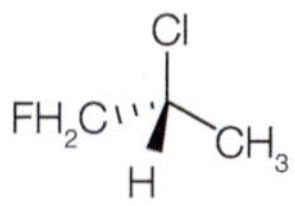

d) 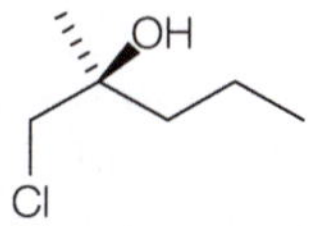

Especificação da configuração absoluta

Conforme mencionado, o arranjo espacial dos átomos ou grupos de átomos em torno de um carbono assimétrico é denominado *configuração absoluta*. Embora seja possível representar os diversos isômeros com fórmulas tridimensionais, é difícil traduzir em palavras o arranjo espacial dos átomos nas moléculas. Para resolver esse problema, os químicos ingleses R. S. Cahn e C. Ingold, juntamente ao suíço V. Prelog, propuseram um sistema de nomenclatura que, associado às regras da IUPAC já apresentadas, permitisse descrever claramente os diferentes esteroisômeros de determinado composto. Esse sistema se baseia no uso das letras *R* ou *S*, entre parênteses e em itálico, antes do nome do composto e separado por hífen, sendo conhecido como sistema *R-S*. Assim, o termo configuração absoluta passou também a ser utilizado para referir-se a esses descritores *R-S*.

Dessa forma, para a designação da configuração absoluta no sistema *R-S* deve-se proceder da seguinte maneira:

i) Atribuir aos grupos ligados ao carbono assimétrico prioridades 1, 2, 3 e 4, sendo 1 a prioridade máxima. Essas atribuições são feitas de acordo com um conjunto de regras arbitrárias, que será apresentado posteriormente.

ii) Visualizar a molécula, de modo que o grupo de menor prioridade (4) se encontre o mais afastado possível do observador. Os outros três grupos deverão estar em um plano e projetados em direção ao observador.

iii) Traçar uma seta, partindo do grupo de prioridade 1, passando pelo de prioridade 2, até chegar ao de prioridade 3. Se a direção do movimento da seta for no sentido horário (direção do movimento dos ponteiros de um relógio), o carbono receberá a denominação *R* (do latim *rectus*, 'direito'); se for no sentido anti-horário, ele será denominado *S* (do latim *sinister*, 'esquerdo'), conforme exemplificado a seguir:

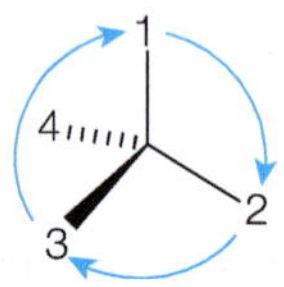

Configuração *R*

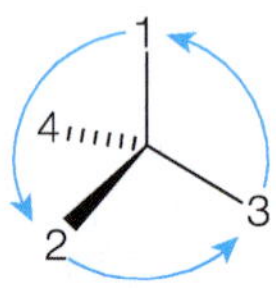

Configuração *S*

As regras para atribuir prioridade aos grupos ligados aos carbonos assimétricos são:

1. Os átomos de maior número atômico têm maior prioridade.

Considere o seguinte exemplo:

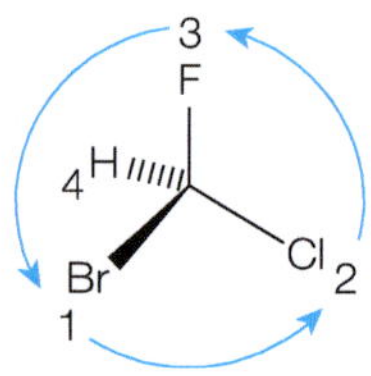

Nesse caso, os grupos ligados ao carbono assimétrico, em ordem decrescente de prioridade, são: Br (1) > Cl (2) > F (3) > H (4). Traçando uma seta no sentido 1 a 2 a 3, observa-se um movimento anti-horário e, portanto, o carbono recebe a denominação *S*. Por isso, o nome completo desse composto é (*S*)-bromoclorofluorometano.

No exemplo a seguir foi utilizada a projeção de Fischer. Nesse caso, a ordem decrescente de prioridade dos grupos é: Cl (1) > F (2) > D (3) > H (4).

Para facilitar a determinação da configuração do carbono assimétrico, pode-se redesenhar a molécula das seguintes formas:

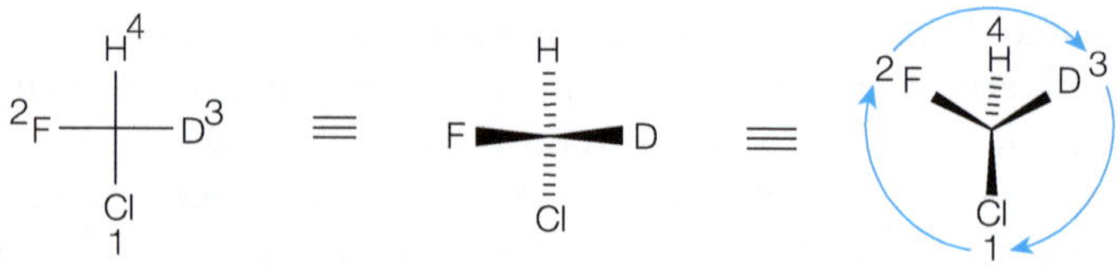

A determinação da configuração de um carbono pode ser feita diretamente a partir da projeção de Fischer. Nesse caso, se o grupo de menor prioridade estiver na posição vertical, como no exemplo anterior, é só observar o sentido das setas partindo do grupo de prioridade 1 em direção ao de prioridade 3. Nesse exemplo, a configuração representada é a *R*.

Observe o exemplo apresentado a seguir, cuja configuração absoluta é *S*.

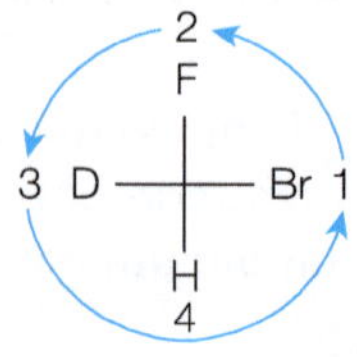

Se o grupo de menor prioridade estiver na horizontal, mantém-se fixa a posição de qualquer um dos grupos, exceto o de prioridade 4, e trocam-se as posições dos outros. Após realizarmos essa operação (a estereoquímica da molécula será a mesma), o grupo 4 estará ocupando uma posição vertical e, portanto, bastará proceder conforme já descrito anteriormente.

Para ilustrar o que foi dito, considere o seguinte exemplo:

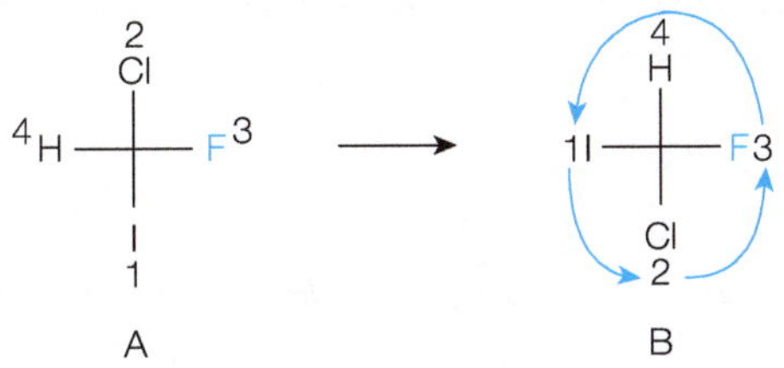

Nesse caso, fixando-se a posição do grupo 3 (F) e movendo os outros grupos no sentido horário, de modo que o grupo 1 ocupe a posição do 4; o grupo 4, a posição do 2; e este, a posição do 1, tem-se outra representação (B) para a molécula que acabamos de mostrar. Como agora o grupo de menor prioridade (4) se encontra na posição vertical, basta desenhar uma seta a partir do grupo 1, passando pelo grupo 2, até atingir o grupo 3. Nesse caso verifica-se que a configuração do carbono é *S*.

2. Quando os grupos ligados ao carbono assimétrico forem poliatômicos, a prioridade será maior quanto maior for o número atômico do átomo diretamente ligado ao centro de quiralidade.

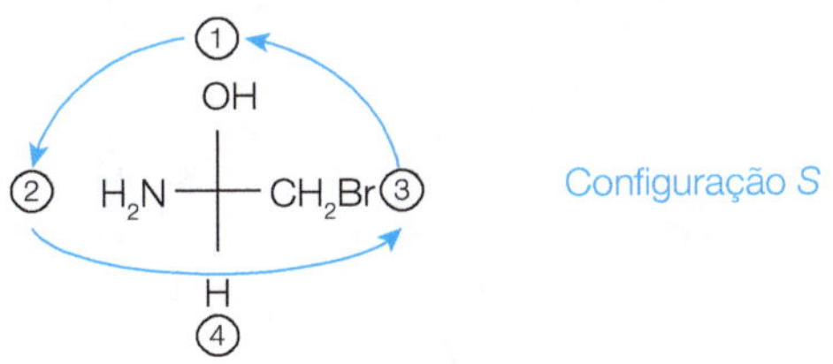

Nesse exemplo, os átomos diretamente ligados ao carbono assimétrico, em ordem decrescente de prioridade, são: O > N > C > H. A configuração do carbono nesse caso é *S*.

3. Quando dois ou mais átomos ligados diretamente ao carbono assimétrico tiverem a mesma prioridade, devem-se então comparar, um a um, os dois elementos de maior prioridade ligados a eles, utilizando os mesmos critérios de número atômico e número de massa. Caso haja empate, compare os próximos dois grupos de maior prioridade.

Considere a seguinte molécula:

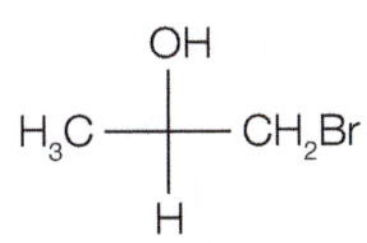

Nesse caso, os átomos ligados diretamente ao carbono assimétrico, em ordem decrescente de prioridade, são: O > C, C > H.

Portanto, no caso dos grupos $-CH_3$ e $-CH_2Br$, a prioridade foi a mesma. Dessa forma, as prioridades dos átomos ligados a esses carbonos devem ser comparadas, conforme mostrado a seguir:

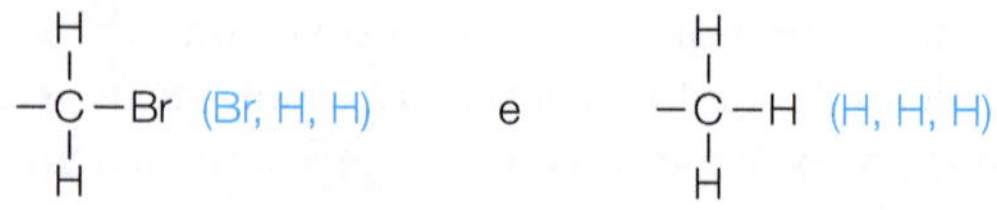

Como a prioridade do bromo é maior que a do hidrogênio (os outros dois átomos são os mesmos em ambos os casos), o grupo $-CH_2Br$ terá maior prioridade que o $-CH_3$. Portanto, a ordem completa de prioridade será HO > CH_2Br > CH_3 > H, e a configuração absoluta do composto, *R*.

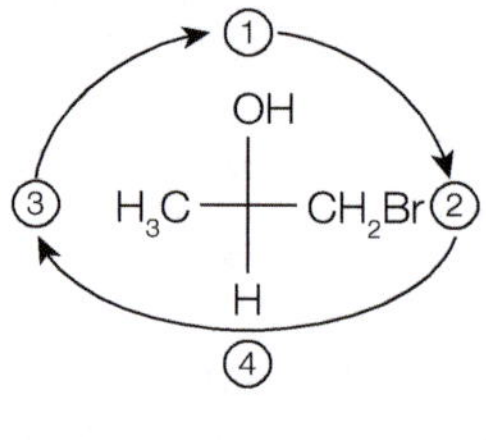

(*R*) -1-bromopropan-2-ol

4. Grupos com ligações duplas e tríplices são tratados como se fossem desdobrados em duas ou três ligações simples, respectivamente, como nos exemplos seguintes:

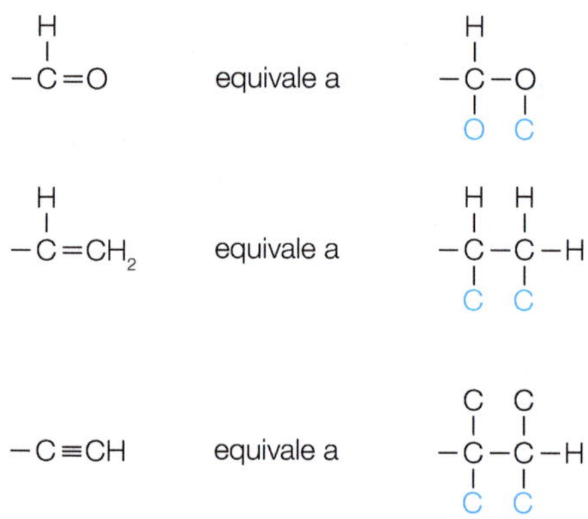

Os átomos que foram replicados (em azul) são tratados como se estivessem conectados a grupos de prioridade zero. Para fins de ilustração dessas regras, são apresentados, a seguir, dois exemplos em que são comparadas as prioridades de grupos saturados e insaturados, ligados ao carbono marcado por um asterisco (*C).

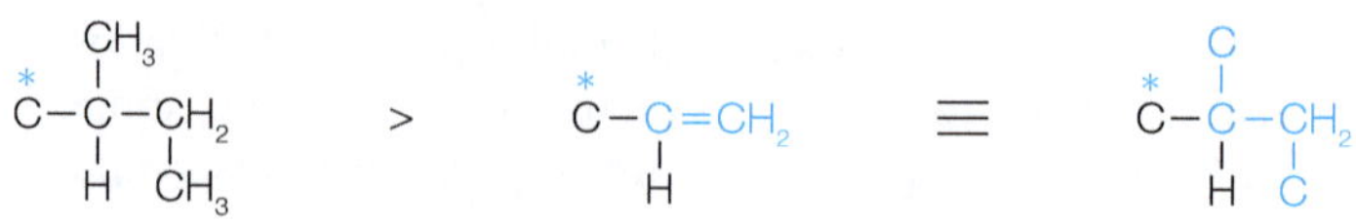

Maior prioridade

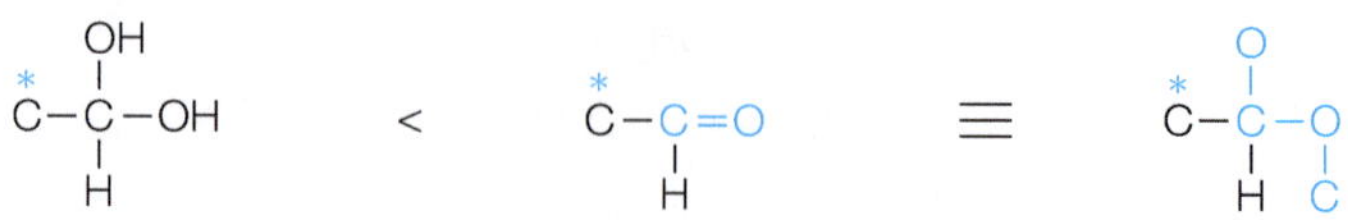

Menor prioridade

Nesse ponto deve-se esclarecer que não existe correlação óbvia entre a configuração absoluta (*R-S*) e a direção (dextrógiro-levógiro) de desvio do plano da luz polarizada, ou seja, um composto pode ter configuração *R* e ser dextrógiro, e outro com a mesma configuração pode ser levógiro. Isso é ilustrado nos exemplos seguintes, em que o (*R*)-1-cloro-2-metilbutano é levógiro e o (*R*)-ácido lático é dextrógiro.

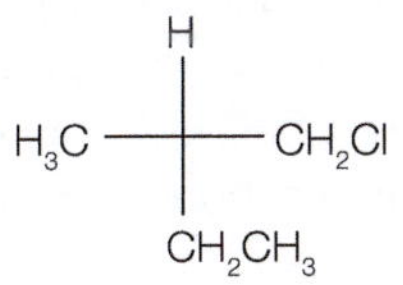

(*R*)-1-cloro-2-metilbutano
$[\alpha]_D^{25°} = -1{,}64°$

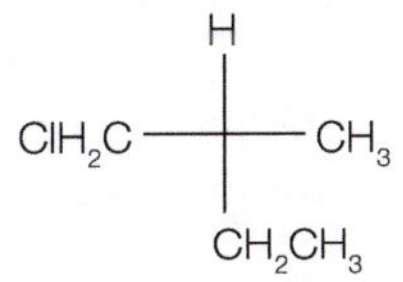

(*S*)-1-cloro-2-metilbutano
$[\alpha]_D^{25°} = +1{,}64°$

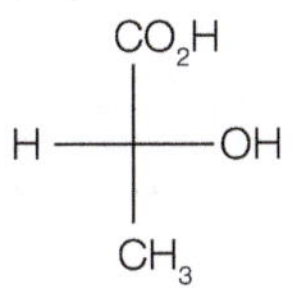

(*R*)-Ácido lático
$[\alpha]_D^{25°} = +2{,}60°$

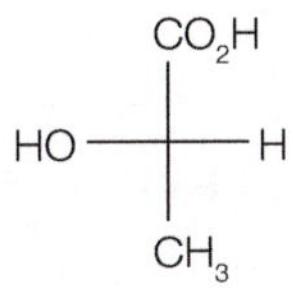

(*S*)-Ácido lático
$[\alpha]_D^{25°} = -2{,}60°$

Teste 6.6

Especifique as configurações absolutas (*R* ou *S*) para os carbonos assimétricos das moléculas apresentadas no Teste 6.5.

Teste 6.7

Especifique as configurações absolutas (*R* ou *S*) para os carbonos assimétricos das moléculas apresentadas a seguir:

a) 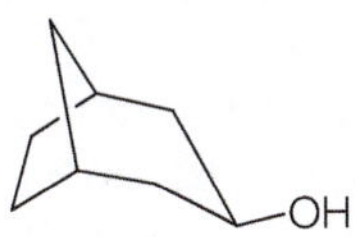

c) 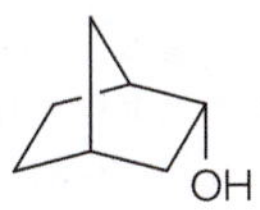

b) 

d) 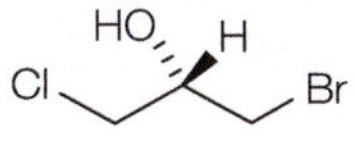

Estereoisômeros com mais de um carbono assimétrico

Até o momento, as discussões apresentadas sobre a designação de configuração absoluta concentraram-se em moléculas com apenas um carbono assimétrico. No caso de o composto possuir *n* carbonos assimétricos, o número máximo de estereoisômeros que pode existir é 2^n. Considere, por exemplo, a noretindrona apresentada no Capítulo 4. Esse composto apresenta 6 carbonos assimétricos, o que significa que podem existir 64 estereoisômeros. Como as reações que resultam na formação desse e de outros produtos naturais são catalisadas por enzimas (que são quirais), geralmente os organismos produzem seletivamente um dentre os muitos possíveis estereoisômeros de determinado composto.

Para os casos em que os compostos apresentam vários carbonos assimétricos, a configuração absoluta de cada um é especificada utilizando-se as regras apresentadas anteriormente. Nesse caso, as letras *R* e *S* vêm antecedidas de um número que corresponde ao carbono, conforme ilustrado na Figura 6.7.

Considere o 2-bromo-3-clorobutano. Essa molécula contém dois carbonos (2 e 3) assimétricos e, portanto, quatro estereoisômeros, conforme representado a seguir:

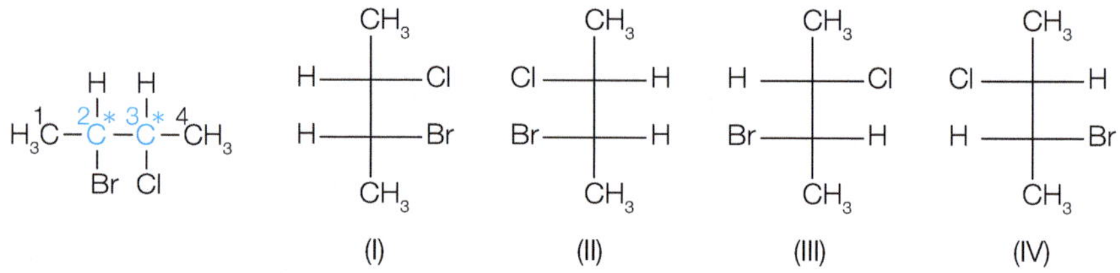

Observe que o composto I é imagem especular do II. Eles constituem, pois, um par de *enantiômeros.* Da mesma forma, os compostos III e IV constituem outro par de *enantiômeros*.

Observe agora que o composto I não é imagem especular do composto III nem do IV. Similarmente, o composto II também não é imagem especular do III nem do IV.

Estereoisômeros que não são imagens especulares uns dos outros são chamados *diastereoisômeros*.

Diferentemente dos enantiômeros, os diastereoisômeros apresentam diferentes propriedades físicas (temperatura de fusão, temperatura de ebulição, índice de refração etc.). Além disso eles também possuem diferentes rotações específicas.

Considere agora o ácido tartárico, composto que Pasteur estudou extensivamente, encontrado no suco de uva e também utilizado em fermentos químicos. Como essa molécula contém dois carbonos assimétricos (C2 e C3), ela terá no máximo $2^2 = 4$ estereoisômeros. Representando sistematicamente as projeções de Fischer para cada um dos possíveis isômeros, têm-se os compostos V, VI, VII e VIII.

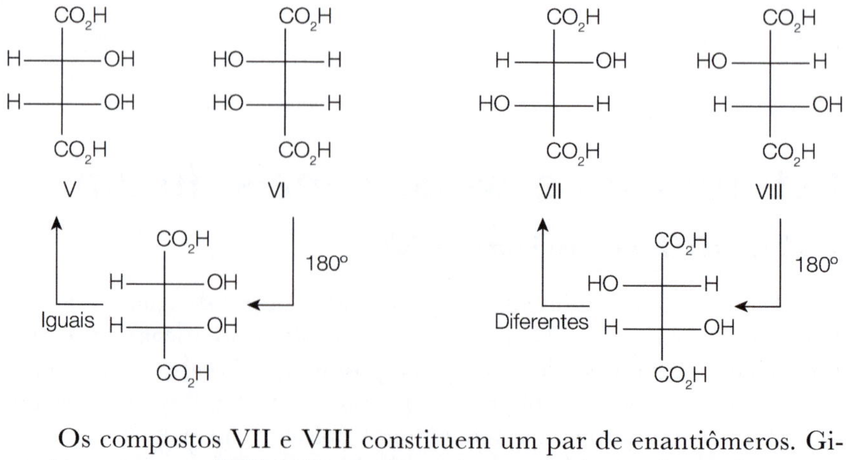

Os compostos VII e VIII constituem um par de enantiômeros. Girando a estrutura VIII 180° no plano do papel, ela continua não superponível ao composto VII. Nesse ponto devemos chamar a atenção para o fato de que as projeções de Fischer podem ser giradas de 180° no plano do papel, o que resulta em outra representação que corresponde ao mesmo composto. Entretanto, elas não podem ser giradas 90° no plano do papel, nem fora do plano, pois a representação resultante será diferente da original.

Apesar de os compostos V e VI serem imagens especulares um do outro, girando o composto VI 180° no plano do papel, observa-se que ele é idêntico ao composto V. Isso significa que o ácido tartárico possui apenas três estereoisômeros (um a menos que o máximo esperado). Embora o composto V contenha dois carbonos assimétricos, a molécula como um todo não é quiral, uma vez que ela é superponível (e, portanto, idêntica) à sua imagem especular. Esse tipo de composto é denominado *meso*. Compostos *meso* são opticamente inativos, ou seja, não desviam o plano da luz polarizada.

Resumindo, de acordo com a IUPAC, o termo *meso* é utilizado para descrever o membro de um conjunto de diastereoisômeros que não é quiral.

Para identificar facilmente o composto *meso*, basta verificar a presença de um elemento de simetria, como um plano, na molécula. *Plano de simetria* é o plano que divide a molécula ou qualquer objeto em duas partes iguais, de modo que uma seja imagem especular da outra. Observe, na Figura 6.8, as indicações dos planos de simetria para os compostos *meso* ilustrados.

Com esses exemplos, fica claro que a presença de carbonos assimétricos nas moléculas não implica necessariamente que estas sejam opticamente ativas.

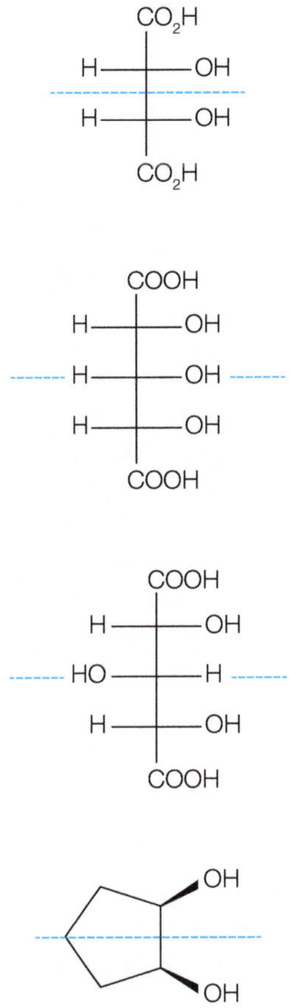

Figura 6.8 Exemplos de compostos *meso* nos quais a linha azul representa o plano de simetria.

Teste 6.8

Represente as fórmulas estruturais de um diasteroisômero para cada um dos seguintes compostos:

a) 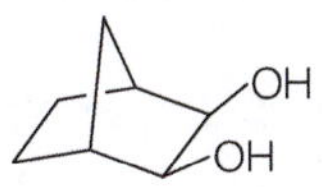

c) 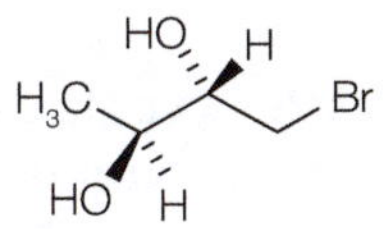

b) 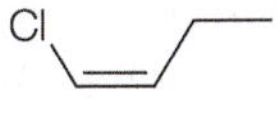

d) 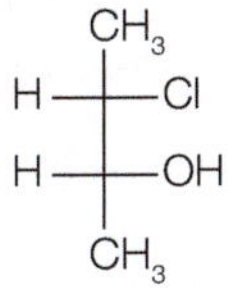

Teste 6.9

Indique quais dos compostos a seguir têm um estereoisômero que é *meso*, e represente a fórmula estrutural para esse estereoisômero.

a) Butano-2,3-diol

b) 2-bromo-3-cloropentano

c) 1,3-diclorociclopentano

d) Pentano-2,4-diol

e) 1,2-dibromoetano

Convenção de Fischer-Rosanoff

É comum no estudo de compostos quirais, além das designações *R-S*, encontrarmos na literatura as letras D e L antes dos nomes de alguns compostos, particularmente no caso de carboidratos (Capítulo 12) e aminoácidos (Capítulo 13).

No início do século XX, por causa do grande número de isômeros para os carboidratos, tornou-se necessário estabelecer um composto como referência. O composto escolhido para tal fim foi o gliceraldeído, que apresenta um carbono assimétrico e, portanto, existe em duas formas isoméricas.

O isômero dextrógiro foi arbitrariamente representado pela projeção de Fischer com a carbonila (CHO) acima do carbono assimétrico e a hidroxila à direita. Esse isômero passou a ser designado pela letra D, antes de seu nome, para indicar que era dextrógiro. Essa representação tinha 50% de chance de estar correta, pois foi arbitrária, e até então os químicos não tinham conhecimento da configuração absoluta do carbono no gliceraldeído. Foi apenas em 1949 que Bijvoet, por meio de estudos de raios X, determinou a configuração absoluta dos carbonos assimétricos do (+)-ácido tartárico. Cerca de 30 anos antes havia sido demonstrado, por meio de uma série de reações químicas, que o D-gliceraldeído e o (−)-ácido tartárico tinham a mesma configuração absoluta no carbono de referência.

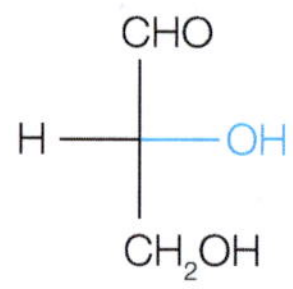

D-Gliceraldeído
$[\alpha]_D^{25°} = +8{,}7°$ (em água)

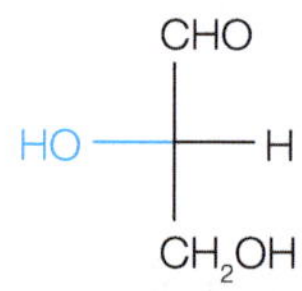

L-Gliceraldeído
$[\alpha]_D^{25°} = -8{,}7°$ (em água)

Essa designação D-L, conhecida como *convenção de Fischer-Rosanoff*, passou então a ser utilizada para descrever carboidratos e aminoácidos. No caso de carboidratos, a projeção de Fischer é representada na vertical, com o grupo CHO no topo. Dessa forma, quando a hidroxila ligada ao carbono assimétrico mais afastado da carbonila estiver para a direita, o isômero será D; quando estiver para a esquerda, será L, conforme ilustrado a seguir:

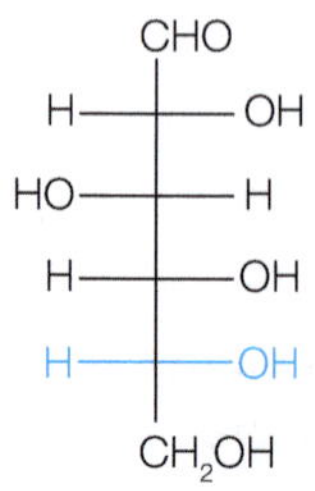

D-glicose

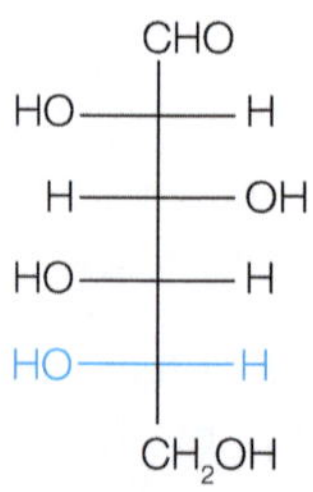

L-glicose

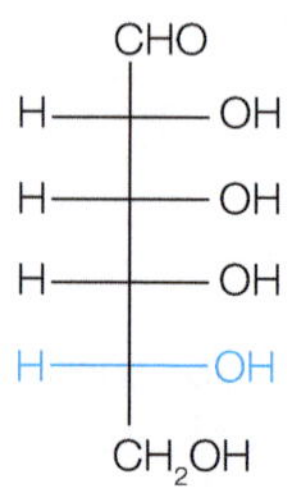

D-alose

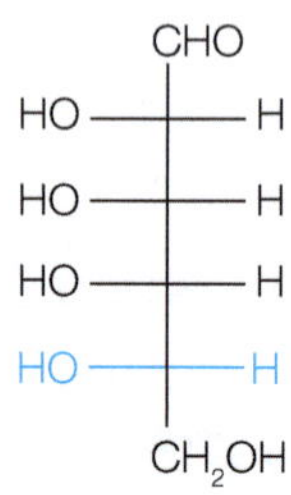

L-alose

No caso de α-aminoácidos, que são compostos formadores das proteínas e possuem os grupos COOH e NH_2 (Capítulo 13), representa-se o grupo carboxila na posição superior, e se o grupo $-NH_2$ estiver para a direita, o isômero será denominado D; se estiver para a esquerda, será então denominado L, conforme os exemplos seguintes:

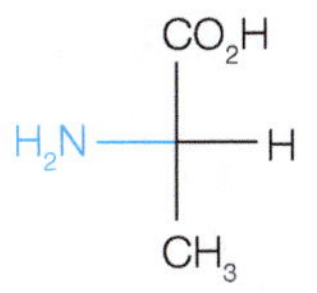

L-alanina

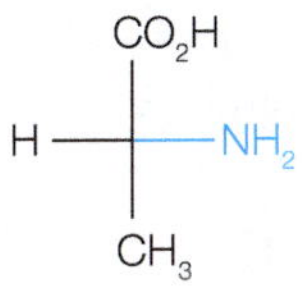

D-alanina

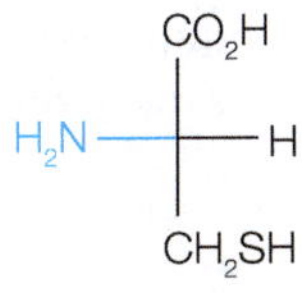

L-cisteína

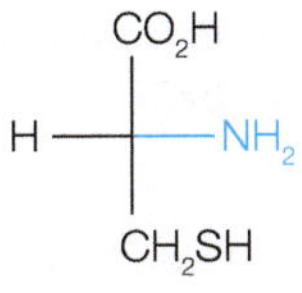

D-cisteína

Teste 6.10

Represente as projeções de Fischer para os isômeros D e L dos compostos apresentados a seguir:

a) 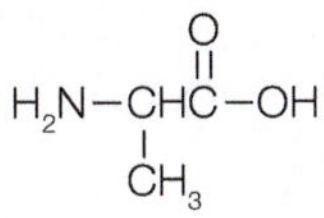

c) 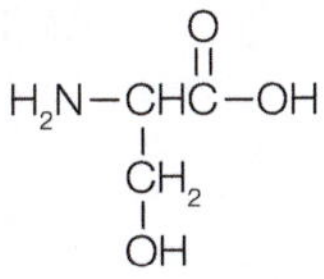

b) 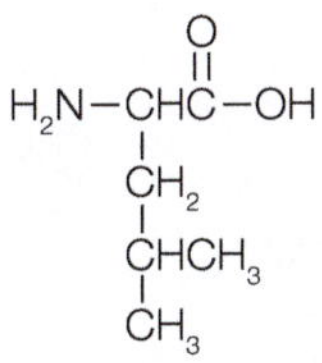

d) 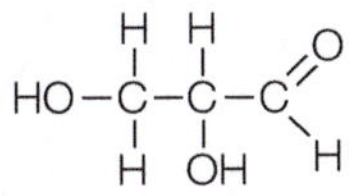

Exercícios

1. Com suas palavras, explique o significado do termo *rotação específica*.

2. Qual o significado dos termos *carbono assimétrico* e *configuração absoluta*? Ilustre sua resposta com exemplos de compostos que de alguma forma estejam associados ao nosso cotidiano.

3. Explique o significado do termo *opticamente ativo*. Dê exemplos para ilustrar sua resposta.

4. Represente as fórmulas estruturais de traços dos seguintes compostos:
   a) (*R*)-1-bromo-1-cloropropano
   b) (*S*)-1-cloro-1-fluoropropano
   c) (*S*)-2-nitropentano
   d) *meso*-1,2-diclorociclopentano
   e) (*S*)-bromoclorofluorometano
   f) (*R*)-3-cloro-2,6-dimetileptano
   g) (*S*)-2-iodoeptano
   h) *meso*-2,3-diclorobutano

5. Quais dos seguintes compostos podem existir na forma quiral? Assinale o carbono assimétrico em cada caso.

a) 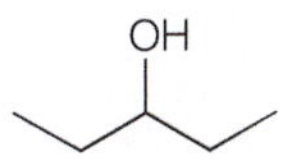

b) 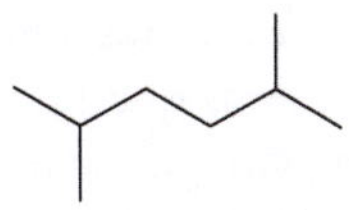

c) 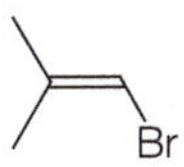

d) 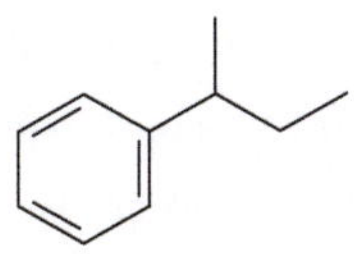

e) 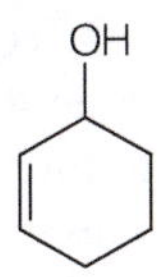

f) 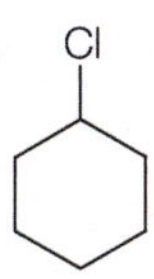

6. Identifique a configuração (*R* ou *S*) de cada carbono assimétrico nos seguintes compostos:

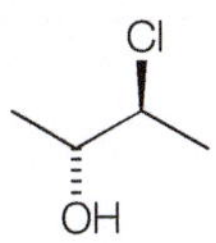

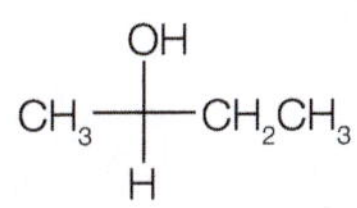

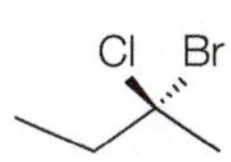

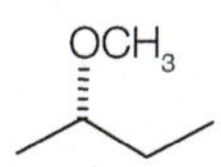

7. Represente as projeções de Fischer para dois compostos que sejam *meso* e comente sobre o valor da rotação específica desses compostos.

8. Quais dos seguintes pares de projeções de Fischer representam a mesma molécula, e quais representam moléculas diferentes?

a) 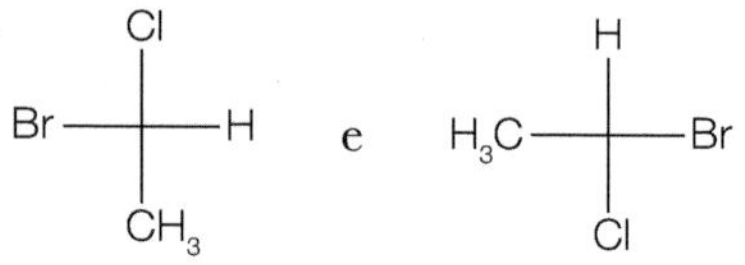

b) 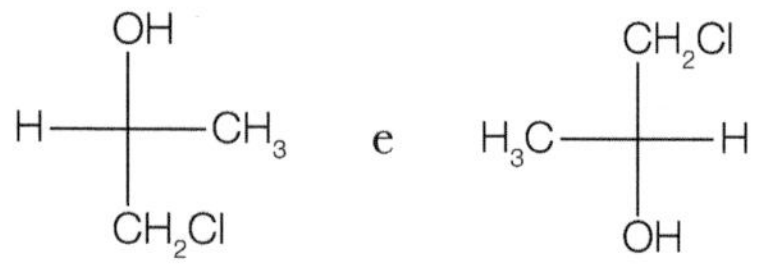

c) 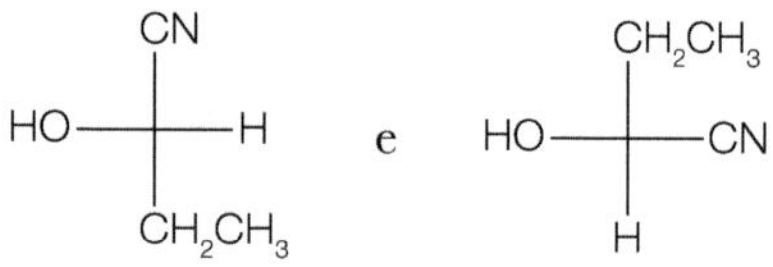

d) 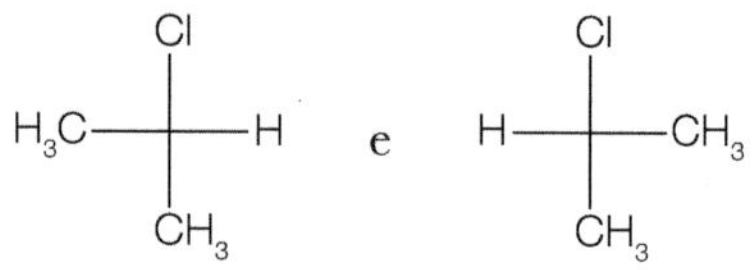

9. Explique o significado de cada um dos seguintes termos e apresente um exemplo em cada caso.

a) enantiômero

b) diastereoisômero

c) racemato (ou mistura racêmica)

d) isômero *meso*

10. Complete as equações dadas a seguir apresentando as estruturas de todos os estereoisômeros que podem ser formados. Indique se os produtos são quirais (enantiômeros ou diastereoisômeros) ou não. Em cada caso, informe se o alqueno de partida é quiral (explique sua resposta).

a) 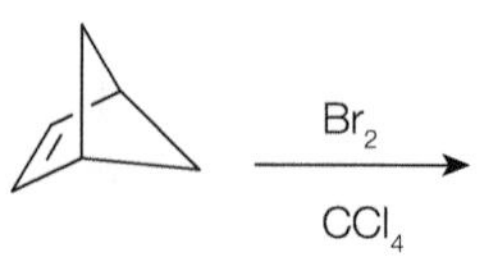

b) 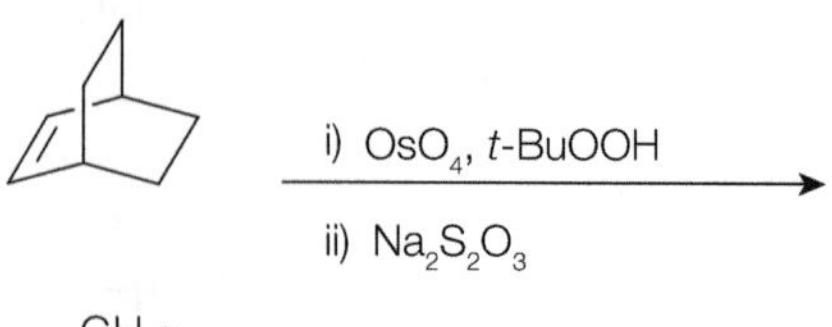

c) 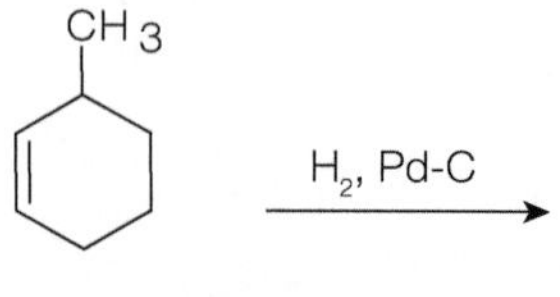

11. Indique com um asterisco todos os carbonos assimétricos das moléculas seguintes:

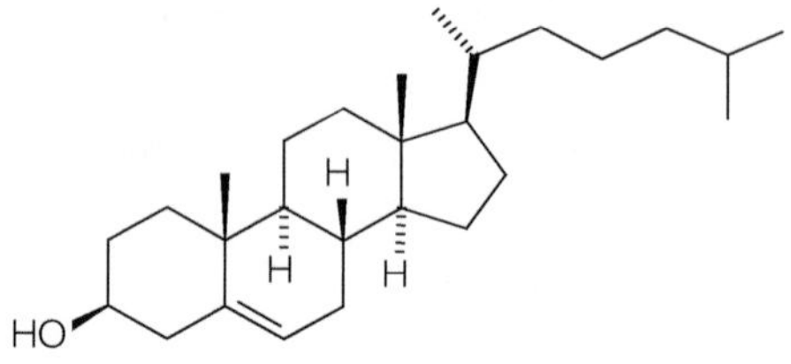

Colesterol

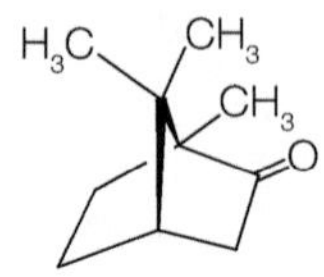

Cânfora

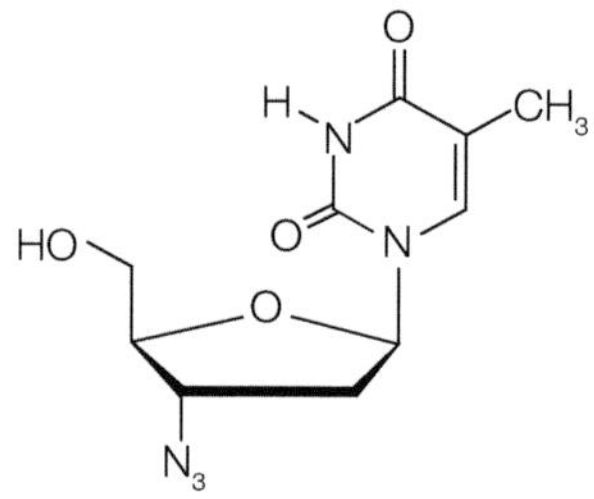

3'-azido-2', 3'-dideoxitimidina (AZT)

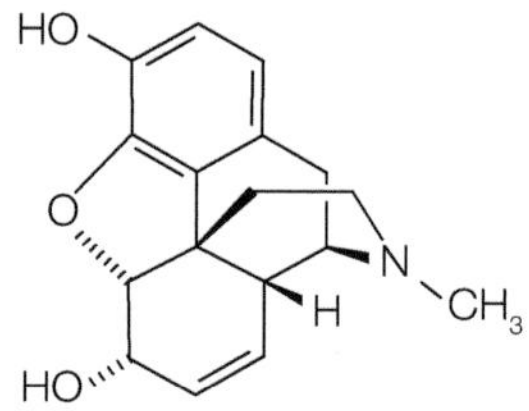

Morfina

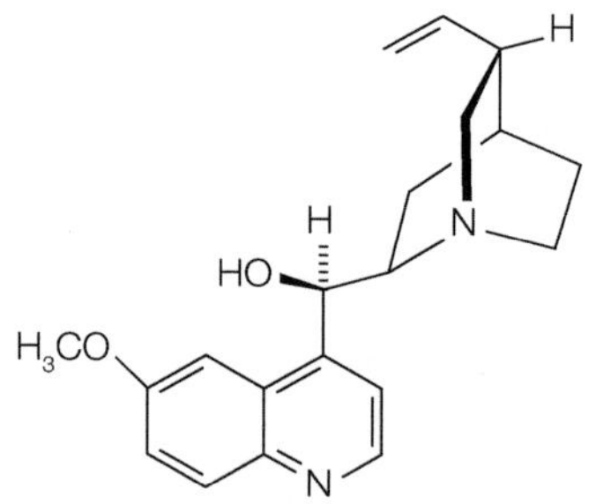

Quinina

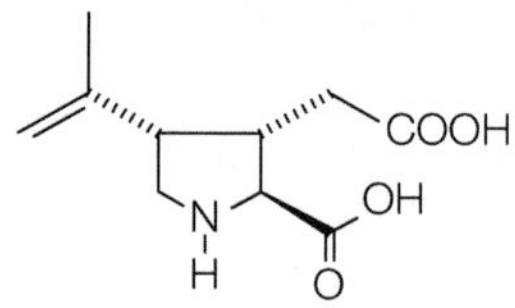

Ácido kaínico

12. Das afirmações a seguir, indique as corretas. Justifique sua resposta.

a) Uma molécula com um carbono assimétrico e configuração *R* faz girar o plano da luz polarizada sempre no sentido horário.

b) Uma substância levógira desvia o plano de polarização da luz no sentido anti-horário.

c) Uma molécula com um só carbono assimétrico é sempre quiral.

d) Uma molécula com vários carbonos assimétricos nem sempre é quiral.

e) Um composto que tenha vários centros assimétricos e um plano de simetria é *meso*.

f) Duas estruturas quaisquer constituem um par de enantiômeros se não são sobreponíveis.

g) Só os racematos não desviam o plano da luz polarizada.

13. Considerando as projeções de Fischer para os vários carboidratos apresentados a seguir, resolva:

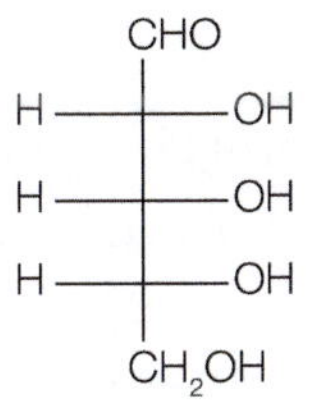

D-ribose

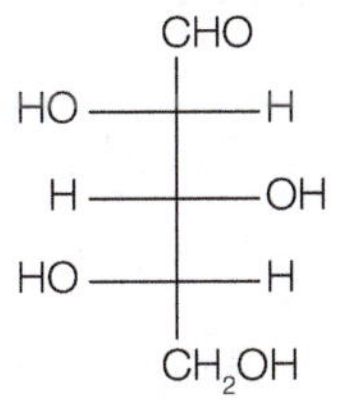

L-xilose

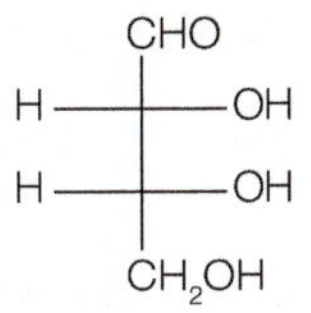

D-eritrose

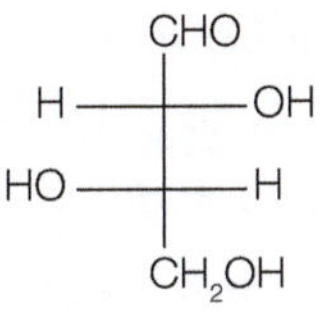

L-treose

a) Indique a configuração absoluta de todos os carbonos assimétricos em cada caso.

b) Represente as projeções de Fischer para a L-ribose, a D-xilose, a L-eritrose e a D-treose.

c) Represente a projeção de Fischer para um diastereoisômero qualquer da D-ribose.

14. Assinale como verdadeira (V) ou falsa (F) cada uma das afirmativas referentes à seguinte frase:

Quando uma estrutura e sua imagem especular não são superponíveis, ...

a) existe quiralidade. ( )

b) trata-se de um par de enantiômeros. ( )

c) representam dois diastereoisômeros. ( )

d) constituem uma forma *meso*. ( )

15. Represente fórmulas estruturais para compostos que apresentem as seguintes características estruturais:

a) O menor alcano quiral.

b) Um aminoácido que apresente dois carbonos assimétricos.

c) Um composto quiral que apresente uma hidroxila e um grupo CN.

d) Um composto *meso* derivado do ciclopropano.

16. A seguir são apresentadas as fórmulas tridimensionais para isômeros que apresentam a fórmula $C_5H_{12}O$ em I, II, III e IV.

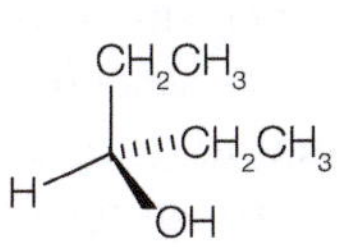

(I)

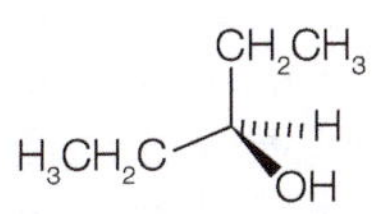

(II)

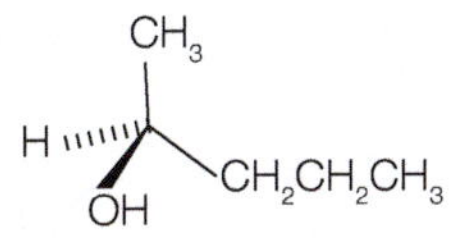

(III)

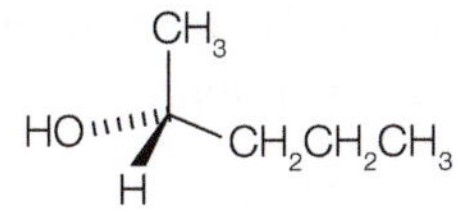

(IV)

Complete os espaços a seguir com os números correspondentes aos isômeros.

a) São superponíveis: __________ e __________.

b) São enantiômeros: __________ e __________.

c) A configuração absoluta para III é __________.

d) Não possuem atividade óptica: __________ e __________.

e) A configuração absoluta para IV é __________.

17. O fluazifope de butila é um herbicida comercial utilizado no controle de gramíneas em diversas culturas como soja, feijão, algodão, cítrus etc. Esse composto é absorvido pela superfície das folhas, sendo hidrolisado ao ácido carboxílico correspondente, que é translocado através do floema e xilema, acumulando-se em diversas partes do vegetal, onde atua eliminando-o. A atividade herbicida desse composto depende da estereoquímica do carbono assimétrico, uma vez que o enantiômero do composto representado a seguir é inativo.

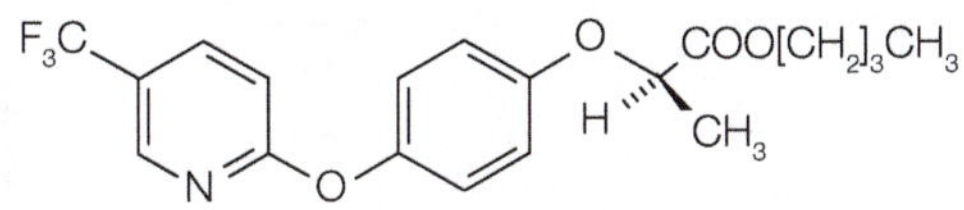

Fluazifope de butila (herbicida)

a) Qual a configuração absoluta do isômero anterior?

b) Represente a fórmula estrutural do enantiômero do fluazifope de butila que não apresenta atividade herbicida.

18. O isômero I da deltametrina é um inseticida potente, descrito pela primeira vez em 1974 por Michael Elliot, na Inglaterra. O enantiômero desse composto é inativo, e os demais isômeros apresentam também baixa atividade ou são inativos.

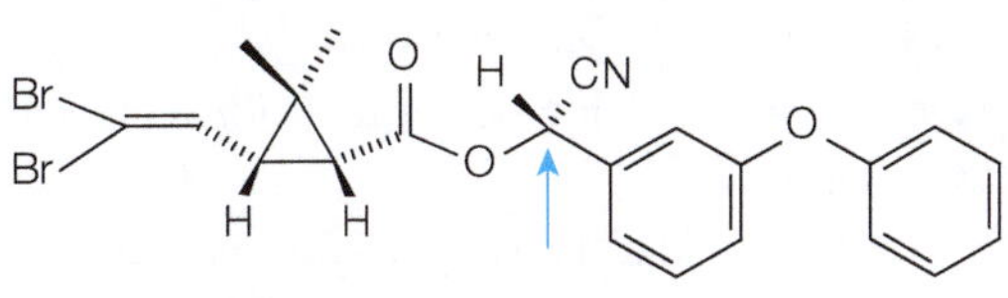

(I) Deltametrina (inseticida potente)

a) Qual a configuração absoluta do carbono indicado na estrutura anterior?

b) Escreva a fórmula estrutural do enantiômero e de um diastereoisômero do composto I.

19. A seguir são apresentadas as projeções de Fischer para três carboidratos.

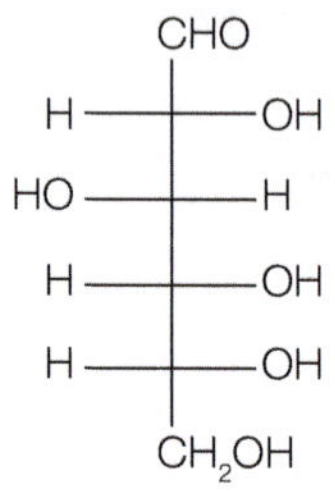

D-glicose

L-glicose

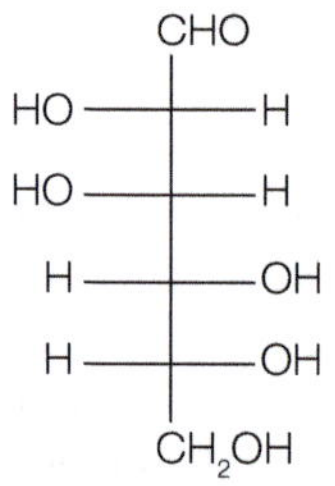

D-manose

L-manose

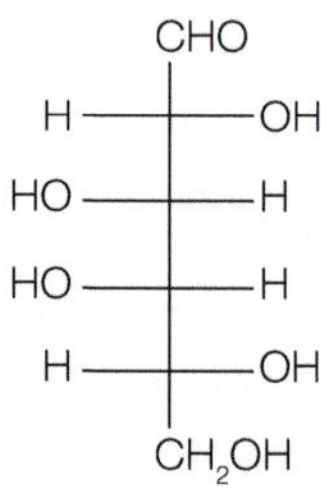

D-galactose

L-galactose

Responda as questões que se seguem:

a) Complete os quadros acima com as fórmulas dos compostos indicados.

b) Explique o significado e a origem das letras D e L antes dos nomes dos compostos.

c) Dos compostos listados, quais formam pares de enantiômeros?

d) A D-glicose é diasteroisômero dos seguintes compostos: ____________________________

e) Represente a projeção de Fischer para qualquer outro isômero da D-glicose.

f) Qual o número de carbonos assimétricos presentes na D-galactose?

g) Considerando que a numeração dos carboidratos começa no carbono carbonílico, qual é a configuração absoluta dos carbonos 2 e 4 da L-manose?

20. Conforme visto no Capítulo 3, os alquenos reagem com perácidos produzindo epóxidos, conforme ilustrado no exemplo a seguir:

hex-3-eno → 3,4-epoxiexano

Considerando que a reação de epoxidação ocorre com estereoquímica *sin*, desenhe a estrutura do epóxido obtido a partir do *cis*-hex-3-eno. Quantos carbonos assimétricos o epóxido possui? Esse epóxido é quiral? Qual a designação estereoquímica dada ao produto?

21. Resolva o Problema 20 considerando a epoxidação do *trans*-hex-3-eno.

22. Os aminoácidos são constituintes formadores das proteínas. A seguir são apresentadas as fórmulas estruturais de cinco aminoácidos essenciais.

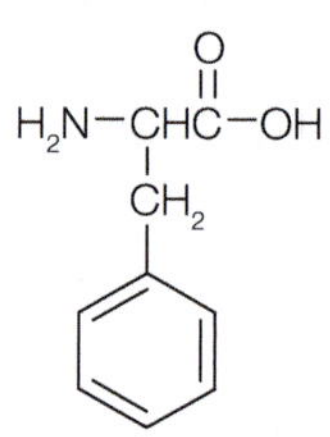

Fenilalanina

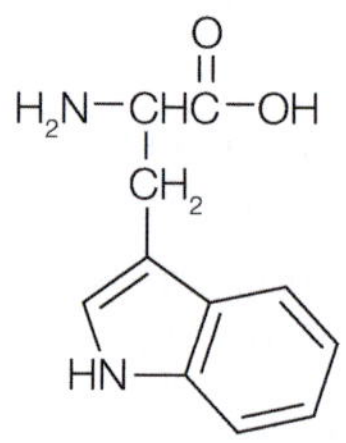

Triptofano

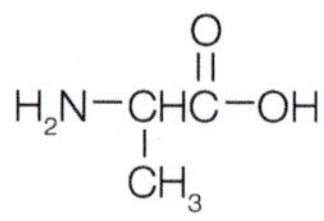

Alanina

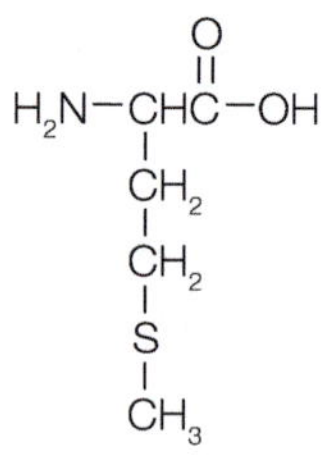

Metionina

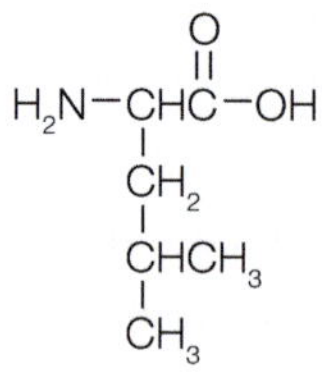

Leucina

Faça o que se pede:

a) Represente as projeções de Fischer para os aminoácidos L-fenilalanina e D-triptofano.

b) Represente as fórmulas tridimensionais para os compostos *(R)*-alanina e *(S)*-metionina

c) Indique nas fórmulas correspondentes as regiões dos aminoácidos que são aromáticas.

23. Desafio: um composto A (fórmula molecular C_8H_{14}), opticamente ativo, foi submetido à hidrogenação catalítica na presença de paládio, sendo convertido no composto B (fórmula molecular C_8H_{18}), opticamente inativo. A ozonólise de A resultou na formação de ácido acético (CH_3CO_2H) e de um ácido carboxílico opticamente ativo (C) com fórmula molecular $C_6H_{12}O_2$. Escreva as equações para as reações descritas e as fórmulas estruturais para os compostos A, B e C.

Capítulo 7

Haletos orgânicos: propriedades e reações

Resumo

Os haletos orgânicos são utilizados como blocos construtores de moléculas orgânicas, sendo largamente empregados em síntese orgânica. Além disso, muitos desses compostos possuem aplicações diversas na indústria e em nosso cotidiano. Em função dessa importância, apresentamos neste capítulo uma introdução ao estudo dessa classe de compostos. As regras para nomear os compostos halogenados já foram apresentadas em capítulos anteriores. Assim, iniciamos o capítulo discutindo alguns aspectos relacionados a ocorrência e propriedades físicas dos haletos orgânicos. Em seguida a reatividade dessa classe de compostos é ilustrada pela discussão dos mecanismos de reações de eliminação, substituição e de oxidorredução. Concluímos com uma discussão sobre a influência dos clorofluorocarbonos sobre a camada de ozônio.

Objetivos de aprendizagem

Após o estudo deste capítulo você deverá ser capaz de:

- Listar alguns exemplos de compostos halogenados e suas aplicações.
- Nomear compostos halogenados aplicando as regras da IUPAC.
- Predizer o tipo de mecanismo de substituição nucleofílica envolvendo haletos de alquila em função de suas estruturas e das condições reacionais.
- Predizer os produtos principais das reações de substituição e de eliminação envolvendo haletos de alquila.
- Explicar as principais diferenças entre os mecanismos de substituição nucleofílica unimolecular e bimolecular.
- Debater sobre o uso dos clorofluorocarbonos e seus efeitos sobre a diminuição da camada de ozônio.

Haletos orgânicos são compostos resultantes da substituição de um ou mais átomos de hidrogênio de um hidrocarboneto por um ou mais halogênios (cloro, bromo, iodo e flúor). Esses compostos são importantes não apenas como intermediários em síntese orgânica, mas também em diversas aplicações industriais e caseiras.

Tetraclorometano, triclorometano e 1,1,1-tricloroetano são amplamente empregados como solventes. Diclorodifluorometano (freon 12) é um gás usado em refrigeradores, tendo sido muito utilizado como propelente em aerossóis. Polímeros halogenados como poli (tetrafluoroetileno) (teflon) e poli-1,1-dicloroetileno (saran) encontram ampla utilização no dia a dia, conforme se apresentou no Capítulo 3.

Teflon

Saran

Diversos pesticidas que foram largamente utilizados na agricultura são fabricados à base de compostos halogenados, como os inseticidas DDT, clordane e dieldrin, e os herbicidas 2,4-D e 2,4,5-T.

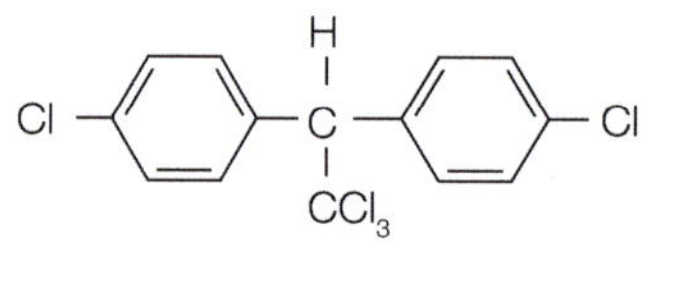

1,1,1-Tricloro-2,2-bis(4-clorofenil)etano (DDT)

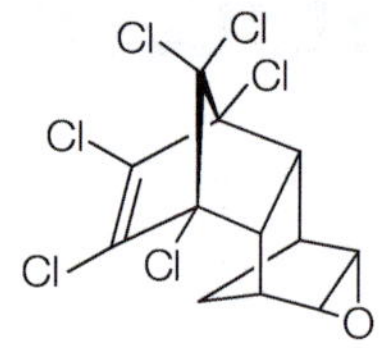

Dieldrin

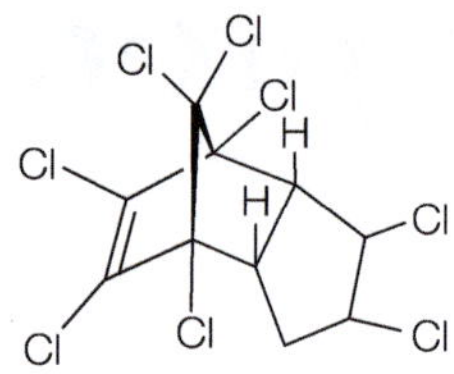

Clordane

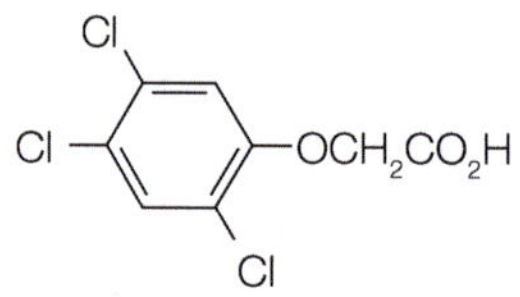

Ácido 2,4,5-triclolorofenoxiacético (2,4,5-T)

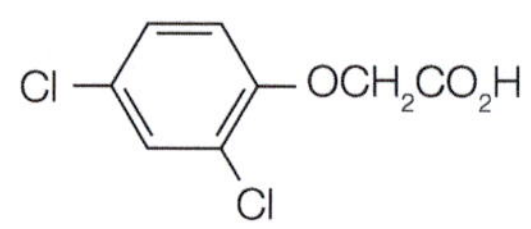

Ácido 2,4-diclolorofenoxiacético (2,4-D)

Nos Estados Unidos, a U.S. Food and Drug Administration (FDA) aprovou há algum tempo o uso de uma mistura de perfluorodecalina e perfluorotripropilamina (fluosol) como substituto do sangue em algumas cirurgias cardíacas. Esses compostos podem servir como substitutos temporários da hemoglobina, que tem a função de carregar o oxigênio do sangue, uma vez que eles são capazes de dissolver grande quantidade desse gás.

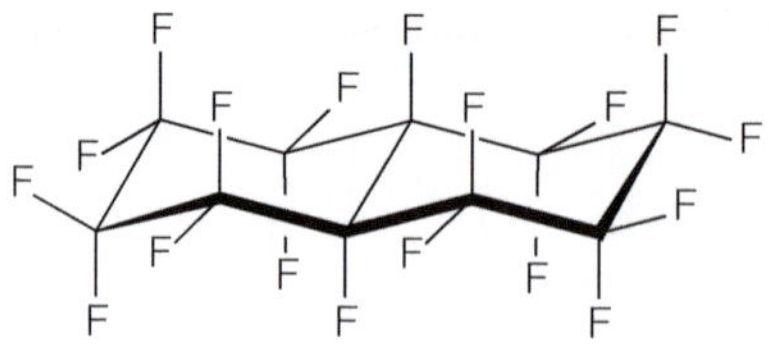

Perfluorodecalina

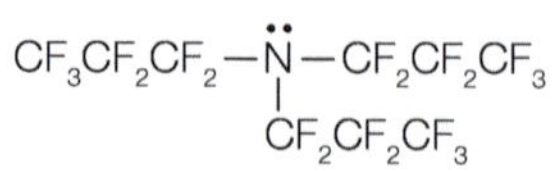

Perfluorotripropilamina

Ocorrência

Até a década de 1970, poucos compostos halogenados haviam sido obtidos a partir de organismos vivos. Com o crescente estudo da química de organismos marinhos, as estruturas de mais de 2.600 compostos halogenados obtidos dessa fonte já foram determinadas.

A alga *Asparogopsis taxiformis* ('limu kohu'), encontrada no Havaí e muito apreciada pelos *gourmets* por seu aroma, produz vários compostos halogenados como exemplificado a seguir:

$CBr_3CO_2CH_2CH_3$ $CHBr_3$
CH_3Cl CBr_4
$CHCl_3$ CH_3I
CCl_4

Alguns metabólitos halogenados são altamente tóxicos, como a 4,4-dibromo-2-metiloctan-3-ona (1), isolada da *Bonnemaisonia hamifera,* e a dibromolactona (2), isolada da *Delisea fimbriata.* Da alga vermelha *Plocamiun violaceum* foi isolado o composto clorado (3) (plocameno B) que possui atividade inseticida contra larvas de mosquitos, semelhante à do DDT.

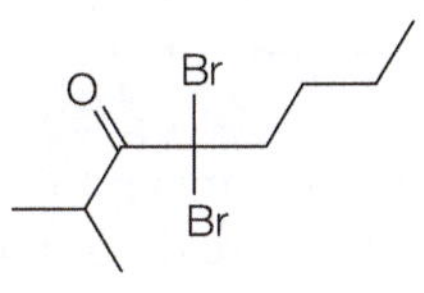

(1)

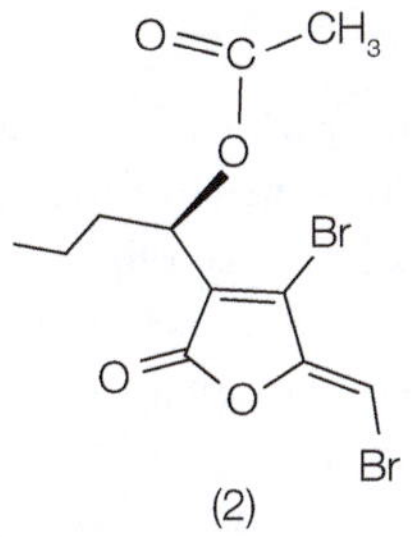

(2)

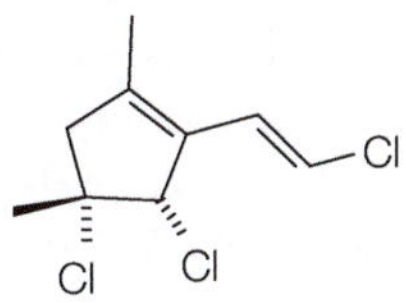

(3)

Nomenclatura

Por questão de didática, as regras de nomenclatura para os haletos de alquila e de arila foram discutidas nos capítulos 2 e 5, respectivamente.

Propriedades físicas e estrutura

A ligação carbono-halogênio é formada pela superposição de um orbital híbrido sp^3, sp^2 ou sp do carbono a um orbital p do halogênio. O comprimento da ligação C–X aumenta com o raio atômico do halogênio, ao passo que sua energia de dissociação diminui (Quadro 7.1).

Como os halogênios são mais eletronegativos que o carbono (eletronegatividade: C = 2,5; F = 4,0; Cl = 3,5; Br = 2,8; e I = 2,5), a ligação C–X é polarizada, de forma que o átomo de carbono suporta uma carga parcial positiva, e o halogênio, uma carga parcial negativa. Disso resulta a interação dipolo-dipolo entre as moléculas dos haletos orgânicos, conforme ilustrado, na qual a região positiva de uma molécula é atraída pela região negativa de outra.

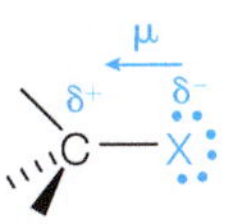

Momento de dipolo da ligação C–X

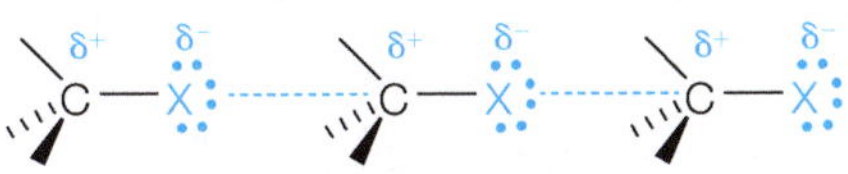

Atração dipolo-dipolo

No Quadro 7.1 são também apresentados os valores dos momentos de dipolo para halometanos. Os valores desse momento de dipolo dão ideia da polaridade dessas moléculas, quando se compara com o momento de dipolo do metanol que é igual a $5{,}60 \times 10^{-30}$ C m. Os haletos de alquila e de arila com maior número de átomos de carbono apresentam momentos de dipolo menores, tornando-se portanto pouco solúveis em água. De um modo geral eles são bastante solúveis em solventes pouco polares.

Quadro 7.1 Parâmetros para a ligação C—X em halometanos

Composto	Comprimento de ligação/pm	E_d/kJ mol^{-1}*	μ/C m**
CH_3F	139	456	$6{,}07 \times 10^{-30}$
CH_3Cl	178	351	$6{,}47 \times 10^{-30}$
CH_3Br	193	293	$5{,}97 \times 10^{-30}$
CH_3I	214	234	$5{,}47 \times 10^{-30}$

* Energia de dissociação de ligação.

** Momento de dipolo da molécula.

Como pode-se observar no Quadro 7.2, a densidade (ρ) dos compostos monoclorados e monofluorados é normalmente menor que 1 g cm^{-3}, já os monobromados e monoiodados possuem densidade acima de 1 g cm^{-3}.

Em virtude da maior massa molar, os haloalcanos apresentam temperaturas de ebulição mais elevadas que os alcanos de mesmo número de átomos de carbono. Observa-se também pelos dados apresentados no Quadro 7.2 que a temperatura de ebulição aumenta com o tamanho de X (halogênio), em decorrência do aumento das massas atômicas e das forças de interação de London. O aumento das forças de London do flúor para o iodo é consequência da maior polarizabilidade do iodo, uma vez que seus elétrons de valência estão mais afastados do núcleo, sendo menos afetados por este comparado ao que ocorre no caso do flúor.

Quadro 7.2 Propriedades físicas de alguns compostos orgânicos halogenados

Composto*	Cloro		Bromo		Iodo	
	T_e/°C	ρ/(g cm^{-3})	T_e/°C	ρ/(g cm^{-3})	T_e/°C	ρ/(g cm^{-3})
CH_3X	−24	gás	5	gás	43	2,28
CH_3CH_2X	12,5	gás	38	1,44	72	1,93
CH_2X_2	40	1,34	99	2,49	186	3,33
CHX_3	61	1,49	151	2,89	sub.**	4,01
CX_4	77	1,60	189,5	3,42	sub.	4,32
$CH_2{=}CHX$	−14	gás	16	gás	56	—
PhX	131	1,11	15	1,50	188	1,84

* X representa o halogênio (cloro, bromo ou iodo).

** Sublima.

Reações dos haletos orgânicos

Os haletos de alquila (RX) e de arila (ArX) são compostos muito importantes do ponto de vista sintético, uma vez que eles podem ser transformados em uma grande variedade de outros compostos orgânicos.

A reatividade dos haletos de alquila deve-se ao fato de a ligação C—X ser bastante polarizada, com o carbono apresentando uma carga parcial positiva. Esses compostos podem participar de vários tipos principais de reações. Entretanto, para ilustrar a reatividade dos haletos orgânicos escolhemos três tipos de reações conforme esquema a seguir:

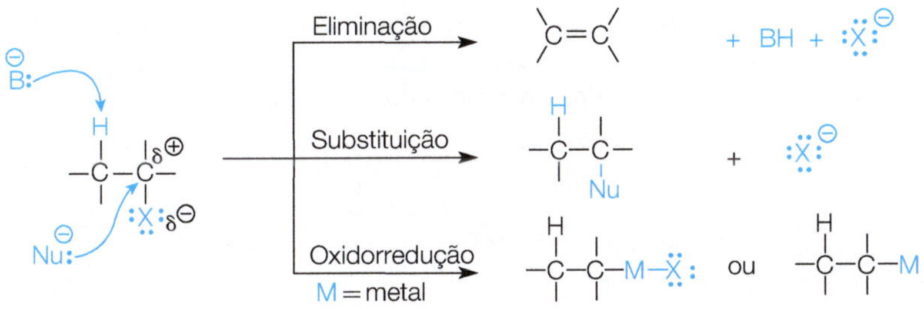

Conforme ilustrado, a reação de um haleto de alquila com uma base (B:⁻) resulta no produto de eliminação que corresponde a um alqueno. O ataque de um nucleófilo (Nu:⁻) ao carbono ligado ao halogênio leva à formação de um produto de substituição, ou seja, o átomo de halogênio é eliminado e em seu lugar se liga o nucleófilo. Finalmente o haleto de alquila ou de arila pode reagir com um metal por meio de um processo de oxidorredução, levando à formação de compostos organometálicos, que por sua vez são importantes intermediários em síntese orgânica.

Embora esse tópico seja muito rico, faremos apenas uma breve apresentação de cada um dos tipos de reação ilustrados no esquema anterior, sem discutir em detalhes todos os fatores que influenciam cada um deles. Para o leitor interessado em aprofundar seus conhecimentos nesse assunto, recomendamos as referências citadas ao final do livro.

Substituição

Como mencionado, a presença de um halogênio ligado ao carbono confere-lhe uma carga parcial positiva, tornando-o suscetível ao ataque por nucleófilos, com o consequente deslocamento do halogênio. A reação é denominada *substituição nucleofílica*, sendo representada pela equação geral como segue:

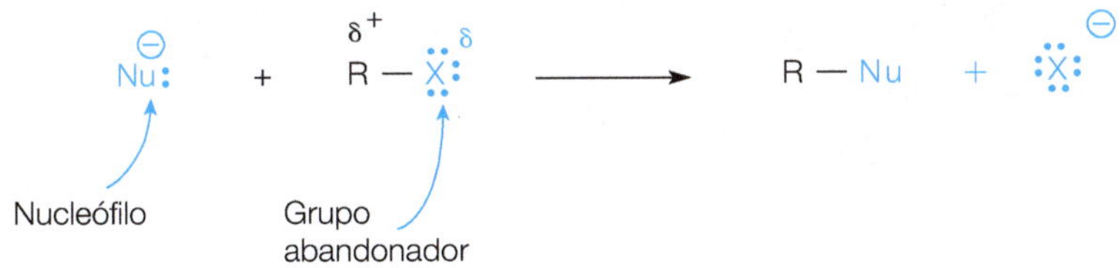

O nucleófilo (Nu:⁻) é uma espécie que possui um par de elétrons que pode ser doado. No exemplo que acabamos de representar, o nucleófilo é uma espécie negativa (ânion), possuindo um par de elétrons não ligantes. O nucleófilo não necessariamente deve ser um ânion. Aminas (RNH_2), por exemplo, são bons nucleófilos para esse tipo de reação.

O par de elétrons do nucleófilo é utilizado para formar a nova ligação Nu–C. O íon haleto, por sua vez, retém o par de elétrons da ligação C–X. Convém lembrar que o grupo abandonador X^- deve ter menor caráter nucleofílico que o grupo atacante Nu^-, senão a reação se processa no sentido contrário.

No Quadro 7.3 são apresentados vários exemplos de nucleófilos que podem participar desse tipo de reação de substituição nucleofílica. Como pode ser visto, essa reação é útil para a conversão de haletos de alquila em uma grande variedade de tipos de compostos orgânicos.

Dependendo das condições experimentais em que a reação é realizada, ela pode ocorrer por um dos seguintes mecanismos: substituição nucleofílica bimolecular e substituição nucleofílica unimolecular. O mecanismo para a reação de substituição nucleofílica bimolecular é representado simbolicamen-

Quadro 7.3 Exemplos de reações entre haletos orgânicos (RX) e nucleófilos (Nu:⁻)

Nucleófilo	Produto formado	Função
HO^-	R–OH	Álcool
$R'O^-$	R–OR'	Éter
$R'COO^-$	R'COO–R	Éster
CN^-	R–C≡N	Nitrila
$R'C{\equiv}C^-$	R'C≡C–R	Alquino
R'^-(R'Li)	R'–R	Hidrocarboneto
$R'NH_2$	RR'NH	Amina
HS^-	RSH	Tioálcool
$R'S^-$	R'SR	Tioéter

te pela sigla S_N2, e a reação de substituição unimolecular, pela sigla S_N1. Esse simbolismo foi proposto na década de 1950 pelo químico **Christopher K. Ingold**, tendo sido ampliado e modificado ao longo do tempo. Em 1989, a Comissão de Físico-Química Orgânica da IUPAC publicou um documento com novas recomendações para a representação simbólica de mecanismos de reações orgânicas.[1] Por esse novo sistema, mais amplo e consistente, o nome proposto para o mecanismo S_N2 seria A_ND_N, e para o mecanismo S_N1 o novo nome seria $D_N + A_N$.

Christopher Kelk Ingold (1893-1970): químico inglês nascido em Londres. Estudou na University of London (BSc, 1913) e no Imperial College (Ph.D., 1918). Foi professor na Universidade de Leeds (1924-1930) e no University College (1930-1961) em Londres. Foi responsável pela introdução dos conceitos de nucleófilo, eletrófilo, efeitos indutivo e de ressonância e pelos símbolos S_N1, S_N2, E1, E2 para descrever mecanismos de reações.

Teste 7.1

Represente as fórmulas estruturais dos produtos resultantes da reação de substituição do 1-bromopentano com os seguintes reagentes:

a) NaI
b) CH_3ONa
c) NaCN
d) $NaSCH_2CH_3$

Substituição nucleofílica bimolecular (A_ND_N)

De forma simplificada, na reação de substituição nucleofílica bimolecular (A_ND_N), a etapa determinante da velocidade envolve a participação das duas espécies reagentes (Nu^- e RX) na formação de um *estado de transição*, conforme ilustrado na Figura 7.1.

No estado de transição ocorre a formação de uma nova ligação Nu–C, ao mesmo tempo em que a ligação C–X é rompida. O átomo de carbono que possuía hibridação sp^3, no estado de transição, tem hibridação sp^2. Um aspecto importante nesse mecanismo é que o nucleófilo ataca o carbono pelo lado oposto ao do grupo abandonador. Com isso ocorre a inversão da configuração do átomo de carbono, conforme ilustrado. Isso é claramente verificado quando a reação é realizada com um composto quiral. Na realidade, a proposta mecanística apresentada se baseia em uma série de dados experimentais, sendo um deles a inversão da configuração do átomo de carbono.

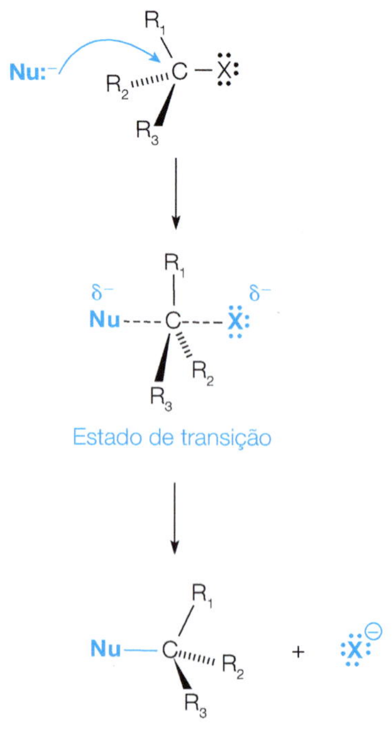

Figura 7.1 Mecanismo para a reação de substituição nucleofílica bimolecular.

[1] O leitor pode obter detalhes sobre sistemas simbólicos de representação de mecanismos de reação em: BARBOSA, L. C. A.; VELOSO, D. P. *Química Nova*, V.17, n. 1, 1994, p. 68-87. Este artigo é uma tradução oficial, autorizada pela IUPAC.

Os exemplos a seguir ilustram a inversão de configuração nesse processo:

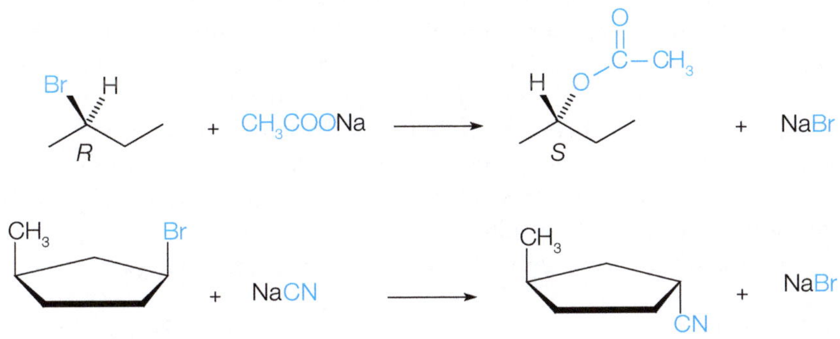

A reação de substituição nucleofílica bimolecular ocorre também com outros grupos abandonadores além de halogênios. De modo geral, os fatores que favorecem uma reação desse tipo são:

A natureza do substrato. Essa reação ocorre bem no caso de substratos com menor impedimento espacial no carbono eletrofílico. Assim, a ordem decrescente de reatividade para haletos simples é: CH_3X > haleto primário > haleto secundário > haleto terciário (praticamente não reage por esse mecanismo). Mesmo no caso de haletos de alquila primários, a presença de grupos na posição beta afetam a velocidade da reação, conforme se ilustra no Quadro 7.4.

O tipo de solvente. Solventes polares apróticos favorecem a reação. *Solventes apróticos* são aqueles que não possuem átomos de hidrogênio ligados a elementos fortemente eletronegativos como O e N. Os solventes mais comumente utilizados são: N,N-dimetilformamida (DMF), dimetilssulfóxido (DMSO) e hexametilfosforamida (HMPA).

A força do nucleófilo. A reação é favorecida por nucleófilos mais fortes. Um nucleófilo carregado negativamente é mais forte que o correspondente sem carga. Por exemplo, HO^- e RO^- são nucleófilos mais fortes que H_2O e ROH, respectivamente.

Para nucleófilos que possuem o mesmo tipo de átomo nucleofílico, a ordem decrescente de reatividade é: $RO^- > HO^- > RCO_2^- > ROH > H_2O$.

Para os halogênios, quando a reação é realizada em solventes apróticos como N,N-dimetilformamida (DMF), dimetilssulfóxido (DMSO) e hexametilfosforamida (HMPA), a ordem decrescente de reatividade é: $F^- > Cl^- > Br^- > I^-$.

A natureza do grupo abandonador. Quanto melhor for o grupo abandonador, mais rapidamente a reação ocorrerá. Em muitos casos (como para os halogênios) os grupos abandonadores são carregados negativamente, sendo melhores os que mais eficientemente estabilizam essa carga. De modo geral, bases fracas são bons grupos abandonadores. No caso dos halogênios, o iodeto é o melhor abandonador, e o fluoreto, o pior deles ($I^- > Br^- > Cl^- > F^-$). Espécies neutras como água e ROH são bons abandonadores. Bases muito fortes como H^- e R^- são péssimos grupos abandonadores e geralmente não participam desse tipo de reação.

Síntese de éteres de Willianson: Como pode ser observado no Quadro 7.3, a reação de substituição nucleofílica bimolecular entre um alcóxido[2] e um haleto alquila resulta na formação de um éter. Em 1850 o químico inglês **Alexander W. Willianson** publicou um importante trabalho descrevendo os resultados de sua pesquisa que resultaram na descoberta dessa importan-

Quadro 7.4 Velocidades relativas para reação do tipo A_ND_N envolvendo brometos de alquila primários

Brometo de alquila	Velocidade relativa
CH_3CH_2Br	1,0
$CH_3CH_2CH_2Br$	$2,8 \times 10^{-1}$
$(CH_3)_2CHCH_2Br$	$3,0 \times 10^{-2}$
$(CH_3)_3CCH_2Br$	$4,2 \times 10^{-6}$

Alexander William Willianson (1824-1904): químico inglês nascido em Londres. Estudou química com Leopold Gmelin e com Justus von Liebig em Giessen e matemática com Auguste Conte em Paris. Foi professor no University College em Londres (1849-1887). Ficou conhecido pela síntese de éteres cujo método leva seu nome.

2 Alcóxido (RO^-) é a base conjugada de um álcool (ROH), obtido a partir da reação deste último com uma base forte como hidreto de sódio.

te reação. Essa reação passou desde então a ser chamada *reação de Willianson* e é amplamente utilizada para a síntese de éteres cíclicos e acíclicos.

Para realizar essa reação, um álcool (ROH) é convertido em sua base conjugada (RO^-) pela reação com uma base forte como NaH. O alcóxido então reagente com um haleto de alquila, geralmente primário ou secundário, resultando na formação do éter. Geralmente a reação é realizada utilizando-se o próprio álcool como solvente, quando este não for muito caro. Caso contrário, solventes polares apróticos como HMPA e DMSO são utilizados com excelentes resultados.

Exemplos da síntese de Willianson são apresentados a seguir:

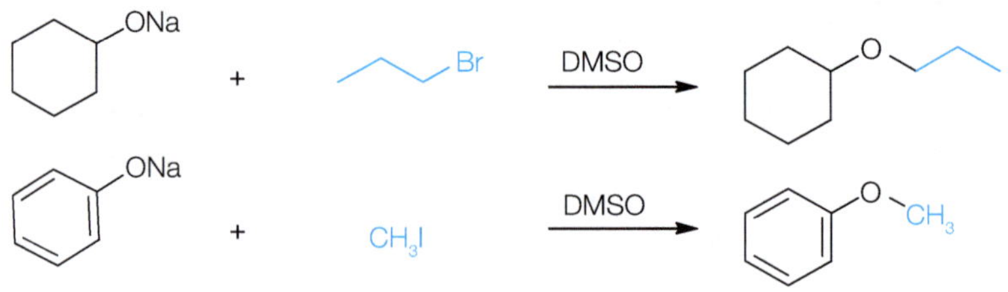

Como já mencionado, a síntese de Willianson pode também ser utilizada para o preparo de éteres cíclicos. Isso ocorre quando o grupo OH e o átomo de halogênio encontram-se na mesma molécula. Conforme ilustrado no exemplo seguinte, o íon hidróxido (HO^-) pode reagir com o grupo OH do álcool (agindo como base) ou pode atacar o carbono que está ligado ao halogênio (atuando como nucleófilo) do composto I. Como a reação ácido-base é mais rápida que a reação do HO^- com o carbono ligado ao halogênio, o alcóxido II é formado preferencialmente em relação ao diol III. O alcóxido II sofre então uma reação de substituição nucleofílica intramolecular resultando do éter cíclico IV.

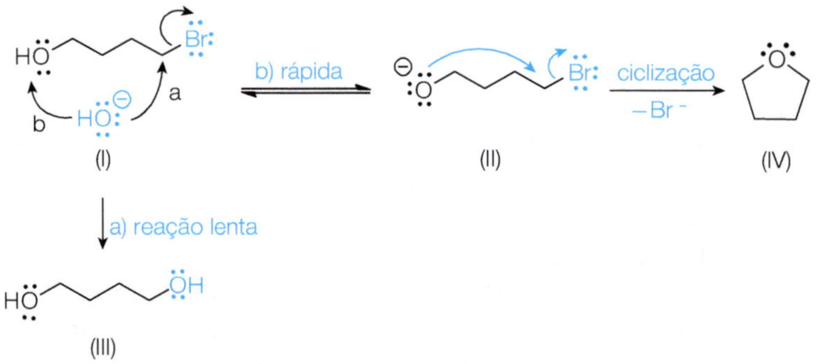

Com esse tipo de reação é possível preparar éteres cíclicos com anéis de três a oito membros. Entretanto, deve-se notar que a velocidade de formação desses compostos depende do tamanho do anel e está relacionada a fatores entálpicos e entrópicos. Uma discussão detalhada desses aspectos está além dos objetivos deste texto, mas o leitor interessado no assunto pode consultar as referências listadas ao final do livro.

Teste 7.2

A reação do (1*R*,2*R*)-2-bromociclopentanol com hidróxido de sódio produz um composto de fórmula C_5H_8O. Represente a fórmula estrutural desse composto e mostre o mecanismo de sua formação. Especifique as configurações absolutas dos carbonos assimétricos e comente sobre a atividade óptica desse produto.

Teste 7.3

Dê as fórmulas dos nucleófilos necessários para converter o 1-bromo-3-metilbutano nos seguintes compostos:

a) 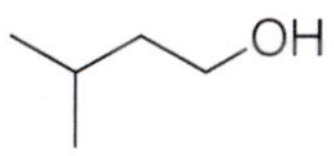

c) 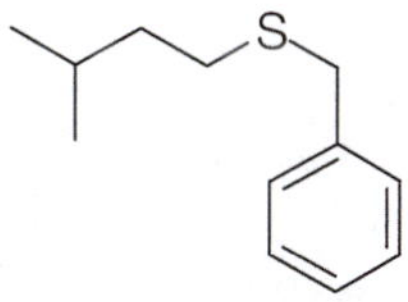

b) 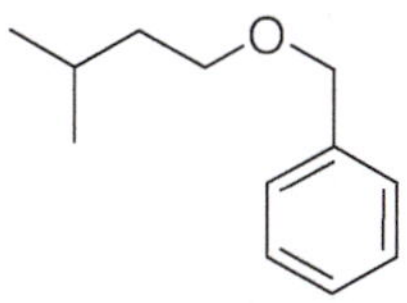

d) 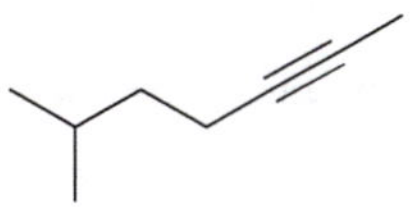

Substituição nucleofílica unimolecular ($D_N + A_N$)

O outro mecanismo, denominado *substituição nucleofílica unimolecular* ($D_N + A_N$), envolve duas etapas principais, conforme ilustra a Figura 7.2.

A primeira etapa envolve a cisão heterolítica da ligação C–X resultando na formação de um carbocátion. Essa etapa é endotérmica e mais lenta que a segunda, sendo assim a etapa determinante da velocidade da reação. Dessa forma, a velocidade do processo depende apenas da concentração do haleto de alquila, por isso tal reação é denominada *unimolecular*. A segunda etapa, rápida, corresponde à ligação do nucleófilo ($Nu:^-$) ao carbocátion. Caso o nucleófilo seja neutro, como água, álcoois ou aminas, haverá mais uma etapa, que envolverá a perda de um próton.

Como a etapa determinante da velocidade do processo envolve a formação de um carbocátion, quanto mais estável ele for, mais rapidamente a reação ocorrerá. Como consequência, esse mecanismo ocorre principalmente no caso de haletos terciários, benzílicos e alílicos. Haletos secundários podem também reagir por esse mecanismo, mas haletos primários e haletos de metila dificilmente reagirão.

A reação é favorecida por solventes que estabilizam tanto o carbocátion quanto o ânion haleto formado. Assim, solventes polares próticos como água, etanol e metanol são normalmente utilizados, pois são capazes de solvatar eficientemente os íons formados.

A velocidade da reação de substituição unimolecular é afetada pela natureza do grupo abandonador, da mesma maneira que a da substituição bimolecular, ou seja, a ordem decrescente de reatividade é: RI > RBr > RCl.

Outro aspecto muito importante do mecanismo de substituição nucleofílica unimolecular é a estereoquímica do produto. Como o carbocátion intermediário é hibridizado *sp*^{2}, todos os grupos a ele ligados (R_1, R_2 e R_3) encontram-se num mesmo plano. Dessa forma, o nucleófilo pode ligar-se a qualquer uma de suas faces, levando à formação de dois isômeros, caso o carbono em questão seja assimétrico. Se esses isômeros forem formados em quantidades iguais, a mistura obtida será racêmica. Algumas vezes pode acontecer de um isômero ser formado em quantidade maior que o outro, o que resulta em uma racemização parcial. Explicação para tal fato está além dos objetivos deste trabalho.

Um exemplo de reação que se processa por esse mecanismo é apresentado a seguir:

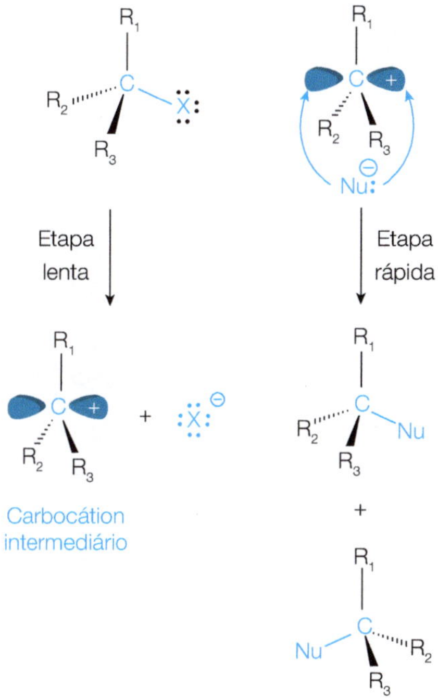

Figura 7.2 Mecanismo para a reação de substituição nucleofílica unimolecular.

Quadro 7.5 Velocidades relativas de hidrólise de brometos de alquila

Brometo de alquila	Velocidade relativa
CH_3Br	1
CH_3CH_2Br	1
$(CH_3)_2CHBr$	12
$(CH_3)_3CBr$	$1{,}2 \times 10^6$

Essa reação em que ocorre a substituição do halogênio pelo solvente é denominada *solvólise*. Se o solvente for água utiliza-se o termo *hidrólise*. Como mencionado, esse tipo de reação ocorre com a formação de um carbocátion intermediário. Assim, haletos de metila e primários praticamente não sofrem solvólise; haletos secundários podem reagir por esse mecanismo, enquanto os haletos terciários são geralmente muito reativos (Quadro 7.5).

Teste 7.4

Explique por que o cloreto I praticamente não sofre reação de substituição nucleofílica.

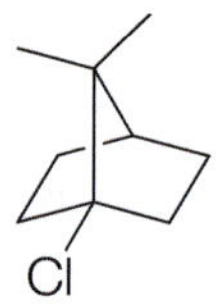

(I)

Teste 7.5

Explique por que o composto II praticamente não reage quando aquecido com etanol, enquanto o composto III é rapidamente transformado em outra substância. Apresente o mecanismo para a reação de III com etanol, mostrando a fórmula do produto formado.

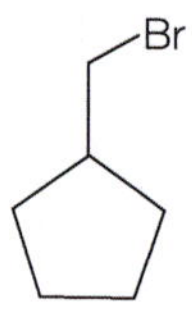

(II)

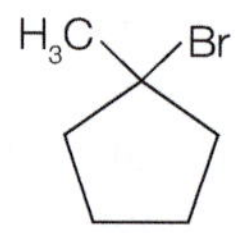

(III)

Eliminação

Conforme mencionado, além da reação de substituição, os haletos de alquila podem sofrer reação de eliminação de HX. Geralmente esses processos (substituição e eliminação) competem entre si, de modo que é comum, sempre que se tenta realizar uma reação de substituição, isolar produtos resultantes da eliminação e vice-versa.

A eliminação também envolve dois mecanismos distintos, denominados *eliminação unimolecular* e *eliminação bimolecular*. Neste capítulo, ilustraremos apenas o mecanismo de eliminação bimolecular, no qual a etapa lenta envolve a participação do haleto e da base.

O mecanismo dessa reação envolve um ataque da base a um hidrogênio ligado ao carbono adjacente ao carbono halogenado, com eliminação simultânea do haleto. Para que a reação ocorra eficientemente é necessário que os grupos H e Br (no exemplo ilustrado) estejam em posição *antiperiplanar*, ou seja, todos os cinco átomos que participam efetivamente da reação devem estar em um mesmo plano e com um ângulo de 180 graus entre si, conforme representado a seguir:

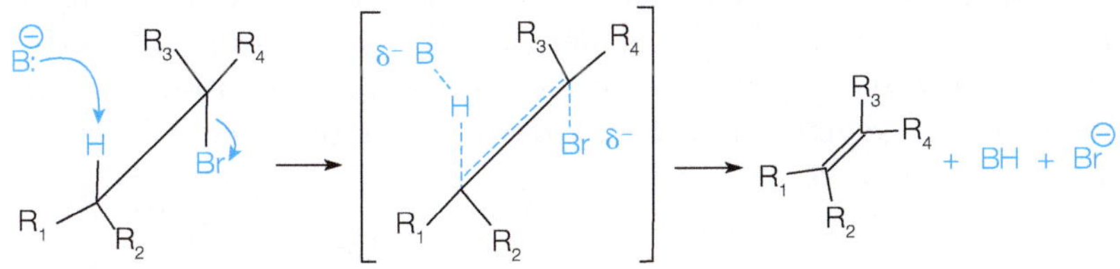

Nesse processo, verifica-se que no estado de transição as ligações C–H e C–Br começam a se quebrar simultaneamente, e os átomos de carbono se reibridizam de sp^3 para sp^2, com a consequente formação de ligação π. Essa reação é favorecida por bases fortes como KOH, EtONa, *tert*-BuOK etc.

Alguns exemplos dessas reações são apresentados a seguir:

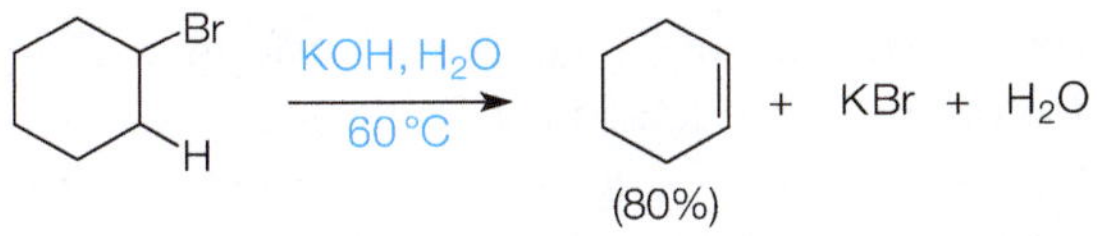

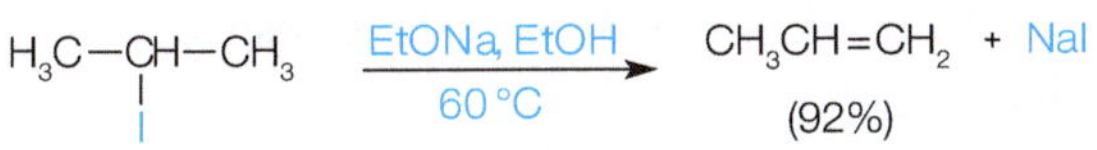

No caso de haletos secundários e terciários, o rendimento do produto de eliminação normalmente é alto; já para os haletos primários, especialmente os não substituídos no carbono β, o produto resultante da substituição nucleofílica pode ser o principal.

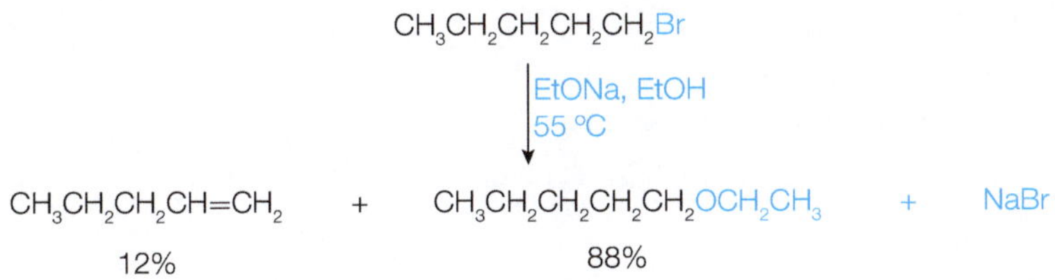

Além da possibilidade de haver produtos de substituição como mostrado, normalmente existe ainda a questão da regioquímica da eliminação, no caso de haletos assimétricos. De fato, na maioria dos casos, as reações de eliminação levam à formação de uma mistura de alquenos. Em geral, os alquenos mais substituídos (mais estáveis termodinamicamente) são formados preferencialmente.[3] Esse fato foi observado pelo químico russo **Alexander M. Zaitsev** e é hoje conhecido como *regra de Zaitsev*.

Alexander Mikhaylovich Zaitsev (1841-1910): químico russo nascido em Kazan. Estudou economia na Universidade de Kazan, mas como exigência da época todo estudante de direito e economia era obrigado a estudar dois anos de química. Sob a influência do químico Aleksander Mikhailovich Butlerov, Zaitsev passou a se dedicar à química após se graduar em 1862. De 1862 a 1864, estudou com Hermann Kolbe em Marburg e em 1864 com Charles Adolphe Wurtz em Paris. Em 1866, obteve o título de Ph.D. pela Universidade de Leipzig. Foi professor da Universidade de Kazan de 1866 até 1910. Em 1875, publicou os resultados de sua pesquisa que originou na conhecida *regra de Zaitsev*.

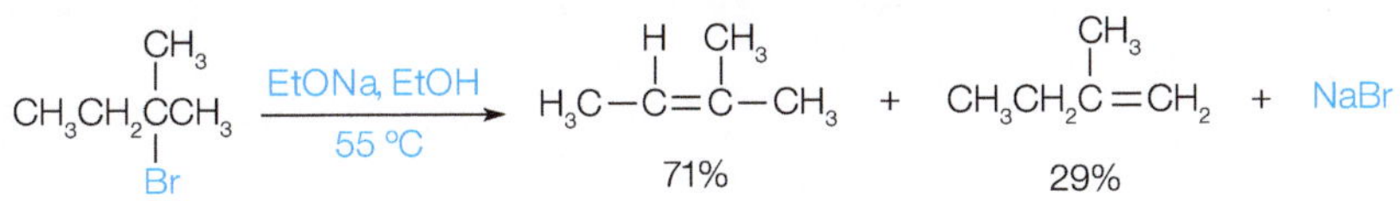

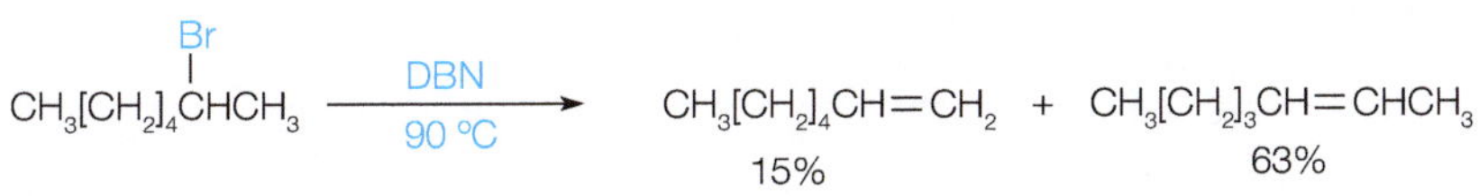

[3] Dependendo das condições experimentais, o alqueno menos substituído poderia ser o produto principal.

Conforme já dito, a eliminação bimolecular é favorecida por bases fortes. No caso de se pretender favorecer a substituição bimolecular sobre a eliminação, devem-se utilizar bases mais fracas. Um exemplo desse efeito da força da base pode ser visto no tratamento do 2-iodopropano com acetato de sódio, que resulta apenas na formação do produto de substituição, diferentemente do exemplificado anteriormente para o tratamento desse haleto com etóxido de sódio.

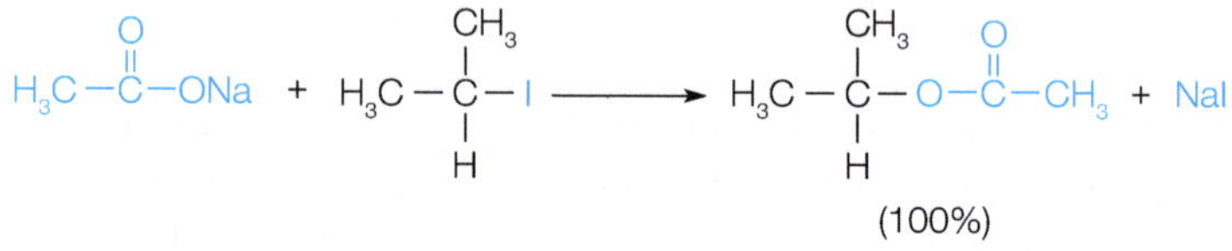

Teste 7.6

Conforme ilustrado anteriormente, o tratamento do 2-bromo-2--metilbutano com etóxido de sódio resulta nos alquenos 2-metilbut-2--eno (I, 71%) e 2-metilbut-1-eno (II, 29%). Ao se realizar a reação de eliminação utilizando-se a base $(CH_3)_3COK$ em vez de EtONa, os alquenos I e II são obtidos em 27% e 73%, respectivamente. Explique esse resultado.

Teste 7.7

Representa as fórmulas estruturais dos produtos de eliminação formados (indicando qual o produto principal) pela reação de $(CH_3)_3COK$ com os seguintes haletos orgânicos:

a) 2-iodopentano

b) 2-bromo-3-metilexano

c) 5-bromo-1-metilcicloex-1-eno

É importante mencionar que compostos contendo dois átomos de halogênio podem sofrer a perda de duas moléculas de HX resultando na formação de dienos ou de alquinos. Assim, esse tipo de reação pode ser utilizado para o preparo de alquinos a partir de alquenos. Isso porque os alquenos podem ser convertidos em dialetos vicinais pela adição de halogênio, conforme visto na Capítulo 3 e ilustrado a seguir.

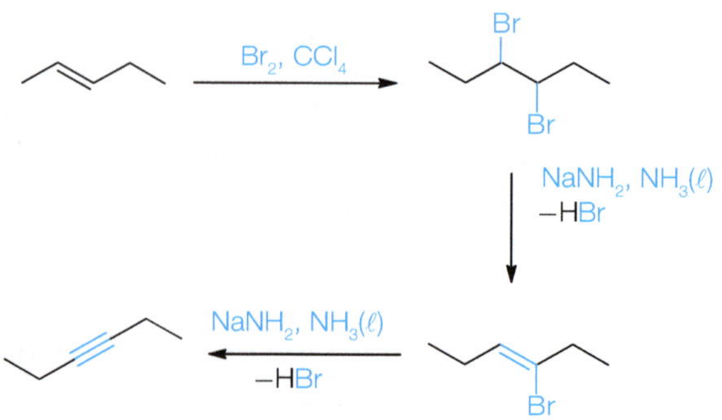

Essa reação se constitui em um método para a síntese de alquinos, complementar ao já apresentado no Capítulo 4.

Oxidorredução

A substituição de um átomo de halogênio por um hidrogênio pode ser realizada de diversas formas.

$$R-X \longrightarrow RH \quad (X=Cl, Br, I)$$

Os métodos comumente usados envolvem a reação entre o haleto de alquila e um metal, com formação de um composto organometálico como intermediário, o qual é subsequentemente hidrolisado para formar o alcano. Os metais normalmente utilizados são Zn, Li, Na e Mg.

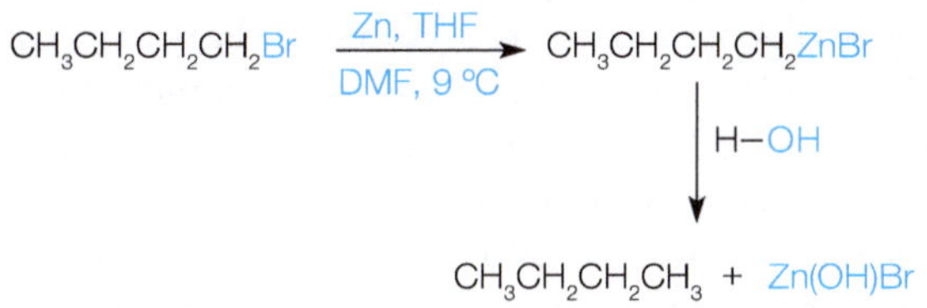

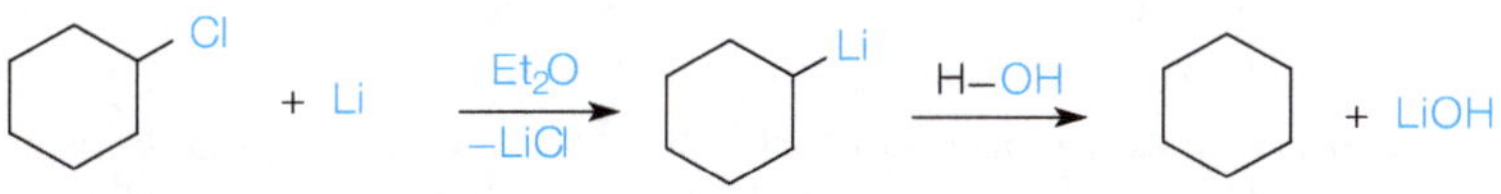

Geralmente a importância da reação está associada não à substituição do halogênio por um átomo de hidrogênio, mas à sua conversão no reagente organometálico, que pode ser utilizado como um forte nucleófilo em várias reações de substituição e de adição (ver Capítulo 12).

Um exemplo de grande importância desse tipo de reação consiste no tratamento de haletos de alquila ou de arila com magnésio metálico, resultando na formação do haleto de alquilmagnésio (RMgX) ou do haleto de arilmagnésio (ArMgBr). Esses produtos são denominados *reagentes de Grignard*, em homenagem ao químico francês **François Auguste Victor Grignard**, descobridor dessa reação.

François Auguste Victor Grignard (1871-1935): químico francês nascido em Cherbourg. Estudou ciência matemática em Lyons e se graduou em 1901. Foi professor das universidades de Nancy e Lyons e em 1912 recebeu o Prêmio Nobel de Química pelo desenvolvimento do reagente que leva seu nome. Durante a Primeira Grande Guerra foi recrutado pelo exército francês, tendo nessa época desenvolvido um método para a detecção de gases tóxicos.

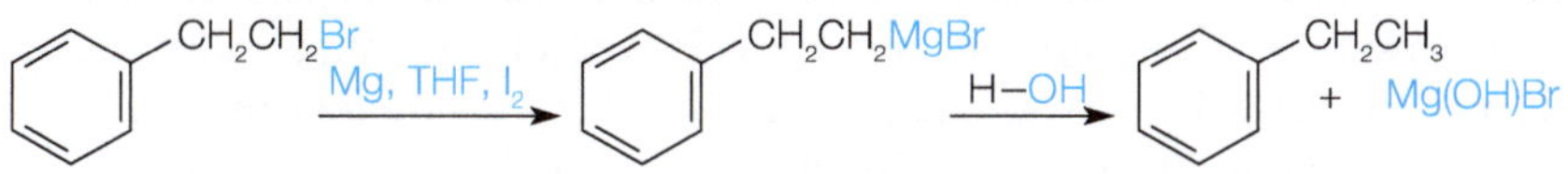

A reação de preparo do reagente de Grignard deve ser realizada em solvente anidro, ou seja, sem qualquer quantidade de água, uma vez que a água reage com ele, resultando em sua hidrólise. Os solventes mais comumente utilizados são dietil éter e tetraidrofurano. É comum adicionar alguns cristais de iodo ao magnésio para acelerar a formação do reagente. A estrutura do reagente de Grignard é mais complexa do que o representado normalmente pelos químicos, conforme ilustrado na página anterior. De qualquer maneira, nesse reagente o átomo de carbono ligado ao magnésio é muito nucleofílico. Exemplos da utilização desse reagente são encontrados no Capítulo 12.

Teste 7.8

Forneça as fórmulas estruturais dos reagentes organometálicos formados pelo tratamento dos seguintes haletos orgânicos com o metal indicado:

a) 1-bromo-3-fenilpropano com Mg
b) Bromobenzeno com Li
c) 2-bromopentano com Zn

Clorofluorocarbonos e a camada de ozônio

Até a década de 1920 utilizava-se amônia como fluido em refrigeradores. Como esse composto é muito tóxico e de difícil manuseio, foram desenvolvidos na década de 1930 substitutos para esse gás. Os novos compostos, à base de carbono, cloro e flúor foram denominados genericamente *clorofluorocarbonos* ou *CFCs*. Dentre esses compostos, os conhecidos como freon 11 (CCl_3F) e freon 12 (CCl_2F_2) foram os mais amplamente utilizados como gases para refrigeradores, compressores de ar-condicionado e como propelentes em produtos diversos, como inseticidas, cremes de barbear, *sprays* para cabelo, desodorantes etc. Os CFCs foram também largamente utilizados como solventes para a limpeza de peças eletrônicas, como *chips* de computadores, e na manufatura de espumas plásticas porosas.

A grande aplicabilidade desses compostos ocorreu devido ao fato de não serem inflamáveis, apresentarem baixa toxicidade e pouco ou nenhum odor, serem pouco reativos em condições ambientais e, acima de tudo, apresentarem baixo custo de fabricação. Em razão de sua baixa reatividade, pensava-se que eles não causariam danos ao meio ambiente. Dessa forma, o pico de produção ocorreu em 1986, quando mais de um bilhão de quilogramas foram fabricados. Só para se ter uma ideia dessa quantidade, isso correspondia a aproximadamente ¼ de quilograma para cada habitante do planeta naquela época.

Os problemas com os CFCs começaram a ser divulgados em 1974, quando os professores de química da Universidade da Califórnia (Estados Unidos) F. Sherwood Rowland e Mario J. Molina[4] reconheceram que esses compostos eram capazes de destruir a camada de ozônio. O ozônio é uma forma alotrópica do oxigênio que possui fórmula molecular O_3. Ele é formado na atmosfera pela reação do oxigênio molecular (O_2) com um átomo de oxigênio. Sua concentração é máxima a aproximadamente 30 a 35 km de altitude, chegando a 1%. A essa altitude o ozônio é benéfico para nós, pois absorve parte da radiação ultravioleta que vem do sol, diminuindo a quantidade dessa radiação que atinge a superfície da Terra. Ela é prejudicial à saúde humana, resultando em doenças oculares (como catarata), câncer de pele e fotoenvelhecimento.

O problema ficou mais evidente com a publicação, em 1985, de um artigo na revista inglesa *Nature*[5] relatando que havia um enorme buraco na camada de ozônio sobre a Antártida.

Por serem voláteis e insolúveis em água, os CFCs se movem para a parte superior da atmosfera, chegando à estratosfera em um período de 7 a 10 anos. Uma vez na estratosfera, eles podem permanecer lá por décadas. Na estratosfera eles absorvem radiação ultravioleta, resultando na clivagem homolítica da ligação C–Cl, com formação de átomos de cloro (Cl). Esses átomos de cloro reagem com o ozônio formando oxigênio e monóxido de cloro (ClO). O ClO reage com um átomo de oxigênio presente na estratosfera, formando uma nova molécula de O_2 e outro radical cloro. As equações para essas reações são representadas a seguir:

i) 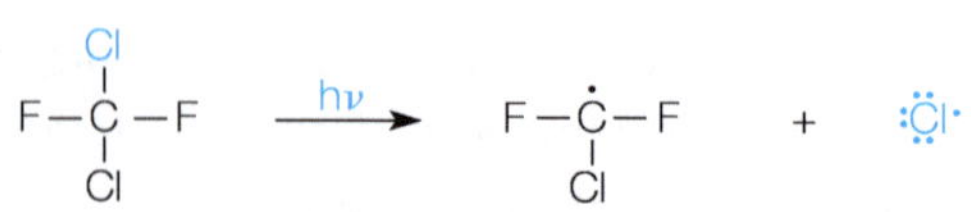

[4] Rowland e Molina receberam o Prêmio Nobel de Química de 1995 por seus trabalhos pioneiros sobre a camada de ozônio.

[5] FANNAN, J. C. et al. (1985).

ii) 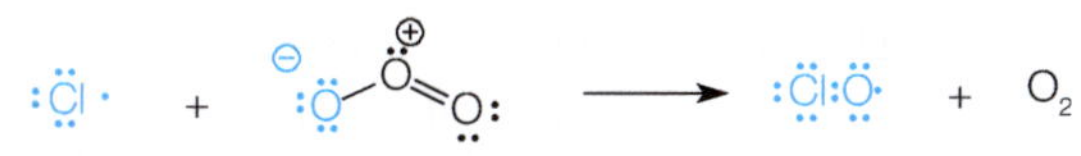

iii) 

Note que a soma das equações ii e iii corresponde à reação de uma molécula de O_3 com um átomo de oxigênio, resultando na formação de duas moléculas de O_2. Dessa forma, o átomo de cloro catalisa a decomposição do ozônio. Os estudos realizados mostraram que um único átomo de cloro é capaz de decompor dois milhões de moléculas de ozônio, antes que ele próprio seja consumido em outras reações.

Além dos CFCs, outros compostos, como o NO, liberados na exaustão de jatos supersônicos, também aceleram a decomposição da camada de ozônio. Em virtude desses estudos, e reconhecendo a importância da camada de ozônio para a saúde humana, em 1987, líderes de 140 nações assinaram um tratado conhecido como Protocolo de Montreal (revisto várias vezes desde a assinatura). Nesse protocolo a meta inicial era reduzir à metade, em relação às cifras de 1986, a produção dos cinco principais CFCs até 1996, e posteriormente bani-los completamente. O tratado parece estar funcionando, uma vez que a produção de CFCs em 1996 foi menor que na década de 1960.

Como substituto dos CFCs as empresas produziram compostos conhecidos pelas siglas HFCs (hidrofluorocarbonos) e HCFCs (hidroclorofluorocarbonos). Esses compostos, além de carbono, cloro e flúor, possuem átomos de hidrogênio em suas moléculas. Os estudos indicam que, embora potencialmente danosos à camada de ozônio por causa da presença da ligação C—H, tais compostos são facilmente oxidados antes de chegar à estratosfera, minimizando o risco. Dessa forma, como a chance de risco de esses compostos causarem danos à camada de ozônio é pequena, eles são considerados substitutos provisórios para os CFCs. Alguns deles são o HFC-134a (CH_2FCF_3) e o HCFC-141b (CH_3CCl_2F).

Exercícios

1. Escreva as fórmulas estruturais para os seguintes compostos:

a) 2,3-dibromopentano

b) 5-bromopent-1-eno

c) brometo de benzila

d) clorociclopentano

e) *trans*-4-bromoex-2-eno

f) 4-iodo-1,2-dimetilcicloexano

2. Ordene os compostos a seguir em cada série em ordem crescente de velocidade de solvólise em acetona aquosa e nas mesmas condições de temperatura e concentração:

a) 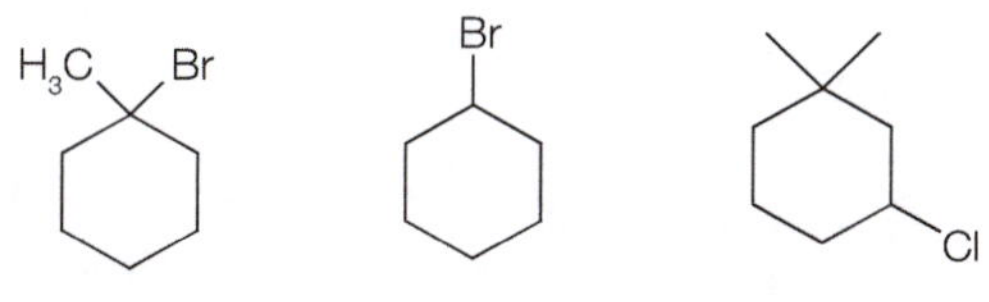

b) 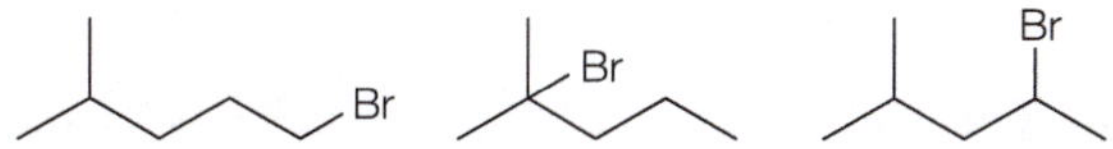

c) 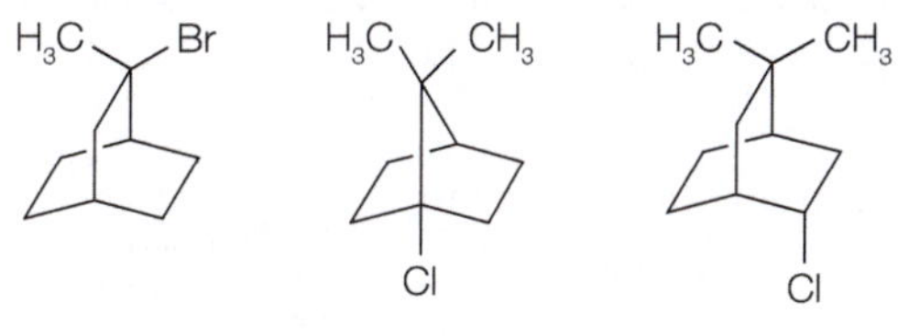

3. Compostos do tipo ROH não reagem com NaBr apenas, mas na presença de H_2SO_4 são transformados em haletos de alquila (RBr). Explique essa afirmação.

4. Justifique as porcentagens dos produtos formados nas seguintes reações:

a) $CH_3CHBrCH_3$

$\xrightarrow{C_2H_5ONa/C_2H_5OH}$

$(CH_3)_2CHOC_2H_5$ (21%) + $CH_3CH{=}CH_2$ (79%)

b)

$$CH_3CHBrCH_3 \xrightarrow{C_2H_5OH} \underset{(97\%)}{(CH_3)_2CHOC_2H_5} + \underset{(3\%)}{CH_3CH{=}CH_2}$$

5. Indique os produtos das seguintes reações:

a) $(CH_3)_3CBr + C_2H_5ONa \xrightarrow{EtOH}$

b) $CH_3CH{=}CHCl + NaNH_2 \xrightarrow{NH_3(\ell)}$

c) $BrCH_2CH_2Br + Mg\ (\text{éter}) \xrightarrow{THF}$

6. Preveja a ordem de reatividade do iodeto de sódio em acetona (condição que favorece a substituição nucleofílica bimolecular) com os haletos de alquila dados a seguir. Faça a mesma previsão utilizando-se nitrato de prata em meio aquoso (condição que favorece a reação de substituição nucleofílica unimolecular).

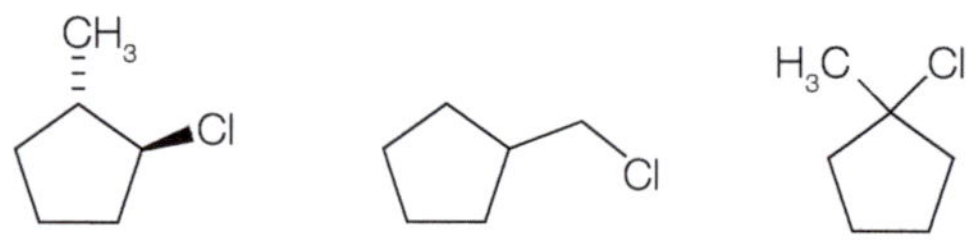

(I) (II) (III)

7. Organize os carbocátions a seguir em ordem decrescente de estabilidade:

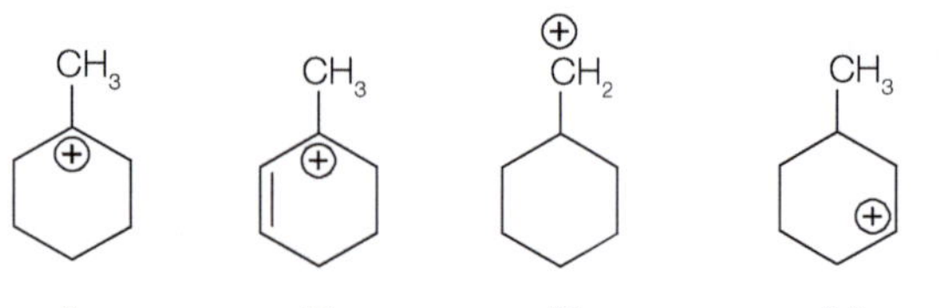

(I) (II) (III) (IV)

8. Quais alquenos podem ser formados pelo tratamento dos haletos de alquila listados a seguir com *tert*-butóxido de potássio em álcool *tert*-butílico?

a) 2-bromopentano

b) 2-bromo-2-metilbutano

c) 3-bromopentano

9. Uma mistura de propano e butano pode ser usada em refrigeradores de uso doméstico. Qual a desvantagem do uso dessa mistura para tal finalidade, em relação ao freon?

10. Forneça o nome sistemático dos compostos conhecidos pelas siglas freon 11, freon 12, HFC-134a e HCFC-141b.

11. Embora o oxigênio exista como O_2 e O_3, o nitrogênio somente ocorre como N_2. Explique esse fato. Para isso escreva a estrutura de Lewis da espécie inexistente N_3.

12. Anualmente são produzidos milhões de toneladas de cloreto de vinila, utilizado na fabricação do poli(cloreto de vinila), polímero de ampla aplicação, conforme discutido. No processo, adiciona-se cloro ao etileno, resultando na formação do 1,2-dicloroetano. Este, ao ser aquecido a 500 °C, sofre eliminação de HCl, sendo convertido no cloreto de vinila. Para evitar a perda do HCl, transfere-se esse gás para um recipiente contendo acetileno, que é convertido em mais cloreto de vinila. Escreva as equações das reações descritas anteriormente.

13. Indique a configuração absoluta de cada um dos átomos de carbono assimétricos do plocameno B, cuja estrutura é apresentada no início deste capítulo.

14. A hidrólise do brometo indicado a seguir resulta na formação do álcool mostrado. Proponha as etapas de um mecanismo que explique a transformação ocorrida. Represente as fórmulas de todos os estereoisômeros do álcool formado.

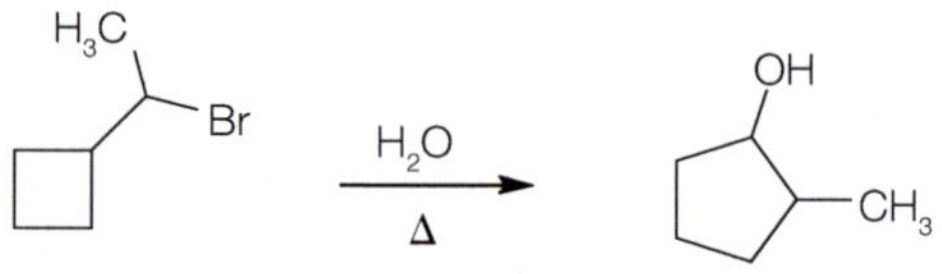

15. Dentre os dois isômeros apresentados a seguir, qual deve sofrer reação de eliminação bimolecular mais rapidamente quando tratados com MeONa/MeOH? Justifique sua resposta.

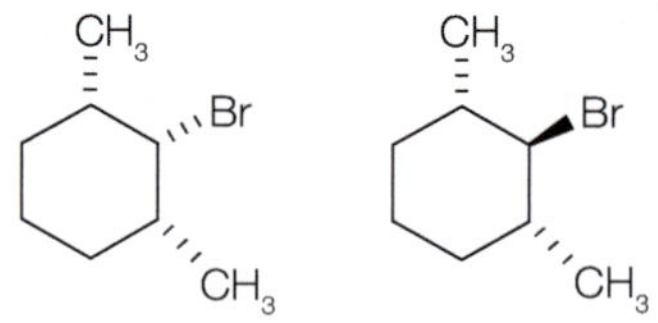

(I) (II)

16. A solvólise do 2-bromo-1,1-dimetilcicloexano em metanol resulta na formação de três éteres e três alquenos. Proponha as estruturas para todos esses produtos e o mecanismo que explique a formação de cada um deles.

17. Dentre os dois isômeros do hexaclorocicloexano apresentados (I e II), qual deve ser mais reativo diante de condições de eliminação bimolecular? Justifique sua resposta.

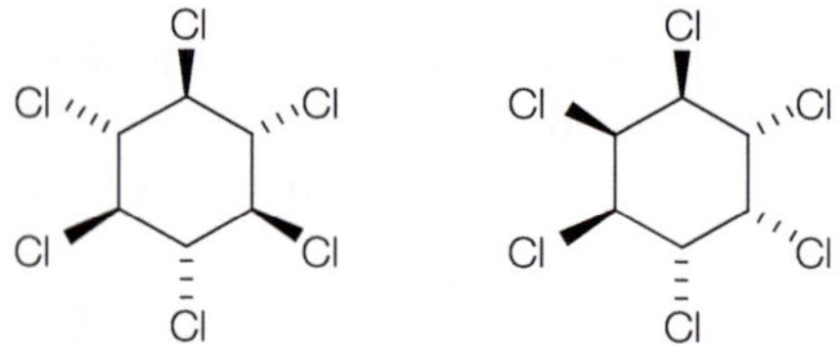

(I) (II)

Capítulo 8

Álcoois

Resumo

Os álcoois se constituem em uma importante classe de compostos oxigenados. Em termos estruturais eles são caracterizados pela presença de um grupo hidroxila (OH) ligado a um grupo alquila. A importância dos álcoois, suas estruturas, nomenclatura e propriedades físicas são discutidas neste capítulo. A reatividade dessa classe de compostos é ilustrada pelas reações de oxidação, substituição do grupo OH por outro grupo qualquer e pela reação de eliminação de água com formação de alquenos. Os mecanismos das reações de eliminação e de substituição são discutidos.

Objetivos de aprendizagem

Após o estudo deste capítulo você deverá ser capaz de:

- Listar alguns álcoois de importância industrial e seus usos.
- Classificar álcoois em primários, secundários e terciários.
- Nomear álcoois, tióis e sais derivados de álcoois aplicando as regras da IUPAC por meio dos sistemas de nomenclatura substitutiva e radicofuncional.
- Explicar a influência da estrutura dos álcoois sobre suas temperaturas de ebulição e solubilidade em água.
- Listar pelo menos três tipos de reagentes utilizados para oxidar álcoois.
- Listar pelo menos dois reagentes utilizados para converter álcoois em haletos de alquila.
- Explicar os mecanismos envolvidos na conversão de álcoois em haletos de alquila.
- Comparar a reatividade de álcoois primários, secundários e terciários diante de reação de desidratação em meio ácido.
- Explicar o mecanismo de desidratação de álcoois quando submetidos a meio ácido, apresentando as estruturas de todos os intermediários.
- Predizer os produtos principais das reações de desidratação de álcoois, incluindo casos em que ocorrem rearranjos moleculares.

Álcoois são compostos que possuem um ou mais grupos hidroxila (OH) ligados a carbonos sp^3 de um grupo alquil(a). Se a hidroxila estiver ligada a um anel benzênico, o composto é denominado genericamente *fenol*. Existe uma terceira forma de composto hidroxilado denominada *enol*. Trata-se de uma forma isomérica instável de aldeídos e cetonas em que a hidroxila está diretamente ligada ao carbono da ligação dupla (Capítulo 12).

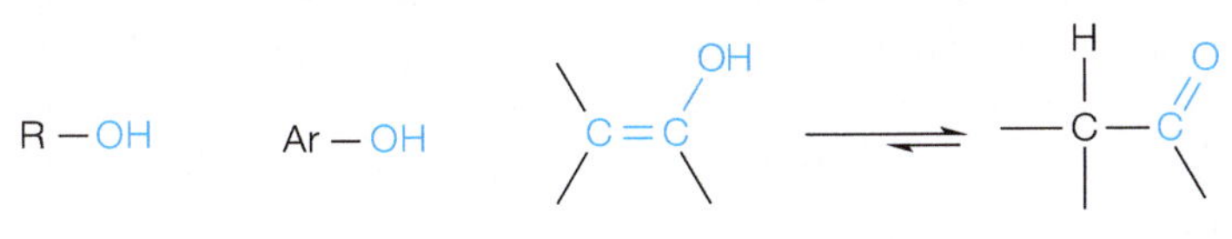

Álcool Fenol Enol Aldeído/cetona

Os álcoois correspondem a uma classe de compostos extremamente importante, uma vez que eles apresentam diversas aplicações industriais e farmacológicas. Alguns exemplos são ilustrados a seguir:

CH_3CH_2OH

Etanol

$HOCH_2CH_2OH$

Etileno glicol

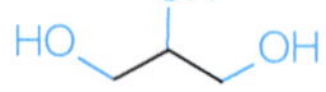

Glicerol

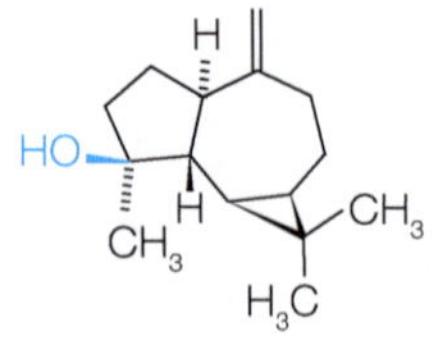

(+)-espatulenol

α-terpineol

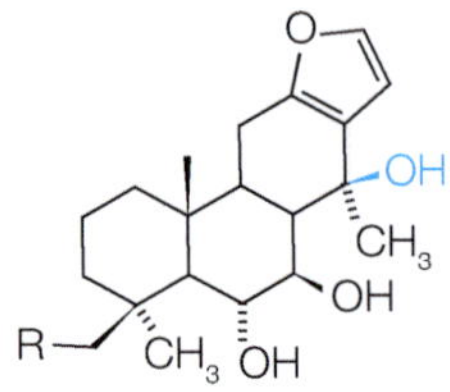

R=H: vouacapano-6α,7β,17β-triol
R=OH: vouacapano-6α,7β,17β,19-tetraol

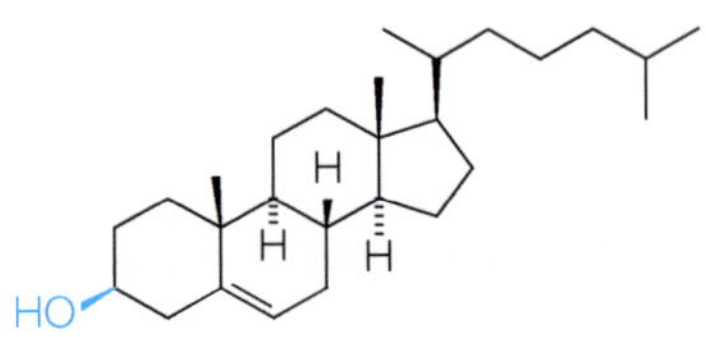

Colesterol

O etanol, álcool etílico ou simplesmente álcool, é conhecido desde a Antiguidade como um componente essencial de bebidas usadas em eventos sociais. Embora utilizado como estimulante, na realidade ele age como depressor do sistema nervoso central e como anestésico. O etanol é utilizado como antisséptico em vários produtos, como líquidos para gargarejo bucal, desodorantes, cremes de barbear etc. No Brasil, esse composto começou a ser utilizado como combustível para veículos automotores na década de 1980. Hoje, em consequência dos problemas causados pelos combustíveis fósseis, o etanol se constitui cada vez mais em um importante componente da matriz energética do Brasil e já é também utilizado para o mesmo fim em outros países.

O etileno glicol é adicionado à água dos radiadores de automóveis para agir como 'anticongelante' em regiões onde a temperatura no inverno cai abaixo de 0 °C. É também utilizado na síntese do polímero poli(etileno tereftalato), conhecido como *poliéster* ou *PET*. Esse polímero é utilizado na fabricação de tecidos, garrafas para refrigerantes, outros produtos alimentícios etc.

O glicerol é usado na indústria de cosméticos, farmacêutica e de alimentos. Ele é utilizado como umectante para preservar a umidade em cosméticos, colas, pastas de dente e tabaco, evitando que esses produtos sequem rapidamente. Ele é bastante efetivo para esse fim em virtude de sua capacidade de se ligar às moléculas de água por meio de ligações de hidrogênio.

O glicerol, ao ser tratado com ácido nítrico concentrado, pode ser convertido na explosiva trinitroglicerina. Embora a trinitroglicerina possa ser aproveitada como potente explosivo, seu uso é perigoso, uma vez que ela é sensível a choques. Em 1886, Alfred Nobel descobriu que essa propriedade indesejável podia ser minimizada misturando-se esse composto com terra de diatomácea. O material resultante dessa mistura é conhecido como *dinamite*, e, com sua produção, Nobel se tornou um homem muito rico. Ao morrer, ele determinou que parte de sua fortuna fosse utilizada para o estabelecimento de prêmios concedidos a indivíduos cujos trabalhos tivessem resultado em grandes benefícios para a humanidade. O prêmio passou a ser concedido para as áreas de química, física, fisiologia ou medicina, literatura, economia e da paz.

O α-terpineol é um dos principais componentes do óleo de pinho, sendo usado como perfume e bactericida em muitos produtos domésticos de limpeza.

Já o colesterol, uma molécula bem mais complexa que as mencionadas, é considerado um dos responsáveis por doenças cardíacas. Ele é encontrado virtualmente em todas as células animais, estando presente em alimentos como ovos, carnes, leite e derivados. Entretanto, o colesterol não é encontrado em frutas e vegetais, nem nos óleos derivados destes.

Estudos sobre a composição química de plantas brasileiras, realizados no Laboratório de Análise e Síntese de Agroquímicos do Departamento de Química da Universidade Federal de Viçosa (UFV), em colaboração com os professores Nelson S. Pereira (*in memorium*) e Dorila Piló Veloso, do Departamento de Química da Universidade Federal de Minas Gerais (UFMG), resultaram no isolamento do álcool (+)-espatulenol[1] a partir de folhas da *Vitex poligama*, uma planta utilizada para vários fins medicinais. Da sucupira-branca (*Pterodon polygalaeflorus*) foram isolados os álcoois vouacapano-6α,7β,17β-triol e vouacapano-6α,7β,17β,19-tetraol. Esses dois álcoois pertencem à classe de compostos denominada *furanoditerpenos* e apresentam efeito sobre o desenvolvimento de plantas como sorgo e alface.[2]

Os álcoois são classificados como *primários*, *secundários* ou *terciários*, dependendo do número de grupos alquil(a) ou aril(a) ligados ao mesmo carbono em que se encontra a hidroxila. Essa classificação está relacionada à reatividade dos álcoois, conforme será visto a seguir:

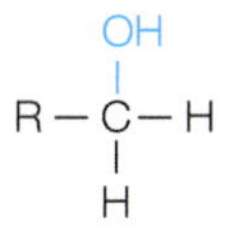

Primário

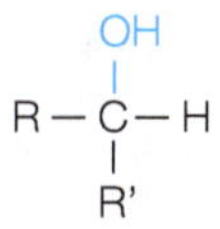

Secundário

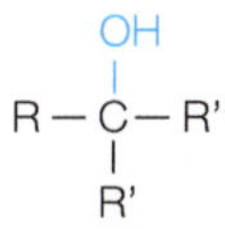

Terciário

Essa classificação é importante quando estudarmos a reatividade dos álcoois. Conforme veremos mais adiante o comportamento dos álcoois diante de reações de eliminação, de substituição e de oxidação variará em função do tipo de carbono em que a hidroxila se encontrar ligada. Apenas como exemplo, os álcoois primários podem ser facilmente oxidados a ácidos carboxílicos, e os terciários não podem ser oxidados sem sofrerem degradação.

Teste 8.1

Para a fórmula molecular $C_6H_{12}O$, escreva fórmulas estruturais que correspondam às seguintes descrições:

a) Um álcool primário cíclico quiral.

b) Um álcool secundário cíclico aquiral.

c) Um álcool terciário acíclico e quiral com configuração absoluta *R*.

Nomenclatura

Veremos a seguir a nomenclatura substitutiva e a nomenclatura radicofuncional

Nomenclatura substitutiva

Quando a hidroxila for o grupo funcional principal,[3] os nomes dos álcoois serão derivados dos hidrocarbonetos correspondentes, substituindo-se a vogal *o* pelo sufixo *ol*, precedido de um número indicativo da posição da

---

[1] BARBOSA et al. (1995).

[2] DEMUNER et al. (1996).

[3] Sobre a ordem de prioridade de citação dos grupos funcionais, ver Apêndice.

hidroxila. A numeração da cadeia é feita de modo que a hidroxila receba o menor número possível.

CH_3OH CH_3CH_2OH 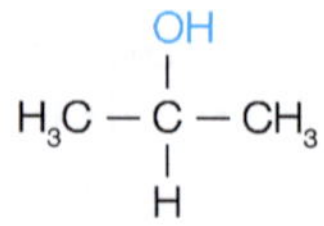

Metanol Etanol Propan-2-ol

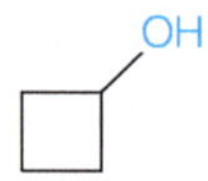 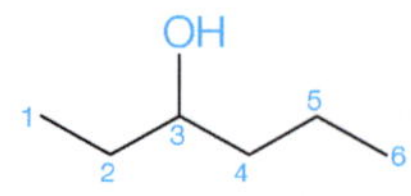

Ciclobutanol

Hexan-3-ol
(não hexan-4-ol)

Os exemplos apresentados a seguir ilustram como as ligações duplas e tríplices são indicadas pelos afixos *en* e *in*, antecedidos dos numerais que especificam suas posições. Grupos substituintes são citados em ordem alfabética, conforme as regras listadas nos capítulos anteriores.

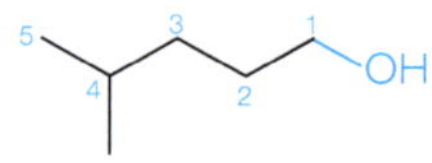 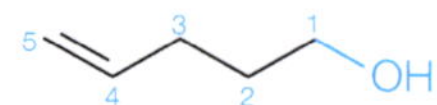

4-metilpentan-1-ol
(não 2-metilpentan-5-ol)

Pent-4-en-1-ol
(não pent-1-en-5-ol)

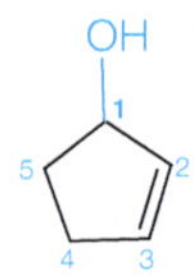 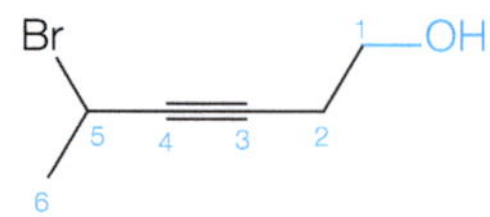

Ciclopent-2-en-1-ol 5-bromoex-3-in-1-ol

No caso de álcoois poli-hidroxilados, acrescentam-se ao nome do hidrocarboneto de origem os sufixos *diol*, *triol*, *tetraol* etc. precedidos dos números correspondentes às posições das hidroxilas.

 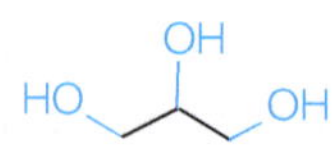 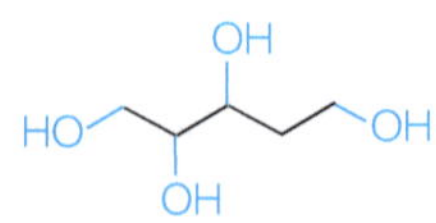

Etano-1,2-diol Propano-1,2,3-triol Pentano-1,2,3,5-tetraol

Quando vários grupos funcionais estão presentes na molécula, escolhe-se um deles como grupo principal, sendo os demais considerados substituintes. Essa escolha do grupo principal é feita de acordo com a ordem de prioridade apresentada na Tabela 1 do Apêndice. No caso específico da hidroxila, quando esta não for o grupo funcional principal, sua presença será indicada pelo prefixo *hidroxi* antecedido de um numeral que indique sua posição.

Observe nos exemplos apresentados a seguir que, além da função álcool, o primeiro composto possui um grupo carboxila (COOH), e o segundo, uma carbonila (C=O). Tanto a carboxila quanto a carbonila apresentam maior prioridade que a função álcool, para fins de nomeação do composto. Portanto, a numeração deve ser feita de modo que o grupo principal receba o menor número, sendo o grupo OH citado como substituinte. Deixamos para os capítulos 12 e 13 a apresentação das regras de nomenclatura de cetonas e ácidos carboxílicos.

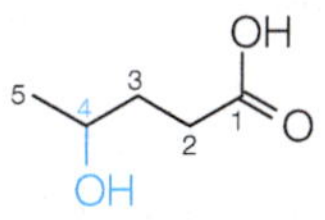

Ácido 4-hidroxipentanoico

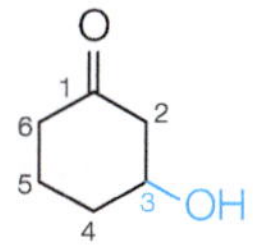

3-hidroxicicloexanona

Nomenclatura radicofuncional

Nesse sistema de nomenclatura o nome do composto é formado com a palavra *álcool*, seguida pelo nome do grupo correspondente ao restante da estrutura.[4]

CH_3OH	Álcool metílico	$CH_3CH(OH)CH_2CH_3$	Álcool *sec*-butílico
CH_3CH_2OH	Álcool etílico	$(CH_3)_3COH$	Álcool *tert*-butílico
$CH_3CH(OH)CH_3$	Álcool isopropílico		

O sistema de nomenclatura radicofuncional é limitado a poucos exemplos, cujas moléculas são mais simples, conforme ilustrado anteriormente.

Os seguintes nomes não sistemáticos são aceitos pela IUPAC:[5]

$CH_2{=}CH{-}CH_2OH$	Álcool alílico	$CH_3-CH(OH)-CH_2OH$	Propileno glicol
$PhCH_2OH$	Álcool benzílico		
$PhCH_2CH_2OH$	Álcool fenetílico	$CH_2(OH)-CH(OH)-CH_2(OH)$	Glicerol
$HOCH_2CH_2OH$	Etileno glicol		

Teste 8.2

Dê os nomes sistemáticos dos seguintes álcoois, incluindo as especificações *R* ou *S* para as configurações absolutas quando for o caso:

a) 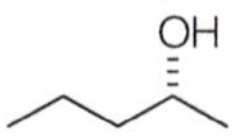

e) 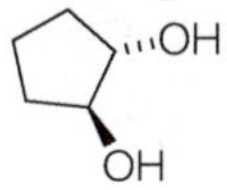

b) 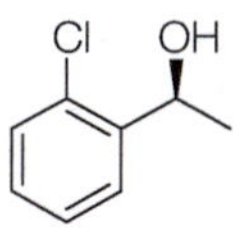

f) 

c) 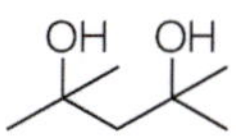

g) 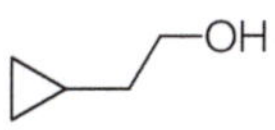

d) 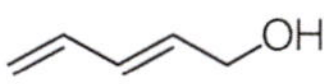

h) 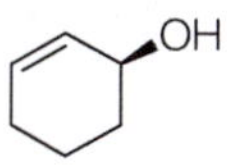

Tióis

A classe de compostos análoga à dos álcoois que possui o grupo –SH em vez de –OH é denominada *tiol*. O uso do termo *mercaptana* para essa classe de compostos foi abandonado pela IUPAC. Na nomenclatura substituti-

[4] Os nomes *isopropanol*, *sec*-butanol e *tert*-butanol são incorretos, já que não existem os hidrocarbonetos isopropano, *sec*-butano e *tert*-butano. Tais nomes não devem ser usados, tampouco a antiga nomenclatura que empregava o termo *carbinol*.

[5] O termo *glicol* não deve ser utilizado para designar outros dióis.

va, esses compostos são nomeados semelhantemente aos álcoois, trocando--se a terminação *ol* por *tiol*.[6]

A principal característica dos tióis é seu odor desagradável. O 3-metilbutano-1-tiol, o *cis*-but-2-eno-1-tiol e o *trans*-but-2-eno-1-tiol são os principais componentes responsáveis pelo cheiro do gambá. O propano-1-tiol é um dos compostos que confere o odor característico a cebolas frescas.

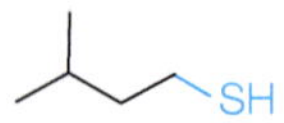

3-metilbutano-1-tiol

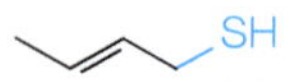

Trans-but-2-eno-1-tiol

Cis-but-2-eno-1-tiol

$CH_3CH_2CH_2SH$

Propano-1-tiol

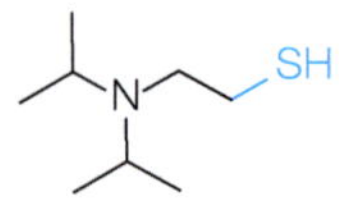

2-(diisopropilamino)etanotiol

O 2-(diisopropilamino)etanotiol e vários outros compostos análogos a ele foram preparados pelos professores Maria das Graças Cardoso – Universidade Federal de Lavras (UFLA) – e David Lee Nelson (UFMG).[7] Esses compostos apresentam efeitos tóxicos contra o fungo *Phytophthora capsici*, mostrando-se promissores como modelos para o desenvolvimento de novos fungicidas.

Sais

Ânions derivados de álcoois e tióis formados pela remoção de um H^+ são nomeados substituindo-se a terminação *ol* pelo sufixo *olato*. Para nomear os sais correspondentes, cita-se o nome do ânion, seguido da preposição *de* mais o nome do metal. Os ânions derivados de álcoois são também nomeados trocando-se a terminação *ol* por *óxido*, como nos exemplos a seguir:

CH_3ONa

Metóxido de sódio
Metanolato de sódio

CH_3CH_2OK

Etóxido de potássio
Etanolato de potássio

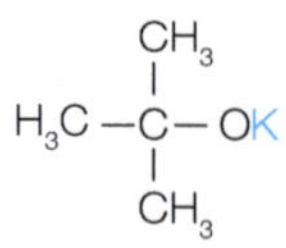

Tert-butóxido de potássio

CH_3CH_2SNa

Etanotiolato de sódio

Propriedades físicas

Como em qualquer classe de compostos orgânicos, a temperatura de fusão e, especialmente, a temperatura de ebulição dos álcoois em uma série homóloga elevam-se com o aumento da massa molar (Quadro 8.1).

[6] O benzenotiol era conhecido por *tiofenol* (RIGAUDY e KLESNEY, 1979); entretanto, o uso desse termo foi desaconselhado pela IUPAC (PANICO, POWELL e RICHER, 1995).

[7] CARDOSO (1995).

Quadro 8.1 Propriedades físicas de alguns álcoois

Nome	T_f/°C	T_e/°C	ρ/(g cm^{-3})	Sol./(g/100 g H_2O)
Metanol	–97	64,5	0,793	∞
Etanol	–115	78,3	0,789	∞
Propan-1-ol	–126	97	0,804	∞
Propan-2-ol	–86	82,5	0,789	∞
2-metilpropan-2-ol	25,5	83	0,789	∞
Butan-1-ol	–90	118	0,810	7,9
Butan-2-ol	–114	99,5	0,806	12,5
2-metilpropan-1-ol	–108	108	0,802	10,0
Pentan-1-ol	–78,5	138	0,817	2,3
Hexan-1-ol	–52	156,5	0,819	0,6
Heptan-1-ol	–34	176	0,822	0,2
Octan-1-ol	–15	195	0,825	0,05
Etano-1,2-diol	–12,6	197	1,113	∞
Propano-1,2-diol	–59	187	1,036	∞
Propano-1,3-diol	–30	214	1,053	∞
Propano-1,2,3-triol	20	290	1,261	∞

Todavia, as temperaturas de ebulição dos álcoois são muito mais altas que as dos hidrocarbonetos de massa molecular semelhante, como podem ser vistas no Quadro 8.2.

Para explicar esse fato, deve-se lembrar que os hidrocarbonetos são compostos pouco polares e as forças de atração que mantêm essas moléculas juntas são bastante fracas. No caso dos álcoois, a ligação entre o oxigênio e o hidrogênio (–O–H) é muito polar, havendo, portanto, uma atração eletrostática muito forte entre essas moléculas, o que não é possível em compostos pouco polares. Conforme já discutido no Capítulo 1, essa atração eletrostática recebe o nome de ligação de hidrogênio.

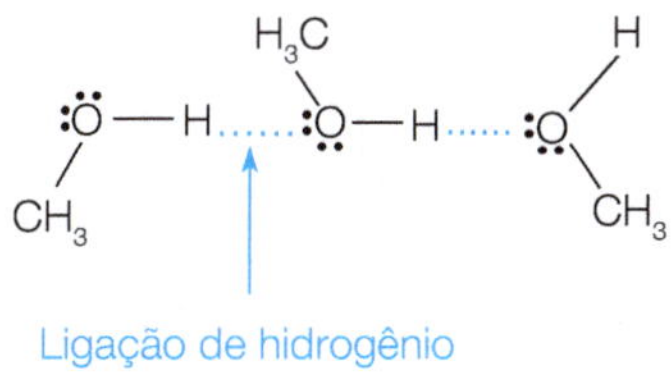

Quanto à solubilidade, os álcoois monoidroxilados, com até 3 átomos de carbono, e o 2-metilpropan-2-ol (álcool *tert*-butílico) são completamente miscíveis em água. Com o aumento do número de átomos de carbono, a porção lipofílica da molécula aumenta, com a consequente redução da solubilidade desses compostos em água. Como visto no Capítulo 1, a introdução de outros grupos polares como OH, NH_2 e oxigênio aumenta a solubilidade do composto, conforme ilustrado para alguns álcoois poli-hidroxilados no Quadro 8.1.

Quadro 8.2 Comparação das temperaturas de ebulição de alguns álcoois e hidrocarbonetos

Composto	M/(g mol^{-1})	T_e/°C
CH_3OH	32	65
CH_3CH_3	30	-89
CH_3CH_2OH	46	78,5
$CH_3CH_2CH_3$	44	-42
$CH_3[CH_2]_2CH_2OH$	74	117
$CH_3[CH_2]_3CH_3$	72	36

Teste 8.3

Os seguintes álcoois isoméricos apresentam temperaturas de ebulição muito distintas: Butan-1-ol, T_e = 117 °C; Butan-2-ol, T_e = 99,5 °C; 2-metilpropan-2-ol, T_e = 82 °C.

Apresente uma explicação para essas diferenças de temperatura de ebulição.

Teste 8.4

O butan-1-ol e o éter dietílico ($CH_3CH_2OCH_2CH_3$) apresentam solubilidade em água a 25 °C aproximadamente igual a 8 g/100 mL, todavia suas temperaturas de ebulição são 117 °C e 35 °C, respectivamente. Explique em termos de interações intermoleculares esses dados.

Preparo

Metanol e etanol são os dois álcoois mais importantes do ponto de vista industrial, sendo preparados em grande escala. Antes do desenvolvimento da indústria química moderna, o metanol era preparado por aquecimento de madeira, na ausência de ar, motivo pelo qual ele era conhecido como álcool ou espírito da madeira. Atualmente, o metanol é produzido em escala industrial por meio da redução catalítica do monóxido de carbono.

$$CO + 2H_2 \xrightarrow[400\ °C]{ZnO} CH_3OH$$

A inalação de vapores de metanol pode causar náusea, câimbra, vômito, irritação das mucosas e distúrbios digestivos. Quando ingerido, o metanol causa danos no sistema nervoso central, particularmente no nervo óptico, resultando em cegueira temporária ou permanente. Causa também injúria nos rins, fígado, coração e outros órgãos, podendo resultar em morte.

Parte do etanol é produzida por hidratação do etileno, utilizando-se ácido fosfórico como catalisador.

$$CH_2{=}CH_2 + H_2O \xrightarrow{H_3PO_4} CH_3CH_2OH$$

No Brasil, a maior parte do etanol é produzida por meio da fermentação de carboidratos,[8] particularmente a sacarose obtida da cana-de-açúcar.

$$\underset{\text{Sacarose}}{C_{12}H_{22}O_{11} + H_2O} \xrightarrow{\text{Levedura}} \underset{\text{Etanol}}{4CH_3CH_2OH} + 4CO_2$$

Nos Estados Unidos, até a década de 1930, o etanol era obtido por fermentação de açúcares. Esse processo foi substituído pela hidratação do etileno, e nos últimos anos a fermentação de milho passou a ser utilizada, contribuindo para mais de 90% da produção desse álcool.

Existem diversos métodos disponíveis para o preparo de álcoois mais complexos, sendo alguns deles apresentados nos capítulos 3, 4, 7 e 12.

---

[8] Carboidratos são aldeídos ou cetonas poli-hidroxiladas. Ver alguns exemplos no Capítulo 12.

Reações

Para fins didáticos, a apresentação de algumas reações dos álcoois será subdividida em dois grupos: um que envolve a quebra da ligação oxigênio-hidrogênio (RO–H), e outro, a quebra da ligação carbono-oxigênio (RCH_2–OH).

Reações que envolvem a quebra da ligação oxigênio-hidrogênio

Neste grupo de reações, destacam-se a formação de alcóxidos e a oxidação.

Formação de alcóxidos

Os álcoois, de forma similar à água, podem se comportar como bases, aceitando um próton, ou como ácidos, doando um próton, conforme ilustrado pela seguinte equação:

$$CH_3\ddot{O}H + CH_3\ddot{O}H \rightleftharpoons CH_3\overset{\oplus}{O}H_2 + CH_3\ddot{O}^{\ominus}$$

Em estado puro, os álcoois são ácidos mais fracos que a água, e o equilíbrio representado anteriormente está mais deslocado para a esquerda, ou seja, no sentido das espécies não ionizadas.

Conforme vimos, alcóxido é o nome geral da espécie RO^-, que se forma quando um álcool perde um próton. Os alcóxidos são bases geralmente mais fortes que o hidróxido e muito úteis em diversos procedimentos sintéticos, pois são mais solúveis em solventes orgânicos que o hidróxido de sódio ou potássio.

Um método para preparar alcóxidos consiste no tratamento do álcool com amideto de sódio ($NaNH_2$) ou com hidreto de sódio (NaH).

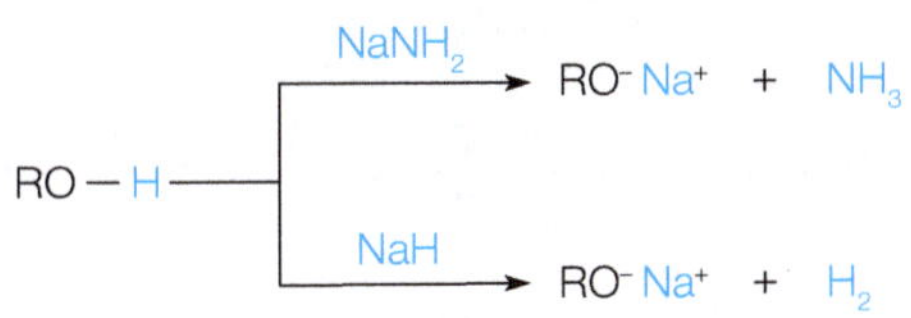

Outro procedimento envolve o tratamento do álcool com sódio ou potássio. Essa não é uma reação ácido-base, mas sim uma reação de oxidorredução. Nesse caso, o metal é oxidado, e o hidrogênio da hidroxila, reduzido, resultando na formação de H_2 e na liberação de calor.

$$CH_3OH + Na \longrightarrow CH_3ONa + 1/2H_2$$

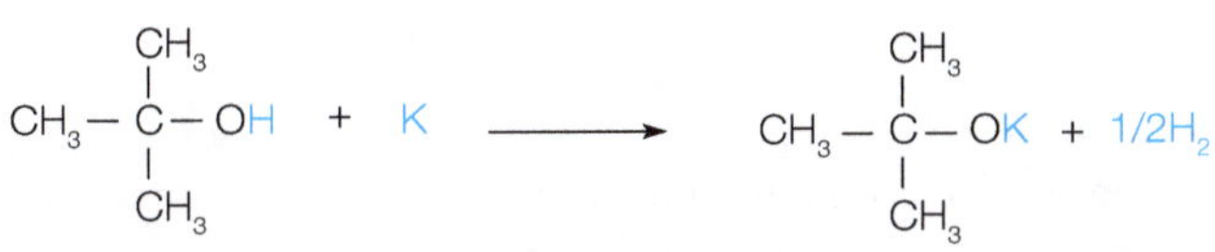

A reatividade dos álcoois diminui com o aumento do número de seus átomos de carbono. O metanol e o etanol reagem rapidamente com sódio, embora o butan-1-ol somente reaja em velocidade apreciável com potássio (lembre-se de que potássio é mais reativo que sódio).

Os alcóxidos, sendo bases mais fortes que o hidróxido, devem ser preparados e armazenados na ausência de água. Eles normalmente são utilizados quando se necessita de bases fortes, mais solúveis em solventes orgânicos que o hidróxido. Os alcóxidos podem também atuar como nucleófilos, participando de reações de substituição nucleofílica bimolecular, conforme discutido no Capítulo 7. Um exemplo desse tipo de reação é o preparo de éteres por meio da reação de alcóxido com haletos de alquila, conforme ilustrado no exemplo a seguir:

$$CH_3ONa + PhCH_2Br \longrightarrow CH_3OCH_2Ph + NaBr$$

Essa reação é conhecida como síntese de éteres de Williamson, conforme discutido no Capítulo 7.

Teste 8.5

Escreva a equação completa para a reação que ocorre quando etanol é tratado com quantidade equivalente de NaH, seguido da adição de cloreto de benzila.

Oxidação

Os álcoois primários podem ser oxidados a aldeídos quando em contato com cobre metálico em altas temperaturas (200 a 300 °C) ou quando tratados com $K_2Cr_2O_7/H_2SO_4$, ou com $KMnO_4$. Com estes últimos reagentes, os aldeídos são oxidados a ácidos carboxílicos, a menos que sejam removidos do meio reacional imediatamente após formados. Como essa operação é difícil de ser realizada, exceto nos casos em que o aldeído formado for volátil, a oxidação de álcoois primários com $K_2Cr_2O_7$ ou com $KMnO_4$ não é um bom método para preparar aldeídos. Álcoois secundários são oxidados a cetonas com os reagentes anteriormente citados.

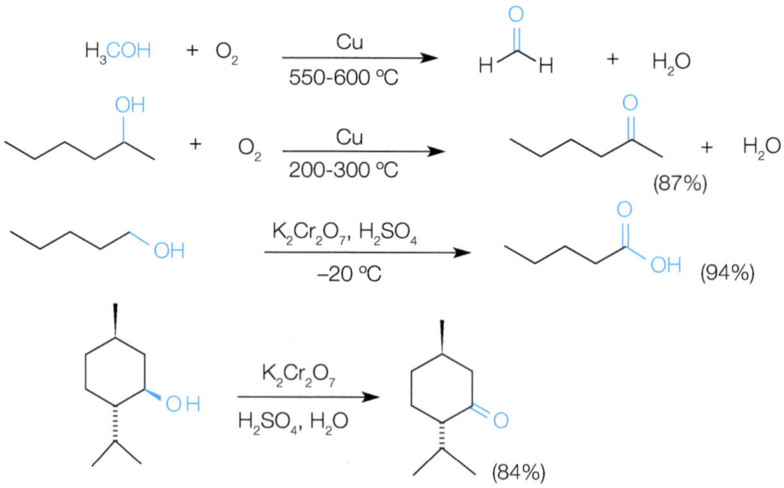

Embora o mecanismo para essa reação de oxidação seja complexo, sabe-se que ela ocorre com a formação de um éster cromato intermediário, o qual pode se decompor por um processo intra ou intermolecular.

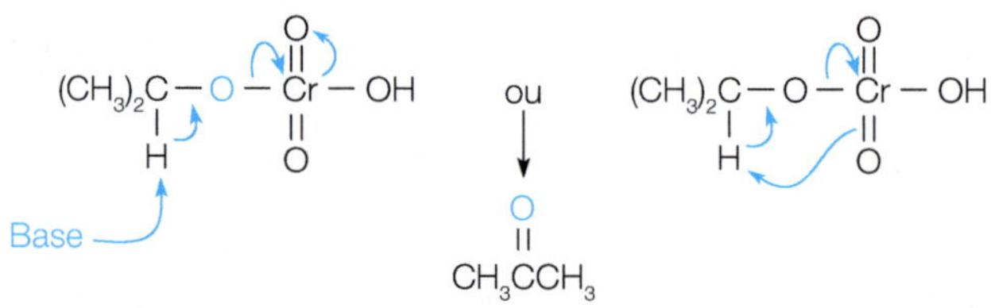

Álcoois primários e secundários podem ser convertidos em aldeídos e cetonas, respectivamente, em geral em alto rendimento, por tratamento com clorocromato de piridinium ($C_5H_5NHCrO_3Cl$),[9] o qual é facilmente preparado, adicionando-se piridina a uma solução de CrO_3 em ácido clorídrico. Esse reagente (PCC) está também disponível comercialmente.

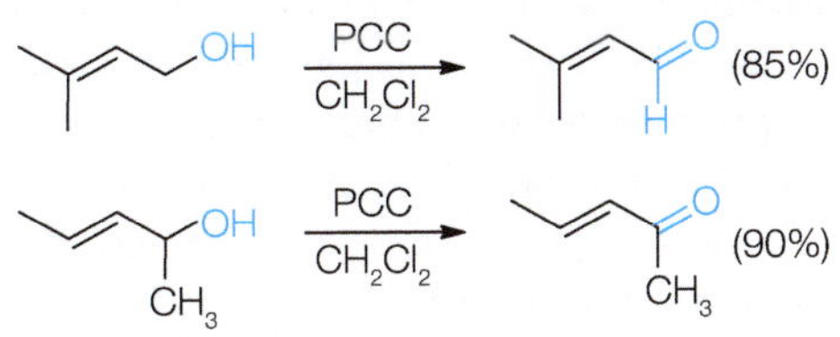

No caso de álcoois que possuem grupos sensíveis a meio ácido, o reagente de escolha é um complexo de piridina com óxido de cromo VI, $CrO_3.2C_5H_5N$, conhecido como *reagente de Collins*. Esse reagente funciona como o PCC, só que nesse caso a reação se processa em meio básico. O exemplo a seguir ilustra a seletividade desses dois reagentes. Observe que o tratamento do álcool I com $CrO_3.2C_5H_5N$ resulta na formação da cetona II. Entretanto, quando o mesmo álcool é tratado com $C_5H_5NHCrO_3Cl$ (PCC), o composto IV é obtido em alto rendimento. Isso se deve ao fato de o acetal I ser instável em meio ácido, sendo hidrolisado para o triol III,[10] que é então oxidado. Note que o álcool terciário não é oxidado.

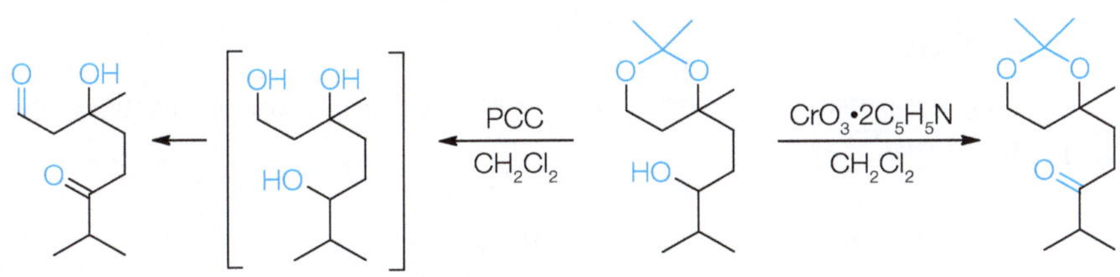

(IV, 88%) (III) (I) (II, 78%)

O método que tem sido amplamente empregado para preparar aldeídos e cetonas a partir de álcoois envolve a utilização de sais alcoxissulfônios e é conhecido como *oxidação de Swern*. Esse método envolve o uso de condições brandas, sendo a reação realizada a baixas temperaturas, o que possibilita seu uso no caso de compostos pouco estáveis em meios básico e ácido. Essa reação pode ser realizada em condições variadas, mas um procedimento comum envolve o uso de dimetilsulfóxido, cloreto de oxalila e trietilamina, em diclorometano.

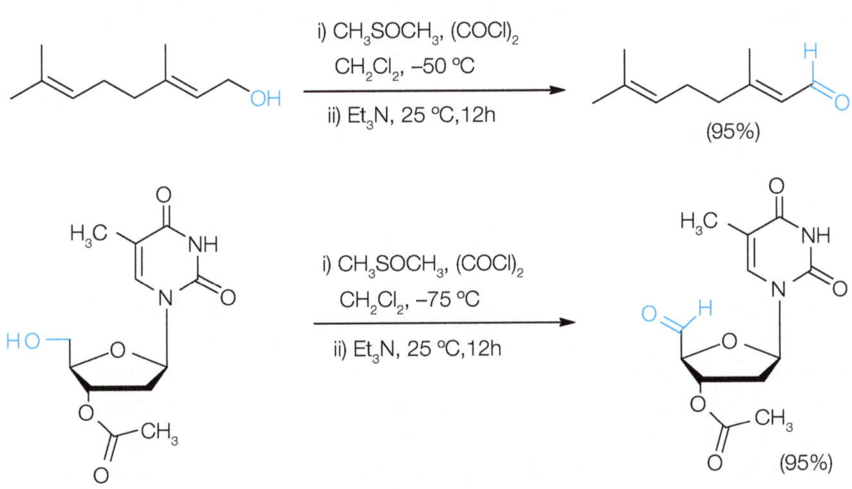

---

[9] Esse composto é conhecido pela sigla PCC, originada do nome inglês *pyridinium chlorochromate*.

[10] A hidrólise de acetais será discutida no Capítulo 12.

Essa metodologia tem sido amplamente utilizada no Departamento de Química da UFV em um programa de desenvolvimento de novos herbicidas.[11] Como exemplo, o aldeído bicíclico representado a seguir foi obtido em 90% de rendimento a partir do álcool correspondente utilizando-se a *oxidação de Swern*. O álcool é bastante instável em meio ácido, de modo que outras condições experimentais avaliadas mostraram-se inadequadas para realizar a transformação desejada. Esse aldeído, na concentração de 10^{-3} mol L^{-1}, causa 82% de inibição no desenvolvimento radicular do sorgo e 16% no desenvolvimento das raízes do pepino. Esses resultados preliminares mostram que o composto é mais ativo para plantas monocotiledôneas (sorgo) que para dicotiledôneas (pepino). Esse tipo de seletividade é muito importante quando se procura desenvolver novos herbicidas.

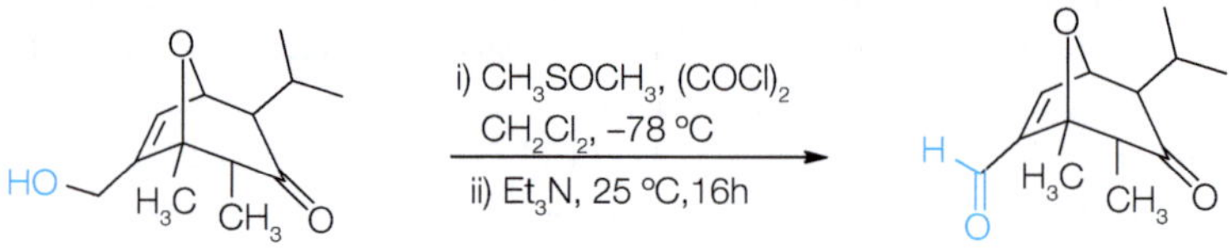

O mecanismo da oxidação de Swern é complexo, e sua apresentação está além dos objetivos deste curso.

Teste 8.6

Quais produtos seriam formados pelas reações dos seguintes compostos com PCC?

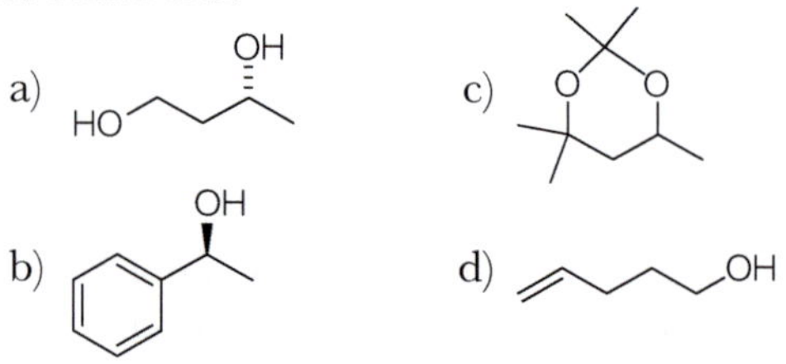

Reações que envolvem a quebra da ligação carbono-oxigênio

Além das reações discutidas, os álcoois podem participar de reações de substituição nucleofílica e de eliminação, conforme o esquema a seguir:

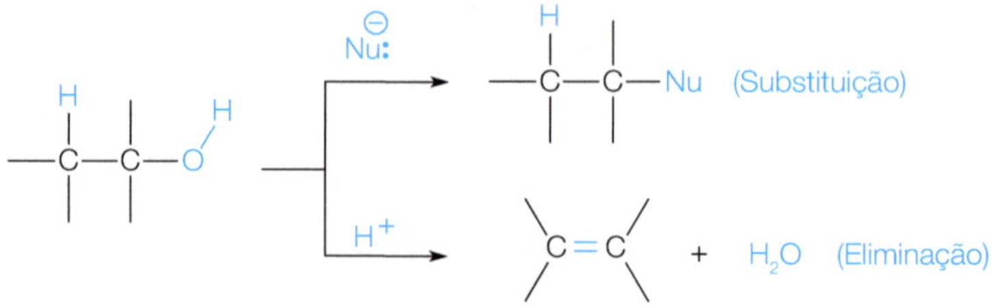

Essas reações são semelhantes às dos haletos de alquila, já discutidas anteriormente, todavia não ocorrem em meio básico ou neutro, mas somente em meio ácido. O motivo pelo qual isso acontece é que em ambos os casos, se a reação ocorresse em meio básico ou neutro, o grupo abandonador seria o ânion hidróxido (HO^-). Como o ânion hidróxido constitui uma base forte, não é, portanto, um bom grupo abandonador. Já em meio ácido, a

[11] BARBOSA (2006).

hidroxila encontra-se protonada e é eliminada na forma de H_2O, que, sendo uma base fraca, constitui um bom grupo abandonador.

Reações de substituição

Os álcoois são facilmente convertidos em haletos de alquila pelo tratamento com HX ou NaX/H_2SO_4 (X = halogênio).

$$R{-}OH + H{-}X \longrightarrow R{-}X + H_2O$$

A ordem de reatividade dos ácidos HX é: HI > HBr > HCl (HF praticamente não reage). A ordem de reatividade dos álcoois é: benzílico, alílico > terciário > secundário > primário. No caso de álcoois terciários, o ácido clorídrico reage rapidamente, mesmo à temperatura ambiente. Essa reação envolve várias etapas, conforme o mecanismo mostrado a seguir:

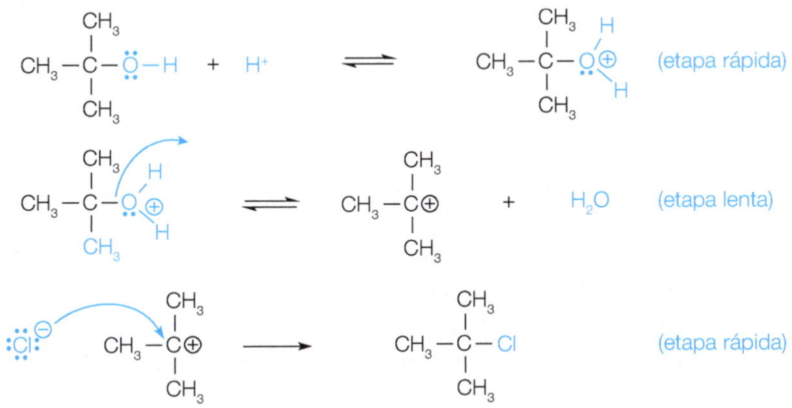

Inicialmente ocorre a protonação da hidroxila,[12] seguida pela perda de uma molécula de água com formação do carbocátion. Essa segunda etapa é a mais lenta, pois envolve a formação de um intermediário instável. Finalmente ocorre o ataque do haleto ao carbocátion com a formação do haleto de alquila.

No caso de álcoois primários e do metanol, essa reação aparentemente não se processa por meio da formação de carbocátions (lembre-se de que a ordem de estabilidade dos carbocátions é: alílico, benzílico > terciário > secundário > primário > CH_3^+). Nesse caso, o carbono sustenta apenas uma carga parcial positiva, em consequência da ligação do oxigênio com uma espécie ácida (H^+ ou um ácido de Lewis como $ZnCl_2$). Com isso ocorre o ataque do íon haleto pelo mecanismo de substituição nucleofílica bimolecular (Capítulo 7).

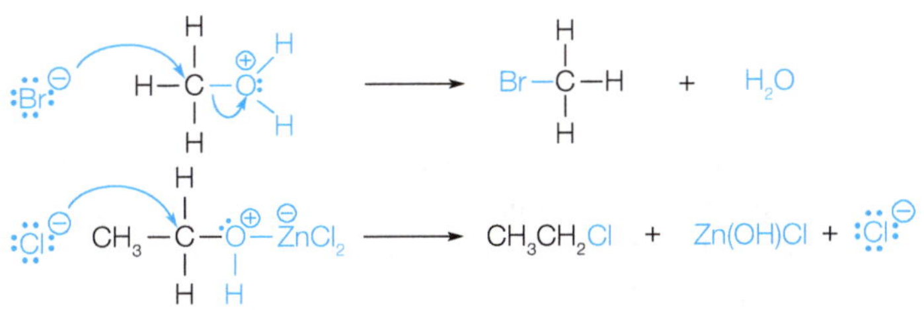

12 Para simplificarmos o esquema do mecanismo, representamos o ácido como H^+ livre.

Outro método para o preparo de haletos de alquila consiste no tratamento de álcoois com cloreto de tionila ($SOCl_2$), tribrometo de fósforo (PBr_3) ou tricloreto de fósforo (PCl_3). Em todos esses casos, a reação se processa sem o envolvimento de carbocátions e, consequentemente, não se observam rearranjos no esqueleto carbônico, como acontece com o uso de H^+, conforme ilustrado ao final deste capítulo.

No caso do cloreto de tionila, o álcool reage formando o intermediário éster clorossulfito, o qual pode ser isolado se necessário. Nesse caso observe que o grupo SO_2Cl é um abandonador melhor que o íon HO^-. Sob aquecimento, o éster clorossulfito reage com o íon cloreto, produzindo SO_2, HCl e o haleto de alquila.

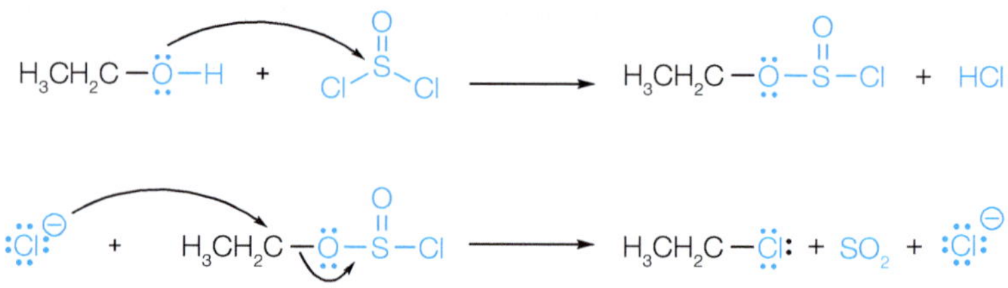

Essa reação é normalmente realizada na presença de uma base (geralmente uma amina terciária, Et_3N), a qual neutraliza o ácido formado. Conforme indicado anteriormente, a reação ocorre por um mecanismo de substituição nucleofílica bimolecular.

O mecanismo de atuação do PX_3 é semelhante ao do $SOCl_2$. Nesse caso, três moléculas do álcool podem reagir com uma molécula de PX_3.

$$3ROH + PX_3 \longrightarrow 3RX + H_3PO_3$$

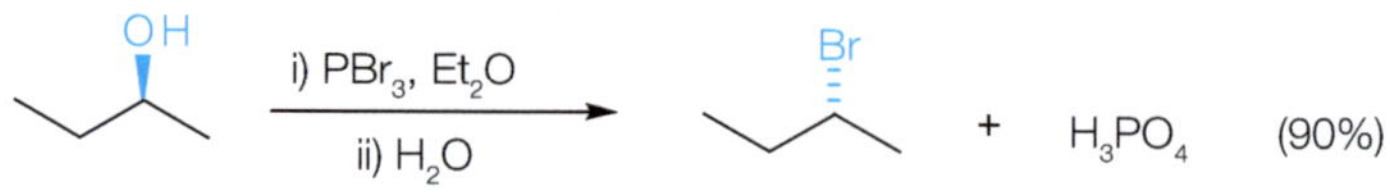

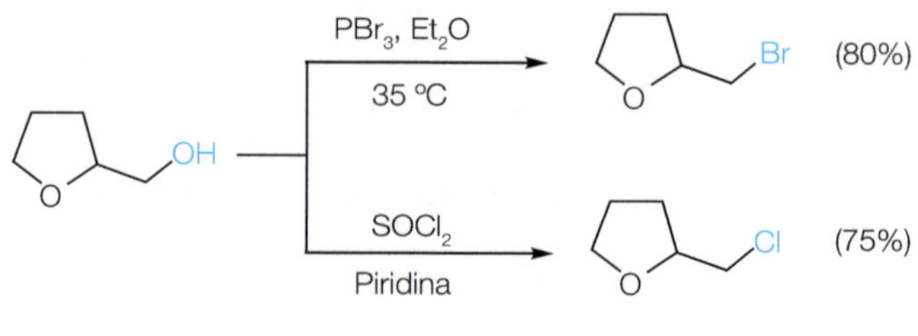

No exemplo apresentado anteriormente, observe que a estereoquímica do 2-bromobutano é invertida em relação à do butan-2-ol, conforme esperado para uma reação de substituição nucleofílica bimolecular.

O grupo OH dos álcoois pode também reagir com cloreto de *para*-toluenosulfonila (conhecido como cloreto de tosila, TsCl), na presença de uma base como a piridina, sendo convertido no sulfonato de alquila correspondente, como ilustrado a seguir:

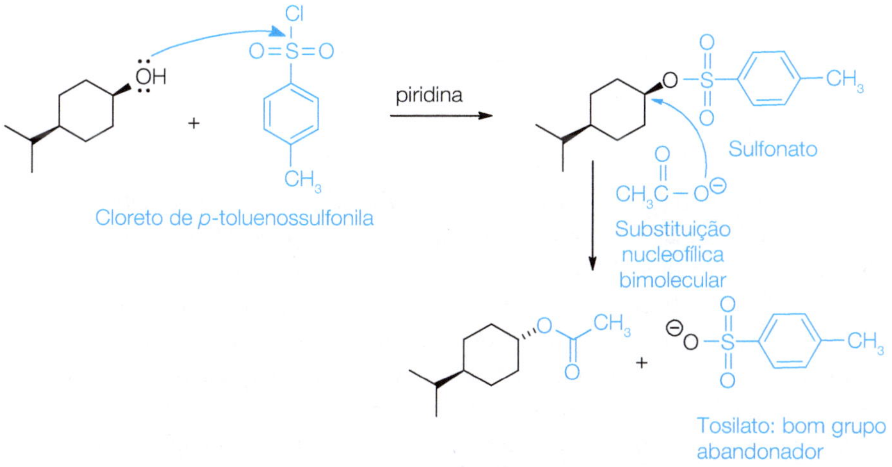

Como o tosilato (TsO^-) é um *bom grupo abandonador*, o tratamento do sulfonato formado com um bom nucleófilo como acetato, por exemplo, resulta em uma reação de substituição nucleofílica bimolecular, o que produz o éster correspondente com inversão de configuração no carbono em que o OH se encontrava ligado. Como os sulfonatos podem reagir com vários tipos de nucleófilos (I^-, Br^- Cl^-, RS^- etc.), sempre com inversão de configuração do carbono ligado ao átomo de oxigênio, isso significa que os álcoois podem ser facilmente convertidos em diversos tipos de compostos. Os álcoois primários reagem mais rapidamente com o cloreto de *para*-toluenosulfonila que os secundários, enquanto os terciários são muito pouco reativos.

Teste 8.7

Mostre como os seguintes compostos podem ser preparados a partir de álcoois:

a) 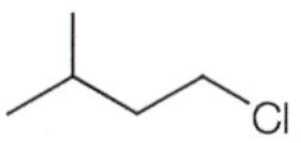

b) 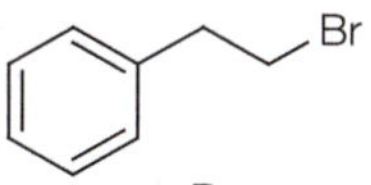

c) 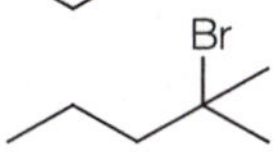

Desidratação de álcoois: eliminação de H_2O

A reação de desidratação (eliminação de água) de álcoois é um processo extremamente importante em síntese orgânica. Ela é normalmente catalisada por ácidos e envolve a formação de um carbocátion como intermediário reativo, conforme mostrado no mecanismo a seguir, no caso da desidratação do 2-metilbutan-2-ol:

(1)
(2)
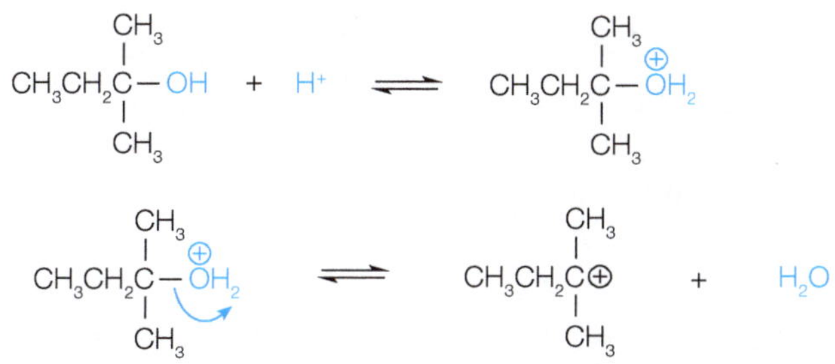

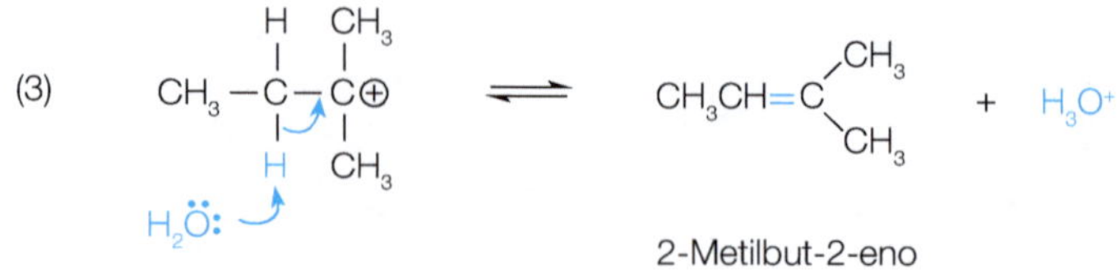

Essa reação também segue a regra de Zaitsev, ou seja, o alqueno mais substituído é formado preferencialmente, como se pode observar na desidratação desse mesmo álcool com ácido sulfúrico concentrado. Nesse caso, obtêm-se 84% do 2-metilbut-2-eno e menos que 5% do 2-metilbut-1-eno.

Conforme já visto, a ordem de estabilidade dos carbocátions é: terciário > secundário > primário > CH_3^+. Como consequência, os álcoois terciários são desidratados mais facilmente que os secundários, e estes, mais facilmente que os primários. A desidratação de álcoois primários normalmente requer o uso de H_2SO_4 a 95% e temperatura acima de 170 °C.

Muitas vezes o carbocátion formado sofre um rearranjo em sua estrutura e, assim, forma um intermediário mais estável; este último perde então um próton, resultando na formação do alqueno correspondente. Observe no exemplo a seguir que o alqueno resultante da perda de água, sem a ocorrência de rearranjo, não é formado.

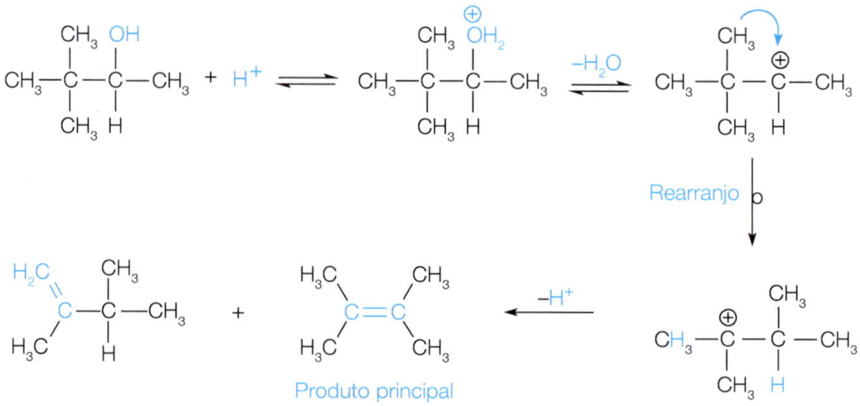

Os rearranjos moleculares são muito comuns em reações orgânicas. Assim, quando um carbocátion for formado como intermediário reacional e houver a possibilidade de sua conversão em outro carbocátion mais estável, sempre ocorrerá rearranjo molecular.

Teste 8.8

A reação de desidratação da testosterona, o hormônio masculino mais importante, resulta na formação do alqueno mostrado a seguir. Proponha um mecanismo que explique a formação desse produto.

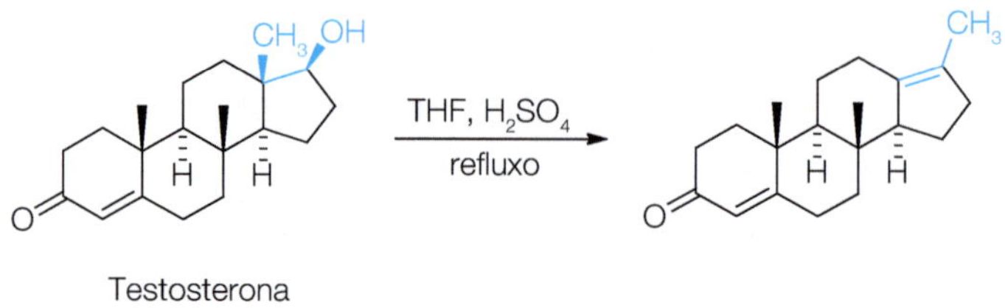

Exercícios

1. Forneça os nomes sistemáticos das seguintes substâncias:

a) 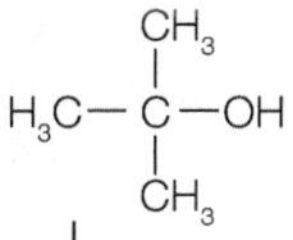

b) 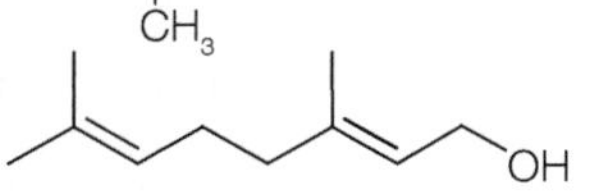

c) $CH_3CH(OH)CH_2CH(OH)CH_3$

d) 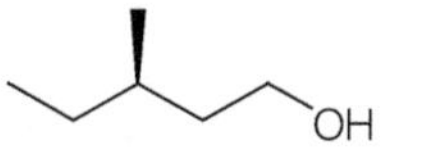

e) 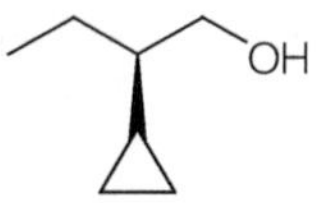

f) CH_3OK

g) 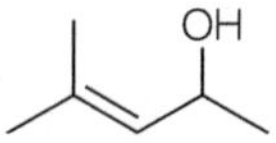

h) 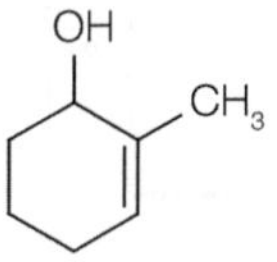

i) 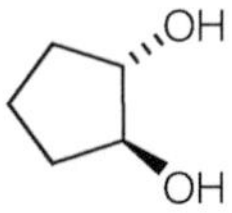

j) 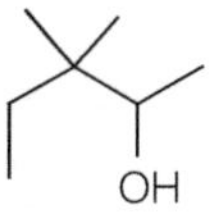

k) CH_3CH_2OK

l) 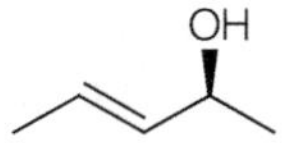

m) 

n) 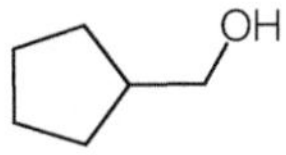

o) 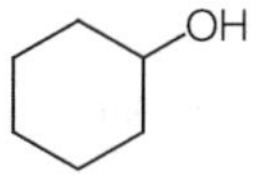

p) 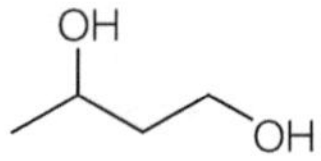

q) 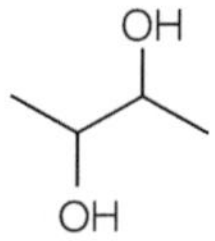

r) 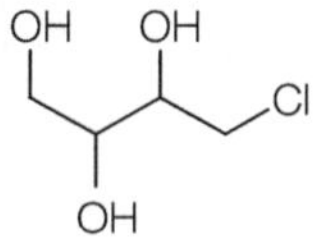

s) 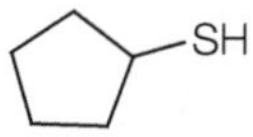

t) 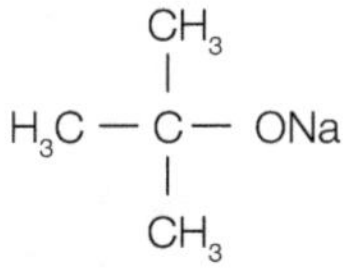

2. Escreva as fórmulas estruturais de cada um dos seguintes compostos:
   a) *trans*-2-metilciclobutanol
   b) 2-(2-bromoetil)-3-metilpentan-1-ol
   c) (*S*)-butan-2-ol
   d) 3-propileptan-1-ol
   e) (2*R*,3*R*)-3-clorobutan-2-ol
   f) (*S*)-4,4,6,6-tetrametileptan-3-ol
   g) 2-(clorometil)butan-1-ol
   h) (*R*)-6-bromo-2-cloroexan-1-ol
   i) (2*R*,4*S*)-pentano-1,2,4-triol
   j) Glicerol
   k) Etileno glicol
   l) Butano-2-tiol

3. Explique por que o metanol era conhecido como *espírito da madeira*.

4. Cite um método de preparo industrial para o metanol, apresentando a equação da reação química envolvida no processo.

5. Em cada um dos pares de álcoois listados a seguir, informe qual deve ser mais solúvel em água. Classifique cada álcool em primário, secundário ou terciário.
   a) *(R)*-pentan-2-ol e *(S)*-pentan-2-ol
   b) Butano-1,2,3-triol e butan-1-ol
   c) Cicloexanol e 2-butilcicloexan-1-ol
   d) Metanol e etanol
   e) Glicerol e etanol
   f) Decan-1-ol e dodecan-1-ol
   g) Etanol e octan-1-ol
   h) Propan-1-ol e propan-2-ol

6. Para cada um dos pares de compostos listados a seguir, faça uma previsão de qual deve ter maior temperatura de ebulição. Justifique sua resposta explicando os fatores que afetam os valores de temperatura de ebulição em cada caso. Confirme sua previsão procurando na literatura os valores experimentais das temperaturas de ebulição de cada composto.
   a) Pentano-1,2-diol e butan-2-ol
   b) Octan-1-ol e etano-1,2-diol
   c) 2-metilpropan-2-ol e butan-1-ol
   d) Álcool benzílico e tolueno

7. Escreva as estruturas dos produtos orgânicos que resultam de cada uma das seguintes reações:

a) 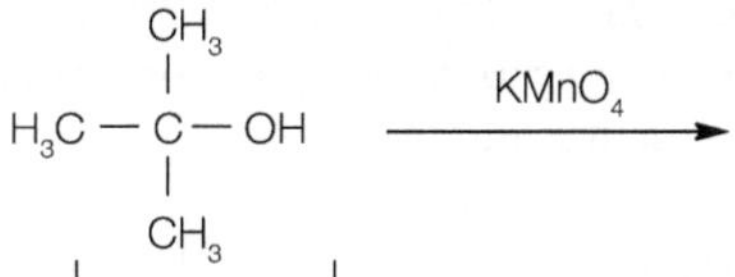

b) 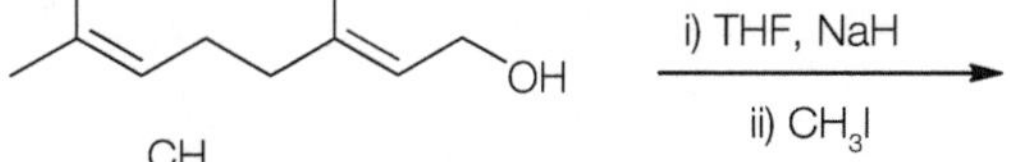

c) 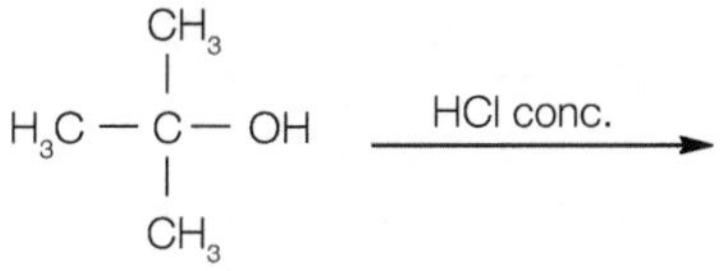

d) 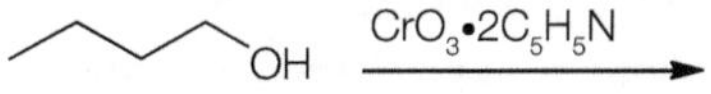

e) 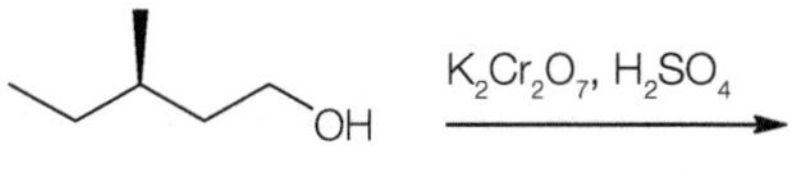

f) 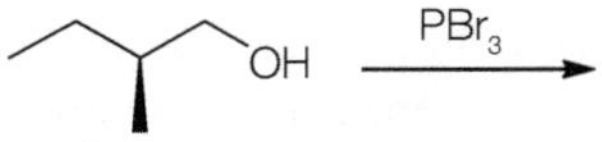

g) 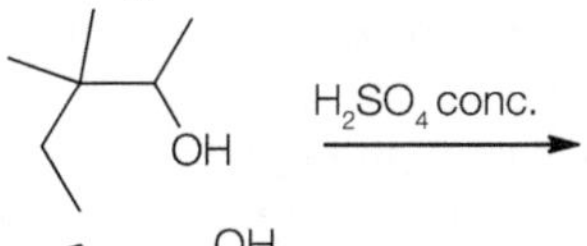

h) 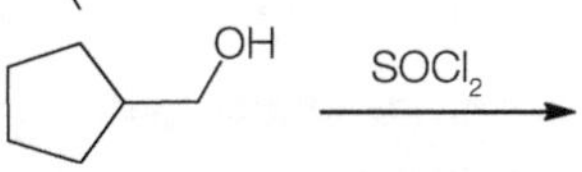

8. Quais dos compostos listados na Questão 1 podem existir na forma quiral?

9. Indique os reagentes necessários para converter o ciclopentanol nos seguintes compostos:

a) 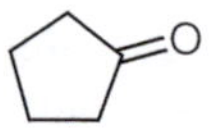

b) 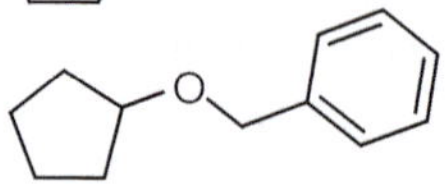

c) 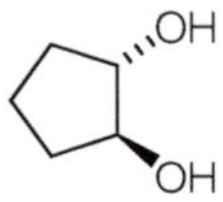

d) 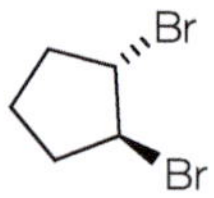

e) 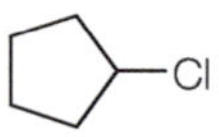

10. Que condições experimentais devem ser usadas para deslocar o equilíbrio da equação a seguir para a esquerda? E para a direita? Explique.

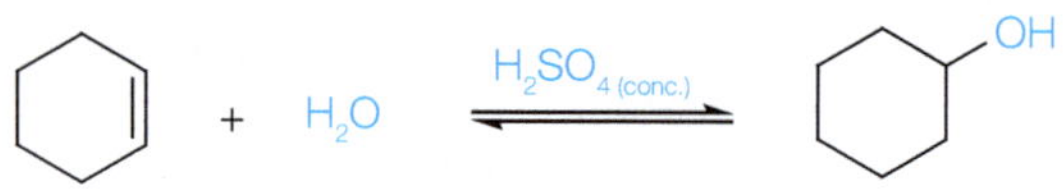

11. Escreva as fórmulas estruturais de oito álcoois isoméricos que possuam a fórmula molecular $C_5H_{12}O$. Classifique cada álcool como primário, secundário ou terciário e, no caso dos compostos quirais, represente cada enantiômero. Dê os nomes de todos os compostos.

12. O tratamento de álcoois com ácido clorídrico concentrado resulta na formação dos cloretos correspondentes, conforme ilustrado a seguir:

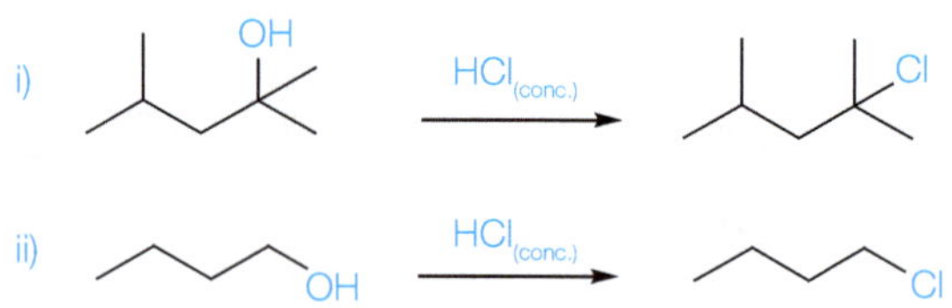

Considerando as fórmulas estruturas dos álcoois nas equações anteriores, faça o que se pede:

a) Represente todas as etapas para o mecanismo da reação ilustrada na Equação i.

b) Represente todas as etapas para o mecanismo da reação ilustrada na Equação ii.

c) Considerando que os dois álcoois são submetidos às mesmas condições reacionais (mesma concentração e quantidade de ácido, mesma temperatura e tempo de reação), faça uma previsão de qual deles deve reagir mais rapidamente. Justifique sua reposta com base nos mecanismos apresentados anteriormente.

13. Represente o mecanismo da desidratação do butan-2-ol com ácido sulfúrico concentrado.

14. O álcool isopropílico está entre os compostos químicos mais produzidos pela indústria química norte-americana. Ele é utilizado como solvente, em produtos farmacêuticos, em produtos de beleza como cremes, além de ser a matéria-prima para a fabricação da acetona (CH_3COCH_3). Escreva a equação para a reação de formação desse álcool a partir do propeno, e para sua conversão em acetona.

15. O (*R*)-ipsdienol é o feromônio de agregação da espécie *Ips pini*, e seu enantiômero é o feromônio da *Ips paraconfusus*. Escreva a fórmula estrutural para seu enantiômero *S* e forneça o nome sistemático desses dois álcoois.

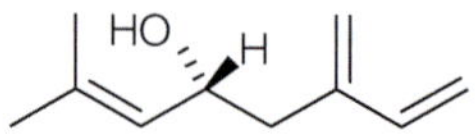

(*R*)-ipsdienol

16. Complete os esquemas a seguir com os reagentes ou produtos, conforme o caso.

a) 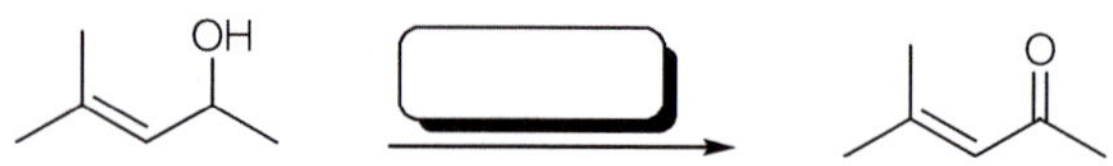

b) 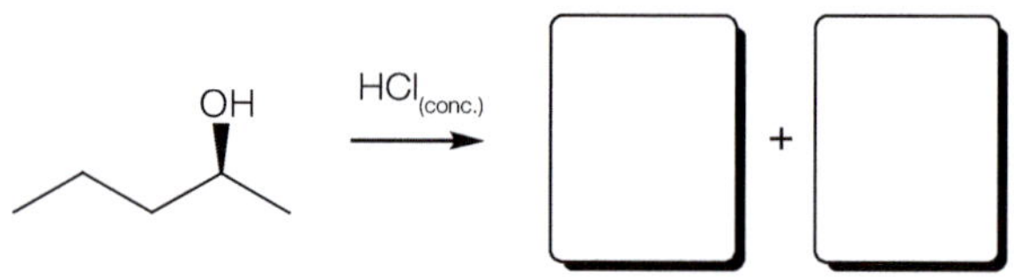

c) 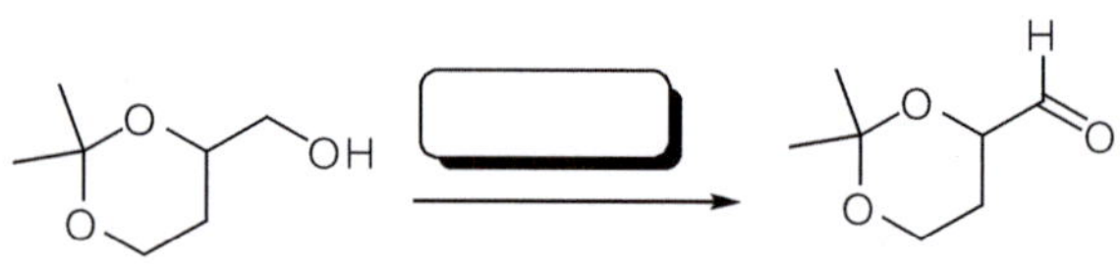

d) 

e) 

f) 

g) 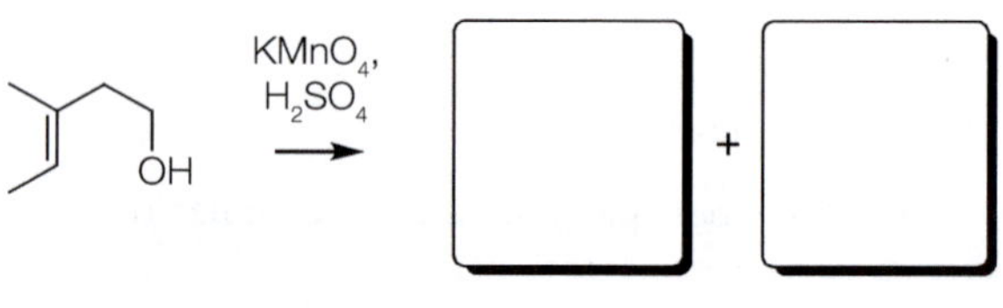

17. Desafio: em um estudo visando ao preparo de novas quinonas com atividade herbicida, pesquisadores do Departamento de Química da UFV realizaram a reação do álcool I com diversos ácidos com vistas à obtenção do alqueno II. Em todos os casos testados, o composto III foi obtido com rendimentos variáveis,[13] conforme ilustrado para o uso do ácido *para*-toluenossulfônico (APTS). Proponha um mecanismo que explique a formação dos compostos II e III.

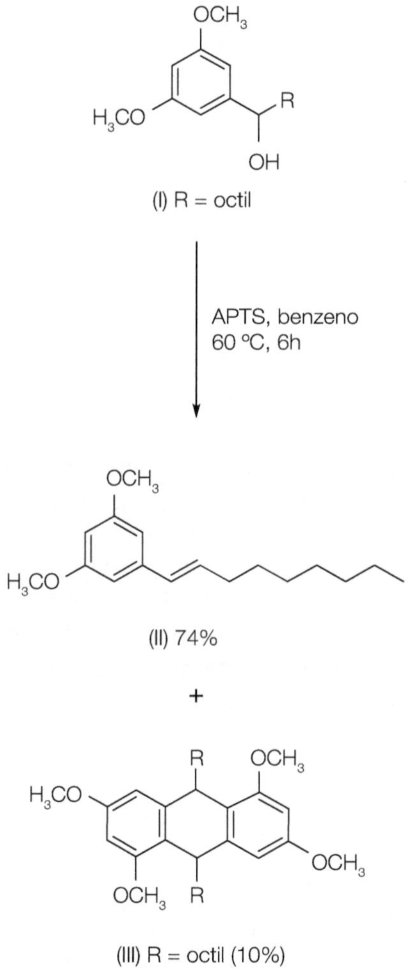

18. Desafio: com relação ao α-terpineol, cuja fórmula estrutural é apresentada na página 180, responda:

a) Qual a configuração absoluta do carbono assimétrico?

b) Qual a fórmula estrutural de um dieno que pode ser obtido por sua desidratação?

c) Quais as fórmulas estruturais dos álcoois que podem ser obtidos pela adição de água, catalisada por ácido, à ligação dupla? Qual desses álcoois deve ser formado em maior quantidade?

d) Qual a fórmula estrutural do produto resultante da hidrogenação catalítica?

19. Pesquise: álcoois poli-hidroxilados como glicerol, sorbitol e manitol são largamente utilizados em alimentos com funções específicas como controle de viscosidade e textura, espessante, retenção de umidade, controle de cristalização, melhoria das propriedades de reidratação etc.

a) Forneça as fórmulas estruturais e os nomes sistemáticos desses álcoois.

b) Cite algumas fontes naturais desses álcoois.

c) Explique por que esses álcoois ajudam na retenção de umidade dos alimentos.

d) Cite alguns alimentos industrializados que contenham alguns desses álcoois.

20. Trabalho em grupo: o etanol pode ser produzido em escala industrial a partir do etileno ou a partir de açúcares. Represente as equações das reações químicas envolvidas em cada processo e discuta, apresentando argumentos sólidos, sobre o impacto ambiental de cada um deles.

21. Pesquise: os álcoois constituem uma importante classe de compostos orgânicos, sendo que muitos possuem larga aplicação industrial. Para o etanol, etileno glicol, glicerol, mentol e sorbitol, descreva as fontes naturais ou métodos de obtenção, a importância e algumas aplicações industriais e caseiras. Aproveite para listar a composição química de pelo menos um produto (apresente uma cópia do rótulo do produto) de higiene, limpeza ou cosmético que apresente um ou mais dos álcoois listados, informando a função de cada álcool no produto.

---

[13] LIMA, L. S.; BARBOSA, L. C. A.; ALVARENGA, E. S.; DEMUNER, A. J.; SILVA, A. A. (2003).

Capítulo 9

Fenóis

Objetivos de aprendizagem

Após o estudo deste capítulo você deverá ser capaz de:

- Listar alguns fenóis mais comuns e suas aplicações e ocorrência natural.
- Nomear fenóis aplicando as regras da IUPAC.
- Correlacionar a acidez de fenóis com a natureza de grupos doadores e retiradores de elétrons ligados ao anel aromático.
- Predizer os produtos principais das reações de substituição eletrofílica aromática e de oxidação em fenóis.
- Listar pelo menos dois reagentes utilizados para oxidar fenóis.
- Explicar o mecanismo de formação da melanina.
- Explicar o mecanismo de formação da baquelite.
- Predizer a volatilidade relativa de fenóis isoméricos (*orto*, *meta* e *para*) com base na influência das forças intermoleculares atuantes em cada caso.

Resumo

Os fenóis são compostos que possuem pelo menos um grupo hidroxila (OH) ligado a um anel aromático. Neste capítulo faremos uma introdução sobre o estudo dessa classe de compostos, enfatizando os aspectos relacionados à acidez, que é uma característica marcante dos fenóis. São também apresentados vários exemplos de fenóis naturais e sintéticos com aplicações em alimentos, fotografia, corantes etc. A reatividade dos fenóis é ilustrada, principalmente, pelas reações ácido-base, de oxidação e de substituição eletrofílica aromática.

Fenóis são compostos que possuem um ou mais grupos OH ligados a um anel aromático (benzênico). O membro mais simples que dá nome a essa classe de compostos possui a fórmula C_6H_6O e é denominado *fenol*. Ainda no século XIX foi descoberto que o fenol apresentava propriedades desinfetantes, e isso resultou em seu uso como ingrediente de produtos de higiene, como sabão, além da tentativa de sua aplicação para reduzir o mau cheiro de esgotos. Com a descoberta de Pasteur de que micro-organismos eram responsáveis pela transmissão de muitas doenças, **Joseph Lister**, em 1867, passou a utilizar o fenol como antisséptico em cirurgias. Esse procedimento resultou na redução de infecções pós-operatórias, transformando a prática cirúrgica. Uma vez que o fenol causava queimaduras severas, ele foi substituído por outros derivados sintéticos, como o 4-hexilresorcinol, que é mais efetivo e causa menos dano à pele.

Vários derivados do fenol apresentam atividades antisséptica, desinfetante e anestésica, sendo, por isso, encontrados em diversos produtos comerciais, como sabões, desodorantes, desinfetantes, pastilhas medicinais, soluções de gargarejo e cremes para dores musculares. Alguns fenóis e suas aplicações são sumarizados a seguir:

Joseph Lister (1827-1912): primeiro barão de Lister, cirurgião e pesquisador inglês, nasceu em Upton no condado de Essex. Em 1865, demonstrou que o fenol, então conhecido como ácido carbólico, era um efetivo agente antisséptico. Em 1867, realizou a primeira cirurgia asséptica.

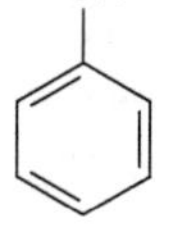

Fenol

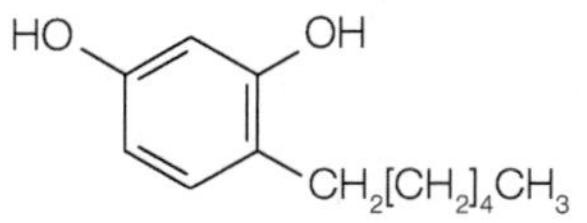

4-hexilresorcinol: pastilha para garganta

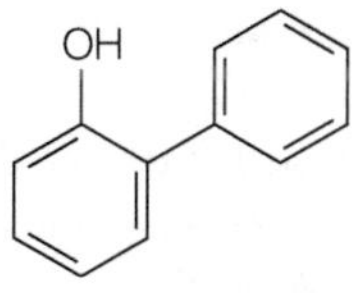

2-fenilfenol: desinfetante bucal e caseiro

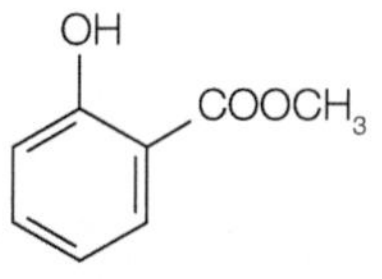

Salicilato de metila: contra dor muscular, desinfetante bucal e flavorizante

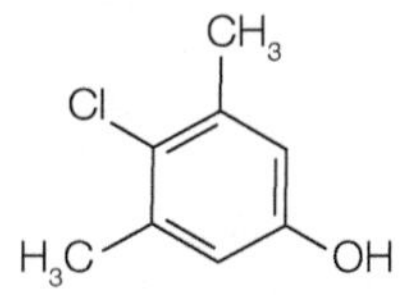

Cloroxilenol: queimadura solar e pé de atleta

Outros fenóis são usados como *antioxidantes* para retardar a rancificação em alimentos e cosméticos que contêm ácidos graxos insaturados e, na gasolina, para prevenir a polimerização. Um antioxidante é um composto que se oxida mais facilmente que o material que ele deve proteger. No caso específico desses antioxidantes utilizados em alimentos, eles reagem com alguns radicais formados durante o processo de degradação de ácidos graxos, retardando a rancificação e com isso aumentando a *vida de prateleira* desses produtos. Entre os produtos comerciais muito utilizados em alimentos encontram-se o BHT (do inglês *butylted hydroxy toluene*), o BHA (do inglês *butylted hydroxy anisole*), o metilparabeno, o galato de propila e a vitamina E.

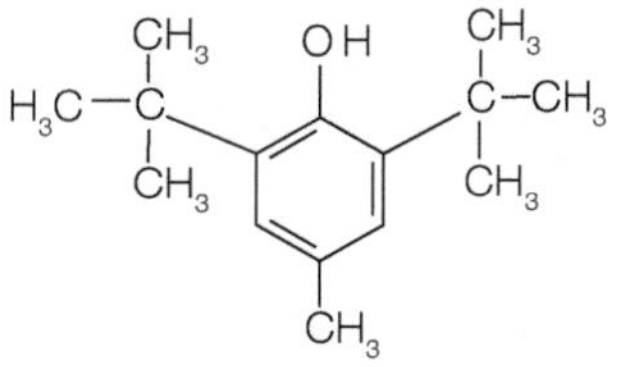

BHT

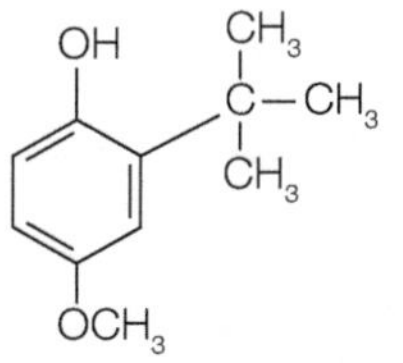

2-BHA

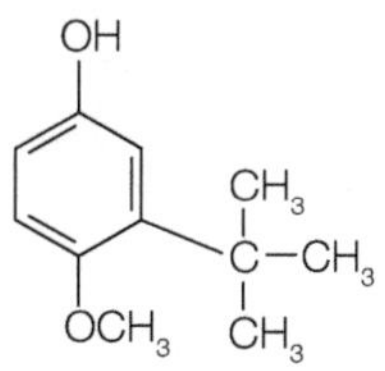

3-BHA

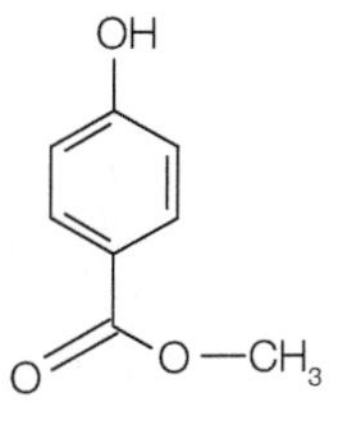

Metilparabeno

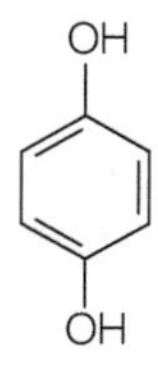

Hidroquinona

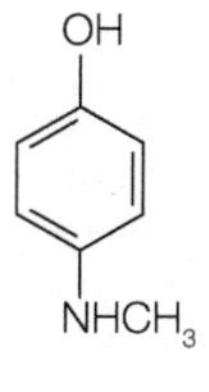

4-(metilamino)fenol

Em razão da facilidade com que são oxidados, a hidroquinona e o 4-(metilamino)fenol são usados como reveladores de fotografia em preto e branco. Durante o processo de revelação, o fenol é oxidado, e o íon Ag^+, disperso em um gel na forma de AgBr, é reduzido.

Os fenóis são largamente encontrados na natureza. O tetraidrocanabinol (THC), por exemplo, é encontrado em todas as partes da planta *Cannabis sativa* (maconha). O THC causa euforia, aumenta o apetite e acelera a pulsação. Apesar de ser uma droga ilícita, muitas tentativas infrutíferas foram feitas no sentido de utilizar o THC e alguns de seus derivados com fins medicinais, especialmente no tratamento do glaucoma, já que esses compostos causam redução da pressão intraocular, e para aliviar a náusea em pacientes com câncer submetidos a quimioterapia. Nos Estados Unidos a U.S. Food and Drug Administration (FDA) aprovou um programa de investigação de novas drogas, fornecendo, por meio do Instituto Nacional de Drogas de Abuso (Nida), amostras de *C. sativa* para pacientes, sob a supervisão de médicos especialistas.

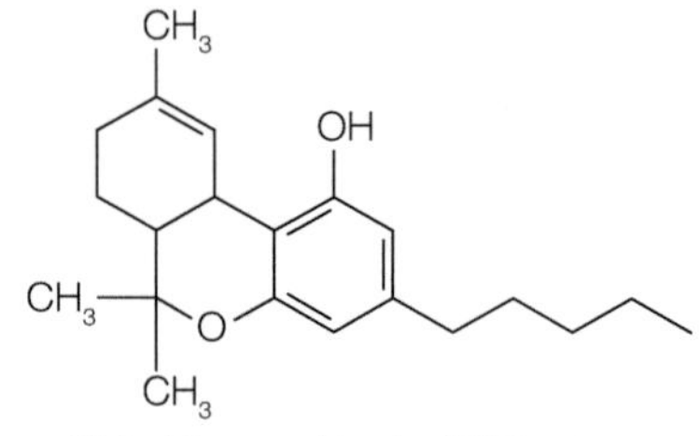

Tetraidrocanabinol – THC

Diversas espécies de sorgo (*Sorghum sp.*) interferem no desenvolvimento de outras plantas, de modo que o cultivo de outras culturas em um terreno onde foi plantado sorgo fica prejudicado. Esse efeito alelopático é devido, em grande parte, ao composto denominado *sorgoleona*. Esse composto, pertencente à classe química denominada *quinona*, é formado pela oxidação da di-hidrossorgoleona, um fenol exsudado pelas raízes do sorgo.

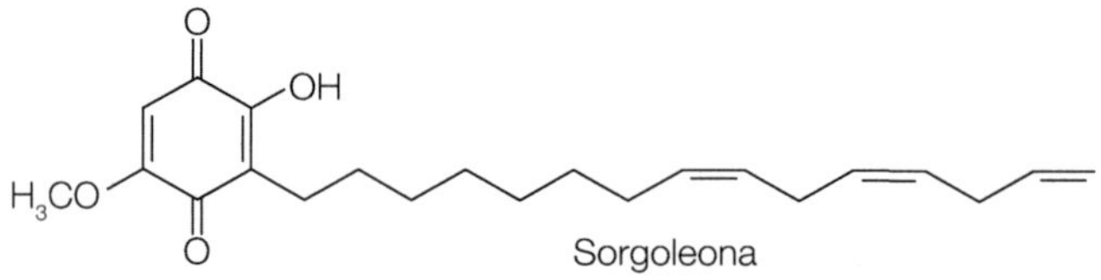

Sorgoleona

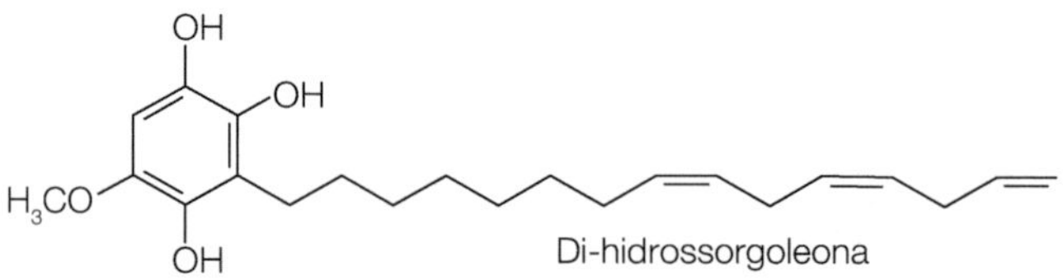

Di-hidrossorgoleona

As colorações rosa, vermelha, azul e violeta de várias flores, frutos e vegetais ocorrem graças à presença de compostos conhecidos como *antocianinas*. As antocianinas são substâncias fenólicas pertencentes à classe dos flavonoides. Elas são formadas por um núcleo aromático conhecido como *antocianidina*, ligado a uma ou mais moléculas de carboidratos (glicose, ramnose etc.). Algumas são também encontradas na forma de ésteres de ácidos, como o *p*-cumárico, cafeico, ferúlico, vanílico, acético e malônico.[1]

A pelargonidina e a cianidina, possuindo uma molécula de glicose ligada à hidroxila do carbono 3, são responsáveis pela coloração vermelha do morango. Das antocianidinas apresentadas no Quadro 9.1, apenas a pelargonidina não foi encontrada em uvas.

O padrão de acilação (com os ácidos *p*-cumárico e cafeico) e glicosilação das antocianinas varia enormemente de acordo com a espécie de uva. A *Vitis vinifera*, cultivada tradicionalmente na Europa, contém antocianidinas glicosiladas[2] apenas na posição 3. Por outro lado, espécies como *V. riparia* e *V. rupestris* e seus híbridos com *V. vinifera*, cultivadas nos Estados Unidos e em países não europeus, possuem cianidinas 3-monoglicosiladas e 3,5-diglicosiladas.

[1] Para as fórmulas desses ácidos carboxílicos, consulte o Capítulo 13.

[2] O termo significa que uma ou mais moléculas de carboidrato estão ligadas na estrutura da antocianidina.

Quadro 9.1 Fórmulas de algumas antocianidinas de ocorrência comum

Fórmula geral	Antocianidina	R'	R"
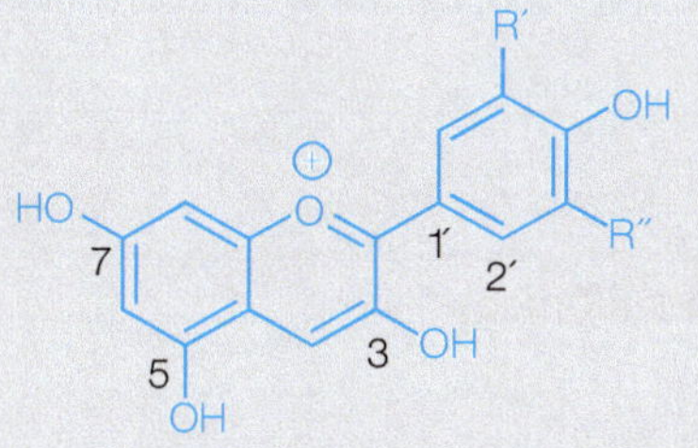	Pelargonidina	–H	–H
	Cianidina	–OH	–H
	Peonidina	$-OCH_3$	–H
	Delfinidina	–OH	–OH
	Petunidina	$-OCH_3$	–OH
	Malvinidina	$-OCH_3$	$-OCH_3$

Portanto, a detecção de cianidina 3,5-diglicosídio em vinho tinto é prova de que ele não é proveniente da Europa.

Nomenclatura

O nome dos fenóis é formado acrescentando-se os sufixos *ol*, *diol*, *triol* etc. ao nome do hidrocarboneto aromático correspondente. No caso dos derivados do naftaleno, a numeração do esqueleto carbônico é feita conforme apresentado no Capítulo 5.

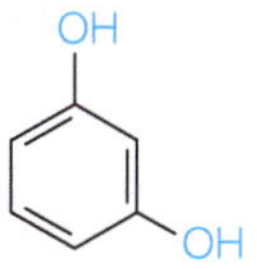
Benzeno-1,3-diol

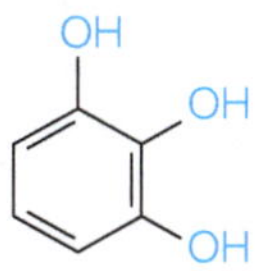
Benzeno-1,2,3-triol

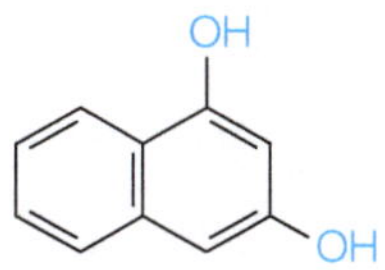
Naftaleno-1,3-diol

Os nomes não sistemáticos dos compostos seguintes são mantidos e aceitos pela IUPAC:

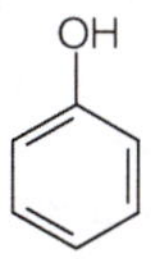
Fenol

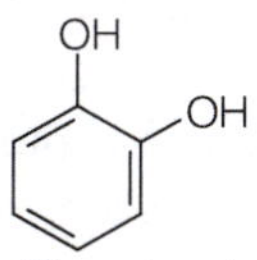
Pirocatecol

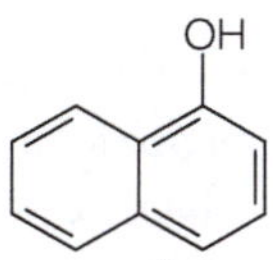
1-naftol

m-cresol

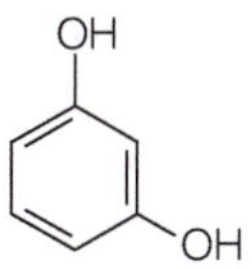
Resorcinol

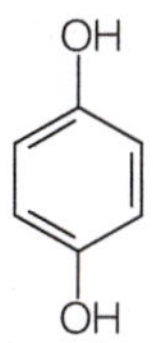
Hidroquinona

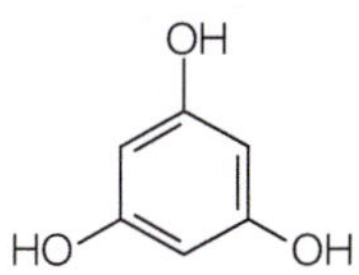
Floroglucinol

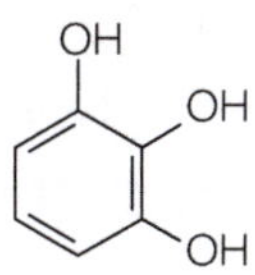
Pirogalol

A maneira mais comum de nomear compostos fenólicos é considerá-los derivados do fenol ou do naftol. A numeração inicia-se a partir da hidroxila, sendo os grupos citados em ordem alfabética, conforme exemplificado a seguir:

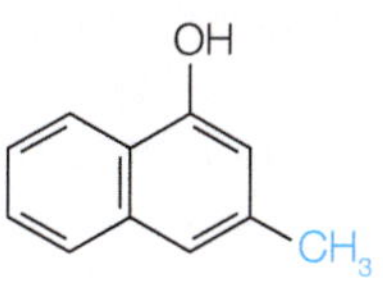
3-metil-1-naftol

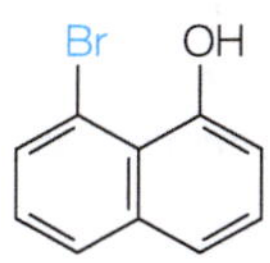
8-bromo-1-naftol

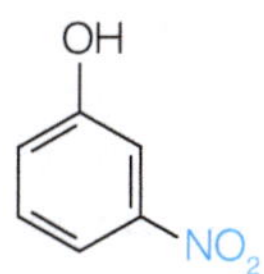
m-nitrofenol

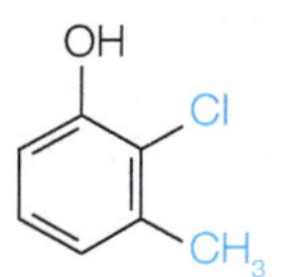
2-cloro-3-metilfenol

Teste 9.1

Representante as fórmulas estruturais para os seguintes compostos:

a) *para*-metilfenol
b) 2-cloro-3-nitrofenol
c) 3-bromo-2-naftol
d) 2-metoxifenol (guaiacol)
e) Ácido 2,4-di-hidroxibenzenossulfônico
f) 4-(1,1-dimetiletil)fenol

Acidez de fenóis

A principal propriedade que diferencia os álcoois dos fenóis é a acidez, pois estes são bem mais ácidos que aqueles. Os fenóis podem se ionizar parcialmente em solução aquosa. Eles também reagem com solução diluída de hidróxido de sódio, formando o íon fenóxido. Já os álcoois reagem muito pouco com NaOH, uma vez que os íons alcóxidos são bases muito mais fortes que o íon OH^-.

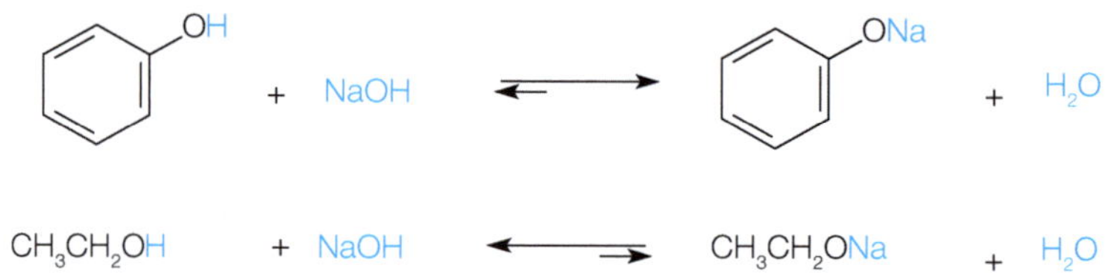

Conforme discutido no Capítulo 1, a acidez de um composto é medida pelo seu K_a ($pK_a = -\log K_a$), que é sua constante de ionização. Quanto maior o K_a (menor pK_a), mais ácido será o composto, ou seja, mais ionizado ele se encontrará em solução. A extensão da ionização de um ácido está intimamente ligada à estabilidade da base conjugada. No caso dos álcoois, a ionização levaria à formação do alcóxido RO^-, com a carga negativa localizada sobre o átomo de oxigênio. No caso dos fenóis, contudo, a ionização resulta na formação do íon fenóxido, o qual é mais estável que o alcóxido, pois a carga negativa pode ser dispersada sobre o anel aromático, conforme ilustrado a seguir:

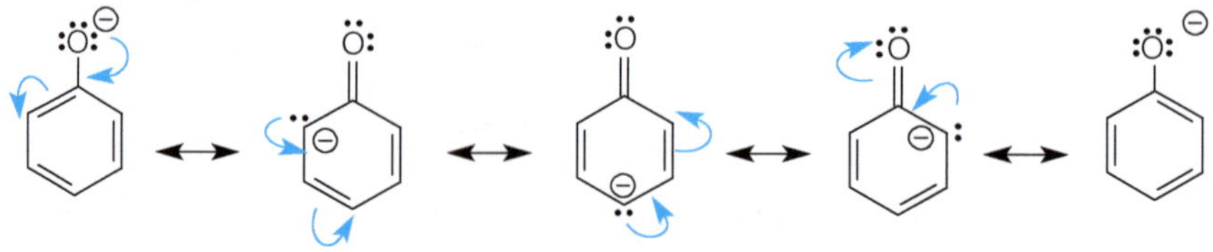

O fenóxido será ainda mais estabilizado se houver grupos fortemente eletronegativos ligados ao anel aromático. No caso de grupos retiradores de elétrons, como $-NO_2$, C=O e −C≡N, o efeito é mais pronunciado quando estes se encontram ligados nas posições *orto* e *para*, pois a carga negativa pode também se localizar sobre eles, conforme se vê pela estrutura de Lewis em destaque azul no esquema a seguir:

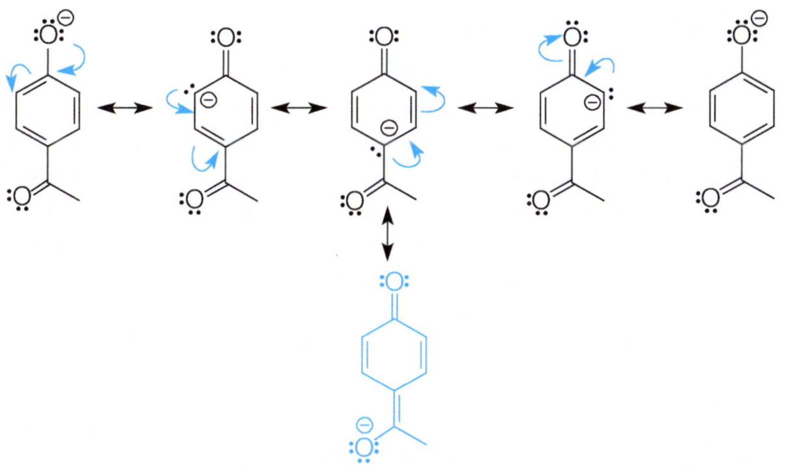

Já a presença de grupos doadores de elétrons no anel aromático desestabiliza o fenóxido, diminuindo, portanto, a acidez do fenol (Quadro 9.2).

No Quadro 9.2 apresentam-se em destaque azul os valores do pK_a para o ácido acético, o fenol e o etanol, para fins de comparação. Observe que a presença de três grupos nitro no anel aromático torna o fenol um ácido mais forte que o ácido acético. Por causa de sua forte acidez, o 2,4,6-trinitrofenol é conhecido como ácido pícrico.

Teste 9.2

Explique por que o fenol é um ácido mais forte que o etanol.

Teste 9.3

Represente as estruturas de ressonância importantes para o íon *p*-nitrofenóxido.

Quadro 9.2 Valores de pK_a de alguns fenóis em soluções aquosas a 25 °C

Substância	pK_a	Substância	pK_a
ácido acético	4,75	*p*-iodofenol	9,20
2,4,6-trinitrofenol	0,38	*o*-bromofenol	8,42
2,4-dinitrofenol	4,00	*m*-bromofenol	8,87
p-nitrofenol	7,15	*p*-bromofenol	9,26
o-nitrofenol	7,22	*o*-fluorofenol	8,81
m-nitrofenol	8,39	*m*-fluorofenol	9,28
p-cianofenol	7,95	*p*-fluorofenol	9,81
o-clorofenol	8,48	fenol	9,89
m-clorofenol	9,02	*o*-metilfenol	10,29
p-clorofenol	9,38	*m*-metilfenol	10,09
o-iodofenol	8,46	*p*-metilfenol	10,26
m-iodofenol	8,88	etanol	16,00

Reações dos fenóis

Algumas reações dos fenóis são: acilação e alquilação, substituição eletrofílica aromática e, por fim, oxidação. Apresentaremos cada uma a seguir.

Acilação e alquilação

Os fenóis, como os álcoois, podem participar como nucleófilos em várias reações. Eles podem ser convertidos em ésteres quando tratados com cloretos (RCOCl) ou anidridos $[(RCO)_2O]$ de ácidos carboxílicos. Como a reação resulta na produção de ácido (ácido clorídrico, no caso do uso de haletos de ácidos, e ácido acético, quando se utiliza anidrido acético), ela geralmente é realizada utilizando-se piridina como solvente. Dessa forma, a piridina em excesso neutraliza o ácido formado aumentando a eficiência da reação. Dois exemplos de acilação do fenol são apresentados a seguir. Note que os subprodutos formados não são representados.

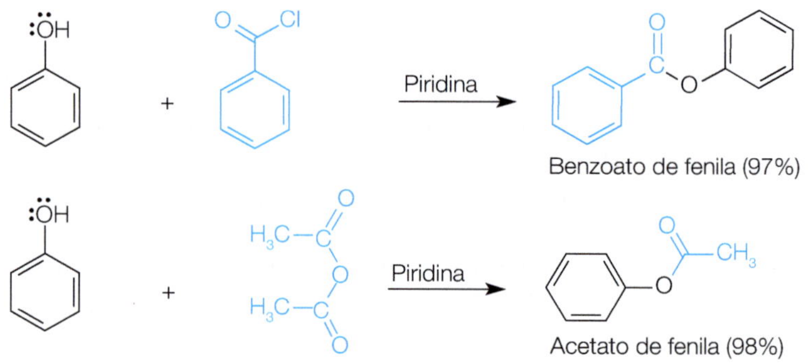

Como essas reações de acilação envolvem o uso de derivados de ácidos carboxílicos (haletos e anidridos de ácidos), o mecanismo será discutido detalhadamente no Capítulo 13.

Os fenóis, assim como os álcoois, podem ser convertidos em éteres por meio da reação com haletos de alquila, em meio básico. O mecanismo dessa reação, conhecida como *síntese de Williamson*, foi apresentado no Capítulo 7.

Inicialmente o fenol é tratado com uma base, como NaH, NaOH ou Na_2CO_3, sendo convertido no íon fenóxido. Este reage com um haleto de alquila, por um mecanismo de substituição nucleofílica bimolecular, conforme discutido no Capítulo 7.

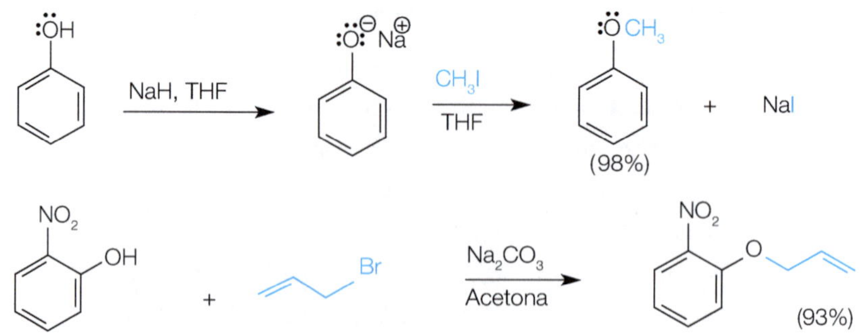

Teste 9.4

Explique por que, sob condições idênticas, o fenóxido de sódio reage mais rapidamente com o iodometano que o *p*-nitrofenóxido de sódio.

Teste 9.5

O ácido 2,4-diclorofenoxiacético, conhecido como 2,4-D, é um herbicida comercial descoberto na década de 1940. Represente o mecanismo da formação do 2,4-D pela reação do 2,4-diclorofenol e ácido cloroacético na presença de NaOH.

Substituição eletrofílica aromática

Conforme discutido no Capítulo 5, os compostos aromáticos, incluindo os fenóis, participam de um tipo de reação conhecida como *substituição eletrofílica aromática*. Como o grupo hidroxila nos fenóis é um ativante forte (e orientador *orto* e *para*), o fenol reage com vários eletrófilos mais rapidamente que o benzeno. Dois exemplos desse tipo de reação são as sínteses do ácido salicílico e do ácido pícrico. O ácido salicílico é o precursor do ácido acetilsalicílico. Este é conhecido pelo nome comercial de aspirina e é um dos medicamentos mais consumidos no mundo (ver Capítulo 13).

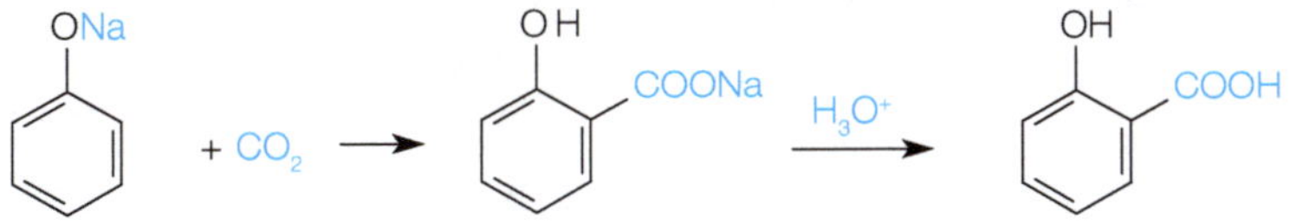

Ácido salicílico (85%)

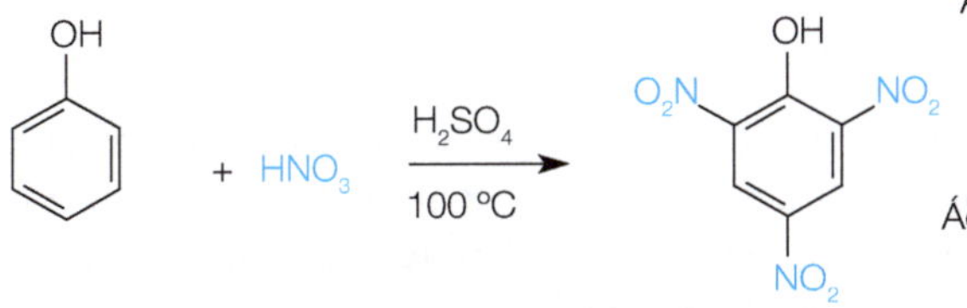

Ácido pícrico (93%)

No caso da síntese do ácido salicílico, o processo é denominado *síntese de Kolbe* e envolve o aquecimento do fenóxido de sódio em atmosfera sob alta pressão de CO_2. O sal formado é em seguida tratado com ácido. Se a reação for realizada a 240 °C, o isômero *para* é formado preferencialmente. Embora o mecanismo dessa reação não seja entendido por completo, a formação preferencial do isômero *orto* é explicada considerando-se a formação de um complexo do tipo representado a seguir:

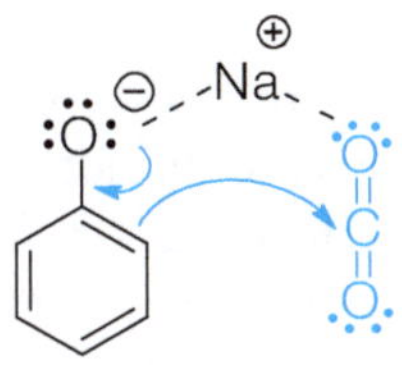

A reação de substituição eletrofílica aromática entre o fenol e o formaldeído (HCHO), em meio básico, resulta na formação do *o*-(hidroximetil)fenol (1) e do *p*-(hidroximetil)fenol (2), entre outros produtos di- e trialquilados. Sendo o meio inicialmente básico, o nucleófilo é o fenóxido. A reação se processa também em meio ácido e nesse caso o nucleófilo é o fenol, e o eletrófilo, o formaldeído protonado.

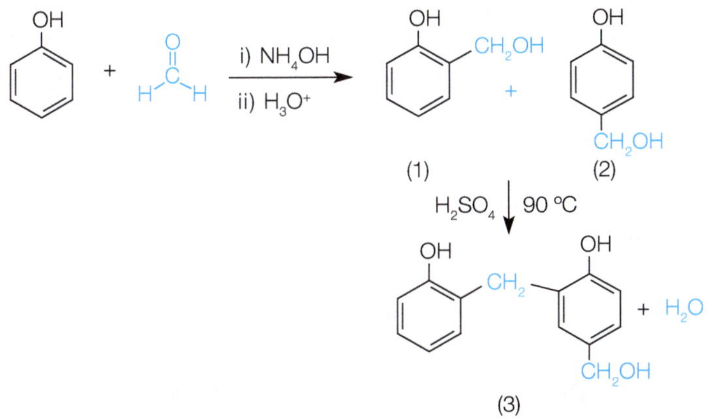

Esses compostos fenólicos (1) e (2) sob aquecimento em meio ácido reagem entre si, formando produtos de condensação (3) e outros isômeros. Essa reação de condensação se processa por meio da protonação do álcool com perda de água e formação do cátion benzílico. Esse cátion participa então como eletrófilo em uma reação de substituição eletrofílica aromática com outra molécula de fenol.

Essa condensação também se processa em meio básico. Nesse caso, o mecanismo da reação envolve a formação de intermediários denominados *quinonametídeos* dos tipos (4) e (5). Esses intermediários participam como eletrófilos na etapa de condensação.

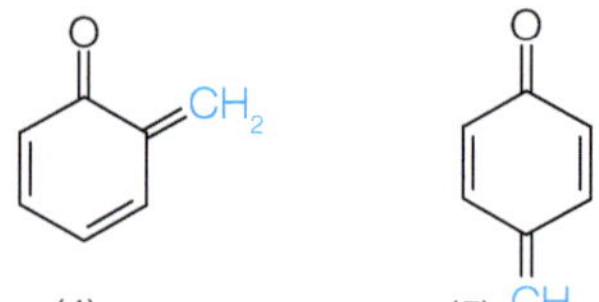

(4) (5)

Com aquecimento prolongado, a condensação continua, resultando na formação de uma molécula polimérica denominada *baquelite* (Figura 9.1). A baquelite é um polímero de condensação termorrígido, sendo duro, resistente ao calor e isolante elétrico. Ela foi sintetizada pela primeira vez em 1909, por Leo Hendrick Baekeland (1863-1944), químico belga naturalizado norte-americano. Em 1910, Baekeland fundou a Bakelite Corporation para comercializar o produto, utilizado na fabricação de vários utensílios domésticos, como peças de geladeira, placas de interruptores, estojos de peças elétricas, revestimentos de móveis e balcões etc. Os discos musicais utilizados no antigo fonógrafo eram feitos de baquelite e conhecidos como 'discos 78 rpm', pois essa era a velocidade em que eram tocados.

O uso de outros aldeídos e outros compostos fenólicos resultou na criação de uma classe nova de resinas conhecidas como *resinas fenólicas*. Hoje um dos grandes usos dessas resinas fenólicas é como adesivos e material de preenchimento na produção de chapas de partículas, compensados e lâminas de madeira para fabricação de móveis.

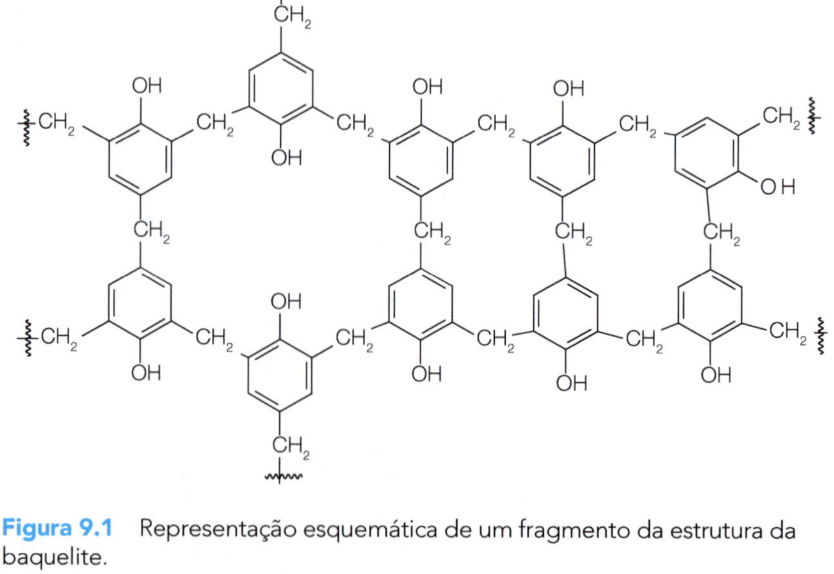

Figura 9.1 Representação esquemática de um fragmento da estrutura da baquelite.

Teste 9.6

O tratamento do fenol com excesso de propan-2-ol na presença de HF resulta na formação de um composto de fórmula molecular $C_{15}H_{24}O$. Qual a estrutura desse composto?

Oxidação

Os fenóis, como a hidroquinona e o pirocatecol, reagem com oxidantes como AgBr, Ag_2O e H_2O_2, sendo convertidos em *p*-benzoquinona e *o*-benzoquinona, respectivamente. A *o*-benzoquinona forma cristais avermelhados sensíveis à água, por isso a reação é realizada na presença de Na_2SO_4, que remove a água formada durante a oxidação.

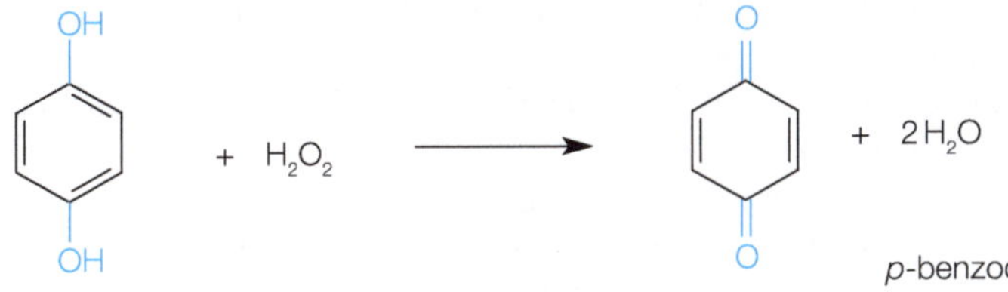

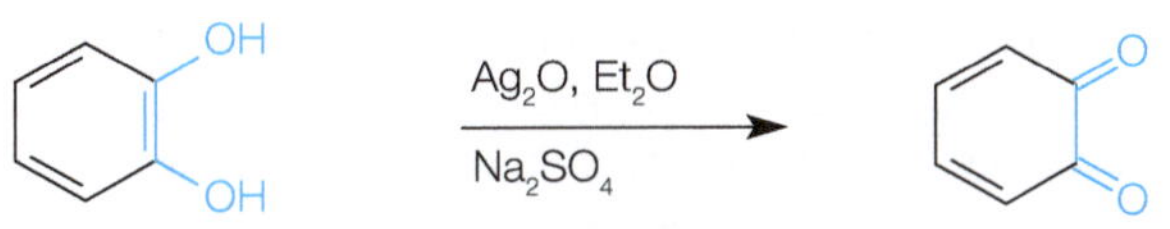

De modo geral, benzeno-1,2-diol e benzeno-1,4-diol são rapidamente oxidados a quinonas, e estas podem ser facilmente reduzidas aos compostos fenólicos correspondentes utilizando-se, entre muitos redutores, ditionito de sódio ($Na_2S_2O_4$) ou hidrogênio na presença de um catalisador.

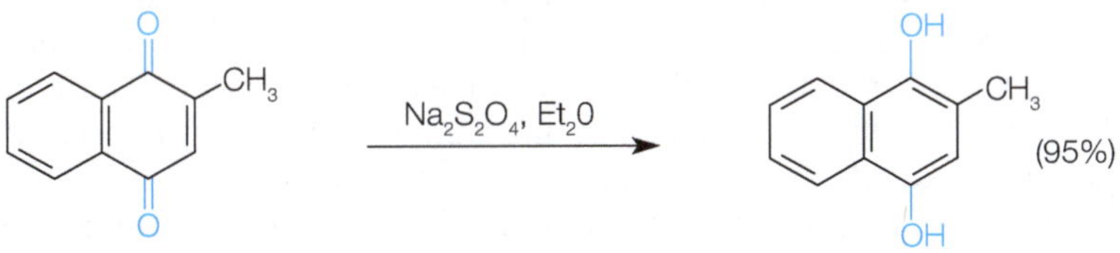

Como mencionado, a hidroquinona é utilizada como revelador em filmes fotográficos. Esses filmes contêm uma gelatina feita de proteína animal, denominada *colágeno*, na qual são dispersos uniformemente cristais de AgBr juntamente com o revelador. Esses filmes flexíveis foram introduzidos por George Eastman em 1898, quando ele inventou a câmera Kodak. Quando fótons de luz atingem determinada área do filme, os cristais de AgBr tornam-se fotoexcitados (AgBr*). Esses cristais excitados reagem mais rapidamente com o revelador que os não excitados. Nesse processo, a hidroquinona é oxidada e ocorre a deposição de prata metálica. O excesso de AgBr que não reagiu é removido pela lavagem do filme com uma solução de tiossulfato de sódio ($Na_2S_2O_3$), seguida da lavagem com grande quantidade de água; com isso, evita-se que os resíduos dos compostos presentes continuem reagindo e assim danifiquem o filme. O resultado desse processo é um negativo com manchas pretas de depósito de prata metálica nas regiões expostas à luz. Alguns reveladores utilizam o 4-(metilamino)fenol, normalmente na forma de sulfato, o qual é oxidado à *p*-benzoquinona. As equações das reações mencionadas podem ser vistas na Figura 9.2.

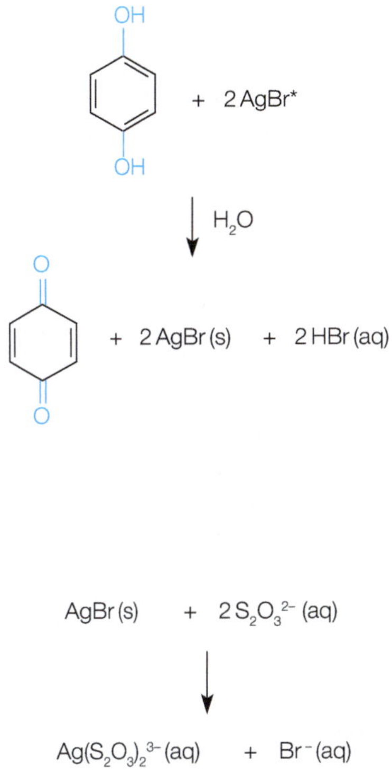

Figura 9.2 Representação das duas reações envolvidas na revelação de um filme fotográfico preto e branco.

Um exemplo interessante da aplicação, na natureza, da oxidação de fenóis é encontrado entre os insetos. Ainda na primeira metade do século XIX, foi observado que besouros do gênero *Brachinus*, quando ameaçados, lançam em seus predadores jatos quentes de água juntamente a compostos tóxicos. Posteriormente, a mesma estratégia defensiva foi observada entre vários outros membros da ordem dos coleópteros, que ficaram conhecidos como 'besouros-bombardeiros' (Figura 9.3).

Figura 9.3 Um besouro-bombardeiro (*Stenaptinus insignis*) efetuando um disparo para defender-se do pinçamento de uma de suas patas.

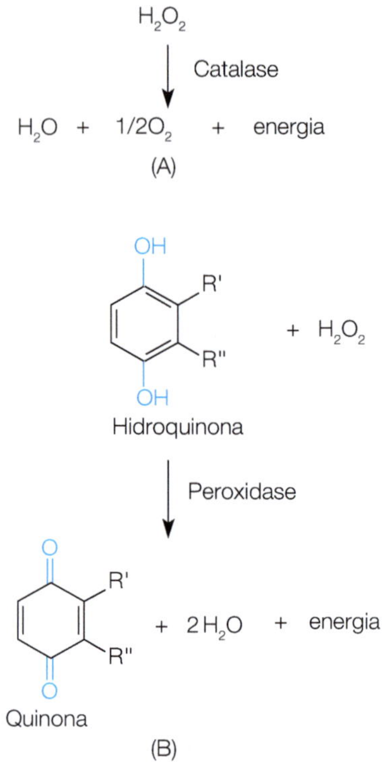

Figura 9.4 Representação das duas reações exotérmicas do sistema de defesa dos besouros-bombardeiros (os grupos R' e R'' variam com a espécie e podem ser $-H$, $-CH_3$, $-CH_2CH_3$ e $-OCH_3$).

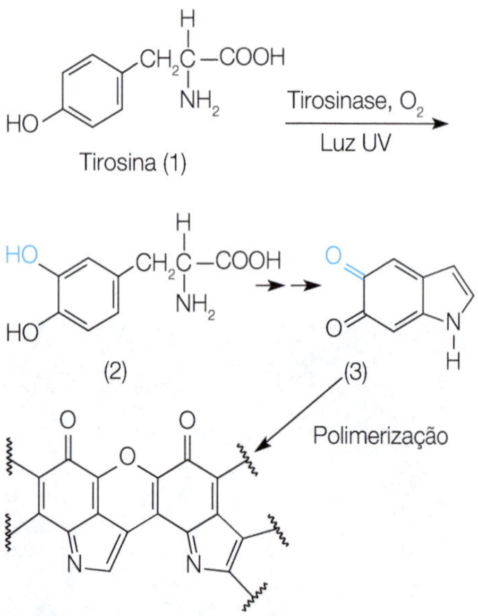

Parte da molécula de melanina (4)

Figura 9.5 Representação simplificada das reações químicas envolvidas na formação da melanina a partir da tirosina.

Estudos subsequentes demonstraram que esses insetos possuem, em seu abdômen, um reservatório contendo peróxido de hidrogênio na concentração de 25% (aproximadamente 10 vezes maior que a da água oxigenada de uso caseiro) e hidroquinonas na concentração de 10%.

O fato de não ocorrer reação entre o peróxido de hidrogênio e as hidroquinonas, nesse reservatório, é atribuído à presença de algum agente estabilizante ainda não identificado ou à completa ausência de oxigênio dissolvido no meio.

Ao sentir-se ameaçado, o inseto transfere o conteúdo do reservatório para a câmara de reação, onde são secretadas, simultaneamente, as enzimas catalase e peroxidase. A catalase promove a decomposição do peróxido de hidrogênio em água e oxigênio, enquanto a peroxidase catalisa a oxidação das hidroquinonas em quinonas (Figura 9.4). Essas duas reações são altamente exotérmicas, ou seja, liberam grande quantidade de calor. Com esse calor, a água é vaporizada, juntamente ao oxigênio formado, sendo responsável pelo aumento de pressão na câmara, o que resulta na expulsão de seu conteúdo na forma de jatos. Já foi verificado que em certos casos a temperatura do jato chega a 100 °C.

Além de quinonas e hidroquinonas que não reagiram, também foi encontrado no jato expelido por várias espécies de besouros o hidrocarboneto pentadecano. Supõe-se que esse alcano tenha a função de auxiliar o transporte das quinonas (ele solubiliza esses compostos) e facilitar a penetração destas nos tecidos cerosos que protegem as superfícies quitinosas de vários insetos predadores.[3]

A oxidação de fenóis está também envolvida no bronzeamento da pele quando ficamos expostos ao sol. Esse processo envolve a formação de melanina, uma molécula polimérica que absorve todos os comprimentos de onda da região do espectro visível (l = 380 a 780 nm) e do ultravioleta (l = 200 a 380 nm). As melaninas, nas cores vermelha e preta, são os pigmentos que controlam as cores das pessoas de diferentes raças. A síntese da melanina preta ocorre em dois estágios. Na camada externa da epiderme existem moléculas de melanina estocadas na forma reduzida. No início da exposição à luz solar, essas moléculas absorvem radiação na região do ultravioleta, sendo então oxidadas. Isso acarreta um aumento imediato na quantidade de melanina oxidada na pele, conferindo o bronzeado.

Por outro lado, a exposição prolongada à luz solar estimula o organismo a produzir mais melanina. O processo é complexo e envolve muitas etapas, iniciando-se com a tirosina (Figura 9.5). Sob a ação da radiação ultravioleta, e na presença da enzima tirosinase, a tirosina (1) é inicialmente oxidada ao di-hidroxicomposto (2), que é transformado na quinona (3), a qual se polimeriza para formar a melanina.

A produção de melanina constitui-se em um mecanismo de defesa do organismo, pois esse composto absorve a radiação ultravioleta, reduzindo a quantidade que penetra na pele. Essa radiação interage com o DNA, podendo resultar no desenvolvimento de câncer de pele. Os protetores solares possuem em sua fórmula compostos que absorvem a radiação ultravioleta. Muitos apresentam os pigmentos brancos ZnO ou TiO_2, que, além de absorver radiação ultravioleta, refletem todos os comprimentos de onda da região visível do espectro eletromagnético.

Outro processo que envolve a oxidação de fenóis é o escurecimento observado quando frutas como maçã, banana e pera e tubérculos como batata são cortados. Esse processo é também catalisado por enzimas, denominadas genericamente *fenol oxidases*. No tecido intacto, os fenóis estão separados das enzimas e, portanto, o escurecimento não ocorre. Quando a superfície é cortada, ela fica exposta ao oxigênio do ar, resultando na oxidação do fenol, catalisada pela enzima. O processo é semelhante ao descrito anteriormente e resulta na formação do pigmento polimérico escuro, também denominado *melanina*.

---

3 Para saber mais sobre esse assunto, consulte: Zinner (1989).

Exercícios

1. Dê os nomes dos seguintes compostos:

a) 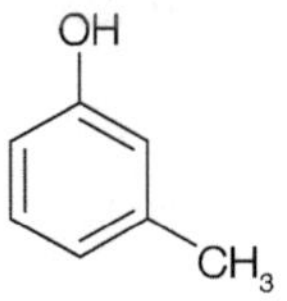

b) 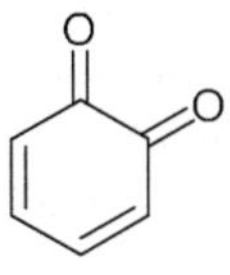

c) 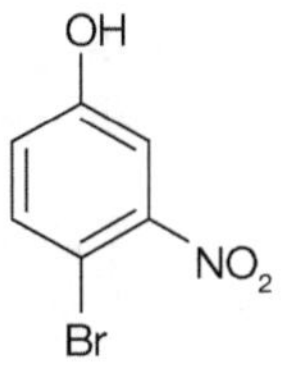

d) 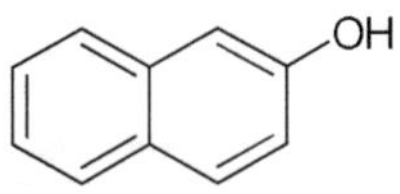

e) 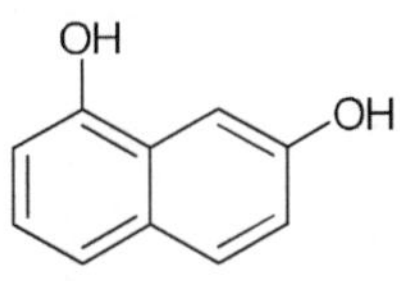

f) 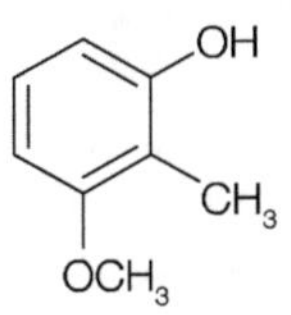

g) 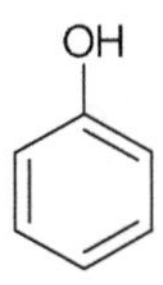

h) 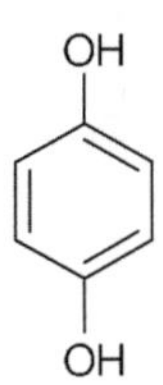

i) 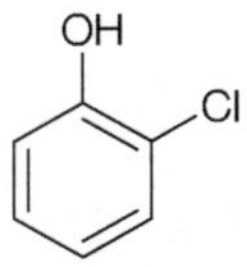

j) 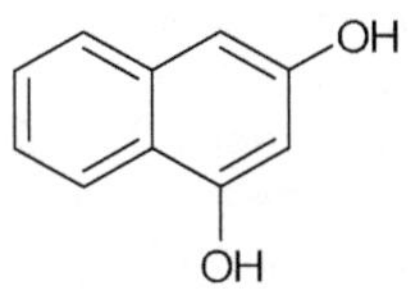

k) 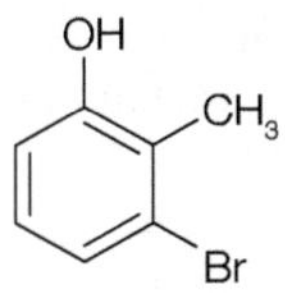

l) 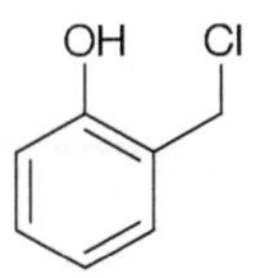

m) 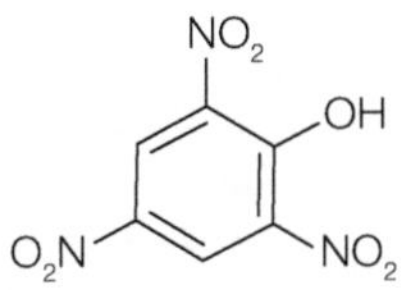

n) 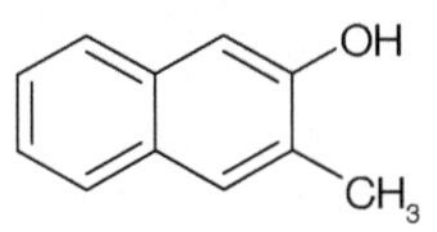

o) 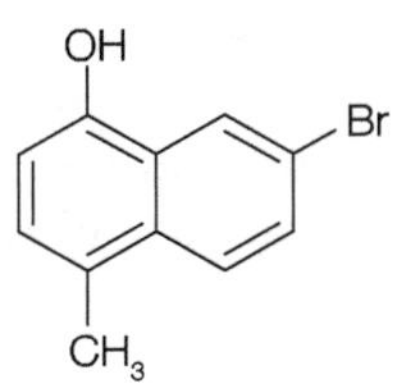

2. Forneça os nomes sistemáticos e descreva uma aplicação para cada um dos seguintes fenóis: BHT, BHA, metilparabeno, cloroxilenol e 4-hexilresorcinol.

3. Escreva as fórmulas estruturais dos seguintes compostos:

a) 4-etilfenol
b) 2-naftol
c) *m*-clorofenol
d) 2,4,6-tribromofenol
e) *p*-metilfenol
f) 2-bromo-3-clorofenol
g) 6-metil-1-naftol
h) 2,4-dinitrofenol
i) 2,3,4-trimetilfenol

4. Qual dos fenóis em cada grupo é mais ácido? Justifique sua resposta.

a) fenol e *p*-metilfenol
b) 4-nitrofenol e 3-clorofenol
c) 2,4,6-trinitrofenol e 3-nitrofenol

5. Como o *p*-nitroanisol (1-metoxi-4-nitrobenzeno) poderia ser preparado a partir do fenol?

6. Cite um método de preparo industrial do fenol, apresentando os reagentes e as condições utilizadas no processo.

7. Apresente fórmulas estruturais e nomes sistemáticos (IUPAC) para substâncias que se enquadrem nas seguintes descrições:

a) Um composto fenólico que seja mais ácido que o fenol.
b) Um composto fenólico que seja quiral e que tenha no máximo 7 átomos de carbono.
c) Uma quinona que possa ser convertida no 2,3-diclorobenzeno-1,4-diol.
d Um isômero do 3-etil-4-nitrofenol que seja menos ácido do que este.

8. Qual é o produto principal da reação entre fenol e bromo (em excesso) em meio aquoso?

9. Por que a ligação C–O no fenol é menor do que em um álcool?

10. Quais são os efeitos dos substituintes que atraem elétrons e dos que doam elétrons na acidez dos fenóis?

11. Quais, dentre os compostos listados a seguir, você espera que apresentem em suas estruturas ligação de hidrogênio intramolecular? Explique sua resposta.

a) 2-cianofenol
b) 4-cianofenol
c) 2-nitrofenol
d) 3-nitrofenol
e) ácido 2-hidroxibenzoico
f) ácido 4-hidroxibenzoico

12. O 4-hexilresorcinol é utilizado com antisséptico em alguns produtos farmacêuticos. Apresente todos os reagentes necessários para produzir esse composto a partir do resorcinol.

13. Embora o grupo metoxi (OCH_3) seja retirador de elétrons por efeito indutivo, o *o*-metoxifenol (pK_a = 10,0) e o *p*-metoxifenol (pK_a = 10,2) apresentam praticamente o mesmo pK_a que o fenol (pK_a = 9,89). O *m*-metoxifenol (pK_a = 9,7), por outro lado, é ligeiramente mais ácido que o fenol. Explique.

14. O álcool coniferílico é um dos intermediários envolvidos na biossíntese de ligninas, substâncias que conferem rigidez às células vegetais.

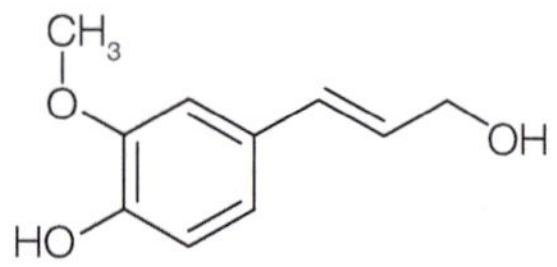

Álcool coniferílico

a) Escreva a estrutura do produto resultante da reação de um mol de álcool coniferílico com um mol de hidróxido de sódio (NaOH). Justifique sua resposta.

b) Escreva a estrutura do produto formado pela reação do produto obtido no item anterior com brometo de etila.

15. Cite o nome de dois compostos utilizados na formulação de protetores solares e informe como eles funcionam.

16. Diversos problemas ambientais, que resultaram na morte de milhares de animais, ocorreram nas últimas décadas envolvendo as dioxinas policloradas. A dioxina mostrada a seguir (conhecida pela sigla TCDD) é formada como subproduto durante o preparo do herbicida ácido 2,4,5-triclorofenoxiacético (2,4,5-T). Esse herbicida, contaminado com grande quantidade de TCDD, foi utilizado em larga escala durante a guerra do Vietnã. Essa contaminação resultou em uma enorme tragédia humana, conforme pode ser atestado pelos inúmeros frascos armazenados no hospital de Ho Chi Min contendo fetos deformados.

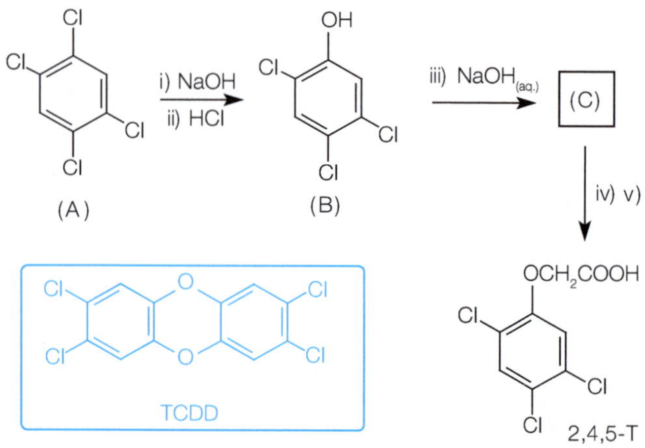

a) Complete o esquema anterior, escrevendo a fórmula do composto C e as fórmulas dos reagentes iv e v.

b) A TCDD é hidrossolúvel ou lipossolúvel? Justifique.

c) O composto B é mais ou menos ácido que o fenol? Justifique.

d) Forneça os nomes dos compostos A e B.

e) O composto C é mais ou menos solúvel em água que o composto B? Justifique.

17. Justifique a maior volatilidade do *o*-nitrofenol e do *o*-hidroxibenzaldeído quando comparada com a dos respectivos isômeros *meta* e *para*.

18. Durante o preparo da resina fenol-formaldeído, em laboratório de aula prática, a vidraria utilizada fica suja com resíduos do polímero. Esse resíduo não é solúvel em muitos solventes orgânicos, água pura ou mesmo em água com sabão. Que solução seria adequada para remover esse resíduo? Justifique.

19. Você saberia explicar por que muitos cozinheiros quando descascam batatas as mantêm em água até o momento da fritura?

20. O almíscar sintético I é preparado a partir do *meta*-cresol. Complete o esquema de síntese a seguir com os reagentes ou produtos que faltam.

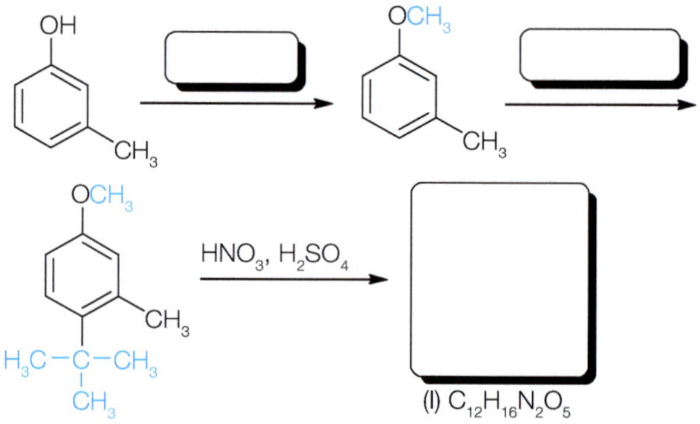

21. Desafio: a fenolftaleína é um indicador muito utilizado em titulações ácido-base, apresentando-se na forma incolor em pH menor que 8,5 e na forma vermelha em pH maior que 9. Esse composto é também utilizado para fins medicinais como laxativo, sendo encontrado, por exemplo, na formulação do medicamento denominado Lactopurga®. Ele é produzido a partir de fenol e anidrido ftálico na presença de ácido, conforme a equação apresentada a seguir:

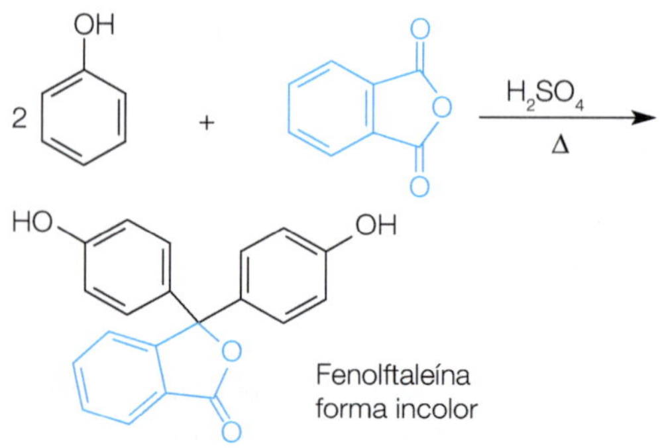

a) Proponha um mecanismo para a reação anterior. (Dica: reveja o mecanismo para a acilação de Friedel-Crafts apresentado no Capítulo 5).

b) Qual a fórmula estrutural do composto vermelho resultante da reação da forma incolor da fenolftaleína com dois equivalentes de NaOH?

22. Desafio: o lapachol é uma quinona encontrada em grande quantidade na madeira do ipê roxo. O tratamento desse composto com HCl em ácido acético a 25 °C resulta na formação da α-lapachona. Já sua reação com H_2SO_4 a 25 °C produz a β-lapachona. O aquecimento da β-lapachona em meio ácido resulta em sua conversão em α-lapachona. Com base nessas informações e nas fórmulas estruturais apresentadas a seguir, represente o mecanismo para a formação da α-lapachona e da β-lapachona a partir do lapachol. Entre a α-lapachona e a β-lapachona qual é o composto mais estável? Apresente uma possível explicação para essa diferença de estabilidade.

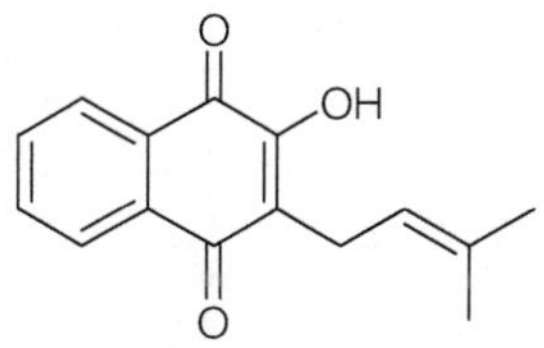

Lapachol

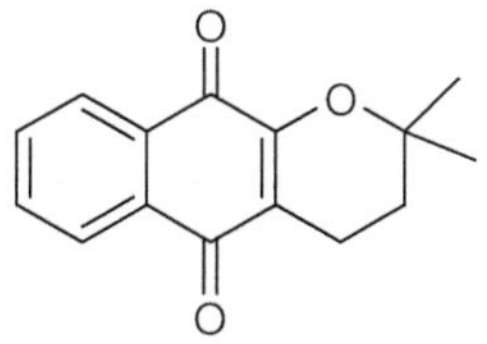

α-lapachona

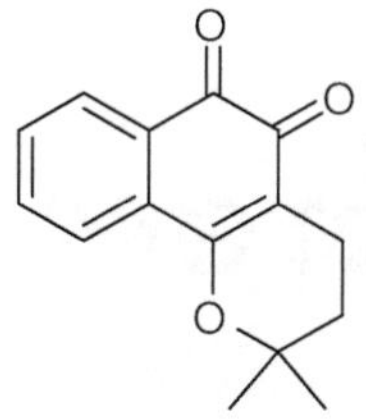

β-lapachona

Capítulo 10

Éteres

Objetivos de aprendizagem

Após o estudo deste capítulo você deverá ser capaz de:

- Nomear éteres acíclicos e cíclicos de acordo com as regras da IUPAC.
- Nomear sulfetos pelos sistemas de nomenclatura substitutiva e radicofuncional conforme regras da IUPAC.
- Predizer os produtos principais das reações de éteres com ácidos.
- Representar todas as etapas do mecanismo de hidrólise de éteres em meio ácido.
- Explicar a baixa reatividade de éteres em meio básico.
- Predizer os produtos principais das reações de epóxidos assimétricos quando submetidos a reagentes ácidos e básicos.

Resumo

Os éteres são compostos que possuem pelo menos um átomo de oxigênio ligado a dois grupos alquila ou arila. Nesse capítulo são apresentados exemplos de éteres naturais e sintéticos. Vários sistemas de nomenclatura para éteres acíclicos e cíclicos são discutidos, juntamente a exemplos de sulfetos. Os éteres, exceto os epóxidos, são pouco reativos em meio básico, mas podem ser hidrolisados em meio ácido. O mecanismo dessa reação de hidrólise é discutido em detalhes, destacando-se a semelhança com o mecanismo da reação de conversão de álcoois em haletos em meio ácido.

Éteres são compostos que contêm um átomo de oxigênio ligado a dois átomos de carbono. Os átomos de carbono podem ter qualquer tipo de hibridação: sp^3, sp^2 ou sp. A fórmula geral dessa classe de compostos pode ser $R^1–O–R^2$, $R–O–Ar$ ou $Ar^1–O–Ar^2$.

O membro mais conhecido da classe é o etoxietano ou éter dietílico, usado como anestésico geral pela primeira vez em 1846. Nessa data o cirurgião John Collins Warren, do Hospital Geral de Massachussets, realizou a extirpação de um tumor de um paciente anestesiado pela inalação de éter dietílico. Além desse uso médico, o éter dietílico foi, e ainda é, amplamente utilizado como solvente em laboratórios.

Os éteres cíclicos que têm anéis de três membros são denominados *epóxidos* ou *oxiranos*. O membro mais simples é o óxido de etileno. Esse composto é de grande importância industrial, sendo usado como intermediário na produção de fibras sintéticas, resinas, tintas, filmes, cosméticos, detergentes sintéticos etc.

$CH_3CH_2OCH_2CH_3$

Etoxietano ou éter dietílico

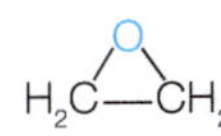

Óxido de etileno ou oxirano

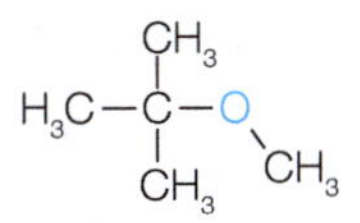

tert-butil metil éter (MTBE)

O *tert*-butil metil éter, conhecido como MTBE,[1] é um aditivo adicionado à gasolina para aumentar a *octanagem* e melhorar a eficiência da combustão, reduzindo a emissão, pelos automóveis, do poluente monóxido de carbono (CO). Nos Estados Unidos, uma lei, de 1990, estabeleceu que toda gasolina deveria conter no mínimo 2,7% (em massa) de oxigênio, o que corresponde à adição de 15% (v/v) de MTBE a esse combustível. O di-isopropil éter e o etanol podem ser utilizados em substituição ao MTBE.

Essa função química é também comum em vários produtos naturais, como exemplificado a seguir:

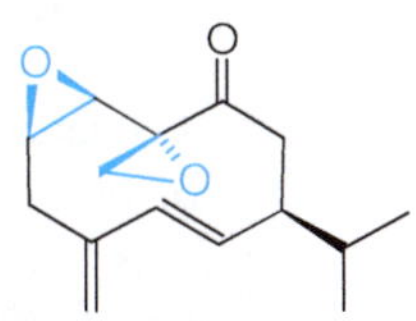

Periplanona B

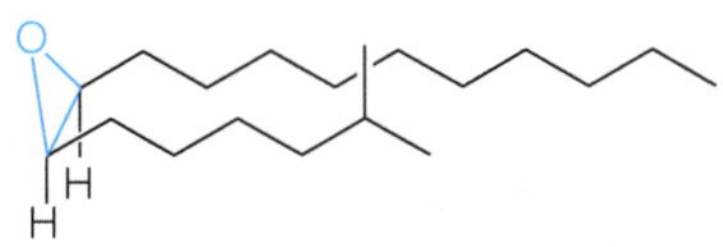

(+)-Disparlura

A periplanona B, feromônio sexual da barata, contém dois éteres cíclicos em sua estrutura. Esse composto é ativo em quantidades extremamente baixas, sendo 0,01 g suficiente para atrair 100 bilhões de baratas, o que corresponde a uma massa de aproximadamente 100 milhões de quilos de baratas. O isolamento inicial de 200 mg desse composto foi feito a partir de 75 mil baratas virgens. Com essa quantidade diminuta foi possível determinar a estrutura do composto, mas a estereoquímica somente foi elucidada em trabalhos posteriores.

A disparlura é um feromônio de atração sexual produzido pelas fêmeas das mariposas-ciganas (*Lymantria dispar*) adultas. Esse composto é utilizado comercialmente no controle desse inseto.

Outro composto natural que apresenta o grupo éter em sua estrutura é a azadiractina, isolada da árvore *Azadirachta indica*. Esse composto apresenta potentes atividades nematicida e antialimentar para insetos. Folhas dessa planta são utilizadas no controle de insetos em grãos armazenados.

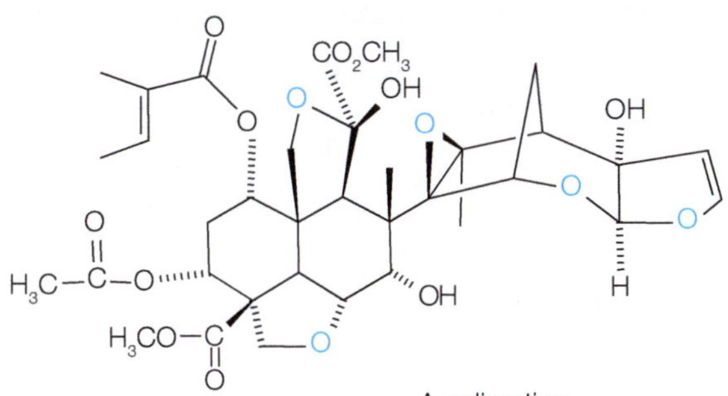

Azadiractina

Já há algum tempo, no Departamento de Química da Universidade Federal de Viçosa (UFV), foram isolados vários compostos inéditos da plan-

[1] A sigla MTBE vem do nome metil *tert*-butil *éter*. Pelas regras da IUPAC de 1979, a citação dos grupos deve ser feita em ordem alfabética.

ta *Ochroma lagopus*.[2] Um desses compostos, denominado *carolignana A*, possui três hidroxilas fenólicas, uma hidroxila alcoólica, cinco grupos éter, além de dois ésteres.

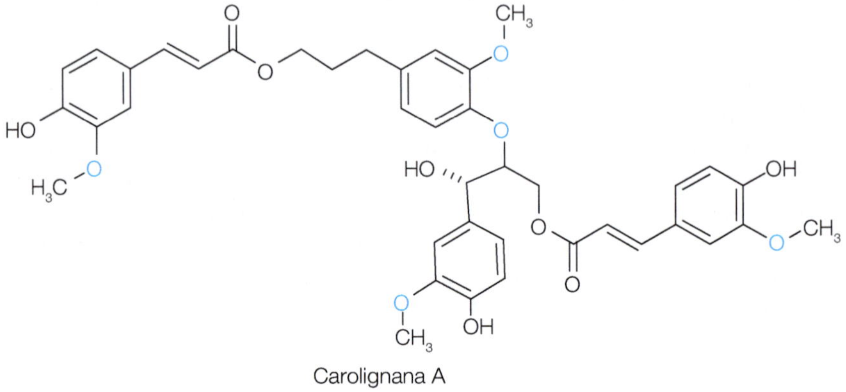

Carolignana A

Em razão da complexidade estrutural de muitos produtos naturais, ainda é comum que estes recebam nomes não sistemáticos, conforme os exemplos apresentados anteriormente. Vários compostos isolados de *O. lagopus*, por exemplo, foram denominados *carolignanas*, em homenagem a Carolina, filha do autor.

Nomenclatura

Existem diversos sistemas de nomenclatura para os éteres. A seguir faremos a apresentação de algumas das regras recomendadas pela IUPAC.[3]

Nomenclatura substitutiva

Éteres de fórmula geral R^1–O–R^2 são nomeados citando-se o grupo *R^1–O* (*R^1–oxi*), seguido do nome do hidrocarboneto correspondente ao grupamento R^2 (componente principal), sem a utilização de hífen.

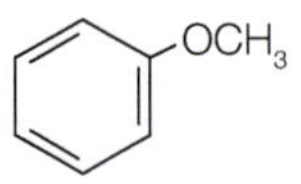

Metoxibenzeno

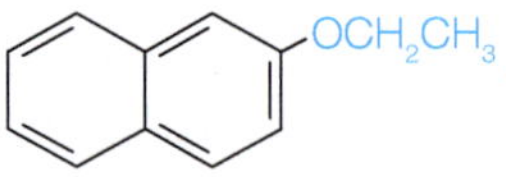

2-etoxinaftaleno

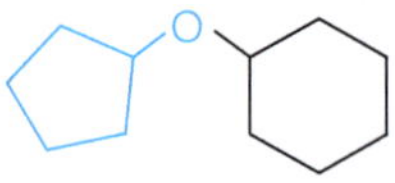

(Ciclopentiloxi)cicloexano

$CH_3OCH_2CH_2OCH_3$

1,2-dimetoxietano

Para a citação do grupo principal, são usadas, entre outras, as seguintes regras:

i) Em compostos cíclicos, o que tiver o maior anel individual é citado como grupo principal.

ii) Entre anéis de mesmo tamanho, a prioridade é dada ao menos hidrogenado.

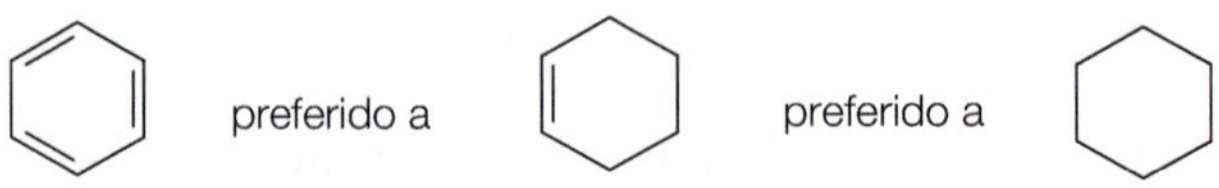

[2] PAULA et al. (1995).

[3] Mais detalhes podem ser encontrados em PANICO, POWELL e RICHER (1993) e RIGAUDY e KLESNEY (1979).

iii) Em grupos acíclicos, a prioridade é estabelecida de acordo com as regras utilizadas para escolher a cadeia principal dos alcanos, alquenos e alquinos.

$CH_3-O-CH_2CH_3$	Metoxietano
$CH_3-O-CH_2CH_2CH_3$	1-Metoxipropano
$CH_3CH_2-O-CH_2CH_2CH_2CH_3$	1-Etoxibutano

Nomenclatura radicofuncional

O nome é formado citando-se, em ordem alfabética, os nomes dos dois grupos ligados ao oxigênio, seguidos da palavra *éter*.

$CH_3-O-CH_2CH_3$

Etil metil éter

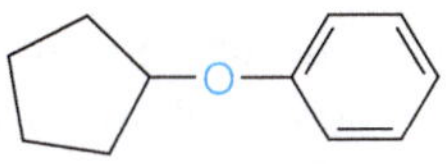

Ciclopentil fenil éter

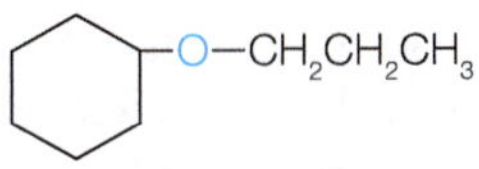

Cicloexil propil éter

Note que não se utiliza hífen entre os nomes dos grupos. Outro aspecto que deve ser mencionado é que, em muitas traduções para a língua portuguesa, o nome do composto inicia-se pela palavra *éter*, seguida dos nomes dos grupos, e ao nome do segundo grupo é acrescida a terminação *ílico*. Por exemplo, o dietil éter é conhecido como éter dietílico.

Teste 10.1

Escreva os nomes dos seguintes éteres de acordo com as regras da IUPAC:

a) 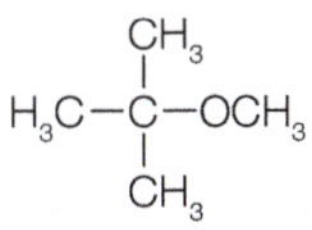

b) $CH_3OCH_2CH_3$

c) $CH_3CH_2OCH{=}CH_2$

d) 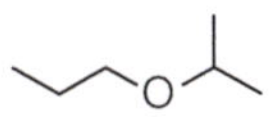

Éteres cíclicos

Éteres cíclicos podem ser nomeados de diversas maneiras. Em um dos sistemas de nomenclatura, utiliza-se o prefixo *epoxi* (como no sistema de nomenclatura substitutiva), precedido dos números dos átomos de carbono aos quais se encontra ligado e seguido do nome do composto de origem. Nesse caso, o prefixo *epoxi* é considerado um substituinte e citado em ordem alfabética como qualquer outro substituinte.[4]

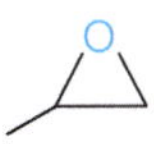

1,2-epoxipropano

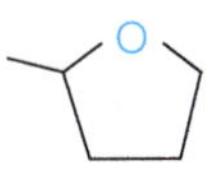

1,4-epoxipentano

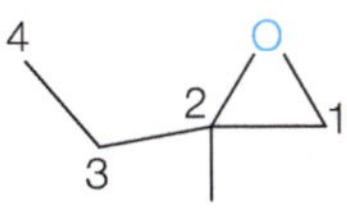

1,2-epoxi-2-metilbutano

[4] Em alguns casos em que se deseja preservar os nomes de estruturas complexas específicas, o prefixo *epoxi* não é citado em ordem alfabética. Ver PANICO, POWELL e RICHER (1993) para exemplos.

Os seguintes nomes para os éteres cíclicos a seguir representados são recomendados pela IUPAC:

Furano

Tetraidrofurano (THF) ou oxolano

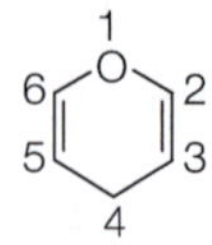
4*H*-pirano

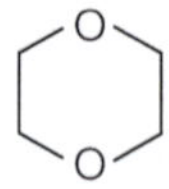
1,4-dioxano

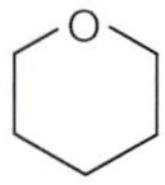
Tetraidropirano

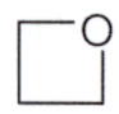
Oxetano

Oxirano

Os derivados dos compostos anteriores são nomeados citando-se os substituintes, em ordem alfabética, mas levando-se em conta que a numeração do anel inicia-se pelo átomo de oxigênio, conforme ilustrado com os seguintes exemplos:

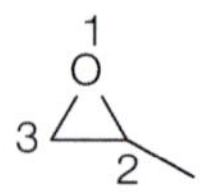
2-metiloxirano

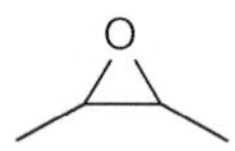
2,3-dimetiloxirano

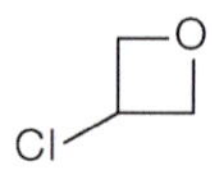
3-clorooxetano

Teste 10.2

Escreva os nomes dos seguintes éteres de acordo com as regras da IUPAC:

a) 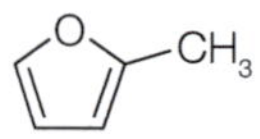

c) 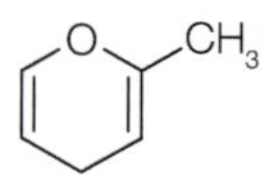

b) 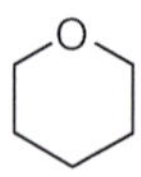

d) 

Sulfetos

Os compostos obtidos pela substituição do oxigênio dos éteres por um átomo de enxofre são denominados *sulfetos*.[5] Na nomenclatura substitutiva, eles são nomeados de forma análoga aos éteres, bastando trocar o termo *alcoxi* por *alquilsulfanil* ou *arilsulfanil*.[6] Na nomenclatura radicofuncional, o termo *sulfeto* é usado no lugar de *éter*.

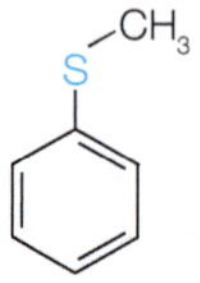
Fenil metil sulfeto

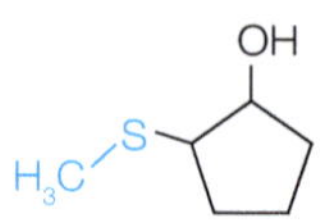
2-(metilsulfanil)ciclopentanol

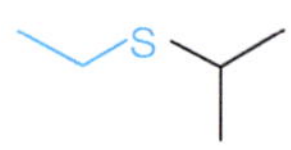
2-(etilsulfanil)propano

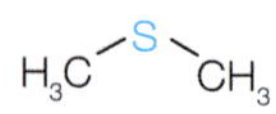
Dimetilsulfeto

Os sulfetos voláteis apresentam odor característico semelhante ao dos tióis.

[5] Não se recomenda o uso do termo *tioéter* para essa classe de compostos.

[6] Na edição de 1979 das regras da IUPAC (RIGAUDY e KLESNEY, 1979), os grupos RS– eram denominados *alquiltio*.

Teste 10.3

Escreva os nomes dos seguintes éteres de acordo com as regras da IUPAC:

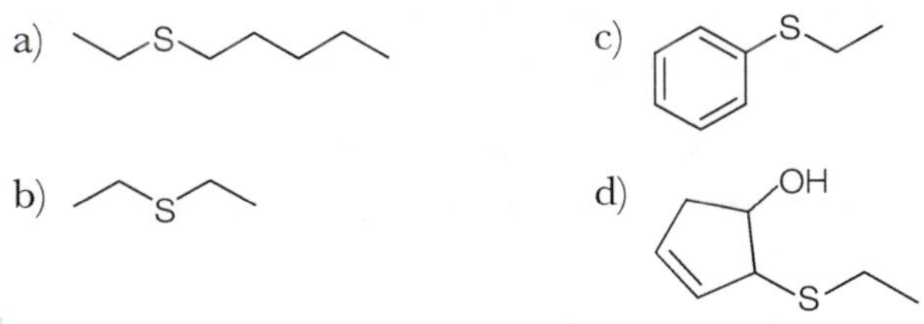

Éteres coroa

Os poliéteres cíclicos derivados do etano-1,2-diol ($HOCH_2CH_2OH$) são denominados éteres coroa, em função do formato que possuem, assemelhando-se a uma coroa.

Esse tipo de composto foi descoberto pelo químico americano **Charles Pedersen** na década de 1960. O nome geral desses compostos é x-coroa-y, onde *x* é o número de átomos que constitui o ciclo, e *y* é o número de átomos de oxigênio. O exemplo representado a seguir corresponde ao éter 18-coroa-6, ou seja, o composto é formado por um anel de 18 membros, possuindo 6 átomos de oxigênio.

Charles John Pedersen (1904-1989): nasceu em Pusan, Coreia do Sul, naturalizado americano. Em 1927, concluiu o mestrado em química no Massachusetts Institute of Technology (MIT) nos Estados Unidos. Trabalhou na DuPont de 1927 a 1969 e em 1987 dividiu o prêmio Nobel de Química com Donald J. Cram (1919-2001) e Jean Marie Lehn (1939-)

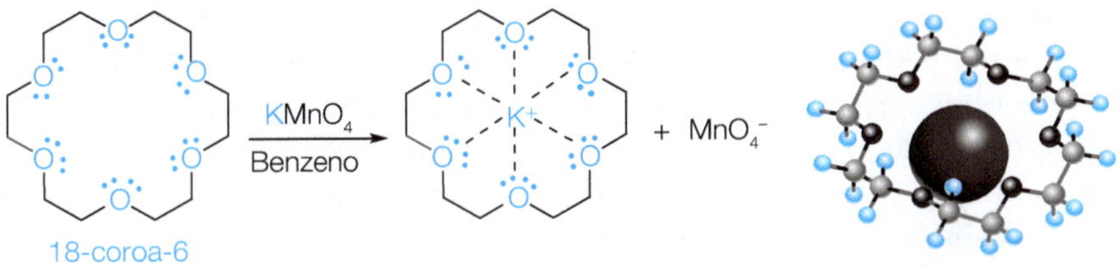

Conforme pode ser observado na estrutura do éter 18-coroa-6 os átomos de oxigênios ficam mais voltados para a parte interna do ciclo, o que resulta em uma região com densidade de carga negativa em virtude de seus pares de elétrons não ligantes. Como consequência disso, os éteres coroa podem se complexar com íons metálicos como Li^+, Na^+, K^+, entre outros. O íon fica retido no interior da cavidade formando um complexo estável, conforme ilustrado anteriormente para o caso do potássio. Por causa do tamanho da cavidade, o éter 18-coroa-6 é capaz de complexar o íon potássio, enquanto os éteres 15-coroa-5 e 12-coroa-4 complexam o Na^+ e o Li^+, respectivamente.

Os complexos de metais com éteres coroa são solúveis em solventes orgânicos pouco polares. Por exemplo, o $KMnO_4$ complexado é solúvel em benzeno, constituindo-se em uma importante solução oxidante para alquenos, álcoois etc.

Propriedades físicas

Nos éteres, o oxigênio apresenta hibridação sp^3; portanto, o ângulo entre os grupos ligados a ele é de aproximadamente 110°. Dessa forma, os momentos de dipolo das ligações C–O somam-se, conferindo aos éteres uma pequena polaridade.

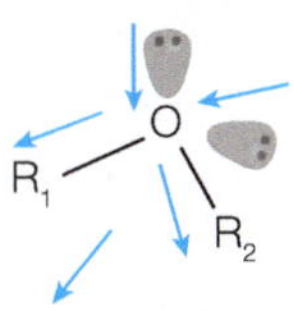

Essa fraca polaridade não exerce um efeito muito grande sobre as temperaturas de ebulição dos éteres, tornando-as apenas ligeiramente mais altas que as dos alcanos de massa molar semelhante e bem mais baixas que as dos álcoois de mesma massa molar. No Quadro 10.1 são apresentadas as temperaturas de fusão e de ebulição de alguns éteres.

Quadro 10.1 Propriedades físicas de alguns éteres

Composto	T_f/°C	T_e/°C
Metoximetano	−139	−24
Metoxietano	−124	10,8
Etoxietano	−116	34,6
1-etoxipropano	−79	63,6
1-propoxipropano	−122	91
1-butoxibutano	−95	142
Metoxibenzeno	−37	154
Fenoxibenzeno	27	259
1,4-dioxano	11	101
Tetraidrofurano	−108	66

A solubilidade dos éteres em água é comparável à dos álcoois de mesma massa molar, uma vez que eles podem formar ligação de hidrogênio com a água. O dimetil éter é completamente miscível em água. Já a solubilidade do dietil éter é de 6,5 g/100 g de H_2O a 25 °C. O tetra-hidrofurano também é miscível em água em todas as proporções. Como ocorre com outras classes de compostos orgânicos, a solubilidade dos éteres em água diminui com o aumento do número de átomos de carbono.

Teste 10.4

Represente as ligações de hidrogênio formadas quando o 1,4-dioxano é dissolvido em água.

Reações

Dentre as várias classes de compostos orgânicos, os éteres encontram-se entre as menos reativas. Éteres acíclicos simples e cíclicos não tensionados são bastante resistentes a ataques por bases e frequentemente usados como solventes em inúmeras reações orgânicas. Por outro lado, os éteres cíclicos tensionados podem reagir com nucleófilos, conforme veremos mais adiante.

Essa reação não ocorre quando o nucleófilo (Nu^-) é $^-OCH_3$, NH_2^-, OH^-, Cl^-, Br^-. Isso se deve ao fato de o próprio grupo abandonador RO^- ser um nucleófilo muito forte. O reverso da reação indicada anteriormente, quando Nu = halogênio corresponde à síntese de Williamson para éteres, discutida no Capítulo 7.

Na presença de ácidos, entretanto, os éteres são clivados facilmente. O primeiro exemplo desse tipo de clivagem foi observado por **Alexander Butlerov** em 1861 ao tratar o ácido 2-etoxipropanoico com HI. O produto obtido foi iodoetano e ácido 2-hidroxipropanoico.

Alexander M. Butlerov (1828-1886): químico russo nascido em Tschistopol. Estudou na Universidade de Moscou (Ph.D., 1854) e foi professor de química nas universidades de Kazan (1854-1867) e São Petersburgo (1867-1880).

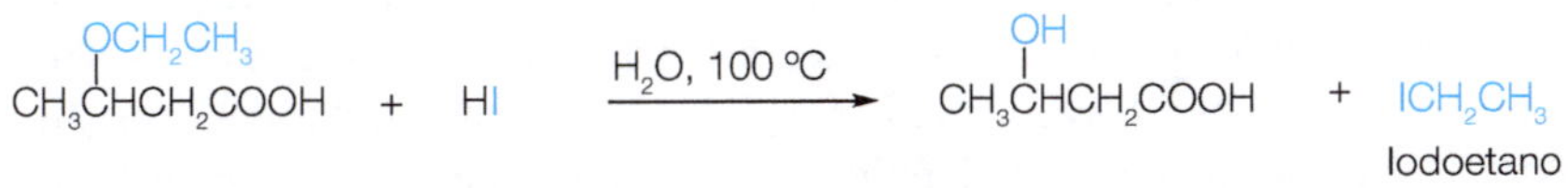

Além do HI, o ácido bromídrico (HBr) é também muito eficiente para esse tipo de reação, diferentemente do HCl que não cliva éteres facilmente. Por exemplo, tratando-se o dietil éter com HBr em excesso ocorre inicialmente a formação de brometo de etila e de etanol. Nas condições da reação, deixando-se tempo suficiente, o álcool formado reage com o HBr em excesso, sendo convertido em brometo de etila. Dessa forma, a reação global corresponde à conversão do éter em duas moléculas de brometo de etila e uma de água, conforme o mecanismo mostrado a seguir:

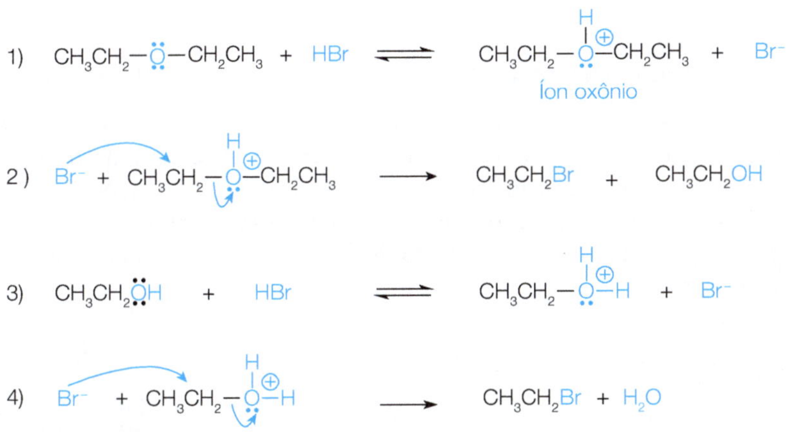

O mecanismo dessa reação envolve inicialmente a protonação do átomo de oxigênio. Na etapa seguinte, o íon brometo ataca o carbono ligado ao oxigênio, com o deslocamento simultâneo (substituição nucleofílica bimolecular, A_ND_N) de uma molécula de etanol (CH_3CH_2OH é um grupo abandonador melhor que $CH_3CH_2O^-$).

Dependendo da natureza dos grupos R ligados ao átomo de oxigênio, o íon oxônio pode sofrer uma clivagem heterolítica com formação de um carbocátion e uma molécula de álcool. O carbocátion reage com o íon X^-, levando à formação do haleto de alquila correspondente, conforme ilustrado para a reação do *tert*-butil metil éter com HI.

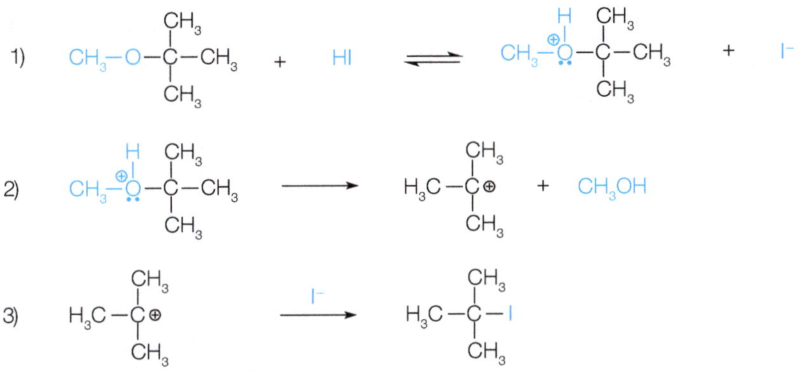

Novamente, se for deixado tempo suficiente para a reação, o metanol formado na segunda etapa pode reagir com uma molécula de HI, sendo transformado em iodeto de metila, conforme o mecanismo representado na etapa 4 para a reação do éter dietílico com HBr.

Existem vários outros reagentes, como NaI/BF_3, Me_3SiI, Me_2BBr, capazes de clivar a ligação C–O dos éteres. Os mecanismos de ação desses reagentes são semelhantes entre si. Em todos os casos, um ácido de Lewis (BF_3, Me_2B^+, Me_3Si^+) liga-se ao oxigênio, polarizando a ligação C–O, e forma um grupo abandonador melhor que $R{-}O^-$. Em seguida, um nucleófilo ataca o carbono com a consequente clivagem da ligação C–O.

No caso de éteres aromáticos, a ligação entre o oxigênio e o anel aromático não é clivada com os reagentes citados na página anterior.

Teste 10.5

Quais os produtos esperados para a reação do benzil propil éter com um mol de HI? Escreva a equação que represente essa reação.

Reações de epóxidos

Os oxiranos ou epóxidos são excepcionalmente mais reativos que outros éteres acíclicos. Essa reatividade é devida à enorme tensão angular existente no anel de três membros, o que enfraquece as ligações carbono-oxigênio. Como exemplo, o óxido de etileno reage facilmente com água, na presença de quantidade catalítica de um ácido, resultando na formação de etileno glicol.

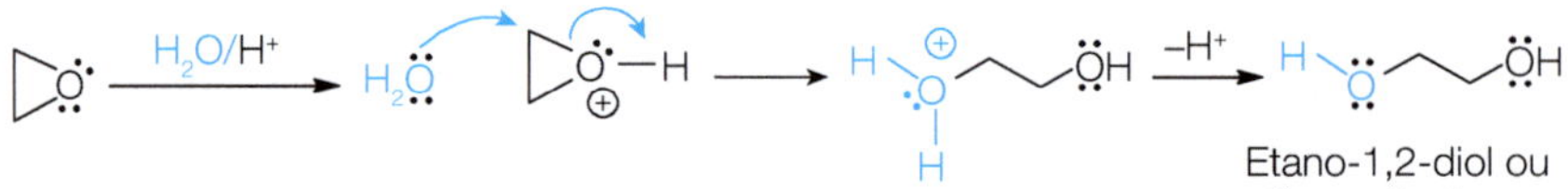

Etano-1,2-diol ou etileno glicol

Essa reação é empregada industrialmente para a produção desse álcool, largamente utilizado como anticongelante em radiadores de automóveis, bem como na produção de fibras sintéticas e plásticos.

Tratando o óxido de etileno com metanol, na presença de um catalisador ácido, obtém-se 2-metoxietanol. Esse álcool é adicionado ao combustível de aviões a jato para impedir a formação de cristais de gelo no motor.

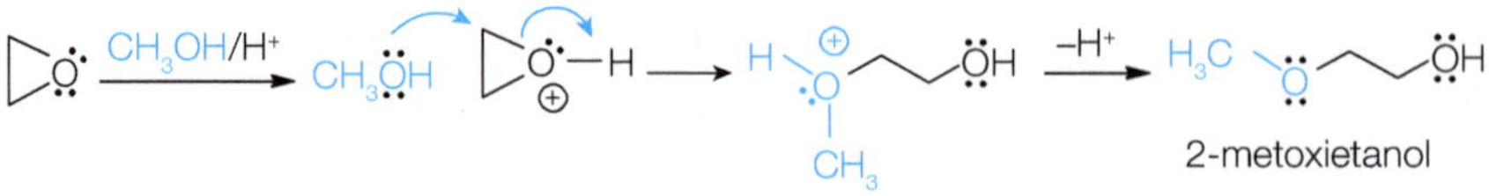

2-metoxietanol

Os oxiranos também são clivados em meio básico, utilizando-se, por exemplo, amônia, hidróxido ou alcóxido. Essa reação se processa por um mecanismo de substituição nucleofílica bimolecular (A_ND_N), com o íon alcóxido sendo o grupo abandonador. No exemplo a seguir a amônia reage com o óxido de etileno formando o aminoálcool correspondente.

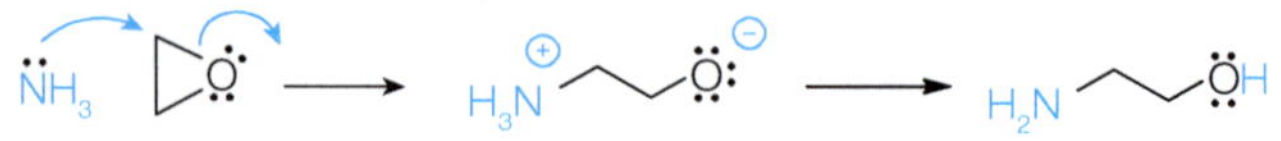

Em oxiranos assimétricos, na abertura do anel catalisada por ácido, o nucleófilo ataca preferencialmente o carbono mais substituído, conforme exemplificado a seguir:

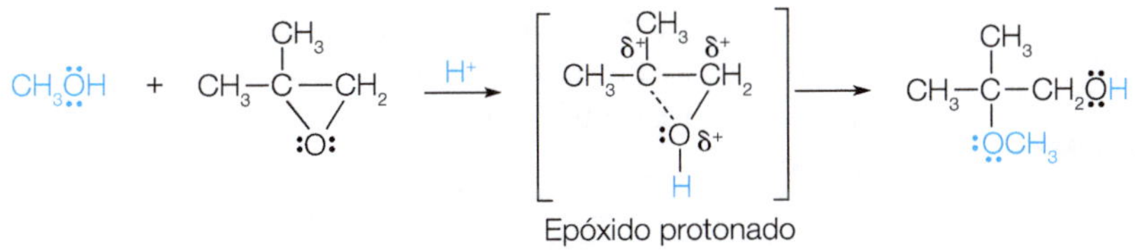

Uma explicação para esse fato é que, no epóxido protonado (intermediário da reação), o carbono mais substituído tem uma carga parcial positiva (δ^+) maior que a do menos substituído. O mecanismo dessa reação assemelha-se ao da substituição nucleofílica unimolecular.

No caso de oxiranos assimétricos em meio básico, o carbono menos impedido é atacado preferencialmente pelo nucleófilo, conforme ilustrado a seguir:

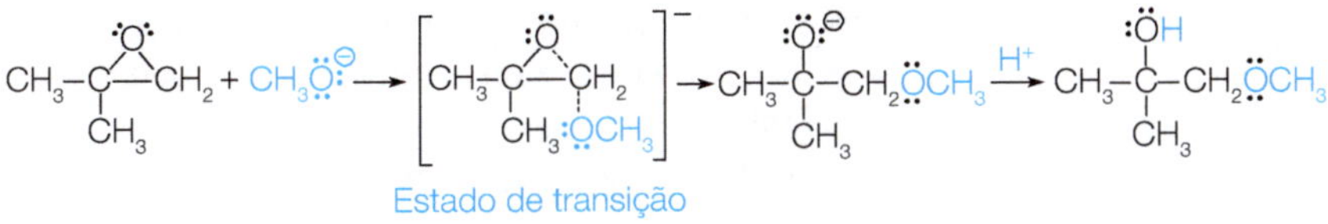

Conforme ilustrado no Capítulo 4, ânions derivados de alquinos ($RC{\equiv}C{:}^-$) podem ser adicionados a epóxidos. Outro exemplo de nucleófilo amplamente utilizado para esse fim é o reagente de Grignard (RMgBr ou ArMgBr). Como observado no exemplo seguinte, o brometo de fenilmagnésio reage com o 1,2-epoxipentano para formar o álcool secundário correspondente. Note que a adição do reagente de Grignard ocorre no carbono menos impedido espacialmente, conforme discutido.

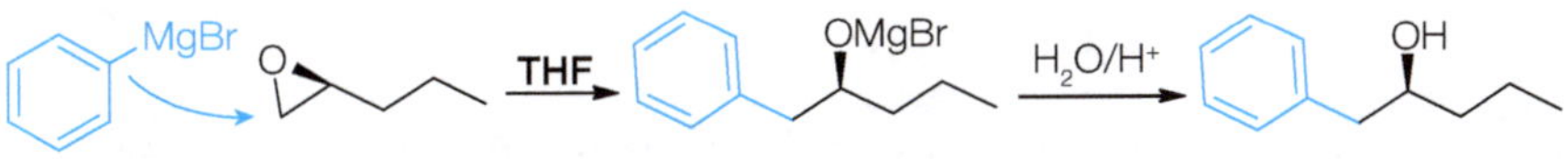

Teste 10.6

Mostre como os seguintes éteres podem ser preparados por meio da síntese de Williamson.

a) 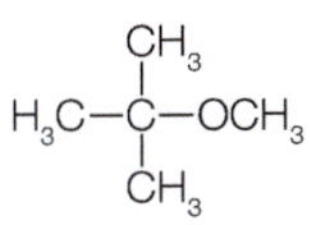

b) $CH_3OCH_2CH_3$

c) 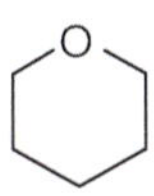

d) 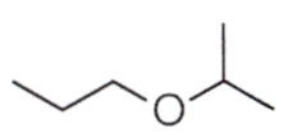

Teste 10.7

Mostre como preparar o 1-(metilsulfanil)propan-2-ol a partir do propeno e quaisquer outros reagentes necessários.

Exercícios

1. Dê os nomes sistemáticos dos seguintes compostos:
   a) $CH_3CH_2OCH_2CH_2CH(CH_3)_2$
   b) $CH_2{=}CHOCH(CH_3)_2$
   c) 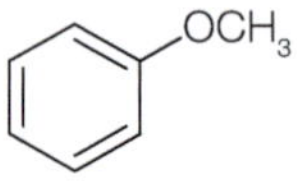
   d) 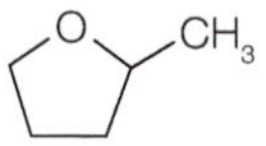
   e) 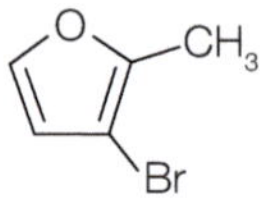
   f) 
   g) 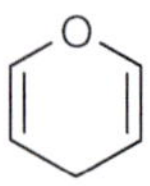
   h) 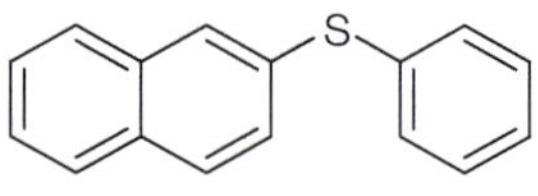
   i) 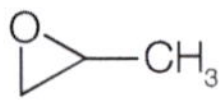
   j) 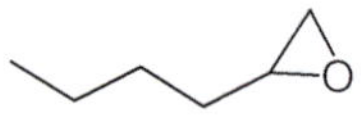

2. Escreva as fórmulas estruturais e os nomes dos éteres isoméricos que apresentam as fórmulas moleculares $C_4H_{10}O$ e $C_5H_{12}O$.

3. Represente as fórmulas estruturais para os seguintes compostos:
   a) metoximetano
   b) 2-cloro-2-metiloxirano
   c) etil metil sulfeto
   d) 2-(metilsulfanil)butano
   e) Dietilsulfeto
   f) 2,3-dimetil-1,4-dioxano
   g) 1,5-epoxiexano
   h) 2-metoxibutan-1-ol

4. Em cada um dos pares de compostos listados a seguir, faça uma previsão de qual deve ser mais solúvel em água. Apresente argumentos que justifiquem suas respostas.
   a) 2-metoxibutano e 1,4-dimetoxibutano
   b) 4-metoxibutano-1,2-diol e 3-etoxipentadecano
   c) 2-metoxinalftaleno e 1-metoxinaftaleno
   d) 1,4-dioxano e tetraidropirano
   e) difenil éter e dietil éter

5. Forneça as fórmulas estruturais para os compostos que devem ser formados pelo tratamento dos éteres a seguir com os reagentes indicados.
   a) 

   b) 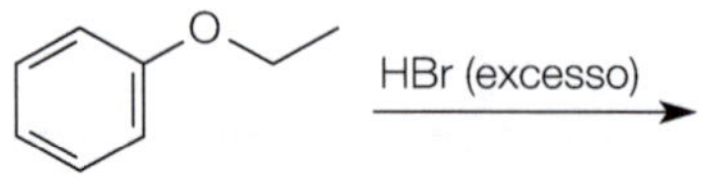

   c) 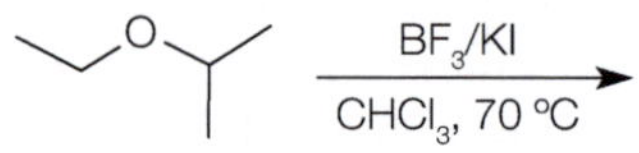

   d) 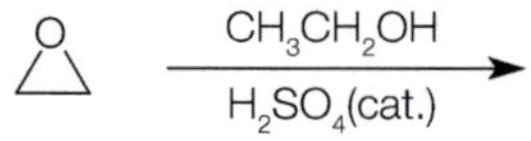

6. Partindo de qualquer álcool ou fenol mostre todas as etapas e reagentes (orgânicos e inorgânicos) necessários para a produção dos éteres listados a seguir pela síntese de Williamson.
   a) $CH_3CH_2CH_2CH_2OCH_2CH_2CH(CH_3)_2$
   b) $CH_2{=}CHCH_2OC(CH_3)_3$
   c) 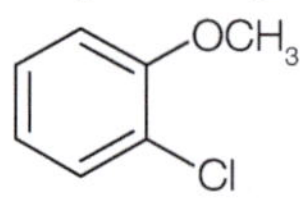
   d) 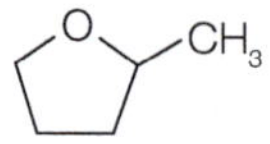
   e) 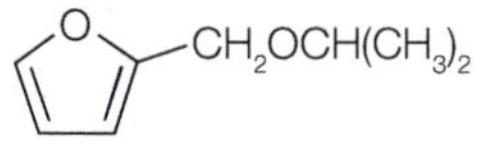
   f) 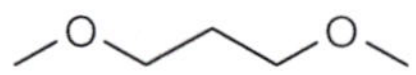

7. Os compostos I e II, representados a seguir, são opticamente ativos. No caso do composto I verifica-se que, quando dissolvido em tetraidrofurano, sua rotação específica ($[\alpha]_D$) diminui gradualmente, até atingir o valor igual a zero, indicando que houve a racemização do composto. Nas mesmas condições, o composto II não sofre racemização.

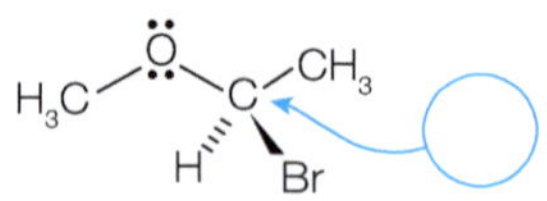

(I)

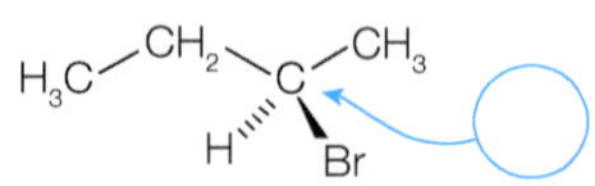

(II)

   a) Indique, nos círculos anteriores, as configurações absolutas (*R–S*) dos compostos I e II.
   b) Escreva as fórmulas estruturais dos enantiômeros dos compostos I e II.
   c) Represente duas estruturas de ressonância para o intermediário formado durante a racemização de I.

8. Escreva as fórmulas estruturais dos produtos das reações do óxido de etileno com os seguintes reagentes:
   a) H_3O^+
   b) $NaOH/H_2O$, seguido de H_3O^+

c) CH_3SNa, seguido de H_3O^+
d) CH_3CH_2MgBr, seguido de H_3O^+
e) anilina

9. Forneça a fórmula estrutural (represente a estereoquímica, se necessário) para os produtos da reação do (*R*)-2-metiloxirano com cada um dos seguintes reagentes:

a) HBr
b) H_3O^+
c) PhONa; H_3O^+
d) NaSH; H_3O^+
e) CH_3NH_{2z}

10. O tratamento do *tert*-butil metil éter com HBr resulta na formação de um álcool e um brometo de alquila. Quais as estruturas desses produtos?

11. Dos cinco grupos metoxila da α-D-pentametilglicopiranose, somente um é clivado facilmente com H_3O^+ em condições suaves, enquanto os demais necessitam de condições muito enérgicas. Complete o esquema seguinte fornecendo as fórmulas estruturais dos intermediários (I, II) e dos compostos formados (III, IV). Justifique o resultado encontrado.

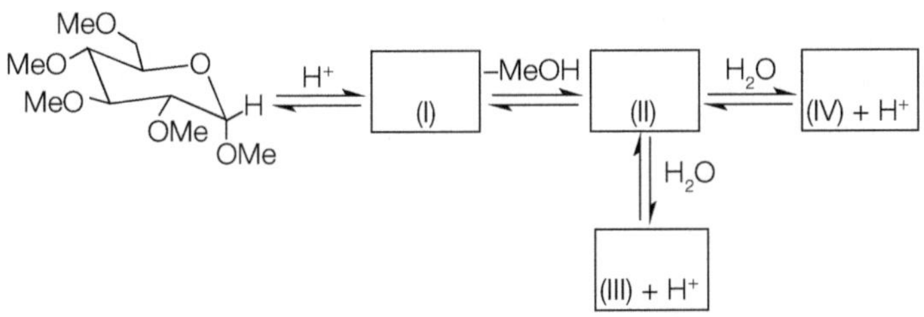

12. Preveja os produtos principais de cada uma das reações indicadas, considerando que para os éteres acíclicos um álcool ou um fenol é obtido como produto.

a) 

b) 

c) 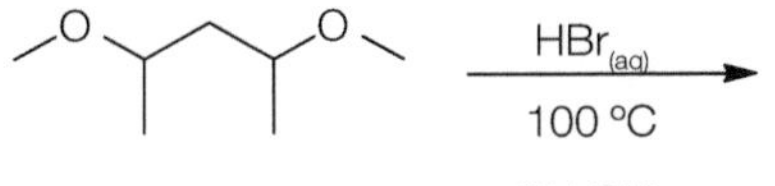

d) 

e) 

f) 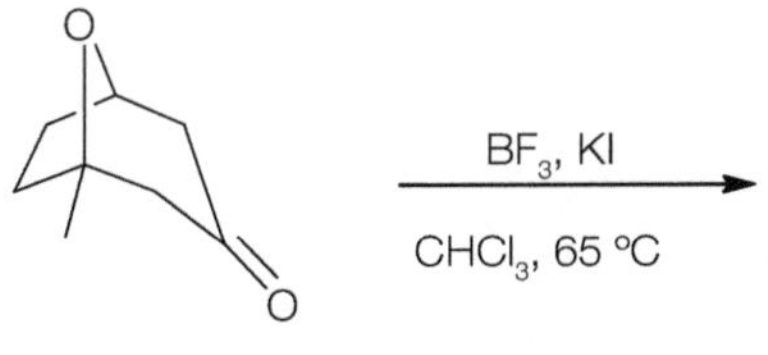

g) 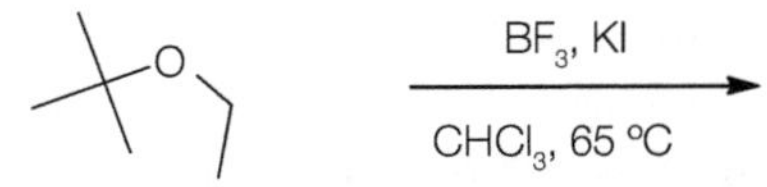

13. Considerando a fórmula estrutural da periplanona B apresentada na página 213, quantos estereoisômeros desse composto podem existir?

14. As propriedades anestésicas do éter dietílico e do óxido nitroso (N_2O) são conhecidas desde 1840. A empresa farmacêutica Zeneca introduziu no mercado, em 1957, o primeiro anestésico moderno para ser administrado por inalação. Esse composto é conhecido pelo nome comercial *halotano*. Seu nome sistemático é 2-bromo-2-cloro-1,1,1-trifluoroetano. Outros anestésicos foram posteriormente desenvolvidos por diversas empresas, entre eles os seguintes: 2,2-dicloro-1,1-difluoroetil metil éter (metoxiflurano, 1960); 2-cloro-1,1,2-trifluoroetil difluorometil éter (enflurano); 1-cloro-2,2,2-trifluoroetil difluorometil éter (isoflurano, 1981); 1,2,2,2-tetrafluoroetil difluorometil éter (desflurano, 1992).

Represente as fórmulas estruturais para os anestésicos citados.

15. Óleos voláteis de rosa originários da Bulgária são famosos por seu aroma agradável. O aroma é em parte devido a uma mistura diasteroisomérica de terpenos conhecidos como *óxido de rosa* (2a e 2b). Esses compostos podem ser obtidos pelo tratamento do diol (1) com ácido, sob aquecimento, conforme representado na equação a seguir:

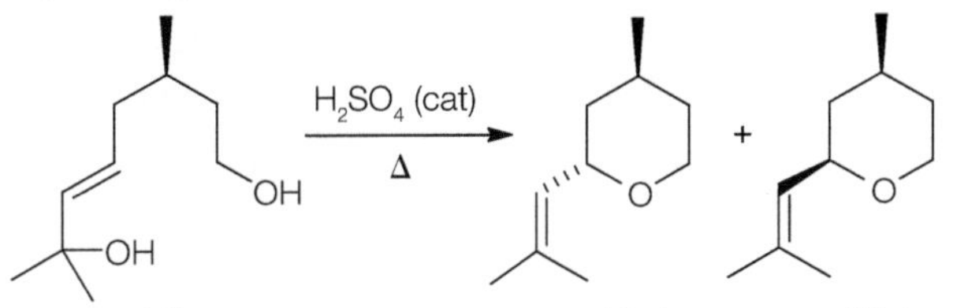

(1) (2a) (2b)

Considerando a equação anterior, complete os espaços a seguir e faça o que se pede:

a) A configuração absoluta do carbono assimétrico no composto (1) é ______.
b) A ligação dupla do composto (1) apresenta geometria _______.
c) As configurações absolutas dos átomos de carbono 2 e 4 no composto (2a) são ____e _____.
d) O nome sistemático do composto (1) é___________.
e) Represente a fórmula estrutural do enantiômero do composto (1).
f) Represente a fórmula estrutural do enantiômero do composto (2b).
g) Represente todas as etapas do mecanismo envolvido na transformação de (1) em (2).
h) Explique por que a reação descrita resulta na formação de dois compostos isoméricos.

16. Indique qual o reagente ou o conjunto de reagentes orgânicos, ou inorgânicos, poderiam ser utilizados para converter os materiais de partida nos respectivos produtos indicados a seguir. Note que para a resolução de algumas dessas questões você deverá utilizar reações estudadas nos capítulos anteriores.

a)

b)

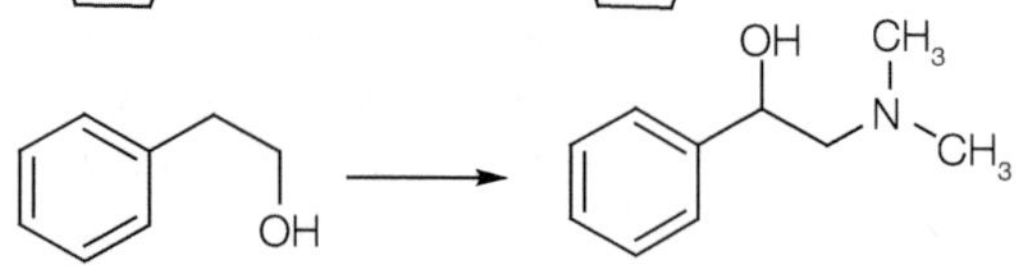

c)

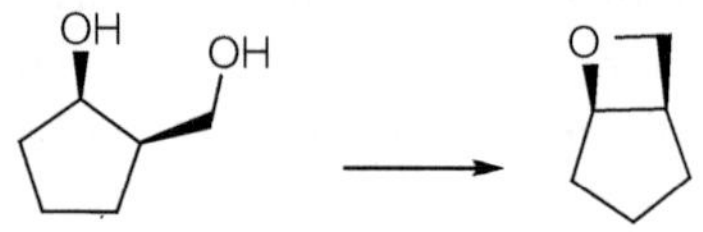

d)

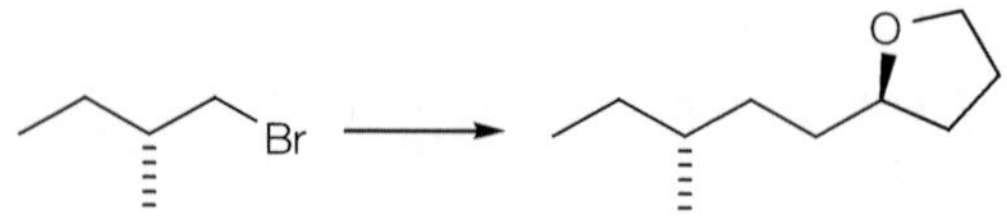

17. Desafio: qual é a estereoquímica do produto formado pela hidrólise ácida do *trans*-4,5-epoxi-4-metiloctano? Apresente o mecanismo para essa transformação.

18. Desafio: qual o nome sistemático para a (+)-disparlura? (Sua estrutura é apresentada no início deste capítulo.) Quais produtos seriam formados pelo tratamento da (+)-disparlura com MeONa em metanol? Forneça os nomes sistemáticos para esses compostos. Em todos os casos não se esqueça de indicar a configuração absoluta dos carbonos assimétricos.

Capítulo 11

Aminas

Resumo

Aminas são compostos nitrogenados que apresentam como característica marcante a basicidade. Em função da grande diversidade estrutural, elas podem ser classificadas em alifáticas e aromáticas, sendo ainda subdivididas em primárias, secundárias e terciárias. Exemplos de aminas naturais biologicamente ativas são apresentados no início do capítulo, juntamente a exemplos de sais de amônio quaternário. Diversas regras de nomenclatura recomendadas pela IUPAC são apresentadas para aminas e sais de amônio. São discutidos os efeitos estruturais sobre a basicidade das aminas alifáticas e aromáticas. A reatividade das aminas é ilustrada por meio de reações ácido-base; formação de amidas e sulfonamidas; reação com ácido nitroso com consequente formação de sais de diazônio; e reações de oxidação.

Objetivos de aprendizagem

Após o estudo deste capítulo você deverá ser capaz de:

- Nomear aminas e sais de amônio aplicando as regras da IUPAC.
- Representar as fórmulas estruturais das seguintes aminas heterocíclicas comuns: piridina, pirrol, quinolina e indol.
- Listar algumas aminas comuns, apresentando suas fontes, atividades biológicas e fórmulas estruturais.
- Classificar aminas alifáticas em ordem crescente de basicidade, explicando os diversos fatores associados a essa propriedade.
- Classificar aminas aromáticas em ordem crescente de basicidade, correlacionando essa propriedade com a influência de grupos doadores e retiradores de elétrons ligados ao anel benzênico.
- Formular um esquema de separação para uma mistura de compostos orgânicos pouco solúveis em água que contenha uma amina.
- Predizer os produtos principais das reações de aminas com ácido nitroso.
- Predizer os produtos principais das reações de azocompostos com diversos nucleófilos.
- Listar três reagentes utilizados para a redução de nitrocompostos a aminas.
- Propor esquemas de síntese para azocompostos complexos a partir de compostos aromáticos simples.

Aminas são compostos orgânicos que possuem um, dois ou três grupos orgânicos (alquil ou aril) ligados a um átomo de nitrogênio. Elas são classificadas como primárias (RNH_2), secundárias (R_2NH) e terciárias (R_3N), conforme o número de grupos ligados ao nitrogênio. Deve-se observar que os termos *primário*, *secundário* e *terciário* têm um significado diferente do já usado em capítulos anteriores. No caso das aminas, eles se referem ao número de grupos orgânicos ligados ao nitrogênio, independentemente da natureza destes. Por exemplo, a metilamina [CH_3NH_2] é uma amina primária; a dimetilamina [$(CH_3)_2NH$], secundária; e a trimetilamina [$(CH_3)_3N$] é terciária.

Se apenas grupos alquila estiverem ligados ao nitrogênio, as aminas serão denominadas *alifáticas*. Se o nitrogênio estiver *diretamente* ligado a pelo menos um grupo aril, a amina será denominada *aromática*.

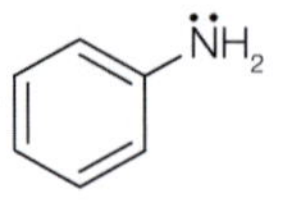

Anilina: amina aromática primária

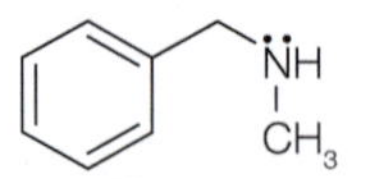

N-metilbenzilamina: amina alifática secundária

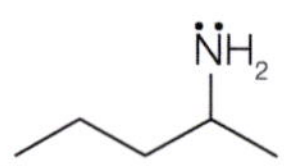

1-metilbutilamina: amina alifática primária

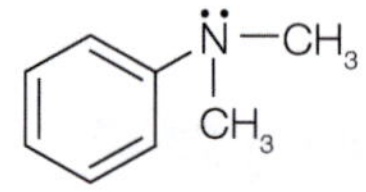

N,*N*-dimetilanilina: amina aromática terciária

Existem compostos em que o nitrogênio está ligado a quatro grupos (alquil, aril ou hidrogênio). Nesse caso, o nitrogênio é carregado positivamente, sendo o composto denominado *sal de amônio*.

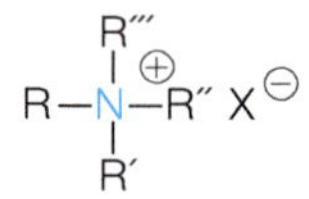

Sal de amônio quaternário

As aminas voláteis normalmente têm odor bastante desagradável. A putrescina e a cadaverina são produtos da decomposição de proteínas por bactérias. Elas receberam esses nomes não sistemáticos em razão de serem formadas durante a putrefação de animais mortos. O indol e o escatol são também formados pela decomposição de proteínas e contribuem para o odor das fezes. A metilamina, a dimetilamina e a trimetilamina são responsáveis pelo odor dos peixes.

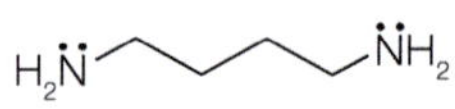

Putrecina

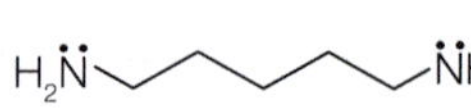

Cadaverina

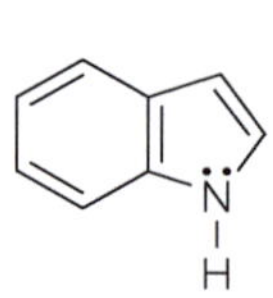

Indol

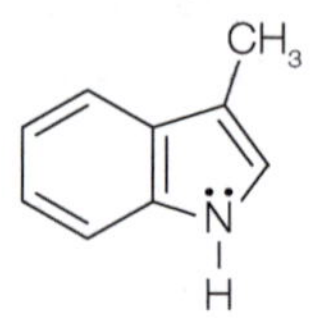

Escatol

Muitas aminas produzidas por plantas e animais apresentam as mais diversas propriedades fisiológicas. A adrenalina é liberada pelas glândulas suprarrenais em situação de intenso medo ou excitação. Em aproximadamente 400 a.C., o filósofo grego Sócrates foi sentenciado à morte, sendo condenado a tomar um extrato de *Conium maculatum*, que contém a amina coniina, extremamente tóxica.

A nicotina é encontrada em grande quantidade (4% a 6%) em folhas de fumo (*Nicotiana tabacum*), sendo muito tóxica tanto para seres humanos quanto para insetos. Utilizada no século XVII como o primeiro inseticida orgânico, ainda hoje encontra ampla aplicação para esse fim. Esse composto causa a dependência experimentada por fumantes de cigarro.

A cocaína, presente nas folhas de coca (*Erythroxylon coca*), foi isolada pela primeira vez em 1860. Em 1886, o farmacêutico norte-americano doutor John Pemberton começou a comercializar uma bebida preparada com extrato de *Cola acuminata* e *Erythroxylon coca*. Por sugestão de seu sócio, Frank Robinson, a bebida foi denominada *Coca-Cola*, pois em sua opinião "os dois *CC* ficariam bem para uma propaganda". Dois anos após o estabelecimento do negócio, Pemberton faleceu, e a empresa foi comprada pela Asa Candler por aproximadamente dois mil dólares — um pequeno investimento para o que se tornaria um império de milhões de dólares. Em 1902, foi proibida a utilização de extrato de *E. coca* nessa bebida, mas mesmo assim ela continuou sendo muito popular. Essa proibição deveu-se à presença de cocaína — droga que causa dependência.

Apesar de ser considerada uma droga de uso ilícito, a cocaína foi o primeiro composto a ser utilizado, em 1884, como anestésico local para cirurgia de olhos e extração de dentes. O uso desse composto leva à sensação de excitação e euforia e causa dependência e insônia. Em mulheres grávidas produz lesões irreversíveis no cérebro do bebê, que resultam em problemas de coordenação, comportamento e aprendizagem.

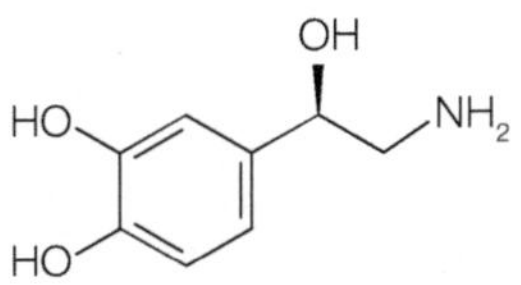

Adrenalina

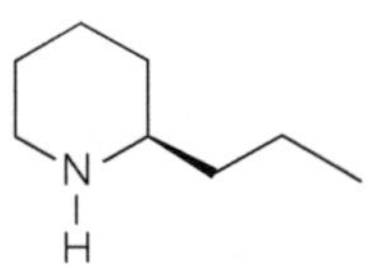

Coniina

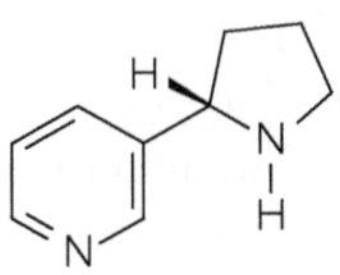

Nicotina

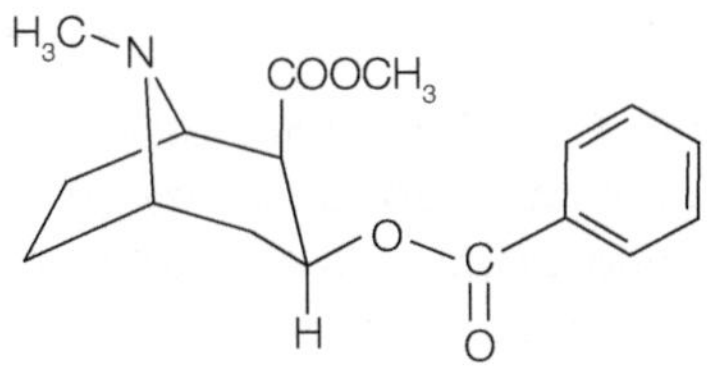

Cocaína

Um exemplo de sal de amônio natural é o cloreto de tubocurarina, componente principal do curare, extrato da planta *Chondodendron tomentosum*. Esse extrato é utilizado por índios da América do Sul para envenenar flechas para caçadas, uma vez que ele é capaz de produzir um quadro de paralisia progressiva, mesmo em animais de grande porte, levando à morte por asfixia. Entretanto, hoje, a tubocurarina é utilizada em cirurgias para produzir relaxamento da musculatura esquelética. Esse composto foi isolado em 1935 pelo doutor Harold King, que, por não possuir a planta fresca para seu trabalho, utilizou uma amostra seca que se encontrava no Museu Britânico. Pelo fato de a amostra ter sido armazenada em um tubo de vidro, o principal constituinte isolado desse material foi denominado *tubocurarina*.

O composto sintético cloridrato de metanfetamina é um estimulante do sistema nervoso central que tem sido utilizado em tratamento de obesos. Entretanto, ele pode causar elevação na pressão arterial e no batimento cardíaco, podendo resultar em infarto do miocárdio.

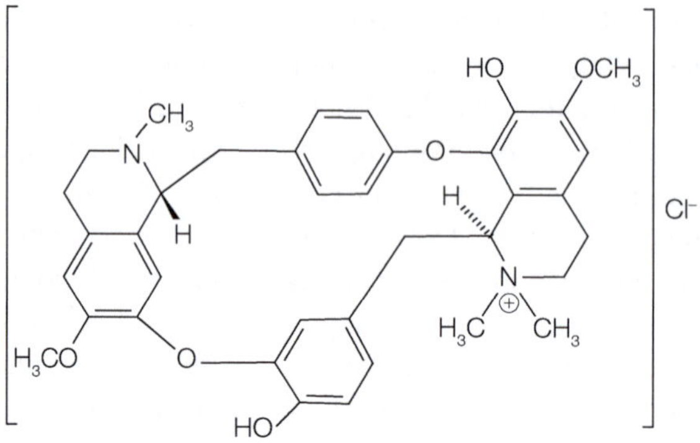

Cloreto de (+)-tubocurarina

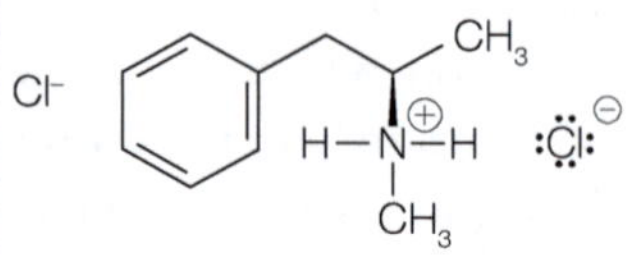

Cloridrato de metanfetamina

Sais de amônio quaternário são surfactantes catiônicos bastante usados nas formulações de sabões, detergentes, xampus etc. Um exemplo é o cloreto de hexadeciltrimetilamônio. Esses sais não são bons detergentes, mas, uma vez que possuem ação germicida, são utilizados, juntamente a outros surfactantes não iônicos, na formulação de desinfetantes para uso na indústria de alimentos.

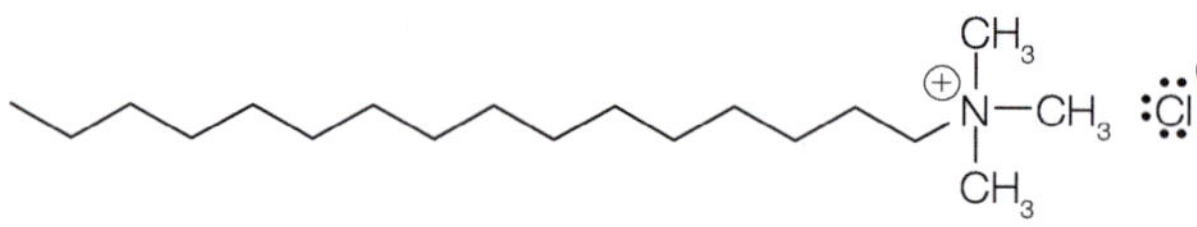

Cloreto de hexadeciltrimetilamônio

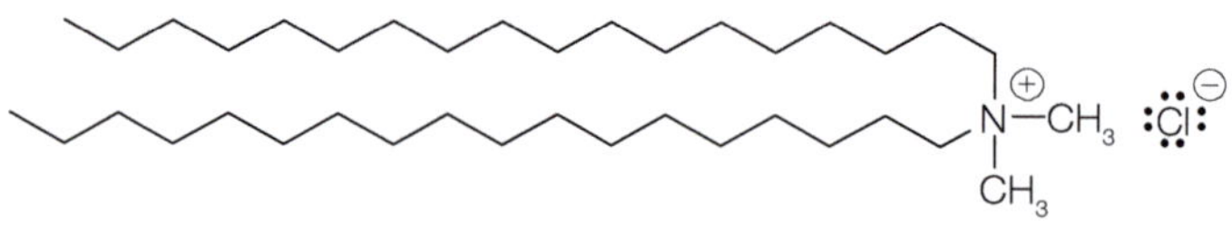

Cloreto de dioctadecildimetilamônio

Sais de amônio quaternário contendo duas cadeias carbônicas longas e duas menores são normalmente utilizados na formulação de amaciantes de roupa, como é o caso do cloreto de dioctadecildimetilamônio. Esses compostos atuam ligando-se por atração eletrostática à superfície da fibra, e formam um filme extremamente fino. As cadeias longas atuam como lubrificantes, conferindo maior flexibilidade e maciez ao tecido.

Nomenclatura

Conforme foi visto, a palavra *amina* é utilizada de forma genérica para descrever compostos do tipo RNH_2, RR'NH e RR'R"N.[1] Além dos nomes não sistemáticos mantidos pela IUPAC, existem três métodos gerais para nomear tais compostos.

Aminas primárias

As aminas primárias podem ser nomeadas das seguintes maneiras:

a) cita-se o nome do grupo alquil R como prefixo, acrescido do termo *azano*;[2]

b) cita-se o nome do hidreto parental R–H, com elisão do *o* terminal, seguido do sufixo *amina*;

c) cita-se o nome do grupo alquil R seguido do sufixo *amina*.

---

1 Nessas fórmulas gerais, o grupo R (alquil) pode ser substituído por um grupo Ar (aril).

2 Azano é o nome dado ao NH_3, o hidreto parental derivado do nitrogênio. Esse composto é conhecido como amônia.

Os seguintes exemplos ilustram esses três sistemas de nomenclatura:

$CH_3CH_2CH_2NH_2$	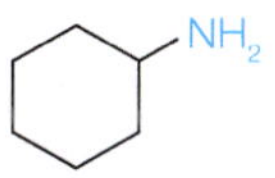	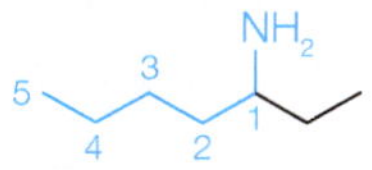
(a) Propilazano (b) Propanamina (c) Propilamina	(a) Cicloexilazano (b) Cicloexanamina (c) Cicloexilamina	(a) 1-etilpentilazano (b) 1-etilpentanamina (c) 1-etilpentilamina

Observe no terceiro exemplo que, quando o grupo $-NH_2$ encontra-se no meio da cadeia, a numeração inicia-se a partir de seu ponto de ligação, sendo o restante da cadeia citado como substituinte. No caso em questão o substituinte é o grupo etil.[3]

Quando o grupo $-NH_2$ não for o principal, ele será nomeado pelo prefixo *amino* como nos exemplos a seguir:

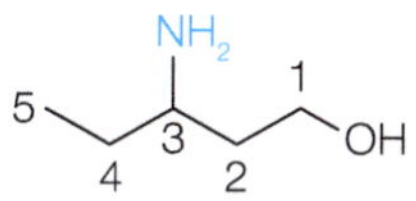
3-aminopentan-1-ol

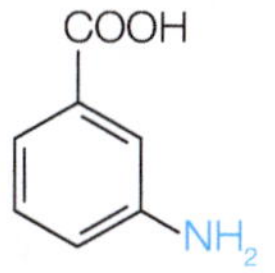
Ácido *m*-aminobenzoico

O Quadro 11.1 lista alguns nomes não sistemáticos de aminas e os respectivos grupos, recomendados pela IUPAC.

Diaminas e poliaminas primárias em que todos os grupos amino estão ligados a uma cadeia alifática ou diretamente a um anel são nomeadas pelo uso dos sufixos *diamina*, *triamina* etc., adicionados ao nome do composto parental. Nesse caso, os sufixos são antecedidos por numerais indicadores das posições dos grupos $-NH_2$. A numeração da cadeia é feita de modo que os grupos amino recebam os menores números possíveis.

Propano-1,3-diamina

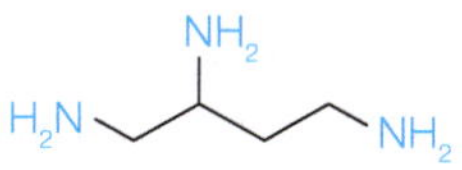
Butano-1,2,4-triamina

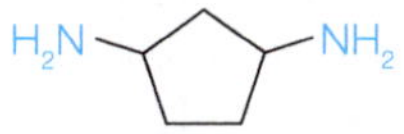
Ciclopentano-1,3-diamina

Quadro 11.1 Nomes não sistemáticos de aminas e respectivos grupos monovalentes

Amina		**Grupo**	
Nome	**Fórmula**	**Nome**	**Fórmula**
Anilina	$C_6H_5NH_2$	Anilino	C_6H_5NH-
Anisidina (*o*, *m*, *p*)	$MeO-C_6H_4NH_2$	Anisidino (*o*, *m*, *p*)	$MeO-C_6H_4NH-$
Fenetidina (*o*, *m*, *p*)	$EtO-C_6H_4NH_2$	Fenetidino (*o*, *m*, *p*)	$EtO-C_6H_4NH-$
Toluidina (*o*, *m*, *p*)	$Me-C_6H_4NH_2$	Toluidino (*o*, *m*, *p*)	$Me-C_6H_4NH-$

3 Na coleção Handbuch der Organischen Chemie, o uso do prefixo *amino* é permitido como método alternativo quando o $-NH_2$ for o grupo principal. Nesse caso, a cicloexilamina e a 1-etilbutilamina seriam chamadas de *aminocicloexano e 3-aminoexano*, respectivamente. Esse tipo de nomenclatura não é recomendado pela IUPAC.

Teste 11.1

Represente as fórmulas estruturais para as seguintes aminas:

a) Butilamina
b) 2-Aminopentano-1,3-diol
c) Benzilazano
d) 1,2-Dimetilpentilamina
e) Pentano-1,2,4-triamina
f) (*E*)-But-2-eno-1,4-diamina

Aminas secundárias e terciárias

Aminas secundárias e terciárias simétricas, ou seja, aquelas em que os grupos ligados ao nitrogênio são iguais, são nomeadas por um dos seguintes sistemas:

a) cita-se o nome do grupo alquil (R) ou aril (Ar), precedido dos prefixos *di* ou *tri* e acrescido do termo *azano*;

b) cita-se o nome do grupo alquil ou aril, precedido dos prefixos *di* ou *tri* e acrescido do termo *amina*.

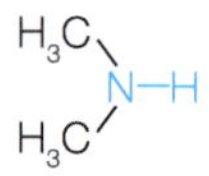

a) Dimetilazano
b) Dimetilamina

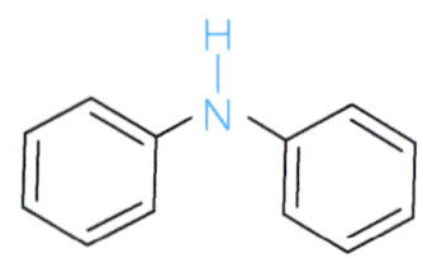

a) Difenilazano
b) Difenilamina

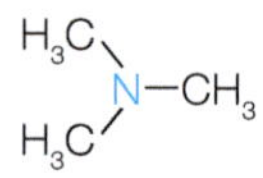

a) Trimetilazano
b) Trimetilamina

No nome de aminas simétricas secundárias e terciárias que possuem grupos substituídos, a localização dos substituintes é feita utilizando-se apóstrofos ou citando-se os nomes dos grupos entre parênteses, conforme os dois sistemas de nomenclatura apresentados anteriormente.

$(ClCH_2CH_2)_2NH$

a) Bis(2-cloroetil)azano
b) Bis(2-cloroetil)amina
c) 2,2' Diclorodietilamina

$(ClCH_2CH_2)_3N$

a) Tris(2-cloroetil)azano
b) Tris(2-cloroetil)amina
c) 2,2',2''-Ticlorotrietilamina

As aminas secundárias e terciárias assimétricas e não muito complexas são nomeadas como produtos de substituição, no nitrogênio, de uma amina primária (RNH_2). Escolhe-se um dos dois (no caso de amina secundária) ou dos três (no caso de amina terciária) grupos como o principal, o qual dará origem ao nome da amina. A escolha do grupo principal é feita de acordo com as regras apresentadas nos capítulos 2 e 10. A indicação de que os substituintes encontram-se ligados ao nitrogênio é feita colocando-se a letra *N* (em itálico) antes deles.

No primeiro exemplo a seguir, o nitrogênio está ligado aos grupos metil e cicloexil. Nesse caso, o cicloexil tem maior prioridade. Assim o composto é nomeado como sendo um derivado da cicloexilamina. A indicação de que dois grupos metila estão ligados ao nitrogênio é feita adicionando-se o termo *N,N*-dimetil antes de cicloexilamina. Observe que não se utiliza hífen entre o nome do grupo substituinte e o da estrutura principal.

No segundo exemplo, considera-se que o composto é derivado da anilina. Os dois substituintes (metil e butil) são citados em ordem alfabética.

Existem outros sistemas para nomear esses tipos de aminas. O leitor interessado deve consultar as referências citadas ao final do livro.

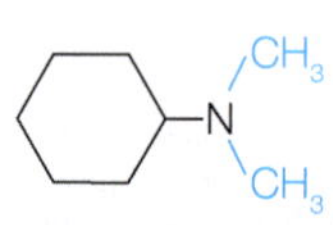

N,N-dimetilcicloexilamina

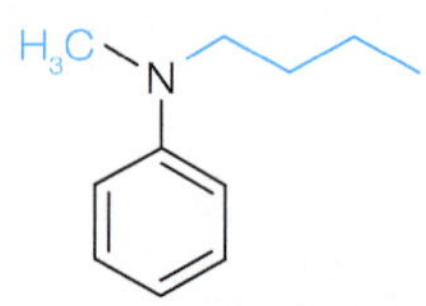

N-butil-*N*-metilanilina

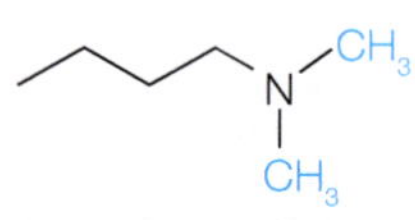

N,N-dimetilbutilamina

Teste 11.2

Represente as fórmulas estruturais para as seguintes aminas:

a) *N*-Metilbutilamina
b) Tributilamina
c) *N*-Etil-*N*-metilciclopentilamina
d) 4-(Dimetilamino)fenol
e) Dibutilazano
f) 2-Cloro-*N*-metilanilina

Sais de amônio

Sais ou hidróxidos contendo nitrogênio tetravalente são denominados *sais de amônio*. Esses compostos são nomeados como sal ou hidróxido de amônio. O nome do ânion é citado, seguido da preposição *de* e dos nomes dos grupos ligados ao nitrogênio acrescidos da terminação *amônio*.

$[N(CH_3)_4]^{\oplus} Br^{\ominus}$ Brometo de tetrametilamônio

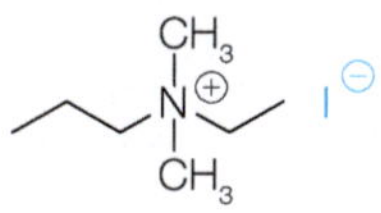

Iodeto de etildimetilpropilamônio

Quando o composto for considerado derivado de uma base cujo nome não termina em *amina*, sua natureza quaternária será indicada pela substituição da terminação *a* da base por *io*, antecedido do nome do ânion. Os dois exemplos que se seguem são derivados da anilina:

$[C_6H_5NH_3]^{\oplus}Cl^{\ominus}$ Cloreto de anilinio

$[C_6H_5NH_3]^{\oplus}HSO_4^{\ominus}$ Hidrogênio sulfato de anilinio

Aminas heterocíclicas

Vários compostos nitrogenados heterocíclicos recebem nomes especiais que são mantidos pela IUPAC. Nesse caso a numeração inicia-se sempre pelo heteroátomo, conforme ilustrado a seguir:

Aziridina

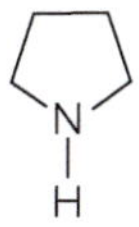

Pirrolidina

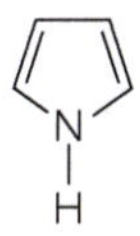

Pirrol

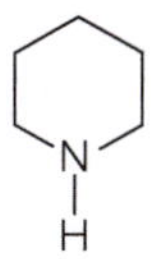

Piperidina

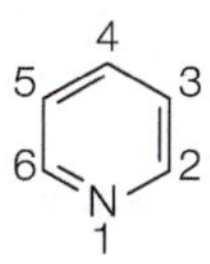

Piridina

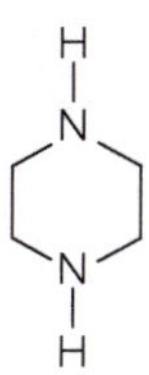

Piperazina

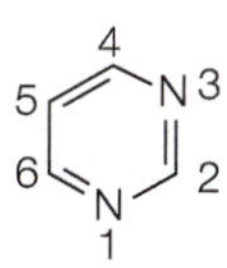

Pirimidina

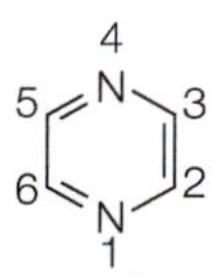

Pirazina

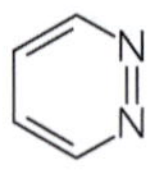

Piridazina

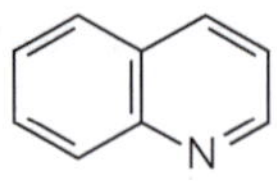

Quinolina

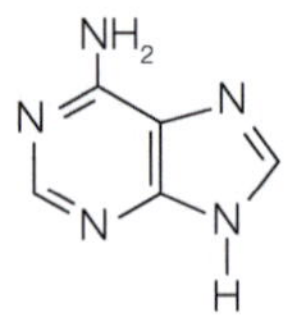

Adenina

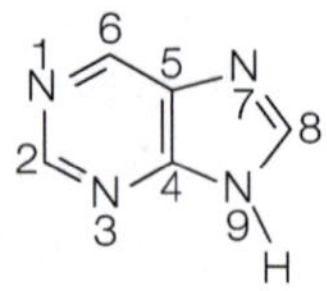

Purina

Teste 11.3

Represente as fórmulas estruturais para os seguintes compostos:

a) 4-Aminoquinolina

b) *N*-Metilpirrol

c) 2-Cloropiridina

d) Brometo de tetrametilamônio

e) 2-Cloroaziridina

f) Trifenilamina

Teste 11.4

Apresente os nomes dos seguintes compostos:

a) 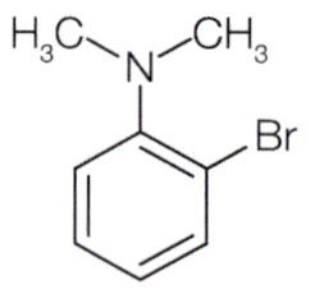

b) 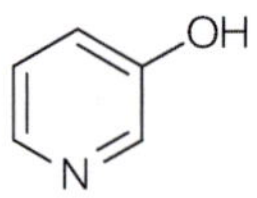

c) 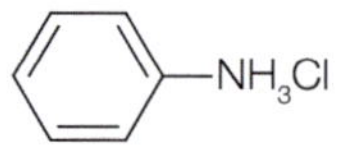

d) 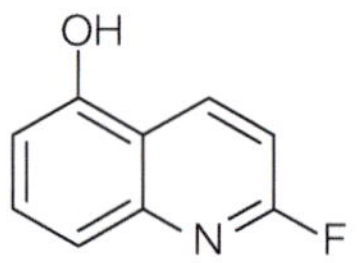

Estrutura e propriedades físicas

O nitrogênio das aminas apresenta hibridação sp^3, de modo que os grupos (ou átomos) a ele ligados ocupam três vértices de um tetraedro. O quarto vértice é ocupado pelo par de elétrons não ligantes (ou pelo quarto grupo no caso dos sais de amônio). O ângulo entre os vários grupos varia em razão da natureza destes, mas seu valor gira em torno de 109°. As aminas apresentam, portanto, geometria piramidal, e os sais de amônio, geometria tetraédrica.

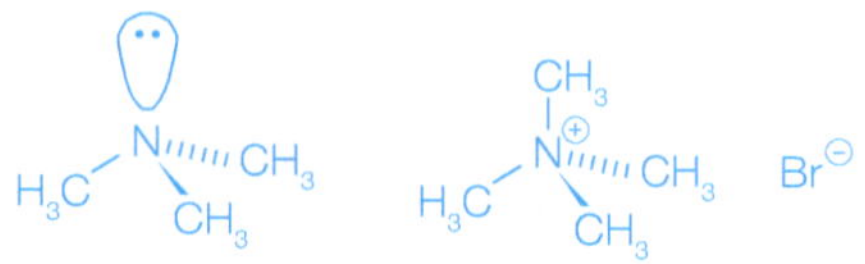

Como consequência da geometria piramidal, as aminas com três grupos diferentes ligados ao nitrogênio são quirais, de forma análoga aos compostos que possuem carbono assimétrico. Todavia, diferentemente dos compostos com carbonos assimétricos, a maioria das aminas não pode ser resolvida[4] em dois enantiômeros, porque as duas formas enantioméricas se interconvertem rapidamente uma na outra, passando por

[4] Resolução é o termo utilizado para descrever o processo de separação dos enantiômeros de uma mistura racêmica.

um intermediário em que o nitrogênio apresenta hibridação sp^2, conforme ilustrado a seguir:

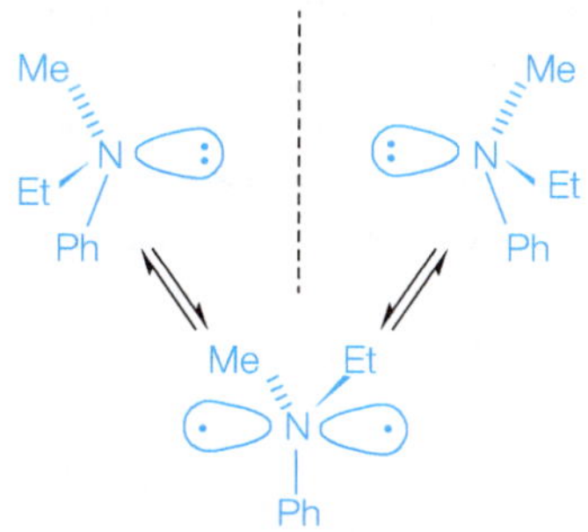

Configuração trigonal plana (N: sp^2)

A energia necessária para essa inversão é de aproximadamente 25 kJ mol^{-1}, um valor que é apenas cerca de duas vezes a quantidade de energia necessária para promover a rotação em torno de uma ligação simples carbono-carbono.

Se uma amina possui três grupos diferentes ligados ao átomo de nitrogênio e a interconversão entre as duas formas isoméricas é restrita em razão de aspectos estruturais, então cada um dos enantiômeros pode ser obtido isoladamente. Um exemplo é a base de Tröger, que possui um grupo CH_2 ligando os dois átomos de nitrogênio, o que impede a conversão. Nesse caso cada um dos enantiômeros pode ser obtido de forma pura.

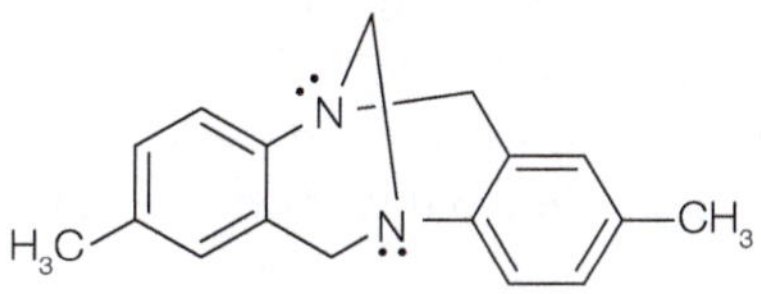

Base de Tröger

No caso dos sais de amônio com quatro grupos diferentes ligados ao nitrogênio, a inversão não ocorre, sendo, portanto, possível separar as duas formas enantioméricas.

Dados de massa molar, temperatura de fusão, temperatura de ebulição, densidade e constante de basicidade de algumas aminas simples são apresentados no Quadro 11.2. De forma análoga às várias classes de compostos orgânicos, as temperaturas de fusão e ebulição das aminas elevam-se com o aumento da massa molar.

As temperaturas de ebulição das aminas primárias são maiores que as dos alcanos de massa molar semelhante e menores que as dos álcoois correspondentes. Isso ocorre porque, sendo o nitrogênio menos eletronegativo que o oxigênio, as ligações de hidrogênio (N–H····N) entre as moléculas de aminas são mais fracas que as ligações de hidrogênio (O–H····O) entre as moléculas de álcool.

As ligações de hidrogênio, mais importantes entre as aminas primárias que entre as secundárias, não são formadas entre as moléculas de aminas terciárias. Assim, considerando aminas com grupos alquila primários apenas, as aminas primárias apresentam temperatura de ebulição maior que as secundárias, e estas, maior que as terciárias de massa molar semelhante.

Todos os tipos de aminas podem formar ligações de hidrogênio com moléculas de água, e, em consequência disso, aquelas com até quatro ou cinco átomos de carbono são bastante solúveis nesse solvente. Com o aumento do número de átomos de carbono, a solubilidade em água diminui.

Basicidade

Por causa da presença de um par de elétrons não ligantes no átomo de nitrogênio, as aminas comportam-se como bases de Lewis, assim como os álcoois e os éteres. Como o nitrogênio é menos eletronegativo que o oxigênio, as aminas têm maior tendência a reagir com prótons que os álcoois e éteres, sendo, portanto, mais básicas que esses compostos. A basicidade é, portanto, uma das propriedades características das aminas.

A basicidade de um composto em meio aquoso pode ser determinada considerando-se o equilíbrio:

$$B\!:_{(aq)} + H_2O_{(excesso)} \rightleftharpoons \overset{+}{B}H_{(aq)} + OH^-_{(aq)}$$

A constante de equilíbrio (K_b) para essa reação, em uma solução bastante diluída, é:

$$K_b = \frac{[BH^+][OH^-]}{[B:]} \qquad \text{e} \qquad pK_b = -\log K_b$$

Nesse caso, como o solvente se encontra em quantidade muito grande em relação à base, o termo $[H_2O]$ é praticamente constante e foi incorporado ao valor de K_b.

A constante K_b é, portanto, uma medida da força da base, de modo que, quanto maior seu valor, maior é a tendência da base em aceitar um próton da água, ou seja, mais forte é a base.

Observando os valores de K_b das aminas alifáticas (Quadro 11.2), percebe-se que elas são mais básicas que a amônia (K_b = 1,8 × 10^{-5}). Pode-se explicar esse fato considerando-se a maior densidade eletrônica sobre o nitrogênio, devida ao efeito indutivo doador de elétrons dos grupos alquila.

Quadro 11.2 Propriedades físicas de algumas aminas e da amônia

Amina	Massa molar/ (g mol^{-1})	T_f/°C	T_e/°C	ρ/(g cm^{-3})	K_b (25 °C)
Amônia	17	−77,7	−33,4	0,6800*	1,8 × 10^{-5}
Primária					
Metilamina	31	−94	−6,3	0,6628	4,4 × 10^{-4}
Etilamina	45	−81	16,6	0,6829	5,6 × 10^{-4}
Propilamina	59	−83	47,8	0,7173	4,7 × 10^{-4}
Butilamina	73	−49	77,8	0,7414	4,1 × 10^{-4}
Secundária					
Dimetilamina	45	−93	7,4	0,6804	5,2 × 10^{-4}
Dietilamina	73	−48	56,3	0,7051	9,6 × 10^{-4}
Dipropilamina	101	−40	110	0,7400	9,5 × 10^{-4}
Dibutilamina	129	−60	159	0,7600	9,5 × 10^{-4}
Terciária					
Trimetilamina	59	−117	2,9	0,6356	6,2 × 10^{-5}
Trietilamina	101	−114	89,3	0,7256	5,7 × 10^{-4}
Tripropilamina	143	−94	155	0,7556	4,4 × 10^{-4}
Tributilamina	185	—	213	0,7771	—

* Valor a −33,2 °C.

A dimetilamina ($K_b = 5{,}2 \times 10^{-4}$), uma amina secundária, possui dois grupos alquila (doadores de elétrons), sendo, portanto, mais básica que a metilamina ($K_b = 4{,}4 \times 10^{-4}$), que é primária. Já a trimetilamina ($K_b = 0{,}62 \times 10^{-4}$), apesar de apresentar três grupos doadores de elétrons, é a menos básica das três. Ou seja, a ordem de basicidade dessas aminas é: $(CH_3)_2NH > CH_3NH_2 > (CH_3)_3N > NH_3$.

Considerando-se o efeito indutivo doador de elétrons dos grupos metila, era de se esperar que a trimetilamina fosse a mais básica das três. Entretanto, essa inversão na ordem de basicidade, prevista apenas com base no efeito indutivo doador de elétrons dos grupos alquila, é explicada com a estabilização do íon positivo formado pela solvatação por moléculas de água. Assim, quanto mais hidrogênios estiverem ligados ao átomo de nitrogênio carregado positivamente, maior a possibilidade de solvatação desse íon por meio de ligações de hidrogênio com a água (Figura 11.1).

Assim, ao longo da série NH_3 à RNH_2 à R_2NH à R_3N, o efeito indutivo doador de elétrons aumenta, com isso aumentando a basicidade da amina. Por outro lado, nessa mesma sequência a estabilização do cátion por solvatação diminui, o que tende a diminuir a basicidade, ou seja, os dois efeitos atuam de forma contrária. Assim, o efeito líquido da introdução de sucessivos grupos alquila no nitrogênio torna-se progressivamente menor, e a mudança, em termos de basicidade, ocorre ao se passar de uma amina secundária para uma terciária, de modo que, em geral, tem-se a seguinte ordem decrescente de basicidade: $R_2NH > RNH_2 > R_3N$.

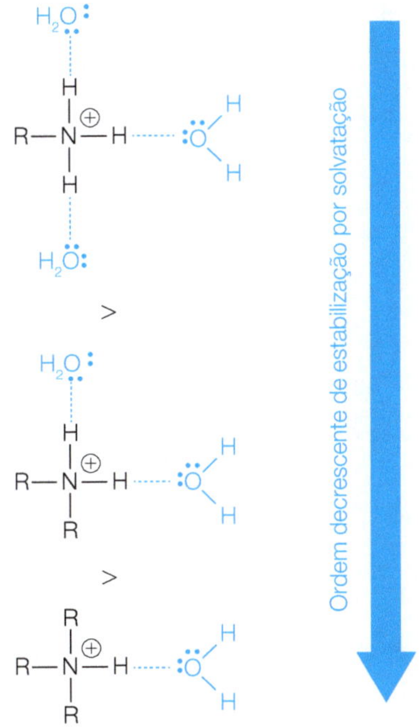

Figura 11.1 Estabilização de cátions derivados de aminas pela solvatação por moléculas de água.

Diferentemente das aminas alifáticas, as aromáticas são menos básicas que a amônia (Quadro 11.3). Esse fato pode ser compreendido considerando-se que o par de elétrons não ligantes pode se deslocalizar sobre o anel aromático, conforme ilustrado a seguir, tornando-se dessa forma menos disponível para se ligar a um próton.

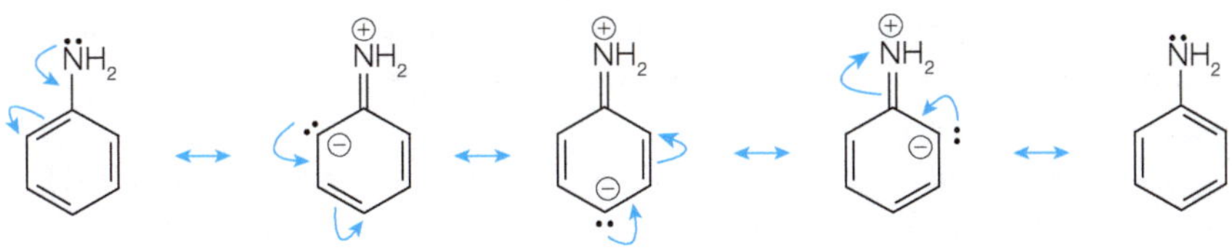

A presença de grupos doadores de elétrons no anel aromático aumenta a basicidade da amina em relação à anilina, enquanto a presença de grupos retiradores de elétrons diminui ainda mais a basicidade das aminas aromáticas, pois estabiliza as estruturas de ressonância do anel que possuem cargas negativas. Por exemplo, observe que enquanto a anilina possui $K_b = 3{,}8 \times 10^{-10}$, o K_b para a 4-metoxianilina é 20×10^{-10} e para a 4-nitroanilina é 1×10^{-13}.

Quadro 11.3 Valores de Kb de algumas anilinas substituídas*

	K_b, 25 °C		
Substituinte	**orto**	**meta**	**para**
metoxi	$3{,}3 \times 10^{-10}$	$1{,}7 \times 10^{-10}$	$2{,}0 \times 10^{-9}$
metil	$2{,}8 \times 10^{-10}$	$5{,}2 \times 10^{-10}$	$1{,}2 \times 10^{-9}$
cloro	$4{,}2 \times 10^{-12}$	$3{,}3 \times 10^{-11}$	$9{,}5 \times 10^{-11}$
bromo	$3{,}4 \times 10^{-12}$	$3{,}8 \times 10^{-11}$	$7{,}2 \times 10^{-11}$
metoxi	$3{,}3 \times 10^{-10}$	$1{,}7 \times 10^{-10}$	$2{,}0 \times 10^{-9}$
ciano	$8{,}9 \times 10^{-14}$	$5{,}6 \times 10^{-12}$	$5{,}5 \times 10^{-13}$
nitro	$6{,}0 \times 10^{-15}$	$2{,}9 \times 10^{-12}$	$1{,}0 \times 10^{-13}$

* Para a anilina Kb = $3{,}8 \times 10^{-10}$.

Teste 11.5

Dentre os pares de compostos listados a seguir, indique qual é o mais básico em meio aquoso. Justifique sua resposta.

a) Butilamina e *meta*-cloroanilina

b) Pirrol e pirrolidina

c) Metilamina e etilamina

Reações

A seguir veremos as seguintes reações do grupo amina: reação ácido-base, substituição nucleofílica, formação de amidas e sulfonamidas, reação com ácido nitroso, oxidação e reações de outros compostos nitrogenados.

Reação ácido-base

As aminas são suficientemente básicas para reagir quantitativamente com ácidos orgânicos e inorgânicos, formando sais:

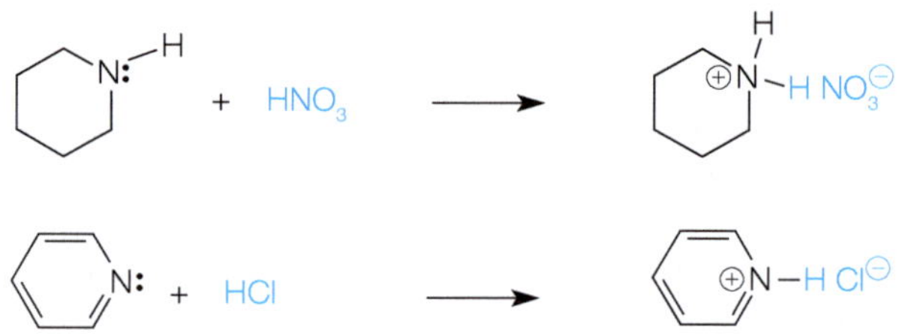

Os sais de aminas são sólidos e, sendo compostos iônicos, são solúveis em água e pouco solúveis em solventes menos polares, como hexano, benzeno e éter dietílico.

O tratamento dos sais de amônio com bases fortes, como NaOH, é também uma reação ácido-base e resulta na regeneração da amina.

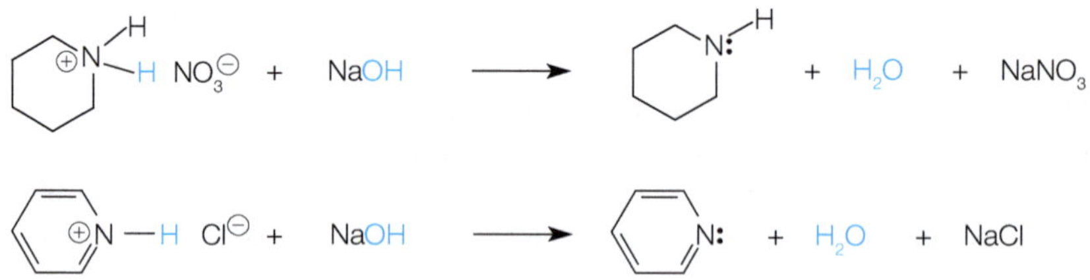

A transformação de aminas em sais, bem como sua regeneração por meio do tratamento desses sais com uma base forte, é um procedimento comumente utilizado na purificação dessa classe de compostos.

Como exemplo, considere uma mistura contendo anilina e álcool benzílico. Os dois compostos são líquidos pouco solúveis em água e bastante solúveis em éter dietílico. Portanto, dissolvendo-se a mistura em éter dietílico e adicionando-se a esta uma solução aquosa de HCl, obtêm-se duas fases. O álcool se encontrará dissolvido na fase orgânica (Et_2O), e a amina será convertida no sal correspondente, que se dissolverá na fase aquosa. Procedendo à separação das duas fases e acrescentando NaOH à fase aquosa, regenera-se a amina, que pode então ser extraída com éter dietílico. A remoção do éter por evaporação resulta na obtenção do álcool e da amina. Esse procedimento está ilustrado no diagrama apresentado a seguir:

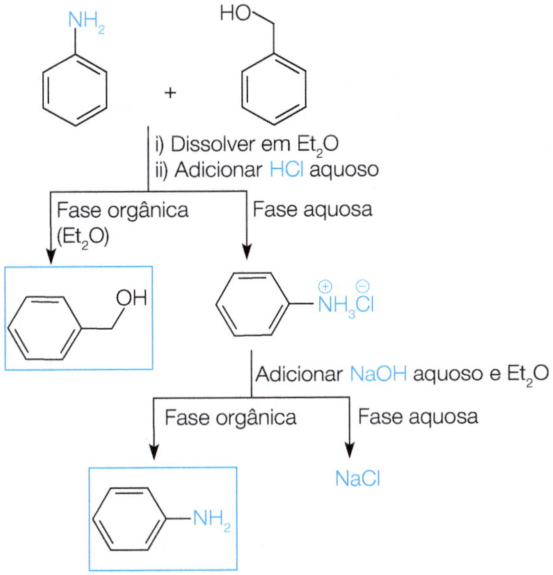

Aminas primárias e secundárias podem se comportar como ácidos quando tratadas com bases muito fortes, como butilítio (BuLi). A base LDA é muito utilizada em síntese orgânica.

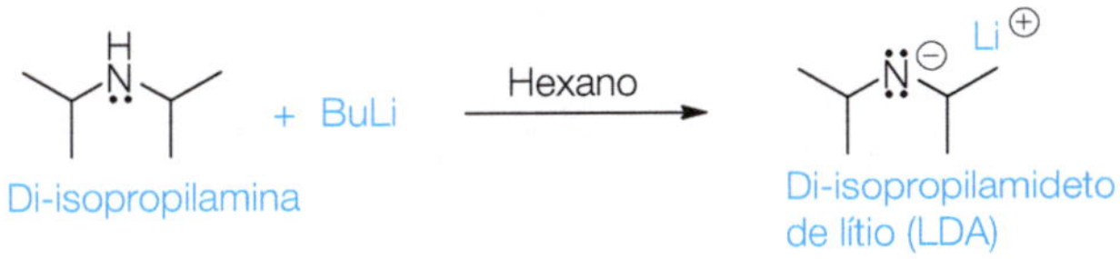

Teste 11.6

Considerando que os íons propilamônio I e benzilamônio II possuem valores de pK_a iguais a 10,71 e 9,33, respectivamente, faça o que se pede:

a) Represente as fórmulas estruturais das aminas resultantes do tratamento dos íons I e II com uma solução aquosa de NaOH.

b) Calcule o K_b para cada uma das duas aminas formadas e aponte qual das duas é mais básica.

c) Apresente uma explicação para a diferença de basicidade entre as duas aminas formadas.

Substituição nucleofílica

As propriedades químicas das aminas e da amônia são devidas, principalmente, à presença do par de elétrons não ligantes no átomo de nitrogênio.

No Capítulo 7 foi mencionado que a amônia pode reagir com haletos de alquila, via substituição nucleofílica bimolecular, para formar aminas.

$$\ddot{N}H_3 \quad CH_3CH_2{-}Br \longrightarrow CH_3CH_2\overset{\oplus}{N}H_3\ \overset{\ominus}{Br} \xrightarrow{NH_3} CH_3CH_2NH_2 + NH_4Br$$

A aplicação sintética dessa reação é limitada, uma vez que a amina formada pode continuar reagindo com o haleto de alquila, o que levará à formação de uma mistura complexa contendo aminas secundárias, terciárias e o sal de amônio correspondente. No entanto, alquilações múltiplas podem ser minimizadas utilizando-se um grande excesso de amônia.

$$\underset{(1\ mol)}{CH_3CH_2CH_2CH_2CH_2CH_2{-}Br} + \underset{(100\ mols)}{:NH_3} \longrightarrow \underset{(80\text{-}85\%)}{CH_3CH_2CH_2CH_2CH_2CH_2{-}NH_2}$$

Um método alternativo e eficiente para a síntese de aminas primárias consiste na reação de ftalimida de potássio com um haleto de alquila, se-

Siegmund Gabriel (1851-1924): químico alemão nascido em Berlim. Depois de estudar alguns semestres na Universidade de Berlim, estudou na Universidade de Heidelberg, onde concluiu seu Ph.D. em 1874, sob a supervisão do químico Robert Wilhelm Bunsen. Foi professor na Universidade de Berlim até 1921 e, em 1887, descobriu a reação que leva seu nome.

guida da hidrólise básica da *N*-alquilftalimida com NaOH. Esse método, denominado *síntese de Gabriel*, foi desenvolvido em 1887 pelo químico alemão **Siegmund Gabriel**, sendo ainda amplamente utilizado nos dias de hoje. Uma modificação dessa síntese utiliza hidrazina, NH_2NH_2, na etapa de hidrólise e é conhecida como procedimento de Ing-Manske.

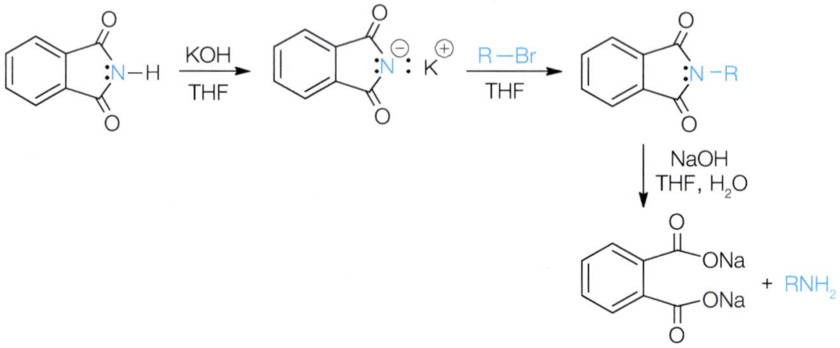

Sais de amônio quaternário podem ser facilmente preparados por meio da alquilação exaustiva da amônia ou de aminas. Para isso a reação é geralmente realizada na presença de uma base fraca como carbonato de sódio (Na_2CO_3), necessária para remover o próton dos sais intermediários, e com isso liberar o par de elétrons não ligantes do nitrogênio para nova alquilação.

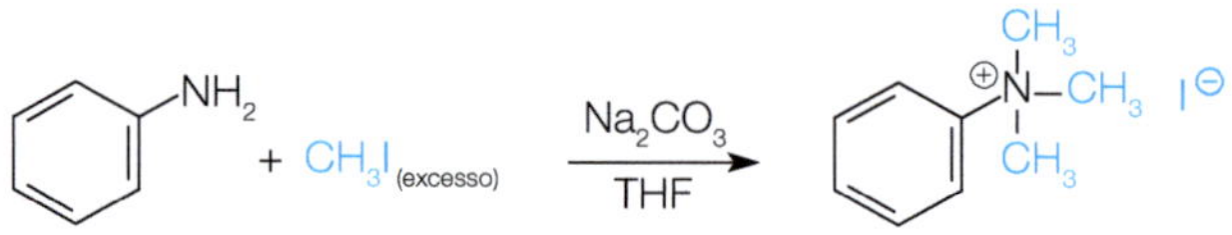

Teste 11.7

Explique por que a síntese de Gabriel não pode ser utilizada para o preparo das seguintes aminas:

a) 2,2-dimetilpropilamina

b) *Tert*-butilamina

c) *N*-metilpentilamina

Formação de amidas e sulfonamidas

A reação de aminas primárias e secundárias ou amônia com cloretos ou anidridos de ácidos carboxílicos leva à formação de amidas.

Observe que a reação entre a metilamina e o cloreto de propanoíla, além de produzir a amida, resulta também na formação do cloreto de metilamônio. Esse sal é resultante da reação entre o HCl formado e a amina. Quando a amina for muito cara ou de difícil obtenção, a reação é normalmente realizada na presença de piridina para neutralizar o ácido formado, melhorando assim o rendimento na obtenção da amida.

Nessas reações, a amina funciona como nucleófilo, enquanto o cloreto de ácido e o anidrido funcionam como eletrófilos. O mecanismo de tal reação é discutido no Capítulo 13.

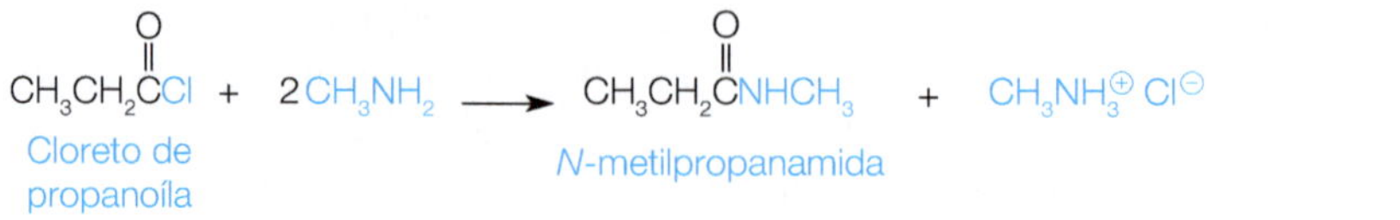

As aminas primárias e secundárias reagem com cloretos de sulfonila ($ArSO_2Cl$), de forma análoga à reação com cloretos de ácido, resultando na produção de sulfonamidas ($ArSO_2NR_2$). As aminas terciárias reagem com esse mesmo composto, formando um sal que se hidrolisa facilmente em meio aquoso.

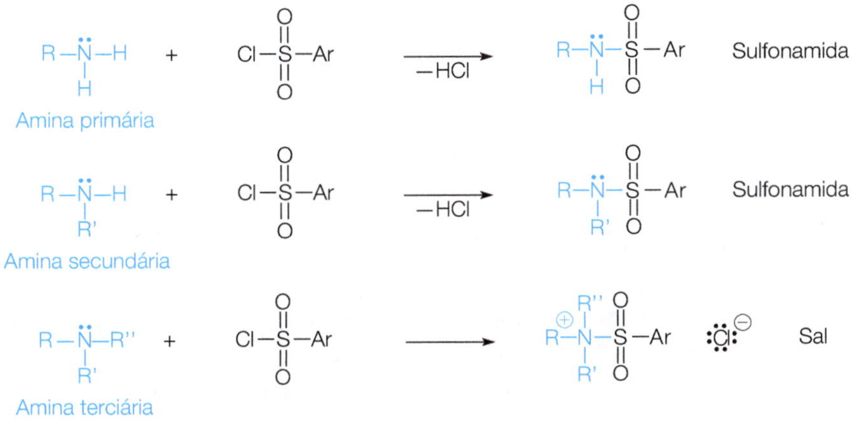

Várias sulfonamidas, conhecidas simplesmente como sulfas, são utilizadas em muitos medicamentos.

A história da descoberta das propriedades terapêuticas das sulfas é muito interessante e representa um marco na moderna quimioterapia.

Em 1927, o médico patologista **Gerhard Domagk** foi contratado pela indústria química I. G. Farben. Nessa época, a empresa estava construindo novos laboratórios de pesquisa, inclusive os de produtos farmacêuticos e de bacteriologia. Domagk, juntamente aos químicos Fritz Mietzsch e Joseph Klarer, estava pesquisando novos compostos capazes de matar bactérias. Após extensiva pesquisa na literatura científica publicada entre 1910 e 1920, ele encontrou relatos de que os azocompostos (ver p. 242) apresentavam atividade bactericida. Após avaliar diversos compostos, no fim de 1932 os químicos lhe forneceram um corante vermelho-amarronzado (posteriormente denominado *prontosil*) para ser testado. Os resultados dos ensaios *in vitro* não mostraram nenhuma atividade bactericida. Apesar desses resultados desanimadores, Domagk continuou os estudos. Após infectar vários ratos com a bactéria patogênica *Streptococcus*, observou a morte de todos os animais em 48 horas. Os ratos infectados que foram tratados com o prontosil se recuperaram completamente. A análise patológica dos órgãos internos dos ratos revelou que não havia nenhum sinal de infecção. Essa descoberta aconteceu em dezembro de 1932. Vários outros testes foram realizados em coelhos, e em todos os casos o composto se mostrou eficiente para controlar a infecção bacteriana, além de apresentar baixa toxicidade.

Gerhard Johannes Paul Domagk (1895-1964): patologista e químico alemão nascido em Lagów. Estudou medicina na Universidade de Kiel (1921) e foi professor na Universidade de Münster (1925-1927, 1929-1964). No período de 1927 a 1929 trabalhou como farmacólogo da Bayer AG. Pela descoberta das propriedades terapêuticas do protonsil, foi indicado para o prêmio Nobel de Medicina em 1939.

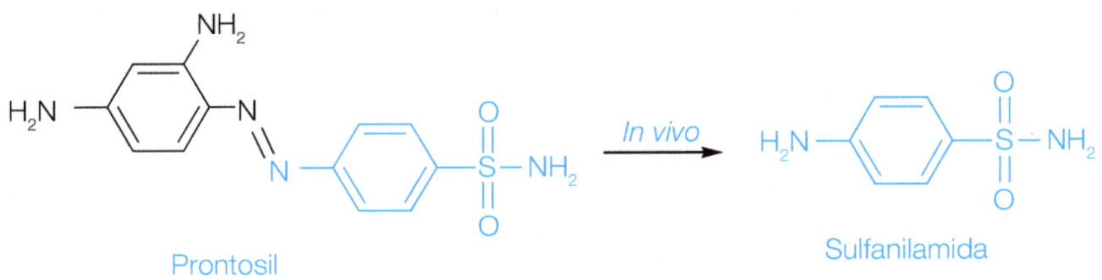

Os testes do novo composto em seres humanos não haviam ainda sido feitos quando, em 1935, a filha de Domagk contraiu uma infecção bacteriana devido a uma picada com alfinete. Como seu estado era grave, os médicos estavam prontos para lhe amputar o braço. Domagk sabia que a taxa de sobrevivência em cirurgias desse tipo não ultrapassava 25%. Ele então tomou a decisão de administrar à filha, por via oral, uma dose do corante, o que resultou em sua completa recuperação em poucos dias.

Desde o trabalho pioneiro de Domagk, milhares de novas sulfonamidas foram preparadas e testadas. Alguns exemplos de sulfonamidas ainda utilizadas como medicamento são:

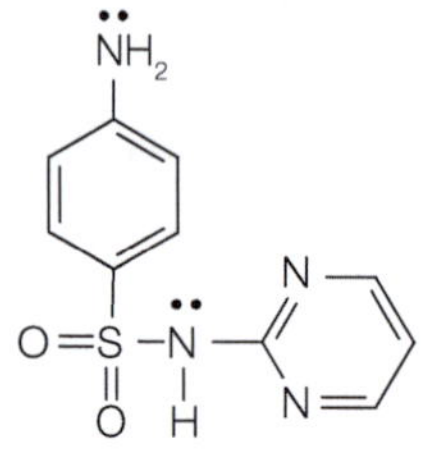

Sulfadiazina

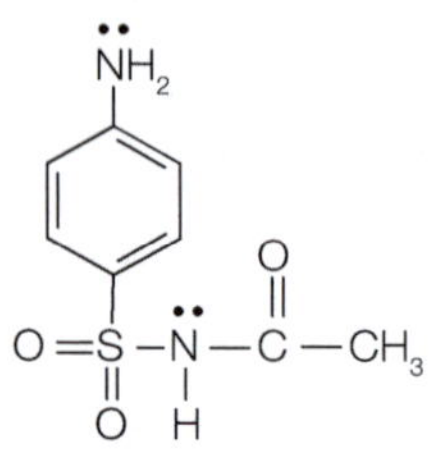

Sulfacetamida

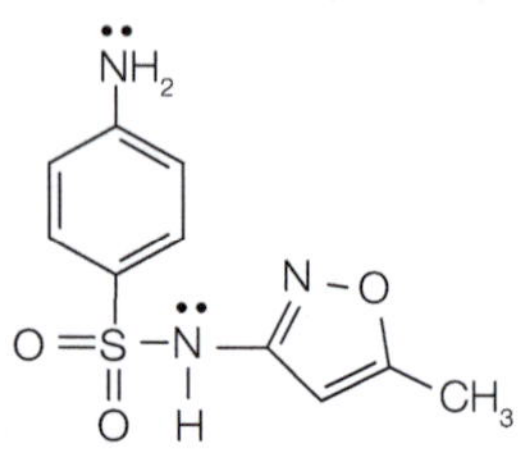

Sulfametoxazol

Pesquisas posteriores mostraram que as sulfas são hidrolisadas *in vivo*, produzindo a sulfanilamida, estruturalmente semelhante ao ácido *p*-aminobenzoico (Paba). Vários estudos mostraram que a eficiência das sulfas no tratamento de infecções bacterianas deve-se ao fato de que esses organismos utilizam o ácido *p*-aminobenzoico para sintetizar o ácido fólico, um composto essencial para seu desenvolvimento normal.

A sulfanilamida, por ser muito semelhante ao ácido *p*-aminobenzoico (Figura 11.2), inibe as enzimas responsáveis pela incorporação deste durante a biossíntese do ácido fólico, reduzindo, dessa forma, o desenvolvimento bacteriano.

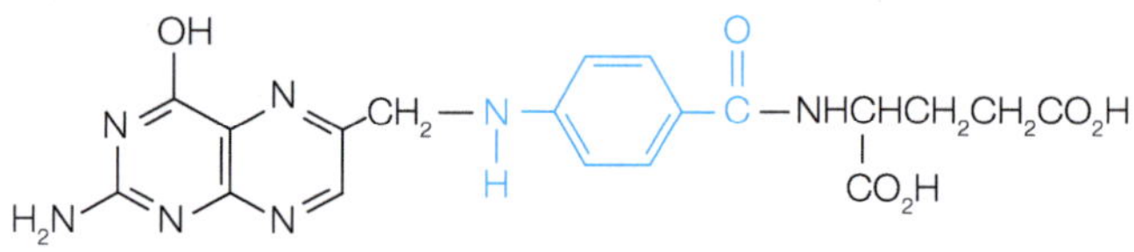

Ácido fólico

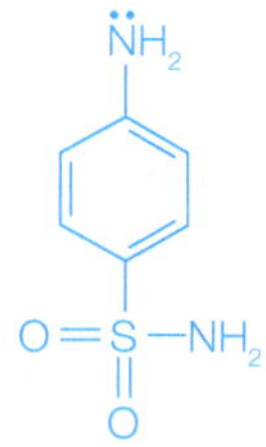

Sulfanilamida

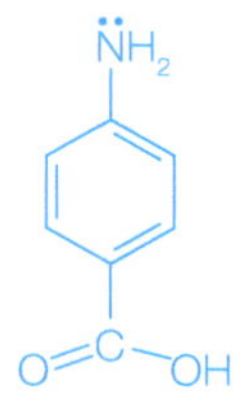

Ácido *p*-aminobenzoico

Figura 11.2 Estrutura do ácido fólico (em destaque o resíduo proveniente do ácido *p*-aminobenzoico) e comparação entre as estruturas da sulfanilamida e do ácido *p*-aminobenzoico.

No caso do homem, o ácido fólico é uma vitamina que deve ser suprida por meio da dieta, portanto as sulfas não apresentam efeito danoso.

Pela importância de sua descoberta, em 1939 o comitê do prêmio Nobel concedeu a Domagk o prêmio de Medicina e Fisiologia. Como o regime nazista impedia que cientistas alemães recebessem esse prêmio, somente em 1947 é que o pesquisador foi efetivamente homenageado.

Teste 11.8

As aminas primárias e secundárias reagem com cloretos de arilsulfonila ($ArSO_2Cl$) produzindo sulfonamidas. Um exemplo de sulfonamida é a Sulfatiazida (fórmula apresentada na p. 239), um medicamento utilizado há décadas no tratamento de infecções bacterianas. Escreva as fórmulas estruturais da amina e do cloreto de sulfonila precursores da Sulfatiazida.

Reação com ácido nitroso

As aminas alifáticas e aromáticas reagem com ácido nitroso (HNO_2), fornecendo diferentes produtos, de acordo com sua natureza. Nessas reações, o ácido nitroso é geralmente preparado *in situ* pela reação de nitrito de sódio com um ácido forte.

$$NaNO_{2(aq)} + HCl_{(aq)} \rightarrow HNO_{2(aq)} + NaCl_{(aq)}$$

Aminas primárias

As aminas alifáticas primárias reagem com ácido nitroso, formando sais de diazônio. Essa reação é conhecida como *diazotação*. Esses sais são instáveis e se decompõem rapidamente, liberando nitrogênio com a concomitante formação de um carbocátion. Esse carbocátion pode então perder um próton, dando origem a um alqueno, ou pode reagir com nucleófilos presentes no meio reacional. Quando for possível, o carbocátion formado poderá sofrer rearranjos, conforme já discutido em capítulos anteriores.

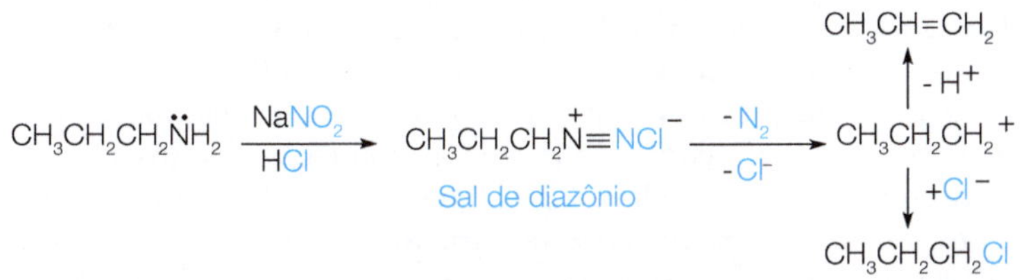

O mecanismo da formação do sal de diazônio é apresentado na Figura 11.3. Esse mecanismo foi representado em duas partes, para facilitar o entendimento. Na parte (1) é mostrada a formação do eletrófilo NO^+. Para simplificar um pouco o mecanismo, o ácido foi representado na forma de H_3O^+, não tendo sido representado o ânion correspondente. Observe que a formação do NO^+ é muito semelhante à formação do íon NO_2^+ mostrada no Capítulo 5, quando foi discutida a nitração de compostos aromáticos.

A parte (2) do mecanismo envolve uma sequência de etapas que culmina, no caso de aminas primárias, na formação do íon diazônio.

Sais de diazônio de aminas aromáticas primárias são estáveis em solução a 0 °C. Todavia, decompõem-se à temperatura ambiente, formando o cátion fenila, que pode reagir com vários nucleófilos para dar origem às mais variadas classes de compostos aromáticos. Essa reação, exemplificada a seguir, é denominada *reação de substituição de sais de diazônio aromáticos* (Figura 11.4).

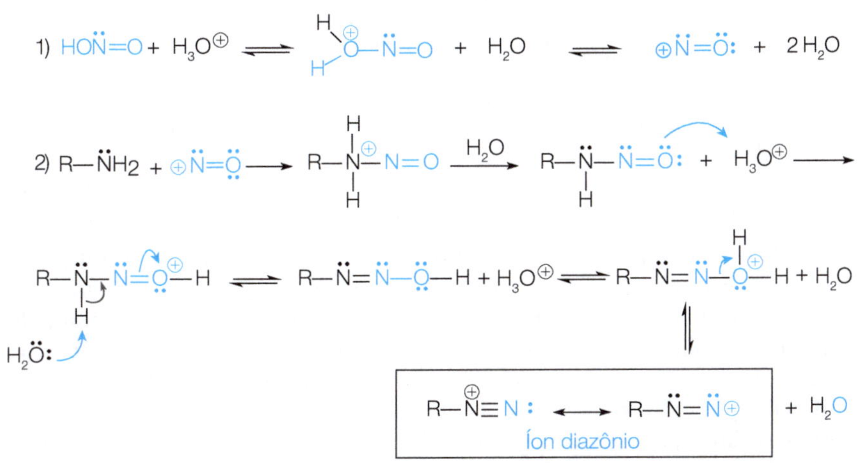

Figura 11.3 Mecanismo da formação do sal de diazônio.

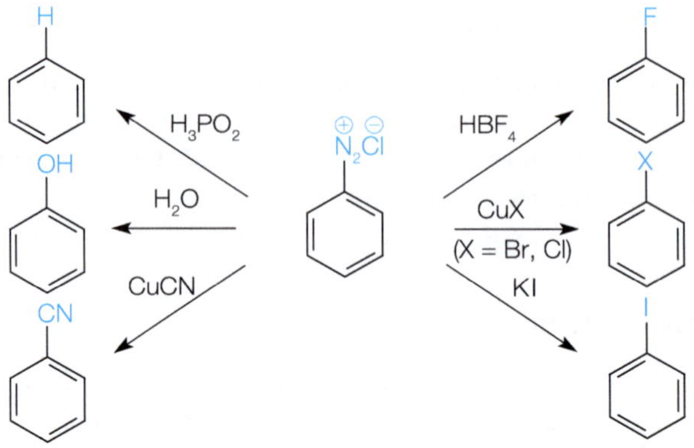

Figura 11.4 Possíveis transformações de substituição de sais de diazônio aromáticos.

O tratamento de sais de diazônio aromáticos com cloreto cuproso (CuCl) e brometo cuproso (CuBr) resulta na formação dos haletos de arila correspondentes. O uso de cianeto de cobre (CuCN) permite o preparo de nitrilas aromáticas. Essa metodologia, conhecida como *reação de Sandmeyer*, foi desenvolvida pelo químico **T. Sandmeyer** em 1884.

Os sais de diazônio aromáticos, por serem estáveis abaixo de 0 °C, podem também reagir com compostos aromáticos ativados para formar azocompostos. Nesse caso, eles reagem como eletrófilos, conforme o mecanismo de *substituição eletrofílica aromática* discutido no Capítulo 5. *Azocompostos* são compostos que apresentam em sua estrutura a unidade –N=N–.

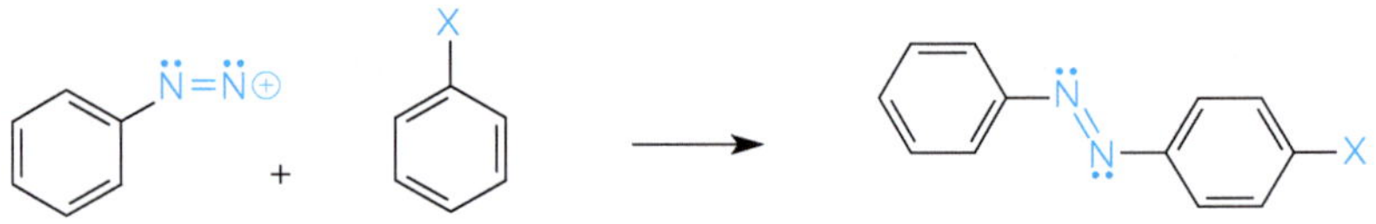

Os azocompostos são normalmente coloridos e constituem uma parte importante da indústria de corantes. Alguns exemplos desses corantes utilizados em alimentos são:

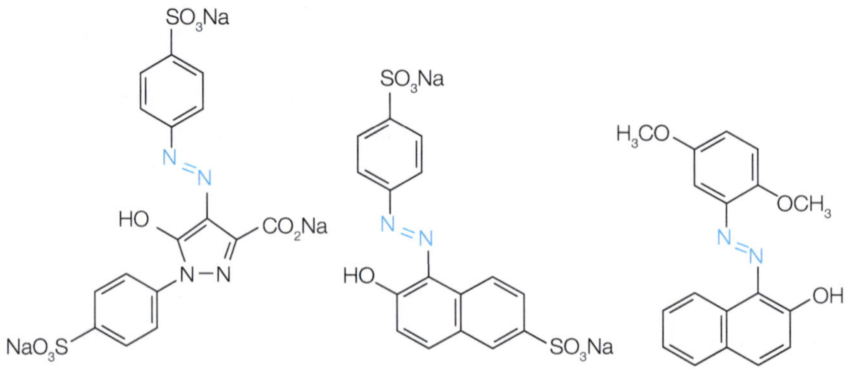

Tartrazina (amarelo nº 5) Amarelo nº 6 Vermelho cítrico nº 2

Observe que azocompostos como a Tartrazina e o Amarelo número 6 possuem grupos iônicos como $-SO_3Na$ e $-CO_2Na$, o que os torna muito polares e solúveis em meio aquoso. O amarelo número 6 é vermelho-alaranjado em solução concentrada de ácido sulfúrico, mas torna-se amarelo em solução diluída. Esse composto além de ser utilizado como corante em alimentos, tem também aplicação em cosméticos e medicamentos. A Tartrazina é um sólido amarelo-alaranjado solúvel em água. Em meio básico torna-se avermelhada. Além de ser utilizada como corante em alimentos, medicamentos e cosméticos, encontra também aplicação como corante para lã e seda.

Já azocompostos como o vermelho cítrico número 2, desprovidos de grupos iônicos, são bem menos solúveis em meio aquoso, sendo mais solúveis em etanol, óleos vegetais e gorduras. O Vermelho cítrico número 2 foi aprovado para uso como corante para cascas de alguns tipos de laranjas nos Estados Unidos desde 1956. Essa aplicação limitada se deve às suas propriedades carcinogênicas. Como ele não é capaz de penetrar para a polpa da laranja ele não apresenta nenhum risco para a saúde.

Aminas secundárias

Aminas secundárias reagem com ácido nitroso por um mecanismo semelhante ao discutido no caso das aminas primárias, resultando na formação de *nitrosaminas*.

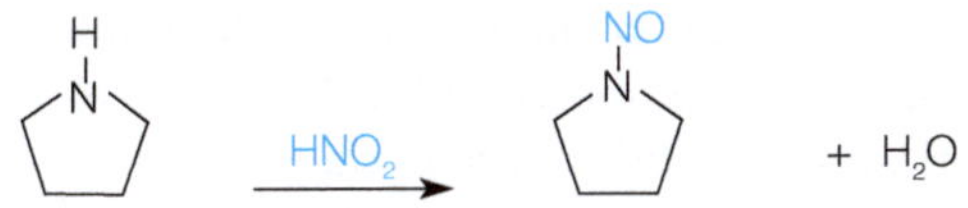

N-nitrosopirrolidina

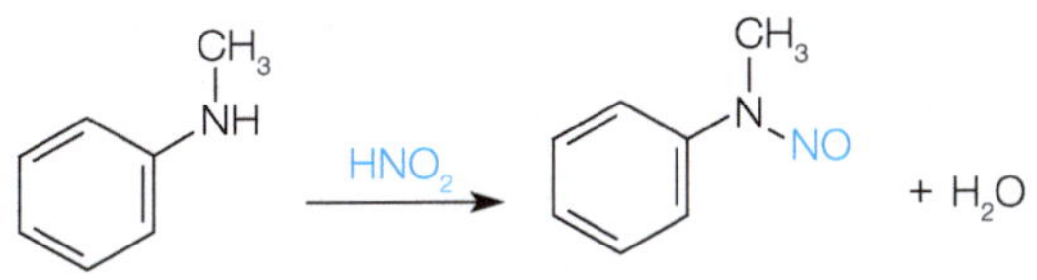

N-nitroso-*N*-metilanilina

As nitrosaminas são normalmente amarelas, e suas propriedades carcinogênicas foram descobertas por P. N. Magee e J. M. Barnes em 1956.

Nitrosaminas já foram encontradas em vários tipos de alimento, como legumes, cereais, laticínios, bebidas alcoólicas fermentadas, peixes e carnes. As maiores concentrações de nitrosaminas foram encontradas em peixes e carnes processadas, uma vez que se utiliza nitrito de sódio como conservante nesse tipo de alimento.

A *N*-nitrosodimetilamina, um potente agente causador de câncer, é encontrada na fumaça de cigarros. A cada maço de cigarros que um indivíduo fuma, ele inala aproximadamente 0,8 mg desse composto. Essa nitrosamina é um dos responsáveis pelo alto índice de câncer associado ao tabagismo. Na fumaça do cigarro, juntamente ao benzo[*a*]pireno e à *N*-nitrosodimetilamina, aproximadamente quatro mil outros compostos já foram identificados, e muitos deles apresentam elevada toxicidade.

Aminas terciárias

As aminas terciárias normalmente se dissolvem em ácido nitroso e formam sais de amônio. Já as aminas terciárias aromáticas normalmente são nitrosadas na posição *para*, por meio de uma reação de substituição eletrofílica aromática (Capítulo 5).

(100%)

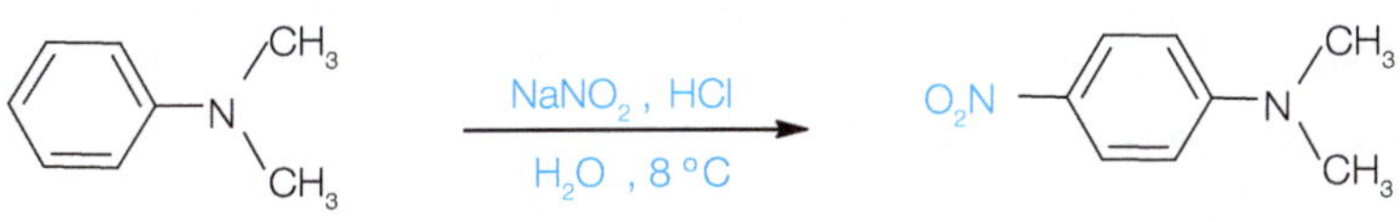

(80-90%)

Teste 11.9

Mostre, por meio de reações químicas, como o 3,5-dibromotolueno pode ser preparado a partir da 4-metilanilina.

Teste 11.10

Mostre como o 2-metilfenol pode ser preparado a partir da 2-metilanilina.

Oxidação

As aminas são facilmente oxidadas com peróxido de hidrogênio ou perácidos. A oxidação de aminas primárias normalmente resulta na formação de misturas complexas. As aminas secundárias são convertidas em *hidroxilaminas*, e as terciárias, no *N*-óxido correspondente.

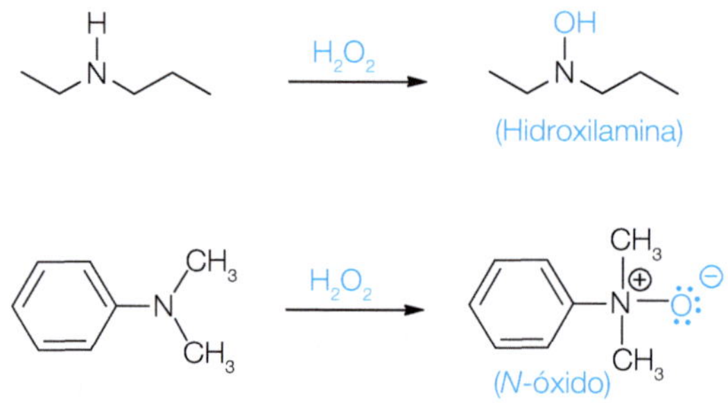

Reações de outros compostos nitrogenados

Vários compostos nitrogenados (nitrocompostos, nitrilas, amidas, iminas e oximas) podem ser reduzidos com a consequente formação de aminas.

Nitrilas podem ser reduzidas com $LiAlH_4$ ou H_2/Pd, em dietil éter ou tetra-hidrofurano.

$$CH_3[CH_2]_3CN \xrightarrow[Et_2O]{LiAlH_4} CH_3[CH_2]_3CH_2NH_2 \quad (90\%)$$

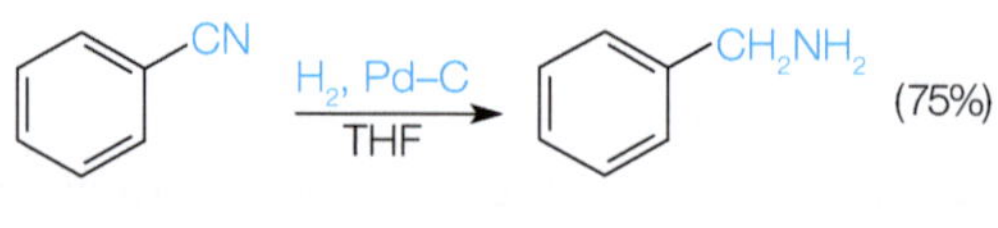

As nitrilas podem também ser hidrolisadas a ácidos carboxílicos por tratamento com ácido em meio aquoso como no exemplo seguinte:

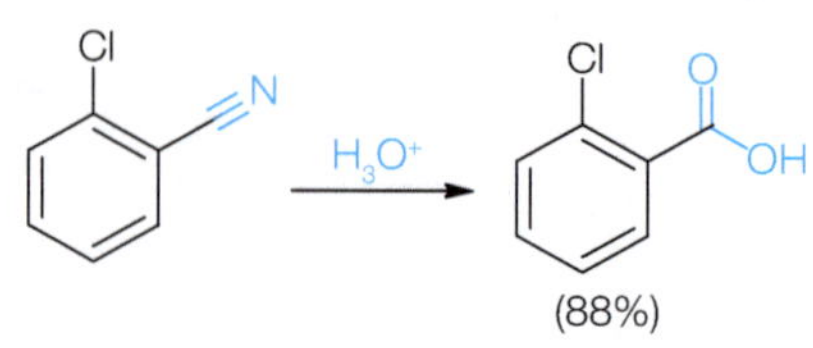

Nitrocompostos são eficientemente reduzidos a aminas primárias, utilizando-se vários agentes redutores, como H_2/Ni, H_2/Pt, H_2/Pd, Fe/HCl, $SnCl_2$/HCl, NaHS ou Zn/HCl.

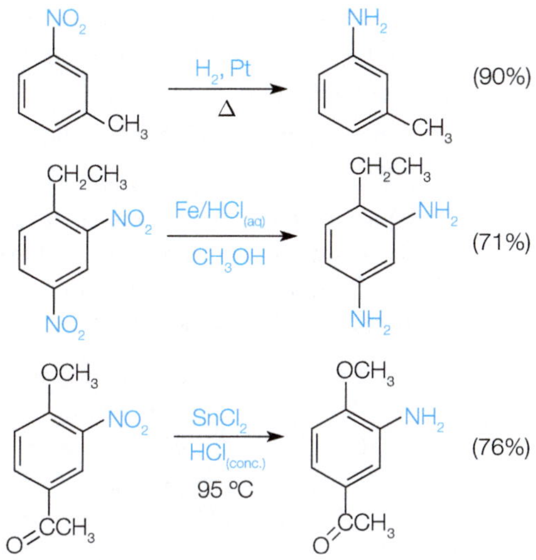

Esse método é bastante útil para o preparo de aminas aromáticas, uma vez que nitrocompostos aromáticos são facilmente preparados, conforme descrito no Capítulo 5.

Exercícios

1. Apresente os nomes sistemáticos de acordo com as regras da IUPAC para os seguintes compostos:

a) $(CH_3CH_2)_2NCH_2CH_2CH_2CH_3$

b) 

c) 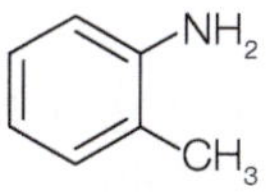

d) 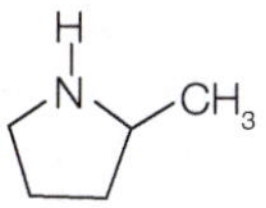

e) 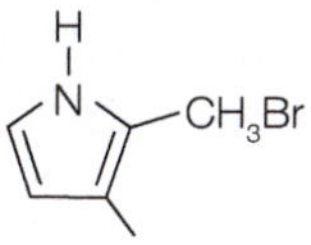

f) 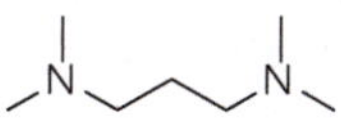

g) 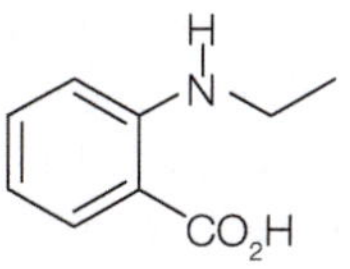

h) 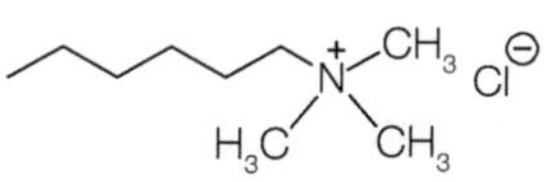

2. Forneça as fórmulas estruturais dos seguintes compostos:

a) etilazano
b) pentano-1,2,5-triamina
c) 1-etilbutilamina
d) *cis*-ciclopentano-1,3-diamina
e) ciclopentanamina
f) difenilazano
g) 2-naftilamina
h) trietilamina
i) anilina
j) di-isopropilamina
k) *o*-anisidina
l) *N*-etil-*N*-metilbutilamina
m) ácido *p*-aminobenzoico
n) 2,2'-diclorodietilamina
o) alilamina
p) iodeto de tetraetilamônio
q) *p*-toluidina
r) cloreto de anilínio

3. Explique por que as seguintes aminas, apesar de possuírem praticamente a mesma massa molar, possuem valores de temperatura de ebulição tão distintos.

Etano-1,2-diamina (T_e = 117 °C); propilamina (T_e = 47,8 °C); *N*-metiletilamina (T_e = 37 °C); trimetilamina (T_e = 2,9 °C).

4. Em solução aquosa, a dipropilamina é mais básica que a propilamina, por sua vez mais básica que a tripropilamina (conferir valores de K_b no Quadro 11.2). Por outro lado, em clorobenzeno, a ordem crescente de basicidade para essas aminas é: propilamina < dipropilamina < tripropilamina. Explique esses resultados.

5. Escreva a equação da reação de ionização da metanamina em água. Escreva a expressão da constante de equilíbrio para essa reação.

6. Explique por que a piperidina é uma base mais forte que a morfolina.

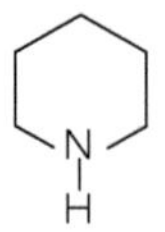

Piperidina, pK_b = 2,88

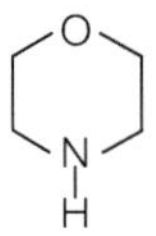

Morfolina, pK_b = 5,67

7. Dentre os pares de compostos listados a seguir, indique qual é o mais básico em meio aquoso. Justifique sua resposta.
   a) 2,2,2-trifluoroetilamina e etilamina
   b) Butilamina e *N*,*N*-dimetiletilamina
   c) Anilina e 4-nitroanilina
   d) Metilamina e dimetilamina
   e) 3-Nitropirrol e pirrol
   f) Anilina e *para*-trifluorometilanilina

8. Explique por que a piridina (pK_b = 8,77) é mais básica que o pirrol (pK_b = 13,6).

9. As amidas, conforme será visto no Capítulo 13, apresentam fórmula-geral $RCONH_2$. Apesar da presença do grupo NH_2, que possui um par de elétrons não ligantes, elas são muito menos básicas que as aminas. Por exemplo, a acetamida (CH_3CONH_2) possui $K_b = 4,3 \times 10^{-14}$, enquanto a etilamina ($CH_3CH_2NH_2$) apresenta $K_b = 5,6 \times 10^{-4}$. Explique essa grande diferença de basicidade.

10. Mostre como a butanamina pode ser preparada pela síntese de Gabriel e explique por que a *tert*-butilamina não pode ser preparada por esse método.

11. Escreva as fórmulas estruturais e apresente os nomes sistemáticos para os compostos que apresentem as seguintes características:
   a) Uma amina terciária aromática.
   b) Um sal de amônio quaternário derivado do brometo de metila e qualquer outro haleto orgânico.
   c) Uma amina primária quiral com o menor número possível de átomos de carbonos.
   d) Uma amina primária quiral com seis átomos de carbono e que, ao ser hidrogenada, é convertida em um composto com rotação específica igual a zero.
   e) Um cloreto de diazônio aromático que possui um átomo de bromo em sua estrutura.
   f) Uma sulfonamida aromática.
   g) Uma amina quiral heterocíclica com anel de seis membros.

12. A dopamina é um neurotransmissor envolvido na regulação do sistema nervoso central. Utilizando um haleto de alquila qualquer, mostre como esse composto pode ser preparado utilizando a síntese de Gabriel.

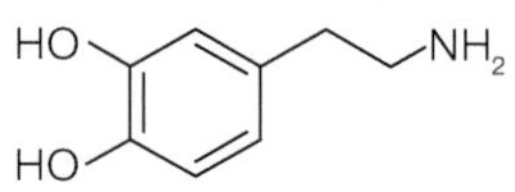

Dopamina

13. O alaranjado de metila é um corante azoico também conhecido como *amarelo-manteiga*. É utilizado como indicador em titulações ácido-base, apresentando coloração vermelha em pH menor que 3,1 e amarela em pH maior que 4,4. Considerando a fórmula estrutural desse composto, faça o que se pede.

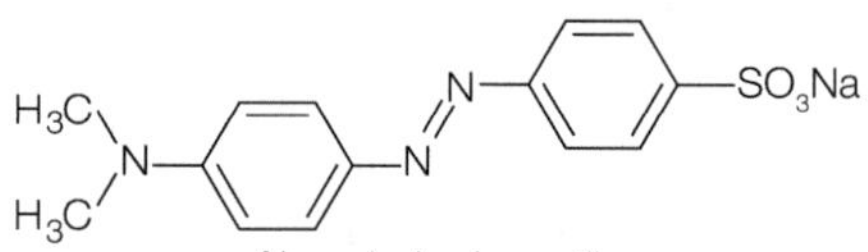

Alaranjado de metila

   a) Mostre como você prepararia o alaranjado de metila a partir de benzeno como único composto aromático e quaisquer outros reagentes inorgânicos ou orgânicos.
   b) Represente as fórmulas estruturais para esse composto quando dissolvido em meio aquoso em pH abaixo de 3,1 e em pH acima de 4,4.

14. Quando a butilamina é tratada com uma solução aquosa de HCl e $NaNO_2$ a frio, os seguintes compostos são formados: 1-clorobutano, 2-clorobutano, butan-1-ol, butan-2-ol, but-1-eno, but-2-eno e nitrogênio. Escreva um mecanismo que explique a formação de cada um desses produtos.

15. Forneça as fórmulas estruturais e os nomes de seis aminas de fórmula molecular $C_4H_{11}N$. Represente os enantiômeros *R* e *S* dos compostos quirais.

16. O 4-(dimetilaminofenil)azobenzeno, composto amarelo, foi largamente utilizado para colorir manteiga e margarina, até que se descobriram suas propriedades carcinogênicas. Mostre como esse composto pode ser preparado a partir da anilina.

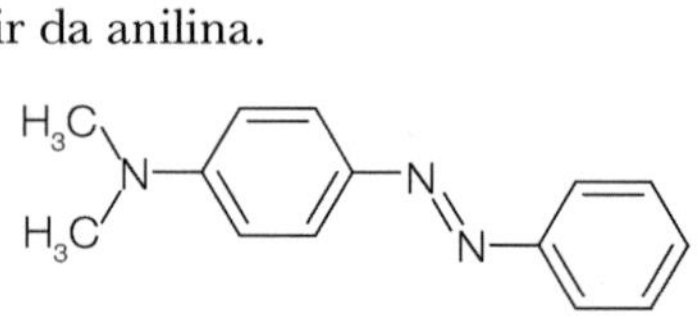

17. Sugira um procedimento para separar os componentes de uma mistura de 4-metilfenol, cicloexilamina e tolueno. Os compostos da mistura são praticamente insolúveis em água e solúveis em dietil éter.

18. A xilocaína é um anestésico local presente em vários medicamentos. Se um mol desse composto for tratado com um mol de HCl, qual será a fórmula estrutural do produto formado? Justifique sua resposta.

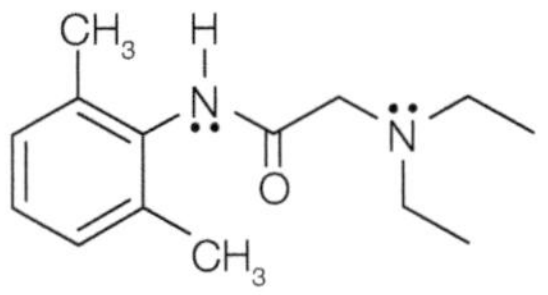

Xilocaína

19. A colina é um composto que entra na constituição do fosfoglicerídeo lecitina, encontrado em membranas celulares de tecidos de animais e plantas. A colina pode ser preparada pela reação da trimetilamina com óxido de etileno.

a) Complete a equação indicada a seguir, apresentando a fórmula da colina e explique o mecanismo de sua formação na presença de água.

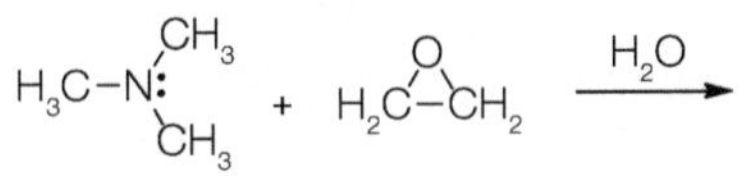

b) Qual deve ser o pH da solução obtida dessa reação?

c) Como o cloreto de colina pode ser preparado a partir da colina? Escreva a fórmula estrutural do cloreto de colina e discuta sobre sua solubilidade em água.

20. Construa um gráfico da variação da temperatura de ebulição *versus* massa molar para álcoois primários de cadeia linear, aminas primárias de cadeia linear e alcanos lineares, todos variando de um a oito átomos de carbono. Discuta as tendências observadas no gráfico.

21. Construa um gráfico da variação da temperatura de ebulição *versus* massa molar para aminas primárias com grupos alquilas primários não ramificados com variação de um a oito átomos de carbono; aminas secundárias (dimetilamina, dietilamina, dipropilamina, dibutilamina) e aminas terciárias (trimetilamina, trietilamina, tripropilamina e tributilamina). Discuta as tendências observadas no gráfico.

22. A anilina, o fenol e o metoxibenzeno são pouco solúveis em água (solubilidade em água: 3,5 g/100 mL; 6,7 g/100 mL e praticamente insolúvel, respectivamente). Considerando que todos esses compostos são bem solúveis em éter dietílico, proponha um esquema de separação de uma mistura formada por quantidades aproximadamente iguais dessas três substâncias utilizando éter dietílio, soluções aquosas de HCl (1 mol L^{-1}) e de NaOH (1 mol L^{-1}).

23. A serotonina é um neurotransmissor responsável, entre outras coisas, pela sensação de saciedade ao final de uma refeição. Portanto, medicamentos que aumentam a taxa de serotonina são cada vez mais utilizados para emagrecer. Já o diazepam, comercializado no Brasil com o nome de Valium®, é um tranquilizante do grupo dos benzodiazepínicos. Ambos compostos apresentam em suas estruturas dois átomos de nitrogênio. Baseando-se na diferença de basicidade desses átomos de nitrogênio, represente as estruturas dos produtos formados a partir da reação de um mol de serotonina e um mol de diazepam com um mol de HCl cada.

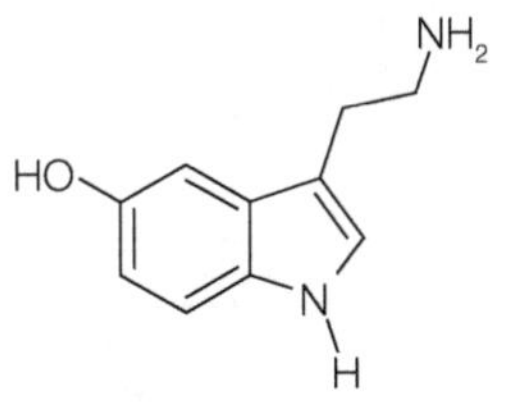

Serotonina

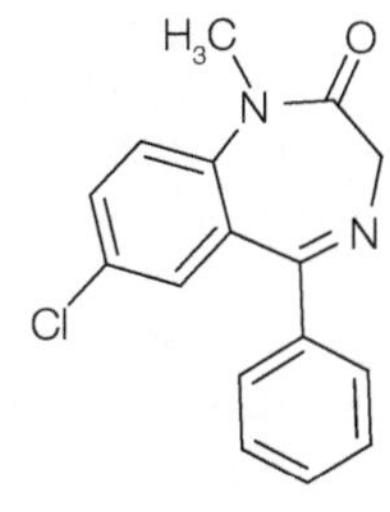

Diazepam

Capítulo 12

Aldeídos e cetonas

Objetivos de aprendizagem

Após o estudo deste capítulo você deverá ser capaz de:

- Nomear aldeídos e cetonas aplicando as regras da IUPAC.
- Representar as fórmulas de alguns aldeídos e algumas cetonas de importância comercial e ter conhecimento sobre seus usos.
- Representar todas as etapas do mecanismo de adição nucleofílica a aldeídos e cetonas.
- Representar todas as etapas do mecanismo de condensação aldólica de aldeídos e de cetonas. Predizer os produtos das reações de condensação aldólica de aldeídos e de cetonas.
- Predizer os produtos e os reagentes envolvidos nas principais reações de aldeídos e cetonas.
- Representar as projeções de Fischer e as fórmulas de Haworth para carboidratos comuns.
- Explicar o conceito de açúcar invertido.
- Classificar os carboidratos em função do número de átomos de carbono, do tipo de grupo carbonílico e da estereoquímica (séries D/L).

Resumo

Aldeídos e cetonas possuem como característica estrutural típica a presença de um grupo carbonila (C=O) em suas fórmulas. Nas cetonas dois grupos alquil ou aril estão ligados à carbonila, e nos aldeídos pelo menos um desses grupos é um hidrogênio. Nesse capítulo são apresentados exemplos e aplicações de aldeídos e cetonas naturais e sintéticos, bem como várias regras de nomenclatura sistemática para aldeídos e cetonas, juntamente a exemplos de nomes não sistemáticos aceitos pela IUPAC. Em termos de reatividade química, os aldeídos diferenciam-se das cetonas pela facilidade com que são oxidados a ácidos carboxílicos, conforme ilustrado neste capítulo. De um modo geral, esses compostos carbonílicos são muito reativos, e isso se deve, principalmente, ao caráter eletrofílico do grupo carbonila e à acidez dos hidrogênios ligados ao carbono alfa. Diversos nucleófilos como água, álcool, derivados de amina, cianeto e reagentes de Grignard podem ser adicionados à carbonila conforme discutido por meio de uma série de exemplos. A formação de enolatos, a partir da abstração de átomos de hidrogênio no carbono alfa de aldeídos e cetonas, também será discutida, bem como algumas reações nas quais estão envolvidos. Esses enolatos reagem como nucleófilos em uma série de reações, sendo particularmente exemplificado o caso da reação de condensação aldólica. Outras importantes transformações envolvendo a carbonila de aldeídos e cetonas apresentadas neste capítulo são: a redução parcial, com consequente formação de álcoois; a redução completa desse grupo; e a reação de Wittig, que resulta na formação de alquenos. Os mecanismos dessas transformações, bem como o exemplo de aplicação da reação de Wittig, são também discutidos neste capítulo. Finalmente, concluímos o capítulo com uma breve introdução sobre carboidratos, sejam aldeídos ou cetonas poli-hidroxilados. A classificação e as diversas formas de representação das estruturas de carboidratos são apresentadas, assim como os exemplos de propriedades e aplicações dessa classe de compostos.

Aldeídos e cetonas são estruturalmente semelhantes, pois ambos têm a carbonila (C=O) como grupo funcional. A diferença entre eles é que os primeiros possuem um átomo de hidrogênio e um grupo alquil ou aril ligado ao carbono carbonílico, ao passo que os últimos possuem dois grupos alquil ou aril. O aldeído mais simples, denominado formaldeído (CH_2O), possui dois átomos de hidrogênio ligados à carbonila.

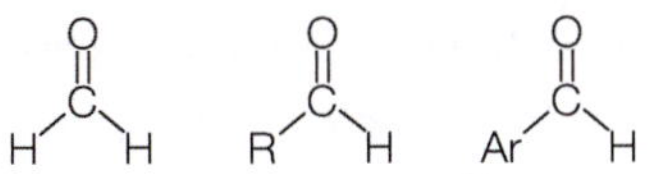

Aldeídos

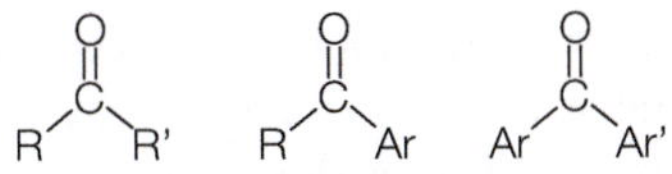

Cetonas

Compostos carbonílicos que possuem elementos diferentes de carbono e hidrogênio ligados à carbonila constituem outras classes de compostos, conforme será discutido no Capítulo 13.

Aldeídos e cetonas são largamente encontrados na natureza, assim como em fragrâncias, corantes, hormônios, açúcares etc., conforme ilustrado a seguir:

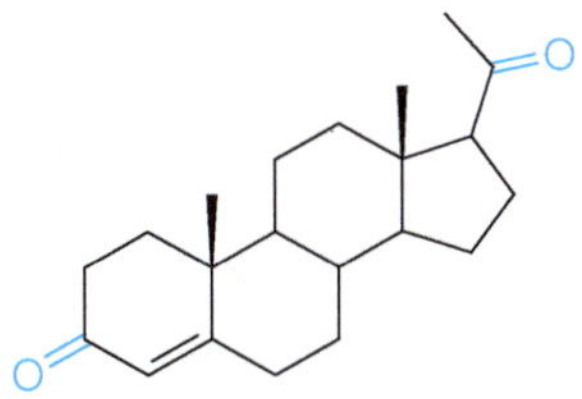

Progesterona: hormônio feminino

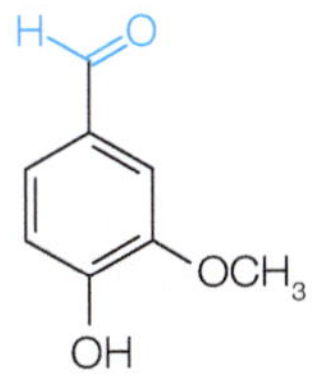

Vanilina: aromatizante sabor de baunilha

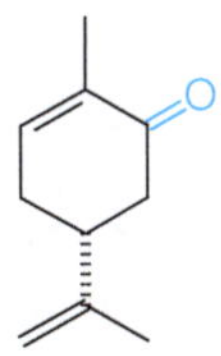

(*S*)-carvona: óleo extraído da *Menta viridis*

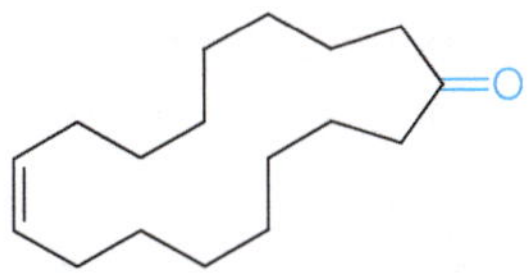

Civetona: produzido pela glândula perineal do gato *Vierra cieta*, encontrado na África

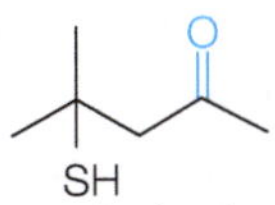

Responsável pelo odor de urina de gato

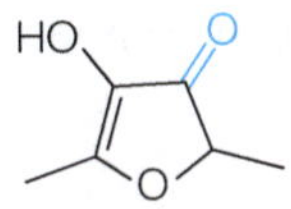

Furaneol: usado em perfumaria; aroma artificial de morango

A cetona mais simples é a propanona (CH_3COCH_3). Amplamente utilizada como solvente, seu consumo anual supera 1 bilhão de litros. O aldeído mais simples é o formaldeído (HCHO), cujo consumo anual é de mais de 4 bilhões de litros. Ele é utilizado como matéria-prima para a síntese de resinas, fitas adesivas e vários polímeros largamente encontrados em nosso uso diário.

Nomenclatura

Apresentamos a seguir algumas regras de nomenclatura para aldeídos e para cetonas.

Aldeídos

Os aldeídos acíclicos são nomeados substituindo-se a terminação *o* do nome do hidrocarboneto de origem pelo sufixo *al* ou, no caso dos dialdeídos, simplesmente adicionando-se ao nome do hidrocarboneto o sufixo *dial*. A presença de insaturações e de grupos substituintes é indicada conforme as regras anteriormente descritas.

CH_3CHO	Etanal
CH_3CH_2CHO	Propanal
$CH_3CH(CH_3)CH_2CHO$	3-metilbutanal
$CH_3CH{=}CHCH_2CH_2CHO$	Hex-4-enal

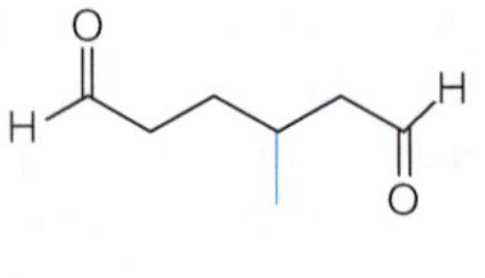

3-metilexanodial

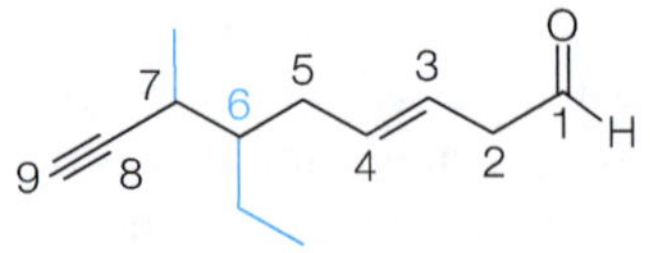

6-etil-7-metilnon-3-en-8-inal

No caso de aldeídos com mais de dois grupos CHO, ou quando tal grupo estiver diretamente ligado a um átomo de carbono de um anel, o nome é formado citando-se o nome do sistema cíclico ou da cadeia principal (neste caso, os carbonos dos grupos CHO não são considerados) seguido do prefixo carbaldeído, dicarbaldeído, tricarbaldeído etc.

Para sistemas acíclicos as posições dos grupos CHO são indicadas por números, e a cadeia principal é a mais longa e a que possui o maior número de grupos CHO. Outra alternativa seria considerar um dos grupos CHO como substituinte, citando-o como formil, antecedido do número correspondente à sua posição.

Etano-1,1,2-tricarbaldeído ou 2-formilbutanodial

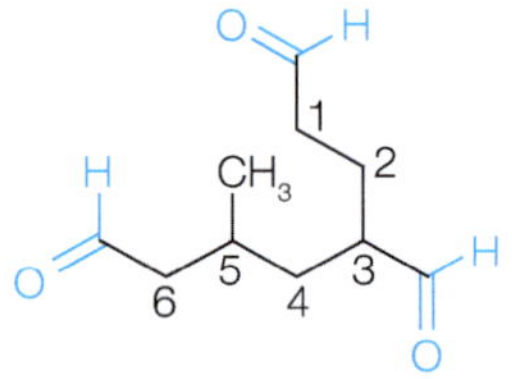

5-metilexano-1,3,6-tricarbaldeído ou 5-formil-3-metiloctanodial

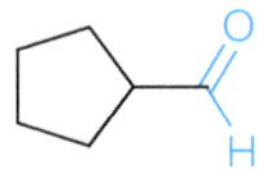

Ciclopentanocarbaldeído

Quando outros grupos presentes na estrutura têm maior prioridade de citação como grupo característico, utiliza-se também o prefixo formil para indicar a presença do grupo –CHO.

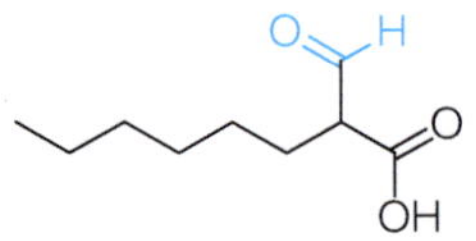

Ácido 2-formiloctanoico

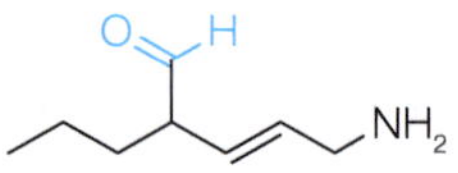

(*E*)-4-formilept-2-enamina

Diversos nomes não sistemáticos são aceitos pela IUPAC,[1] conforme ilustrados a seguir:

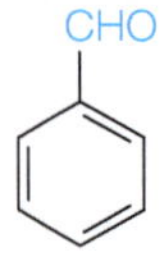

Benzaldeído

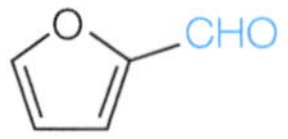

2-furfuraldeído

Acrilaldeído

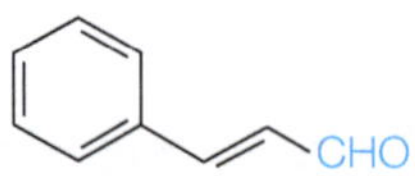

Cinamaldeído

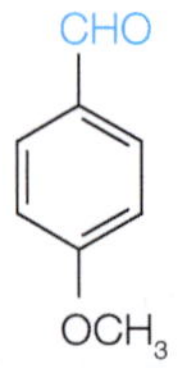

Anisaldeído

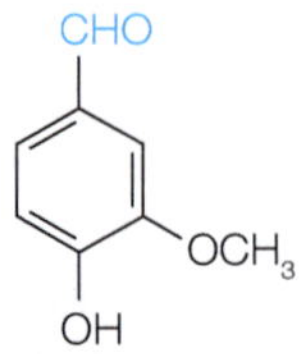

Vanilina

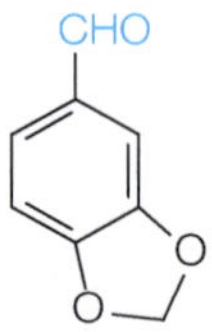

Piperonal

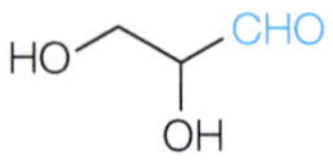

Gliceraldeído

Muitos aldeídos possuem nomes triviais semelhantes aos dos ácidos carboxílicos (Capítulo 13). Os nomes são formados suprimindo-se a palavra *ácido* e substituindo o sufixo *ico* ou *oico* do nome trivial do ácido pela terminação *aldeído*.

1 O uso dos nomes acroleína, furfural, vanilaldeído e piperonaldeído não é aconselhado, segundo a IUPAC.

HCHO	Formaldeído
CH_3CHO	Acetaldeído
$CH_3CH_2CH_2CHO$	Butiraldeído
$OHCCH_2CHO$	Malonaldeído
$OHCCH_2CH_2CHO$	Succinaldeído
$OHCCH_2CH_2CH_2CHO$	Glutaraldeído

Teste 12.1

Escreva os nomes dos seguintes aldeídos de acordo com as regras da IUPAC:

a) 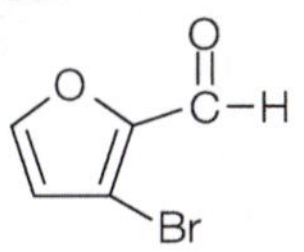

c) 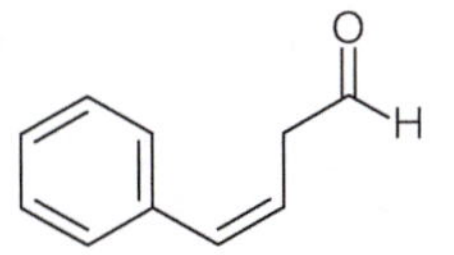

b) 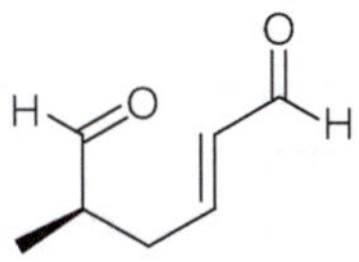

d) 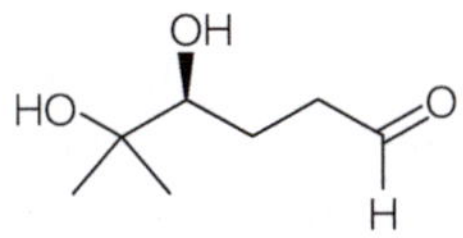

Cetonas

Na nomenclatura substitutiva, o nome de uma cetona acíclica é formado substituindo-se a terminação *o* do nome do hidrocarboneto correspondente pelo sufixo *ona* ou adicionando-se o sufixo *diona*, *triona* etc., no caso de mais de uma carbonila presente. A posição da carbonila na cadeia é indicada por números, como no caso das outras funções já estudadas.

CH_3COCH_3	Propanona
$CH_3COCH_2CH_3$	Butan-2-ona
$CH_3COCOCH_2CH_3$	Pentano-2,3-diona
$CH_3COCH_2CH(CH_3)_2$	4-metilpentan-2-ona

Os seguintes nomes não sistemáticos são aceitos pela IUPAC:

CH_3COCH_3	Acetona
$CH_3COCOCH_3$	Biacetil
PhCOCOPh	Benzil

Na nomenclatura radicofuncional, os nomes são formados citando-se, em ordem alfabética, os nomes dos grupos ligados à carbonila, seguidos pela palavra *cetona*.

CH_3COCH_3	Dimetil cetona
$CH_3COCH_2CH_2CH_3$	Metil propil cetona

Teste 12.2

Escreva os nomes das seguintes cetonas de acordo com as regras da IUPAC:

a) 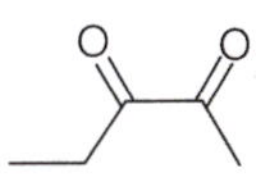

c) 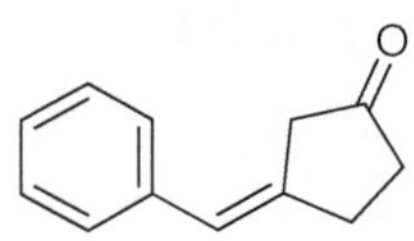

b) 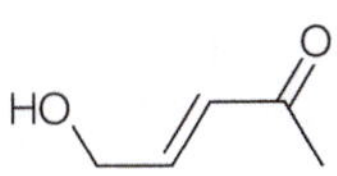

d) 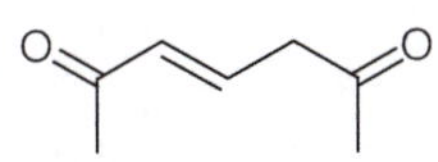

Propriedades físicas

A ligação dupla carbono-oxigênio é polar em razão de maior eletronegatividade do oxigênio em relação ao carbono. Como consequência dessa polaridade, os aldeídos e cetonas encontram-se associados por meio de interação dipolo-dipolo e, consequentemente, possuem temperaturas de ebulição mais altas que as dos alcanos de massa molar semelhante. Uma vez que os aldeídos e cetonas não podem formar ligações de hidrogênio intermoleculares, suas temperaturas de ebulição são mais baixas que as dos álcoois de massa molar semelhante, conforme se exemplifica a seguir:

	$CH_3CH_2CH_2CH_3$	$CH_3CH_2\overset{O}{\overset{\|}{C}}H$	$CH_3\overset{O}{\overset{\|}{C}}CH_3$	$CH_3CH_2CH_2OH$
	Butano	Propanal	Propanona	Propan-1-ol
M/(g mol^{-1})	58	58	58	60
T_e/°C	–0,5	49	56,2	97,1

Com o aumento do número de átomos de carbono dos aldeídos e cetonas, a influência do grupo carbonila sobre as propriedades físicas desses compostos diminui, e eles passam a ter temperaturas de ebulição próximas às dos alcanos de massa molar semelhante, como se pode observar nos seguintes exemplos:

Dodecan-2-ona (M = 184 g mol^{-1}, T_e = 247 °C)

Tridecano (M = 184 g mol^{-1}, T_e = 235 °C)

Tanto aldeídos quanto cetonas podem unir-se às moléculas de água por meio de ligações de hidrogênio. Como consequência, a solubilidade desses compostos em água é semelhante à dos álcoois e éteres de mesmo número de átomos de carbono. Tal solubilidade diminui com o aumento do número de átomos de carbono.

O Quadro 12.1 relaciona algumas propriedades físicas de aldeídos e cetonas.

Quadro 12.1 Propriedades físicas de alguns aldeídos e cetonas

	M/g mol^{-1}	T_e/°C	T_f/°C	Solubilidade (g/100 g H_2O)
Metanal	30	-21	-92	∞*
Etanal	44	21	-121	∞
Propanal	58	49	-81	16
Butanal	72	76	-99	7
Pentanal	86	103	-92	pouco solúvel
Hexanal	100	128	-56	0,1
Heptanal	114	153	-43	pouco solúvel
Propanona	58	56	-95	∞
Butan-2-ona	72	80	-86	26
Pentan-2-ona	86	102	-78	6,3
Pentan-3-ona	86	102	-40	5
Hexan-2-ona	100	128	-57	1,6
Hexan-3-ona	100	124		1,5
Heptan-2-ona	114	151	-36	0,4

* Solúvel em qualquer proporção.

O formaldeído, em presença de traços de água, polimeriza-se, formando o paraformaldeído, um polímero linear, muito resistente e de alta temperatura de fusão, conhecido como deldrin. Quando o formaldeído ou o paraformaldeído são aquecidos na presença de ácido diluído, eles são convertidos no trímero cíclico denominado trioxano.

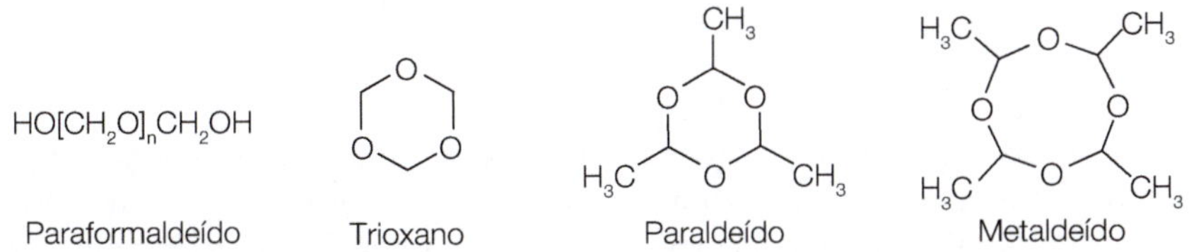

O acetaldeído, em meio ácido, polimeriza-se, formando o trímero cíclico, denominado *paraldeído*, e o tetrâmero, *metaldeído*. O paraldeído tem propriedades sedativas e hipnóticas. O metaldeído possui atividade moluscicida e é utilizado na agricultura, no controle da lesma *Agriolimax reticulatus*, em plantações de trigo.

Reações

Os aldeídos e as cetonas são extremamente úteis em síntese orgânica, uma vez que eles podem ser transformados nas mais variadas classes de compostos. A reatividade química desses dois grupos de compostos é muito semelhante, o que justifica o estudo de ambos em um mesmo capítulo.

A diferença mais marcante entre aldeídos e cetonas refere-se à facilidade com que os primeiros são convertidos em ácidos carboxílicos quando tratados com oxidantes brandos, como $Ag(NH_3)_2OH$ (reagente de Tollens). Durante a reação, o íon Ag^+ é reduzido à prata metálica, que se deposita nas paredes do frasco reacional, formando uma fina camada brilhante como um espelho ('espelho de prata'). As cetonas ficam completamente inertes ante o reagente de Tollens.

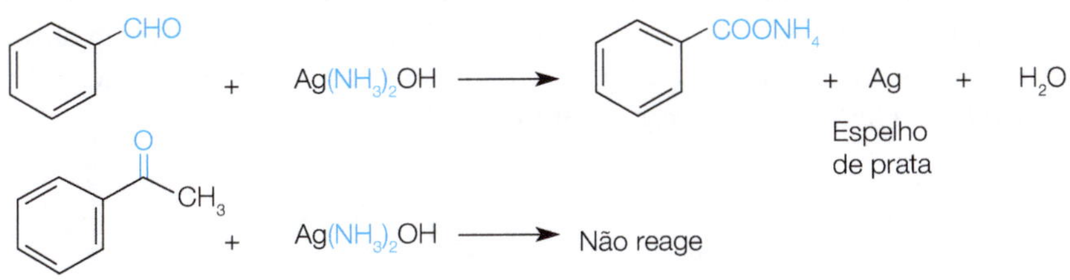

Essa reação, apesar de não ter valor do ponto de vista sintético, em razão do alto custo dos compostos à base de prata e da possibilidade da formação de intermediários explosivos, constitui um teste clássico para diagnosticar a presença do grupo aldeído em uma amostra desconhecida.

Reações de oxidação

Conforme já mencionado, os aldeídos são facilmente convertidos em ácidos carboxílicos por tratamento com $Ag(NH_3)_2OH$. Outros oxidantes que também podem ser utilizados para essa reação são: $KMnO_4$, $K_2Cr_2O_7/H_2SO_4$, perácidos e um complexo de Cu^{2+} com citrato (reagente de Benedict). Essa facilidade com que os aldeídos são oxidados constitui-se em um problema para seu preparo a partir da oxidação de álcoois, pois o aldeído formado é imediatamente oxidado a ácido carboxílico (Capítulo 8).

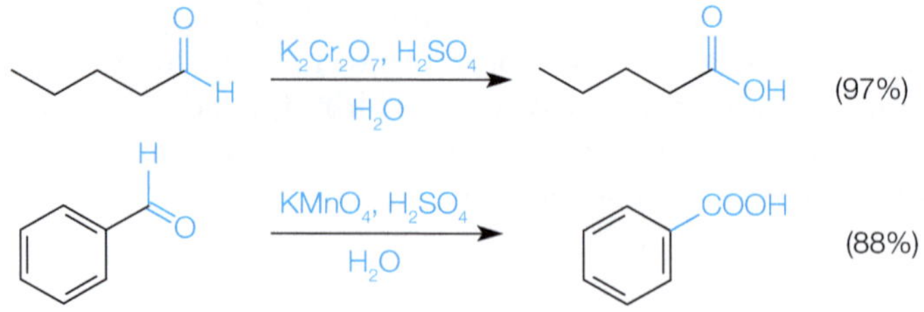

Observe que nessas reações os aldeídos perdem o átomo de hidrogênio ligado ao carbono da carbonila. Como as cetonas não possuem hidrogênio ligado diretamente à carbonila, elas são mais resistentes à oxidação diante dos reagentes ilustrados anteriormente. Elas, entretanto, podem ser transformadas em ésteres acíclicos ou cíclicos (lactonas) quando tratadas com perácidos, como CH_3CO_3H, CF_3CO_3H, $PhCO_3H$ e ácido *m*-cloroperbenzoico (AMCPB). (O leitor interessado pode encontrar detalhes dessa reação na bibliografia citada.)

Teste 12.3

Escreva as fórmulas estruturais dos produtos de oxidação dos compostos seguintes com $Ag(NH_3)OH$; HCl(aq):

a) propanal
b) 3-clorobenzaldeído
c) cicloexanona

Reações de redução

Redução com hidretos

Aldeídos e cetonas podem ser reduzidos a álcoois primários e secundários, respectivamente. Diversos reagentes podem ser utilizados para realizar esse tipo de transformação, sendo os mais comuns o boroidreto de sódio ($NaBH_4$) e o hidreto de alumínio e lítio ($LiAlH_4$).

Boroidreto de sódio   Hidreto de alumínio e lítio

Esses dois reagentes são bastante diferentes em termos de reatividade. O $NaBH_4$ é um sólido branco cristalino que pode ser manuseado com segurança. A reação normalmente é realizada em água, metanol ou etanol. Ele reduz aldeídos e cetonas, levando à obtenção de álcoois em alto rendimento, enquanto ésteres e ácidos carboxílicos são muito pouco reativos diante desse redutor. Já o hidreto de alumínio e lítio ($LiAlH_4$) é um sólido cinza, muito mais reativo que o $NaBH_4$, devendo sempre ser utilizado em condições anidras, uma vez que reage violentamente com água. As reações em que se utilizam $LiAlH_4$ devem ser conduzidas em tetra-hidrofurano ou éter dietílico. Diferentemente do $NaBH_4$, o $LiAlH_4$ é capaz de reduzir ácidos carboxílicos e ésteres a álcoois.

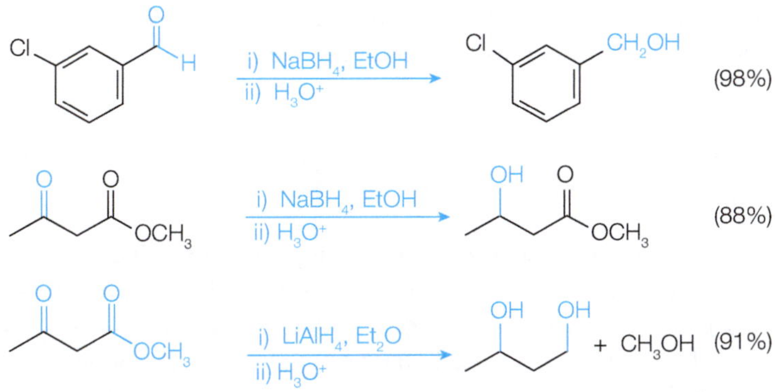

Vários outros hidretos apresentam reatividade intermediária entre $NaBH_4$ e $LiAlH_4$. Para mais detalhes, consultar as referências bibliográficas.

As reações de redução com os hidretos mencionados envolvem várias etapas. Com os dois reagentes ocorre a transferência do íon hidreto (H^-) para a carbonila, resultando na formação do alcóxido correspondente, que captura um próton do solvente ou do ácido adicionado em uma etapa posterior, formando o álcool. Cada mol de $NaBH_4$ ou de $LiAlH_4$ pode reduzir 4 mols de aldeído ou cetona.

Para o $LiAlH_4$, por exemplo, existe evidência de que, durante a transferência do hidreto, o alumínio se coordena ao oxigênio. Como esses dois reagentes são volumosos, o ataque ocorre preferencialmente pela face menos impedida da molécula, quando for o caso, resultando na formação preferencial de um determinado isômero.

Na Figura 12.1 é ilustrado o mecanismo de redução da 3-metilciclopentanona com $LiAlH_4$. Observe que a adição do hidreto ocorre de preferência pela face menos impedida espacialmente, resultando na formação do isômero *cis* com 60% de rendimento. O isômero *trans*, nesse caso, foi formado com 40% de rendimento (estrutura não representada).

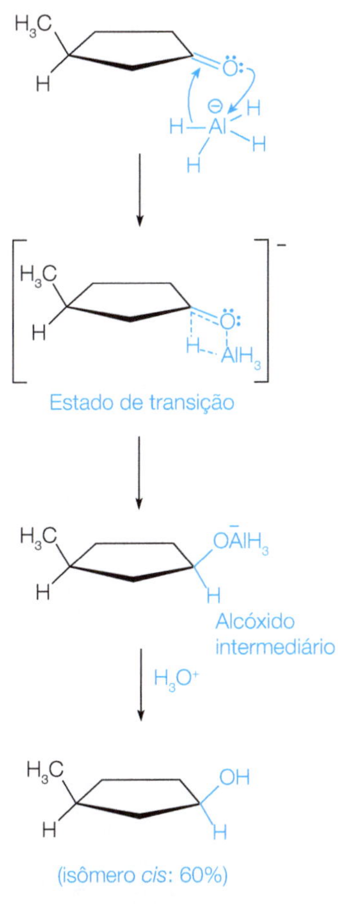

Figura 12.1 Mecanismo de redução da cetona com $LiAlH_4$.

Teste 12.4

Prediga os produtos, incluindo as estereoquímicas, que devem ser formados pela reação dos seguintes compostos com $NaBH_4$, seguido de elaboração em meio ácido:

a) 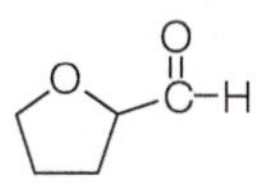

c) 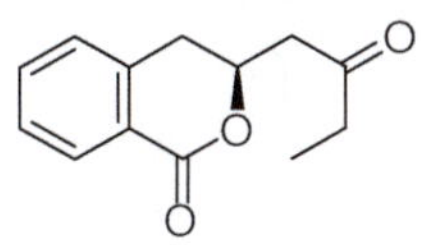

b) 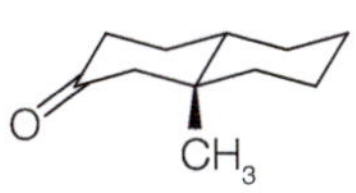

d) 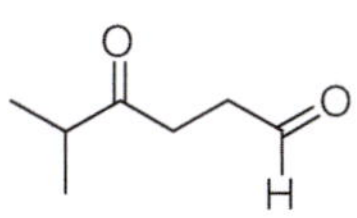

Reduções de Wolff-Kishner e de Clemmensen

O grupo carbonila (C=O) de aldeídos e cetonas pode ser completamente reduzido a CH_2 (reação de desoxigenação) por vários métodos, dentre os quais são citados dois. Um deles consiste em tratar o composto carbonílico com zinco amalgamado com mercúrio (Zn/Hg), em presença de ácido clorídrico. Esse método é conhecido como redução de Clemmensen e, obviamente, não pode ser utilizado para compostos instáveis em meio ácido. Essa redução é geralmente utilizada para transformar acilbenzenos, obtidos por acilação de Friedel-Crafts (Capítulo 5) em alquilbenzenos. O mecanismo dessa reação é complexo, envolvendo muitas etapas.

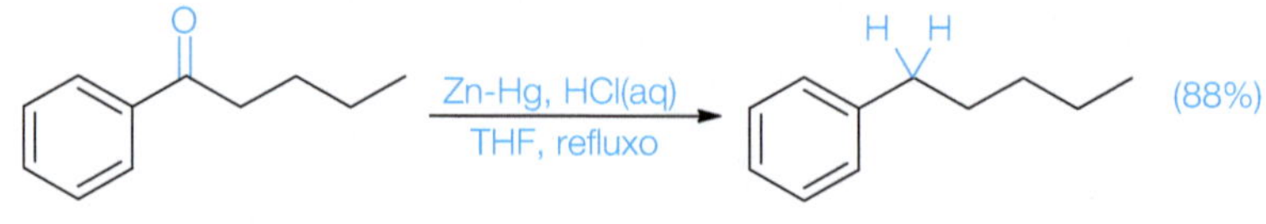

Outro método consiste em tratar o composto carbonílico com hidrazina em meio básico. Essa reação, conhecida como redução de Wolff-Kishner, envolve inicialmente a formação de um intermediário denominado hidrazona, o qual se decompõe com perda de nitrogênio, dando origem ao grupo metilênico (CH_2).

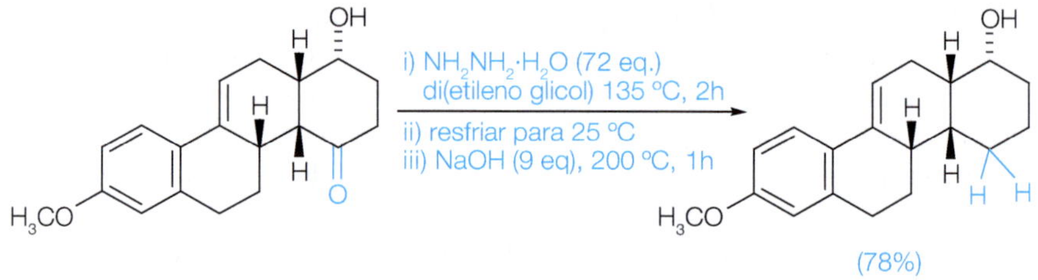

Essa reação deve ser conduzida em solventes com alta temperatura de ebulição, como di(etileno glicol) ($HOCH_2CH_2OCH_2CH_2OH$, $T_e = 245$ °C) ou dimetilsulfóxido (Me_2SO, $T_e = 189$ °C), uma vez que ela é realizada em temperaturas elevadas. Observe que no exemplo apresentado a molécula possui outros grupos funcionais como álcool, éter e alqueno, o que não interefere na reação. Deve-se chamar a atenção para o fato de que esse procedimento não deve ser utilizado no caso de moléculas que são instáveis em meio básico.

O mecanismo para a formação de hidrazonas e análogos será discutido no Capítulo 13.

Teste 12.5

Considerando-se os métodos de redução de Clemmensen e Wolff-Kishner, qual é o mais adequado para realizar a desoxigenação dos compostos apresentados a seguir. Caso nenhum deles seja adequado, explique.

a) 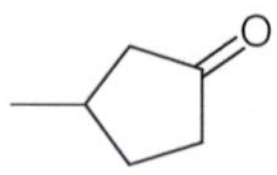

b) 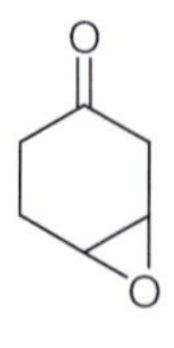

c) 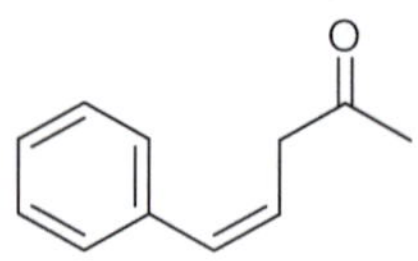

Reações de adição

Conforme já mencionado, a ligação carbono-oxigênio da carbonila é polarizada com o carbono suportando uma carga parcial positiva, e o oxigênio, uma carga parcial negativa. Assim, no processo de adição de grupos nucleofílicos à carbonila de aldeídos e cetonas, o par de elétrons π da ligação dupla move-se em direção ao átomo de oxigênio. Esse deslocamento de elétrons leva a uma mudança de hibridação no caso dos átomos de carbono e oxigênio carbonílico, que passam de sp^2 para sp^3 (Figura 12.2).

O nucleófilo para esse tipo de reação de adição pode ser carregado negativamente (Nu^-), conforme representado na Figura 12.2, ou pode ser neutro (HNu:). Nucleófilos negativos, como HO^-, RO^-, CN^-, são mais fortes que os correspondentes neutros, como H_2O, ROH e HCN, respectivamente.

O mecanismo dessa adição varia de acordo com a natureza do nucleófilo. No caso de nucleófilos carregados negativamente, o mecanismo pode ser representado em duas etapas. A primeira envolve a adição nucleofílica propriamente dita, com formação do alcóxido, e a segunda corresponde à associação do oxigênio com um eletrófilo, em geral um próton (Figura 12.2).

Como nucleófilos neutros são mais fracos que os carregados negativamente, as reações são conduzidas em presença de um ácido qualquer (H^+ ou ácido de Lewis). O mecanismo envolve inicialmente uma ligação entre o ácido e os elétrons não ligantes do oxigênio, tornando o carbono carbonílico mais eletrofílico (Figura 12.3).

Após o ataque do nucleófilo (:Nu–H), conforme representado anteriormente, pode ocorrer a perda de um próton (H^+), com formação do produto de adição. Conforme será visto no item "Adição de derivados de amônia", pode ocorrer, em vez da perda de um próton, a eliminação de uma molécula de água, com formação de uma nova ligação dupla.

De acordo com as discussões anteriores, torna-se evidente que o mecanismo das reações de adição à carbonila de aldeídos e cetonas é dependente do nucleófilo. Essas reações fornecem diferentes produtos, conforme a natureza da espécie nucleofílica. Os exemplos a seguir ilustram a variedade de produtos que podem ser obtidos a partir de aldeídos e cetonas.

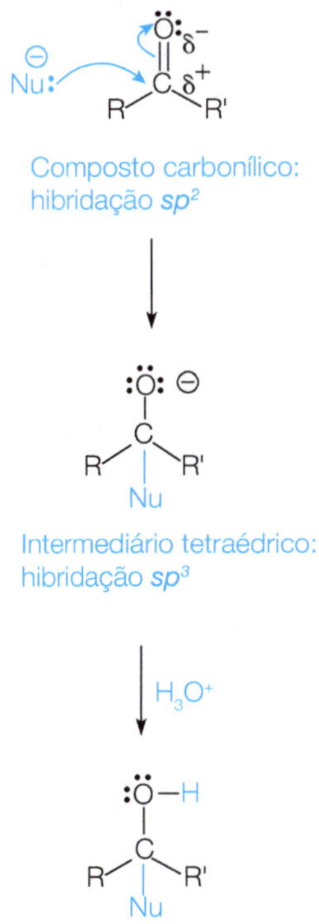

Figura 12.2 Mecanismo de adição de um nucleófilo carregado negativamente à carbonila.

Adição de reagentes de Grignard

A adição de reagentes de Grignard a compostos carbonílicos é um excelente método para o preparo de álcoois.

Como o reagente de Grignard tem forte caráter nucleofílico, ele ataca o carbono da carbonila, conforme o mecanismo descrito anteriormente.

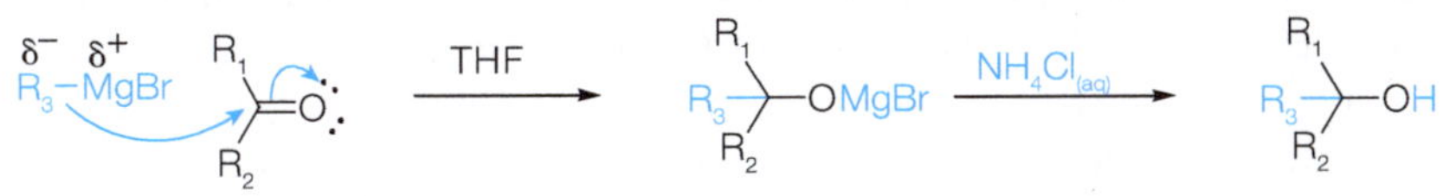

A adição de um reagente de Grignard ao formaldeído resulta na formação de um álcool primário, ao passo que a adição desse reagente a qualquer outro aldeído ou a uma cetona resulta na formação de álcoois secundários e terciários, respectivamente.

O reagente de Grignard é preparado tratando-se um haleto de alquila ou de arila com magnésio em um solvente anidro. Os compostos mais comumente utilizados são os brometos e cloretos, sendo os primeiros mais reativos, com magnésio em pó e na presença de quantidade catalítica de iodo. Os solventes mais utilizados são o éter dietílico e o tetra-hidrofurano.

Dois exemplos de reação de Grignard são apresentados a seguir. No primeiro caso, o brometo de *p*-metoxifenil magnésio é adicionado ao acetonídeo tricíclico. O álcool terciário A é formado em 55% de rendimento. Esse álcool foi posteriormente desidratado e convertido em uma substância com atividade fitotóxica.[2] O álcool B também é formado e tem bom rendimento.

2 BARBOSA et al. (1999).

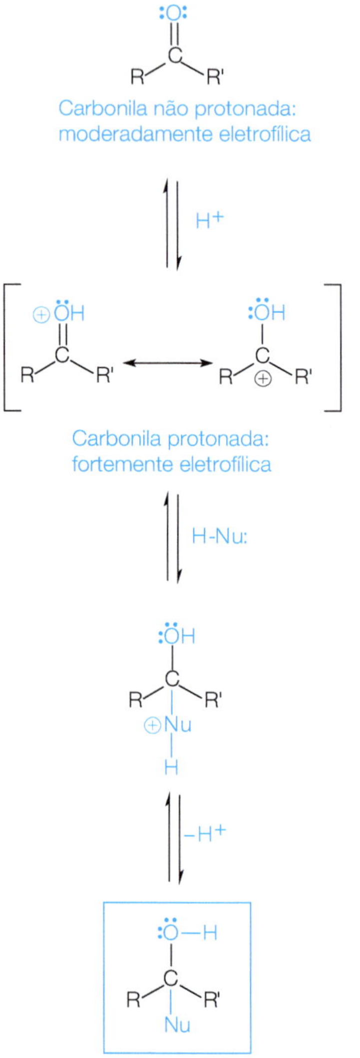

Figura 12.3 Mecanismo geral de adição de um nucleófilo, catalisada por ácido, à carbonila.

Arthur Lapworth (1872-1941): químico escocês nascido em Galashiels. Formado em química no Mason Science College, atual Universidade de Birmingham. Em 1893, estudou no City and Guilds College. Foi professor no Goldsmith College em Londres e, a partir de 1909, lecionou em Manchester. Foi eleito Fellow of the Royal Society (FRS) em 1910, aposentando-se em 1935.

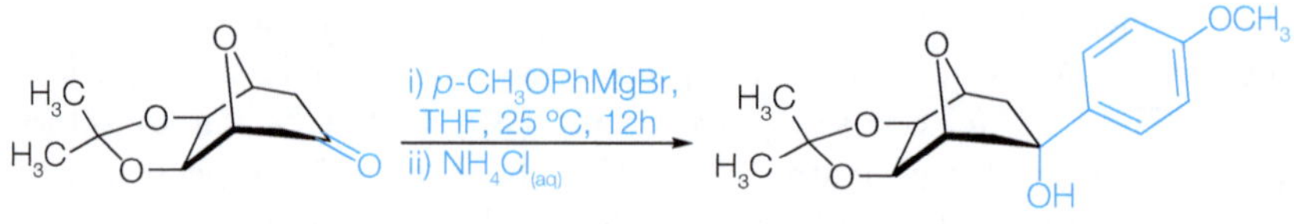

(A, 55%)

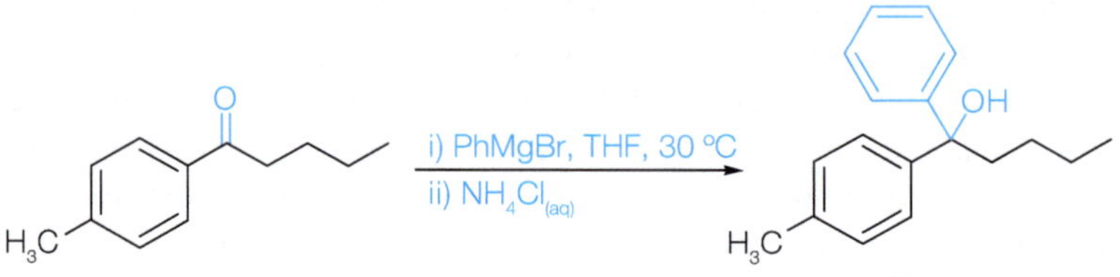

(B, 75%)

Além de serem nucleófilos bastante fortes, os reagentes de Grignard também reagem como base. Dessa forma, solventes que possuem hidrogênio ácido (denominados solventes próticos), como metanol, etanol e água, não podem ser utilizados nessa reação, pois reagem com o reagente de Grignard, destruindo-o. Os reagentes de Grignard também são capazes de abstrair prótons de alquinos terminais e de álcoois.

Adição de ácido cianídrico (HCN)

A adição de ácido cianídrico (HCN) à carbonila constitui-se em um procedimento importante para o incremento de um átomo de carbono na molécula orgânica. O composto inicialmente formado é denominado cianidrina.

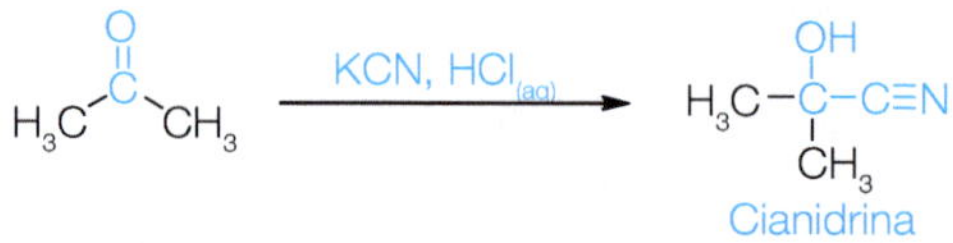

O ácido cianídrico líquido pode ser diretamente utilizado para essa reação; todavia, em razão da alta toxicidade e da volatilidade desse ácido, é mais conveniente e seguro utilizar KCN na presença de HCl ou H_2SO_4.

Os detalhes do mecanismo dessa reação foram investigados em 1903 pelo químico inglês **Arthur Lapworth**, que mostrou que a formação da cianidrina é reversível. Ele verificou que a adição de HCN é lenta, mas ocorre rapidamente quando pequena quantidade de cianeto é adicionada à mistura. Isso é facilmente entendido, uma vez que o HCN é um ácido muito fraco ($pK_a = 9{,}1$) e, portanto, encontra-se muito pouco ionizado. Como o íon cianeto é um nucleófilo forte, adiciona-se rapidamente à carbonila, conforme o mecanismo ilustrado a seguir para a síntese da mandelonitrila.

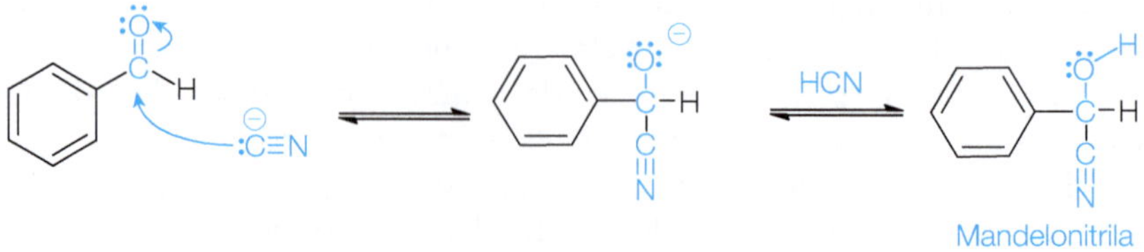

A reação é geralmente realizada na presença de um equivalente do ácido e excesso de NaCN. É interessante notar que ácidos como HCl, HBr, H_2SO_4 e CH_3CO_2H, diferentemente do HCN, não formam produtos de adição estáveis com aldeídos e cetonas.

A grande utilidade da adição de HCN a aldeídos e cetonas é o fato de a cianidrina poder ser hidrolisada a ácido carboxílico em presença de H_2SO_4 ou HCl, ou ser reduzida a amina com $LiAlH_4$ ou $H_2/Pd/C$ (Capítulo 11).

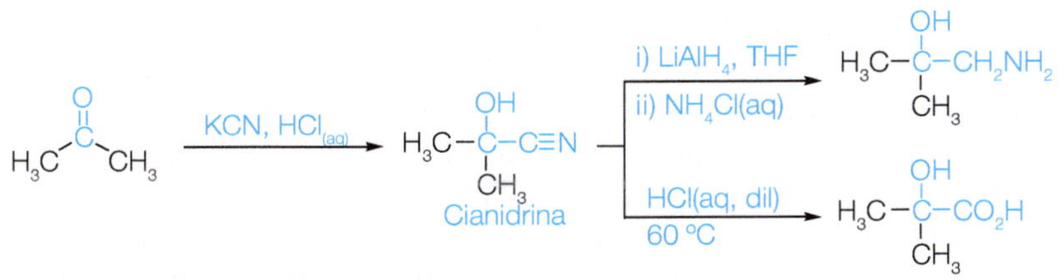

Em meio fortemente básico a cianidrina pode ser hidrolisada, fornecendo a cetona de partida.

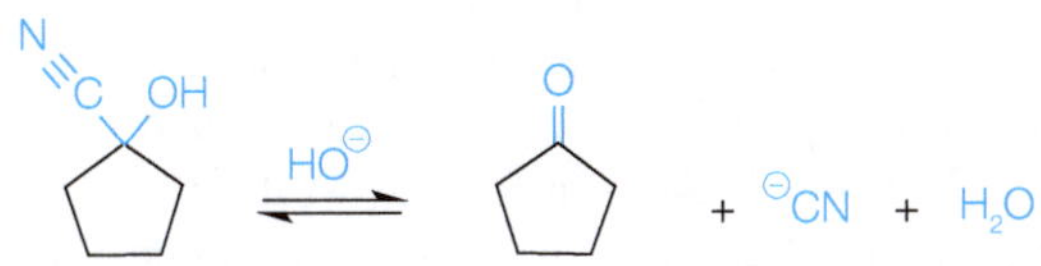

As cianidrinas e seus derivados glicosilados têm um papel importante no mecanismo de defesa de muitas plantas e insetos contra o ataque de predadores. Por exemplo, a centopeia *Apheloria corrugata*, quando atacada, secreta um líquido viscoso repelente para formigas. A análise desse líquido revelou a presença de mandelonitrila e uma enzima. Essa enzima catalisa a decomposição da mandelonitrila em benzaldeído e ácido cianídrico, que é extremamente tóxico.

Adição de álcoois

A adição de água a aldeídos e cetonas fornece compostos denominados dióis geminais ou simplesmente gem-dióis.

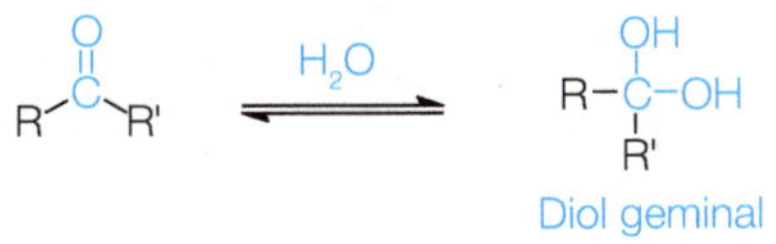

Essa reação não apresenta qualquer utilidade sintética, uma vez que os gem-dióis são instáveis e se desidratam rapidamente, regenerando o composto carbonílico.

Uma reação semelhante ocorre quando os aldeídos e as cetonas são tratados com álcoois em meio ácido. Nesse caso, os produtos formados são denominados acetais.[3]

1,1-dimetoxietano (acetal)

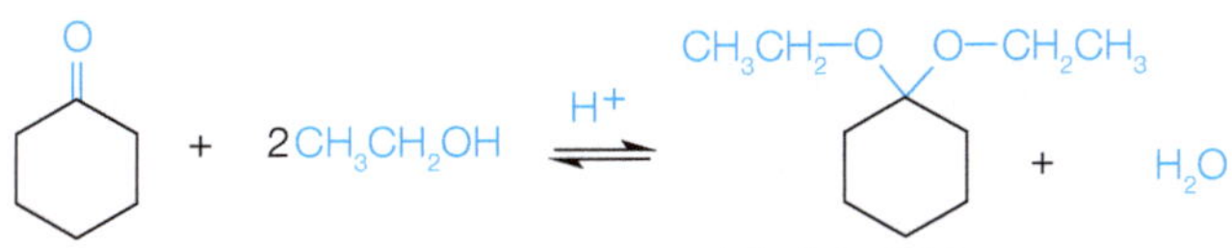

1,1-dietoxicicloexano

A adição de apenas uma molécula de álcool à carbonila forma um composto denominado hemiacetal no caso de aldeídos, e hemicetal para derivados de cetonas.

[3] Os derivados de cetonas eram denominados *cetais* para serem diferenciados dos derivados de aldeídos, chamados de *acetais*. A IUPAC havia abandonado o termo *cetal*, mas em razão de seu uso continuado, nas recomendações de 1993 (PANICO, POWELL e RICHER, 1993), esse termo foi reintroduzido como uma subclasse da função *acetal*. O mesmo é válido para o cognato *hemicetal*.

O mecanismo de formação dos acetais pode ser representado como ilustra a Figura 12.4. Conforme indicado nessa figura, inicialmente ocorre a protonação do oxigênio, tornando o carbono mais eletrofílico e, portanto, suscetível ao ataque pela molécula de álcool, mesmo sendo este um nucleófilo fraco. Após a adição de uma molécula de álcool, seguida da perda de um próton, obtém-se o hemiacetal. Em presença de excesso de álcool a formação do acetal é favorecida. Isso ocorre por meio da protonação da hidroxila do hemiacetal, seguida da perda de uma molécula de água com formação do íon oxônio. A adição de outra molécula de álcool a esse íon, seguida da perda de um próton, resulta na formação do acetal.

Como todas as etapas envolvidas na formação do acetal são reversíveis, as condições reacionais podem ser ajustadas de modo que se favoreça sua formação ou sua hidrólise. Assim, a formação do acetal é favorecida pela presença de excesso de álcool e pela remoção da água formada durante a reação. Na prática isso é conseguido destilando-se a água à medida que ela é formada, ou pela adição de compostos como $CuSO_4$, que reagem com ela formando hidratos. Inversamente, os acetais podem ser facilmente hidrolisados pelo tratamento com ácido mineral em meio aquoso.

Os acetais são importantes intermediários em síntese orgânica, pois são estáveis na presença de base e agentes redutores, como os hidretos. Em função dessa estabilidade e da facilidade com que são hidrolisados em meio ácido, eles são bons grupos protetores para carbonilas de aldeídos e de cetonas.

Considere, por exemplo, que se deseje transformar o composto I em II.

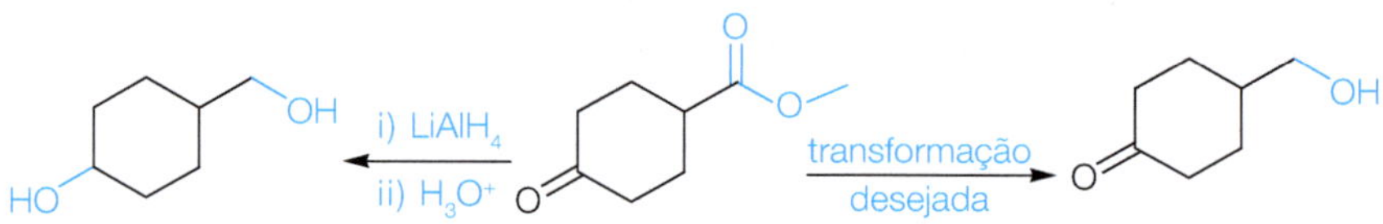

(III) (I) (II)
produto desejado

Se o material de partida I for tratado com um redutor como $LiAlH_4$, o produto desejado II não será formado. O único produto dessa reação será o diol III.

Esse problema pode ser solucionado preparando-se o acetal IV antes de efetuar a redução do grupo éster. O acetal V, obtido por meio da redução de IV, é, então, finalmente hidrolisado para fornecer o produto desejado II.

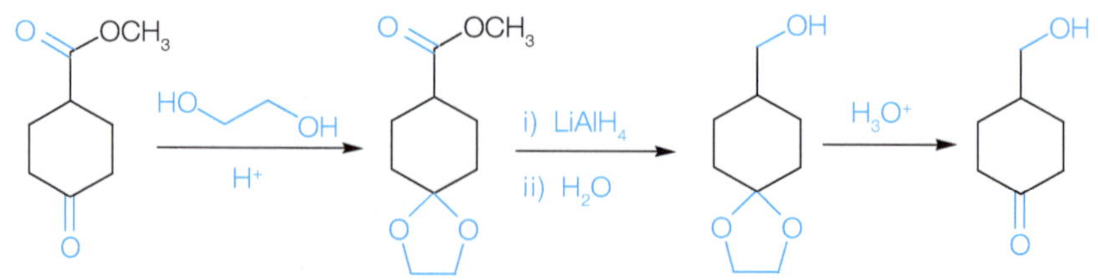

(I) (IV) (V) (II)

A presença das funções acetal e hemiacetal é comum entre os carboidratos, conforme será discutido ao final deste capítulo.

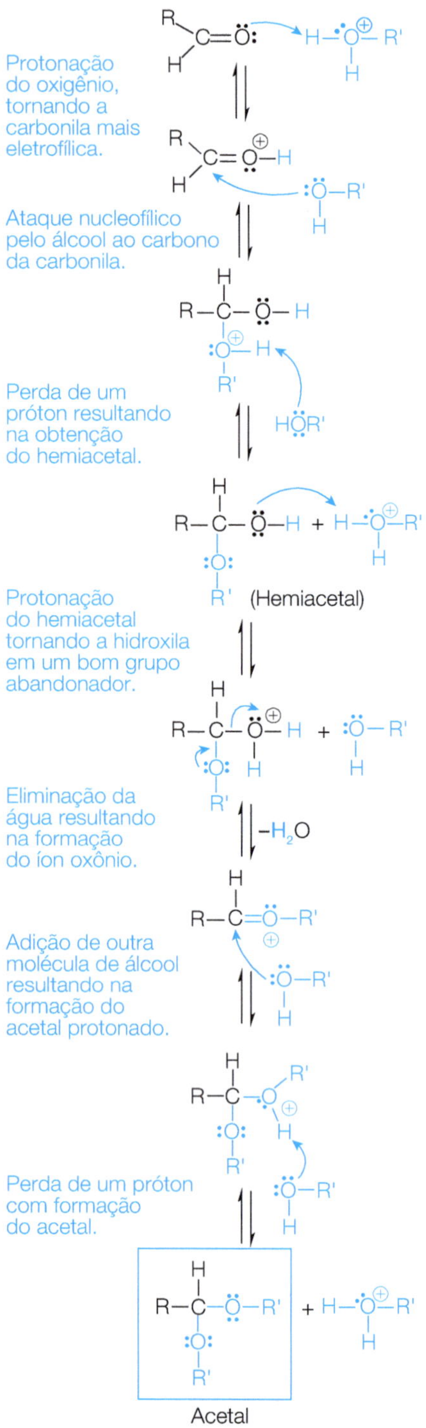

Figura 12.4 Mecanismo da formação, catalisada por ácido, de um acetal.

Teste 12.6

Mostre quais produtos devem ser obtidos pela reação da hexan-2-ona com os seguintes reagentes:

a) etileno glicol em meio ácido
b) KCN, HCl(aq)
c) PhMgBr
d) $CH_3C{\equiv}CLi$; HCl(dil)

Adição de derivados de amônia

A reação de amônia e aminas primárias com aldeídos e cetonas não resulta na formação de produtos de adição apenas. Isso ocorre, pois, após a adição, outras reações acontecem, levando à formação de iminas, compostos em que a ligação C=O é substituída por uma ligação C=N, conforme ilustrado a seguir:

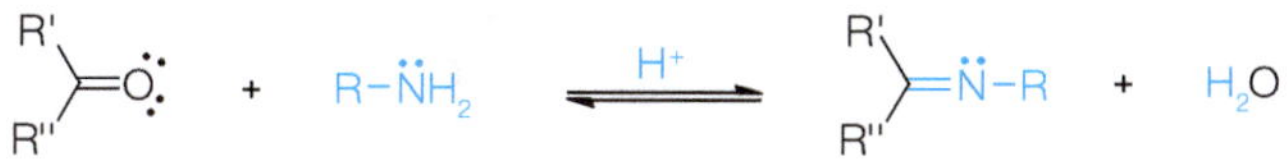

As iminas derivadas da amônia hidrolisam-se facilmente, sendo, portanto, pouco úteis sob o ponto de vista sintético. Já as iminas derivadas de aminas primárias, conhecidas como bases de Schiff, são mais estáveis que aquelas derivadas da amônia; todavia ainda podem ser hidrolisadas com certa facilidade.

Nos casos em que pelo menos um dos grupos ligados ao carbono ou ao nitrogênio do grupo imina for aromático, esta será bastante estável.

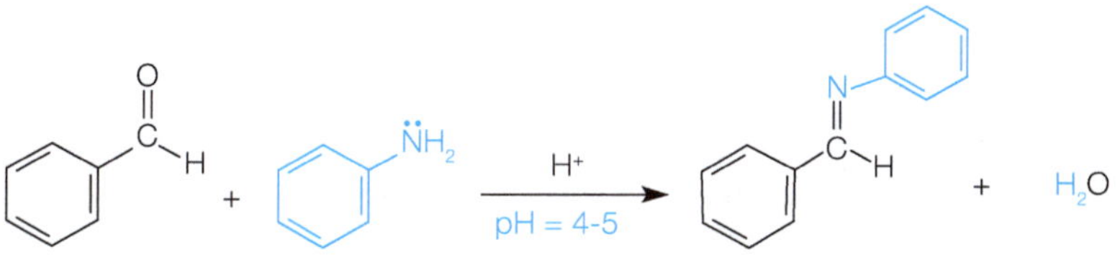

(84-87%)

O mecanismo dessa reação é representado na Figura 12.5. O processo envolve muitas etapas, todas reversíveis. A reação inicia-se pela adição nucleofílica do nitrogênio ao carbono da carbonila, formando uma espécie dipolar. Em seguida ocorre a transferência de um próton do nitrogênio para o oxigênio formando um aminoálcool. Embora o meio tenha sido acidificado ligeiramente, a amina é nucleofílica o bastante para ligar-se ao carbono. Após formado, o aminoálcool é protonado pelo ácido, ocorrendo então a perda de água, com consequente formação da ligação dupla C=N. Esse processo é auxiliado pelo par de elétrons não ligantes do nitrogênio. Finalmente o íon iminio resultante perde um próton para formar a imina.

Estudos mostraram que a velocidade de formação das iminas é dependente do pH do meio. Geralmente a reação é muito lenta em meio fortemente ácido ou básico. A velocidade máxima é observada quando a reação é realizada em meio com pH entre quatro e cinco.

Esse valor de pH, que obviamente varia conforme a natureza dos compostos reagentes, é facilmente entendido quando se observam as etapas do mecanismo representadas na Figura 12.5. O ácido é requerido para transformar o grupo OH em um abandonador melhor (H_2O). Por outro lado, se o meio estiver muito ácido, a amina será completamente transformada no sal correspondente ($RNH_3^+X^-$), de modo que o ataque nucleofílico inicial não ocorrerá. Dessa forma, esse valor de pH representa um compromisso entre a necessidade de algum ácido para a etapa de desidratação, mas não muito, de modo que se evite a completa protonação da amina.

A reação de compostos carbonílicos com aminas secundárias, diferentemente de aminas primárias, resulta na formação de compostos denominados *enaminas*. O mecanismo da reação é semelhante ao apresentado para a formação de iminas até a etapa que resulta na obtenção do íon imínio. Como o íon iminio formado a partir de aminas secundárias não possui hidrogênio ligado ao nitrogênio, a alternativa para estabilizar essa espécie positiva consiste na perda de um próton do carbono vizinho ao carbono sp^2, conforme ilustrado na Figura 12.6.

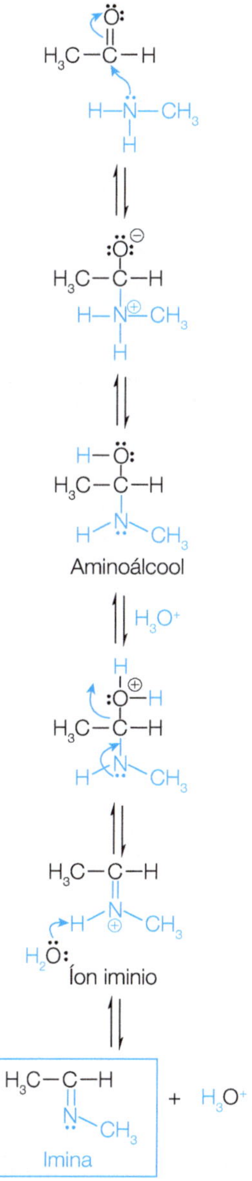

Figura 12.5 Mecanismo de formação da imina a partir de acetaldeído e metilamina.

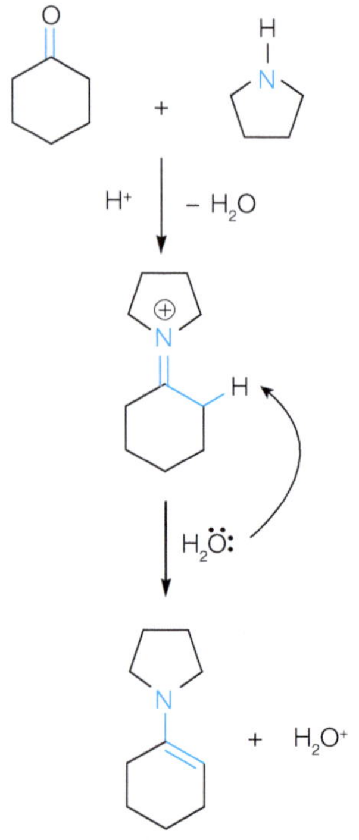

(88%)

N-(cicloex-1-en-1-il)pirrolidina (enamina)

Figura 12.6 Formação da enamina a partir da cicloexanona e da pirrolidina.

Outros derivados da amônia como hidroxilamina (NH_2OH), hidrazina (H_2NNH_2), fenilidrazina ($PhNHNH_2$), 2,4-dinitrofenilidrazina e semicarbazida ($H_2NNHCONH_2$) também reagem com aldeídos e cetonas formando produtos estáveis.

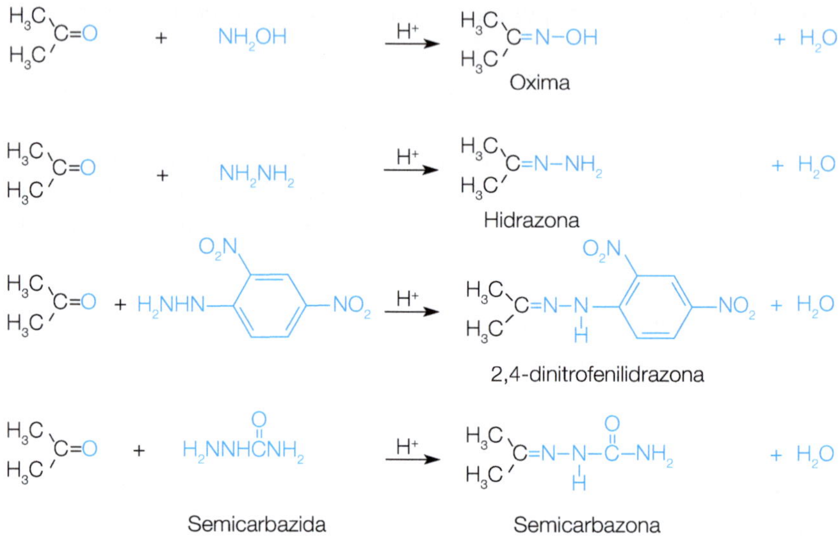

De modo geral, as fenilidrazonas e 2,4-dinitrofenilidrazonas são sólidos cristalinos amarelados, úteis na identificação de aldeídos e cetonas.

Conforme apresentado no Capítulo 3, ácidos graxos insaturados se decompõem por meio de um processo oxidativo, formando aldeídos. O malonaldeído (propanodial), por exemplo, é um dos compostos resultantes da degradação do ácido linolênico. O grau de rancificação de alimentos gordurosos pode ser avaliado por meio da medida do teor de aldeídos presentes nesses alimentos, e uma das maneiras de avaliar esse teor consiste na reação da amostra com 2,4-dinitrofenilidrazina. A quantidade da 2,4-dinitrofenilidrazona formada é determinada por espectrofotometria e relacionada à quantidade do aldeído na amostra.

Teste 12.7

Escreva as fórmulas estruturais dos produtos obtidos pela reação da cicloexanona com os seguintes reagentes em meio com pH = 4,5:

a) hidroxilamina b) pirrolidina c) semicarbazida

Reação de Wittig

Conforme visto em capítulos anteriores, os alquenos podem ser formados por meio de reações de eliminação. Essas reações, apesar de bastante úteis, muitas vezes resultam na formação de misturas de alquenos. Talvez possamos dizer que um dos métodos mais úteis para preparar um alqueno seja a reação de Wittig. Essa reação, descoberta pelo químico alemão **Georg Wittig**, consiste na reação de uma cetona ou um aldeído com um ilídeo de fósforo, conforme ilustrado a seguir:

Wittig recebeu o prêmio Nobel de Química em 1979, juntamente a Herbert C. Brown (reação de hidroboração).

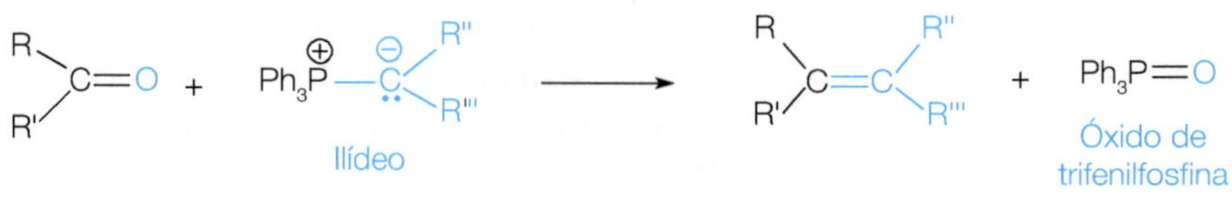

Essa reação permite o preparo de um grande número de alquenos mono, di e trissubstituídos. Alquenos tetrassubstituídos não são preparados por esse método, provavelmente por questões de impedimento espacial.

A grande vantagem da reação de Wittig em relação às reações de eliminação é o preparo de alquenos com estrutura conhecida, ou seja, a ligação dupla sempre se formará no carbono carbonílico do material de partida. Mesmo havendo a possibilidade de formação de isômeros *E* e *Z*, de modo geral, ílideos estabilizados ($\phi_3P{=}CR_1R_2$, em que R_1 e/ou R_2 são grupos retiradores de elétrons, como –COR etc.) reagem com aldeídos e cetonas, formando o alqueno *E* como isômero principal, e os ilídeos não estabilizados (nos quais R_1 e/ou R_2 são grupos doadores de elétrons, como alquil) produzem principalmente o alqueno *Z*.

Os ilídeos de fósforo são facilmente preparados reagindo-se trifenilfosfina (ϕ_3P) com haletos de alquila primários e secundários. Inicialmente se formam sais de fosfônio que, tratados com bases fortes como BuLi, NaH, $NaCH_2SOCH_3$, são transformados em compostos neutros denominados ilídeos. Os ilídeos podem, alternativamente, ser representados como uma espécie em que o átomo de fósforo está ligado duplamente ao carbono, sendo, nesse caso, denominados fosforanos (Figura 12.7). Cálculos teóricos indicam que a contribuição da estrutura do tipo fosforano é pouco significativa.

O mecanismo da reação de Wittig tem sido amplamente estudado, e uma proposta é apresentada na Figura 12.8.

De acordo com esse mecanismo, o carbono do ilídeo funciona como um nucleófilo, atacando o carbono da carbonila, o que resulta na formação de um intermediário denominado genericamente *betaína*. Em seguida o par de elétrons do oxigênio se liga ao fósforo formando um intermediário cíclico chamado *oxafosfetano*. Esse intermediário, em alguns casos, pode ser detectado na mistura reacional a -80 °C, mas decompõe-se quando a temperatura é elevada a 0 °C, resultando na formação do alqueno e do óxido de trifenilfosfina. A força motriz para a decomposição do oxafosfetano é a formação da ligação dupla P=O, que é muito forte ($\Delta H° = 540$ kJ mol^{-1}).

Alguns trabalhos na literatura sugerem que a betaína não seja um intermediário na reação, sendo o oxafosfetano obtido diretamente a partir do ilídeo e do composto carbonílico.

Um exemplo da utilização da reação de Wittig pode ser visto na síntese da disparlura, o feromônio de atração sexual da mariposa *Limantria dispar*.

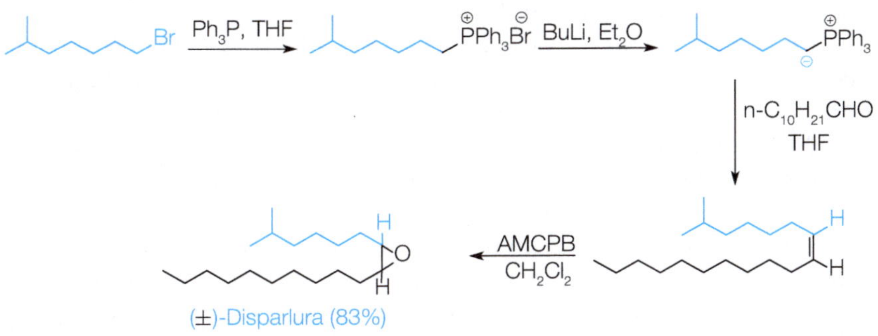

Nesse caso, observa-se que a formação do isômero *Z* é preferencial em relação à formação do isômero *E*, uma vez que o ilídeo utilizado não apresenta grupos que o estabilizem.

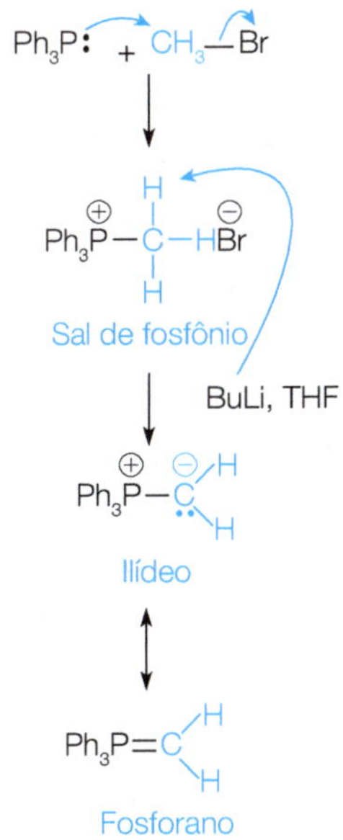

Figura 12.7 Formação de ilídeo de fósforo a partir do brometo de metila.

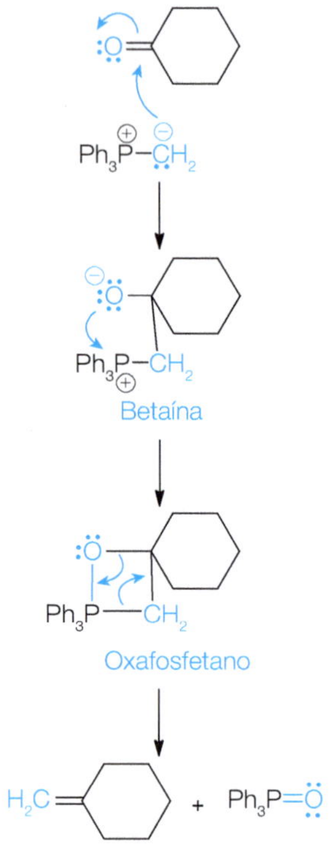

Figura 12.8 Mecanismo da reação de Wittig envolvendo a cicloexanona.

Teste 12.8

Mostre as fórmulas estruturais dos haletos de alquila e dos compostos carbonílicos necessários para preparar os seguintes compostos por meio da reação de Wittig:

a) 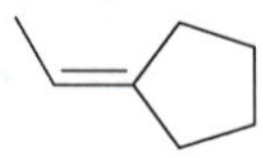 b) 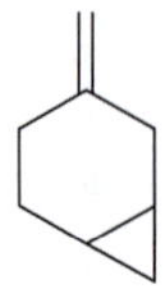 c) 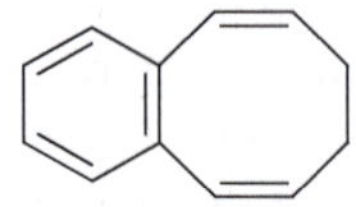

Reações envolvendo o carbono α em relação à carbonila

Outro tipo de reação muito comum entre os compostos carbonílicos envolve os átomos de carbono que estão ligados diretamente ao carbono da carbonila. Esses átomos de carbono são denominados pela letra grega α. Os átomos de hidrogênio ligados aos carbonos α são também denominados hidrogênios α. A carbonila, em função de seu efeito retirador de elétrons (efeitos indutivo e de ressonância), torna os hidrogênios α excepcionalmente ácidos. Disso resulta a existência do composto carbonílico em duas formas tautoméricas (formas ceto e enólica), bem como em reações em que o composto carbonílico pode ser transformado em um nucleófilo, conforme será discutido a seguir.

Equilíbrio cetoenólico

As soluções de aldeídos e cetonas apresentam-se como uma mistura de duas formas isoméricas em equilíbrio, conforme ilustrado na Figura 12.9. A forma carbonílica é denominada genericamente forma ceto (pode ser aldeído ou cetona), e a que apresenta uma hidroxila ligada diretamente ao carbono sp^2 é denominada forma enólica. O termo enol é utilizado para descrever a classe de compostos em que a hidroxila (ol) está ligada ao carbono da dupla (en). No caso de compostos alifáticos simples, a porcentagem da forma enólica é muito pequena, conforme pode ser visto pelos valores das constantes de equilíbrio K nos exemplos mostrados na Figura 12.9.

A predominância da forma ceto em relação à enólica pode ser entendida examinando-se os valores de energia das ligações envolvidas em cada caso. A forma ceto possui as ligações C–H, C–C e C=O, e a enólica tem as ligações C=C, C–O e O–H. A soma aproximada das energias das três primeiras ligações corresponde a aproximadamente 1.506 kJ mol^{-1}, e para o enol a soma fica em torno de 1.443 kJ mol^{-1}, ou seja, o conteúdo energético da forma ceto é menor em aproximadamente 63 kJ mol^{-1} em relação à forma enólica, conforme ilustrado na Figura 12.9.

Os equilíbrios mostrados anteriormente deslocam-se para um lado ou outro em razão do solvente e do pH do meio. A formação do enol pode ser catalisada tanto por ácido (H^+, ou qualquer ácido de Lewis) quanto por base.

Na catálise básica, a etapa lenta do processo corresponde à abstração do próton α,[4] com a consequente formação de um íon intermediário denominado enolato (Figura 12.10).

A abstração do hidrogênio α pelo hidróxido é possível, uma vez que a constante de acidez, daquele para aldeídos e cetonas alifáticos, é da ordem de 10^{-19} a 10^{-20}, ou seja, esses hidrogênios são bem mais ácidos que os hidrogênios dos alcanos ($K_a \sim 10^{-45}$) e do acetileno ($K_a \sim 10^{-25}$). Essa maior acidez se deve à estabilização da base conjugada (enolato) por ressonância com o oxigênio.

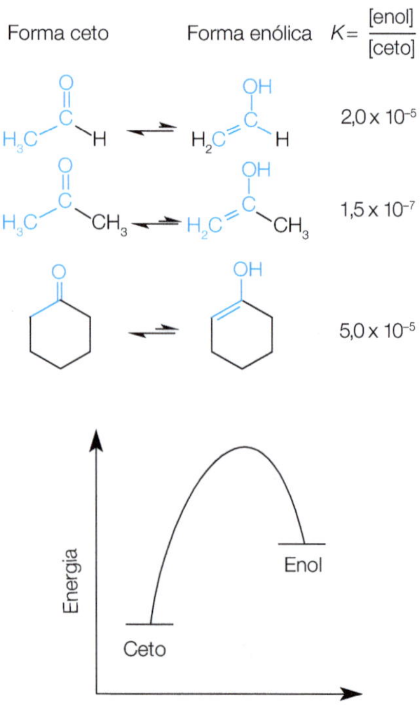

Figura 12.9 Exemplos de equilíbrio cetoenólico e esboço de um diagrama de energia envolvendo essas duas formas.

[4] Os carbonos e os respectivos hidrogênios ligados diretamente ao carbono carbonílico são designados pela letra grega α. Os outros carbonos e hidrogênios são designados sequencialmente pelas letras β, γ, δ etc.

Na catálise ácida ocorre inicialmente a protonação do oxigênio, seguida da etapa mais lenta que envolve a perda de um próton do carbono α. (Figura 12.11)

Existem fatores estruturais que podem alterar a predominância entre as formas ceto e enólica. É o caso dos compostos β-dicarbonílicos, em que a forma enólica existe em maior proporção. No caso da pentano-2,4-diona, por exemplo, a forma enólica predomina, existindo em aproximadamente 80%.

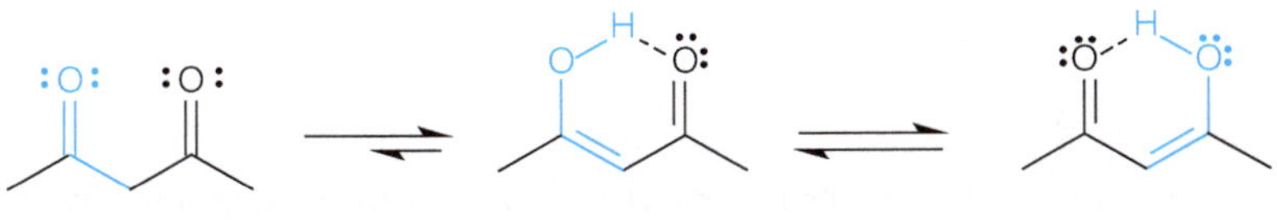

Forma ceto (20%) Forma enólica (80%)

A maior estabilidade do enol nesse caso se deve em parte à formação de um sistema em que as ligações duplas estão conjugadas. Observe que o enol existe em duas formas em equilíbrio. A formação da ligação de hidrogênio intramolecular resulta na estabilização adicional da forma enólica.

Embora a quantidade da forma enólica nos equilíbrios discutidos anteriormente seja em geral muito pequena, os enóis e enolatos são importantes em várias reações, conforme ilustram os exemplos descritos a seguir.

Alquilação de enolatos

As cetonas que possuem hidrogênios α podem ser quantitativamente convertidas nos enolatos correspondentes, por tratamento com bases fortes (e pouco nucleofílicas), como KNH_2, $NaNH_2$, $(CH_3)_3COK$, $[(CH_3)_2CH]_2NLi$ (di-isopropilamideto de lítio, LDA), KH, NaH, em solventes apróticos.

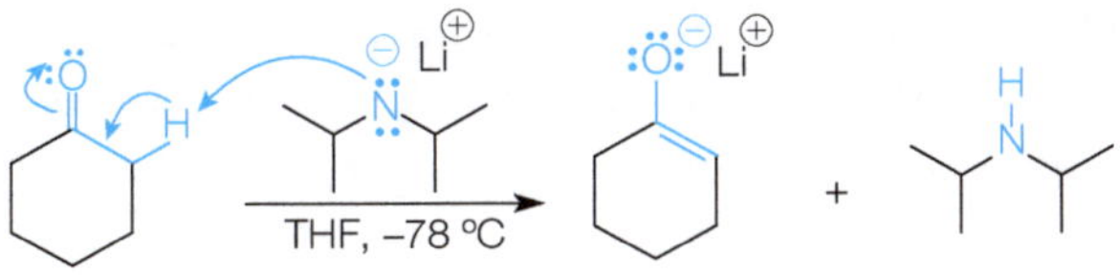

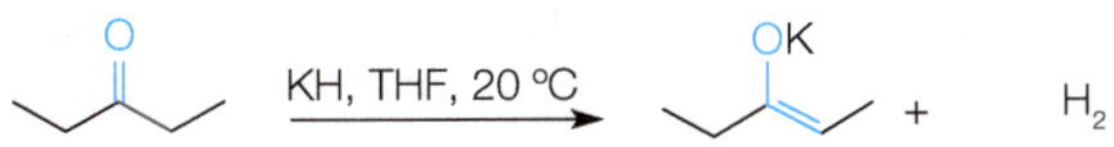

Os aldeídos com hidrogênio α em geral se polimerizam nas condições descritas anteriormente.

Como os enolatos possuem carga negativa, podem atuar como nucleófilos reagindo com eletrófilos diversos, como haletos de alquila (R–X), halogênios (Br_2, Cl_2), aldeídos e cetonas etc. Alguns eletrófilos, como os citados, ligam-se preferencialmente ao carbono, enquanto outros, como $ClSiMe_3$, ligam-se ao oxigênio. A explicação para essa seletividade está além dos objetivos deste trabalho.

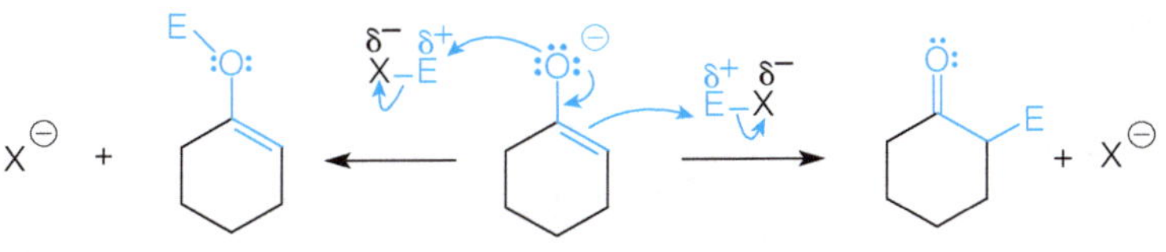

Quando o eletrófilo utilizado for um haleto de alquila, a reação é denominada alquilação, conforme os exemplos seguintes:

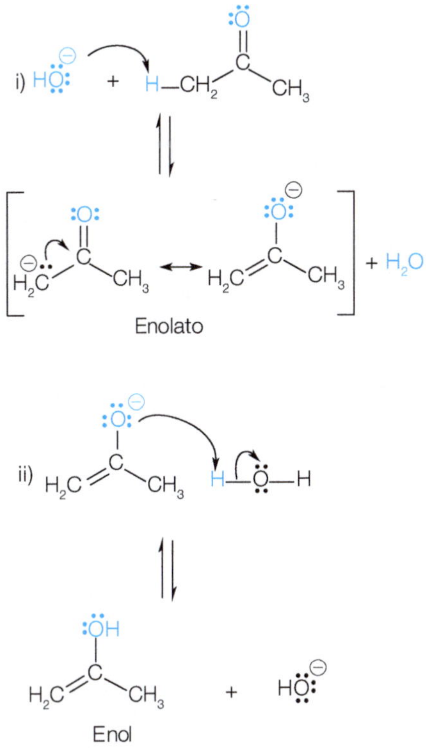

Figura 12.10 Enolização catalisada por base.

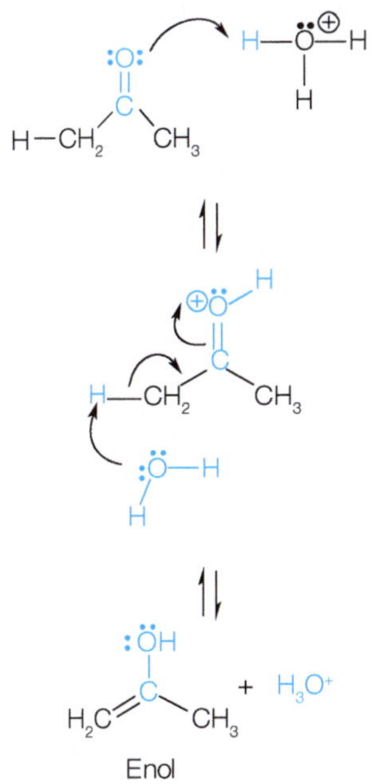

Figura 12.11 Enolização catalisada por ácido.

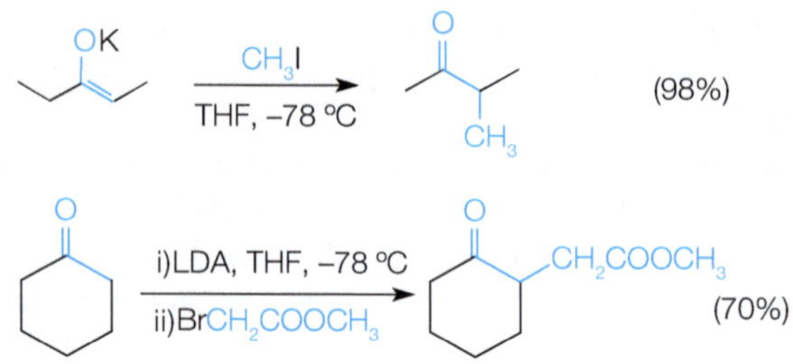

Teste 12.9

Indique os reagentes necessários para realizar as seguintes transformações:

a)

b)

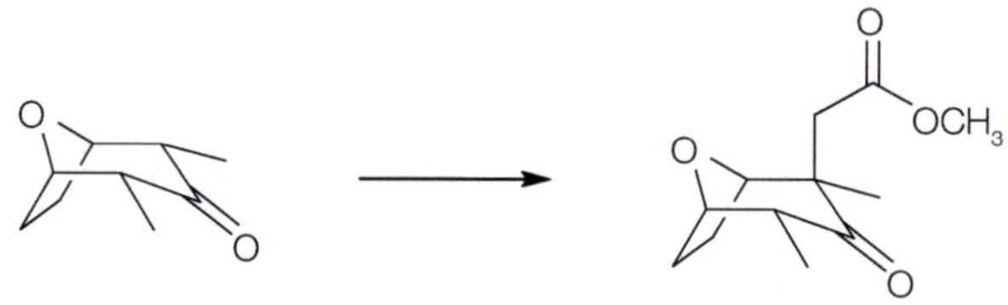

Condensação aldólica

Quando o acetaldeído é tratado com uma base forte (por exemplo, NaOH, NaOEt ou NaOMe) em um solvente prótico, observa-se a formação do 3-hidroxibutanal. Se esse produto for submetido a aquecimento prolongado ocorre a eliminação de água, resultando no composto carbonílico α,β-insaturado.

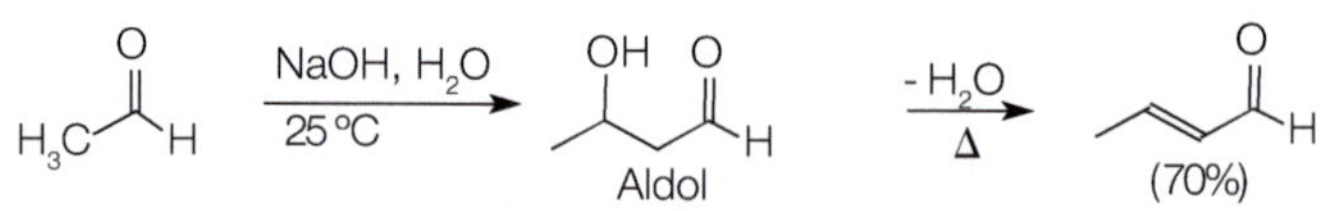

O produto dessa reação é conhecido genericamente como aldol (aldeído + álcool), e a reação, denominada condensação aldólica. O mecanismo dessa reação pode ser representado conforme ilustra a Figura 12.12.

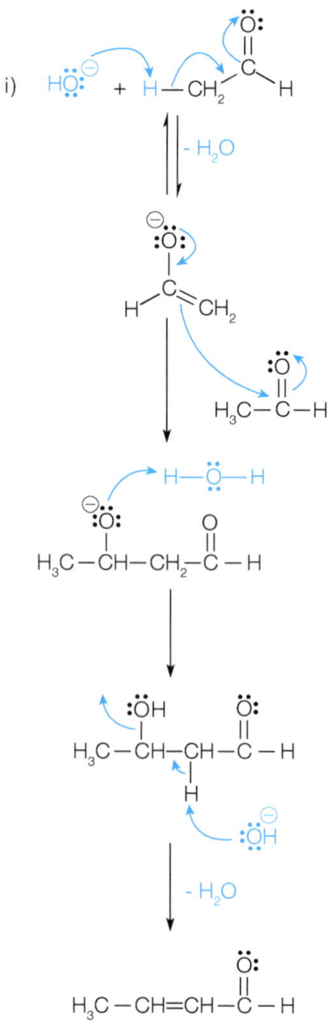

Figura 12.12 Mecanismo da condensação aldólica, em meio básico.

Essa reação é geral tanto para aldeídos quanto para cetonas que possuem pelo menos um hidrogênio α. Ela pode ocorrer entre dois compostos carbonílicos diferentes, sendo nesse caso denominada condensação aldólica cruzada. É particularmente útil nos casos em que apenas um dos reagentes possui hidrogênio α, ou em alguns casos de condensação intramolecular.

O esquema a seguir ilustra a reação de benzaldeído com acetona, resultando no produto de condensação.

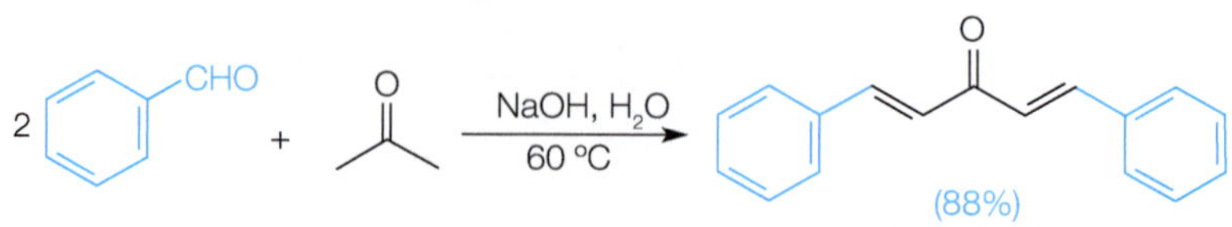

A síntese do tranquilizante oxanamida ilustra uma aplicação da reação de condensação aldólica. Observe que, além da etapa de condensação aldólica, as reações que envolvem a oxidação de aldeído a ácido carboxílico e a formação de epóxido a partir de alqueno já foram discutidas. A conversão de ácido carboxílico em amida será estudada no Capítulo 13.

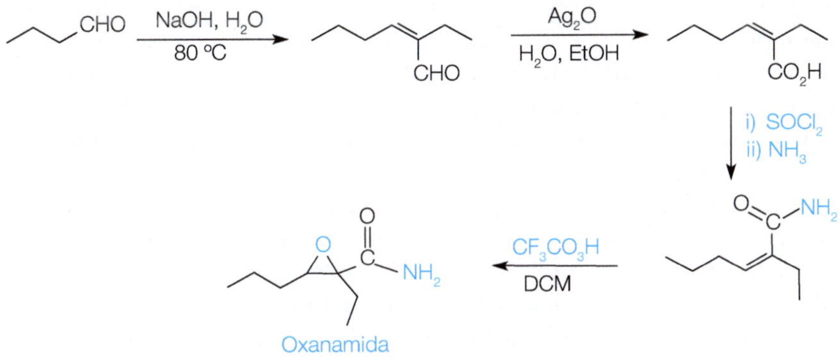

Outro exemplo da aplicação dessa importante reação é encontrado no preparo do 'flosal', ingrediente de um perfume francês. O benzaldeído é utilizado em excesso para minimizar a autocondensação do heptanal.

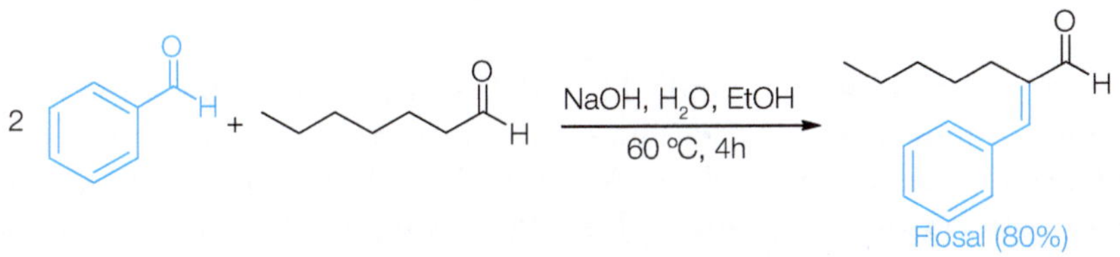

As reações de condensação aldólica podem, também, ser realizadas em meio ácido. Nesse caso, é difícil isolar o aldol intermediário, pois este se desidrata muito facilmente na presença de ácido.

Teste 12.10

Os compostos apresentados a seguir podem ser preparados por condensação aldólica intramolecular ou intermolecular. Apresente as fórmulas estruturais dos precursores para cada um desses compostos.

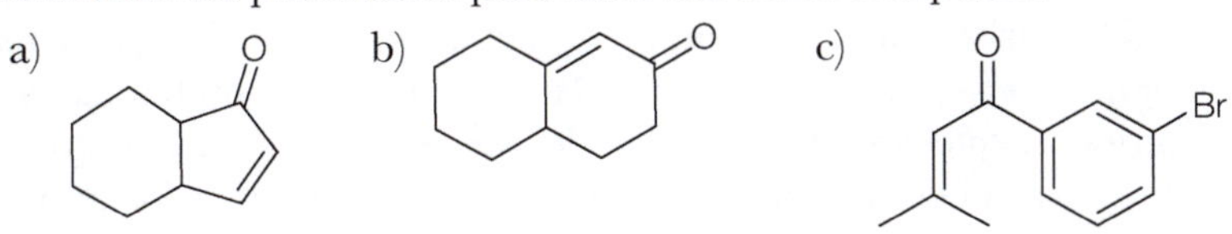

Teste 12.11

Indique qual é o hidrogênio mais ácido da pentano-2,4-diona. Justifique sua resposta.

Teste 12.12

Durante a reação de formação do álcool **A**, apresentada no item em que foi discutida a aplicação da reação de Grignard, foi também isolado em 26% de rendimento um composto C cuja fórmula estrutural é apresentada a seguir. Explique como esse composto é formado.

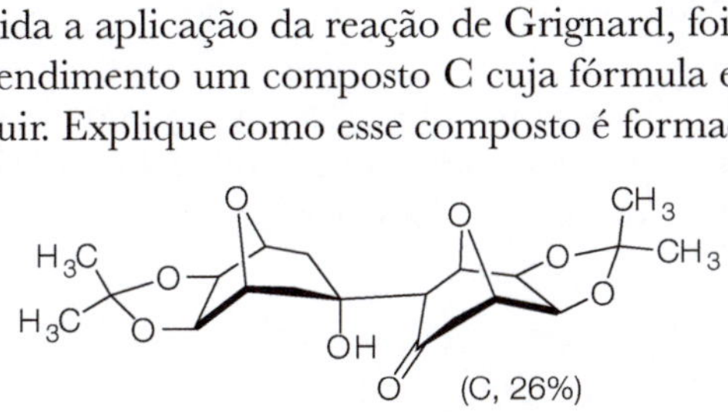

Carboidratos

Carboidratos são compostos que ocorrem em todos os organismos vivos, sendo essenciais para a vida. O açúcar da cana, o amido e a celulose são todos constituídos de carboidratos. O termo deriva do fato de a glicose, o primeiro carboidrato a ser purificado, possuir a fórmula molecular $C_6H_{12}O_6$; originalmente se pensava que ela era formada por carbono hidratado como $(CH_2O)_6$. Embora essa visão seja errônea, o termo perdurou até os dias de hoje.

A fotossíntese, realizada pelas plantas, é um processo complexo que envolve muitas reações, nas quais o dióxido de carbono se combina com a água, sob a ação da luz solar, resultando na formação da glicose. A glicose, uma vez formada, polimeriza-se e transforma-se em amido e celulose. Estima-se que mais de 50% da massa seca de organismos animais e vegetais seja formada por glicose.

$$6CO_2 + 6H_2O \xrightarrow{\text{luz solar}} 6O_2 + \underset{\text{Glicose}}{C_6H_{12}O_6} \longrightarrow \text{Celulose, amido}$$

Os carboidratos, quando ingeridos, são metabolizados proporcionando grande quantidade de energia ou são estocados no corpo na forma de glicogênio. Como a maioria dos animais, incluindo os seres humanos, não possui enzimas capazes de degradar a celulose, eles utilizam o amido como fonte de energia. Por outro lado, os micro-organismos presentes no rúmen de bovinos e equinos são capazes de degradar a celulose, de modo que esses animais podem utilizar tal material como fonte de energia. Dessa maneira, a energia estocada na celulose é transferida para pontos mais altos na cadeia alimentar quando esses animais servem de alimentos para outros.

Classificação dos carboidratos

Os carboidratos são também denominados *sacarídeos*, palavra de origem latina (*saccharum*, *açúcar*). Os mais simples são chamados monossacarídeos, que literalmente significa *um açúcar*. A combinação de dois monossacarídeos resulta nos dissacarídeos; a combinação de três forma um trissacarídeo, e assim por diante, de modo que a combinação de um grande número de monossacarídeos forma um polissacarídeo.

Estruturalmente os monossacarídeos são aldeídos ou cetonas poli-hidroxiladas, de modo que se subdividem em aldoses e cetoses. A terminação ose indica que o composto é um carboidrato, e os prefixos ald e cet designam a natureza da carbonila (aldeído e cetona, respectivamente). O número de átomos de carbono dos monossacarídeos é indicado pelos prefixos *tri*, *tetra*, *penta*, *hexa* etc. Assim, combinando todos esses termos, tem-se a classificação completa de um monossacarídeo. Por exemplo, a glicose é uma 'aldoexose'; a ribose, uma 'aldopentose'; e a frutose, uma 'cetoexose'.

Na Figura 12.13 são apresentadas as projeções de Fischer para alguns carboidratos da série D (no Capítulo 6 foi explicado o significado das letras D e L utilizadas antes dos nomes dos carboidratos).

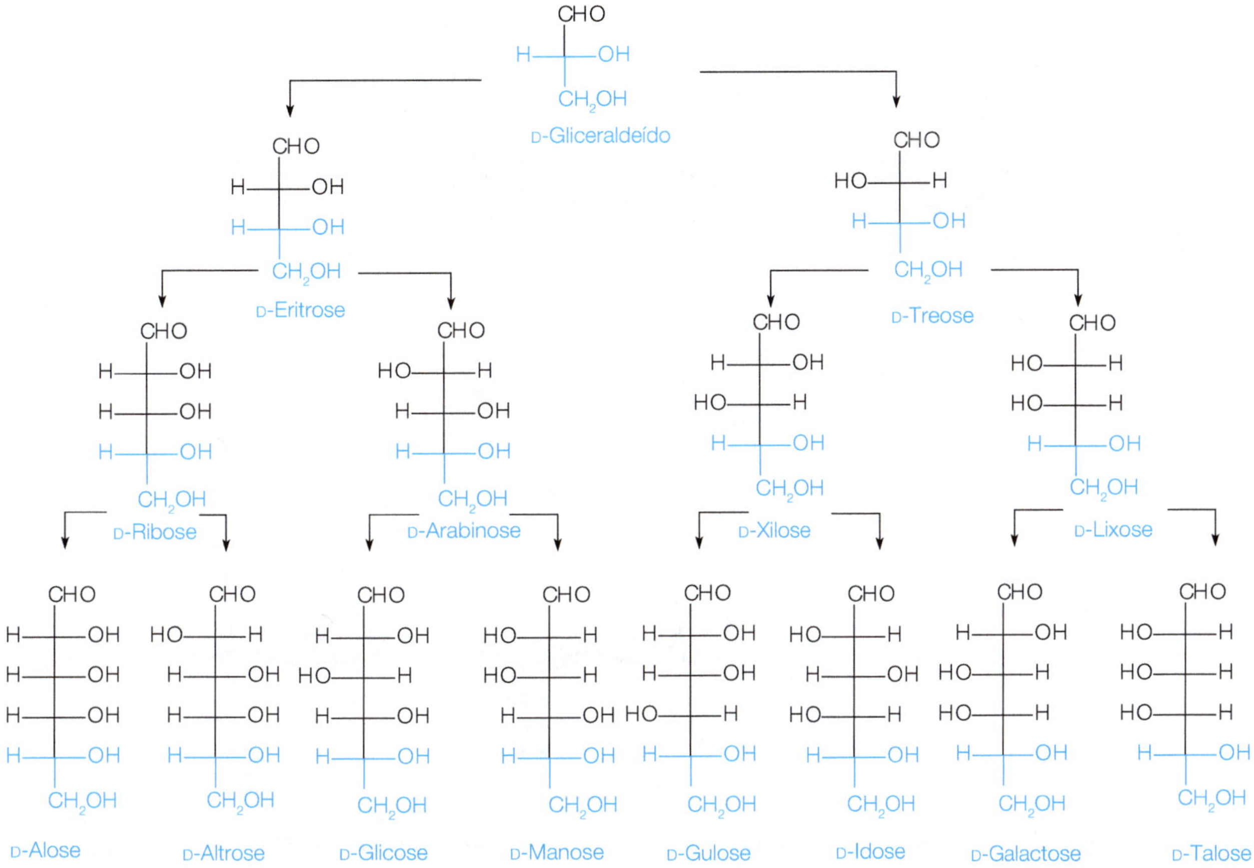

Figura 12.13 Projeções de Fischer para D-aldoses.

Estruturas cíclicas dos carboidratos

Conforme apresentado, aldeídos e cetonas reagem com álcoois formando hemiacetais e hemicetais, respectivamente. O processo é reversível, sendo catalisado por ácido. Como os carboidratos apresentam uma função carbonílica e diversos grupos OH, ocorre naturalmente a reação de uma dessas hidroxilas com a carbonila, resultando na formação de um hemiacetal (ou hemicetal). Normalmente a estrutura cíclica formada apresenta anel de cinco ou seis membros. Observe, por exemplo, o caso da glicose. Quando em solução aquosa, a forma acíclica está presente em menos de 0,5%, em equilíbrio com as formas cíclicas. A hidroxila do carbono 5 se liga à carbonila formando a estrutura com anel de seis membros, denominada forma piranose. Esse nome é derivado do éter cíclico com anel de seis membros, denominado pirano (Capítulo 10). A forma cíclica da glicose e de outros carboidratos pode ser representada pelas fórmulas de **Haworth**, conforme ilustrado na Figura 12.14.

Walter Norman Haworth: químico inglês, recebeu o prêmio Nobel de Química em 1937 por estudos sobre carboidratos e vitamina C.

Nessas fórmulas, o anel é representado de forma plana, com o oxigênio do hemiacetal localizado no canto superior direito. Para os carboidratos da série D, o grupo CH_2OH é sempre localizado no plano superior da molécula. As orientações dos grupos OH nas fórmulas de Haworth são facilmente obtidas girando-se a projeção de Fischer 90°. Note que, após a rotação, os grupos OH se alternam para cima e para baixo. Antes de fechar o anel, deve-se fazer um giro na ligação entre os carbonos 4 e 5, a fim de posicionar a hidroxila do carbono 5 próxima à carbonila (conforme repre-

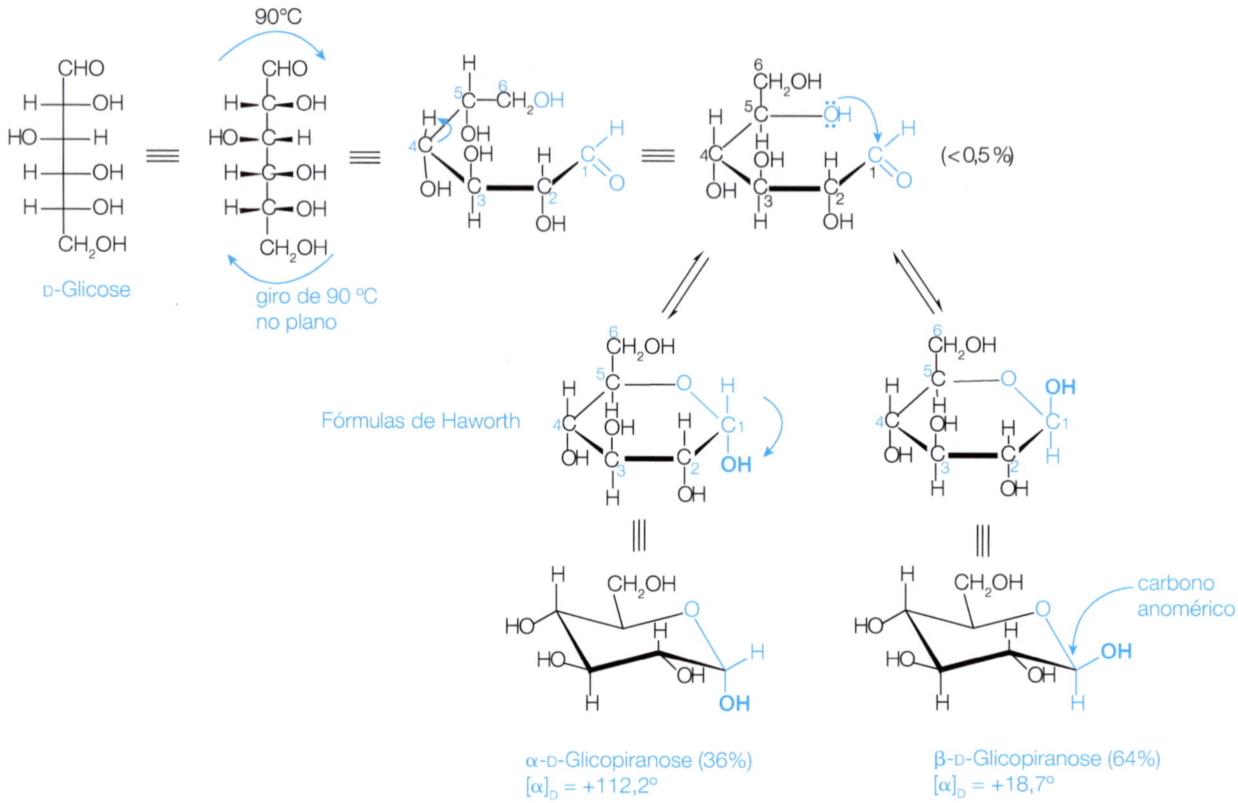

Figura 12.14 Projeção de Fischer, fórmulas de Haworth e representação em três dimensões (conformação em cadeira) para a D-glicose.

sentado na Figura 12.14). Como o ataque da hidroxila do carbono 5 pode ocorrer por qualquer uma das duas faces da carbonila, verifica-se a formação de dois hemiacetais isoméricos. Em um deles, o grupo OH do carbono 1 está apontado para a face inferior do plano horizontal (esse hemiacetal é denominado α-D-*glicopiranose*) e, no outro, o grupo OH está direcionado para a face superior (esse é o hemiacetal denominado β-D-*glicopiranose*). Esses dois compostos são diastereoisômeros que diferem um do outro apenas na configuração absoluta do carbono 1. Eles são denominados *anômeros*, e o carbono 1, *carbono anomérico*.

De acordo com a IUPAC, anômeros são diastereoisômeros de glicosídeos, hemiacetais ou formas cíclicas relacionadas a açúcares, que apenas diferem na configuração absoluta do carbono 1 para aldoses e no carbono 2 para cetoses.

Em solução aquosa, a forma acíclica da glicose encontra-se presente em quantidade muito pequena (menos de 0,5%), enquanto as formas α e β estão presentes na proporção de 36% e 64 %, respectivamente. Esses anômeros podem ser isolados na forma pura. O isômero α possui temperatura de fusão de 146 °C e rotação específica igual a 112,2°, enquanto o isômero β se funde a 155 °C e possui rotação específica igual a 18,7°.

Quando uma amostra de α-D-glicopiranose é dissolvida em água, observa-se que a rotação específica da solução diminui de 112,2° para 52,6° e, para a β-d-glicopiranose, observa-se um aumento na rotação específica de 18,7° para o mesmo valor de 52,6°. Esse fenômeno é denominado mutarrotação e se deve à conversão de um anômero no outro, passando pela forma acíclica. Quando o equilíbrio é atingido, a proporção dos isômeros α para β é de 36 para 64.

Ainda na Figura 12.14, observa-se que os carboidratos podem ser também representados com o anel na conformação em cadeira. Para converter a fórmula de Haworth nessa conformação, basta elevar o carbono 4 para cima do plano do anel e baixar o carbono 1, conforme indicado na figura.

A frutose, outro açúcar comum, encontra-se em solução parcialmente na forma cíclica (em torno de 20%). Nesse caso, o anel de cinco membros predomina, de modo que essa forma cíclica é denominada *furanosídeo*, e o composto, *frutofuranose* (Figura 12.15). Essa denominação está relacionada à estrutura do furano, um éter cíclico com anel de cinco membros (Capítulo 10).

Dissacarídeos e polissacarídeos

Conforme foi dito, um dissacarídeo é formado pela união de dois monossacarídeos. O açúcar comum que utilizamos no dia a dia é conhecido como sacarose, sendo o composto orgânico mais abundante na forma pura. Ele é encontrado na cana-de-açúcar (*Saccharum sp.*) na proporção de aproximadamente 20% em massa e na beterraba (15% em massa).

A sacarose (Figura 12.16) é formada pela ligação da hidroxila do carbono 1 da α-D-glicose com a hidroxila do carbono 2 da β-D-frutose. No processo de formação, ocorrem a eliminação de uma molécula de água e a formação de um acetal.

A sacarose é dextrógira, apresentando rotação específica igual a +66,5°. Quando ela é hidrolisada obtém-se uma mistura com quantidades iguais de glicose ($[\alpha]_D = +52,5°$) e frutose ($[\alpha]_D = -92°$), cuja rotação específica é aproximadamente -20°. Em virtude da inversão da direção de rotação do plano da luz polarizada, essa mistura é conhecida como açúcar invertido.

O açúcar invertido é o principal constituinte do mel produzido pelas abelhas, que hidrolisam a sacarose presente no néctar por meio de enzimas existentes em seu organismo. Como o açúcar invertido é mais doce que a sacarose (Quadro 12.2) e tem menor tendência a se cristalizar, é largamente utilizado na indústria de alimentos na produção de sorvetes, balas etc.

Outro dissacarídeo de ocorrência comum é a lactose (do latim lac, leite), principal açúcar encontrado no leite dos mamíferos. No leite humano

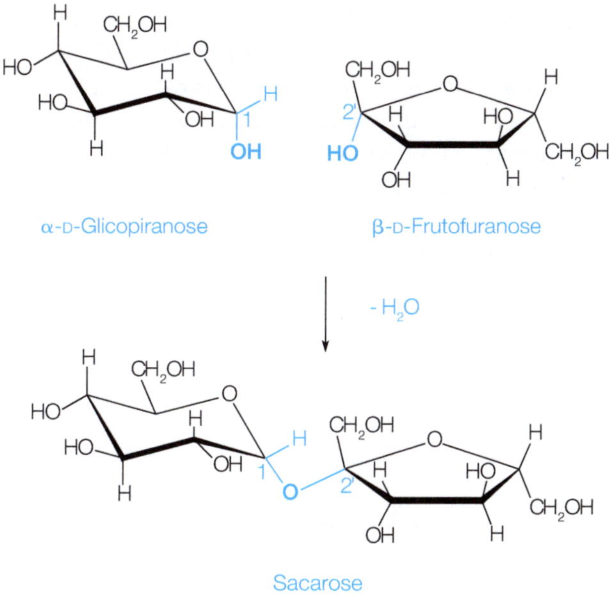

Figura 12.16 Fórmula estrutural da sacarose.

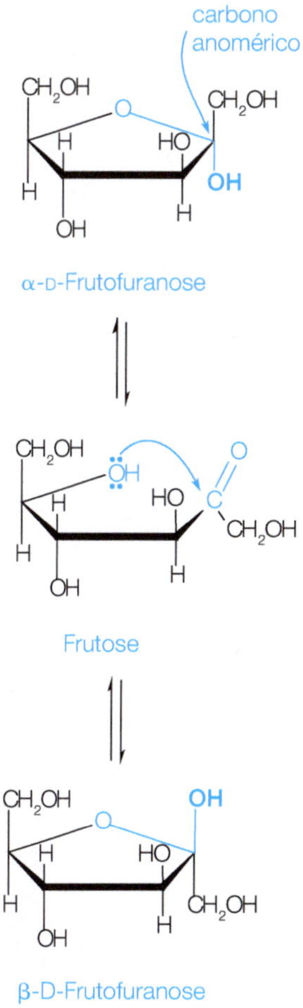

Figura 12.15 Fórmula da frutose em cadeia aberta e fórmulas de Haworth para a frutofuranose.

Quadro 12.2 Poder adoçante de alguns carboidratos

Açúcar	Poder adoçante*
Frutose	173
Açúcar invertido	130
Sacarose	100
Glicose	74
Maltose	32
Lactose	16

* Relativo à sacarose, considerando o valor 100 para esta.

está presente em aproximadamente 7% e no de bovinos em cerca de 5%. Ela é formada pela ligação da hidroxila do carbono 1 da β-D-galactopiranose com a hidroxila do carbono 4 da D-glicopiranose (geralmente na forma de mistura de isômeros α e β) (Figura 12.17).

Quando ingerida, a lactose é hidrolisada pela enzima denominada lactase. Aproximadamente 40% da energia requerida pelos bebês vem do metabolismo da lactose, de modo que eles necessitam de quantidade suficiente de lactase para digerir esse carboidrato. À medida que crescemos, a quantidade de lactase produzida em nosso organismo diminui, chegando em alguns casos a ser tão baixa que o adulto é considerado deficiente dessa enzima. Estima-se que 70% da população adulta do mundo apresente deficiência, em algum grau, dessa enzima. Sem a lactase, a lactose não é hidrolisada nem absorvida, passando diretamente ao intestino. Nessa região ela é fermentada, produzindo gases como dióxido de carbono e ácido lático, irritantes para a mucosa intestinal. Essa combinação de fatores leva à diarreia, comum em indivíduos deficientes em lactase.

Os polissacarídeos são formados por centenas, até mesmo milhares de unidades de monossacarídeos. O amido e a celulose são os dois polissacarídeos mais comuns. O amido, encontrado em sementes e tubérculos como batata, milho, trigo etc. tem função de reserva, ou seja, é utilizado como fonte de energia quando necessário. Ele é constituído de duas frações principais, a amilose (10% a 20%) e a amilopectina (80% a 90%). A celulose tem função estrutural e é um dos principais constituintes da madeira. O algodão e o linho são constituídos basicamente de celulose. Esses dois polissacarídeos são polímeros lineares da glicose (Figura 12.18). A diferença entre eles está na estereoquímica do carbono 1 da unidade de glicose. No caso da celulose, as ligações glicosídicas são feitas entre a hidroxila do carbono 1, possuindo configuração β, e a hidroxila do carbono 4 de outra unidade de glicose. Já para a amilose as ligações são feitas entre a hidroxila do carbono 1, com configuração α, e a hidroxila do carbono 4 de outra molécula de glicose. Em resumo, do ponto de vista de estrutura química, a diferença básica entre a celulose e o amido está na configuração absoluta do carbono 1 da unidade de glicose geradora desses polímeros.

É interessante notar que as enzimas digestivas do ser humano não são capazes de hidrolisar as ligações β(1→4) da celulose, de modo que ela não nos serve como fonte de alimento, ao contrário do amido.

A amilopectina também é um polímero da α-D-glicose, sendo formada por ligações α(1→4), e a aproximadamente cada 25 unidades de glicose ocorre uma ramificação na hidroxila do carbono 6.

O glicogênio é o carboidrato de reserva encontrado nos tecidos animais. Ele se assemelha estruturalmente à amilopectina, mas cadeias dele são mais ramificadas, com essas ramificações podendo ocorrer a cada 6 unidades de glicose.

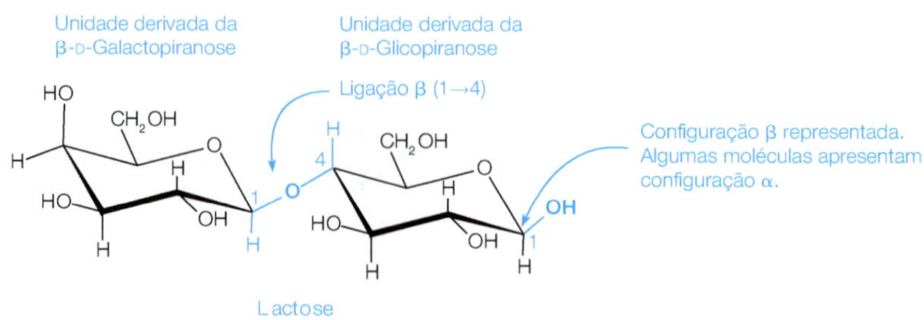

Figura 12.17 Fórmula estrutural da lactose.

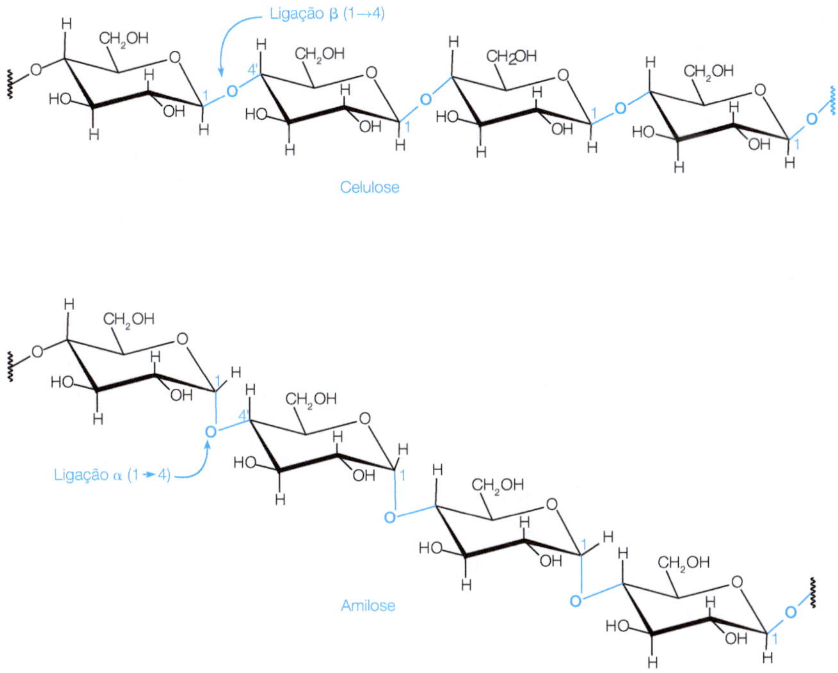

Figura 12.18 Representação de parte das fórmulas estruturais da celulose e da amilose.

Teste 12.13

Represente as fórmulas de Haworth para D-galactose e a D-alose.

Teste 12.14

Represente a fórmula estrutural de um dissacarídeo da D-galactopiranose.

Exercícios

1. Apresente os nomes sistemáticos de acordo com as regras da IUPAC para os seguintes compostos:

a) CH_3COCH_3

b) 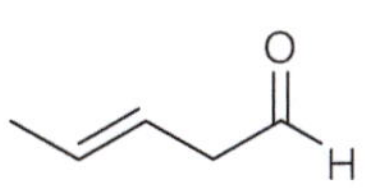

c) 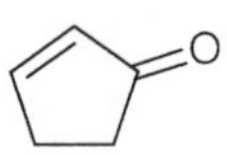

d) 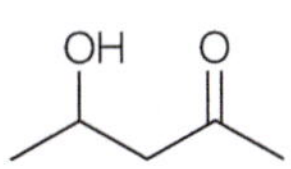

e) 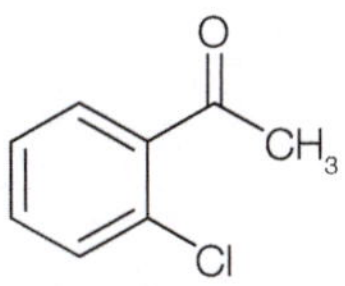

f) 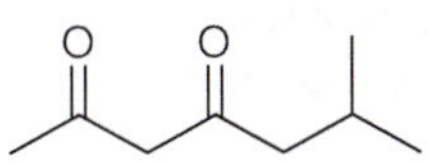

g) 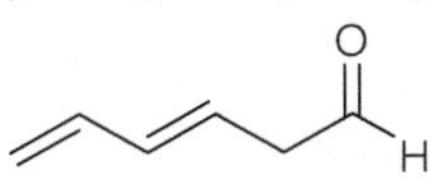

h) 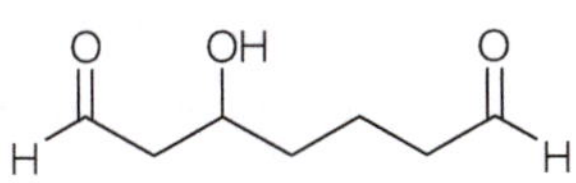

i) 

j) 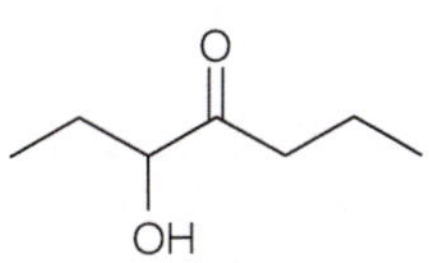

k) 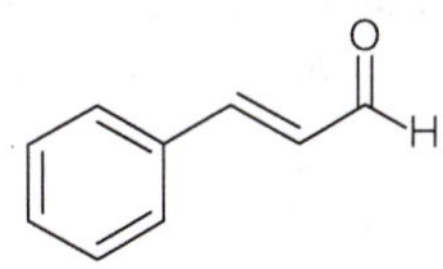

2. Forneça as fórmulas estruturais dos seguintes compostos:

a) pentan-3-ona

b) dimetil cetona

c) 3-clorobutanal

d) heptanal

e) ciclopentanocarbaldeído

f) *trans*-pent-2-enal

g) ciclopentano-1,3-diona

h) acetofenona

i) 2,2-dimetoxipentano

j) semicarbazona da ciclobutanona
k) hexanal
l) 2-clorociclobutanona
m) 3-etilciclopentanona
n) *cis*-4-fenilbut-3-enal
o) dialil cetona
p) hexano-2,4-diona
q) 1,1-dimetoxibutano
r) oxima do butanal
s) 2,4-dinitrofenilidrazona da acetona
t) pentanodial
u) 2-formilbutanodial

3. Para cada um dos termos dados a seguir, forneça a fórmula estrutural de um composto de modo que seja ilustrado seu significado.

a) hemiacetal
b) hidrazona
c) 2,4-dinitrofenilidrazona
d) cetal
e) semicarbazona
f) ânion enolato
g) oxima
h) enol
i) cianidrina

4. Forneça as fórmulas estruturais de todos os compostos carbonílicos para a fórmula C_4H_6O.

5. Sugira razões pela qual a cicloexano-1,2-diona existe quase 100% na forma enólica.

6. A vitamina C é um exemplo de composto que existe predominantemente na forma enólica. Ela é também conhecida como ácido ascórbico. Indique qual dos hidrogênios é o mais ácido e explique o motivo da acidez. Atribua a configuração absoluta (*R*–*S*) aos carbonos assimétricos da vitamina C.

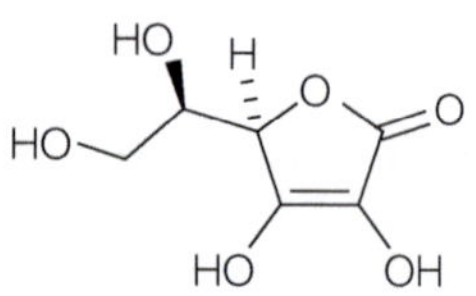

Vitamina C ou ácido ascórbico

7. Complete as equações a seguir com os produtos principais esperados em cada caso.

a)

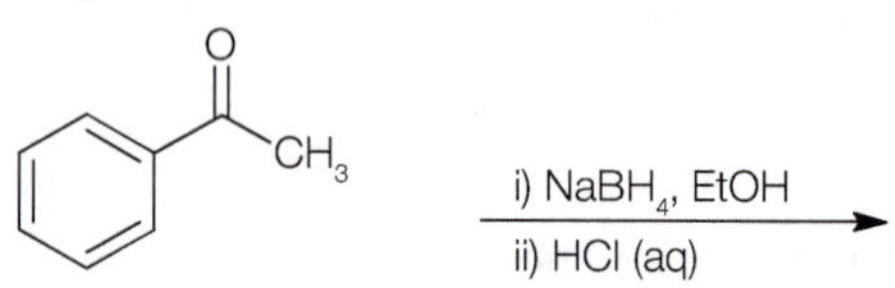

b)

c)

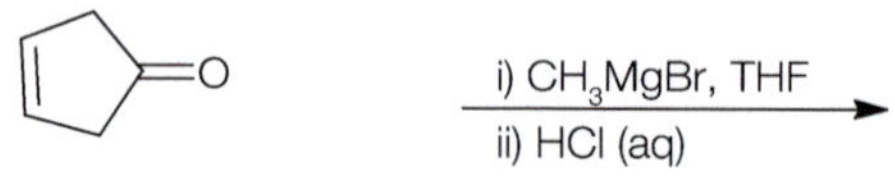

d)

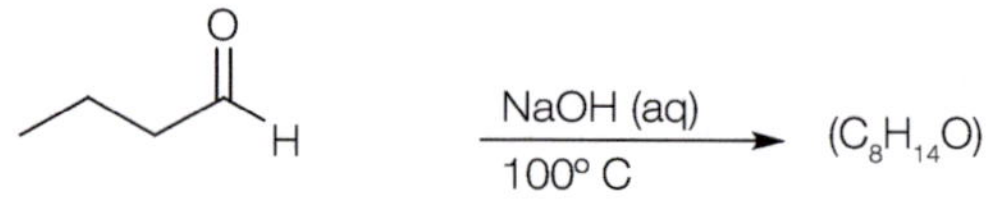

e)

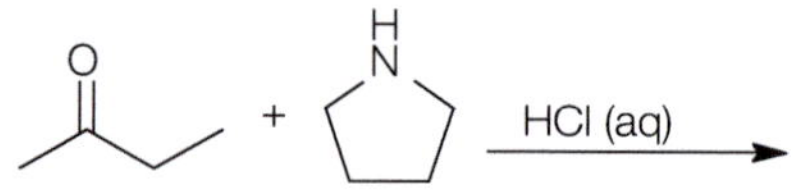

f)

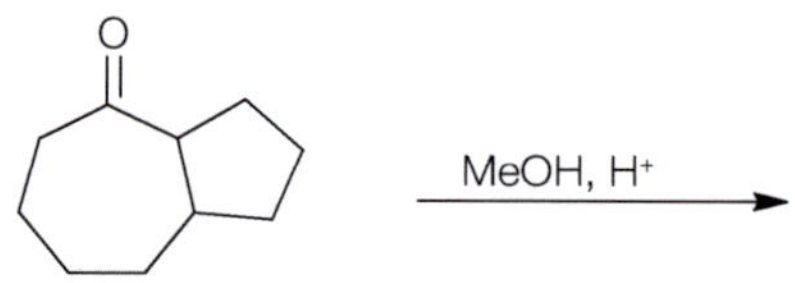

g)

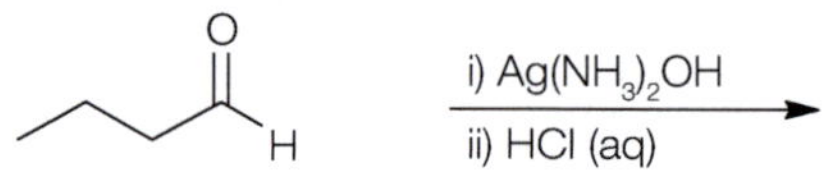

8. O cetoéster representado a seguir existe predominantemente na forma carbonílica. A quantidade do enol, todavia, varia muito com a natureza do solvente, conforme ilustrado. Apresente uma explicação que justifique esses resultados.

9. Sugira uma sequência de reações, incluindo todos os reagentes, para realizar cada uma das seguintes transformações:

a) oct-1-ino em octan-2-ol
b) cicloexanona em hexano-1,6-diol
c) 5-oxoexanoato de metila em 6-hidroxiexan-2-ona
d) pentan-2-ona em ácido 2-metilpent-2-enoico

10. Apresente uma proposta de mecanismo que explique as seguintes transformações:

a)

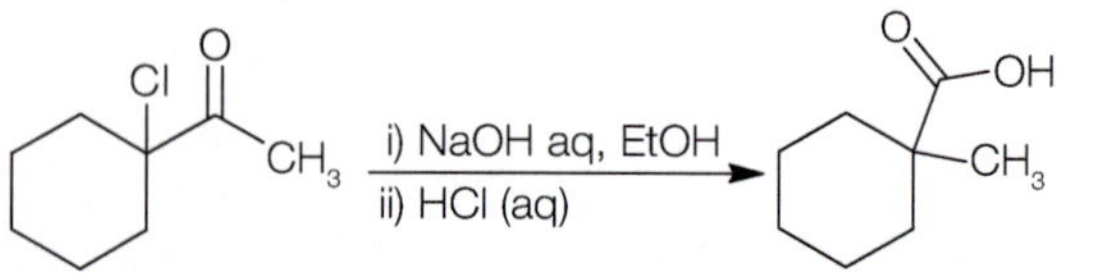

b)

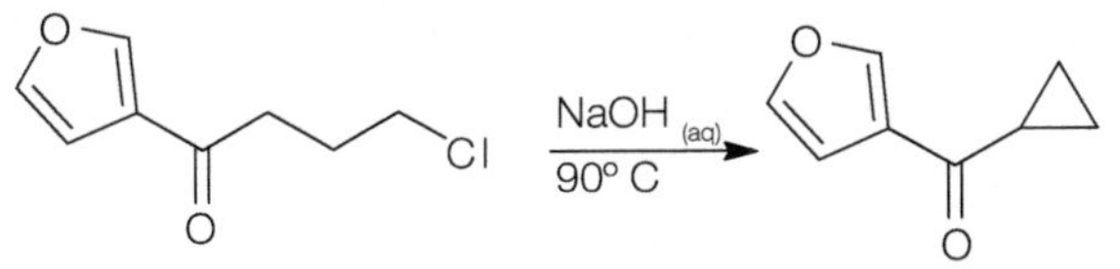

11. Mostre como a isobutil metil cetona pode ser preparada a partir da acetona. Indique todos os reagentes para cada uma das etapas envolvidas no processo.

12. Forneça as fórmulas de todos os compostos orgânicos formados pelo tratamento da acetona com os reagentes que seguem. Faça o mesmo com o propionaldeído.

a) $Ag(NH_3)_2OH$ (reagente de Tollens)

b) CH_3OH (excesso), meio ácido

c) H_2NOH, em pH = 4,5

d) $NaOH_{(aq)}$ sob aquecimento

e) $H_2N\text{-}NH_2$, em meio com pH = 4,55

f) $LiAlH_4$ em THF, seguido por H_2O

g) CH_3MgI, seguido por H_2O

h) KCN/H_2SO_4 conc.

13. Escreva equações mostrando como o acetaldeído pode ser convertido em cada um dos compostos que seguem:

a) ácido acético

b) butan-2-ol

c) 1,1-dietoxietano

d) etanol

14. Escreva equações mostrando como a propanona pode ser convertida em cada um dos seguintes compostos:

a) *N*-isopropilanilina

b) hidrazona da propanona

c) 4-hidroxi-4-metilpetan-2-ona

d) 2-metilbutan-2-ol

e) propan-2-ol

15. Escreva a sequência de reações envolvidas na síntese dos seguintes compostos:

a) cicloexil fenil cetona (a partir de benzaldeído e cicloexanol)

b) heptan-2-ona (por reação de Grignard e oxidação)

16. Quais os produtos formados pelas reações indicadas a seguir?

a) benzaldeído + reagente de Tollens

b) cicloexanona + $LiAlH_4$, seguido da adição de H_3O^+

c) metil vinil cetona + H_2/Ni

d) metil vinil cetona + $NaBH_4$

e) cicloexanona + C_6H_5MgBr, seguido de H_3O^+

17. Mostre, por meio de reações químicas, como a carbonila pode ser protegida pela formação do acetal na conversão de $OHCCH_2C{\equiv}CH$ para $OHCCH_2C{\equiv}CCH_3$.

18. O tratamento do (*E*)-2-metilbut-2-enal com NaOD em água deuterada fornece o produto indicado a seguir. Explique o resultado dessa reação, justificando a ausência de troca, por deutério, dos átomos de hidrogênio do grupo metila ligado ao carbono alfa.

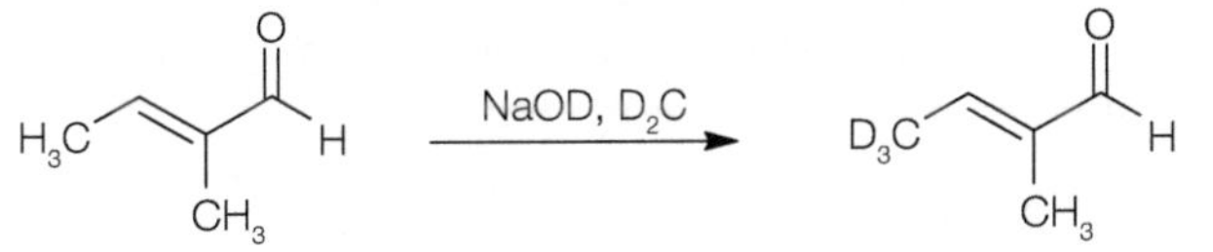

19. A partir de *p*-bromobenzaldeído, bromobenzeno e cloroetano, indique as reações envolvidas no preparo do 1-fenil-1-(*p*-bromofenil)propan-1-ol.

20. O tratamento do but-2-enal ($CH_3CH{=}CHCHO$) (1) com uma base resulta na formação de um ânion (2), o qual sofre condensação aldólica com o acetaldeído (3) para formar o aldeído sórbico ($CH_3CH{=}CHCH{=}CHCHO$) (4), que pode ser oxidado ao ácido (5) correspondente ($C_6H_8O_2$). Esse ácido, e seu sal de sódio (6), denominado sorbato de sódio, são utilizados como conservantes em alimentos, em razão de suas propriedades antifúngicas.

a) Escreva a fórmula estrutural do ânion formado a partir do tratamento do but-2-enal com base.

b) Explique por que a base reage preferencialmente com o hidrogênio do carbono 4 e não com o hidrogênio do carbono 2.

c) Represente as etapas do mecanismo da reação de formação do but-2-enal a partir do tratamento do acetaldeído com NaOH.

d) Represente as fórmulas estruturais do ácido sórbico (5) e do sorbato de sódio (6).

e) Escreva a equação da reação que resulta na formação do sorbato de sódio a partir do ácido sórbico.

21. A reação entre o benzaldeído e o heptanal, quando realizada com excesso de benzaldeído, resulta na formação flosal, importante ingrediente de um perfume francês.

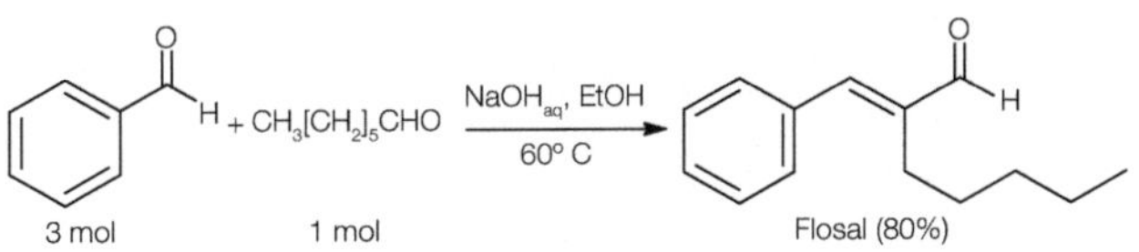

a) Explique por que é necessário o uso de excesso de benzaldeído.

b) Que outro produto poderia ser também formado se a proporção dos aldeídos utilizados fosse 1:1? Explique sua resposta.

22. Os compostos relacionados a seguir podem ser preparados mediante reações de condensação aldólica, partindo-se de compostos de baixo custo e disponíveis comercialmente. Faça uma proposição para a síntese desses compostos.

a) 2-etilexano-1,3-diol, um repelente de insetos

b) pentaeritritol, $C(CH_2OH)_4$, um umectante

23. A reação da acetona com a semicarbazida leva à formação da semicarbazona correspondente, conforme mostra a equação a seguir. Explique detalhadamente por que a reação ocorre com o átomo de nitrogênio de número 3 e não com os demais.

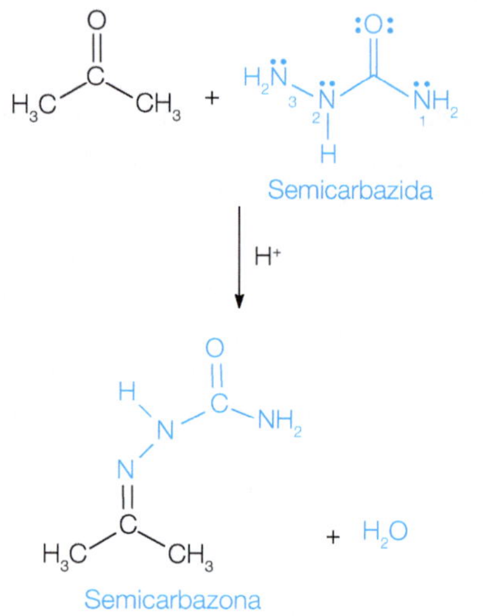

24. Explique o significado dos seguintes termos:

a) mutarrotação
b) açúcar invertido
c) aldopentose
d) cetoexose
e) dissacarídeo
f) anômero

25. As hemiceluloses são polissacarídeos de baixa massa molecular associados à celulose nos tecidos das plantas. Entre os carboidratos que entram na constituição das hemiceluloses encontram-se a D-xilose, a D-manose, a D-galactose e a L-arabinose. Represente as fórmulas de Haworth para: β-D-xilopiranose, β-D-manopiranose, α-D-galactopiranose e α-L-arabinofuranose.

26. A sacarose apresenta mutarrotação? E a lactose? Explique.

27. Explique o que é açúcar invertido e por que ele é geralmente utilizado no preparo de doces, sorvetes e balas?

28. A maltose ou 'açúcar do malte' é um dissacarídeo obtido pela hidrólise do amido catalisada por enzimas presentes no malte. Ela é formada pela ligação da hidroxila do carbono 1, na configuração α, com a hidroxila do carbono 4 da outra unidade de glicose. Represente a fórmula estrutural em cadeira para a maltose.

Capítulo 13

Ácidos Carboxílicos e Derivados

Resumo

Ácidos carboxílicos são compostos que possuem a fórmula geral RCO_2H, na qual R pode ser um átomo de hidrogênio ou um grupo alquila ou arila. A substituição do grupo OH por outros grupos resulta na formação de outras classes de compostos denominados genericamente de *derivados de ácidos carboxílicos*. Neste capítulo, além dos ácidos carboxílicos, estudaremos alguns de seus derivados, como amidas, ésteres, haletos de ácidos, anidridos de ácidos, sais de ácidos carboxílicos e nitrilas. Para todas essas classes de compostos são apresentadas as regras de nomenclatura da IUPAC. São também discutidos os fatores estruturais que influenciam as reatividades dos diferentes derivados de ácidos carboxílicos. O mecanismo geral de substituição nucleofílica em carbono acílico é apresentado com algum detalhe, seguido de exemplos de interconversão de derivados de ácidos carboxílicos. Uma introdução à química de sabões e detergentes é apresentada, seguida de uma breve descrição sobre acidez e fórmulas de aminoácidos.

Objetivos de aprendizagem

Após o estudo deste capítulo você deverá ser capaz de:

- Nomear ácidos carboxílicos e derivados aplicando as regras da IUPAC e utilizando nomes não sistemáticos para os compostos mais comuns.
- Listar alguns ácidos carboxílicos e derivados, apresentando suas fontes, atividades biológicas e fórmulas estruturais.
- Explicar a influência de grupos retiradores de elétrons sobre a acidez de ácidos carboxílicos.
- Comparar a reatividade relativa de derivados de ácidos carboxílicos e explicar os fatores estruturais que influenciam as reatividades.
- Representar todas as etapas do mecanismo de substituição nucleofílica em carbono acílico.
- Explicar com detalhes um método para a conversão de ácido carboxílico em cloreto de ácido.
- Planejar a síntese de derivados de ácidos carboxílicos a partir de cloretos de ácidos.
- Predizer os reagentes necessários e os produtos das principais reações envolvendo derivados de ácidos carboxílicos.
- Representar as fórmulas estruturais de sabões e detergentes e explicar o mecanismo de ação desses produtos.
- Calcular o ponto isoelétrico de aminoácidos.

Os ácidos carboxílicos são caracterizados estruturalmente pela presença do grupo $-COOH$, denominado *carboxila* ou *grupo carboxílico*.

Muitos produtos naturais e sintéticos possuem esse grupo funcional, como nos exemplos seguintes:

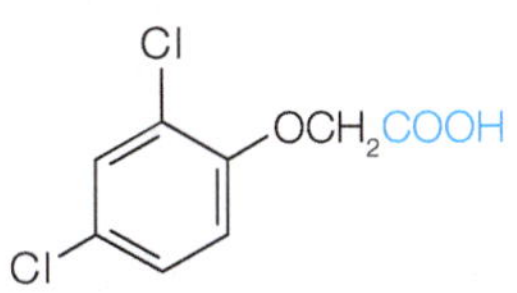

Ácido 2,4-diclorofenoxiacético

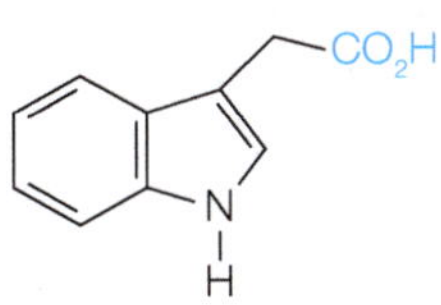

Ácido indol-3-ilacético

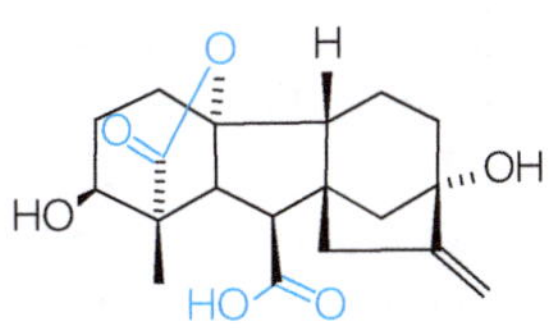

Ácido giberélico

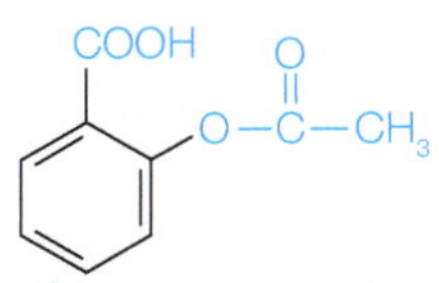

Ácido acetilsalicílico

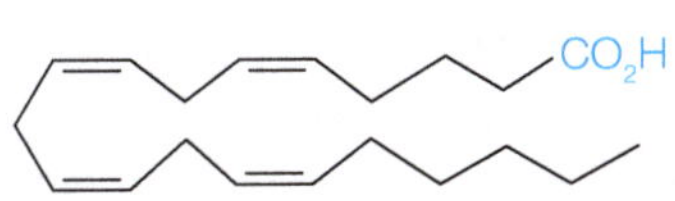

Ácido araquidônico

O ácido 2,4-diclorofenoxiacético, conhecido como *2,4-D*, foi sintetizado independentemente em 1941 por pesquisadores ingleses e americanos. Em 1942, foi demonstrado o efeito inibitório desse composto sobre o crescimento de plantas. Já em 1945, ele foi comercializado pela American Chemical Paint Company com o nome de 'Weedone', e, em 1946, pela Imperial Chemical Industries (Inglaterra) com o nome de 'Agroxone'. Esse composto é utilizado para eliminar plantas daninhas de folhas largas em culturas de gramíneas (folhas estreitas), como arroz, trigo e milho. Ele se constitui no primeiro herbicida seletivo desenvolvido, sendo relativamente pouco tóxico e bastante efetivo em baixa dosagem. Deve-se ressaltar que essa molécula foi desenvolvida durante a Segunda Guerra Mundial como uma arma química potencial, embora nunca tenha sido utilizada nesse contexto.

Vários herbicidas análogos ao 2,4-D (denominados *herbicidas do tipo auxina*) foram desenvolvidos e são largamente utilizados na agricultura. A produção dessa classe de herbicidas nos Estados Unidos é superior a 32 mil toneladas/ano, considerando que existem mais de 1.500 formulações comercializadas atualmente.

O ácido indol-3-ilacético (IAA) é um regulador endógeno de crescimento de plantas e está envolvido nos processos de divisão, diferenciação e elongamento de células vegetais. Ele tem grande influência em vários aspectos da fisiologia das plantas, incluindo geotropismo, fototropismo, dominância apical, senescência e floração. É encontrado em todos os tecidos das plantas na faixa de concentração de 1 a 100 mg IAA/kg de matéria fresca.

O ácido giberélico (GA3) também é um hormônio de crescimento de plantas. Ele começou a ser comercializado em 1957 para diversos fins, ressaltando-se que as mais importantes aplicações eram para induzir a germinação de sementes de cevada para a produção de cerveja e para quebrar a dormência de sementes de batata. Ele foi originalmente isolado do fungo *Gibberella fujikuroi*, que, ao infectar várias espécies de plantas, causa um elongamento excessivo nos caules e nas folhas.

As propriedades medicinais das folhas e cascas do salgueiro eram conhecidas desde a Antiguidade. Pedianos Dioscorides, médico romano, escreveu no ano 77 da Era Cristã a famosa *Matéria médica*, que se tornou um livro-texto padrão por aproximadamente 1.500 anos. Nesse tratado ele descreve as propriedades curativas do salgueiro, o que séculos mais tarde viria dar origem ao medicamento conhecido como *Aspirina*®. Ele prescrevia a decocção de folhas e da casca dessa planta para o tratamento de dores de cabeça, de estômago e de ouvido.

Em 1827, químicos franceses isolaram um composto de cascas de salgueiro (*Spiraea ulmaria,* renomeada para *Filipendula ulmaria*). Esse composto foi denominado *salicilina*, a partir de *Salix*, que é a forma latina para salgueiro. Posteriormente, a salicilina foi hidrolisada a glicose e álcool salicílico, o qual foi então oxidado a ácido salicílico. Embora o ácido salicílico pudesse ser utilizado com sucesso no tratamento de dores, processos inflamatórios e febre, pelo fato de ser irritante para a mucosa do sistema digestivo, ele causava muito desconforto aos usuários. O sal de sódio desse ácido também apresentava as mesmas propriedades medicinais, mas era impalatável. Em razão desses efeitos colaterais, em 1897 o químico alemão Felix Hoffmann, trabalhando para a empresa Bayer, preparou, a partir do ácido salicílico, o ácido acetilsalicílico, que foi denominado *Aspirina*® em homenagem ao nome original da planta, *Spiraea*. A Aspirina® é utilizada como antipirético, anti-inflamatório e analgésico, sendo um dos medicamentos mais consumidos no mundo. Ela começou a ser comercializada em 1899 na forma de cápsulas e envelopes. Os tabletes foram introduzidos no mercado em 1915. Estima-se que de 2% a 10% dos usuários de aspirina apresentem algum desconforto estomacal com esse medicamento.

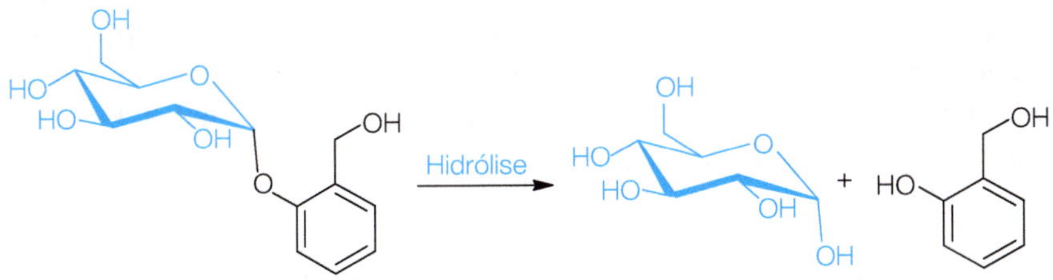

Salicilina (casca do salgueiro) — Glicose — Álcool salicílico

Muitos ácidos carboxílicos saturados mais simples que os dos exemplos anteriores são também encontrados na natureza. Esses ácidos, assim como muitos compostos orgânicos, receberam nomes não sistemáticos, geralmente associados à fonte de obtenção. O ácido fórmico (HCO_2H) foi isolado inicialmente de formigas (latim: *formica*, *formiga*). Ele é o composto que causa o desconforto advindo das picadas de formiga. O ácido acético (CH_3COOH) é o principal constituinte do vinagre (latim: *acetum*, *vinagre*); o ácido propiônico (CH_3CH_2COOH) é o mais simples e apresenta características de gordura (grego: *prõtos*, *primeiro*; *piõn*, *gordura*); o ácido butírico ($CH_3CH_2CH_2COOH$) é um dos responsáveis pelo odor de manteiga rancificada (latim: *butyrum*, *manteiga*); o ácido valérico ($CH_3CH_2CH_2CH_2COOH$) foi isolado inicialmente das raízes da planta *Valeriana officinalis*; o ácido caproico[1] ($CH_3[CH_2]_4COOH$) é um dos compostos responsáveis pelo cheiro característico dos caprinos (latim: *caper*, *cabra*).

Os ácidos carboxílicos podem ser interconvertidos em vários outros grupos de compostos, denominados genericamente *derivados de ácidos carboxílicos*, os quais são apresentados no Quadro 13.1.

Quadro 13.1 Fórmulas-gerais de derivados de ácidos carboxílicos*

Grupo funcional	Fórmula-geral
Ácido carboxílico	R—C(=O)—OH
Haleto de acila	R—C(=O)—X (X = F, Cl, Br)
Anidrido de ácido	R—C(=O)—O—C(=O)—R
Amida	R—C(=O)—NH_2
Éster	R—C(=O)—OR'
Nitrila	R—C≡N
Sal de ácido carboxílico	R—C(=O)—OM (M = metal)

* R e R' nas estruturas podem ser grupos alquila ou arila.

[1] Os nomes *caproico*, *caprílico* e *cáprico*, para os ácidos monocarboxílicos com 6, 8 e 10 átomos de carbono, respectivamente, foram abandonados pela IUPAC (RIGAUDY e KLESNEY, 1979).

Vários derivados de ácidos carboxílicos são também encontrados na natureza. Dentro do grupo das amidas têm-se, por exemplo, a capsaicina e outros análogos denominados *capsaicinoides*, que são encontrados em várias espécies de pimenta (*Capsicum sp.*). Os capsaicinoides são responsáveis pela pungência das pimentas, sendo a di-hidrocapsaicina (resultante da hidrogenação da cadeia lateral da capsaicina) o componente mais abundante e mais pungente. A piperina ocorre em grande quantidade (6% a 11%) em pimenta-do-reino (*Piper nigrum*).

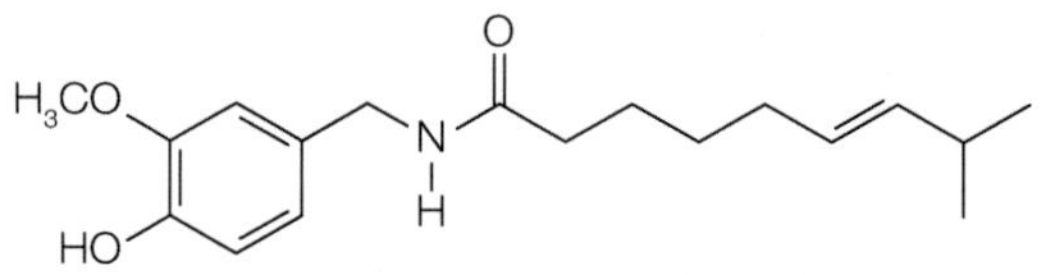

Capsaicina

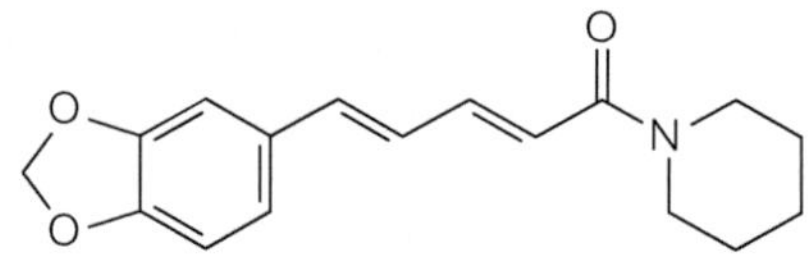

Piperina

Várias plantas das famílias Compositae e Rutaceae produzem amidas, como a *pellitorina* e a *affinina*, as quais apresentam atividade inseticida. Essas e outras amidas naturais têm sido utilizadas como modelo para o desenvolvimento de novos inseticidas sintéticos.

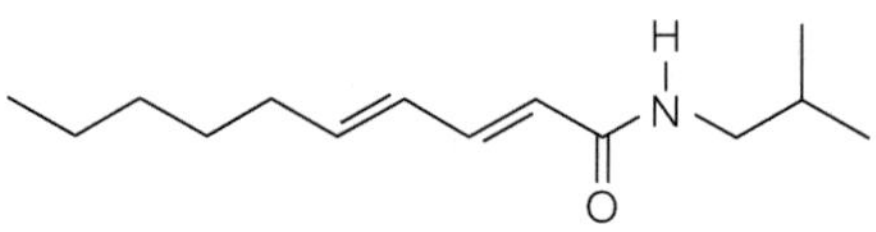

Pellitorina

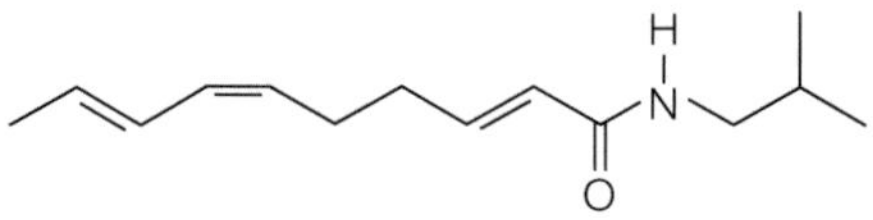

Affinina

Amidas cíclicas são denominadas *lactamas*, como é o caso da penicilina G, antibiótico isolado do fungo *Penicillium chrysogenum*.

Um exemplo de éster natural é o hormônio juvenil, substância que está associada ao desenvolvimento da pupa de insetos.

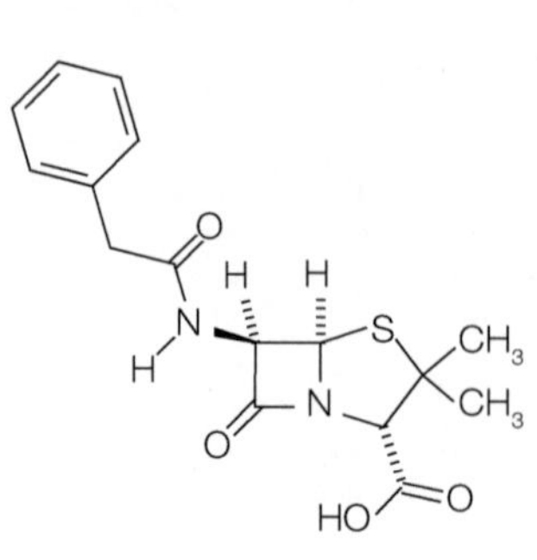

Penicilina G

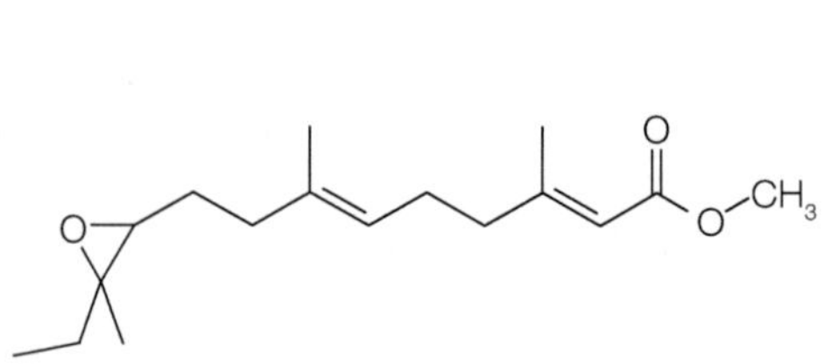

Hormônio juvenil

Ésteres cíclicos, denominados *lactonas*, são também largamente encontrados na natureza. Em um estudo recente[2] sobre os metabólitos produzidos pelo fungo *Aspergillus versicolor*, realizado no Departamento de Química da Universidade Federal de Viçosa (UFV), foram isoladas as lactonas inéditas I e II. Apesar de serem bastante semelhantes do ponto de vista estrutural, o composto II, na dose de 7,55 mg/mg do inseto, apresentou atividade inseticida acentuada, causando 73% de mortalidade em insetos do gênero *Staphylinidae*, enquanto o composto I foi inativo.

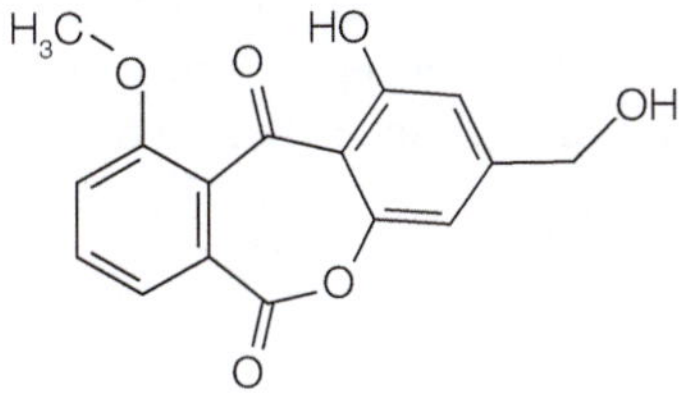

I

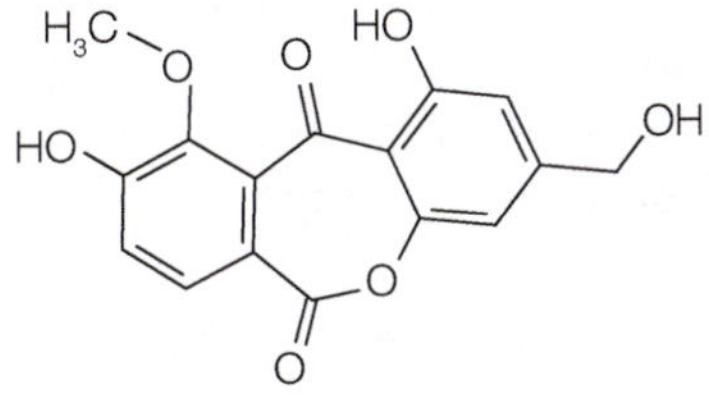

II

Nomenclatura

Ácidos carboxílicos

Na nomenclatura substitutiva, os nomes dos ácidos carboxílicos são obtidos acrescentando-se à palavra *ácido* o nome do hidrocarboneto correspondente, cuja terminação *o* é substituída pelo sufixo *oico* ou *dioico*.

CH_3CH_2COOH	Ácido propanoico
$CH_3[CH_2]_2COOH$	Ácido butanoico
$HOOCCH_2CH_2COOH$	Ácido butanodioico
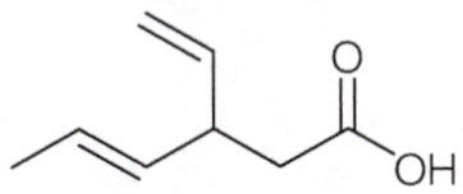	Ácido 3-vinilex-4-enoico

Alternativamente, o nome pode ser formado pelo uso da terminação *carboxílico* para designar o grupo carboxila –COOH.

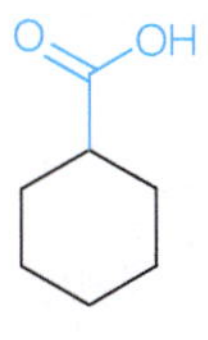

Ácido cicloexanocarboxílico

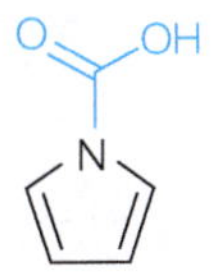

Ácido 1-pirrolcarboxílico

Os grupos carboxílicos, quando considerados substituintes, são designados pelo termo *carboxi*. Observe no primeiro exemplo que o grupo substituinte é o $-CH_2CO_2H$. Nesse caso, o nome é carboximetil, ou seja, um grupo carboxi ligado ao metil.

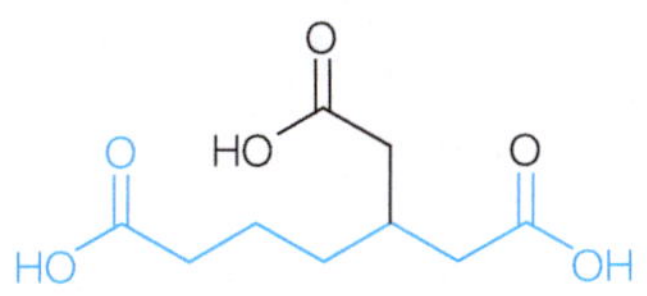

Ácido 3-(carboximetil)heptanodioico

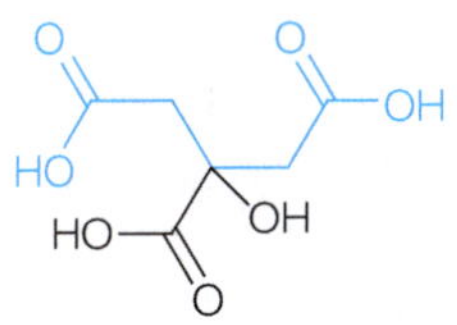

Ácido 3-carboxi-3-hidroxipentanodioico

---

2 CARVALHO, et al (2001).

Os nomes dos grupos univalentes e divalentes, formados pela remoção do grupo hidroxila (OH) de grupos carboxílicos, são derivados do ácido correspondente, trocando-se o sufixo *oico* por *oil* ou *oíla*.

CH_3CO-	Etanoil(a) ou acetil(a)
$CH_3[CH_2]_3CO-$	Pentanoil(a)
$-OC[CH_2]_3CO-$	Pentanodioil(a)

Exemplos de nomes triviais de alguns ácidos e seus grupos derivados são dados no Quadro 13.2. Quando o nome trivial é dado para monoácido ou diácido acíclico, o número 1 é atribuído ao átomo de carbono com valência livre do grupo RCO–.

Quadro 13.2 Nomes de alguns ácidos e grupos acila correspondentes[3]

Ácidos		Grupos acila	
Nome sistemático	**Nome trivial**	**Nome trivial**	**Fórmula**
	Ácidos monocarboxílicos alifáticos saturados		
Metanoico*	Fórmico	Formil	$HCO-$
Etanoico*	Acético	Acetil	CH_3CO-
Propanoico*	Propiônico	Propionil	CH_3CH_2CO-
Butanoico*	Butírico	Butiril	$CH_3[CH_2]_2CO-$
2-metilpropanoico*	Isobutírico**	Isobutiril**	$(CH_3)_2CHCO-$
Pentanoico*	Valérico	Valeril	$CH_3[CH_2]_3CO-$
3-metilbutanoico*	Isovalérico**	Isovaleril**	$(CH_3)_2CHCH_2CO-$
2,2-dimetilpropanoico	Piválico**	Pivaloil**	$(CH_3)_3CCO-$
Dodecanoico	Láurico**	Lauroil**	$CH_3[CH_2]_{10}CO-$
Tetradecanoico	Mirístico**	Miristoil**	$CH_3[CH_2]_{12}CO-$
Hexadecanoico	Palmítico**	Palmitoil**	$CH_3[CH_2]_{14}CO-$
Octadecanoico	Esteárico**	Estearoil**	$CH_3[CH_2]_{16}CO-$
	Ácidos dicarboxílicos alifáticos saturados		
Etanodioico*	Oxálico	Oxaloil	$-OCCO-$
Propanodioico*	Malônico	Malonil	$-OCCH_2CO-$
Butanodioico*	Succínico	Succinil	$-OC[CH_2]_2CO-$
Pentanodioico*	Glutárico	Glutaril	$-OC[CH_2]_3CO-$
Hexanodioico*	Adípico	Adipoil	$-OC[CH_2]_4CO-$
Heptanodioico	Pimélico**	Pimeloil	$-OC[CH_2]_5CO-$
Octanodioico	Subérico**	Suberoil	$-OC[CH_2]_6CO-$
Nonadioico	Azeláico**	Azelaoil	$-OC[CH_2]_7CO-$
Decanodioico	Sebácico**	Sebacoil	$-OC[CH_2]_8CO-$

* O nome trivial é normalmente preferido.

** Nomes sistemáticos são recomendados para derivados formados pela substituição no carbono acílico.

[3] Cf. nota 1.

Ácidos graxos insaturados também recebem nomes não sistemáticos. Eis alguns exemplos:

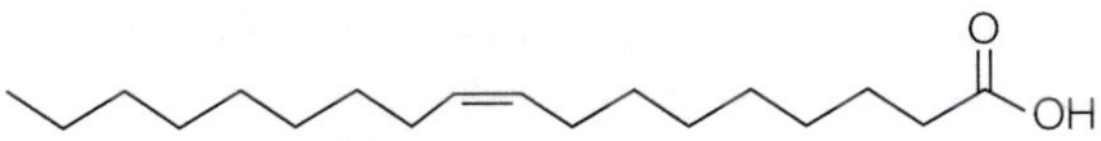

Ácido (*Z*)-octadec-9-enoico ou oleico

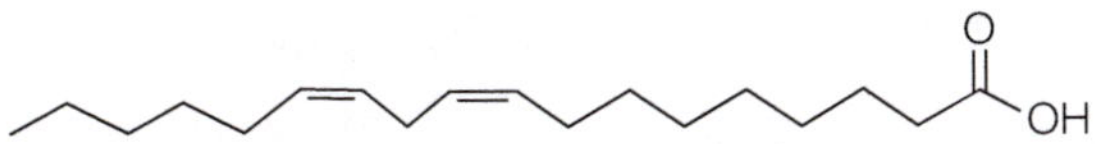

Ácido (9*Z*,12*Z*)-octadeca-9,12-dienoico ou linoleico

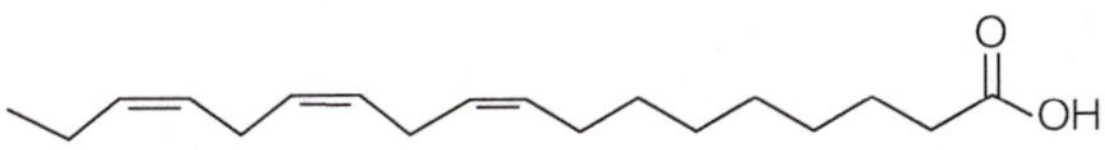

Ácido (9*Z*,12*Z*,15*Z*)-octadeca-9,12,15-trienoico ou linolênico

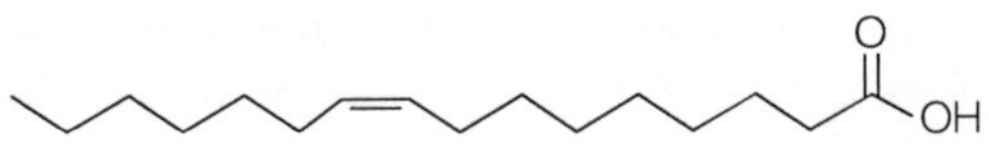

Ácido (*Z*)-hexadec-9-enoico ou palmitoleico

Alguns outros ácidos comuns, cujos nomes não sistemáticos são amplamente utilizados e portanto ainda aceitos pela IUPAC são dados a seguir:

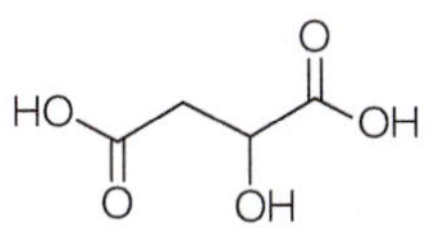

Ácido málico

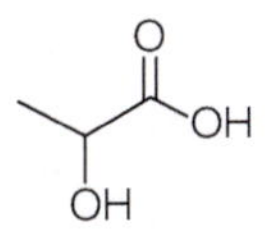

Ácido lático

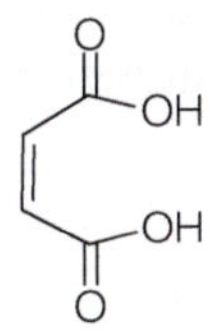

Ácido maleico

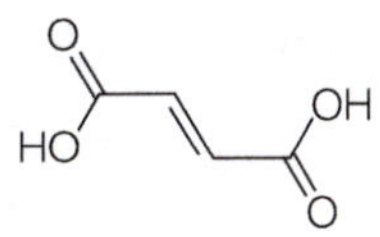

Ácido fumárico

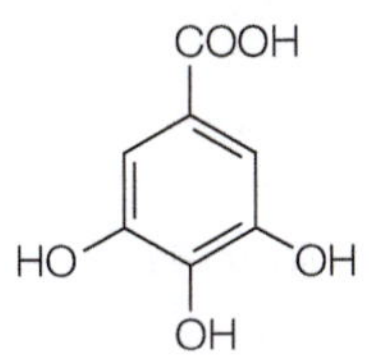

Ácido gálico

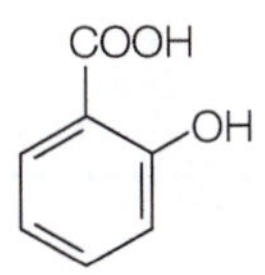

Ácido salicílico

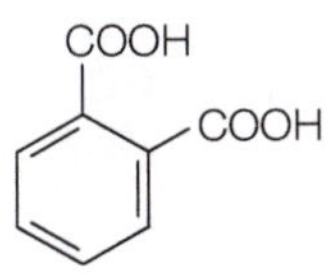

Ácido ftálico

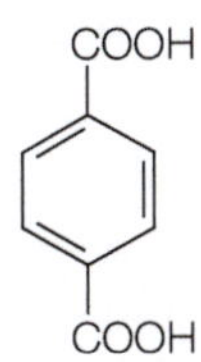

Ácido tereftálico

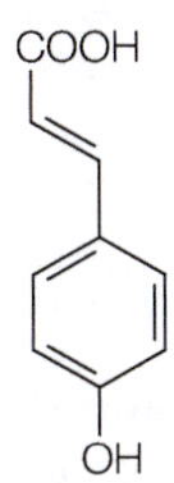

Ácido *p*-cumárico

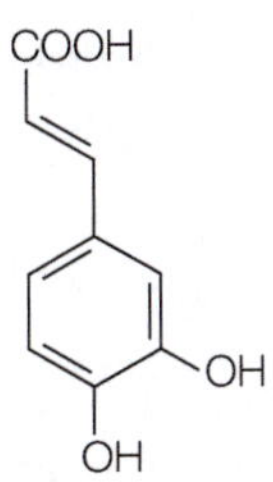

Ácido cafeico

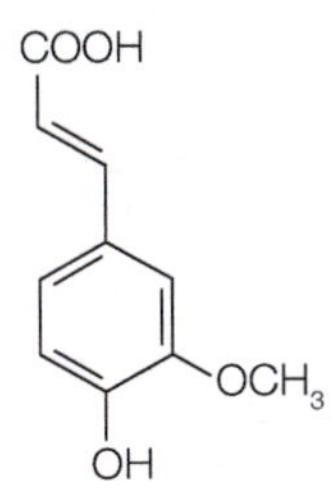

Ácido ferúlico

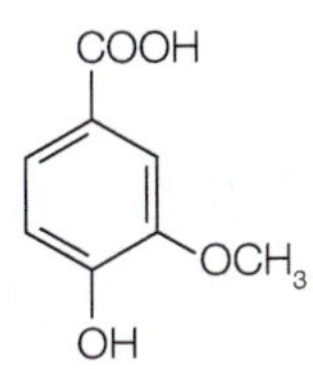

Ácido vanílico

Teste 13.1

Represente as fórmulas estruturais para os seguintes ácidos carboxílicos:

a) ácido propenoico
b) ácido 5-hidroxipentanoico
c) ácido 2-bromopropanoico

Sais e ésteres

Sais neutros de ácidos carboxílicos são nomeados pela citação do ânion derivado do ácido carboxílico trocando-se a terminação *oico* ou *ico* por *ato*, seguida da preposição *de* mais o nome do cátion.

O prefixo *carboxilato* pode ser usado para denotar o grupo $-COO^-$.

CH_3COONa — Acetato de sódio

$NaOOCCH_2CH_2COOK$ — Butanodioato de potássio e sódio ou succinato de potássio e sódio

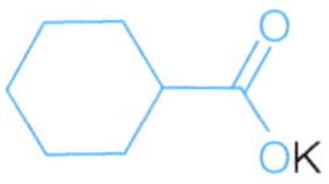

Cicloexanocarboxilato de potássio

Sais ácidos são nomeados da mesma maneira que sais neutros. As palavras *hidrogênio*, *di-hidrogênio* etc., usadas quando apropriado, aparecem antes dos nomes dos ânions.

Hidrogênio pentanodioato de sódio

Ésteres de ácidos carboxílicos são nomeados da mesma maneira que seus sais neutros, substituindo-se o nome do cátion pelo nome do grupo alquila ou arila.

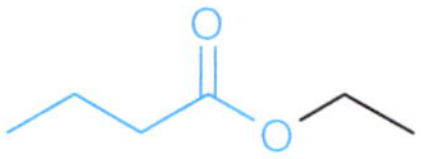

Butanoato de etila

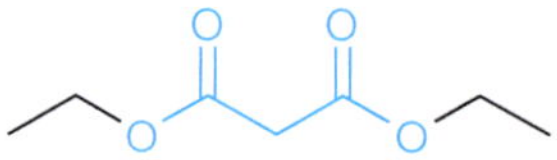

Malonato de etila

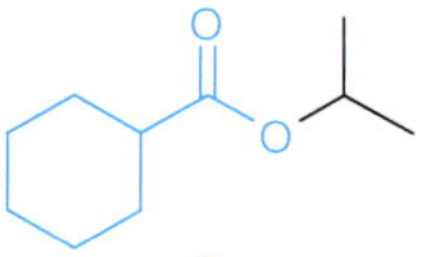

Ciclíexanocarboxilato de isopropila

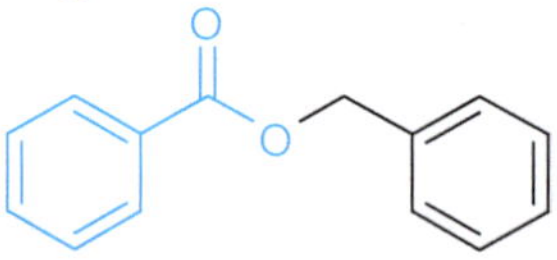

Benzoato de benzila

Haletos de acila

Haletos de acila ou haletos de ácidos carboxílicos são nomeados pela citação do nome do haleto (cloreto, brometo, iodeto ou fluoreto) acrescido da preposição *de* mais o nome do grupo acila.

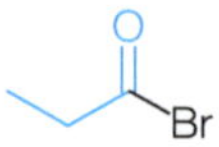

Brometo de propanoíla

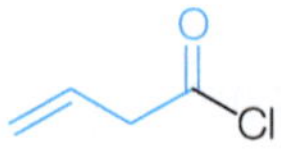

Cloreto de but-3-enoíla

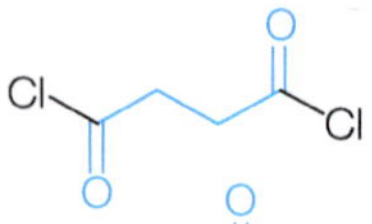

Dicloreto de butanodioíla

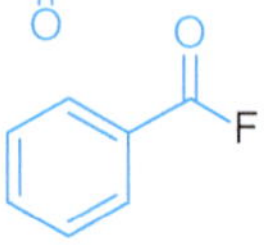

Fluoreto de benzoíla

Teste 13.2

Escreva os nomes dos seguintes compostos:

a) CH_3CO_2Na

c) 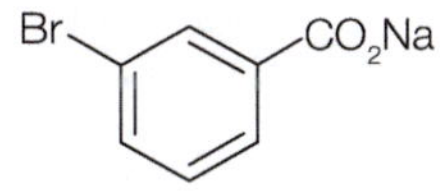

b) 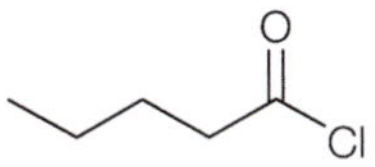

d) 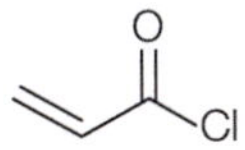

Anidridos de ácido

Anidridos de ácidos monocarboxílicos, quando não substituídos, são nomeados pela troca da palavra *ácido* por *anidrido*.

$(CH_3CO)_2O$	Anidrido acético
$(CH_3CH_2CH_2CH_2CO)_2O$	Anidrido pentanoico

Anidridos de monoácidos substituídos simetricamente são nomeados pelo prefixo **bis**.

$(ClCH_2CO)_2O$	Anidrido bis(cloroacético)
$(CH_3CH_2CHBrCH_2CO)_2O$	Anidrido bis(3-bromopentanoico)

Anidridos de ácidos monocarboxílicos diferentes (anidridos mistos) são nomeados pela citação das partes dos ácidos em ordem alfabética após a palavra *anidrido*.

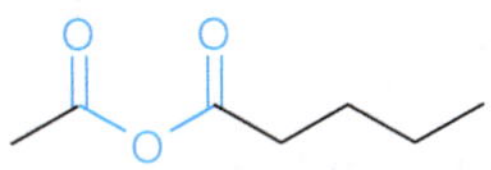

Anidrido acético valérico

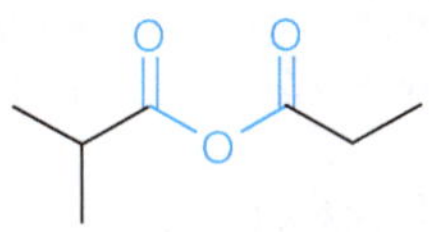

Anidrido isobutírico propiônico

Anidridos cíclicos de ácidos dicarboxílicos, embora apresentando estrutura heterocíclica, são preferencialmente nomeados com os nomes dos respectivos ácidos.

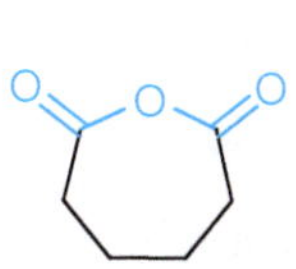

Anidrido adípico

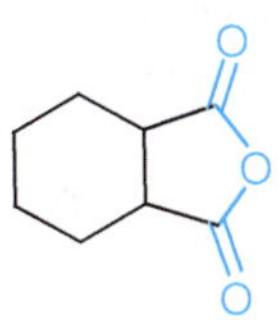

Anidrido 1,2-cicloexanodicarboxílico

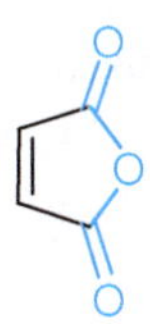

Anidrido butenodioico ou Anidrido maleico

Teste 13.3

Escreva os nomes dos seguintes compostos:

a) 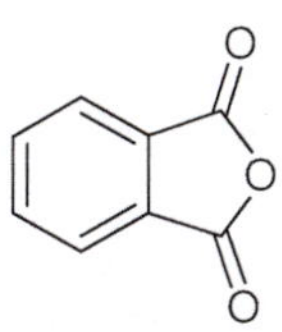

b) 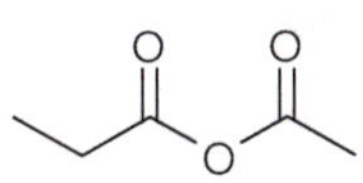

c) 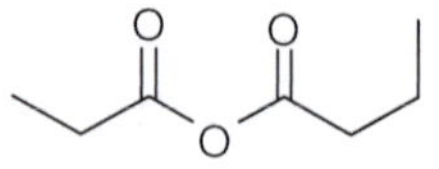

d) 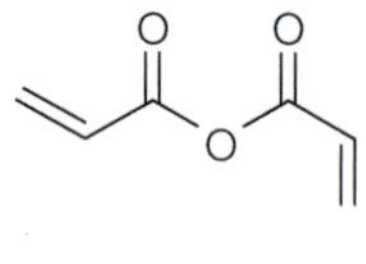

Amidas

Compostos contendo um, dois ou três grupos acila ligados a um nitrogênio são genericamente denominados *amidas*. Embora derivados monoacilados, diacilados e triacilados da amônia sejam denominados *amida primária*, *amida secundária* e *amida terciária*, respectivamente, conforme citado por Rigaudy e Klesney (1979), nas últimas recomendações da IUPAC o uso dessas denominações não é mais encorajado.

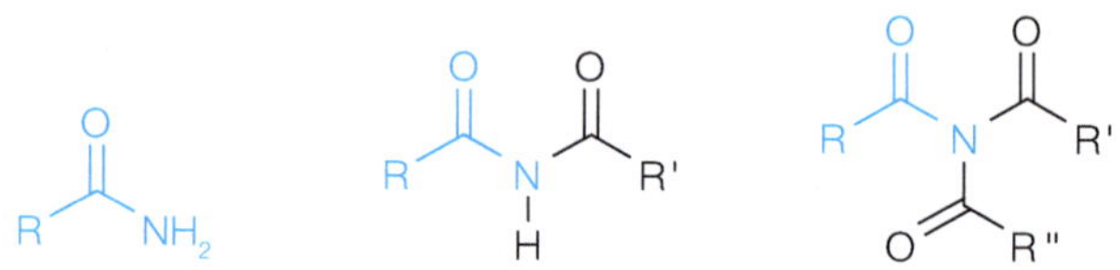

Amida primária — Amida secundária — Amida terciária

Derivados monoacilados da amônia

Nomes de derivados monoacilados da amônia têm sua origem nos nomes sistemáticos dos ácidos correspondentes, com a troca da terminação *oico* ou *ico* por *amida*, suprimindo-se a palavra *ácido*.

$CH_3[CH_2]_2CONH_2$	Butanamida
CH_3CONH_2	Acetamida ou etanamida
$H_2NOC[CH_2]_3CONH_2$	Pentanodiamida
$H_2NOCCONH_2$	Oxamida (mantido pela IUPAC)

Amidas *N*-substituídas[4] (R^1CONHR^2 e $R^1CONR^2R^3$) são nomeadas citando-se os grupos R^2 e R^3 como prefixos.

$CH_3CON(CH_3)_2$	*N*, *N*-dimetilacetamida
$C_6H_5CON(CH_3)CH_2CH_3$	*N*-etil-*N*-metilbenzamida

Derivados diacilados e triacilados da amônia

Quando simétricos, os derivados diacilados e triacilados da amônia, isto é, compostos com fórmula $(RCO)_2NH$ e $(RCO)_3N$, respectivamente, são designados como diacil e triacil derivados do hidreto parental azano ou como *diacilamina* e *triacilamina*, respectivamente.

[4] Esses compostos são normalmente chamados *amidas secundárias e terciárias*, respectivamente, porém o uso dessa terminologia também não é recomendado pela IUPAC.

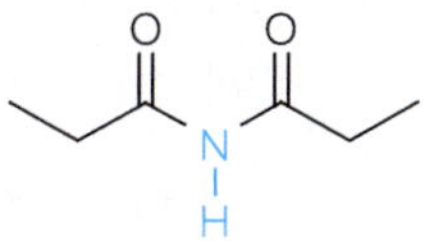

Dipropanoilazano ou
Dipropanoilamina

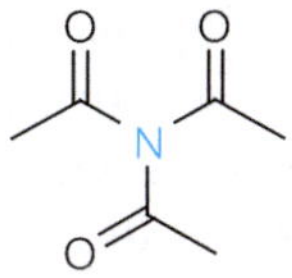

Triacetilazano ou
Triacetilamina

Os seguintes nomes triviais, embora não incluídos nas recomendações da IUPAC para nomear derivados, têm sido utilizados:

$(CH_3CO)_2NH$	Diacetamida
$(CH_3CO)_3N$	Triacetamida
$(C_6H_5CO)_2NH$	Dibenzamida
$(C_6H_5CO)_3N$	Tribenzamida

Derivados assimétricos diacilados e triacilados da amônia são nomeados como *N*-acil derivados da amida mais complexa.

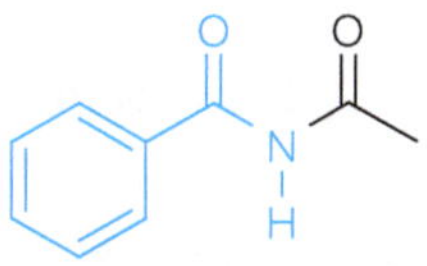

N-acetilbenzamida

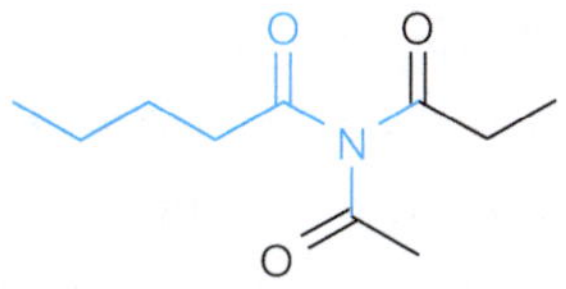

N-acetil-*N*-propanoilpentanamida

Observe que no primeiro exemplo o grupo acetil (CH_3CO) é citado como substituinte e a benzamida em destaque em azul é a amida principal. No segundo exemplo, a parte em destaque em azul é a pentanamida, e os dois grupos acilas (acetil e propanoil) são citados em ordem alfabética.

Teste 13.4

Escreva os nomes das seguintes amidas:

a) 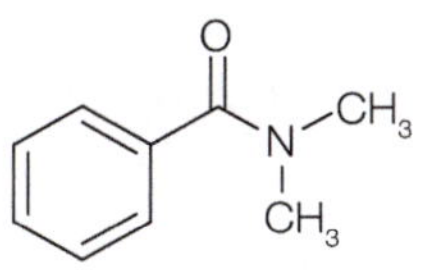

c) 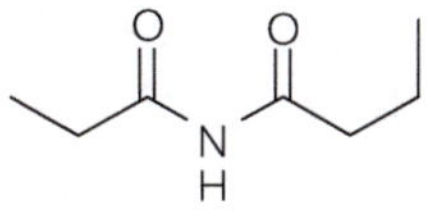

b) 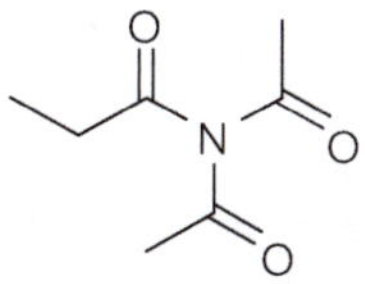

d) 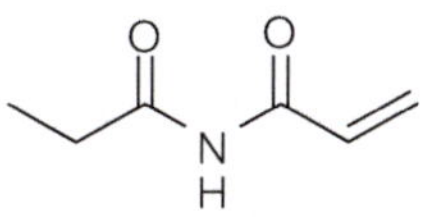

Nitrilas

Pela nomenclatura substitutiva, os compostos do tipo RCN recebem a terminação *nitrila* ou *dinitrila* após o nome do hidrocarboneto.

$CH_3[CH_2]_3C{\equiv}N$	Pentanonitrila
$N{\equiv}C[CH_2]_3C{\equiv}N$	Pentanodinitrila

As nitrilas (RCN) podem, também, ser nomeadas citando-se o nome do composto correspondente ao grupo R, seguido da palavra *carbonitrila*. Outra alternativa corresponde à nomenclatura radicofuncional, em que os compostos do tipo RCN são nomeados pela citação da palavra *cianeto* seguida da preposição *de* e do nome do grupo R.

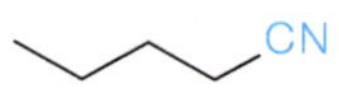

Butanocarbonitrila
ou cianeto de butila

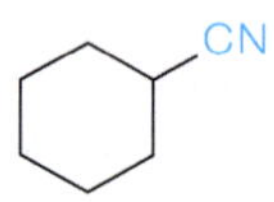

Cicloexanocarbonitrila
ou cianeto de cicloexila

Deve-se observar que o termo *nitrila* denota a ligação tríplice do átomo de nitrogênio (≡N), e não o carbono ligado a ele. O termo *carbonitrila* denota o grupo C≡N.

Teste 13.5

Represente as fórmulas estruturais para os seguintes compostos:

a) cianeto de pentila
b) ciclopentanocarbonitrila
c) 3-cloropentanonitrila
d) 2-metilbutanonitrila

Propriedades físicas

Os ácidos carboxílicos são capazes de formar ligações de hidrogênio entre si e com solventes polares como a água. No estado sólido ou líquido, esses compostos encontram-se largamente na forma de dímeros, graças à formação de duas ligações de hidrogênio entre suas moléculas.

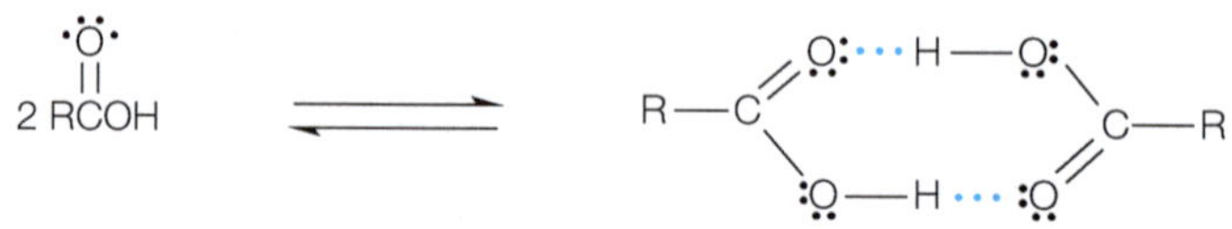

Por serem capazes de formar ligações de hidrogênio e, ainda, por serem mais polares que os álcoois, os ácidos carboxílicos são mais solúveis em água que estes últimos e apresentam temperaturas de ebulição mais elevadas que os álcoois de massa molecular comparável.

De forma análoga a qualquer classe de composto orgânico, as temperaturas de ebulição dos ácidos carboxílicos alifáticos elevam-se com o aumento do número de átomos de carbono, e as respectivas solubilidades em água diminuem (Quadro 13.3).

Quadro 13.3 Propriedades físicas de alguns ácidos carboxílicos saturados de cadeia linear

Fórmula	T_f/°C	T_e/°C	Solubilidade (g/100 g H_2O)	K_a (25 °C)
HCO_2H	8,4	101	∞*	$1{,}77 \times 10^{-4}$
CH_3CO_2H	17,0	118	∞	$1{,}80 \times 10^{-5}$
CH_3CH_2COOH	–22	141	∞	$1{,}34 \times 10^{-5}$
$CH_3[CH_2]_2COOH$	–8	164	∞	$1{,}54 \times 10^{-5}$
$CH_3[CH_2]_3COOH$	–35	187	4,97	$1{,}51 \times 10^{-5}$
$CH_3[CH_2]_4COOH$	–3	205	1,08	$1{,}43 \times 10^{-5}$
$CH_3[CH_2]_5COOH$	–8	223	0,24	$1{,}42 \times 10^{-5}$
$CH_3[CH_2]_6COOH$	17	240	0,07	$1{,}28 \times 10^{-5}$
$CH_3[CH_2]_7COOH$	13	253	0,03	$1{,}09 \times 10^{-5}$
$CH_3[CH_2]_8COOH$	31	270	0,02	$1{,}43 \times 10^{-5}$

* Solúvel em qualquer proporção.

Os ácidos carboxílicos ionizam-se apenas parcialmente em solução aquosa, sendo, portanto, ácidos fracos.

$$RCOOH + H_2O \rightleftharpoons RCOO^- + H_3O^+$$

Quanto maior for o valor da constante de acidez K_a (ver Capítulo 1), mais o equilíbrio se encontrará deslocado para a direita e, consequentemente, mais forte será o ácido. A maioria dos ácidos carboxílicos possui K_a no intervalo de 10^{-4} a 10^{-5}, sendo, portanto, ácidos mais fortes que os álcoois e os fenóis. Eles reagem rapidamente com soluções aquosas de hidróxido de sódio e bicarbonato de sódio, formando *sais de ácidos carboxílicos*.

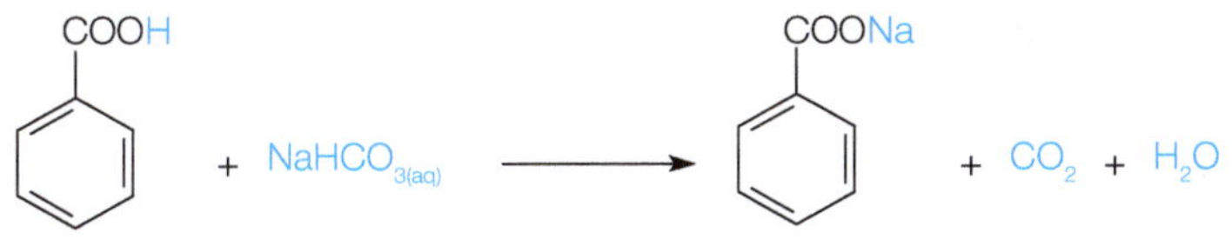

Um ácido carboxílico será mais forte quanto mais estável for sua base conjugada (carboxilato). A base conjugada é normalmente estabilizada pela presença de grupos retiradores de elétrons (Cl, Br, NO_2 etc.) adjacentes à carboxila, que tendem a reduzir, por efeito indutivo, a densidade de carga sobre o grupo carboxilato. Quanto maior for esse efeito indutivo retirador de elétrons, mais forte será o ácido.

Observe pelos dados apresentados no Quadro 13.4 que o ácido cloroacético é mais forte que o ácido acético. Quanto mais grupos retiradores de elétrons estiverem presentes, mais forte será o ácido. Isso é ilustrado pelos valores de K_a do ácido dicloroacético e tricloroacético.

Quadro 13.4 Constantes de acidez de alguns ácidos carboxílicos

Ácido	K_a
HCOOH	$1,8 \times 10^{-4}$
CH_3COOH	$1,8 \times 10^{-5}$
$ClCH_2COOH$	$1,4 \times 10^{-3}$
$Cl_2CHCOOH$	$5,7 \times 10^{-2}$
Cl_3CCOOH	$2,2 \times 10^{-1}$
CH_3CH_2COOH	$1,3 \times 10^{-5}$
CH_2ClCH_2COOH	$9,0 \times 10^{-5}$
$CH_3CHClCOOH$	$1,3 \times 10^{-3}$

Ainda pelos dados do Quadro 13.4, verifica-se que o efeito indutivo retirador de elétrons do cloro diminui à medida que ele se encontra mais afastado da carboxila. Vê-se também que o efeito indutivo doador de elétrons dos grupos alquila (CH_3— e CH_3CH_2—) faz com que os ácidos acético e propiônico sejam mais fracos que o ácido fórmico.

Teste 13.6

Represente as principais ligações de hidrogênio envolvendo os seguintes compostos:

a) ácido propanoico puro;

b) solução de ácido benzoico em metanol.

Reações

Uma reação importante dos ácidos carboxílicos e seus derivados é a *substituição nucleofílica no carbono acílico*. Nessa reação, um nucleófilo (Nu:⁻) ataca o carbono da carbonila, e em seguida ocorre a eliminação de um grupo abandonador (L:⁻), resultando na conversão de um derivado de ácido carboxílico em outro.

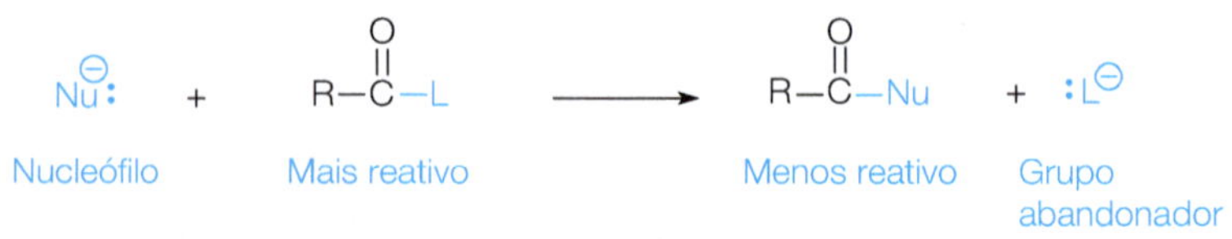

No esquema anterior, o grupo R pode ser alquil, aril ou hidrogênio. O nucleófilo pode ser carregado negativamente ou não.

De maneira geral, um derivado mais reativo é facilmente convertido em um menos reativo. Os derivados de ácidos carboxílicos são listados a seguir em ordem decrescente de reatividade.

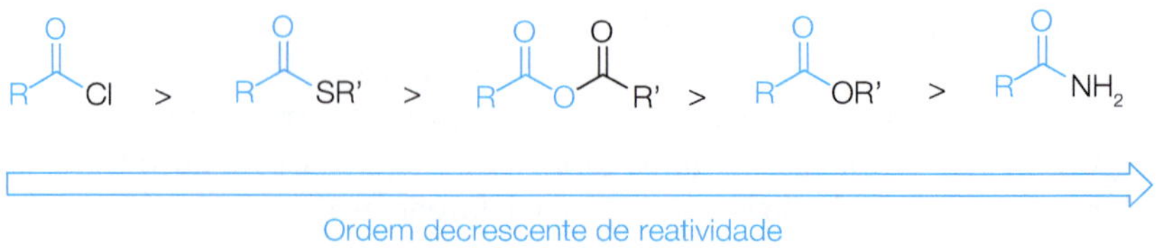

Essa ordem geral de reatividade pode ser explicada levando-se em conta três fatores:

1. *Basicidade dos grupos abandonadores.* Quanto menos básico for o grupo abandonador, mais reativo será o composto.
2. *Efeitos de ressonância.* Como em todos os derivados de ácidos carboxílicos o grupo L ligado ao carbono acílico contém pelo menos um par de elétrons não ligantes, as seguintes estruturas de ressonância podem ser escritas:

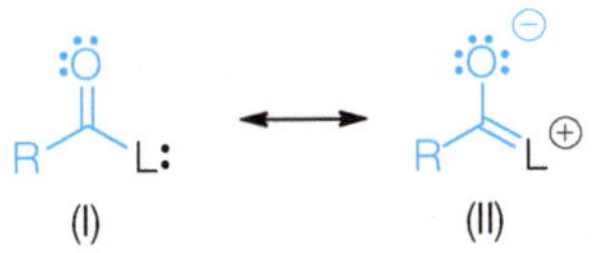

Quanto maior for a contribuição da estrutura II para o híbrido de ressonância, mais forte será a ligação C–L e, consequentemente, menos reativo será o composto.

Nos casos em que L = Cl e S, a contribuição da estrutura II será pequena, uma vez que ela requer a interpenetração do orbital $2p$ do carbono com o orbital $3p$ do cloro ou do enxofre (bem maior que o $2p$). Isso explica a maior reatividade dos cloretos de ácido e ésteres tiólicos em relação aos ésteres e amidas.

3. *Efeito indutivo retirador de elétrons do grupo L.* Quanto maior esse efeito, menor será a contribuição da estrutura II. Esse efeito explica a maior reatividade dos ésteres em relação às amidas.

O mecanismo geral desse tipo de reação de substituição, no caso de um nucleófilo não carregado, pode ser representado da seguinte forma:

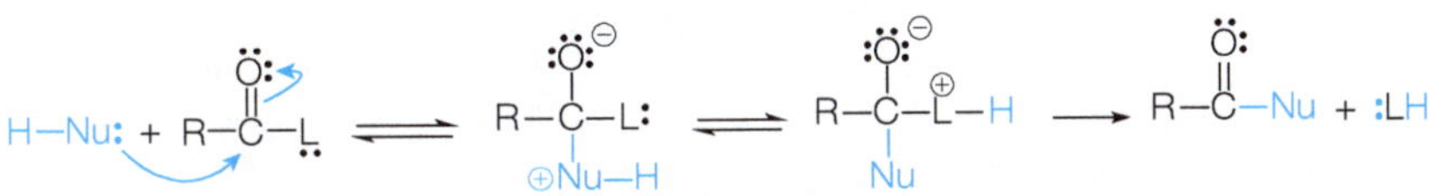

Inicialmente ocorre um ataque nucleofílico ao carbono acílico (adição), com a formação de um intermediário tetraédrico instável. Esse intermediário decompõe-se (eliminação) posteriormente, levando à formação do produto de substituição. Se a reação for realizada em meio ácido, ocorrerá inicialmente uma protonação da carbonila, o que facilitará a etapa de ataque nucleofílico. Dependendo da natureza do nucleófilo, do grupo abandonador L e das condições reacionais, o mecanismo varia ligeiramente.

A ordem de reatividade dos derivados de ácidos carboxílicos apresentada é muito útil para que possamos ter uma ideia das transformações que são facilmente realizadas, ou seja, compostos mais reativos em geral transformam-se diretamente em derivados menos reativos. A transformação de um derivado de ácido menos reativo, como uma amida, em um mais reativo, como um cloreto de ácido, muitas vezes requer reagentes especiais ou deve ser realizada em mais de uma etapa.

Preparo e reações de cloretos de acila

Como os cloretos de acila são os derivados de ácidos mais reativos, geralmente são utilizados para a obtenção de todos os demais derivados que mencionamos. Eles podem ser preparados pelo tratamento de ácidos carboxílicos com cloreto de tionila ($SOCl_2$), tricloreto de fósforo (PCl_3) ou pentacloreto de fósforo (PCl_5). Todos esses reagentes resultam na obtenção do cloreto de ácido com bom rendimento. O cloreto de tionila é um dos mais utilizados. Em todos os casos, a reação ocorre com formação de ácido clorídrico, e por isso geralmente se utiliza piridina como solvente.

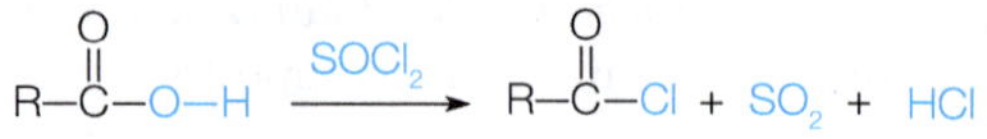

O mecanismo da reação do ácido acético com $SOCl_2$ é apresentado a seguir. Esse mecanismo é padrão para quaisquer outros ácidos.

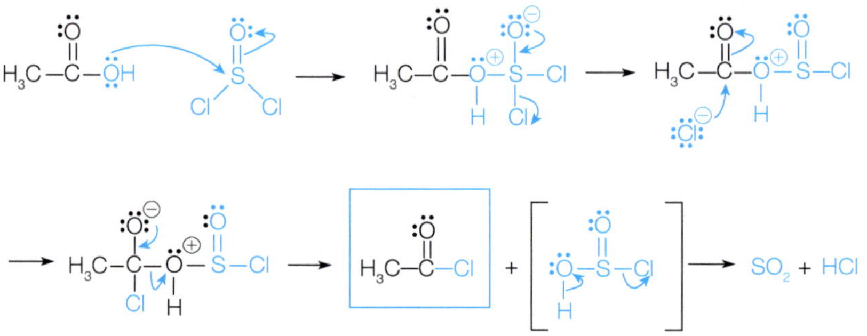

Essas reações de obtenção de cloretos de ácidos são bastante úteis; todavia, deve-se estar atento para a presença de outros grupos funcionais (OH, por exemplo) na molécula que possam reagir com os reagentes citados.

Conforme mencionado, os cloretos de acila podem ser facilmente transformados em anidridos, ácidos, ésteres e amidas, como indicado nos exemplos que seguem:

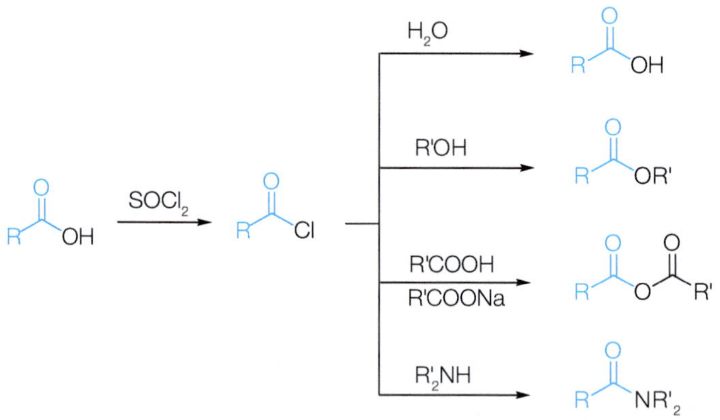

Essas transformações ocorrem conforme o mecanismo geral já apresentado. Normalmente, elas são realizadas em presença de uma base (piridina é a mais utilizada) para neutralizar o ácido formado (não representado no esquema anterior).

No caso da formação de amidas, a reação pode ser realizada com amônia, aminas primárias e secundárias, mas nunca com aminas terciárias.

Teste 13.7

Proponha um mecanismo para a seguinte reação de substituição em carbono acílico. Utilize setas curvas para indicar o fluxo de elétrons em cada etapa do mecanismo.

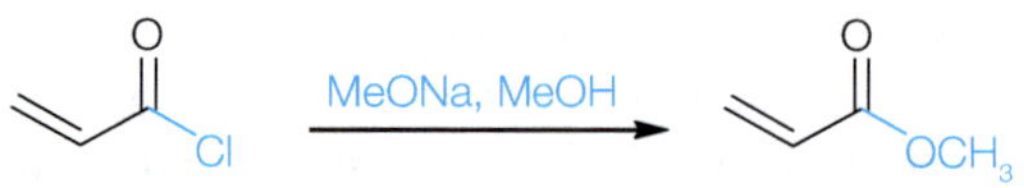

Síntese e reações de anidridos

A reação de cloretos de acila com ácidos carboxílicos ou sais de ácidos carboxílicos resulta na formação de anidridos. Os anidridos podem também ser preparados pelo aquecimento dos ácidos correspondentes. Essa reação é útil apenas para a síntese de anidridos simétricos em que o ácido de partida seja estável na temperatura de reação.

No caso de ácidos dicarboxílicos, que podem resultar na formação de anidridos de cinco ou seis membros, a reação normalmente requer temperatura menos elevada.

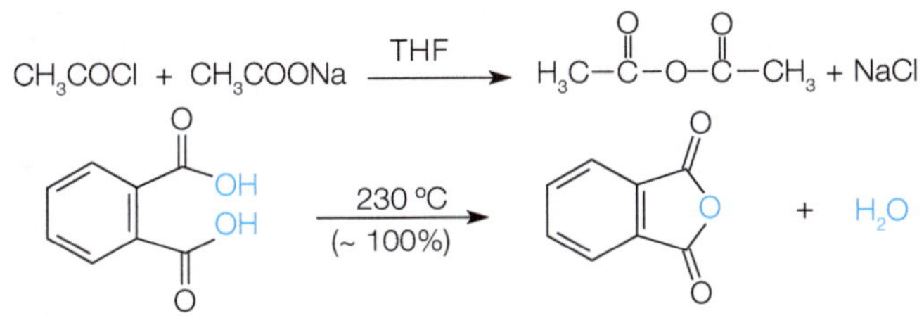

Os anidridos hidrolisam-se em meio aquoso, formando ácido carboxílico.

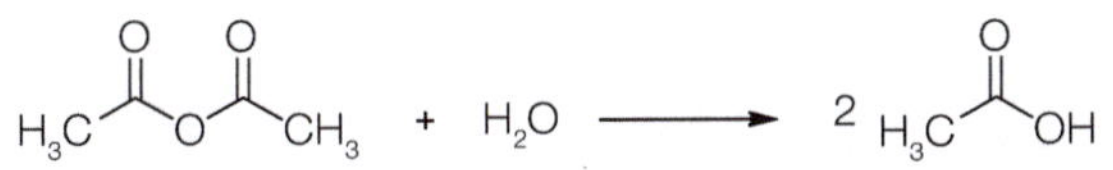

Essa reação é bem mais lenta que a hidrólise dos cloretos de ácidos. O tratamento de anidridos com amônia e aminas resulta na formação de amidas. A reação de acetilação de aminas com anidrido acético em piridina é extremamente comum em química orgânica.

Teste 13.8

Mostre como o ácido propanoico pode ser eficientemente convertido no anidrido butanoico propanoico e na *N,N*-dimetilpropanamida.

Teste 13.9

Represente as fórmulas estruturais dos produtos esperados da reação do anidrido acético com etóxido de sódio.

Reações e preparo de ésteres

A reação de ésteres com água resulta na formação de uma molécula de ácido carboxílico e outra de álcool.

A reação de hidrólise é lenta, sendo, porém, acelerada quando realizada na presença de um ácido forte, como o HCl.

Essa reação (hidrólise) existe em equilíbrio com seu reverso, e esse equilíbrio pode ser deslocado para a direita se há um excesso de água no meio reacional. O equilíbrio será deslocado para a esquerda (condensação de um álcool com um ácido para formar um éster) se a água formada for removida durante o processo.

O mecanismo para a hidrólise do acetato de metila catalisada por ácido pode ser representado como segue. Observe que, como todas as etapas estão em equilíbrio, o mecanismo da esterificação de um ácido carboxílico corresponde ao reverso do processo de hidrólise.

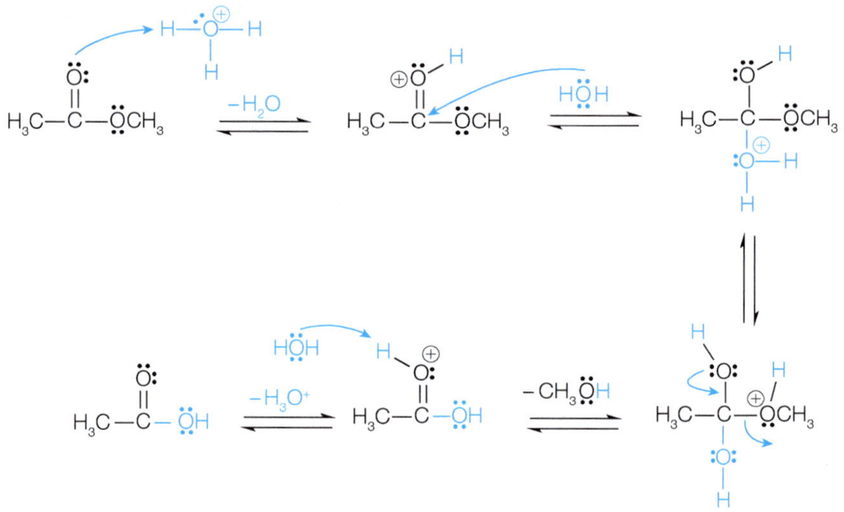

Os ésteres podem ser hidrolisados em meio básico, e, nessa condição, a reação é praticamente irreversível. Observe no exemplo a seguir que o éster derivado do ácido benzoico é convertido em ácido *p*-bromobenzoico e no pent-4-en-2-ol.

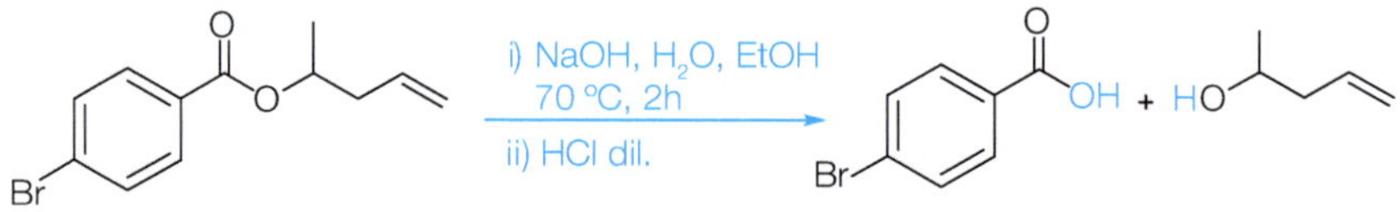

Como a hidrólise é realizada em meio básico, o produto final é o sal do ácido carboxílico mais o álcool. Assim, logo após a hidrólise o meio reacional deve ser acidificado, geralmente com uma solução diluída de HCl de modo a formar o ácido carboxílico. Geralmente essa reação ocorre em alto rendimento.

Essa reação é chamada *saponificação*, porque, quando realizada com ésteres de ácidos graxos (ácidos de cadeia longa), leva à formação de sabão (sais de ácidos graxos).

Os ésteres reagem igualmente com metóxido de sódio (MeONa) em metanol. Essa reação leva à formação do éster metílico e é conhecida como *transesterificação*:

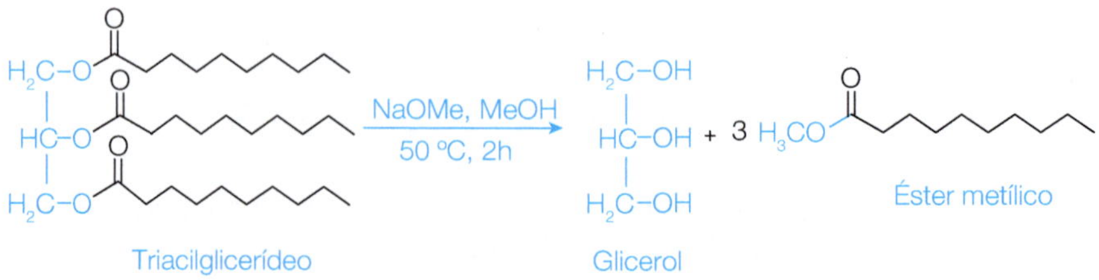

Nesse exemplo é apresentada a reação de um triacilglicerídeo derivado do ácido decanoico. Com a transesterificação é formado o éster metílico mais o glicerol. A reação de transesterificação tem uma importância prática especial, uma vez que os triacilglicerídeos são os principais componentes dos óleos vegetais. Esses óleos são então convertidos em ésteres metílicos ou etílicos que são utilizados como combustíveis para veículos automotores. Embora o exemplo apresentado represente uma reação em meio básico, a transesterificação pode ocorrer também por meio de catálise ácida.

Essa reação é também importante para o processo de análise de óleos naturais, que são normalmente ésteres de alta temperatura de ebulição. Como os ésteres metílicos apresentam temperatura de ebulição mais baixa que a dos triacilglicerídeos, eles podem ser analisados por cromatografia em fase gasosa.

Os ésteres podem, também, ser convertidos em amidas quando tratados com amônia ou aminas primárias e secundárias.

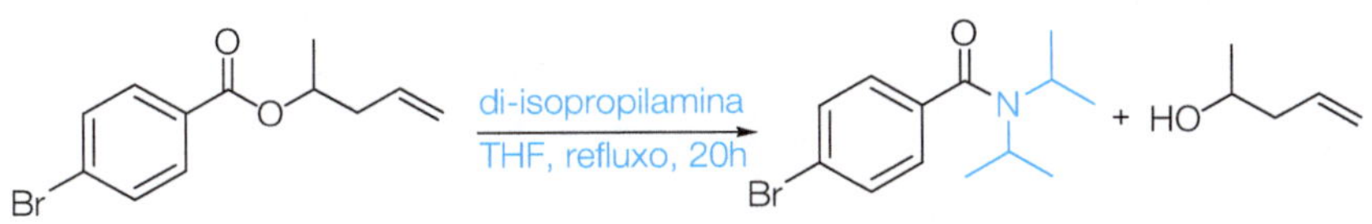

Essa reação é normalmente lenta e requer temperatura elevada. Geralmente leva à formação de amidas com rendimento inferior ao obtido a partir de cloretos de ácidos, sendo, portanto, de pouca utilidade sintética. Um procedimento para melhorar o rendimento dessa reação é reagir a amina (RNH_2) com uma base mais forte, convertendo-a no amideto (RNHLi) correspondente. Como o RNHLi é uma base muito forte, ela reage facilmente com ésteres.

Conforme mencionado, a reação de um ácido carboxílico com um álcool resulta na formação de um éster. Um exemplo de aplicação industrial dessa reação consiste na copolimerização do ácido tereftálico e do etileno glicol.

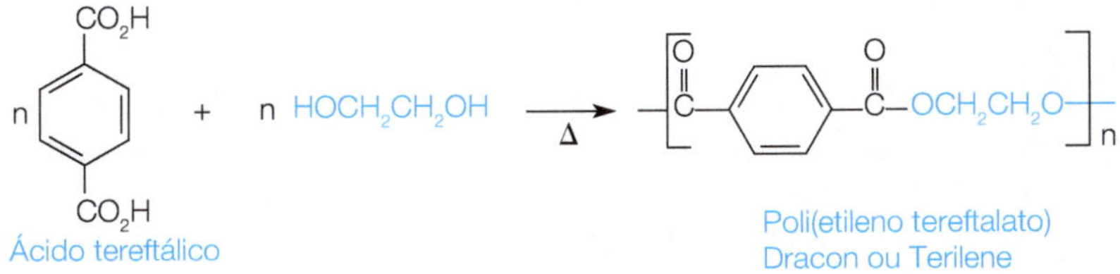

O polímero formado é o poli(etileno tereftalato), conhecido popularmente como *poliéster*, tendo sido produzido pela primeira vez em 1941 pelo químico inglês John Rex Whinfield. Largamente utilizado na fabricação de tecidos sintéticos, nos Estados Unidos recebe o nome comercial de *dracon* e, na Inglaterra, de *terilene*. Esse polímero, conhecido pela sigla PET, pode ser transformado em um filme fino que é utilizado para embalar alimentos. A partir da década de 1980 ele passou a ser o material principal na fabricação de embalagens plásticas para refrigerantes e outros alimentos.

Teste 13.10

Dê os produtos da reação catalisada por ácido entre os compostos indicados a seguir:

a) etanol e ácido butanoico

b) ácido benzoico e ciclopentanol

c) ácido *orto*-etilbenzoico e 3-cloropropan-1-ol

Teste 13.11

Dê os produtos da hidrólise catalisada por ácido dos seguintes compostos:

a) 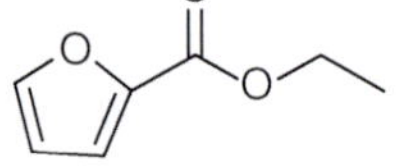

c) 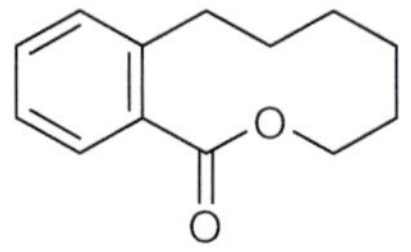

b) 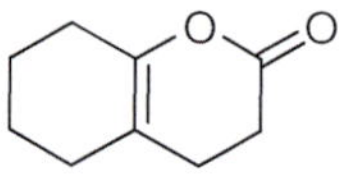

d) 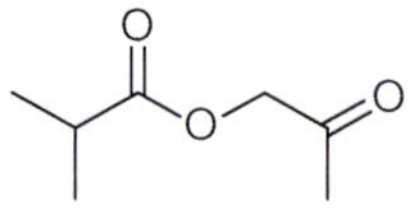

Síntese e reações de amidas

Conforme já discutido, a maneira mais eficiente de preparar amidas consiste em reagir cloretos de ácidos ou anidridos com amônia ou aminas. Todavia, algumas amidas podem ser obtidas diretamente a partir de ácidos carboxílicos. Nesse caso, o tratamento do ácido com amônia ou amina resulta na formação de um sal de amônio que se decompõe quando aquecido. Essa reação apenas tem utilidade sintética quando os compostos são estáveis a alta temperatura.

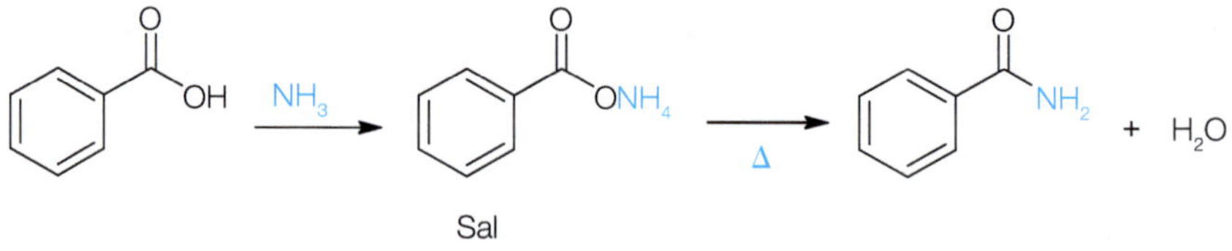

Um exemplo de aplicação industrial dessa reação pode ser observado na produção do náilon 6,6, uma poliamida obtida pela reação de ácido hexanodioico (ácido adípico) e hexano-1,6-diamina. A denominação de *náilon 6,6* está relacionada ao número de átomos de carbono das unidades monoméricas utilizadas em seu preparo.

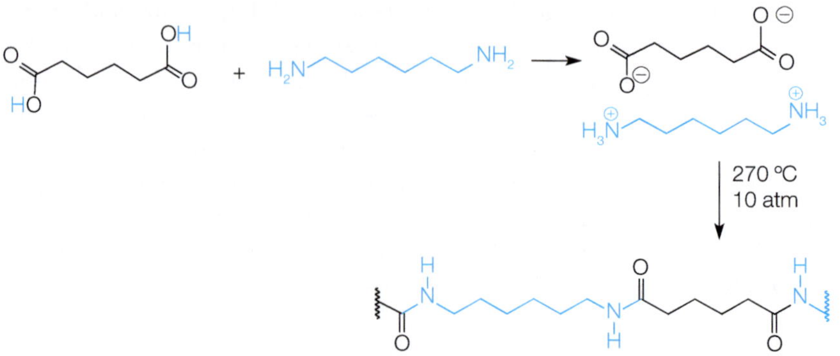

Náilon 6,6

O náilon foi desenvolvido por Wallace H. Carothers e sua equipe na companhia DuPont, durante a década de 1930, nos Estados Unidos. Sua primeira aplicação ocorreu em 1938, quando foram introduzidas no mercado escovas de dente com cerdas de náilon. Em outubro de 1939, foram lançadas as primeiras meias confeccionadas com esse material, o que foi um enorme sucesso comercial. Com o início da Segunda Guerra Mundial, por ordem do governo norte-americano, todo o suprimento de náilon nos Estados Unidos foi usado na fabricação de paraquedas, cordas e outros produtos para fins militares. Somente no início dos anos 1950 é que essa fibra se tornou novamente disponível para suprir a demanda popular de meias.

Outra poliamida também muito utilizada é o náilon 6, obtido pela polimerização da ε-caprolactama.

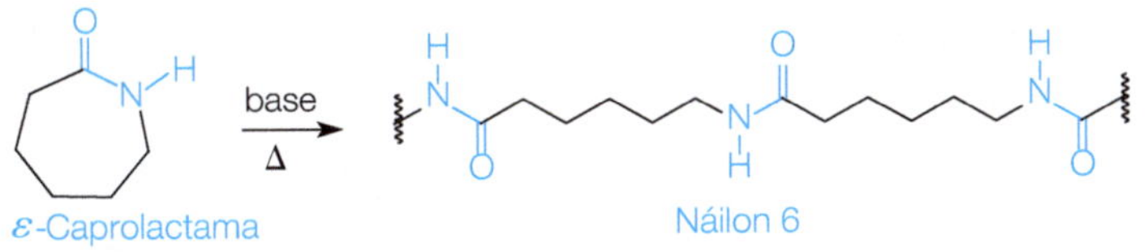

Como o náilon é um material produzido em larga escala industrial, é necessário que se tenha também um procedimento para a obtenção da ε- caprolactama em grande quantidade. Existem vários processos industriais para a produção da ε-caprolactama e geralmente eles utilizam o buta-1,3--dieno como material de partida. Em um desses processos o buta-1,3-dieno é convertido, em várias etapas no 6-aminoexanoato de metila, que então sofre uma reação intramolecular com a formação da lactama.

Embora sejam muito estáveis, as amidas podem ser hidrolisadas por tratamento com solução de KOH, NaOH ou LiOH, sob aquecimento. Essa reação resulta na formação de uma amina e o sal do ácido carboxílico correspondente.

Teste 13.12

Quais produtos você esperaria das reações dos seguintes reagentes:

a)

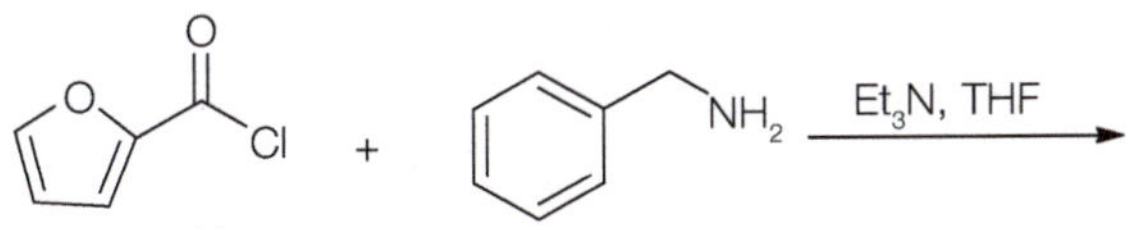

b)

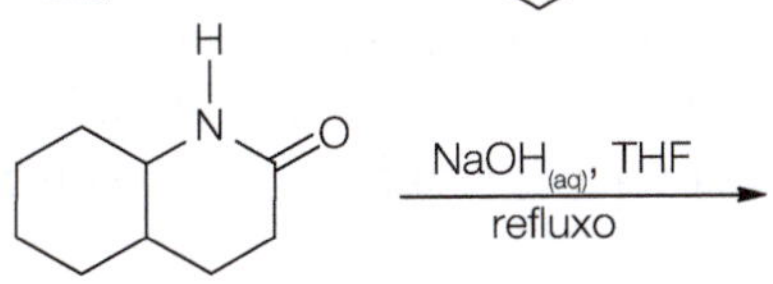

Sabões e detergentes

De origem latina (*detergere, limpar*), o termo *detergente* se aplica a qualquer substância capaz de promover limpeza. Portanto, o sabão é um tipo especial de detergente.

O primeiro registro escrito sobre a preparação de sabão deve-se aos romanos, que descreveram o procedimento desenvolvido pelos fenícios há aproximadamente cinco mil anos, segundo o qual se utilizavam sebo de cabra e cinzas. As cinzas são utilizadas como fonte de material alcalino, pois o contato dos óxidos (Na_2O e K_2O) existentes nelas com a água leva à formação dos hidróxidos correspondentes. Esse processo é ainda usado na fabricação caseira de sabão por pessoas que vivem no meio rural.

$$Na_2O + H_2O \rightarrow 2NaOH_{(aq)}$$

$$K_2O + H_2O \rightarrow 2KOH_{(aq)}$$

O aquecimento de gordura animal ou óleo vegetal (ambos os ésteres do glicerol com ácidos graxos) com base resulta na reação de hidrólise denominada *saponificação*.

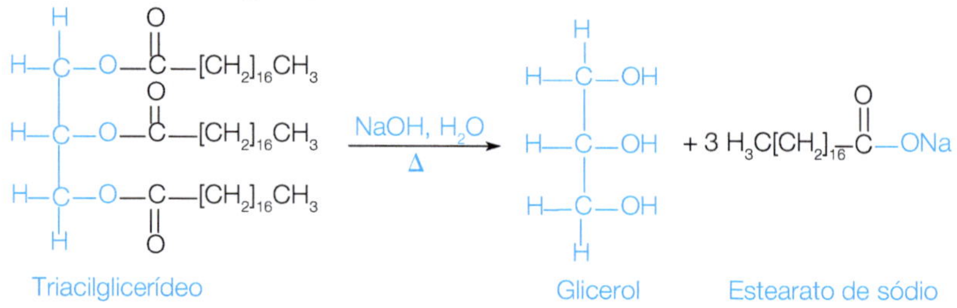

No exemplo anterior é mostrada a hidrólise da triestearina ou triestearil glicerol (principal componente da gordura animal), resultando na formação do glicerol e do estearato de sódio. O glicerol produzido nessa reação é normalmente utilizado na fabricação de plásticos e explosivos.

Na indústria moderna, as duas fontes mais comuns de triacilglicerídeos são a gordura animal (sebo) e o óleo de coco. No processo final de produção de sabão e sabonetes, adicionam-se corantes, desinfetantes e perfumes. O sabão para limpeza pesada normalmente contém abrasivos, como areia. Alguns sabões são feitos com outros cátions, além do sódio. Os sabões de potássio são mais macios e produzem espuma de melhor qualidade. Normalmente são utilizados em sabões líquidos e cremes para barbear. Sabões feitos com trietanolamina são utilizados em xampus e outros cosméticos.

$CH_3[CH_2]_{14}COOK$	Palmitato de potássio
$CH_3[CH_2]_{14}COO^{\ominus}\ (HOCH_2CH_2)_3\overset{\oplus}{N}H$	Palmitato de trietanolamônio

Os sais de ácidos graxos têm uma cadeia longa pouco polar ou lipofílica. Já o grupo carboxilato é muito polar e, portanto, hidrofílico. Dessa forma, esses sais são capazes de se dissolver tanto em gordura como em água.

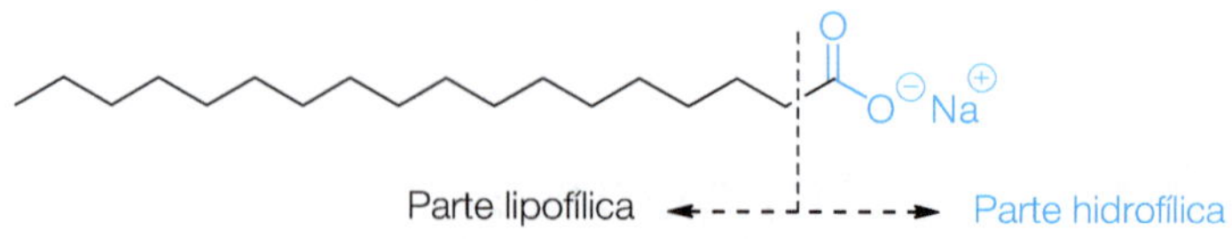

Quando o sabão é posto em contato com a água, forma-se uma dispersão coloidal constituída por agregados denominados *micelas* (Figura 13.1).

A superfície interna da micela é pouco polar e dissolve gorduras e outros compostos pouco polares. Já a superfície externa é muito polar, o que possibilita a solubilização do sabão em meio aquoso.

Sabões de ácidos graxos têm a desvantagem de ser insolúveis em águas duras, ou seja, águas que contêm elevados teores de íons Ca^{2+} e Mg^{2+}. Em

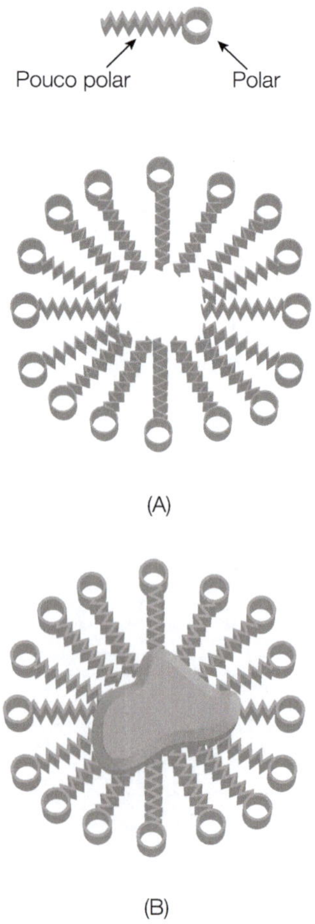

Figura 13.1 A) Representação esquemática de uma seção transversal de uma micela; e (B) representação de uma gota de óleo dissolvida no interior de uma micela.

vista disso, em 1933 foram desenvolvidos os primeiros detergentes sintéticos, que podem ser utilizados mesmo em águas duras.

Assim como os sabões, os detergentes também possuem uma cadeia longa de carbonos, lipofílica, e uma extremidade polar, hidrofílica. Alguns exemplos de detergentes sintéticos são:

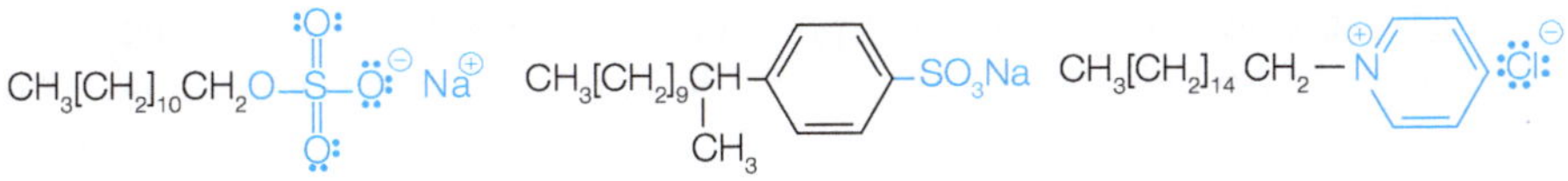

Dodecil sulfato de sódio ou
Lauril sulfato de sódio

Nos exemplos anteriores as partes polares são destacadas em azul. Observe que, nos dois primeiros exemplos, os grupos polares ligados à parte lipofílica são carregados negativamente, e no terceiro caso o grupo piridínio possui carga positiva. Esses compostos são denominados *surfactantes aniônicos* e *catiônicos*, respectivamente.

Teste 13.13

Represente a fórmula estrutural para um triacilglicerídeo derivado do ácido láurico e indique os produtos formados a partir da reação desse composto com KOH aquoso.

Aminoácidos e proteínas

Aminoácidos são ácidos carboxílicos que apresentam pelo menos um grupo amino em sua estrutura. Eles constituem as unidades básicas formadoras das proteínas. Quando o grupo amino ($-NH_2$) está ligado ao carbono vizinho à carbonila, o composto é denominado genericamente *α-aminoácido*, cuja fórmula-geral é ilustrada na Figura 13.2.

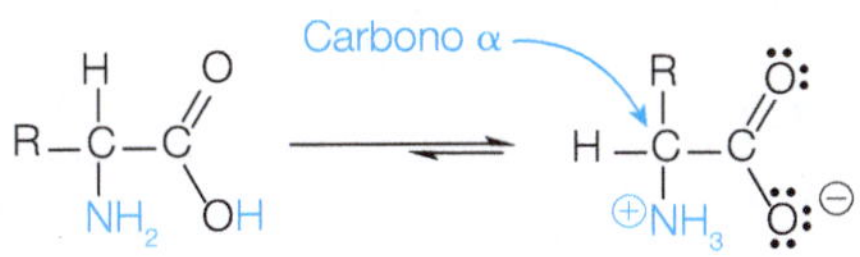

Figura 13.2 Fórmula geral de um α-aminoácido.

Como esses compostos apresentam em sua estrutura um grupo ácido (COOH) e outro básico (NH_2), eles sofrem uma reação intramolecular ácido-base e, por isso, existem predominantemente na forma dipolar. Essa estrutura dipolar é conhecida na literatura como *zwitterion*, termo derivado do alemão *zwitter*, cujo significado é *híbrido*. Essa forma iônica, embora tenha carga total igual a zero, é um tipo de 'sal interno' e, como tal, apresenta propriedades de sais, ou seja, os aminoácidos são solúveis em água e pouco solúveis em solventes pouco polares. Eles são sólidos cristalinos e geralmente apresentam temperatura de fusão elevada.

Os aminoácidos podem reagir tanto com ácidos quanto com bases, conforme ilustrado na Figura 13.3.

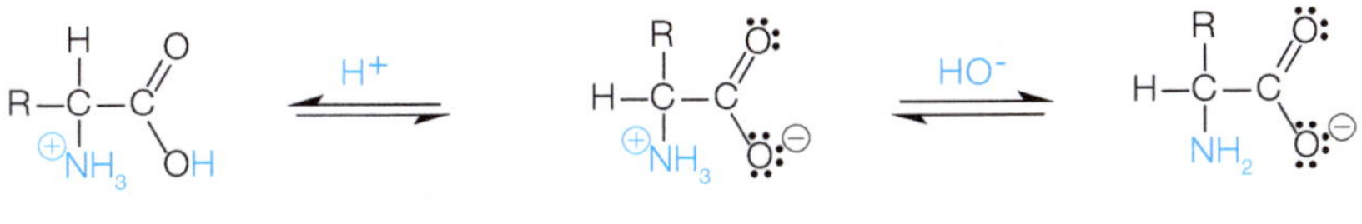

Figura 13.3 Reação de um α-aminoácido com ácido e com base.

Em solução aquosa, dependendo do pH do meio, uma das três formas apresentadas na Figura 13.3 predominará. Assim, em soluções muito ácidas (pH = 1, por exemplo), a forma catiônica será a predominante; em solução fortemente básica (pH = 14) predomina a forma aniônica. Para cada aminoácido, existe determinado valor de pH em que a forma dipolar predomina e as quantidades das formas catiônica e aniônica são iguais. Esse pH é chamado *ponto isoelétrico* (pI) e representa a média aritmética dos valores de pK_{a1} (correspondente ao grupo $-$COOH) e pK_{a2} (correspondente ao grupo a$-NH_3^+$). Ver quadro 13.5.

Quadro 13.5 Valores de pK_a e ponto isoelétrico para 20 aminoácidos comumente encontrados em proteínas

Aminoácido	pK_{a1} (α-COOH)	pK_{a2} (α-NH_3^+)	pK_{a3} (grupo R)	pI
Glicina	2,3	9,6		6,0
Alanina	2,3	9,7		6,0
Valina	2,3	9,6		6,0
Leucina	2,4	9,6		6,0
Isoleucina	2,4	9,7		6,1
Fenilalanina	1,8	9,1		5,5
Asparagina	2,0	8,8		5,4
Glutamina	2,2	9,1		5,7
Triptofano	2,4	9,4		5,9
Prolina	2,0	10,6		6,3
Serina	2,2	9,2		5,7
Treonina	2,6	10,4		6,5
Tirosina	2,2	9,1	10,1	5,7
Cisteína	1,7	10,8	8,3	5,0
Metionina	2,3	9,2		5,8
Ácido aspártico*	2,1	9,8	3,9	3,0
Ácido glutâmico*	2,2	9,7	4,3	3,2
Lisina**	2,2	9,0	10,5	9,8
Arginina**	2,2	9,0	12,5	10,8
Histidina**	1,8	9,2	6,0	7,6

* Aminoácido ácido. ** Aminoácido básico.

Considere por exemplo o aminoácido glicina, cujos valores de pK_{a1} e pK_{a2} são 2,3 e 9,6, respectivamente.

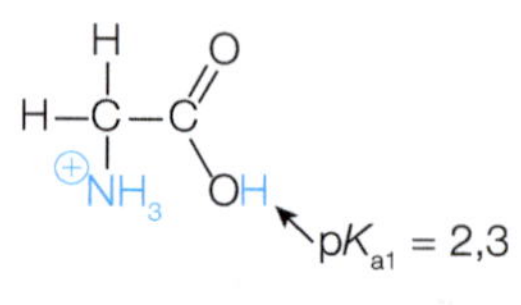

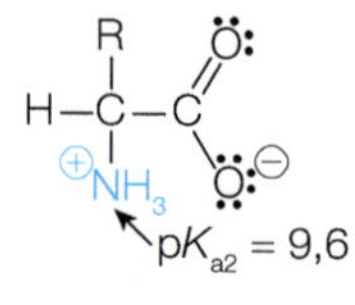

O ponto isoelétrico para esse aminoácido é pI = (2,3 + 9,6)/2 = 5,95. Isso significa que, quando o pH da solução estiver muito abaixo de 2,3, a forma catiônica será predominante; quando o pH for muito maior que 9,6, predominará a forma aniônica (Figura 13.3). Quando o pH da solução for

2,3, metade da forma catiônica será convertida na forma dipolar. Isso é mais bem entendido considerando-se a equação de Henderson-Hasselbalch para um ácido fraco:

$$pK_a = pH + \log \frac{[HA]}{[A^-]}$$

Quando $pK_a = pH$, $\log[HA]/[A^-] = 0$ e, portanto, $[HA] = [A^-]$. Nas soluções com pH variando de 2,3 a 9,6, a forma dipolar vai predominar. Sua concentração máxima ocorrerá no ponto isoelétrico, ou seja, quando o pH for igual a 5,95.

Para aminoácidos com grupos ácidos ou básicos na cadeia lateral (grupo R), a situação é mais complexa, não sendo discutida no presente texto.

O conhecimento do ponto isoelétrico dos aminoácidos é importante, pois permite que eles sejam separados por uma técnica denominada *eletroforese*.

Na fórmula-geral apresentada na Figura 13.3, R pode ser um grupo alquil, aril ou hidrogênio. Os ácidos aspártico e glutâmico, como possuem uma carboxila no grupo R, são classificados como *aminoácidos ácidos*. A arginina, a histidina e a lisina, por possuir uma unidade NH_2 ou NH no grupo R, são classificadas como *aminoácidos básicos*. Os demais aminoácidos são classificados como neutros. Note que essa classificação está relacionada apenas à estrutura do grupo R-.

As estruturas de 20 aminoácidos encontrados em proteínas são apresentadas na Figura 13.4.

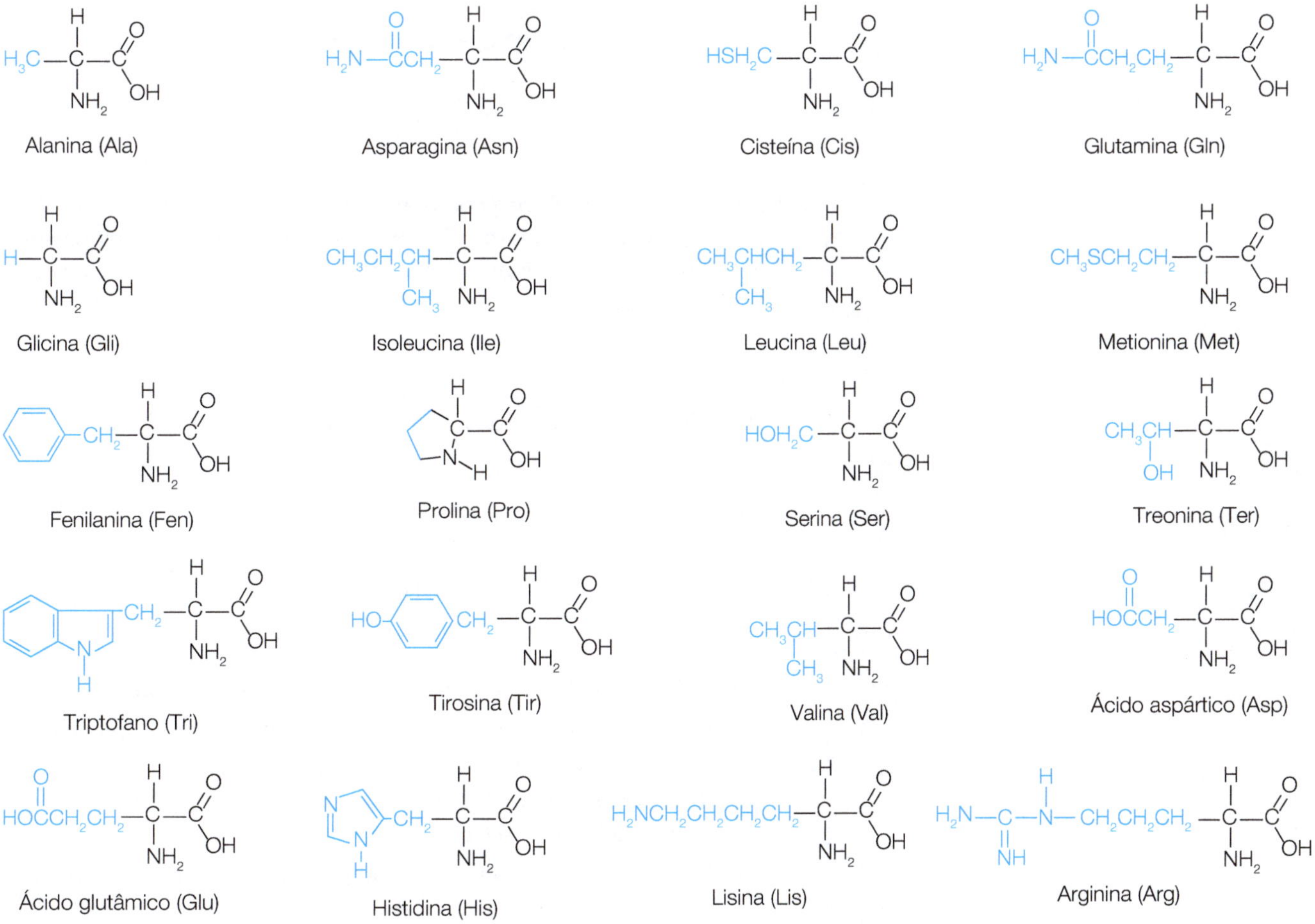

Figura 13.4 Fórmulas estruturais de 20 aminoácidos encontrados em proteínas.

Com exceção da glicina, quase todos os aminoácidos de ocorrência natural têm a mesma configuração relativa do L-gliceraldeído, sendo, portanto, denominados L-*aminoácidos* (ver Capítulo 6).

Nos organismos vivos, sob a ação de enzimas, dois aminoácidos se ligam, formando uma amida ou dipeptídio. Essa reação pode prosseguir, resultando na formação de produtos poliméricos denominados *polipeptídios* ou *proteína*.

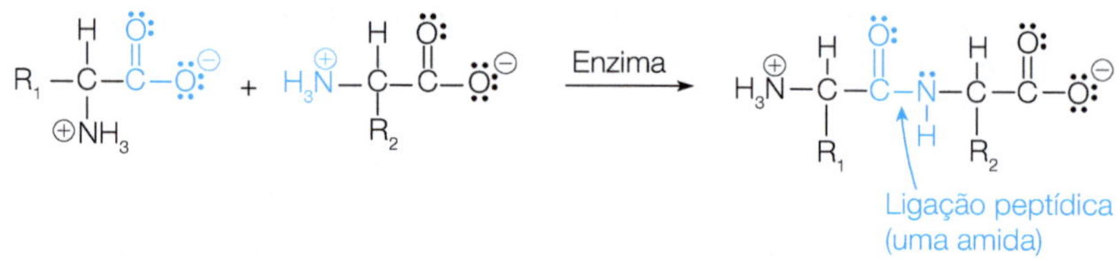

Dipeptídeo

As proteínas são normalmente formadas pela combinação de aproximadamente 22 tipos de aminoácidos. A maioria das proteínas é formada por 100 a 200 resíduos de aminoácidos. Um estudo detalhado desse tópico está além dos objetivos deste trabalho.

Um exemplo de um dipeptídio de amplo uso comercial é o aspartame, cuja fórmula é apresentada a seguir:

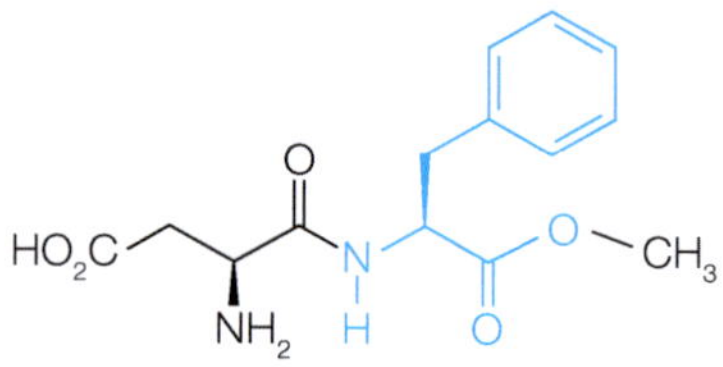

Aspartame

Esse composto é utilizado como adoçante, sendo 160 vezes mais doce que o açúcar de cana ou sacarose. Ele é preparado a partir do ácido aspártico e do éster metílico da fenilalanina, que aparece em destaque em azul na fórmula anterior.

Teste 13.14

Considerando que a isoleucina apresenta valores de p*Ka* iguais a 2,4 e 9,7, resolva:

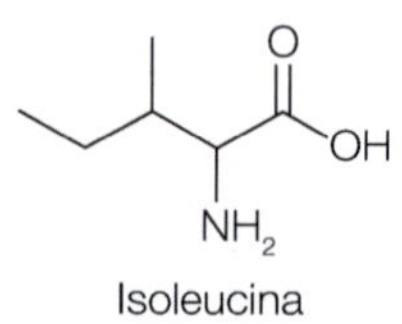

Isoleucina

a) Calcule o valor do ponto isoelétrico para a isoleucina.

b) Represente a fórmula estrutural predominante em uma solução de isoleucina em pH 1.

c) Represente a fórmula estrutural predominante em uma solução de isoleucina em pH 11.

d) Represente a fórmula estrutural para a isoleucina predominante no ponto isoelétrico.

Exercícios

1. Forneça a estrutura dos seguintes compostos:

a) ácido propanoico
b) ácido 2-metilpentanoico
c) ácido 4-metilpentanoico
d) ácido *trans*-pent-3-enoico
e) ácido *p*-aminobenzoico
f) ácido oxálico
g) acetato de sódio
h) cloreto de *p*-nitrobenzoíla
i) fenilacetato de *tert*-butila
j) hexanonitrila
k) ácido ciclobutanocarboxílico
l) propanoato de dietilamônio
m) cloreto de propionila
n) formato de etila
o) anidrido butanoico
p) *p*-clorobenzamida
q) *N*,*N*-dietilbenzamida
r) malonato de dietila

2. Dê a estrutura de todos os compostos que se enquadram nas seguintes descrições:

a) amidas de fórmula molecular C_3H_7NO
b) ésteres de fórmula molecular $C_5H_{10}O_2$

3. Apresente os nomes sistemáticos de acordo com as regras da IUPAC para os seguintes compostos:

a) CH_3CONH_2

b) 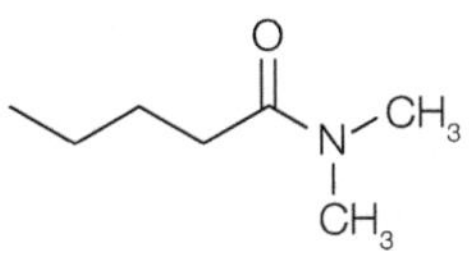

c) 

d) 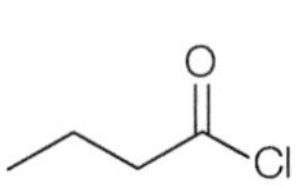

e) 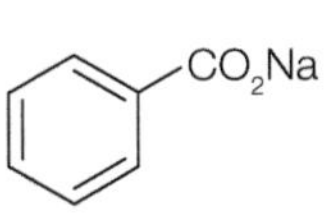

f) 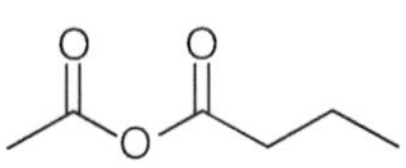

g) 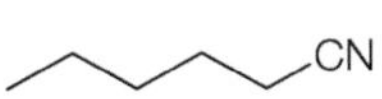

h) 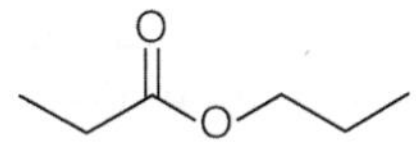

i) 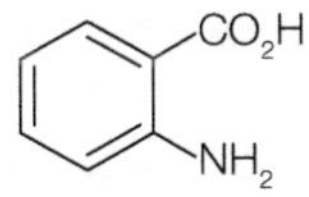

j) 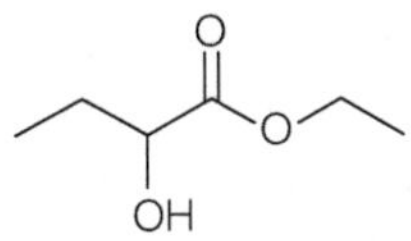

k) 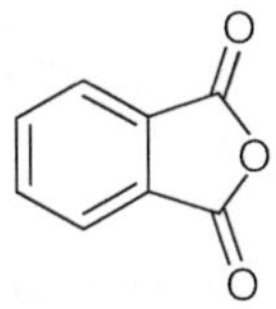

4. Forneça equações para mostrar como o ácido propanoico pode ser convertido em cada um dos seguintes compostos:

a) propanoato de metila
b) propanamida
c) anidrido propanoico
d) *N*-metilpropanamida

5. Escreva o nome dos seguintes compostos:

a) C_6H_5COCl
b) $(CH_3CH_2CO)_2O$
c) $CH_3CH_2CH_2COOCH_2CH_3$
d) $PhCH_2CONH_2$
e) PhCOOPh
f) $HCON(CH_3)_2$

6. Em cada um dos pares de compostos listados a seguir, faça uma previsão de qual é ácido mais forte em meio aquoso. Apresente argumentos que justifiquem suas respostas.

a) ácido fórmico e ácido acético
b) metanol e ácido propiônico
c) ácido fluoroacético e ácido bromoacético
d) ácido 3-cloropropiônico e ácido 2-cloropropiônico
e) 2,4-dinitrofenol e ácido propiônico
f) acetamida e 2-metilfenol

7. Forneça a fórmula estrutural e o nome do produto principal formado quando o cloreto de propanoíla reage com:

a) água
b) amônia
c) NaOH aquoso
d) ácido propanoico
e) etanol

8. Represente as equações das reações químicas envolvidas no preparo do butanoato de butila a partir do butanol.

9. Escreva as fórmulas estruturais e apresente os nomes sistemáticos para os compostos que apresentem as seguintes características:

a) Uma amida terciária contendo um anel benzênico.

b) Um ácido carboxílico quiral com três átomos de carbono.

c) Um anidrido assimétrico que ao ser hidrogenado se converte em anidrido simétrico.

d) Um cloreto de ácido que pode ser convertido no benzoato de benzila.

e) Uma nitrila com fórmula C_5H_7N.

f) Um sal de sódio de ácido carboxílico que pode ser facilmente obtido a partir do 2-metilbutanal.

g) Um ácido carboxílico obtido pela oxidação do *para*-xileno.

h) Uma nitrila obtida a partir do 4-bromobut-1-eno.

i) Uma anima derivada da hidrólise da capsaicina.

10. Coloque os compostos dados a seguir em ordem crescente de reatividade ante a reação de substituição com etanol:

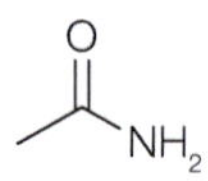

(I)

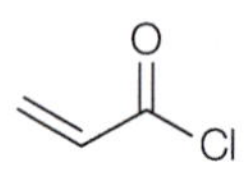

(III)

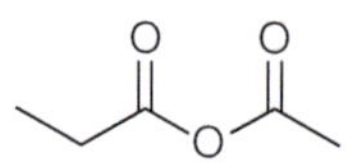

(II)

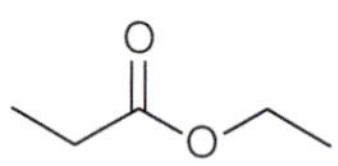

(IV)

11. Proponha o mecanismo para a reação de esterificação entre o ácido benzoico e o etanol marcado com ^{18}O.

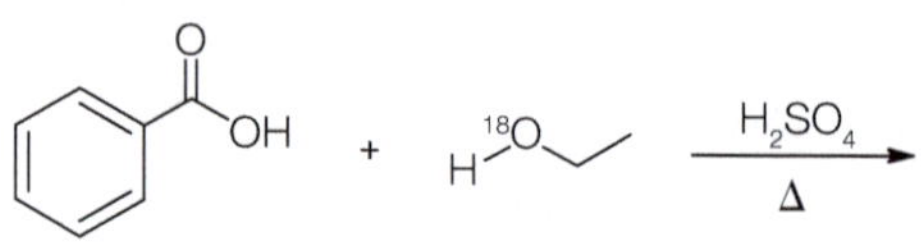

12. Que produtos orgânicos são obtidos quando o anestésico local xilocaína é tratado com os reagentes a seguir?

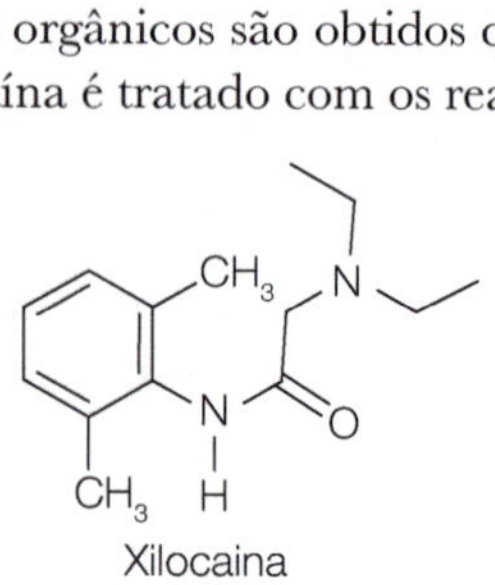

Xilocaina

a) Solução aquosa de H_2SO_4 (1 equivalente) a frio.

b) HCl diluído em excesso e a quente.

c) NaOH em excesso e a quente.

13. Quando a ε-caprolactama é tratada com quantidade catalítica de uma base, o polímero denominado *náilon 6* é formado. Sugira um mecanismo para essa reação de polimerização.

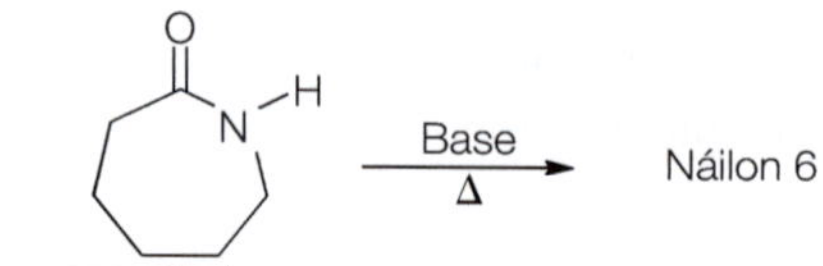

ε-caprolactama

14. O taxol, um diterpeno isolado de várias espécies de *Taxus*, é um efetivo agente quimioterápico utilizado no tratamento de diversos tipos de tumor. Identifique as funções químicas assinaladas na estrutura do taxol.

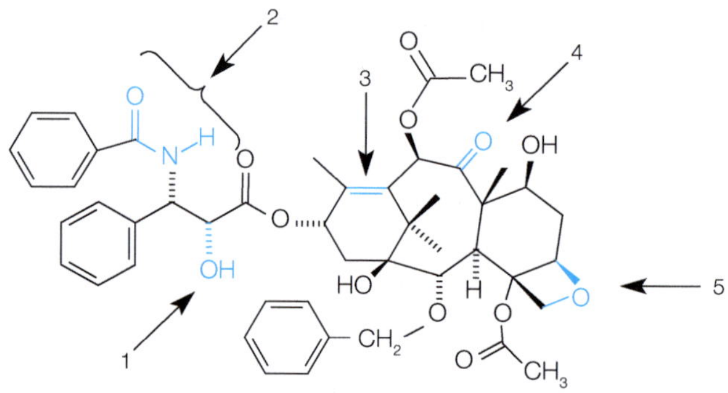

Taxol

15. O composto I, isolado da planta *Arabidopsis thaliana*, representa um diacilglicerídeo glicosilado que é utilizado pela planta como defesa contra ataques de micro-organismos. A propriedade de defesa é resultante da semelhança estrutural dos produtos da reação a seguir (compostos II e III) com o jasmonato de metila, uma substância de reconhecida ação de defesa produzida por diversas plantas.

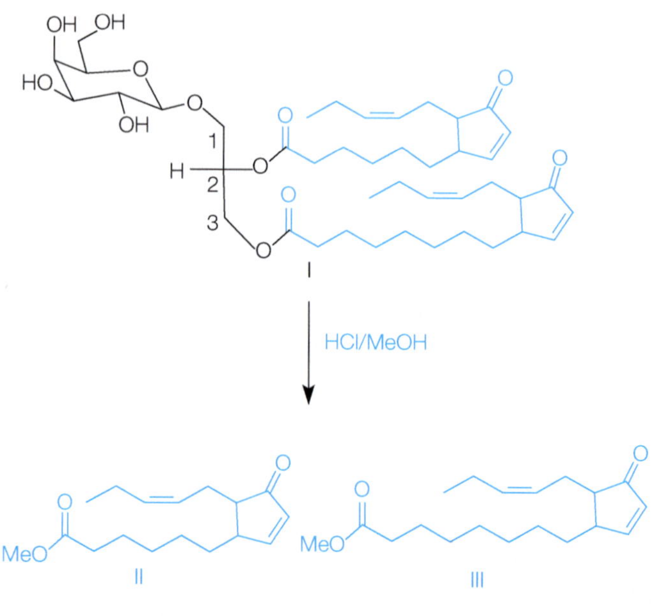

a) Quantos carbonos assimétricos o composto I possui?

b) Qual a configuração absoluta do carbono 2?

c) Quais os produtos esperados pelo tratamento dos compostos II e III com NaOH em meio aquoso?

d) Qual açúcar entra na constituição do glicosídeo? Escreva a projeção de Fischer para esse açúcar.

e) Quais grupos funcionais estão presentes nas estruturas dos compostos I, II e III?

16. Explique por que um pano de prato de algodão é mais eficiente para enxugar vasilhas que um tecido feito de poliéster. Explique também por que roupas de algodão demoram mais tempo para secar que as feitas de fibras de poliéster.

17. O aminoácido treonina apresenta dois centros assimétricos.

a) Desenhe a projeção de Fischer para o isômero (2*R*, 3*S*).

b) Represente a fórmula de Fischer para um diastereoisômero desse composto.

18. Explique por que o pK_a do ácido propanoico (4,89) é maior que o pK_a do grupo carboxila da forma catiônica da alanina (2,3).

19. Que forma da leucina deve ser predominante em: (a) Uma solução de pH = 1? (b) Uma solução de pH = 6? (c) Uma solução de pH = 13?

20. Represente as projeções de Fischer para as formas D e L dos aminoácidos serina, cisteína e valina.

21. A piperina é a principal amida presente na pimenta-do-reino, sendo mais tóxica para moscas domésticas que o piretro. No Departamento de Química da Universidade Federal de Viçosa,[5] esse composto foi transformado em 16 novas amidas, entre elas a representada a seguir, que é três vezes mais tóxica para o pulgão *Brevicoryne brassicae* que o produto natural piperina. Sugira uma sequência de etapas necessárias para transformar a piperina na nova amida.

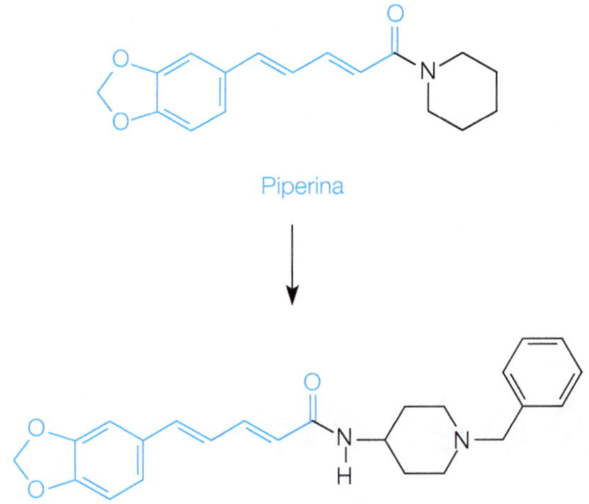

22. Proponha um mecanismo que explique a seguinte transformação:

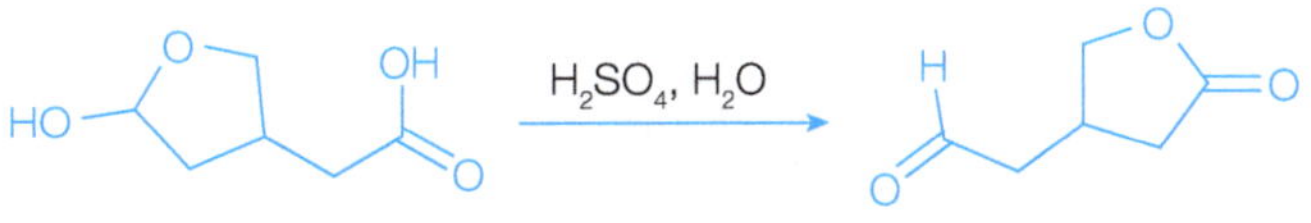

23. Pesquise: o polímero denominado Kevlar foi desenvolvido comercialmente em 1971 pela DuPont. Em virtude de sua alta resistência, que chega a ser, por unidade de massa, cinco vezes maior que a do aço, ele é utilizado na confecção de coletes à prova de bala. Além disso, a fibra desse polímero é flexível, bastante leve e resistente ao fogo, o que resulta em muitas aplicações, como na confecção de luvas, roupas para bombeiros, equipamentos de proteção para esportes diversos etc. Qual o motivo de tão alta resistência e como esse polímero é preparado?

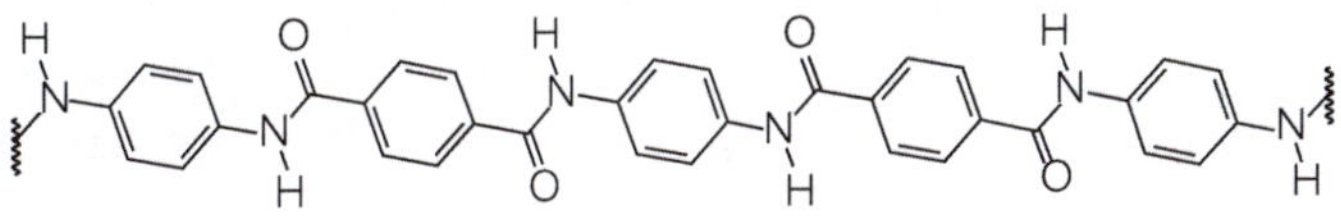

Kevlar

[5] PAULA, V. F.; BARBOSA, L. C. A.; DEMUNER, A. J.; VELOSO, D. P. & PICANÇO, (2000).

Apêndice

Tabela 1 Classes gerais de compostos em ordem decrescente de prioridade para citação como grupo principal*

1	Radicais
2	Ânions
3	Cátions
4	Compostos dipolares (zwitteriônicos)
5	Ácidos (em ordem COOH, C(O)O2H; derivados de S e Se seguidos dos ácidos sulfônico, sulfínico, selenônico, fosfônico, arsônico etc.)
6	Anidridos
7	Ésteres
8	Haletos de acila
9	Amidas
10	Hidrazidas
11	Imidas
12	Nitrilas
13	Aldeídos seguidos de tioaldeídos, selenoaldeídos e teluroaldeídos
14	Cetonas seguidas de tiocetonas, selenocetonas e telurocetonas
15	Álcoois e fenóis seguidos de tióis, selenóis e teluróis
16	Hidroperóxidos seguidos de tioidroperóxidos, selenoidroperóxidos e teluroidroperóxidos
17	Aminas
18	Iminas
19	Hidrazinas, fosfanos etc.
20	Éteres seguidos de sulfetos, selenetos e teluretos
21	Peróxidos seguidos de dissulfetos, disselenetos e diteluretos

* De acordo com PANICO, POWELL e RICHER (1993), uma ordem de precedência mais detalhada seria descrita em uma futura publicação.

Tabela 2 Sufixos e prefixos para alguns grupos funcionais importantes no sistema de nomenclatura substitutiva, em ordem alfabética, segundo Panico, Powell e Richer.

Classe	Fórmula*	Prefixo	Sufixo
Ácidos carboxílicos	–COOH	carboxi	Ácido ...-carboxílico
	–(C)OOH	—	Ácido...óico
Álcoois, fenóis	–OH	hidroxi-	-ol
Aldeídos	–CHO	formil-	-carbaldeído
	–(C)HO	oxo-	-al
Amidas	$–CONH_2$	carbamoil-	-carboxamida
	$–(C)ONH_2$	—	-amida
Aminas	$–NH_2$	amino-	-amina
Cetonas	>(C)=O	oxo-	-ona
Éteres	–OR**	R-oxi	—
Iminas	=NH	imino-	-imina
Nitrilas	–C≡N	ciano-	-carbonitrila
	–(C)≡N		nitrila
Peróxidos	–O–OR**	R-peróxi-	—

* C designa um átomo de carbono incluído no nome do hidreto parental e que não pertence a um grupo descrito por um sufixo ou prefixo.

** R designa um grupo substituinte derivado de um hidrocarboneto parental, pela remoção de um átomo de hidrogênio.

Respostas dos testes

Capítulo 1

1. KBr, Na_2S, CsF

2.

a) 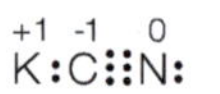

b) 

c) 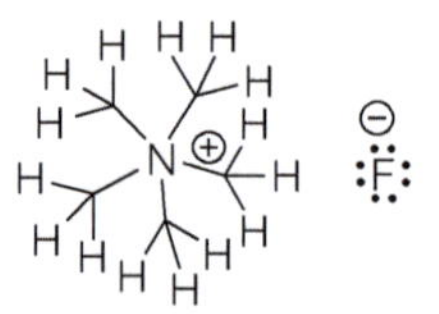

N = +1; C = 0; H = 0; F = −1

d) 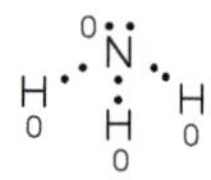

e) 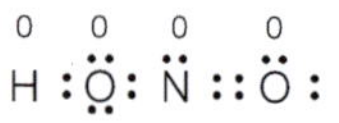

3. Nas ilustrações a seguir são representados os orbitais atômicos que se sobrepõem para formar os orbitais moleculares ligantes.

a) 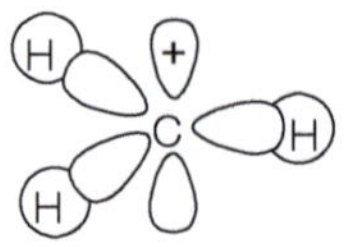

Trigonal plana

b) 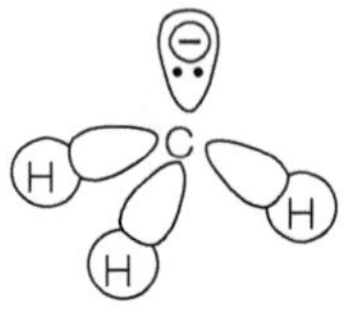

Pirâmide triangular

c) 

Trigonal plana

4. Observe que na ilustração a seguir são representados os orbitais atômicos que se sobrepõem para formar os orbitais moleculares ligantes. Em relação aos átomos de carbono a geometria é linear.

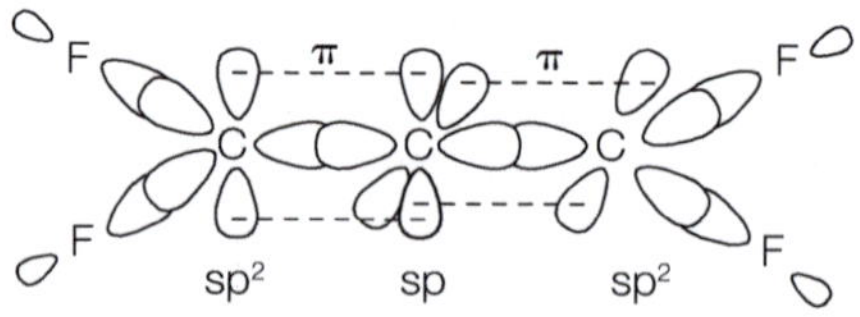

5.

a) 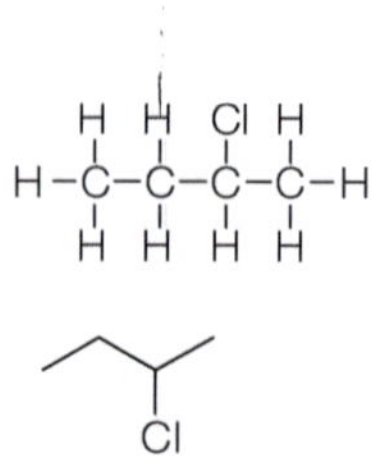

b) 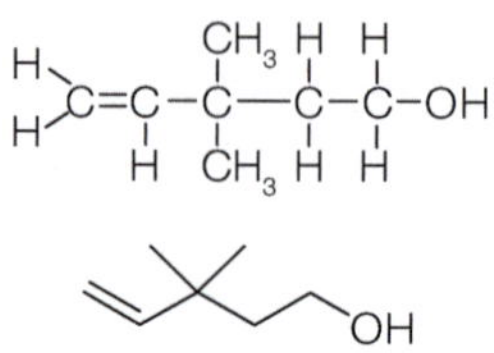

c)

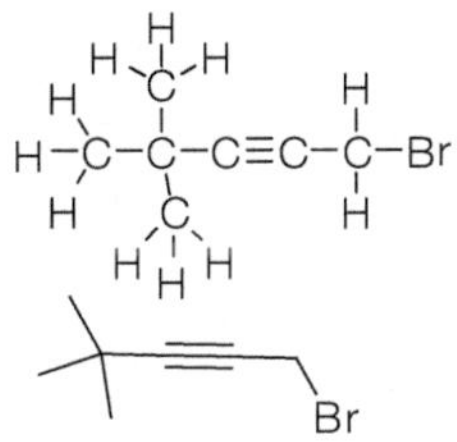

6.

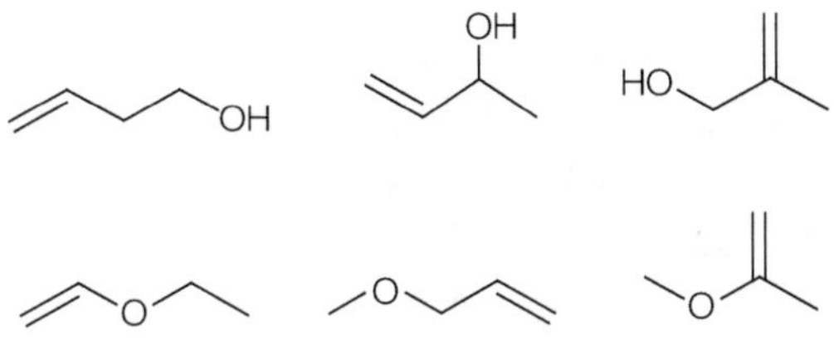

7.

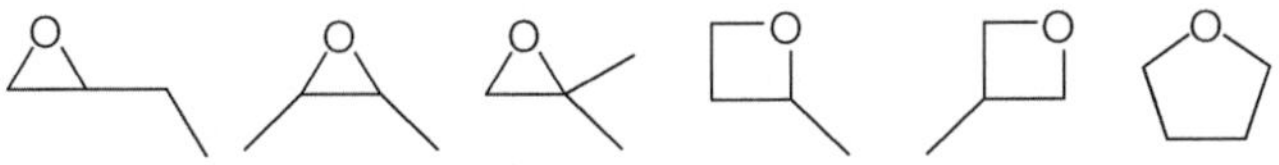

8.

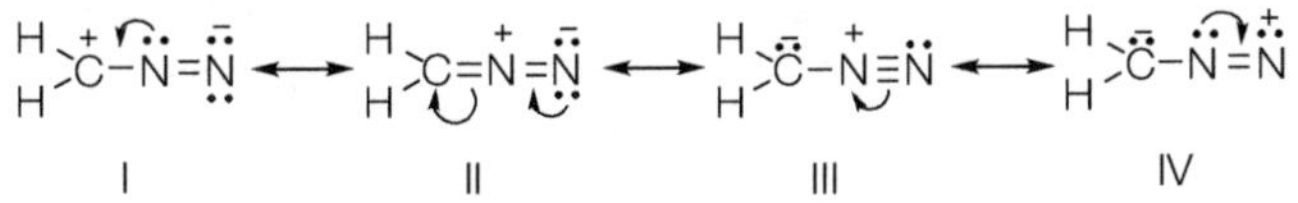

A estrutura de ressonância II contribui mais para o híbrido, pois nesta estrutura, além de todos os átomos estarem como o octeto completo, a carga negativa encontra-se no átomo de nitrogênio (mais eletronegativo).

9.

a)

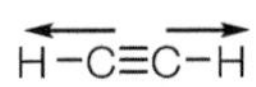

$\mu = 0$

b)

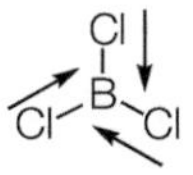

$\mu = 0$

c)

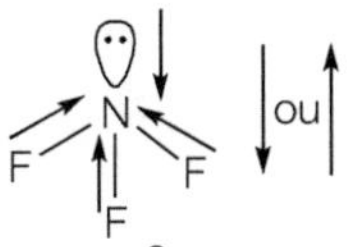

$\mu \neq 0$

d)

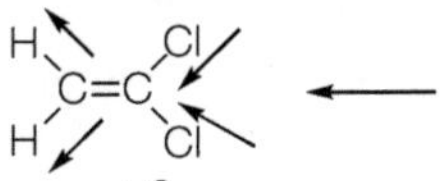

$\mu \neq 0$

10.

a) Como os compostos são hidrocarbonetos, a força intermolecular existente entre suas moléculas é do tipo forças de London. Uma vez que o primeiro composto apresenta maior superfície de contato, as interações de London são mais fortes, e, consequentemente, maior sua temperatura de ebulição.

b) No primeiro composto, além das forças de London, outro tipo de força intermolecular existente é a ligação de hidrogênio, enquanto no segundo, são forças de London. Uma vez que as ligações de hidrogênio são mais fortes, o álcool apresenta maior temperatura de ebulição.

c) No caso do 3-metilbutan-1-ol, as forças intermoleculares predominantes são ligações de hidrogênio, que são mais intensas que as interações dipolo–dipolo que atuam entre as moléculas do 1-etoxipropano. Logo o 3-metilbutan-1-ol possui maior temperatura de ebulição.

d) Embora as forças intermoleculares predominantes no metanol sejam ligações de hidrogênio, mais fortes do que as forças de London do dodecano, a massa molecular do alcano é bem maior, assim como também é grande a superfície de contato entre suas moléculas. Assim a temperatura de ebulição do dodecano será maior.

11. Para cada caso, existem muitos isômeros que atendem aos critérios indicados. Ilustraremos apenas um exemplo de cada situação.

a)

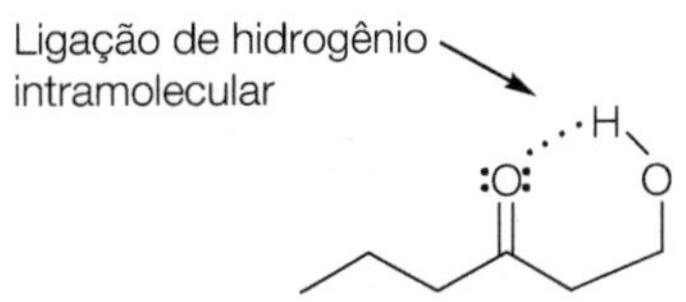

b)

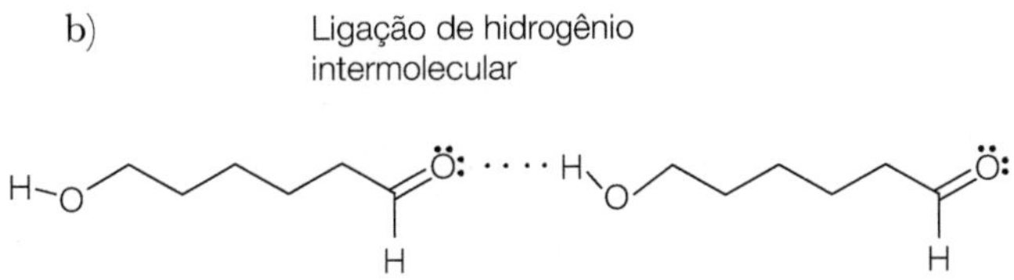

c)

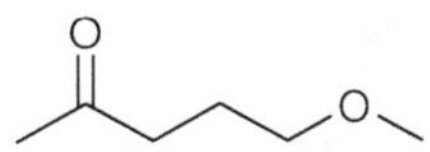

12.

a) Por se tratarem de compostos apolares, ambos são pouco solúveis em água.

b) Nos dois casos o tipo de força intermolecular predominante entre o composto e a água são as ligações de hidrogênio. Como são compostos com pequena cadeia carbônica, ambos são miscíveis na água.

c) No caso do glicerol há três grupos hidroxila que podem realizar ligações de hidrogênio com a água, enquanto no éter há apenas uma região que pode realizar ligação de hidrogênio. Dessa forma, o álcool é mais solúvel em água.

d) O primeiro composto é iônico e seus íons podem ser solvatados pelas moléculas da água, por meio de interações íon-dipolo, tornando-o solúvel neste solvente. Já o heptan-1-ol, apesar de interagir com as moléculas de água por meio de ligações de hidrogênio, possui uma cadeia carbônica (apolar) relativamente grande, e, portanto, é menos solúvel em água (polar).

13.

a) H_2O + HCl ⟶ $H_3O^{\oplus}$ + $Cl^{\ominus}$

base mais forte; ácido mais forte

b) CH_3NH_2 + HF ⟶ $CH_3NH_3^+$ + F^-

base mais forte; ácido mais forte

c) NaH + CH_3OH ⟶ $CH_3O^-Na^+$ + H_2

base mais forte; ácido mais forte

d) CH_3CO_2H + $NaOH$ ⟶ $CH_3CO_2^-Na^+$ + H_2O

ácido mais forte; base mais forte

Capítulo 2

1.

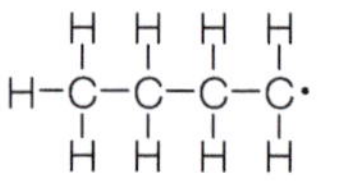

radical butil(a)

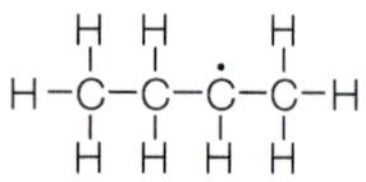

radical *sec*-butil(a)

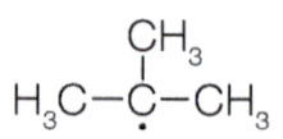

radical *tert*-butil(a)

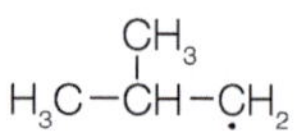

radical isobutil(a)

2.

a) 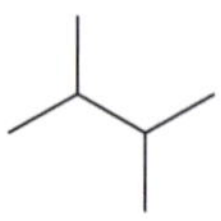

c) 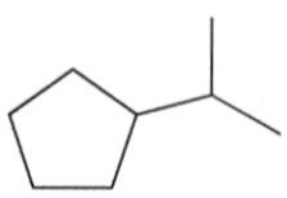

b) 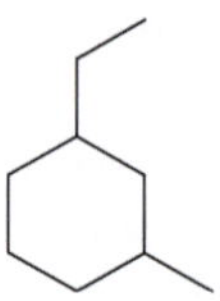

d) 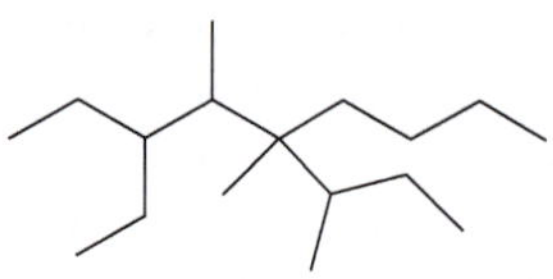

3.

a) 3,5-dimetileptano
b) 2,2,4,5,6-pentametileptano
c) 3-metil-7-isopropilundecano
d) 5,6-dimetildecano
e) 5-etil-3,7-dimetildecano

4.

a) 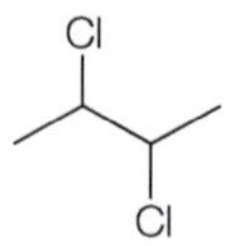

c) 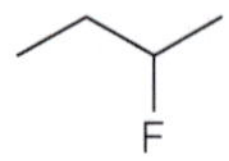

b) 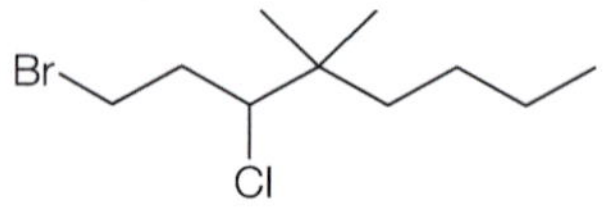

5.

a) 3-bromo-2-cloropentano
b) 1,1,3-tribromo-2,5-dimetilexano
c) 4,6-dicloro-2,3-dimetileptano
d) iodocicloexano
e) 5-ciclobutil-2-cloro-3-fluoroexano
f) 1-cloro-2-fluoro-4-etilciclopentano

6.

a) 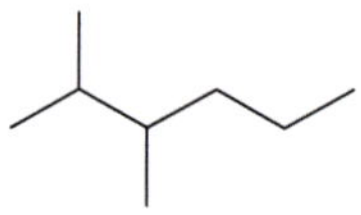

2,3-dimetilexano

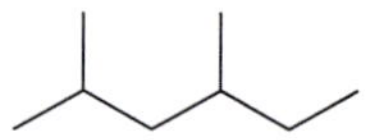

2,4-dimetilexano

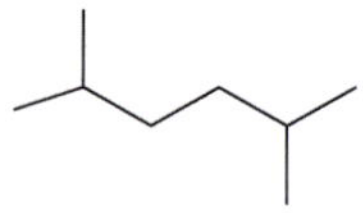

2,5-dimetilexano

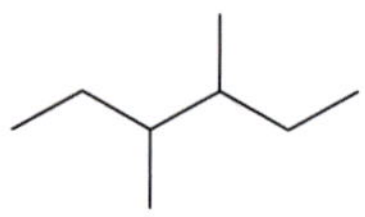

3,4-dimetilexano

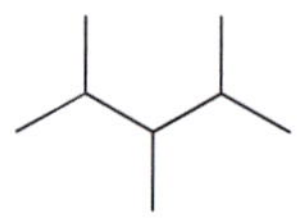

2,3,4-dimetilexano

b) 

cicloeptano

c) 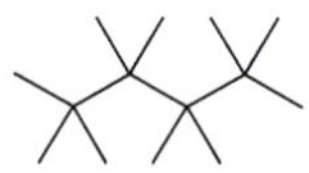

2,2,3,3,4,4,5,5-octametilexano

7.

Colesterol - C1, C2, C4: secundário; C3, C5 terciário; C6 quaternário.

Testosterona - C1: quaternário; C2, C4, C5: secundário; C3 terciário.

Progesterona - C1: primário; C2, C5: secundário; C3: quaternário; C4: terciário.

8. A conformação estrelada é a mais estável, pois nela ocorre menor repulsão entre os átomos de hidrogênio, e entre os átomos de hidrogênio e o grupo metila ligados em carbonos adjacentes.

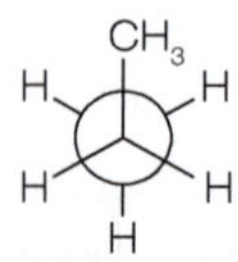

conformação estrelada

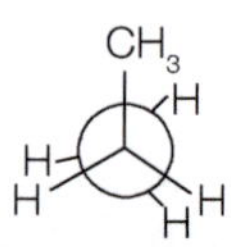

conformação ecilpsada

9.

a) 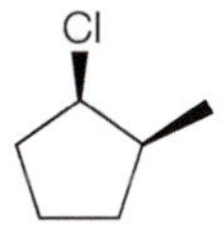

b) 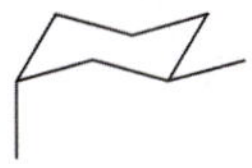

c) 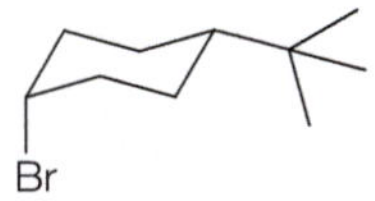

(confórmero mais estável)

10. A conformação I é a mais estável, pois tanto o grupo *tert*-butila quanto o bromo estão em posição equatorial, que evita as repulsões 1,3-diaxiais, como ocorre em II.

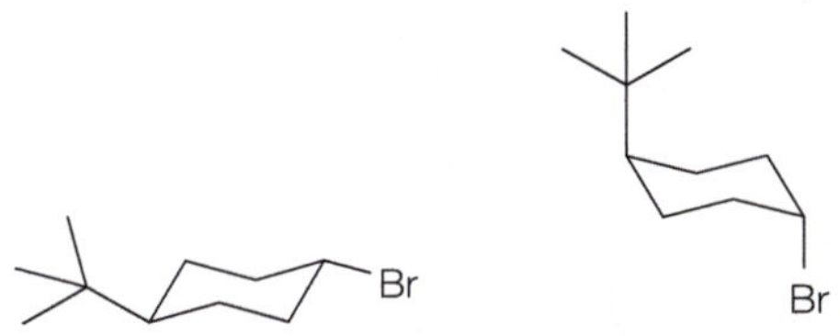

Conformação I   Conformação II

11.

a)

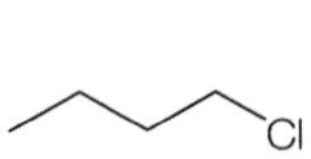

1-dorobutano

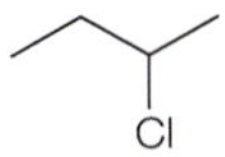

2-dorobutano

b)

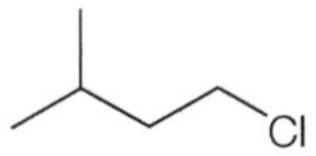

1-cloro-3-metilbutano

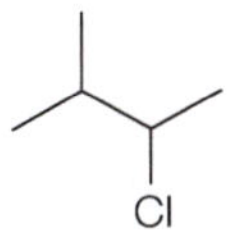

2-cloro-3-metilbutano

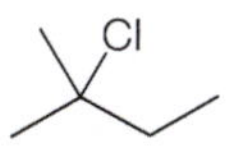

2-cloro-2-metilbutano

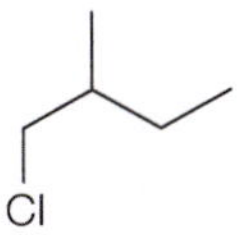

1-cloro-2-metilbutano

c)

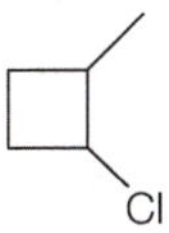

1-cloro-2-metilciclobutano (isômeros *cis* e *trans*)

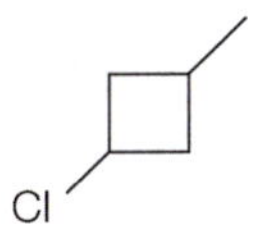

1-cloro-3-metilciclobutano (isômeros *cis* e *trans*)

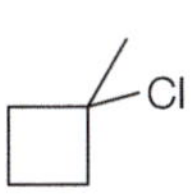

1-cloro-1-metilciclobutano

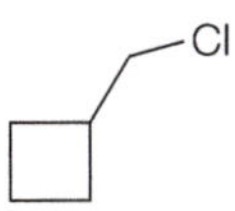

clorometilciclobutano

12. A reação de cloração do cicloexano pode levar à obtenção de produtos policlorados. No entanto, se for utilizado um excesso relativamente grande do cicloexano o produto monoclorado (clorocicloexano) pode ser obtido de forma eficiente.

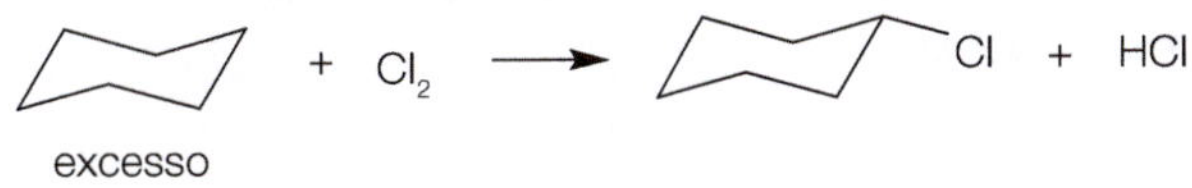

Capítulo 3

1.

a) 6-metilept-2-eno
b) 4,4-diclorobut-1-eno
c) 8-bromo-3-metilocta-1,4,6-trieno

2.

a) 

b) 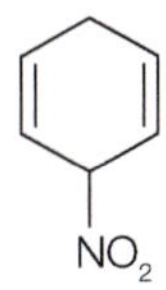

c) 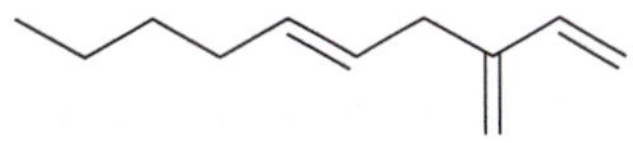

3.

a) (*E*)-5-metilex-2-eno
b) (4*Z*)-5-cloro-2-metilepta-2,4-dieno
c) (4*E*,6*E*)-4-ciclopropil-3-metilenoocta-1,4,6-trieno

4. O carbocátion II é o mais estável, pois é estabilizado por ressonância.

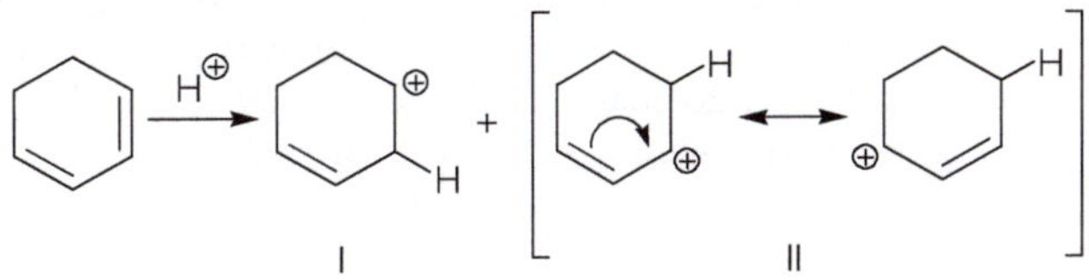

5. A hidrogenação catalítica fornece produto de adição *sin*. No caso do α-pineno a adição irá ocorrer na face menos impedida da dupla ligação, originando o composto I.

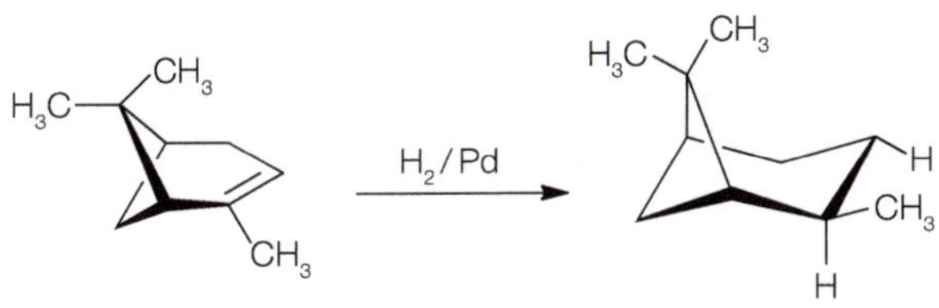

I

Para o 1-isopropil-2-metilcicloexeno a hidrogenação pode ocorrer pelas duas faces da ligação dupla. Os confôrmeros representados a seguir ilustram a hidrogenação ocorrendo na face superior, onde o confôrmero II é mais estável que o confôrmero III pelo fato de não possuir interação 1,3-diaxial do grupo isopropila, que é maior que o grupo metila.

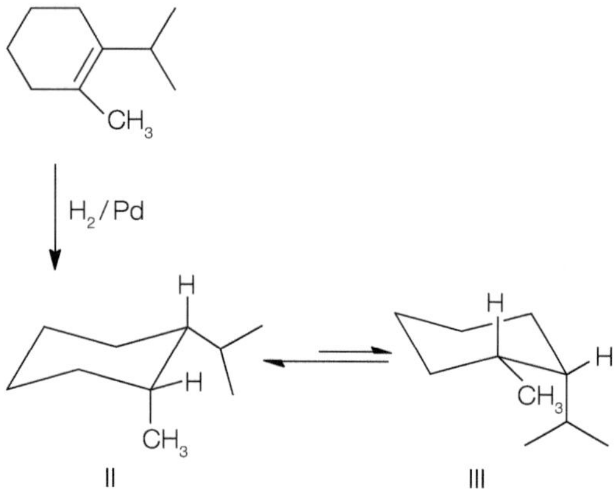

6.

a) 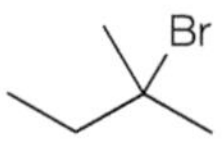

b) 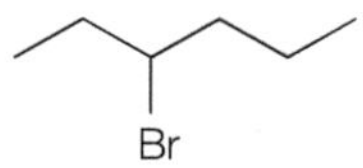

c) Nesse caso a adição de H^+ ao alqueno resulta diretamente na formação de dois carbocátions secundários. A posterior adição de Br^- a estes resulta na formação dos produtos I e II. Nesse caso é provável que os dois compostos sejam formados em quantidades aproximadamente iguais. Todavia o rearranjo de um dos carbocátions gera um cátion terciário que é mais estável, o qual leva diretamente ao produto III. A proporção dos produtos vai depender portanto das velocidades relativas de adição do Br^- ao cátion inicialmente gerado e a velocidade do rearranjo. Assim, sem essas informações sobre as velocidades é difícil prever qual será o produto principal nesse caso.

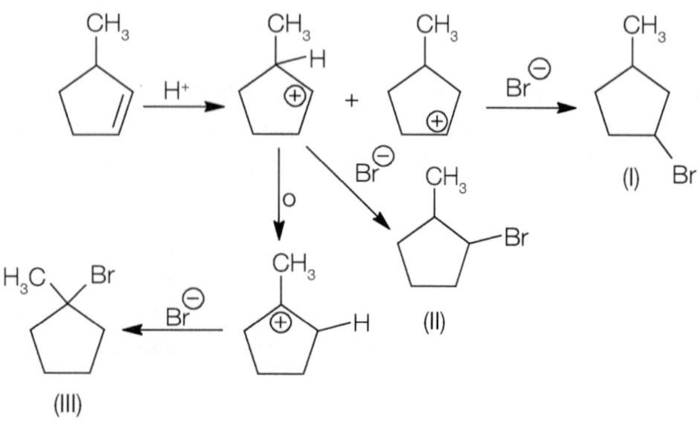

7.

a) Uma vez formado o carbocátion mais estável, o nucleófilo (H_2O) irá atacar a face menos impedida do biciclo.

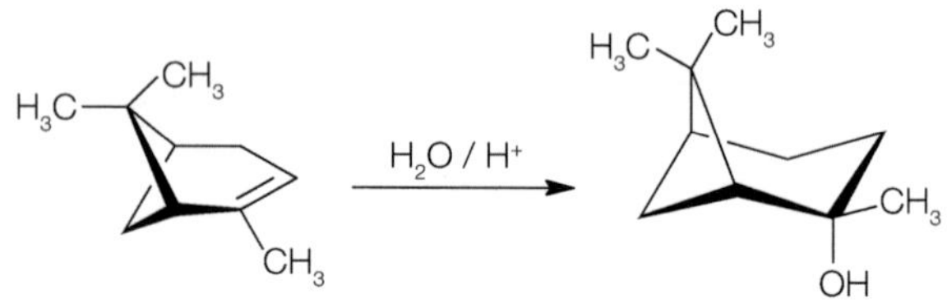

b) 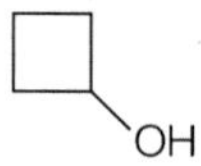

c) 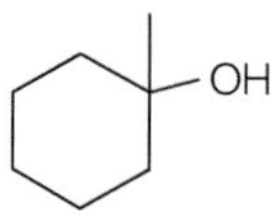

8.

a) 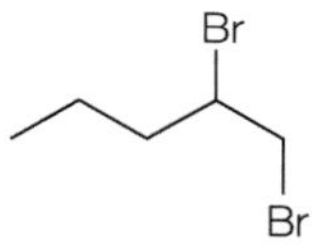

b) 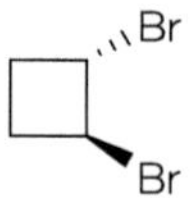

c) 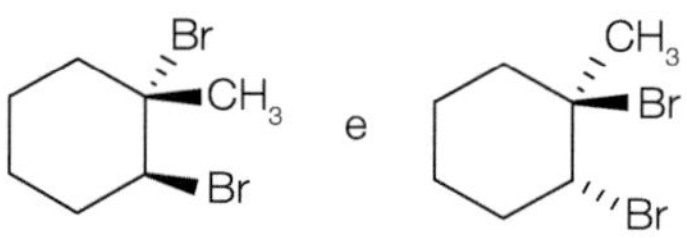

9.

a) 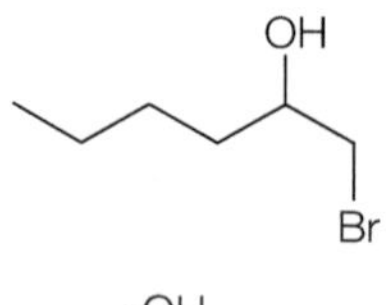

b) 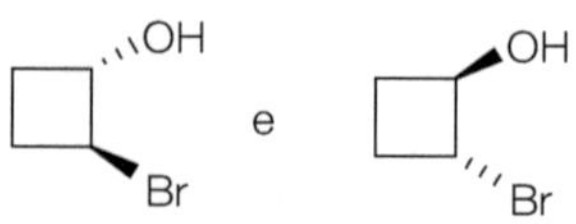

c) 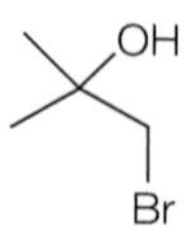

10.

a) 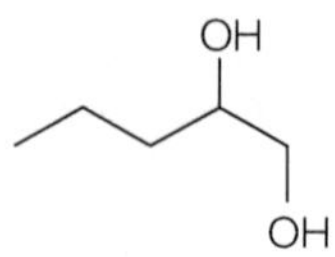

b) 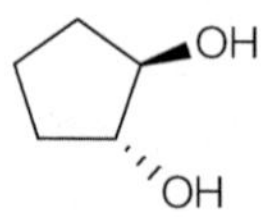

c) 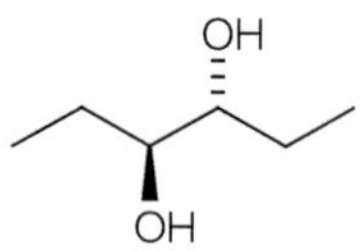

11.

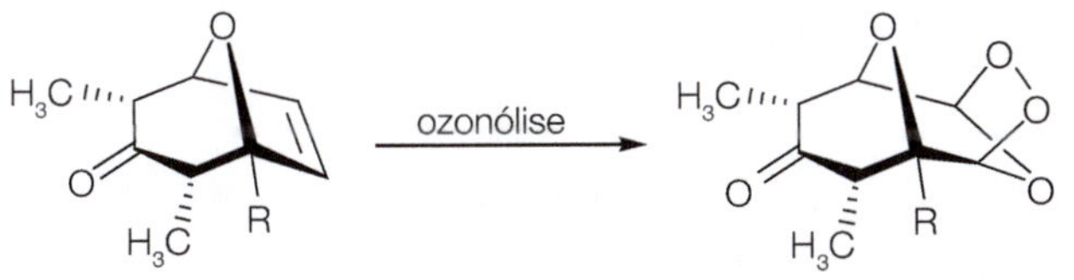

(B) R = H, grupos alquila

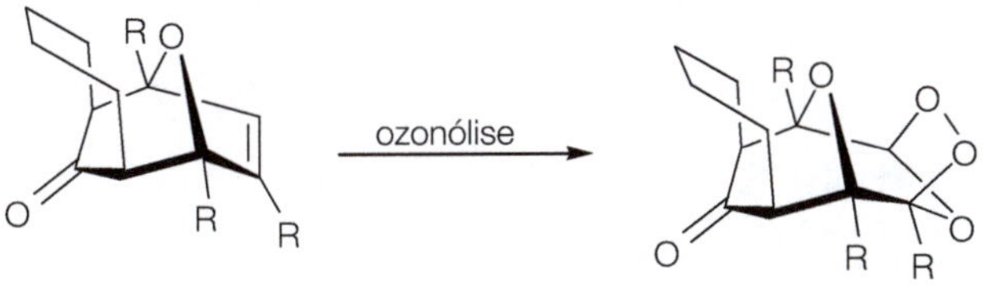

(C) R = H, grupos alquila

12.

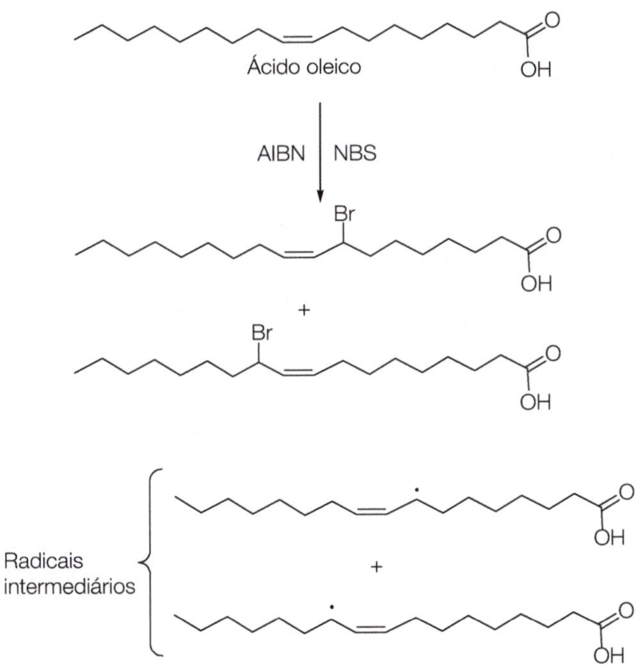

13.

a)

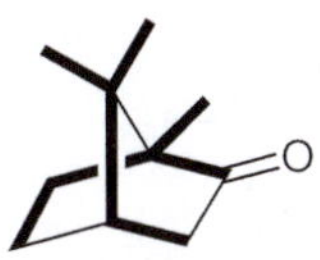

monoterpeno

b)

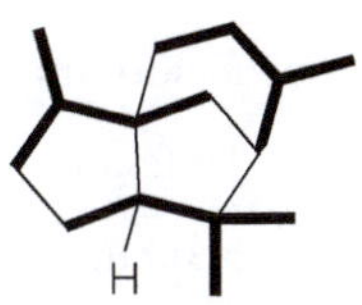

sequiterpeno

c)

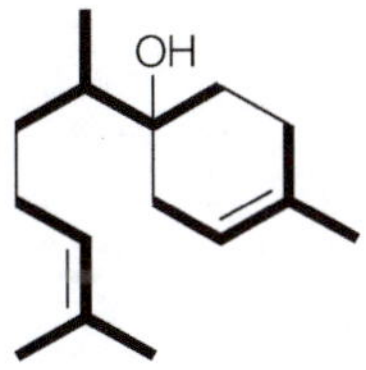

sesquiterpeno

d)

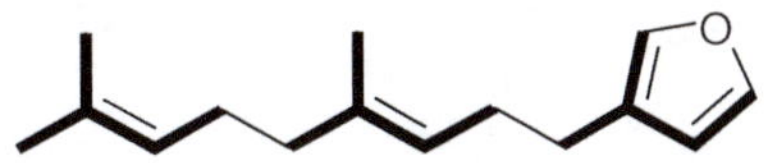

sesquiterpeno

Capítulo 4

1.

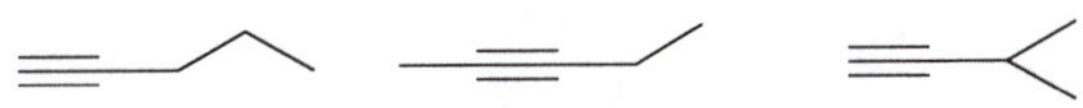

pent-1-ino pent-2-ino 3-metilbut-1-ino

2.

a) 3,5-dimetilept-1-ino
b) 5,9-dietildeca-1,9-dien-3-ino
c) (*E*)-4,5-dimetilept-4-en-1-ino

3.

a)

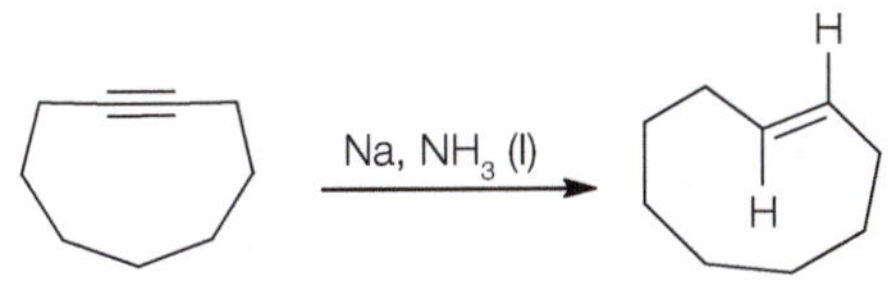

b)

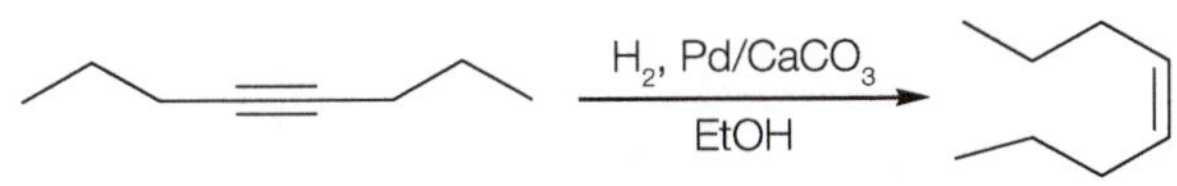

c)

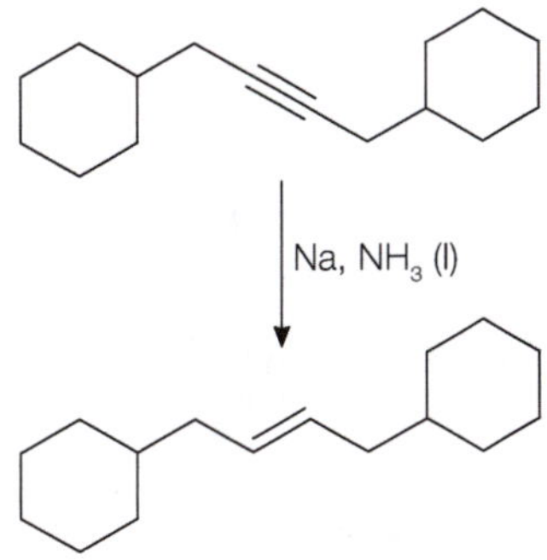

4.

a)

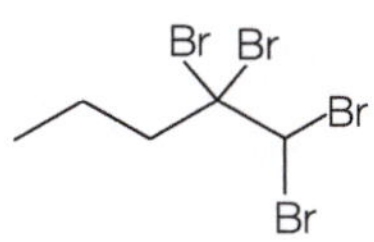

b)

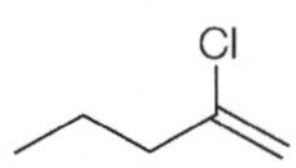

c) 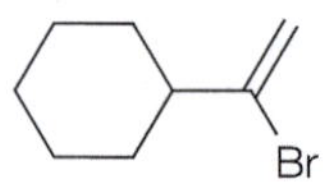

5.

a) 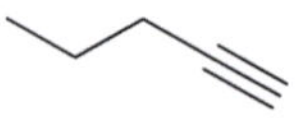

b) 

c) 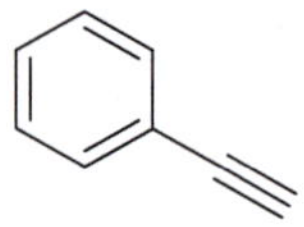

6.

a) 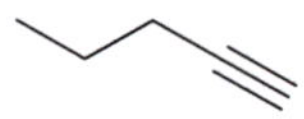

b) 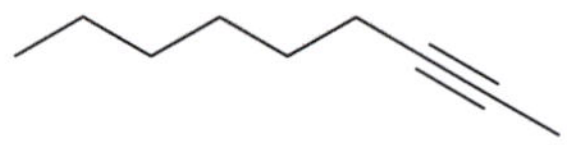

c) 

7.

a) 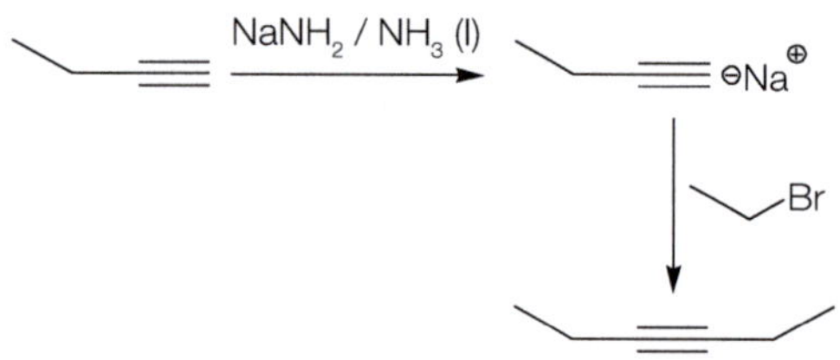

b) 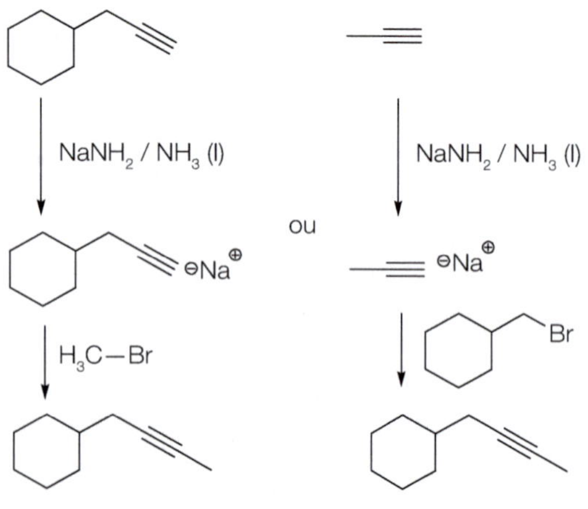

c) 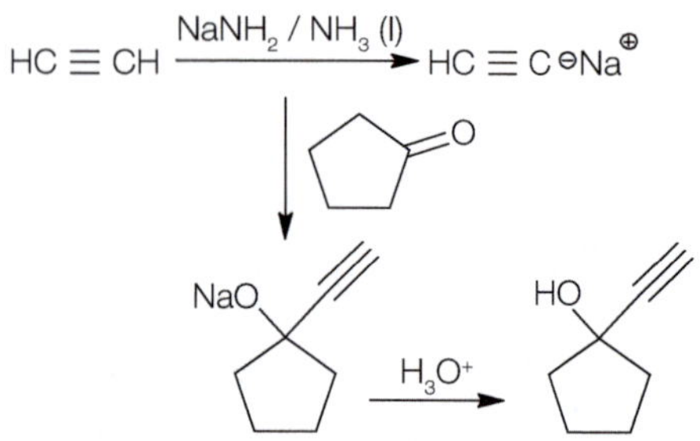

8.

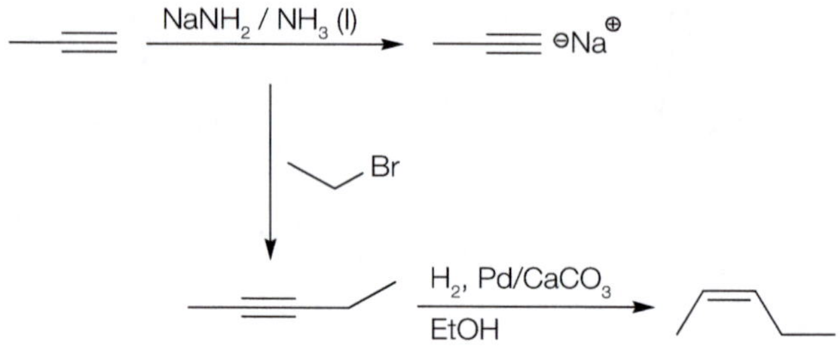

Capítulo 5

1.

Benzeno

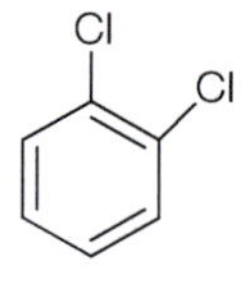

1,2-Diclorobenzeno
o-diclorobenzeno

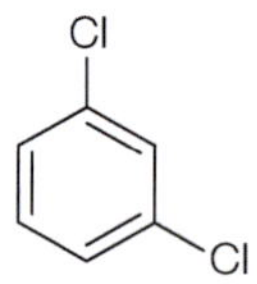

1,3-Diclorobenzeno
m-diclorobenzeno

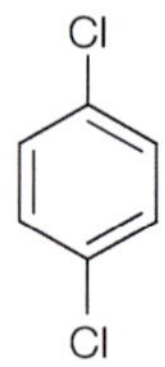

1,4-Diclorobenzeno
p-diclorobenzeno

2.

a) 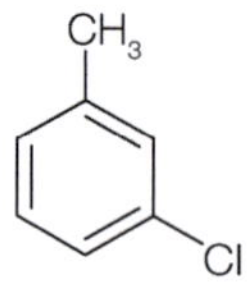

b) 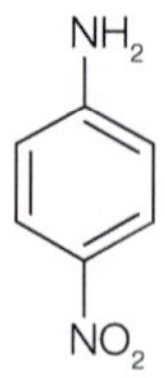

c) 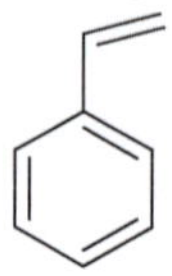

d) 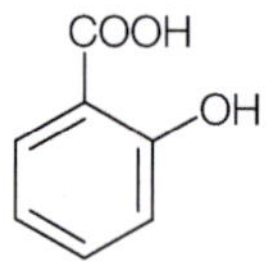

e) 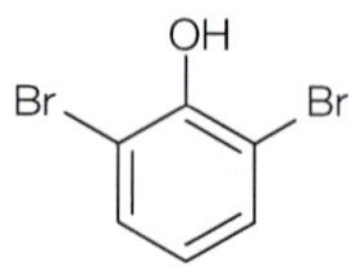

f) 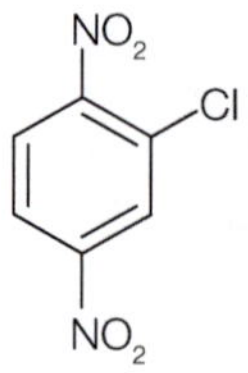

3.

a) 2-Bromobenzaldeído
b) Ácido 2-hidroxibenzoico
c) 2-etinilfenol
d) 2-fluoronaftaleno
e) *o*-cloroanilina
f) Naftaleno
g) *o*-xileno
h) Vinilbenzeno

4.

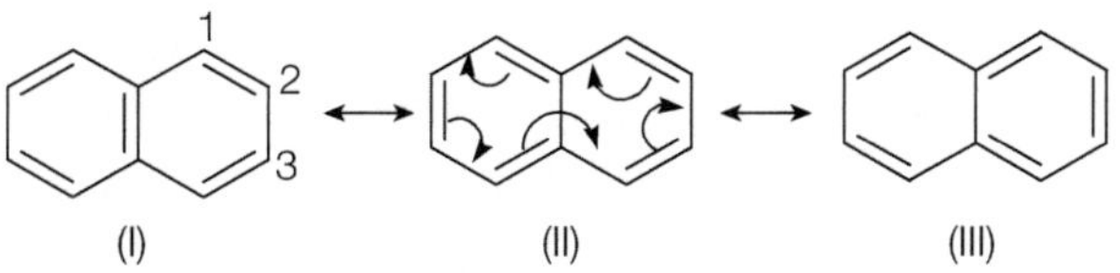

(I) (II) (III)

Porque a ligação C1–C2 possui um maior caráter parcial de ligação dupla que a ligação C2–C3, como pode ser observado nas principais estruturas de ressonância representadas para o naftaleno.

5.

a)

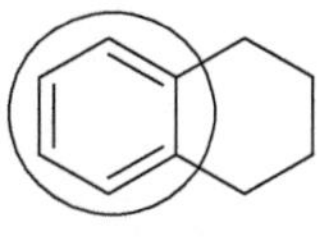

possui porção aromática

b)

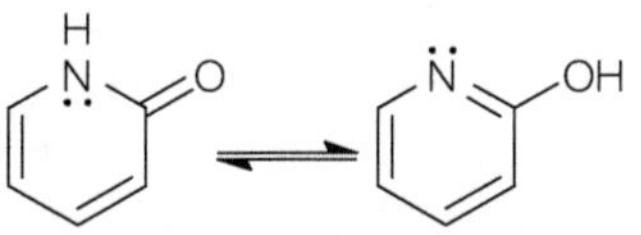

Esse composto existe em duas formas tautoméricas. A quantidade de cada uma depende do solvente em que se encontra dissolvido. Assim, o composto comporta-se como aromático.

c)

não aromático: possui apenas quatro elétorns π (não atende à regra de Hückel)

d)

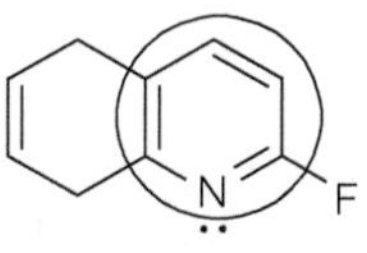

possui porção aromática

6.

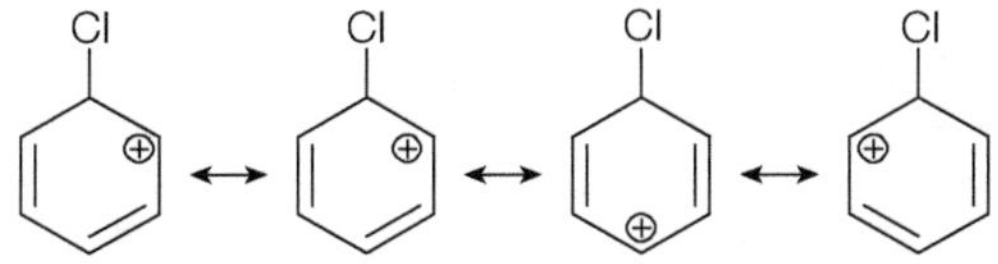

7.

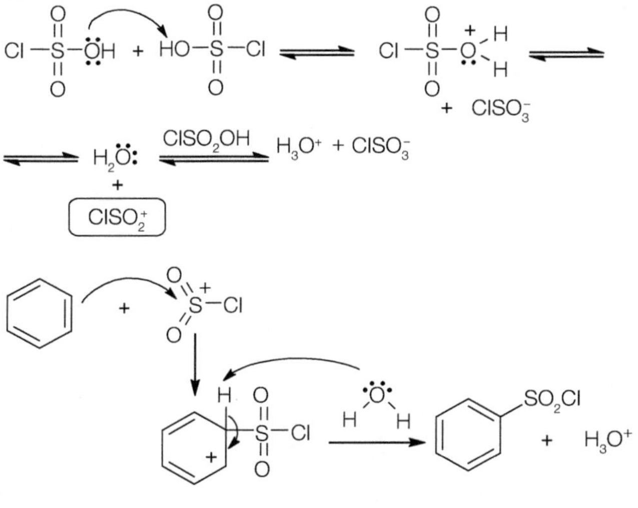

8.

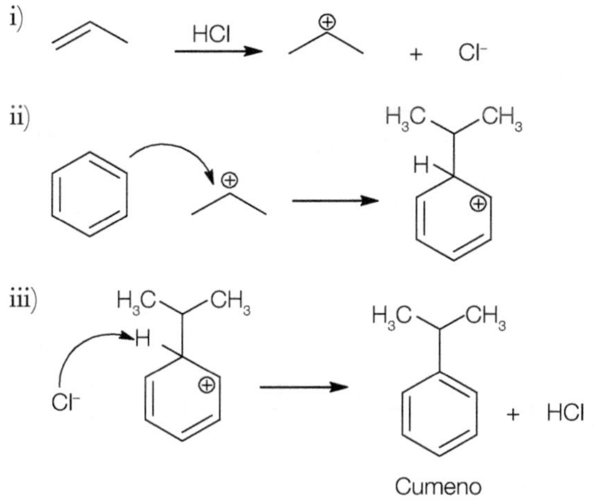

9.

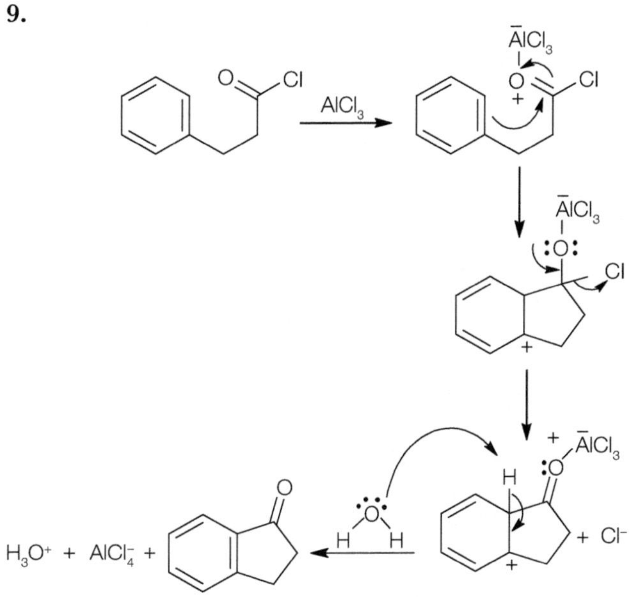

10.

a) Desativante - em função da alta eletronegatividade do flúor o grupo CF_3 é retirador de e⁻ por efeito indutivo.

b) Ativante - o grupo CH_3 é doador de e⁻ por efeito indutivo.

c) Ativante - apesar de o átomo de oxigênio ser mais eletronegativo do que o carbono e retirar e⁻ por efeito indutivo, ele possui dois pares de e⁻ não ligantes e, portanto, pode doá-los ao anel aromático por ressonância. Este último efeito é o que prevalece nesse caso.

d) Desativante - a presença do grupo nitro, forte retirador de e⁻, ligado ao grupo $-CH_2$, faz com que este seja retirador e⁻ por efeito indutivo.

e) Desativante - o grupo carbonila ligado ao anel aromático exerce um efeito retirador de e⁻ tanto por ressonância quanto por efeito indutivo.

11.

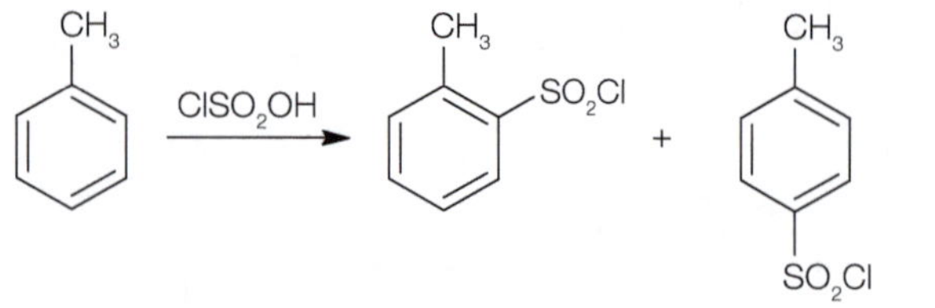

12.

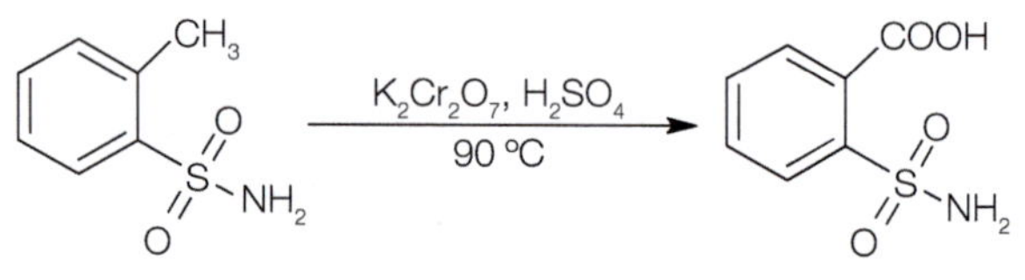

A B

Capítulo 6

1. 1,5°

2.

a) 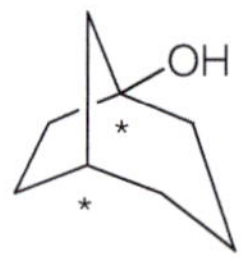

b) 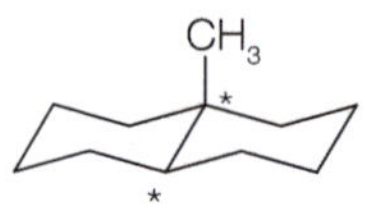

c) 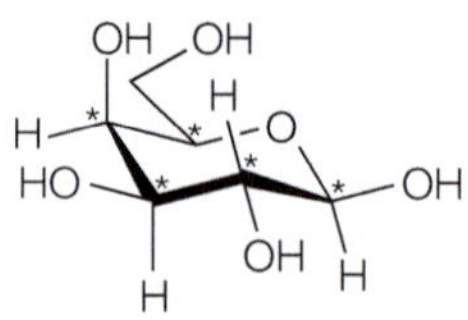

d) Não possui carbono assimétrico.

3.

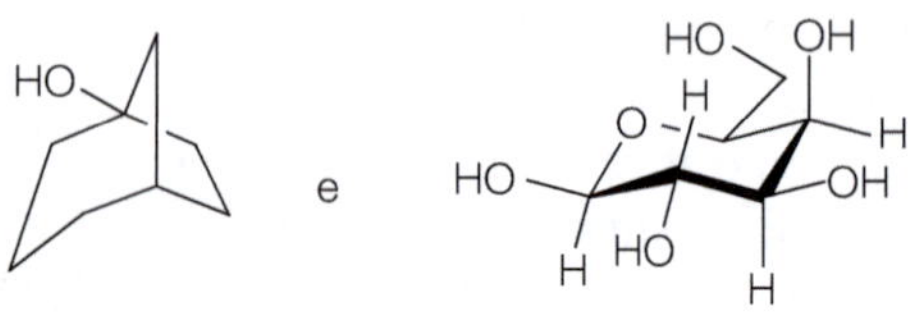

4.

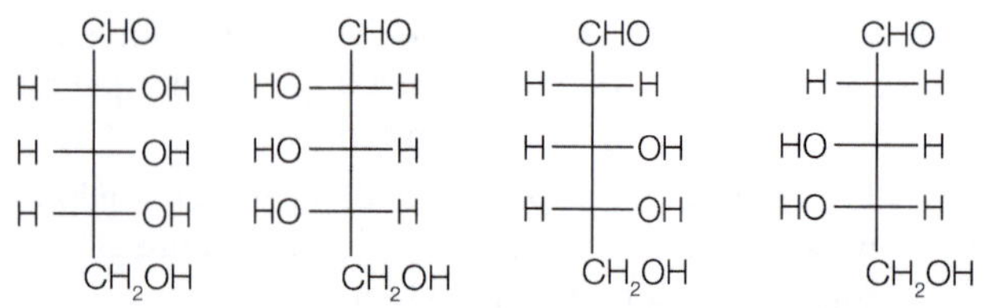

D-ribose L-ribose D-desoxirribose L-desoxirribose

5.

a) 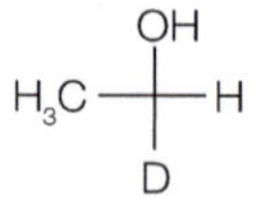

c) 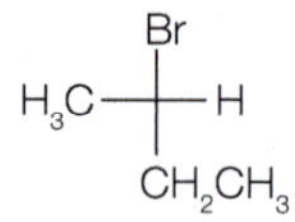

b) 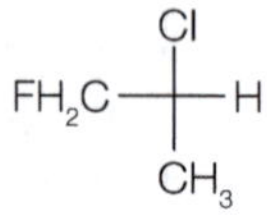

d) 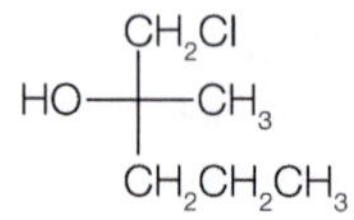

6.

a) *R*

c) *S*

b) *R*

d) *S*

7.

a) 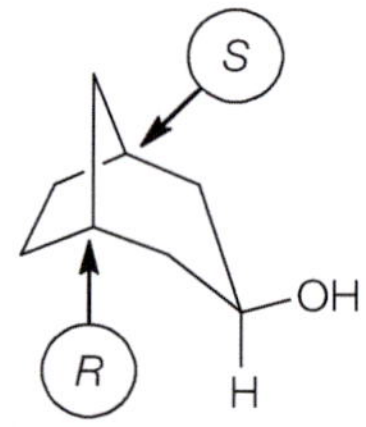

c) 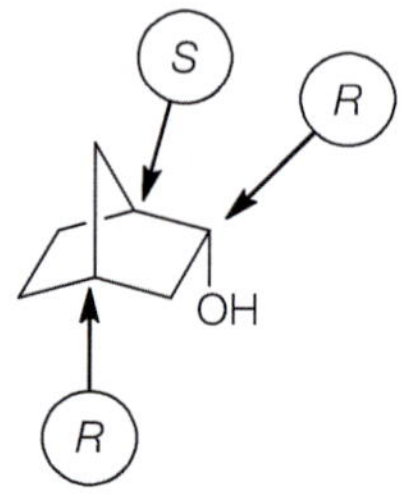

b) 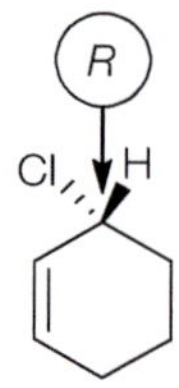

d) 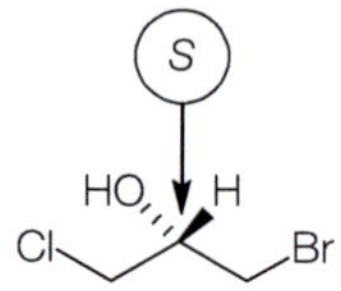

8.

a) 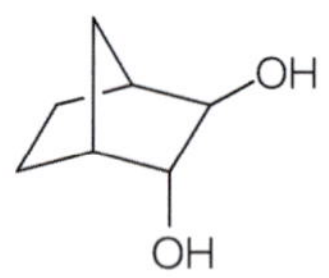

c) 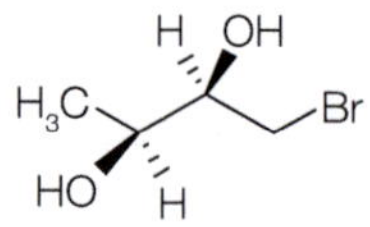

b) 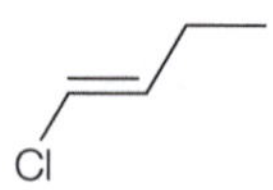

d) 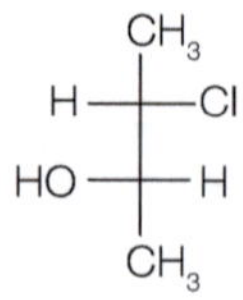

9.

a) 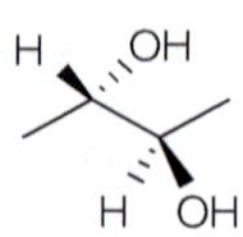

d) 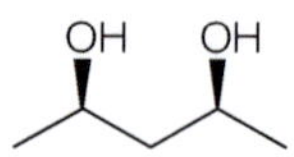

c) 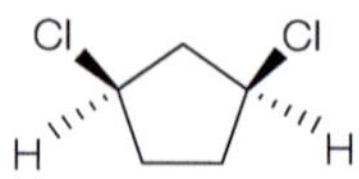

10.

a) 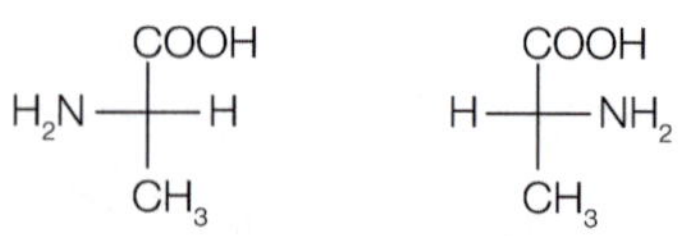

L D

b) 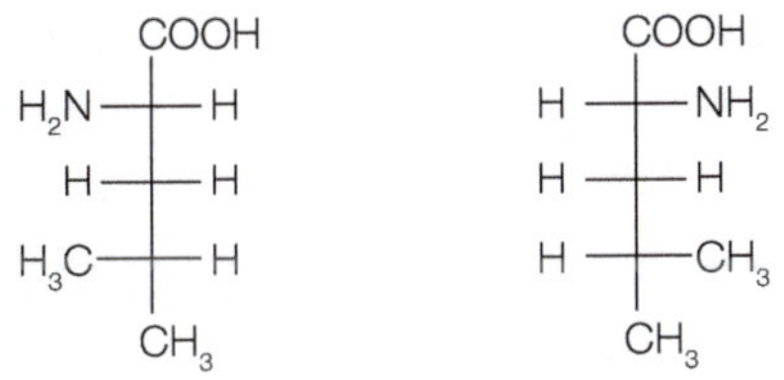

L D

c) 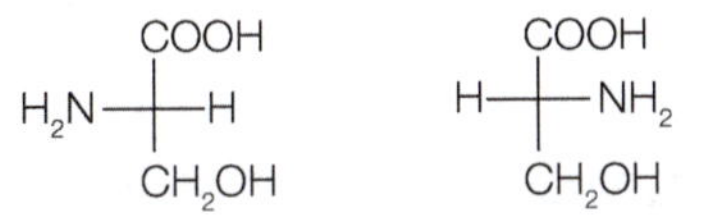

L D

d) 

L D

Capítulo 7

1.

a) 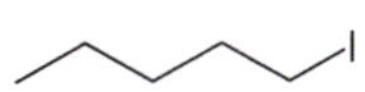 + NaBr

b)  + NaBr

c)  + NaBr

d)  + NaBr

2. Conforme mostrado a seguir, o álcool reage com a base (hidróxido) formando o alcóxido corespondente. Este sofre uma reação intramolecular com deslocamento do íon brometo e formação do epóxido mostrado. Como esse epóxido possui um plano de simetria, ele é opticamente inativo.

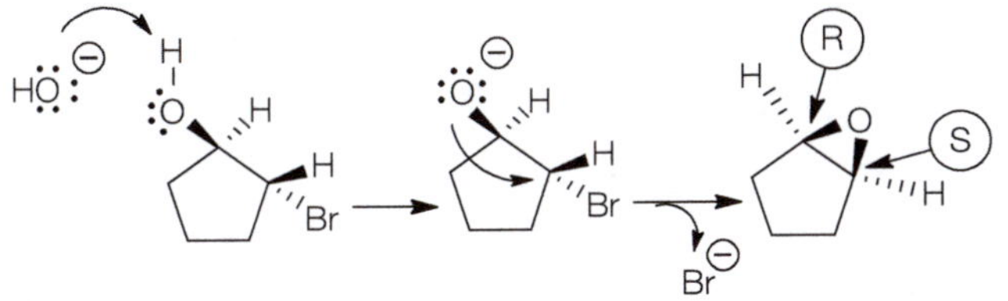

3.

a) HO^-

b) 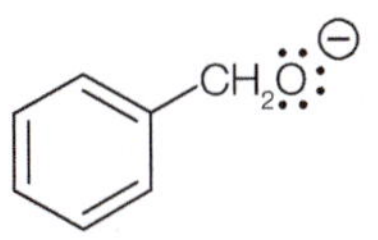

c) 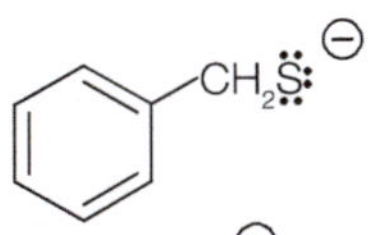

d) $H_3C-C\equiv C:^{\ominus}$

4. Sendo um cloreto terciário, ele reagiria preferencialmente em condições de substituição nucleofílica unimolecular, com formação de um carbocátion na etapa lenta do processo. Como o carbono positivo dos carbocárions têm hibridação sp^2, esse mecanismo fica dificultado de ocorrer devido à geometria da molécula que impede que os grupos ligados a esse carbono fiquem todos em um plano.

Outro possível mecanismo pelo qual o cloreto poderia reagir seria via substituição nucleofílica bimolecular. Nesse caso o nucleófilo deve atacar o carbono ligado ao átomo de cloro na face oposta em que o cloro se encontra. Isso é impossível devido a geometria da molécula.

5. O aquecimento do composto com etanol (nucleófilo fraco) corresponde à condição que favorece à reação de substituição nucleofílica unimolecular. Nesse caso ocorre inicialmente a heterólise da ligação C–Br, com formação de um carbocátion intermediário. Como o composto (II) é um brometo primário, sua reação é dificultada devido à baixa estabilidade do carbocátion primário que seria formado.

Já o composto (III), por ser um brometo terciário, reagem facilmente pois na etapa lenta do processo ocorre a formação de um carbocátion terciário. O mecanismo para essa reação é apresentado a seguir:

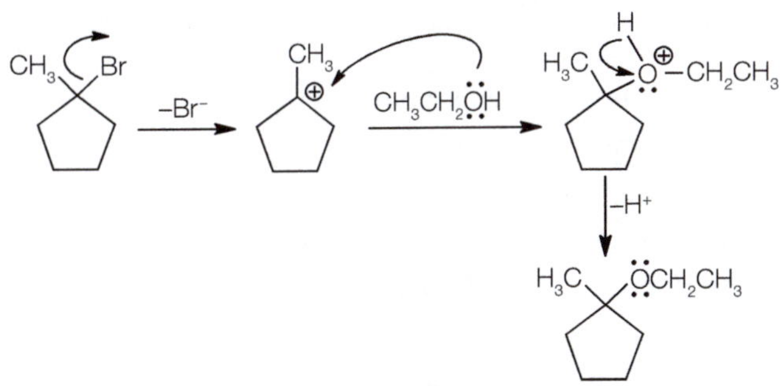

6. Os átomos de hidrogênio ligados ao carbono um são menos impedidos espacialmente que os ligados ao átomo de carbono três. Assim, a base $(CH_3)_3COK$, que é mais volumosa que base EtONa, abstrai preferencialmente os átomos de hidrogênio ligados ao carbono um, resultando em maior quantidade do 2-metilbut-1-eno.

7.

a) 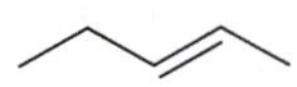 e 

Produto principal

b) 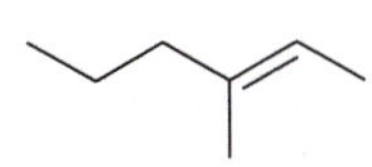 e 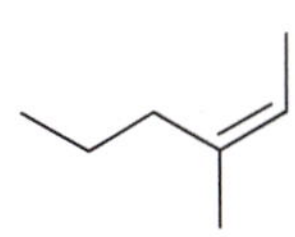 e 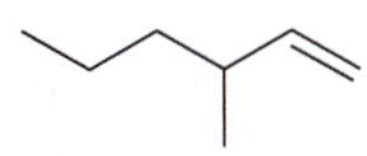

Produto principal

c) 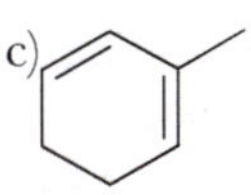 e 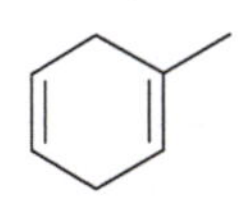

Produto principal

8.

a) 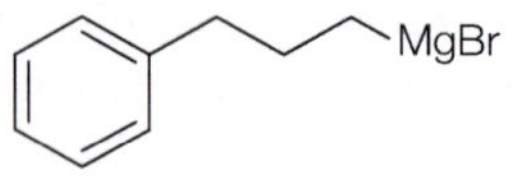

b) 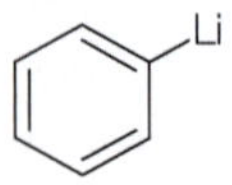

c) 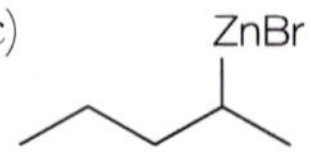

Capítulo 8

1.

a) 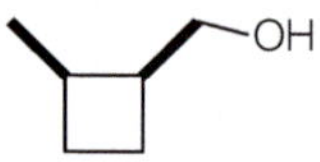

(apenas um exemplo dentre muitas possibilidades)

b) 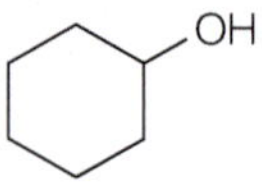

c) 

2.

a) (*R*)-pentan-2-ol
b) (*S*)-1-(2-clorofenil)etanol
c) 2,4-dimetilpentano-2,4-diol
d) (2*E*)-penta-2,4-dien-1-ol
e) (1*S*, 2*S*)-ciclopentano-1,2-diol
f) Cicloexano-1,3,5-triol
g) 2-ciclopropiletanol
h) (*S*)-cicloex-2-en-1-ol

3. Como os três compostos apresentam a mesma fórmula molecular, o que vai influenciar na diferença de temperatura de ebulição entre eles é magnitude das forças intermoleculares. As forças intermoleculares envolvidas na associação dos três compostos são ligações de hidrogênio e forças de van der Waals. Como o 2-metilpropan-2-ol possui menor superfície de contato, as forças de van der Waals são menos intensas comparadas aos outros dois compostos. Além disso esse composto possui o OH ligado a um carbono terciário, e devido a impedimento espacial as ligações de hidrogênio são mais difíceis de serem realizadas. Assim, em função desses dois fatores sua temperatura de ebulição é a menor.

As ligações de hidrogênio e as forças de van der Waals são mais intensas no butan-1-ol comparadas às do butan-2-ol devido ao fato de o grupo OH do butan-2-ol estar ligado a um átomo de carbono secundário, sendo portanto mais impedido espacialmente que no caso do butan-1-ol.

4. As solubilidades dos dois compostos são aproximadamente iguais pelo fato de ambos realizarem ligação de hidrogênio com a água.

Quanto a temperatura de ebulição a do butan-1-ol é maior pois este composto realiza ligações de hidrogênio entre suas moléculas, enquanto no caso do éter dietílico interações intermoleculares predominantes (interação dipolo-dipolo) são mais fracas.

5.

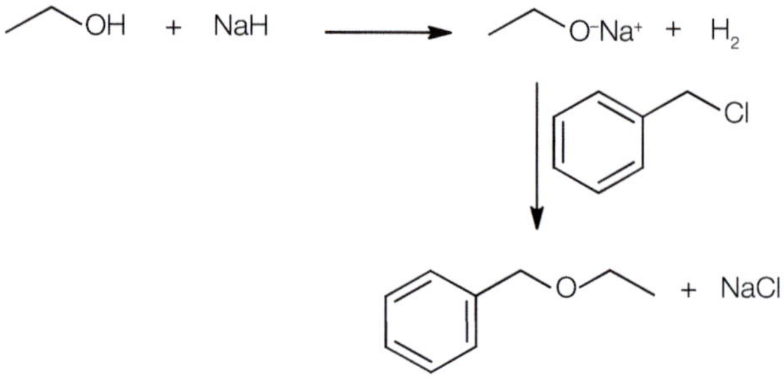

6.

a) 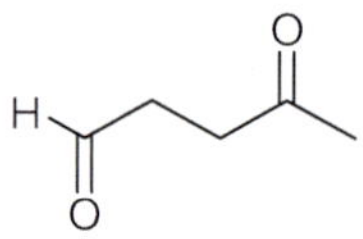

b) 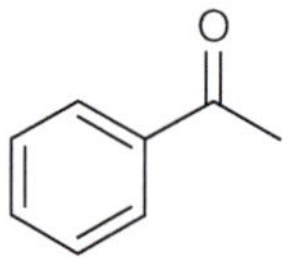

c) 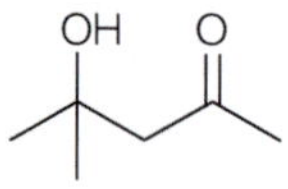

d) 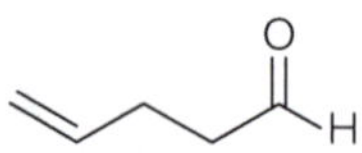

7.

a) 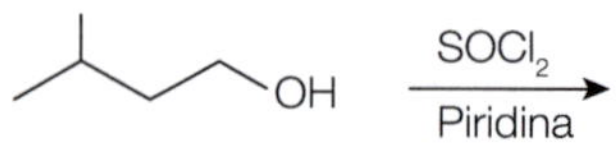

b) 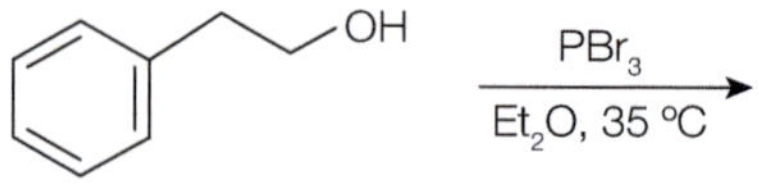

c) 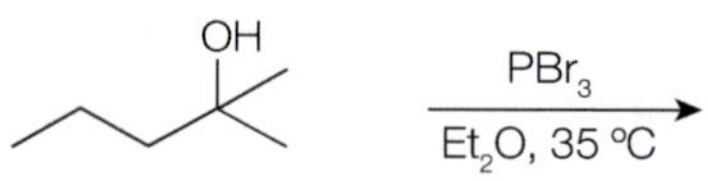

8.

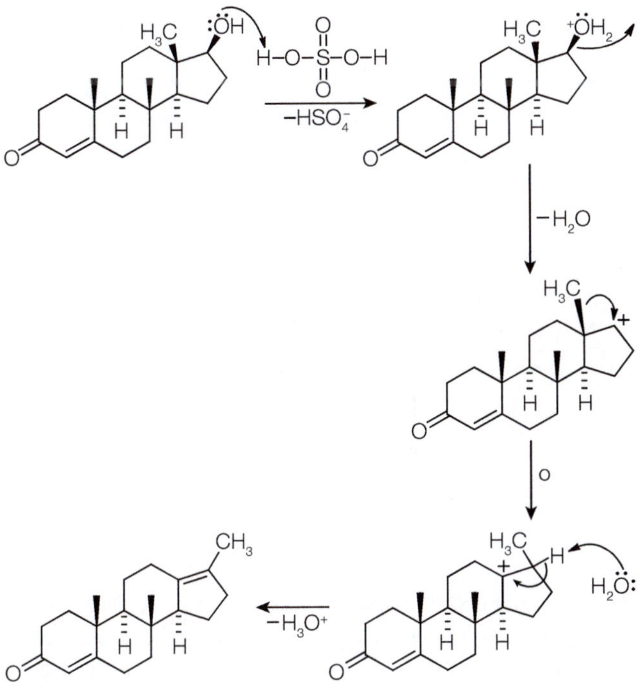

Capítulo 9

1.

a)

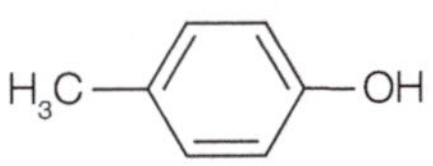

b)

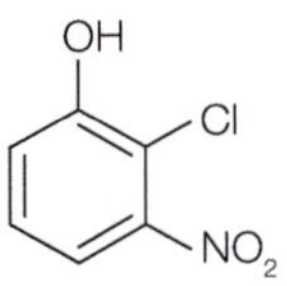

c)

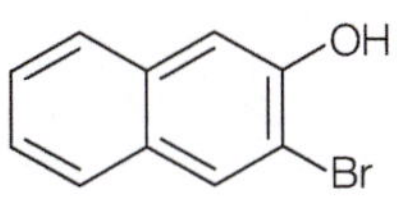

d)

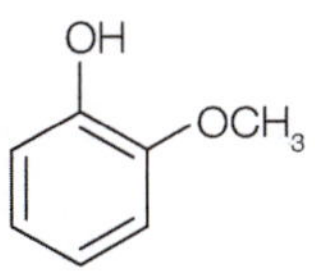

e)

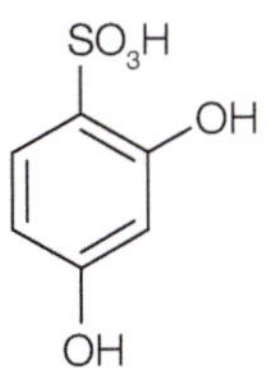

f)

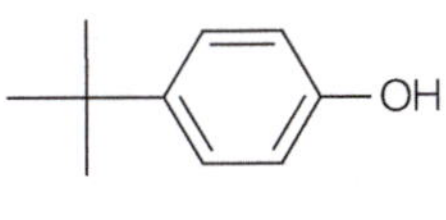

2. A base conjugada do fenol (íon fenóxido) é mais estável que a base conjugada do etanol (íon etóxido) em razão da estabilização da carga negativa no átomo de oxigênio por ressonância com o anel aromático.

3.

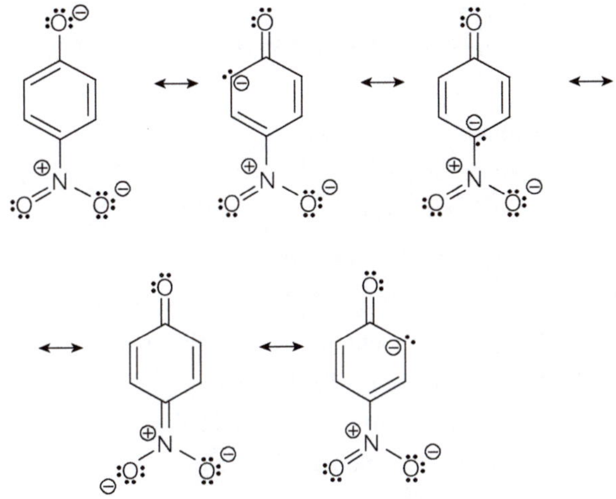

4. O fenóxido reage mais rapidamente com o iodometano que o *p*-nitrofenóxido, por ser um nucleófilo mais forte.

5. Note que como a reação é realizada em meio básico, o ácido cloroacético é convertido no sal correspondente. Dessa forma o produto inicialmente obtido é o sal do ácido 2,4-diclorofenoxiacético. Para o obtenção do ácido correspondente o produto deve ser tratado com um ácido forte como HCl.

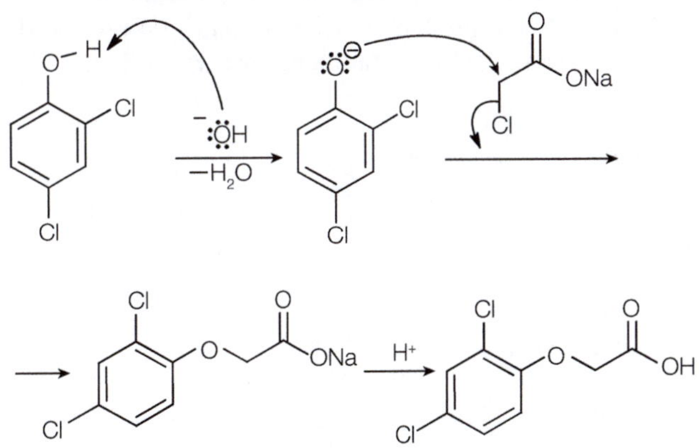

6.

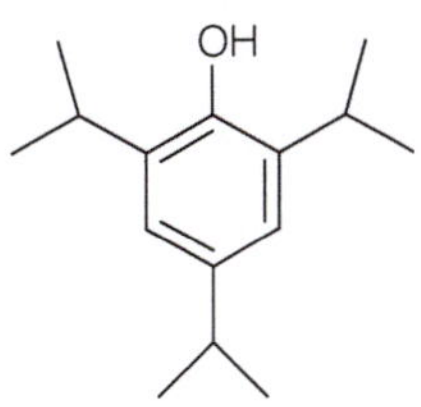

Capítulo 10

1.

a) *tert*-butil metil éter
b) Metoxietano (Etil metil éter)
c) Etoxieteno (Etil etenil éter)
d) 2-propoxipropano (Isopropil propil éter)

2.

a) 2-metilfurano
b) tetraidropirano
c) 2-metil-4*H*-pirano
d) 3-etil-2,2-dimetiloxirano

3.

a) 1-(etilsulfanil)pentano (Etil pentil sulfeto)
b) (etilsulfanil)etano (dietil sulfeto)
c) (Etilsulfanil)benzeno (Etil fenil sulfeto)
d) 2-(etilsulfanil)ciclopent-3-en-1-ol

4.

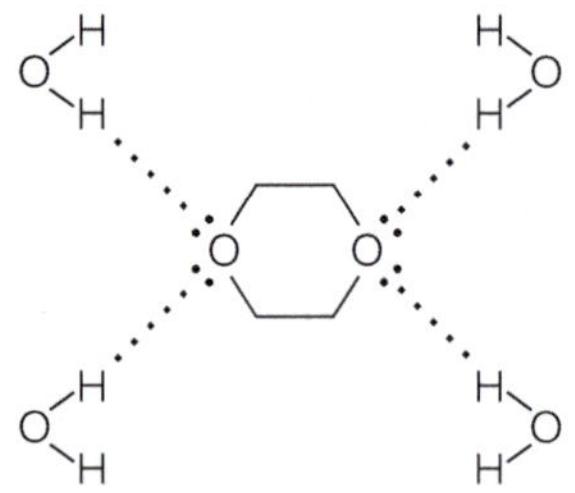

5. A clivagem inicial deve envolver a formação do iodeto de benzila e o propan-1-ol. Na presença de excesso de HI o propan-1-ol pode também ser convertido no 1-iodopropano.

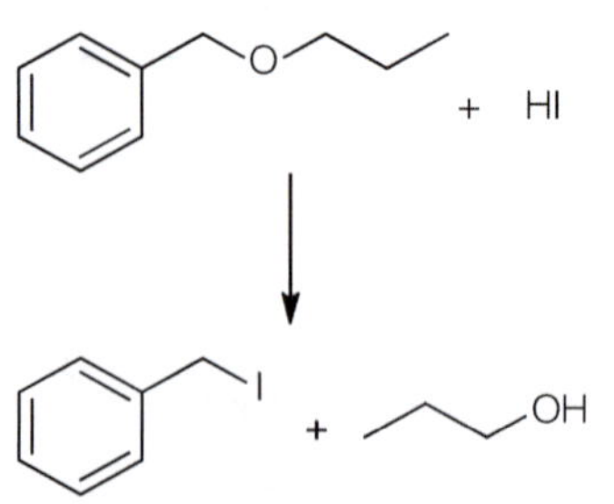

6.

a)

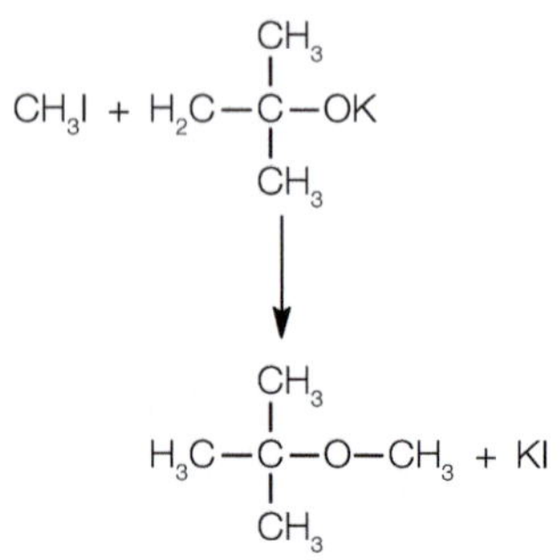

b) $CH_3CH_2ONa + CH_3I \longrightarrow CH_3CH_2OCH_3 + NaI$

c)

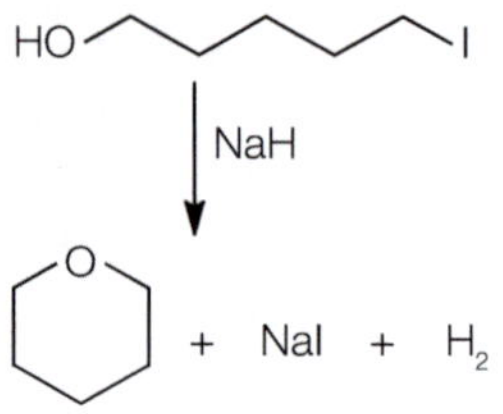

d)

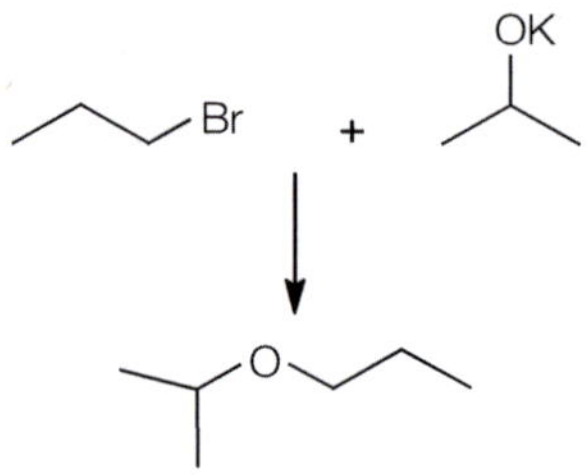

7. O propeno é inicialmente tratado com ácido *meta*-cloroperbenzoico (AMCPB) sendo convertido no epóxido correspondente. A reação desse epóxido com MeSNa ocorre no carbono menos impedido resultando no alcóxido correspondente que ao ser tratado com ácido resulta no produto desejado.

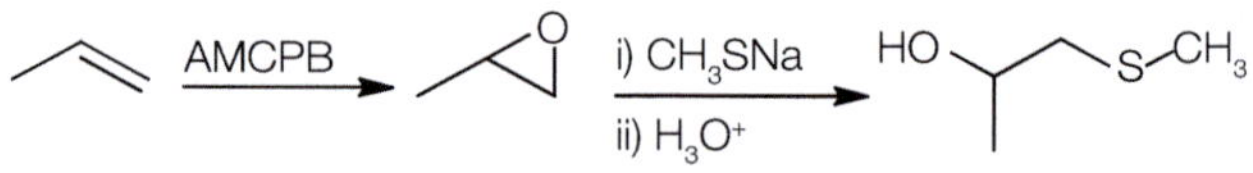

Capítulo 11

1.

a)

b)

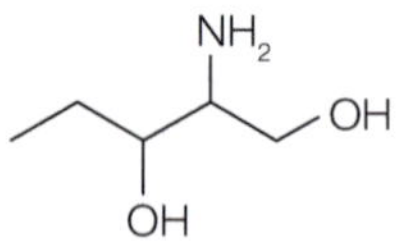

c)

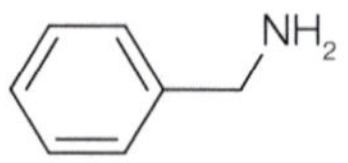

d)

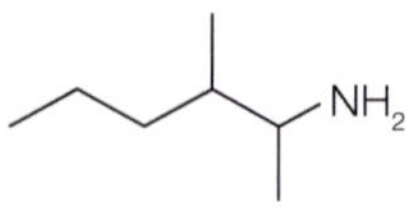

e)

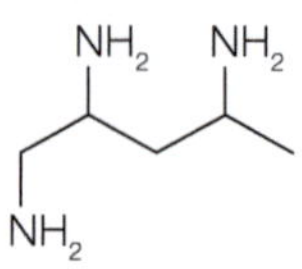

f)

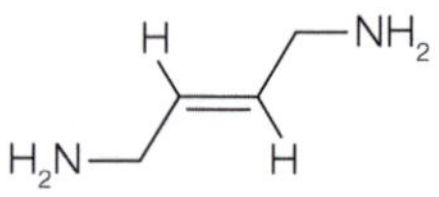

2.

a) 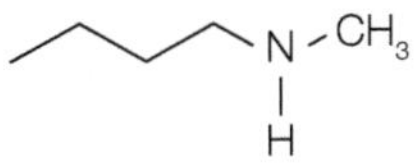

b) 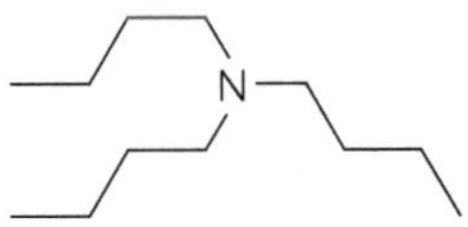

c) 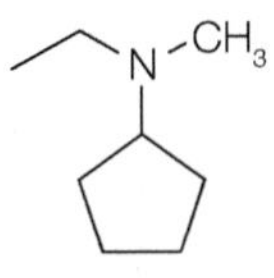

d) 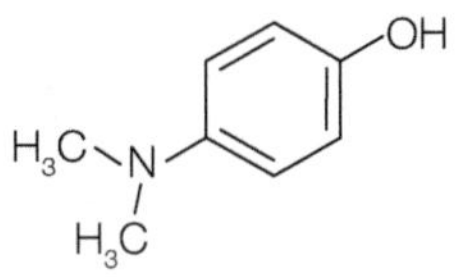

e) 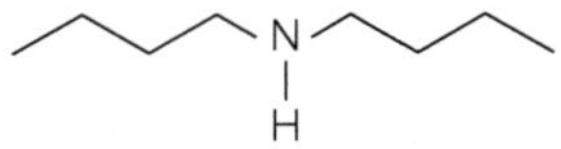

f) 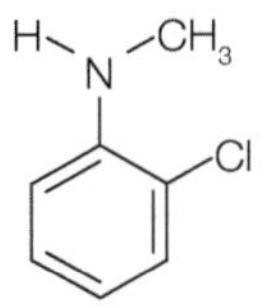

3.

a) 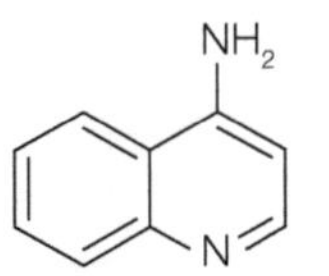

b) 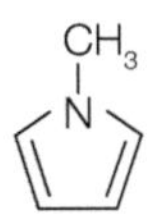

c) 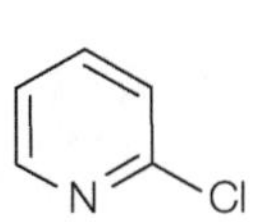

d) 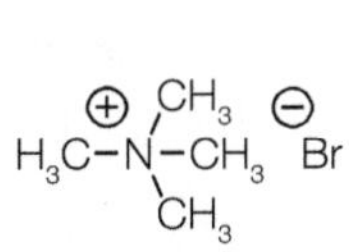

e) 

f) 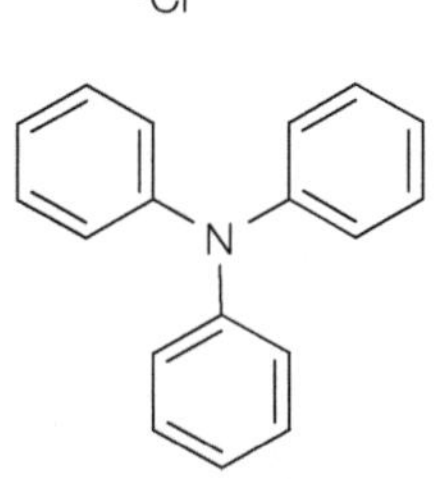

4.

a) 2-bromo-*N*, *N*-dimetilanilina

b) piridin-3-ol

c) cloreto de anílinio

d) 2-fluoroquinolin-5-ol

5.

a) Butilamina. No caso da *meta*-cloroanilina a deslocalização do par de elétrons não ligantes do nitrogênio sobre o anel benzênico reduz a basicidade.

b) Pirrolidina. A menor basicidade do pirrol se deve ao fato de o par de elétrons não ligante do nitrogênio participar de ressonância com o anel.

c) Etilamina. O grupo etil é um doador de elétrons mais eficiente que o grupo metil.

6.

a) 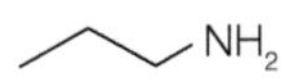

(1)

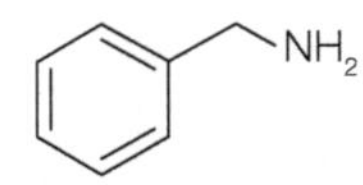

(2)

b) $K_{b1} = 5{,}12 \times 10^{-4}$ e $K_{b2} = 2{,}13 \times 10^{-5}$. A propilamina será mais básica.

c) Em solução aquosa, quanto mais solvatados forem os cátions imínio, mais estáveis estes serão e consequentemente mais básicas serão as aminas. No caso do benzilamônio, o impedimento espacial que o grupo benzila causa ao nitrogênio dificulta sua solvatação, fazendo com que a benzilamina se torne menos básica em comparação com a propilamina. Outro efeito que influencia também na basicidade é o fato de o grupo propil ser um doador de elétrons por efeito indutivo mais eficiente que o grupo benzil.

7. Na síntese de Gabriel, o ânion ftalimida obtido pela desprotonação da ftalimida com KOH, reage com um haleto de alquila por intermédio do mecanismo de substituição nucleofílica bimolecular A_ND_N (S_N2) para fornecer uma *N*-alquilftalimida. Esse composto é então tratado com hidrazina em etanol para produzir uma amina primária e 2,3-diidroftalazina-1,4-diona. Sínteses de aminas usando essa metodologia são, como se pode esperar, limitadas aos haletos de metila e aos haletos de alquila primário. O uso de haletos secundários, terciários ou haletos primários muito impedidos especilamente leva quase que exclusivamente a produtos de eliminação. Assim, como a *tert*-butil amina é primária, ela deveria ser obtida a partir do brometo de *tert*-butila. Como esse brometo é muito impedido, ele não reage com a ftalimida de potássio resultando no produto de substituição desejado. As outras duas aminas não podem ser preparada por essa metodologia uma vez que não são aminas primárias. O esquema geral da síntese de Gabriel é apresentado a seguir:

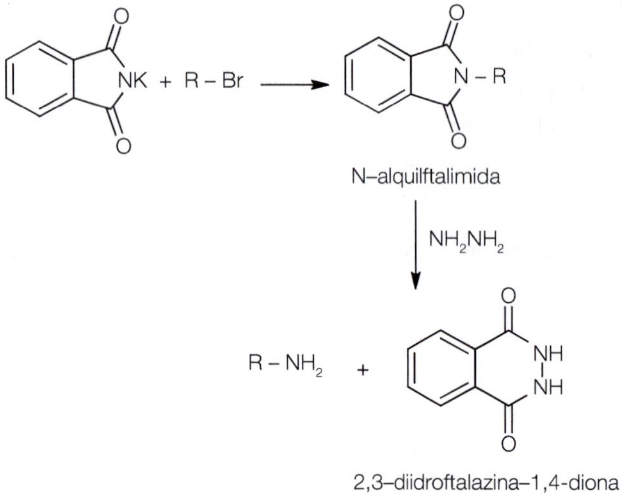

8.

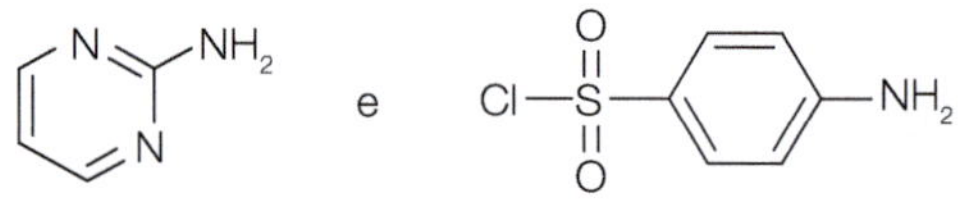

9.

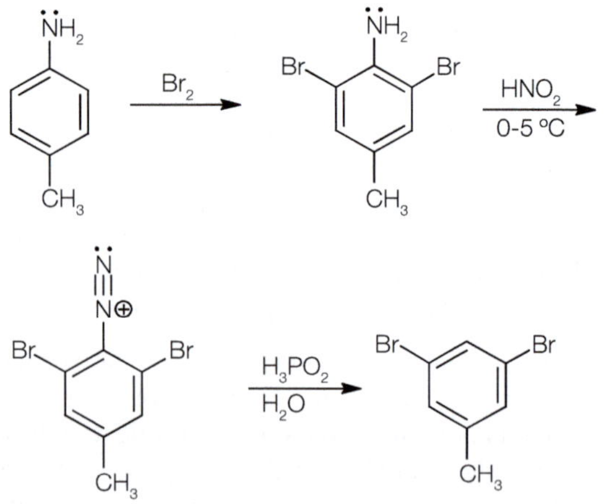

10.

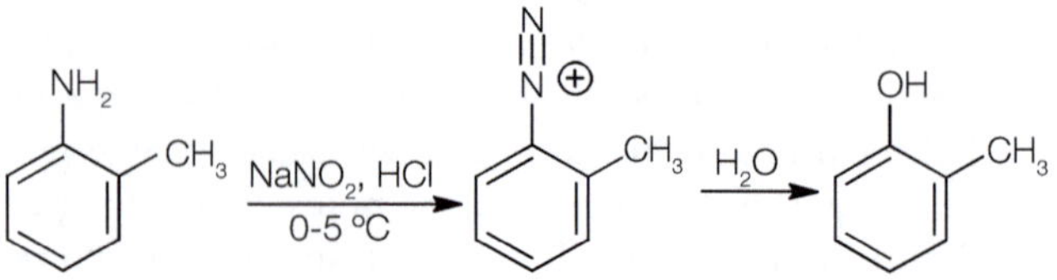

Capítulo 12

1.

a) 3-bromo-2-furfuraldeído
b) (2*E*, 5*R*)-5-metilex-2-enodial
c) (*Z*)-4-fenilbut-3-enal
d) (4*S*)-4,5-diidroxi-5-metilexanal

2.

a) pentano-2,3-diona
b) (*E*)-5-hidroxipent-3-em-2-ona
c) (*Z*)-3-benzilidenociclopentanona
d) (*E*)-hept-3-eno-2,6-diona

3.

a) 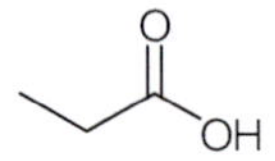

b) 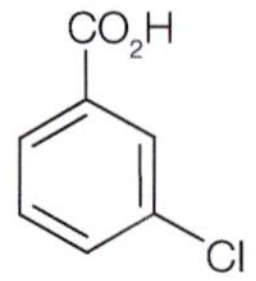

c) A cicloexanona não reage.

4. Observe que para os produtos nos itens b, c e d são formados como misturas de estereoisômeros.

a) 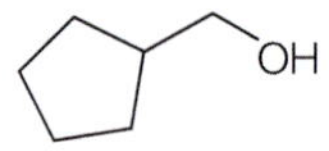

b) 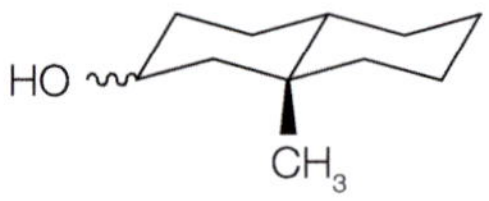

c) 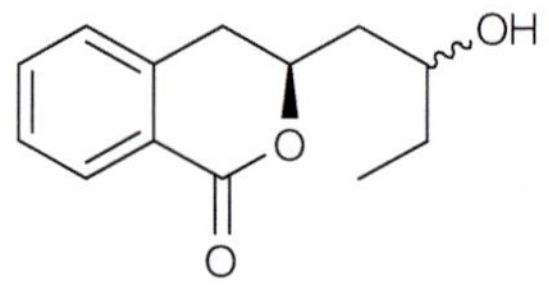

d) 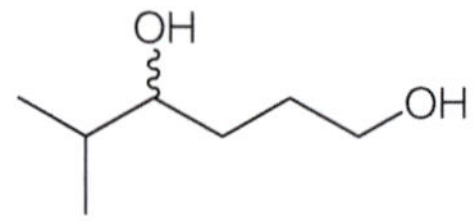

5.

a) Redução de Clemmensen ou Redução de Wolff--Kishner, pois o composto é estável tanto em meio ácido quanto em meio básico.
b) Nenhum dos métodos, já que o epóxido irá reagir tanto com em meio ácido (Clemmensen) quanto em meio básico (Wolff-Kishner).
c) Redução de Wolff-Kishner. A redução de Clemmensen deve ser inadequada nesse caso, pois a dupla ligação presente no composto pode sofrer adição de HCl.

6.

a) 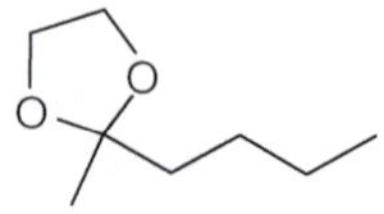

b) 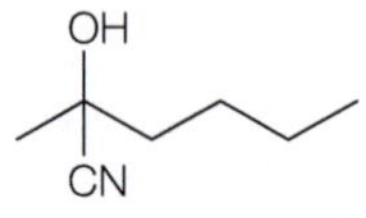

c) 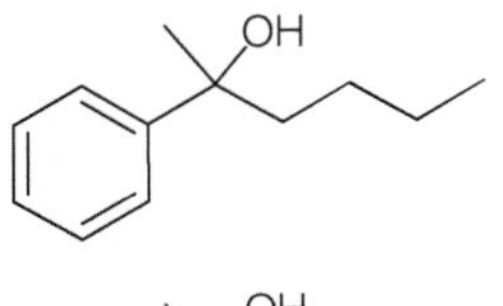

d) 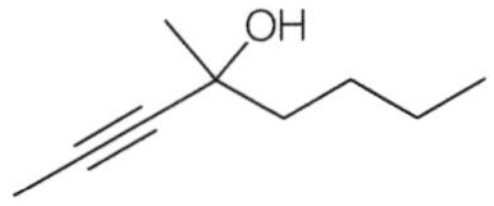

7.

a) 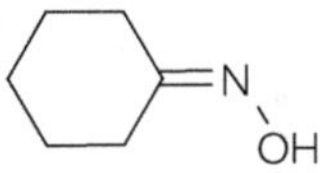

b) 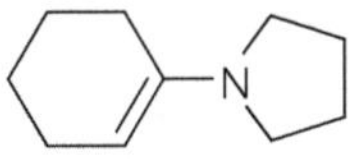

c) 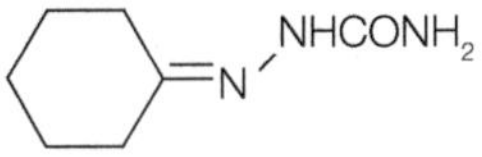

8.

a) 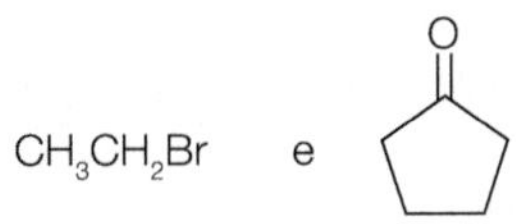

b) 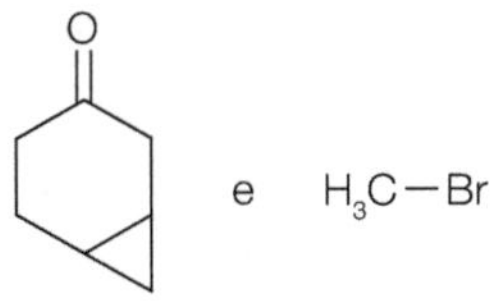

c) 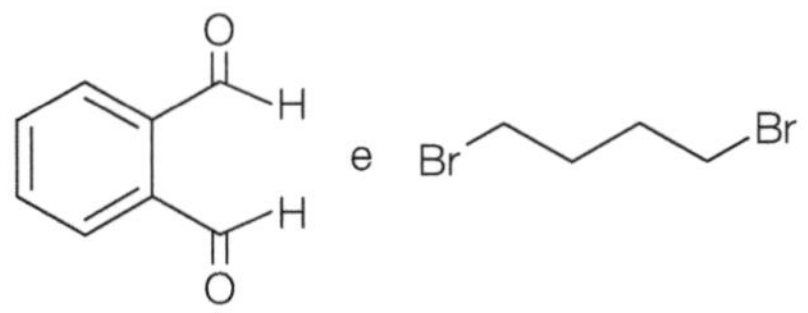

9.

a) 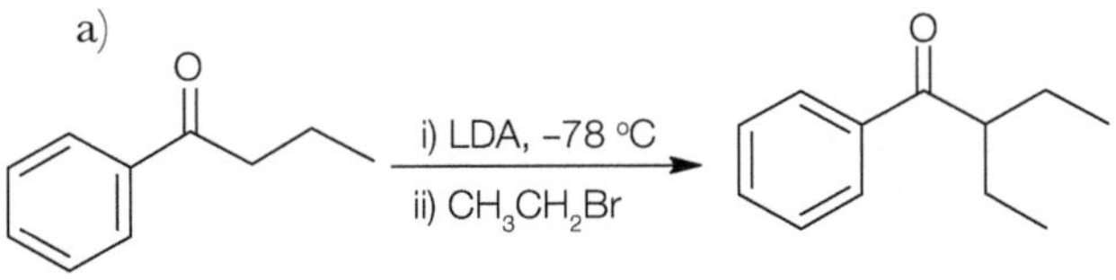

b) 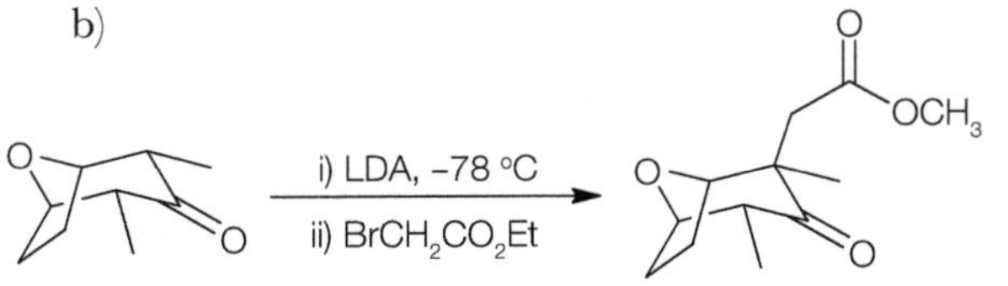

10.

a) 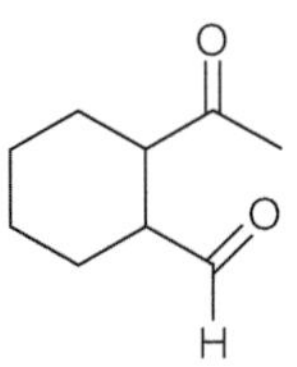

b) 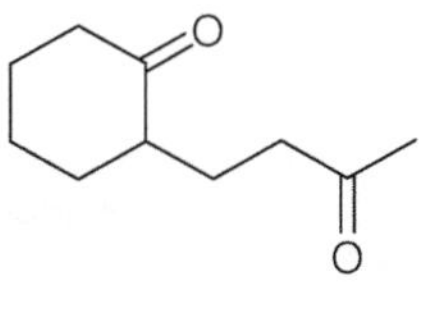

c) 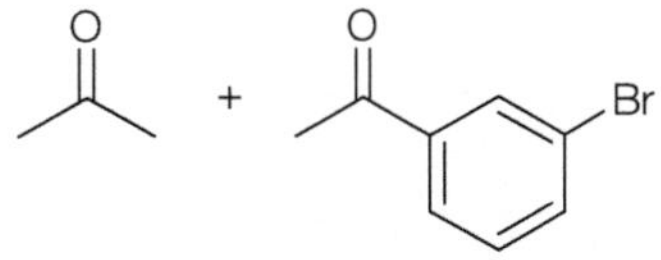

11. São os hidrogênios ligados ao carbono 3. A base conjugada gerada com a saída de um destes hidrogênios é muito estável, devido à ressonância com as duas carbonilas vizinhas, conforme representado a seguir:

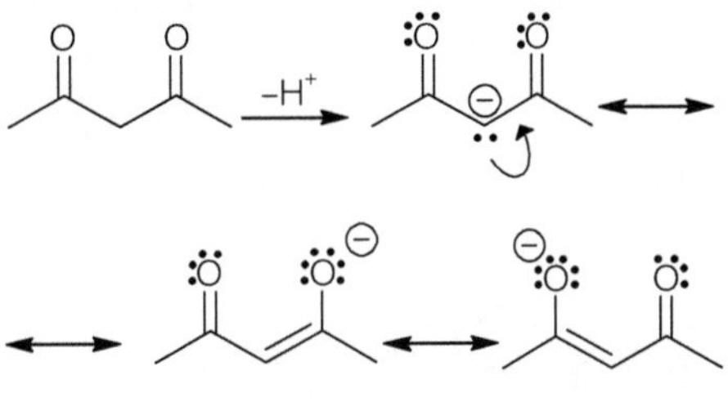

12. O composto C foi obtido através de uma reação de condensação envolvendo duas moléculas da cetona de partida. Neste caso, o reagente de Grignard atuou como base abstraindo um dos hidrogênios alfa à carbonila, resultando na formação de um carbânion. Esse carbânion atua como nucleófilo quando reage com o material de partida ainda na forma de cetona.

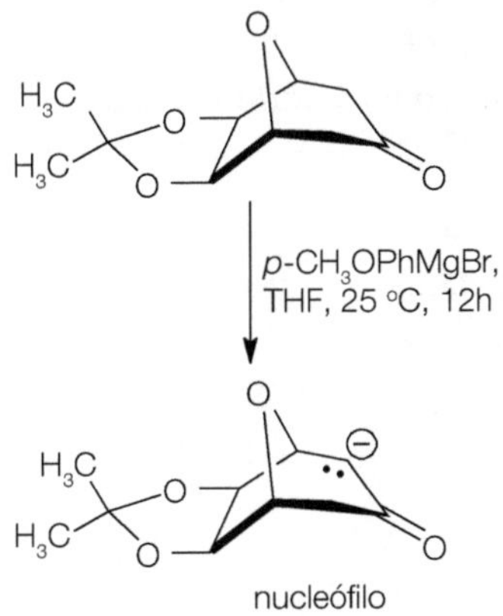

13. Para ambos os casos são ilustrados as formas furanosídicas

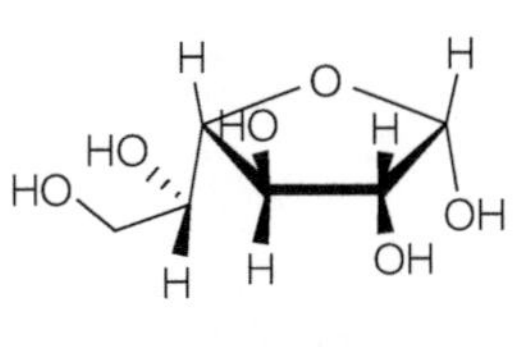

D-galactose

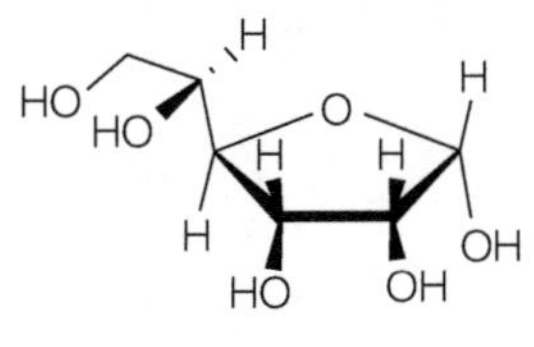

D-alose

14.

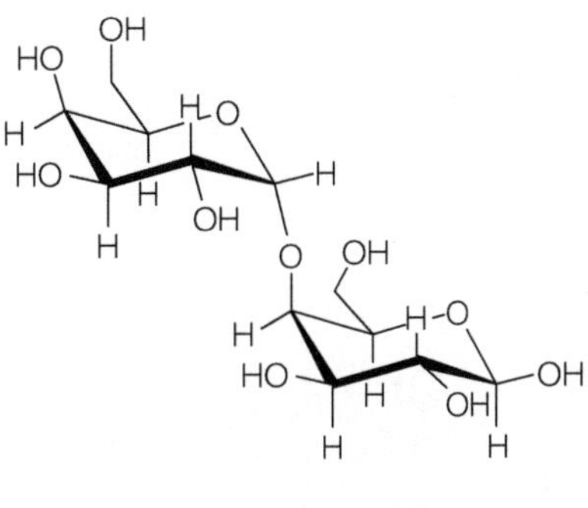

Capítulo 13

1.

a) 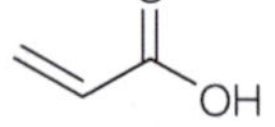

b) 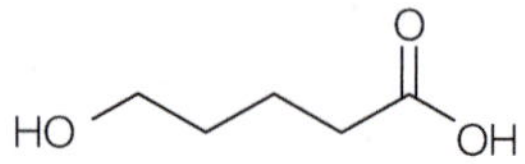

c) 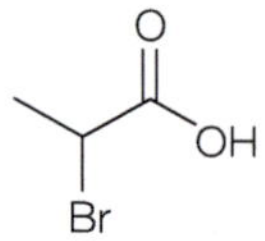

2.

a) acetato de sódio
b) cloreto de pentanoíla
c) 3-bromobenzoato de sódio
d) cloreto de prop-2-enila ou cloreto de acriloíla.

3.

a) anidrido ftálico
b) anidrido etanoico propanoico
c) anidrido butanoico propanoico
d) anidrido prop-2-enóico ou anidrido acrílico

4.

a) *N*,*N*-dimetilbenzamida
b) *N*,*N*-diacetilpropionamida
c) *N*-propionilbutanamida
d) *N*-propionilacrilamida

5.

a) $CH_3CH_2CH_2CH_2CH_2CN$

b) 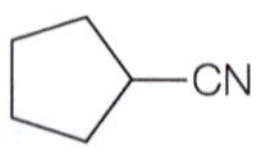

c) $CH_3CH_2CH(Cl)CH_2CN$

d) $CH_3CH_2CH(CH_3)CN$

6. No caso do ácido benzoico com metanol outras possibilidades de realização de hidrogênio podem ocorrer.

a) 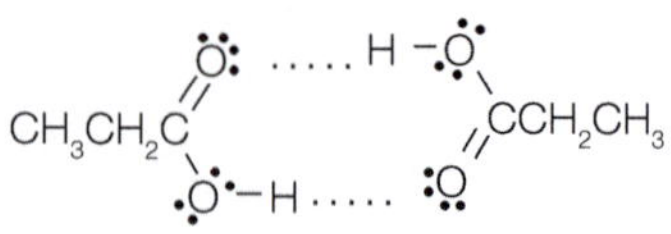

b) 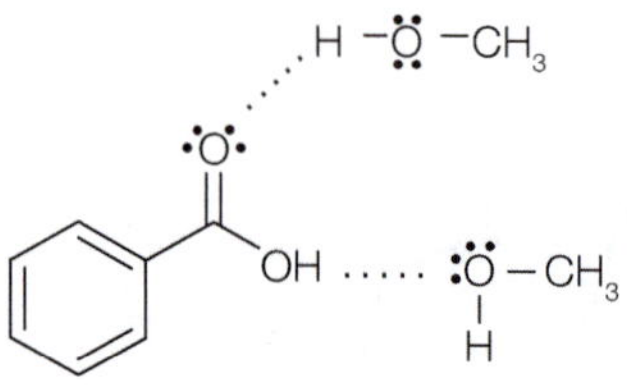

7.

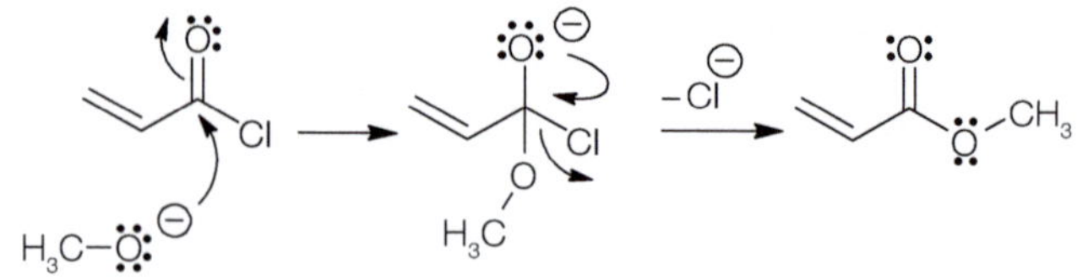

8.

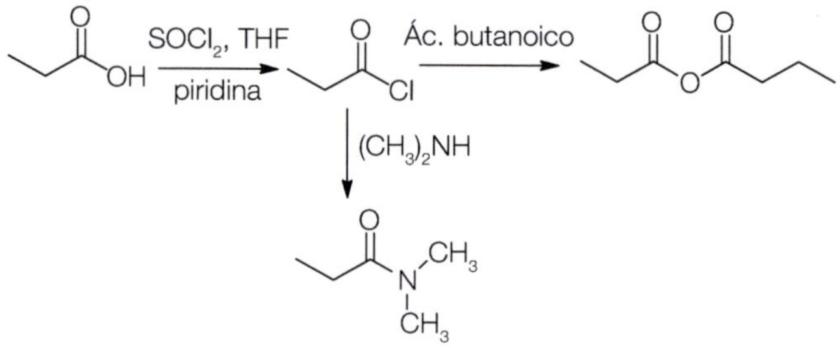

9. A reação deve ser realizada utilizando-se etanol como solvente. Caso haja excesso de etóxido de sódio, será obtido o sal do ácido acético.

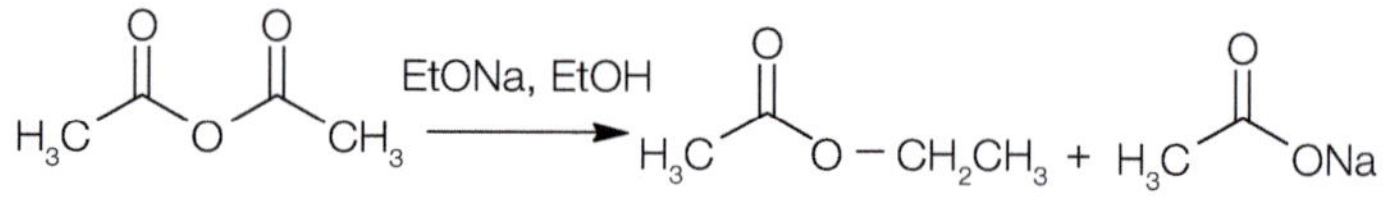

10.

a) 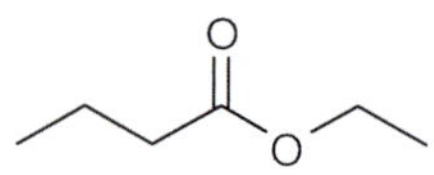

b) 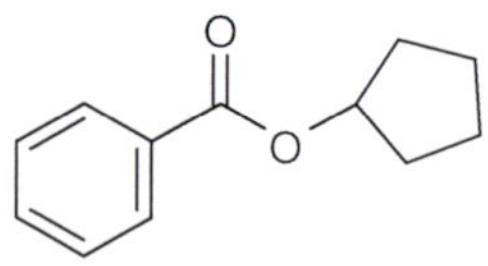

c) 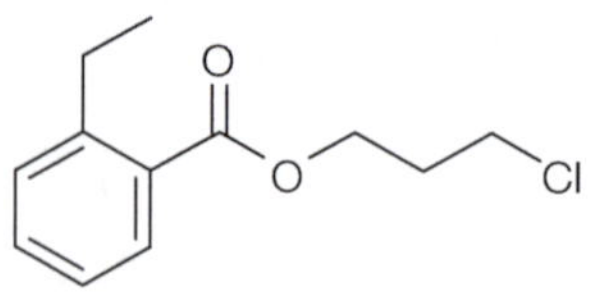

11. No item b logo após a hidrólise é formado o enol que imediatamente se converte na forma mais estável que é a cetona.

a) 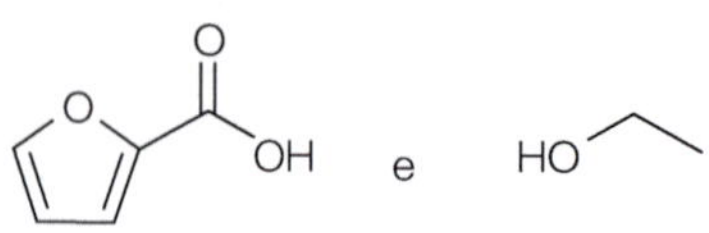

b) 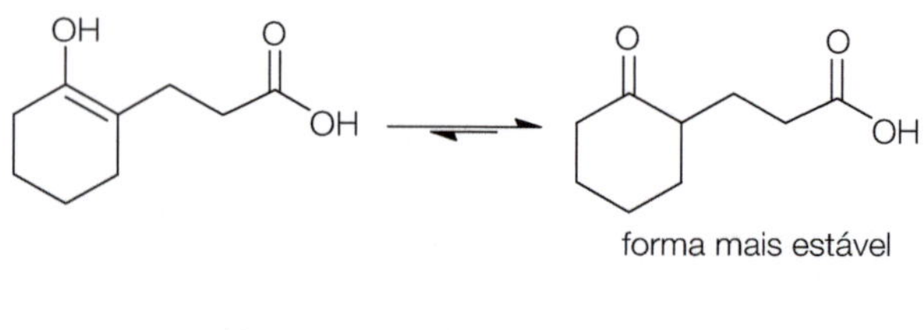

c) 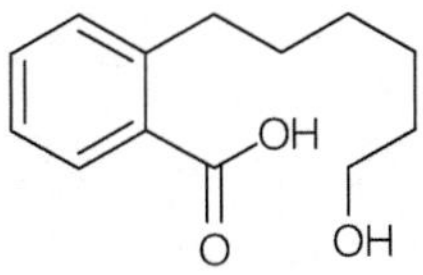

d) 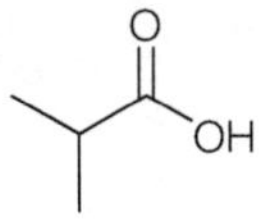

e
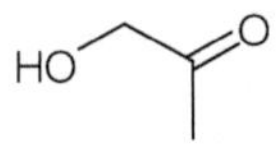

12.

a) 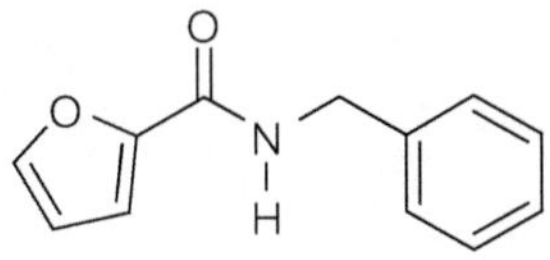

b) 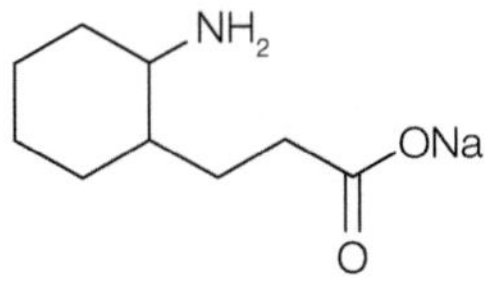

13.

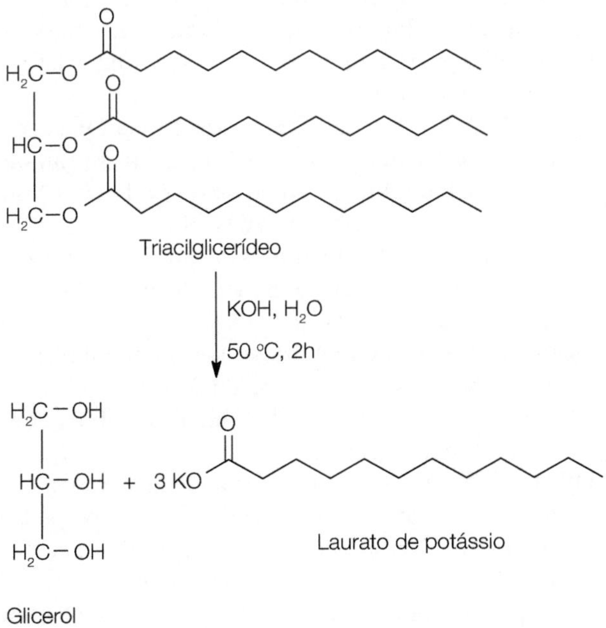

14.

a) PI = 6,05

b) 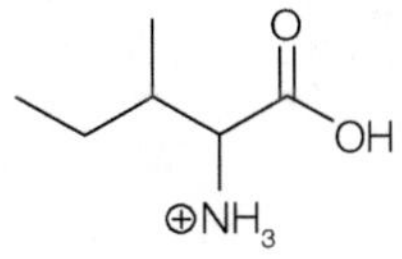

c) 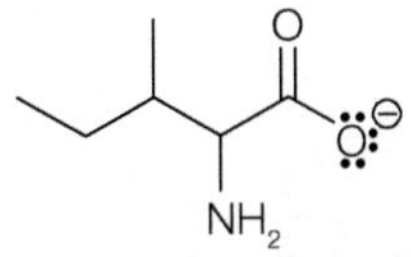

d) 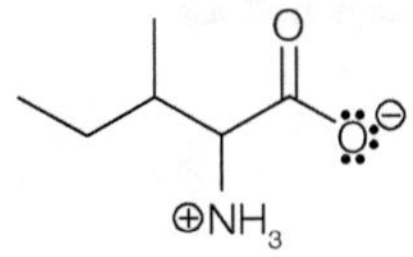

Referências

ATKINS, P. W. Atkin's Molecules. 2.ed. Cambridge, U.K.: Cambridge Univ. Press, 2003.

BAUM, R. M. Simple Synthesis of C60 Molecule Triggers Intense Research Effort. Chemical and Engineering News, 29 out., p 22-25, 1990.

BARBOSA, L. C. A. Os pesticidas, o homem e o meio ambiente. Viçosa: Editora UFV, 2004.

_______. Espectroscopia no infravermelho na caracterização de compostos orgânicos. Viçosa: Editora UFV, 2007.

BARBOSA, L. C. A.; VELOSO, D. P. *Química Nova*, v. 17, n. 1, 1994, p. 68-87.

BARBOSA et al. Chemical study of the leaves of Vitex poligama. Fitoterapia, 66, n. 3, 1995, p. 279-280.

_______. The design, synthesis and biological evaluation of stable ozonides with antimalarial activity. J. Chem. Soc., Perkin Trans. I., 1996, p. 1101-1105.

_______. A new class of herbicides derived from 8-oxabicyclo[3.2.1]oct-6-en-3-one. Aust. Journal of Chemistry, v. 52 (10), 1999, p.929-936.

_______. Synthesis and phytotoxicity evaluation of substituted parabenzoquinones. Aust. J. Chem. Soc., v. 56, 2003, p. 625-630.

_______. New helminthosporal analogues with plant-growth regulatory properties via oxyallyl cátion. Z. Naturforsch. 61b, 2006, p. 1287-1294.

_______. Synthesis and biological evaluation of new ozonides with improved plant growth regulatory activity. J. Agric. Food Chem., 57, 2009, p. 10107-10115.

CARDOSO, M. G. Correlações entre a estrutura química e a atividade biológica de ácidos aminoalca-notiossulfúricos e derivados sobre o fungo Phytophthora capsici. Belo Horizonte: UFMG, Tese de doutoramento. 1995, 140 p.

CARDOSO e CARNEIRO, Nitração aromatic: substituição eletrofílica ou reação com transferência de elétrons? Quim. Nova, 2001, p. 381-389.

CARVALHO, M. R. et al. Novel lactone from Aspergillus versicolor. Tetrahedron Letters, 42. 2001.

CLAYDEN, J. et al. Organic Chemistry. Oxford: Oxford Univ. Press, 2001.

CONSTANTINO et al. Síntese de 1-indanonas através da reação de acilação de Friedel-Crafts intramolecular utilizando $NbCl_5$ como ácido de Lewis Química nova, v. 31, n. 4, 2008, p. 763-766.

CORKER, J. et al. Metathesis of alkanes catalyzed by silica-supported transition metal hydrides. Science, n. 271, 1996.

COSTA, P. R. R. et al. Ácidos e bases em química orgânica. São Paulo: Bookman, 2005.

COUGATE, T. P. Food: The chemistry of its components. Londres: RSC, 1988.

DEMUNER, A. J. et al. Structure and plant growth regulatory activity of diterpenes from Pterodon polygalaeflorus. Journal Natural Products, 59, n. 8, 1996, p. 770-772.

ESTEVES et al. Unified mechanistic concept of electrophilic aromatic nitration: convergence of computational results and experimental data. J. Am. Chem. Soc., 2003, p. 4836-4849.

FANNAN, J. C. et al. Large losses of total ozone in Antartida reveal seasonal ClOX/NOX interaction. Nature, 315, 1985.

GREEN, M. M., WITTCOFF, H. A. Organic chemistry: principles and practice. Darmstadt: Willey-VCH, 2003.

HEATHCOCK, C. H., STREITWIESER, A. Introduction of organic chemistry. 3.ed. Nova York: Macmillan, 1991.

HILL, J. W. Chemistry for changing times. Nova York: Macmillan, 1992.

KEELER, J., WOTHERS, P. Chemical structure and reactivity. Oxford: Oxford Univ. Press, 2008.

LATIMER, W. M.; RODEBUSH, W. H. "Polarity and ionization from the standpoint of the Lewis theory of valence". J. Am. Chem. Soc., 1920, p. 1419-1433.

LEDERER, J. Alimentação e câncer. 3.ed. São Paulo: Manole Dois, 1990.

McMURRY, J. Organic chemistry. Belmont, USA: Brooks-Cole, 1984.

MILLS, I. et al. Quantities, units and symbols in physical chemistry. 2.ed. Oxford: Blackwell, 1995.

MISLOW, K.; SIEGEL, J. Stereoisomerism and local chirality. J. Am. Chem. Soc., 106, 1984, p. 3319-3328.

MOSS, G. P. Basic terminology of stereochemistry. Pure and Appl. Chem., 68 (12) 1996, p. 2193-2222.

PANICO, R., POWELL, W. H., RICHER, J. C. A IUPAC guide to nomenclature of organic compounds. Oxford: Pergamon Press, 1993.

PAULA, V. F. et al. Lignans from Ochroma lagopus Swartz, Tetrahedron, 51, n. 45, 1995, p. 12.453-12.462.

PAULA, V. F. et al. "Synthesis and insecticidal activity of new amides derivatives of piperine". *Pest. Man. Science*, v. 56, 2000, p. 168-174.

QUEIROZ et al., Electrophilic aromatic nitration: understanding its mechanism and substituent effects. J. Org. Chem., 2006, p. 6192-6203.

RIGAUDY, J., KLESNEY, S. P. Nomenclature of organic chemistry sections A, B, C, D, E, F, H. Oxford: Pergamon Press, 1979.

RUSSEL. J. B. Química geral. São Paulo: Makron books, 1994. 2v.

SAUNDERS, J. Top drugs: top synthetic routes. Oxford: Oxford Univ. Press, 2000.

SCHREINER, P. R. Teaching the right reasons: lessons from the mistaken origin of the rotational barrier in ethane. Angew. Chem. Int. Ed., 41, 2002, p. 3579-3581.

SELINDER, B. Chemistry in the marketplace. 4. ed. Sydney, Austrália: Harcourt Brace, 1996.

SNYDER, H. C. The extraordinary chemistry of ordinary things. 2. ed. Nova York: John Willey, 1992.

SOLOMONS, T.W.G.; FRYHLE, C. B. Química Orgânica. V. 1, 9. ed. Rio de Janeiro: LTC, 2009.

_______. Química Orgânica. Vol. 2, 9. ed. Rio de Janeiro: LTC, 2009.

TEISSEIRE, P. J. Chemistry of fragant substances. Nova York: VCH Publishers, 1994.

VOLLHARDT, K. P. C.; SCHORE, N. E. Química orgânica: estrutura e função. 4. ed. Porto Alegre: Bookman, 2004.

ZINNER, K. *Ciência Hoje*, 9, n.4, 1989.

Índice remissivo

N

O

P

Q

R

S

T

U

V

W

X

Z

Classificação Periódica dos Elementos

GRANDEZAS E UNIDADES DO SISTEMA INTERNACIONAL DE UNIDADES (SI)

GRANDEZA FÍSICA	NOME DA UNIDADE	SÍMBOLO	EXPRESSÃO EM TERMOS DAS UNIDADES FUNDAMENTAIS SI[a]
Comprimento	metro	m	m
Massa	quilograma	kg	kg
Tempo	segundo	s	s
Corrente elétrica	ampere	A	A
Temp. termodinâmica	kelvin	K	K
Quant. de substância ou quantidade química [b]	mol	mol	mol
Intensidade luminosa	candela	cd	cd
Freqüência	hertz	Hz	s^{-1}
Força	newton	N	$m\ kg\ s^{-2}$
Pressão, tensão	pascal	Pa	$N\ m^{-2} = m^{-1}\ kg\ s^{-2}$
Energia, trabalho, calor	joule	J	$N\ m = Pa\ m^3 = m2\ kg\ s^{-2}$
Potência	watt	W	$J\ s^{-1} = m^2\ kg\ s^{-3}$
Carga elétrica	coulomb	C	A s
Potencial elétrico	volt	V	$J\ C^{-1} = m^2\ kg\ s^{-3}\ A^{-1}$
Capacitância elétrica	farad	F	$C\ V^{-1} = m^{-2}\ kg^{-1}\ s^4\ A^2$
Resistência elétrica	ohm	W	$V\ A^{-1} = m^2\ kg\ s^{-3}\ A^{-2}$
Condutância elétrica	siemens	S	$W^{-1} = m^{-2}\ kg^{-1}\ s^3\ A^2$
Fluxo magnético	weber	Wb	$V\ s = m^2\ kg\ s^{-2}\ A^{-1}$
Densidade de fluxo magnético	tesla	T	$V\ s\ m^{-2} = kg\ s^{-2}\ A^{-1}$
Indutância	henry	H	$V\ A^{-1}\ s = m^2\ kg\ s^{-2}\ A^{-2}$
Temperatura Celsius [c]	grau Celsius	°C	K
Ângulo plano [d]	radiano	rad	1[e]
Ângulo sólido [d]	esterradiano	sr	1[e]

(a) As setes primeiras grandezas são as fundamentais do SI. (b) Equivocadamente o nome oficial desta grandeza no Brasil é "quantidade de matéria".(c) A temperatura Celsius é definida como: θ/°C=T/K - 273,15 K.(d) Os símbolos rd e sr podem ser incluídos ou omitidos nas expressões para as unidades derivadas.(e) O "1" indica uma grandeza adimensional.

PREFIXOS SI

Prefixos utilizados para formar os nomes e os símbolos dos múltiplos e submúltiplos decimais das unidades SI[a]

MÚLTIPLO	PREFIXO	SÍMB.	SUBMÚLTIPLO	PREFIXO	SÍMB.
10	deca	da	10	deci	d
10^2	hecto	h	10^{-2}	centi	c
10^3	quilo	k	10^{-3}	mili	m
10^6	mega	M	10^{-6}	micro	µ
10^9	giga	G	10^{-9}	nano	n
10^{12}	tera	T	10^{-12}	pico	p
10^{15}	peta	P	10^{-15}	fento	f
10^{18}	exa	E	10^{-18}	ato	a

(a) Os múltiplos e submúltiplos decimais da unidade de massa são formados acrescentando prefixos ao grama. Exemplos: mg e não µkg, Mg e não kkg

	1 IA	2 IIA	3 IIIB	4 IVB	5 VB	6 VIB	7 VIIB	8 VIII	9 VIII	10 VIII	11 IB	12 IIB	13 IIIA	14 IVA	15 VA	16 VIA	17 VIIA	18 VIIIA
1	1 Hidrogênio **H** $1s^1$ 1,0079 1																	2 Hélio **He** $1s^2$ 4,0026 -
2	3 Lítio **Li** [He]$2s^1$ 6,941(2) 1	4 Berílio **Be** [He]$2s^2$ 9,0122 2											5 Boro **B** [He]$2s^22p^1$ 10,811(7) 3	6 Carbono **C** [He]$2s^22p^2$ 12,011 ±4,2	7 Nitrogênio **N** [He]$2s^22p^3$ 14,007 5,4,±3,2	8 Oxigênio **O** [He]$2s^22p^4$ 15,999 -2	9 Flúor **F** [He]$2s^22p^5$ 18,998 -1	10 Neônio **Ne** [He]$2s^22p^6$ 20,180 -
3	11 Sódio **Na** [Ne]$3s^1$ 22,990 1	12 Magnésio **Mg** [Ne]$3s^2$ 24,305 2											13 Alumínio **Al** [Ne]$3s^23p^1$ 26,982 3	14 Silício **Si** [Ne]$3s^23p^2$ 28,086 4	15 Fósforo **P** [Ne]$3s^23p^3$ 30,974 5,4,±3	16 Enxofre **S** [Ne]$3s^23p^4$ 32,065(5) 6,4,±2	17 Cloro **Cl** [Ne]$3s^23p^5$ 35,453(2) 7,5,3,±1	18 Argônio **Ar** [Ne]$3s^23p^6$ 39,948 -
4	19 Potássio **K** [Ar]$4s^1$ 39,098 1	20 Cálcio **Ca** [Ar]$4s^2$ 40,078(4) 2	21 Escândio **Sc** [Ar]$3d^14s^2$ 44,956 3	22 Titânio **Ti** [Ar]$3d^24s^2$ 47,867 4,3	23 Vanádio **V** [Ar]$3d^34s^2$ 50,942 5,4,3,2	24 Crômio **Cr** [Ar]$3d^54s^1$ 51,996 6,3,2	25 Manganês **Mn** [Ar]$3d^54s^2$ 54,938 7,6,4,3,2	26 Ferro **Fe** [Ar]$3d^64s^2$ 55,845(2) 3,2	27 Cobalto **Co** [Ar]$3d^74s^2$ 58,933 3,2	28 Níquel **Ni** [Ar]$3d^84s^2$ 58,693 3,2	29 Cobre **Cu** [Ar]$3d^{10}4s^1$ 63,546(3) 2,1	30 Zinco **Zn** [Ar]$3d^{10}4s^2$ 65,38(2) 2	31 Gálio **Ga** [Ar]$3d^{10}4s^24p^1$ 69,723 3	32 Germânio **Ge** [Ar]$3d^{10}4s^24p^2$ 72,64 4	33 Arsênio **As** [Ar]$3d^{10}4s^24p^3$ 74,922 5,±3	34 Selênio **Se** [Ar]$3d^{10}4s^24p^4$ 78,96(3) 6,4,-2	35 Bromo **Br** [Ar]$3d^{10}4s^24p^5$ 79,904 5,±1	36 Criptônio **Kr** [Ar]$3d^{10}4s^24p^6$ 83,798(2) 2
5	37 Rubídio **Rb** [Kr]$5s^1$ 85,468 1	38 Estrôncio **Sr** [Kr]$5s^2$ 87,62 2	39 Ítrio **Y** [Kr]$4d^15s^2$ 88,906 3	40 Zircônio **Zr** [Kr]$4d^25s^2$ 91,224(2) 4	41 Nióbio **Nb** [Kr]$4d^45s^1$ 92,906 5,3	42 Molibdênio **Mo** [Kr]$4d^55s^1$ 95,96(2) 6,5,4,3,2	43 Tecnécio **Tc** [Kr]$4d^65s^1$ 97,907* 7	44 Rutênio **Ru** [Kr]$4d^75s^1$ 101,07(2) 8,6,4,3,2	45 Ródio **Rh** [Kr]$4d^85s^1$ 102,91 4,3,2	46 Paládio **Pd** [Kr]$4d^{10}$ 106,42 4,2	47 Prata **Ag** [Kr]$4d^{10}5s^1$ 107,87 1	48 Cádmio **Cd** [Kr]$4d^{10}5s^2$ 112,41 2	49 Índio **In** [Kr]$4d^{10}5s^25p^1$ 114,82 3	50 Estanho **Sn** [Kr]$4d^{10}5s^25p^2$ 118,71 4,2	51 Antimônio **Sb** [Kr]$4d^{10}5s^25p^3$ 121,76 5,±3	52 Telúrio **Te** [Kr]$4d^{10}5s^25p^4$ 127,60(3) 6,4,-2	53 Iodo **I** [Kr]$4d^{10}5s^25p^5$ 126,90 7,5,±1	54 Xenônio **Xe** [Kr]$4d^{10}5s^25p^6$ 131,29 6,4,2
6	55 Césio **Cs** [Xe]$6s^1$ 132,91 1	56 Bário **Ba** [Xe]$6s^2$ 137,33 2	57 a 71 **La-Lu**	72 Háfnio **Hf** [Xe]$4f^{14}5d^26s^2$ 178,49(2) 4	73 Tântalo **Ta** [Xe]$4f^{14}5d^36s^2$ 180,95 5	74 Tungstênio **W** [Xe]$4f^{14}5d^46s^2$ 183,84 6,5,4,3,2	75 Rênio **Re** [Xe]$4f^{14}5d^56s^2$ 186,21 7,6,4,2,-1	76 Ósmio **Os** [Xe]$4f^{14}5d^66s^2$ 190,23(3) 8,6,4,3,2	77 Irídio **Ir** [Xe]$4f^{14}5d^76s^2$ 192,22 6,4,3,2	78 Platina **Pt** [Xe]$4f^{14}5d^96s^1$ 195,08 4,2	79 Ouro **Au** [Xe]$4f^{14}5d^{10}6s^1$ 196,97 3,1	80 Mercúrio **Hg** [Xe]$4f^{14}5d^{10}6s^2$ 200,59(2) 2,1	81 Tálio **Tl** [Xe]$4f^{14}5d^{10}6s^26p^1$ 204,38 3,1	82 Chumbo **Pb** [Xe]$4f^{14}5d^{10}6s^26p^2$ 207,2 4,2	83 Bismuto **Bi** [Xe]$4f^{14}5d^{10}6s^26p^3$ 208,98 5,3	84 Polônio **Po** [Xe]$4f^{14}5d^{10}6s^26p^4$ 209,98* 4,2	85 Astato **At** [Xe]$4f^{14}5d^{10}6s^26p^5$ 209,99* 7,5,3,±1	86 Radônio **Rn** [Xe]$4f^{14}5d^{10}6s^26p^6$ 222,02* 2
7	87 Frâncio **Fr** [Rn]$7s^1$ 223* 1	88 Rádio **Ra** [Rn]$7s^2$ 226* 2	89 a 103 **Ac-Lr**	104 Rutherfórdio **Rf** - 261* -	105 Dúbnio **Db** - 262* -	106 Seabórgio **Sg** - 266* -	107 Bóhrio **Bh** - 264* -	108 Hássio **Hs** - 277* -	109 Meitnério **Mt** - 268* -	110 Darmstádtio **Ds** - 271* -	111 Roentgênio **Rg** - 272* -	112 Unúnbio **Uub** - 285* -	113 Unúntrio **Uut** - 284* -	114 Ununquádio **Uuq** - 289* -	115 Ununpêntio **Uup** - 288* -			

57 Lantânio **La** [Xe]$5d^16s^2$ 138,91 3	58 Cério **Ce** [Xe]$4f^26s^2$ 140,12 4,3	59 Praseodímio **Pr** [Xe]$4f^36s^2$ 140,91 4,3	60 Neodímio **Nd** [Xe]$4f^46s^2$ 144,24 3	61 Promécio **Pm** [Xe]$4f^56s^2$ 145 3	62 Samário **Sm** [Xe]$4f^66s^2$ 150,36(2) 3,2	63 Európio **Eu** [Xe]$4f^76s^2$ 151,96 3,2	64 Gadolínio **Gd** [Xe]$4f^75d^16s^2$ 157,25(3) 3	65 Térbio **Tb** [Xe]$4f^96s^2$ 158,93 4,3	66 Disprósio **Dy** [Xe]$4f^{10}6s^2$ 162,50 3	67 Hólmio **Ho** [Xe]$4f^{11}6s^2$ 164,93 3	68 Érbio **Er** [Xe]$4f^{12}6s^2$ 167,26(3) 3	69 Túlio **Tm** [Xe]$4f^{13}6s^2$ 168,93 3,2	70 Itérbio **Yb** [Xe]$4f^{14}6s^2$ 173,05 3,2	71 Lutécio **Lu** [Xe]$4f^{14}5d^16s^2$ 174,97 3
89 Actínio **Ac** [Rn]$6d^17s^2$ 227* 3	90 Tório **Th** [Rn]$6d^27s^2$ 232,04* 4	91 Protactínio **Pa** [Rn]$5f^26d^17s^2$ 231,04* 5,4	92 Urânio **U** [Rn]$5f^36d^17s^2$ 238,05* 6,5,4,3	93 Netúnio **Np** [Rn]$5f^46d^17s^2$ 237* 6,5,4,3	94 Plutônio **Pu** [Rn]$5f^67s^2$ 244* 6,5,4,3	95 Amerício **Am** [Rn]$5f^77s^2$ 243* 6,5,4,3	96 Cúrio **Cm** [Rn]$5f^76d^17s^2$ 247* 3	97 Berquélio **Bk** [Rn]$5f^97s^2$ 247* 4,3	98 Califórnio **Cf** [Rn]$5f^{10}7s^2$ 251* 3	99 Einstênio **Es** [Rn]$5f^{11}7s^2$ 252* 3	100 Férmio **Fm** [Rn]$5f^{12}7s^2$ 257* 3	101 Mendelévio **Md** [Rn]$5f^{13}7s^2$ 258* 3	102 Nobélio **No** [Rn]$5f^{14}7s^2$ 259* 3,2	103 Laurêncio **Lr** [Rn]$5f^{14}6d^17s^2$ 262* 34

Símbolos:
- Zn - Sólido
- Hg - Líquido
- Ne - Gás
- Cf - Artificial

Legenda:

14 Silício **Si** [Ne]$3s^23p^2$ 28,086 4

- Nome: Silício
- Número atômico: 14
- Símbolo: Si
- Configuração eletrônica fundamental: [Ne]$3s^23p^2$
- Estados de oxidação mais comuns nos compostos: 4
- Massa atômica relativa. A incerteza no último dígito é ± 1, exceto quando indicado entre parênteses. Os valores com * referem-se ao isótopo mais estável.

Sociedade Brasileira de Química

Edições SBQ – Fone: (11) 3032-2299 - Fax: (11) 3814-3602
E-mail: diretoria@sbq.org.br - home page: www.sbq.org.br
De acordo com as recomendações da IUPAC

Classificação Periódica dos Elementos

CONSTANTES FÍSICAS FUNDAMENTAIS

NOME	SÍMB.	VALOR	NOME	SÍMB.	VALOR
Permeabilidade do vácuo(b)	μ_0	4p x 10^{-7} N A^{-2}	Magneton nuclear	μ_N	5,0508 x 10-27 J T^{-1}
Velocidade da luz no vácuo(c)	C_0	2,9979 x 108 ms^{-1}	Constante de Rydberg	R_∞	1,0974 x 107 m^{-1}
Permissividade do vácuo(c)	e_0	8,8542 x 10-12 F m^{-1}	Constante dos gases	R	8,3145 J K^{-1} mol^{-1}
Carga elétrica elementar	e	1,6022 x 10-19 C	Constante de Boltzmann	k	1,3807 x 10^{-23} J K^{-1}
Constante de Plank	h	6,6261 x 10-34 J s	Constante gravitacional	G	6,6726 x 10^{-11} m^3 kg^{-1} s^{-2}
Constante de Avogrado	L, N_a	6,0221 x 1023 mol^{-1}	Aceleração padrão de queda livre(c)	gn	9,8067 m s-2
Massa do elétron em repouso	m_e	9,1094 x 10-31 kg	Temperatura do ponto triplo da água(b)	$T_{tp}(H_2O)$	273,16 K
Massa do próton em repouso	m_p	1,6726 x 10-27 kg	Zero da escala Celsius(b)	T (0 °C)	273,15 K
Constante de Faraday	F	9,6485 x 104 C mol^{-1}	Volume molar de um gás ideal (a 0,1 Mpa e 273,15 K)	V_0	22,711 L mol-1
Energia de Hartree	E_h	4,3597 x 10-18 J			
Raio de Bohr	a_0	5,2918 x 10-11 m			
Magneton Bohr	μ_B	9,2740 x 10-24 J T^{-1}			

(a) valores aproximados com 5 dígitos. (b) valores definidos exatamente. (c) valores definidos exatamente, porém aproximados

UNIDADES NÃO PERTENCENTES AO SI

UNIDADES USADAS COM O SI

GRANDEZA FÍSICA	NOME DA UNIDADE	SÍMB.	EXPRESSÃO EM TERMOS DE UNIDADES SI
Tempo	minuto	min	60 s
Tempo	hora	h	3600 s
Tempo	dia	d	86400 s
Ângulo plano	grau	°	(p/180)rad
Volume	litro	L, l	10^{-3} m^3 = dm^3
Massa	tonelada	t	10^3 kg = Mg
Comprimento	ângstron	Å	10^{-10} m
Pressão	bar	bar	10^5 Pa = 10^3 hPa
Energia	eletron-volt(a)	eV	1,6022 x 10^{-19} J (b)
Massa	unidade de massa atômica unificada(a)	u	1,6605 x 10^{-27} kg (b)

(a) Definida em termos de valores atuais de constantes físicas. (b) Valor aproximado com cinco dígitos

OUTRAS UNIDADES

Unidades utilizadas na literatura mais antiga e aqui referidas para possibilitar sua converão às unidades SI.

GRANDEZA FÍSICA	NOME DA UNIDADE	SÍMB.	EXPRESSÃO EM TERMOS DE UNIDADES SI
Força	dina	dyn	10^5 N
Pressão	atmosfera	atm	101325 Pa
	torr ou mmHg		133,322 Pa
Energia	erg	erg	10^{-7} J
	caloria termoquímica	calth s	4,184 J
Densidade de fluxo magnético	gauss	G	10^{-4} T
Momento dipolar elétrico	debye	D	3,3356 x 10^{-30} C m
Viscosidade	poise	P	10^{-1} N m^{-2} s = 10^{-1} Pa s
Viscosidade cinemática	stokes	St	10^{-4} m^2 s^{-1}

Grupos: 1 IA; 2 IIA; 3 IIIB; 4 IVB; 5 VB; 6 VIB; 7 VIIB; 8 VIII; 9 VIII; 10 VIII; 11 IB; 12 IIB; 13 IIIA; 14 IVA; 15 VA; 16 VIA; 17 VIIA; 18 VIIIA

Período	Nº	Símbolo	Raio iônico	Densidade	Raio atômico	Raio covalente	Raio de Van der Waals	Eletronegatividade	1ª energia de ionização	Abundância
1	1	H	154^{1-}_{2}	0,084	78	30	120	2,20	1312	1520
1	2	He	-	0,17	128	-	122	-	2372	0,008
2	3	Li	78^{1+}	0,53	152	123	-	0,98	513	20
2	4	Be	45^{2+}	1,85	113	89	-	1,57	899	2,6
2	5	B	23^{3+}_{4}	2,46	83	88	208	2,04	801	10
2	6	C	$260^{4-}, 15^{4+}_{4}$	3,51	-	77	185	2,55	1086	480
2	7	N	146^{3-}_{4}	1,17	71	70	154	3,04	1402	25
2	8	O	132^{2-}_{4}	1,33	60	66	140	3,44	1314	474000
2	9	F	133^{1-}	1,58	71	58	135	3,98	1681	950
2	10	Ne	-	0,84	-	-	160	-	2081	7×10^{-5}
3	11	Na	98^{1+}	0,97	190	157	231	0,93	496	23000
3	12	Mg	78^{2+}	1,74	160	136	-	1,31	738	23000
3	13	Al	57^{3+}	2,70	143	125	205	1,61	577	82000
3	14	Si	26^{4+}_{4}	2,33	117	117	200	1,90	787	277000
3	15	P	$44^{3+}, 17^{5+}_{4}$	1,82	93	110	190	2,19	1012	1000
3	16	S	184^{2-}	2,06	104	104	185	2,58	1000	260
3	17	Cl	181^{1-}	2,95	-	99	181	3,16	1251	130
3	18	Ar	-	1,66	174	-	191	-	1520	1,2
4	19	K	138^{1+}	0,86	227	203	231	0,82	419	21000
4	20	Ca	106^{2+}	1,54	197	174	-	1,00	590	41000
4	21	Sc	73^{3+}	2,99	161	144	-	1,36	631	16
4	22	Ti	60^{4+}	4,51	145	132	-	1,54	658	5600
4	23	V	54^{5+}	6,09	132	122	-	1,63	650	160
4	24	Cr	64^{3+}	7,14	125	118	-	1,66	653	100
4	25	Mn	91^{2+}	7,44	124	117	-	1,56	717	950
4	26	Fe	$82{,}67^{3+}$	7,87	124	117	-	1,83	759	41000
4	27	Co	82^{2+}	8,89	125	116	-	1,88	760	20
4	28	Ni	69^{2+}	8,91	125	115	-	1,91	737	80
4	29	Cu	72^{2+}	8,92	128	117	-	1,90	745	50
4	30	Zn	83^{2+}	7,14	133	125	-	1,65	906	75
4	31	Ga	62^{3+}	5,91	122	125	-	1,81	579	18
4	32	Ge	54^{4+}	5,32	123	122	-	2,01	762	1,8
4	33	As	$69^{3+}, 46^{5+}$	5,72	125	121	200	2,18	947	1,5
4	34	Se	198^{2-}	4,82	215	117	200	2,55	941	0,05
4	35	Br	196^{1-}	3,14	-	114	195	2,96	1140	0,37
4	36	Kr	169^{1+}	3,48	-	189	198	-	1351	1×10^{-5}
5	37	Rb	149^{1+}	1,53	248	216	244	0,82	403	90
5	38	Sr	127^{2+}	2,63	215	192	-	0,95	550	370
5	39	Y	106^{3+}	4,47	181	162	-	1,22	616	30
5	40	Zr	72^{4+}	6,51	160	145	-	1,33	660	190
5	41	Nb	69^{5+}	8,58	143	134	-	1,6	664	20
5	42	Mo	60^{6+}	10,3	136	129	-	2,16	685	1,5
5	43	Tc	72^{4+}	11,5	136	127	-	1,9	702	5×10^{-12}
5	44	Ru	77^{3+}	12,5	134	124	-	2,2	711	0,001
5	45	Rh	75^{3+}	12,4	135	125	-	2,28	720	2×10^{-4}
5	46	Pd	86^{2+}	12,0	138	128	-	2,20	805	6×10^{-4}
5	47	Ag	113^{1+}	10,5	144	134	-	1,93	731	0,07
5	48	Cd	103^{2+}	8,64	149	141	-	1,69	868	0,11
5	49	In	92^{3+}	7,31	163	150	-	1,78	558	0,049
5	50	Sn	74^{4+}	7,29	141	140	-	1,96	709	2,2
5	51	Sb	$89^{3+}, 62^{5+}$	6,69	182	141	220	2,05	834	0,2
5	52	Te	221^{2-}	6,25	143	137	220	2,1	869	0,005
5	53	I	220^{1-}	4,94	133	133	215	2,66	1008	0,14
5	54	Xe	190^{1+}	5,49	218	209	210	2,6	1170	2×10^{-6}
6	55	Cs	165^{1+}	1,90	265	235	262	0,79	376	3
6	56	Ba	136^{2+}	3,65	217	198	-	0,89	503	500
6	57 a 71	La-Lu								
6	72	Hf	71^{4+}	13,3	156	144	-	1,3	642	5,3
6	73	Ta	68^{4+}	16,7	143	134	-	1,5	761	2
6	74	W	68^{4+}	19,3	137	130	-	2,36	770	1
6	75	Re	72^{4+}	21,0	137	128	-	1,9	760	4×10^{-4}
6	76	Os	67^{4+}	22,6	135	126	-	2,2	840	1×10^{-4}
6	77	Ir	$75{,}66^{4+}$	22,7	136	126	-	2,20	880	3×10^{-6}
6	78	Pt	70^{4+}	21,5	138	129	-	2,28	870	0,001
6	79	Au	91^{3+}_{4}	19,3	144	134	-	2,54	890	0,0011
6	80	Hg	112^{2+}_{4}	13,6	160	144	-	2,00	1007	0,05
6	81	Tl	149^{1+}	11,9	170	155	-	2,04	589	0,6
6	82	Pb	$132^{2+}, 84^{4+}$	11,3	175	154	-	2,33	716	14
6	83	Bi	$96^{2+}, 74^{4+}$	9,80	155	152	240	2,02	703	0,048
6	84	Po	65^{4+}	6,20	167	153	-	2,0	812	-
6	85	At	227^{1-}	-	-	145	-	2,2	930	-
6	86	Rn	-	9,23	-	-	-	-	1037	-
7	87	Fr	180^{1+}	-	270	-	-	0,7	400	-
7	88	Ra	152^{2+}	5,50	223	-	-	0,89	509	6×10^{-7}
7	89 a 103	Ac-Lr								
7	104	Rf	-	-	-	-	-	-	-	-
7	105	Db	-	-	-	-	-	-	-	-
7	106	Sg	-	-	-	-	-	-	-	-
7	107	Bh	-	-	-	-	-	-	-	-
7	108	Hs	-	-	-	-	-	-	-	-
7	109	Mt	-	-	-	-	-	-	-	-
7	110	Ds	-	-	-	-	-	-	-	-
7	111	Rg	-	-	-	-	-	-	-	-
7	112	Uub	-	-	-	-	-	-	-	-
7	113	Uut	-	-	-	-	-	-	-	-
7	114	Uuq	-	-	-	-	-	-	-	-
7	115	Uup	-	-	-	-	-	-	-	-

Lantanídeos e actinídeos

Nº	Símbolo	Raio iônico	Densidade	Raio atômico	Raio covalente	Raio de Van der Waals	Eletronegatividade	1ª energia de ionização	Abundância
57	La	122^{3+}	6,16	108	169	-	1,10	538	32
58	Ce	107^{3+}	6,77	183	165	-	1,12	527	68
59	Pr	106^{3+}	6,48	183	165	-	1,13	523	9,5
60	Nd	104^{3+}	7,00	182	164	-	1,14	530	38
61	Pm	106^{3+}	7,22	181	163	-	-	536	-
62	Sm	100^{3+}	7,54	180	166	-	1,17	543	7,9
63	Eu	98^{3+}	5,25	204	185	-	-	547	2,1
64	Gd	97^{3+}	7,89	180	161	-	1,20	593	7,7
65	Tb	93^{3+}	8,25	178	159	-	-	565	1,1
66	Dy	91^{3+}	8,56	177	159	-	1,22	572	6
67	Ho	89^{3+}	8,78	177	158	-	1,23	581	1,4
68	Er	89^{3+}	9,05	176	157	-	1,24	589	3,8
69	Tm	87^{3+}	9,32	175	156	-	1,25	597	0,48
70	Yb	86^{3+}	6,97	194	170	-	-	603	3,3
71	Lu	85^{3+}	9,84	173	156	-	127	524	0,51
89	Ac	118^{3+}	10,1	188	-	-	1,1	499	-
90	Th	101^{3+}	11,7	180	165	-	1,3	587	12
91	Pa	113^{3+}	15,4	161	-	-	1,5	568	-
92	U	103^{3+}	19,0	139	142	-	1,38	584	2,4
93	Np	110^{3+}	20,5	131	-	-	1,36	597	-
94	Pu	108^{3+}	19,7	151	-	-	1,28	585	-
95	Am	107^{3+}	13,7	184	-	-	1,3	578	-
96	Cm	99^{3+}	13,5	-	-	-	1,3	581	-
97	Bk	98^{3+}	13,3	-	-	-	1,3	601	-
98	Cf	98^{3+}	15,1	-	-	-	1,3	608	-
99	Es	98^{3+}	-	-	-	-	-	619	-
100	Fm	97^{3+}	-	-	-	-	-	627	-
101	Md	96^{3+}	-	-	-	-	-	635	-
102	No	95^{3+}	-	-	-	-	-	642	-
103	Lr	94^{3+}	-	-	-	-	-	-	-

Símbolos:

- **Zn** - Sólido
- Hg - Líquido
- **Ne** - Gás
- Cf - Artificial

Legenda (exemplo: 14 Si; 26^{4+}_{4}; 2,33; 117; 117; 200; 1,90; 787; 277000):

- Número atômico
- Símbolo
- Raio iônico em pm. Carga de íon e número de coordenação quando diferente de 6
- Densidade em g/cm³ a 293 K. Nos gases em g/L a 101 k Pa
- Raio atômico em pm
- Raio covalente em pm
- Raio de Van der Waals em pm
- Eletronegatividade (Pauling)
- Primeira energia de ionização em kJ/mol
- Abundância na crosta terrestre em ppm

Sociedade Brasileira de Química
Edições SBQ – Fone: (11) 3032-2299 - Fax: (11) 3814-3602
E-mail: diretoria@sbq.org.br - home page: www.sbq.org.br
De acordo com as recomendações da IUPAC

Sobre o autor

Luiz Claúdio de Almeida Barbosa, natural de Além Paraíba, MG, é graduado em Química pela Universidade Federal de Viçosa (UFV), mestre em Agroquímica pela UFV na área de Físico-Química (UFV) – com aperfeiçoamento em Química de Produtos Naturais (UFMG) – e Ph.D. pela Universidade de Reading (Inglaterra), na área de Síntese Orgânica. Realizou estágio de pós-doutoramento na Universidade de Oxford (Inglaterra).

Professor Titular do Departamento de Química da UFMG desde novembro de 2012, tendo sido Professor Titular da UFV, onde ainda é coordenador do Laboratório de Análise e Síntese de Agroquímicos (LASA). Tem desenvolvido projetos de pesquisa financiados por agências governamentais e empresas privadas. Pesquisador do CNPq desde 1992, publicou mais de 180 artigos científicos nas áreas de Síntese Orgânica, Química de Produtos Naturais, Óleos Essenciais, Química de Papel e Celulose, em revistas nacionais e estrangeiras. Orientou e co-orientou mais de 100 estudantes de mestrado e doutorado e foi pesquisador visitante nas Universidades de Reading e Warwick, na Inglaterra. É sócio da Sociedade Brasileira de Química desde 1978, membro da Royal Society of Chemistry (Inglaterra) desde 1989 e também membro afiliado da International Union of Pure and Applied Chemistry (IUPAC) desde essa data.

Além de autor desta nova edição de *introdução à química orgânica*, publicado inicialmente pela Editora UFV (1998) publicou também *os pesticidas, o homem e o meio ambiente* (Editora UFV, 2004, www.livraria.ufv.br) e *espectroscopia no infravermelho na caracterização de compostos orgânicos* (Editora UFV, 2007, www.livraria.ufv.br).

Durante seu período em Viçosa foi clarinetista do Conjunto de Sopros da Universidade Federal de Viçosa.

Para maiores informações, acesse: www.luizclaudiobarbosa.com.br